Über dieses Buch Die hier vollständig in deutscher Sprache vorliegenden Tagebücher von Sofja Andrejewna Tolstaja, mit vorzüglichen Kommentaren versehen, sind nicht nur eine bedeutende Ergänzung zu den Werken Tolstois, sondern auch von hohem kulturgeschichtlichen Interesse als Sittenbild adeligen Lebens wie als Beitrag zur russischen Geistesgeschichte des ausgehenden 19. und beginnenden 20. Jahrhunderts. Vor allem aber gewähren sie Einblicke in die Höhen und Tiefen einer 48 Jahre währenden Ehe und in die Privatsphäre eines großen Dichters und seiner Familie.
Der erste Band umfaßt die Zeit von 1862–1897. Der Anlaß für die damals 18jährige Sofja A. Tolstaja, vom Beginn ihrer Ehe im Jahr 1862 Tagebuch zu führen, war das für sie traumatische Erlebnis der Lektüre von Tolstois Tagebüchern, die sie über seine „ausschweifende Vergangenheit" in Kenntnis setzten. Dieses Trauma führte bei dieser sonst resoluten und praktisch denkenden Frau zu einer fast krankhaften Eifersucht, zu Anfällen von Mutlosigkeit und Depression. Dennoch gibt es in dieser Ehe über Jahre hinweg eine Zeit des Glücks und der Zufriedenheit. Die Romane „Krieg und Frieden" und „Anna Karenina" entstehen in enger Mitarbeit der Tolstaja. Als Tolstoi sich 1880 radikal einer asketischen Lebensweise zuwendet und die Verwaltung des Gutes sowie die Sorge um die Familie ganz und gar seiner Frau überläßt, kommt es zu ersten Auseinandersetzungen und zur zunehmenden Entfremdung.

Sofja Andrejewna Tolstaja
Tagebücher 1862–1897

Aus dem Russischen von
Johanna Renate Döring-Smirnov
und Rosemarie Tietze

Fischer Taschenbuch Verlag

Aus dem Russischen übersetzt von Johanna Renate Döring-Smirnov („Die Heirat" bis 22. April 1891) und Rosemarie Tietze („Meine Reise nach Petersburg" bis Ende 1897)

Ungekürzte Ausgabe
Veröffentlicht im Fischer Taschenbuch Verlag GmbH,
Frankfurt am Main, September 1986

Lizenzausgabe mit freundlicher Genehmigung
der Athenäum Verlag GmbH, Königstein / Ts.
Titel des russischen Originals:
S. A. Tolstaja: „Dnevniki v dvuch tomach."
Sostavlenie, podgotovka teksta i kommentarii
N. I. Azarovoj, O. A. Golinenko, I. A. Pokrovskoj,
S. R. Rozanovoj, B. M. Šumovoj.
Serija literaturnych memuarov.
Moskva „Chudožestvennaja literatura" 1978

Umschlaggestaltung: Jan Buchholz/Reni Hinsch
Druck und Bindung: Clausen & Bosse, Leck
Printed in Germany
1680-ISBN-3-596-25654-2

Vorbemerkung

Das Bild der *Sofja Andrejewna Tolstaja* (1844–1919) wird entscheidend mitbestimmt von der Bewertung jenes Wandels, der sich in den achtziger Jahren im Denken ihres Mannes, des russischen Schriftstellers *Lew Nikolajewitsch Tolstoi* (1828–1910), vollzog. Die *Krise*, die Tolstoi damals durchlebte (und von der seine „Beichte" beredtes Zeugnis ablegt), war künstlerisch und existentiell so tiefgreifend, daß sie sein ganzes Leben und Werk in ein „Vorher" und ein „Nachher" zu unterteilen scheint. Und bei dieser Unterteilung war die Position Sofja Andrejewnas unbestreitbar: „vorher" die unvergleichliche Helferin, „nachher" die eigentliche Schadensstifterin, die erst in seiner Todesstunde offensichtlich wirklich begriff, welches Verstehen sie ihm versagt hatte.

Als er am 28. Oktober 1910 endgültig von ihr geflohen, auf der Flucht aber lebensgefährlich erkrankt war, eilte sie ihm mit einigen ihrer Kinder in einem Sonderzug in den kleinen Ort Astapowo nach, wo er todkrank in einem Bahnwärterhäuschen lag. Doch erst nachdem er schon das Bewußtsein verloren hatte, ließ man sie für seine letzten Atemzüge an sein Lager treten. Und erst sehr viel später erkannten ihre Kinder, was ein solcher Abschied für sie bedeutet haben muß. Denn trotz aller mit den Jahren immer unerbittlicher hervortretenden ideellen Gegensätze und praktischen Unvereinbarkeiten wußten sich Lew Nikolajewitsch und Sofja Andrejewna doch achtundvierzig Jahre lang durch eine tiefe Liebe verbunden. Sie wird immer wieder in den Memoiren der Tolstoi-Kinder betont und selbst von Sofja Andrejewnas ärgsten Widersachern nicht in Abrede gestellt.

Etwa ein Jahr vor Tolstois Flucht und Tod hatte die damals fünfundsechzigjährige Sofja Andrejewna mit leichten Anklängen an den vers libre ihre Zu- und Abneigungen auf einem Blatt notiert, das man später unter ihren nachgelassenen Papieren fand:

Was ich mag
Im Herzen Stille
Im Sinn einen Traum
Wenn Menschen mir geneigt sind

Jedes Kind
Und alle Blumen
Und Sonne und viel Licht
Ich pflanze und schneide, durchwandre so gern
Die Bäume und den Wald
Ich liebe darzustellen, d. h. zu zeichnen, zu photographieren, eine Rolle zu spielen; ich bin gerne schöpferisch
und sei es beim Nähen
Ich liebe die Musik, jedoch beschränkt
Ich liebe in Menschen Klarheit, Einfachheit, Talent
Gewänder und Schmuck
Liebe Frohsinn und Feste, Schönheit und Glanz
Ich liebe Verse
Empfindsamkeit
Liebkosung
Ich arbeite gern produktiv

Was ich nicht mag
Haß und Unzufriedenheit der Menschen
In Herz und Sinn Hohlheit und wär sie vorübergehend
Den Herbst
Männer (bis auf wenige Ausnahmen)
Finsterheit und Nacht
Kartenspiel und Geld
Menschen verfinstert von Laster und Wein
Geheimnisse, Unehrlichkeit, Verschlossenheit
Die Steppe
Trinkliedergröhlen
Den Prozeß des Essens
Talentlosigkeit und Listigkeit, Lüge und Heuchelei
Ich liebe das Wirtschaften nicht
Liebe nicht die Einsamkeit
Mag keinen Hohn, keine Parodien, keine Scherze, Kritiken und Karikaturen
Mag keine Faulheit und Nutzlosigkeit
Ertrage nur schwer jegliche Flegelei.[1]

Diese Notizen erscheinen insofern symptomatisch, als sie in nuce das gleiche Prinzip der *Bewertung* zu erkennen geben, das die Tagebuchaufzeichnungen Sofja Andrejewnas von ihrer Heirat 1862 bis zum Tod Tolstois im Jahre 1910 bestimmt. Auffallend ist zunächst das doppelte Verlangen nach einem reichen Innen- wie einem glänzenden

Außenleben, der Wunsch, ebenso geliebt wie auch verehrt zu werden. Die Freude an der schönen Form gilt gleichermaßen der lichten Natur wie der reinen Kunst. Und zur Bewunderung für hohe Begabungen tritt der Anspruch, selbst schöpferisch tätig zu sein, und wäre es auch nur im Akt des Reproduzierens.

Auf der anderen Seite steht die vorbehaltlose Verurteilung von allen „finsteren Leidenschaften und Machenschaften". Und wenn man die Tagebücher von Sofja Andrejewna kennt, weiß man, daß diese Angriffe gegen bestimmte Aspekte im Leben ihres Mannes zielen: einmal gegen die Ausschweifungen seiner Junggesellenzeit, deren Protokollierung in seinem Jugendtagebuch auf sie einen traumatisierenden Eindruck machte, als er sie ihr vor der Hochzeit zu lesen gab.

Zum anderen wandte sie sich später gegen seine ethisch sozialen Bestrebungen, deren Dringlichkeit sich für ihn immer mehr vor die Bedeutung aller künstlerischen Arbeiten schob. Und Sofja Andrejewna nannte die Anhänger ihres Mannes, die sich immer zahlreicher um ihn scharten und immer lautstärker von ihm forderten, seine Postulate auch im Familienalltag zu realisieren, nur die „Finsterlinge". Unter ihnen wurde *Wladimir Grigorjewitsch Tschertkow* (1854 bis 1936), der – aus dem Hochadel stammend – auf eine glänzende militärische Karriere verzichtete, um sozialethische Ideale Tolstois zu verbreiten und zu praktizieren, zu ihrem erbittertsten Gegner. Denn gegen alle Rücksicht auf Sofja Andrejewna erwartete Tschertkow eine entsprechende Konsequenz auch von Tolstoi selbst.

Jene fast gewaltsame Selbstverwandlung von den sexuellen Ausschweifungen der Jugend zur Absage selbst noch an das eheliche Leben um des Heils der (eigenen) Seele willen, wie sie Tolstoi am Ende der achtziger Jahre künstlerisch in seiner Novelle „Die Kreutzersonate" zu proklamieren suchte, ist immer wieder auch als Ausdruck des tragischer werdenden Konflikts zwischen den Eheleuten Tolstoi gedeutet worden.[2] Und weil Sofja Andrejewna mit ihrer außerordentlichen Hellhörigkeit und Klugheit so etwas vorausahnte, trat sie selbst den Kampf gegen das Zensurverbot dieser Novelle an bis hin zu einer Privataudienz beim Zaren, mit der sie dokumentieren wollte, daß die konkrete Situation ihrer Familie nichts oder nur wenig mit solchen ethisch-ideologischen Erwägungen zu tun habe.

Sofja Andrejewna hat diese Audienz beim Zaren – wie es ihre ausführliche Darstellung im Tagebuch zeigt – als großen persönlichen und gesellschaftlichen Triumph erlebt. Er war ihr wichtiger als das entschiedene Widerstreben ihres Mannes gegen alle offiziellen Machtinstitutionen, zu der die Herrschaftsgewalt des Zaren natürlich in erster Linie zählte. So gesehen enthüllt der Konflikt um die „Kreutzersonate" tatsächlich einen wichtigen Punkt im Kampf zwischen den Eheleuten Tolstoi. Ungeachtet der *Krise* Tolstois wollte Sofja Andrejewna ihren Mann auch weiterhin auf seine Positionen des „Vorher" verpflichten: Familienvater, Schriftsteller und Gutsbesitzer zu sein. Für Tolstoi aber war es, u. a. als er während einer Volkszählung in Moskau das soziale Elend ganz unerbittlich kennengelernt hatte, gerade deshalb zur „Krise" gekommen, weil ihm die früheren Positionen seines Lebens und Arbeitens fragwürdig und qualvoll zuwider geworden waren.

Und damit tut sich auch in der Bewertung der Kunst eine fast unüberbrückbare Kluft zwischen beiden auf: Während Tolstoi (und darin ist er einer der konsequentesten Denker des sogenannten Kritischen Realismus) sich von der Kunst abwandte, um sich mit den Problemen der sozialen Wirklichkeit auseinanderzusetzen, huldigt Sofja Andrejewna seit den neunziger Jahren immer mehr schönen Kunstformen, kopiert Gemälde, liebt Poesie und begeistert sich enthusiastisch für den Komponisten und Pianisten *Sergei Iwanowitsch Tanejew* (1856–1915), den Tolstoi höchstens als Schachpartner anerkennt und um den es 1895 zu einem der großen Eifersuchtsdramen zwischen den Tolstois kommt.

Gerade für Sofja Andrejewnas Liebe zur „schöngeistigen Kunst", wie sie sich ja bis hin zu den Notizen ihrer Zu- und Abneigungen mitteilt, mußte Tolstois Absage an seine Kunst auch zu einer ganz unmittelbaren Bedrohung ihrer Identität führen: denn sie hatte sich selbst immer auch vor allem als Frau des großen Schriftstellers verstanden, als „Amme dessen Talents" sie sich selbst gerne sah und zeigte. Wenn sie seine Manuskripte immer und immer wieder abgeschrieben, er ihr Urteil gesucht und geschätzt hatte, fühlte sie sich an seinem schöpferischen Prozeß beteiligt, und das in einem solchen Maße, daß sie zum Beispiel von seinem Drama „Die Macht der Finsternis" als von *unserem* Stück spricht. Als sie aber einsehen muß, daß er nie mehr in dem von ihr ersehnten Maß zu seinem früheren Leben und Arbeiten zurückkehren wird, übernimmt sie mit der ihr eigenen entschlossenen Energie die ihr wesentlichen Aspekte seines Parts: sie versucht das zu bewahren und zusammenzuhalten, was er entäußern möchte. Sie verwaltet, soweit sie es kann, das Gut, vor allem aber besorgt sie die Edition seiner Werke. Und obwohl sie hier wiederum vor allem als die Frau des Schriftstellers Lew Tolstoi zu erscheinen sich bemüht, stellt sich doch auch für sie selbst immer dringender die Frage nach ihrer ganz eigenen Position.

Als die achtzehnjährige Sonja (so die russische Koseform für Sofja) Behrs im September 1862 gleich nach der Heirat dem vierunddreißigjährigen Grafen Tolstoi auf dessen recht wenig feudales Gut Jasnaja Poljana folgte, verließ sie die Welt der Großstadt Moskau, in der sie aufgewachsen, und die Lichter des Kreml, in dem ihr Vater als Hofarzt tätig war, gegen die kaum von Laternen erhellte Straße voll Pfützen und Morast auf dem Weg in das etwa zweihundert Kilometer entfernte Jasnaja Poljana. Und doch bedeutete dieser Weg in das unbekannte und beängstigende Gutsleben für Sonja einen sozialen Aufstieg: als Gräfin Tolstaja hatte sie eine gesellschaftliche Position erlangt, die sie auch später nie in Frage zu stellen oder gar aufzugeben bereit war (ihr Mann dagegen wollte gerade ein sehr junges Mädchen aus nicht-adligen Kreisen heiraten, um es um so besser nach seinen Vorstellungen formen zu können). Für Sonja Behrs war dieser soziale Aufstieg nicht zuletzt deshalb wichtig, weil er die in gewisser Weise ambivalente Stellung ihrer Familie rehabilitierte: Ihr Vater war als deutschstämmiger Lutheraner ohnehin Außenseiter, ihre Mutter aber entstammte einer als schmerzlich empfundenen, gesellschaftlich nicht sanktionierten Alliance. Ihr Vater *Alexander Michailowitsch Islenjew,* ein Gutsbesitzer aus Tula, hatte lange mit Sonjas Großmutter, einem ehemaligen Hoffräulein, zusammengelebt, obwohl deren Ehe mit einem (dem Alkohol verfallenen) Fürsten Koslowski wegen dessen Einspruch nicht aufgelöst werden konnte, so daß die Kinder aus der Verbindung zwischen Islenjew und der *Fürstin Koslowskaja* als nicht legitim galten. Nach dieser unglücklichen Großmutter war Sofja benannt worden.

Schon in ihrer eigenen Familie hatte Sofja Andrejewna als schwierig gegolten; man meinte, sie habe die jähzornig auffahrende Neigung ihres Vaters wie die zuweilen voreilige Selbstsicherheit des Urteils und Vorurteils von der Mutter *Ljubow Alexandrowna* geerbt. Auf diese Gemeinsamkeit von Mutter und Tochter, die er (ebenso wie die Lieblingsschwester *Tanja*) ihrer Haare wegen „die schwarzen Behrs" nannte, wies Tolstoi schon 1864 in einem Brief an Sofja hin:

> „Alle Schwarzhaarigen Eurer Familie sind mir lieb und sympathisch. Ljubow Alexandrowna ist Dir schrecklich ähnlich. Kürzlich hat sie an einem Lampenschirm gearbeitet, genau wie Du – Du fängst eine Arbeit an, und dann kann Dich schon nichts mehr davon abhalten. Sogar unschöne Züge habt Ihr gemeinsam. Ich höre bisweilen, wie sie im Brustton der Überzeugung von Dingen spricht, die sie nicht kennt, Behauptungen aufstellt und übertreibt, und erkenne Dich."[3]

Sofja Andrejewnas Sehnsucht nach „Zärtlichkeit" und „Liebkosung", die sie nicht nur in den Notizen äußert, scheint von dieser Mutter, die als ernst und zurückhaltend stolz geschildert wird, nicht gestillt worden zu sein. Dagegen erschreckt sie ihr Mann (und hier kann sie sich wieder mit ihrer Mutter identifizieren) durch seine Sinnlichkeit, eine für sie zumindest anfangs finstere körperliche Begierde, die sie um so mehr quält, als sie in Jasnaja Poljana die ständige Gegenwart seiner früheren Geliebten, der Bäuerin *Axinja Basykina* (1836–1920) ertragen muß. Tolstoi seinerseits beklagte sich in den ersten Ehejahren über eine gewisse körperliche Kälte seiner Frau:

> „Ich berührte sie – sie war am ganzen Körper glatt, angenehm anzufassen und kalt, aus Porzellan ... Alles war nur zum Ansehen bestimmt."[4]

In der jeweils unterschiedlichen Bewertung der animalischen Körperlichkeit trafen unmittelbar wesentliche Ängste von Tolstoi und Sofja Andrejewna aufeinander: *sie* fürchtete, verlassen zu werden, wenn seine Leidenschaft für sie erkaltet sei, *er* dagegen suchte in der körperlichen Liebe *auch* Erlösung von dem ihn bestimmenden Todesgrauen. Tolstoi, der 1860 das qualvolle Sterben seines Lieblingsbruders *Nikolai* miterlebt hatte, hatte bereits als Zweijähriger seine

Mutter verloren. Und noch als Siebenundsiebzigjähriger spricht er – sie verklärend – voll Sehnsucht von einer fraglos annehmenden, bejahenden Liebe:

> „Den ganzen Tag über ein Gefühl dumpfer Beklemmung. Gegen Abend wandelt sich dieser Zustand der Traurigkeit in zärtliche Rührung, in den Wunsch, gestreichelt, getröstet zu werden. Wie ein Kind möchte ich mich an ein liebendes, mitfühlendes Wesen schmiegen, Tränen der Liebe und Zärtlichkeit vergießen und mich gestärkt fühlen. Aber wo ist jenes Wesen, bei dem ich solche Zuflucht fände? [...] An wen könnte ich mich also hängen? Wieder ein Kind werden und mich an meine Mutter schmiegen, so wie ich sie mir vorstelle? Ja, du, Mama, die ich niemals beim Namen nannte, weil ich doch nicht sprechen konnte ... Ja, du, das höchste Ideal der reinen Liebe, das ich mir je vorstellen konnte, der menschlichen, warmen, mütterlichen Liebe. Danach verlangt meine müde Seele. Du, Mama, du, tröste mich, erleichtere mein Herz ..."[5]

Nicht zuletzt dieses Ideal der Mütterlichkeit hat Tolstoi immer wieder so darauf bestehen lassen, daß Sofja Andrejewna ihre Kinder selbst stillte, eine Forderung, die sehr viel mehr dem Landleben als den gesellschaftlichen Konventionen Moskaus, in denen Sofja Andrejewna aufgewachsen war, entsprach. Doch obwohl ihr das Stillen unbeschreibliche Mühen und Schmerzen bereitete, fügte sie sich dem Wunsch Tolstois und zog nur in äußersten Fällen eine Amme hinzu. Als sie aber *nach* Tolstois *Krise* sich von der Verwaltung seines Gutes und der Ausgabe seiner Werke überbeansprucht fühlte, stellte sie, als sie wieder schwanger war, bereits vor der Geburt eine Amme ein mit den Worten, sie könne nicht die Funktionen von Mann und Frau zugleich erfüllen. Diese Worte und ein Streit um den Verzicht auf das Gut in Samara führten am 17. Juni 1884 zu einer so schweren Auseinandersetzung, daß Tolstoi damals zum erstenmal mit einem Sack über dem Rücken Familie und Haus verließ, im Gedanken an die unmittelbar bevorstehende Niederkunft jedoch noch einmal umkehrte. Am nächsten Morgen wurde die Tochter *Alexandra* geboren, die an der letzten Flucht Tolstois einen maßgeblichen Anteil hatte.

Auch zwischen Lew Nikolajewitsch und Sofja Andrejewna Tolstoi und ihren dreizehn Kindern bildeten sich immer wieder Zweierbindungen, die alle anderen auszuschließen drohten. Hatte die Bedrohung der symbiotischen Beziehung zwischen den Eheleuten Eifersuchtsszenen, Selbstmordversuche und Mordgelüste ausgelöst, so reagierte zumindest Sofja Andrejewna nicht weniger verblendet eifersüchtig auf die enge Beziehung zwischen ihrem Mann und ihrer Tochter *Mascha* und nach deren Tod (1906) ihrer jüngsten Tochter Alexandra. Sie selbst war vor allem mit ihren Söhnen verbunden und sah es immer als ihre mütterliche Pflicht an, ihre Kinder finanziell abzusichern. Nicht zuletzt deshalb widersetzte sie sich allen Intentionen Tolstois, auf sein Eigentum nicht nur für sich, sondern auch für seine Familie zu verzichten. Sofja Andrejewna hatte schon in den Anfangsjahren ihrer Ehe voll Schrecken beobachtet, wie wenig konsequent Tolstoi in der Verwaltung seiner Güter in *Jasnaja Poljana, Nikolskoje-Wjasemskoje* und der Steppe von *Samara* war, wie er immer wieder neue Pläne entwickelte und verwarf, so daß sie in den achtziger Jahren zunächst den Wunsch, auf diese Güter zu verzichten, nur für einen neuerlichen Einfall – jetzt „aus christlichem Geist" – hielt. Als sie dann selbst die Verwaltung von Jasnaja Poljana übernahm, wußte sie sehr wohl, daß die Erträge des Gutes gerade den Lebensbedarf der Familie und der Angestellten deckten, jedoch keinerlei Gewinn abwarfen. Nicht zuletzt deshalb bestand Sofja Andrejewna mit allem Nachdruck darauf, daß Tolstoi nicht auf die Einnahmen aus seinen Werken verzichten dürfe. Tolstoi dagegen sah mit ständig wachsendem Widerwillen, wie vor allem seine jüngeren Söhne das Geld verpraßten, das die Mutter ihnen immer wieder gab.

Wenn sie auch partiell gesellschaftlich verbogen sein mochte, so war die aufopferungsvolle Mütterlichkeit Sofja Andrejewnas sicher gerade das, was Tolstoi besonders an ihr liebte und bewunderte, wenn sie sich auch nicht zu jener „geistigen allumfassenden Mütterlichkeit" gewandelt und entwickelt hat, auf die er nach seiner Krise bis in die letzten Lebensmonate hin gehofft und um deretwillen er Sofja Andrejewna so lange nicht verlassen hatte. Er hatte ihren Schmerz miterlebt, als ihnen sechs ihrer Kinder starben: *Peter* (1872 bis 73), *Nikolai* (1874–75), *Warwara* (1875 geboren und kurz darauf gestorben). *Alexei* (1881–86), *Iwan,* Wanetschka genannt, (1888–95), *Marija,* Mascha, (1870–1906), und er wußte, daß vor allem der Tod ihres jüngsten Sohnes *Wanetschka,* der ihr all die Liebe und vor allem die lichte Zärtlichkeit entgegengebracht hatte, nach der sie sich lebenslang sehnte, für sie den Zusammenbruch vieler Hoffnungen, ja ihrer Lebenskraft bedeutete. In der gemeinsamen Trauer um dieses letzte Kind sind Sofja Andrejewna und Lew Tolstoi einander noch einmal so verständnisvoll nahe gewesen wie später nie mehr. Denn während Tolstoi seinen nach der *Krise* begonnenen Weg weiterging, suchte Sofja Andrejewna Trost in der von Tolstoi zurückgewiesenen Kunst, suchte sie vor allem in der Begegnung mit dem Komponisten *Tanejew* jene seelische Nähe, die ihr als Wesen der Verehrung erschien, während Tolstoi sie vor allem für ein gesellschaftliches Spiel hielt und als sündhaft und verrucht zurückwies.

Sofja Andrejewna hat nach dem Tod Tolstois auch noch ihren Sohn *Andrei* verloren (1877–1916). Doch als Tolstoi starb, dessen Verlust sie seit ihrer Heirat immer gefürchtet hatte, trat in ihrem Leben eine für fast alle unerwartete Wandlung ein: sie wurde ruhiger, bescheidener, gütiger, ja sogar Vegetarierin. Sie führte nicht mehr Tagebuch, sondern machte nur weiterhin kurze Tagesnotizen und arbeitete an ihren umfangreichen Memoiren *„Mein Leben"*. In ihnen hat sie vieles ausführlicher geschildert, was sie, solange Tolstoi noch lebte, aus häufigem Zeitmangel nicht aufgezeichnet hatte. Aus diesen Erinnerungen ist auch die Darstellung ihrer Hochzeit entnommen, die eine russische Zeitung zum 50. Hochzeitstag der Tolstois am 23. September 1912 veröffentlichte.

Die häufigen zeitlichen Lücken im Tagebuch Sofja Andrejewnas, die ganz wesentliche Ereignisse (wie z. B. den Tod *Aljoschas* 1886) unerwähnt lassen, erklären sich jedoch nicht nur aus dem Zeitmangel der Schreiberin, sondern sie weisen auf die Doppelfunktion dieses besonderen Tagebuchs hin. Natürlich sah es Sofja Andrejewna immer wieder als Aufgabe an, Einzelheiten aus dem Alltag, Arbeiten und Erleben ihres Mannes zu notieren, um sie später an die Nachwelt weiterzugeben. Und dennoch tritt diese Aufgabe immer wieder weitgehend zurück hinter ihrem ganz persönlichen Bedürfnis: sich selbst auszusprechen, zu klagen, sich zu beklagen und zugleich anzuklagen, sich zu rechtfertigen, sich zu verteidigen.

So viele wesentliche Einsichten über Tolstoi dieses Tagebuch seiner Frau aus achtundvierzig gemeinsam verlebten Ehejahren auch mitteilt, so erfüllt es keineswegs eine primär protokollierende Funktion (im Unterschied zu vielen anderen Tagebüchern jener Zeit) – dazu ist es viel zu sehr auf die Schreiberin selbst konzentriert, ist es zu voreingenommen. Es schildert oft sehr viel weniger Ereignisse, als daß es sie unter der Perspektive der eigenen expliziten Wertsetzungen interpretiert. Denn dieses Tagebuch wird eigentlich vor allem immer dann geführt, wenn der Dialog zu Tolstoi erschwert oder unterbrochen ist. Dann fingiert sich dieses Tagebuch den vermißten Partner, dem man alles erzählen, mit dem man alles besprechen kann und dessen Zuhören auch die ungerechtesten Ausfälle wieder in das richtige Lot rücken könnte.

Sofja Andrejewna war immer überzeugt, daß sogar ihre finstersten Gedanken im Prozeß des Aufschreibens eine Wandlung erleben könnten und es ihr selbst danach wieder lichter zumute sein würde. Und vielleicht macht diese Einschätzung des Tagebuchs es verständlicher, warum sie so verzweifelt darum bemüht war, daß Lew Nikolajewitschs Tagebücher nicht den „*Finsterlingen*“ überlassen würden, gegen die sie selbst in ihren Tagebüchern so erbittert kämpfte.

J. R. Döring-Smirnov

Die Heirat

(geschrieben 1912)

Reise nach Iwizy und Jasnaja Poljana

Als unsere Mutter uns drei Schwestern mitteilte, sie wolle Anfang August 1862 mit uns und unserem kleinen Bruder Wolodja in einer der damals üblichen Annenkow-Kutschen zu ihrem Vater, unserem Großvater Alexander Michailowitsch Islenjew[1], fahren, kannte unsere Freude keine Grenzen.

Großvater Islenjew lebte damals auf „Iwizy" im Odojewer Landkreis, dem einzigen Gut, das von seinem ehemals großen Besitz übriggeblieben war, weil er es nach dem Kauf seiner zweiten Frau, Sofja Alexandrowna, geb. Schdanowa, der Stiefmutter meiner Mutter, überschrieben hatte. In seiner Erzählung „Kindheit" hat Lew Nikolajewitsch Tolstoi sie als „La belle Flamande" und Großvater als „Papá" beschrieben. Mit der mittleren der drei Töchter aus der zweiten Ehe[2] meines Großvaters war ich eng befreundet.

Das Gut meines Großvaters lag etwa 50 Werst von Jasnaja Poljana entfernt, wo Marija Nikolajewna, die Schwester von Lew Nikolajewitsch, gerade aus Algier[3] gekommen, damals zu Besuch war. Meine Mutter beschloß, nach Jasnaja Poljana, das sie seit vielen Jahren nicht mehr aufgesucht hatte, zu fahren, um die unzertrennliche Freundin ihrer Kindheit wiederzusehen. Meine Schwester Tanja und ich waren begeistert, da wir uns über jede Abwechslung freuten, die sich uns bot. Mit großer Ungeduld erwarteten wir den Tag unserer Abreise. Im Hause herrschte fieberhafte Aufregung, die Vorbereitungen liefen auf vollen Touren, prächtige Kleider wurden genäht, die Koffer gepackt.

An diesen lang ersehnten Tag kann ich mich jedoch nur noch schwach erinnern. Ich habe auch nur eine schwache Erinnerung an die Reise selbst – Poststationen, Pferdewechsel, hastiges Essen und Müdigkeit infolge der ungewohnten Strapazen. Wir fuhren nach Tula zu Tante Nadeschda Karnowitsch, der Schwester unserer Mutter und Frau des Adelsmarschalls von Tula. Die Stadt kam mir sehr langweilig und schmutzig vor, aber auf dieser Reise mußte alles gewissenhaft besichtigt werden.

Nach dem Essen fuhren wir nach Jasnaja Poljana. Als wir aufbrachen, begann es bereits zu dämmern; es herrschte eine friedliche Stimmung. Der Weg durch den Sasseka-Wald[4] war sehr malerisch; der uns ungewohnte Anblick der unberührten Natur beeindruckte uns tief.

Marija Nikolajewna und Lew Nikolajewitsch empfingen uns herzlich. Die zurückhaltende, liebenswürdige Tante Tatjana Alexandrowna Jergolskaja begrüßte uns auf französisch, und ihre Gesellschafterin, die alte Natalja Petrowna[5], strich mir ein paarmal wortlos über die Schultern und zwinkerte meiner jüngeren Schwester Tanja zu, die damals fünfzehn Jahre alt war. Man führte uns in ein großes Zimmer mit einer gewölbten Decke, das nicht nur einfach, sondern ausgesprochen ärmlich möbliert war. An den Wänden standen ein Sessel und weißgestrichene Sofas mit sehr harten Kissen anstelle von Rückenlehnen. Sie waren ebenso wie die Sitzkissen mit blau-weiß gestreiftem Drillich bezogen. In der Mitte des Zimmers stand ein einfacher Tisch aus Birkenholz, angefertigt von einem Gutstischler. An der Decke waren eiserne Ringe angebracht, an denen früher Pferdesättel, Schinkenkeulen u. ä. gehangen hatten, als zur Zeit von Lew Nikolajewitschs Großvater, dem Fürsten Wolkonski, das Zimmer als Kammer diente.[6]

Es war Anfang August, und die Tage begannen allmählich kürzer zu werden. Wir liefen ein wenig im Garten herum, und Natalja Petrowna führte uns zu den Himbeersträuchern, an denen nur noch wenige Beeren hingen. Zum erstenmal in unserem Leben aßen wir die Früchte gleich vom Strauch und nicht aus den Sieben, in denen man uns auf der Datscha die Beeren zum Einkochen zu bringen pflegte. Sie schmeckten uns ausgezeichnet.

Nachtlager und Sessel

Als es dunkel wurde, beauftragte mich meine Mutter, die Reisekoffer auszupacken und die Betten vorzubereiten. Dunjascha[7], das Zimmermädchen der Tante, und ich richteten gerade das Nachtlager, als plötzlich Lew Nikolajewitsch in das Zimmer trat. Dunjascha sagte ihm, sie habe die drei Sofas bezogen, für den vierten Gast aber sei kein Bett mehr da.

„Man kann doch auch auf einem Sessel schlafen“, entgegnete Lew

Nikolajewitsch, rückte den Voltaire-Sessel heran und stellte einen großen quadratischen Hocker ans Fußende.

„Ich werde auf diesem Sessel schlafen", sagte ich.

„Und ich richte Ihnen das Bett", sagte Lew Nikolajewitsch und begann mit ungeschickten Bewegungen, das Bettuch auszubreiten. Das machte mich etwas befangen, aber zugleich freute ich mich über die Vertrautheit, die dabei entstand. Als wir wieder nach oben kamen, sah uns meine Schwester Lisa fragend an. Wolodja und meine Schwester Tanja schliefen zusammengerollt auf einem kleinen Sofa im Zimmer der Tante, Mamá und Marija Nikolajewna unterhielten sich über die alten Zeiten. Ich erinnere mich noch lebhaft an jede Minute dieses Abends. Im Speisezimmer mit dem großen italienischen Fenster deckte der schielende kleine Diener Alexei Stepanowitsch[8] mit der stattlichen, recht hübschen Dunjascha (der Tochter des in *Kindheit* beschriebenen Diakons Nikolai[9]) den Tisch. Vom Speisezimmer aus gelangte man in ein kleines Wohnzimmer mit einem alten Klavichord aus Rosenholz; die Balkontür dieses Raumes stand offen, und vom kleinen Balkon aus hatte man eine herrliche Aussicht.

Ich trug einen Stuhl auf den Balkon, setzte mich und ließ die Natur auf mich einwirken. Diese Stimmung wird mir immer unvergeßlich bleiben. War es der Eindruck der Natur und Weite, war es die Vorahnung dessen, was anderthalb Monate später sich ereignete, als ich nunmehr als Hausherrin dieses Haus betrat, war es einfach der Abschied von meinem ungezwungenen Jungmädchenleben, oder war es all dies zusammen? – Ich weiß es nicht. Ich fühlte mich glücklich und wie neugeboren.

Inzwischen hatten sich alle zum Abendessen eingefunden. Lew Nikolajewitsch kam auf den Balkon, um mich zu holen.

„Nein, danke, ich möchte nicht essen", sagte ich. „Hier ist es so schön!"

Aus dem Speisezimmer drang die fröhliche Stimme meiner Schwester Tanja, die von allen geliebt und verwöhnt wurde. Lew Nikolajewitsch ging ins Zimmer, kehrte aber bald wieder zu mir auf den Balkon zurück. Ich weiß nicht mehr genau, worüber wir sprachen; ich erinnere mich nur noch daran, daß er zu mir sagte: „Was sind Sie doch für ein klarer Mensch!" Diese Worte beglückten mich.

Wie gut schlief ich im Voltaire-Sessel, den Lew Nikolajewitsch für mich gerichtet hatte! Die Lehnen auf beiden Seiten beengten mich zwar ein wenig beim Umdrehen, aber ich war glücklich darüber, daß Lew Nikolajewitsch diese Schlafstätte für mich bereitet hatte, und es überkam mich ein mir bisher unbekanntes freudiges Gefühl.

Picknick in Jasnaja Poljana

Freudig war auch das Aufwachen am nächsten Morgen. Ich wollte herumlaufen, alles ansehen, mit allen sprechen. Was für eine unbeschwerte Atmosphäre herrschte damals in Jasnaja Poljana! Lew Nikolajewitsch bemühte sich, uns bei fröhlicher Laune zu halten, und Marija Nikolajewna stand ihm dabei tatkräftig zur Seite. Sogenannte Walzen, eine lange Kremser-Equipage, wurden angespannt. Deichselpferd war der Fuchs Baraban, Strelka das Beipferd. Auf die braune Belogubka wurde ein Damensattel aufgelegt, für Lew Nikolajewitsch ein besonders schöner Schimmel gesattelt. Es kamen auch noch andere Gäste mit uns zum Picknick: Frau Gromowa, die Gattin eines Architekten aus Tula, und Sonetschka Bergholz, die Nichte von Julija Fjodorowna Auerbach, der Leiterin des Mädchengymnasiums von Tula. Marija Nikolajewna, glücklich über die Anwesenheit von meiner Mutter und Frau Gromowa, war besonders ausgelassen, fröhlich und geistreich, scherzte und steckte uns mit ihrer Heiterkeit an. Lew Nikolajewitsch schlug mir vor, Belogubka zu reiten.

„Aber wie kann ich das, ich habe doch kein Reitkleid an!“ sagte ich und blickte auf mein gelbes Kleid mit den kleinen schwarzen Samtknöpfen und dem passenden Gürtel.

„Das macht nichts“, erwiderte Lew Nikolajewitsch lächelnd. „Hier wird niemand außer den Bäumen Sie sehen“, und er half mir aufzusteigen.

Als ich neben Lew Nikolajewitsch durch den Sasseka-Wald galoppierte, wo sich jetzt unsere Bahnstation befindet, war ich der glücklichste Mensch auf Erden. Ich habe später immer wieder diese Stätten aufgesucht, aber dann, im Alltag, ging von ihnen nicht mehr jener Zauber aus, dem ich damals erlegen war. Wir erreichten eine Schonung, auf der ein Heuschober stand. Hier haben wir später oft mit unseren Kindern und der Familie meiner Schwester Tanja Tee getrunken und Picknicks veranstaltet, aber das war nicht mehr die gleiche Schonung, sie lag in einem anderen Licht.

Marija Nikolajewna forderte uns auf, den Heuschober zu besteigen und uns dort hinunterrollen zu lassen; wir stimmten begeistert diesem Vorschlag zu. Der Abend verlief laut und fröhlich.

Am nächsten Morgen fuhren wir nach Krasnoje, einem Dorf, das früher meinem Großvater Islenjew gehört hatte[10] und wo meine Großmutter begraben ist[11]. Meine Mutter wollte unbedingt zu den Stätten ihrer Kindheit und zum Grab ihrer Mutter, das sich neben der Kirche befindet. Man ließ uns nur ungern fortfahren und nahm meiner Mutter das Versprechen ab, auf der Rückreise – und sei es nur für einen Tag – wieder nach Jasnaja Poljana zu kommen.

Krasnoje

Mit gemieteten Pferden fuhren wir in einer Kutsche Marija Nikolajewnas nach Krasnoje, wo wir uns jedoch nicht lange aufhielten.

Ich erinnere mich an die Kirche und an das Grabmal mit der Inschrift: „Fürstin Sofija Petrowna Koslowskaja geb. Gräfin Sawadowskaja". Deutlich sah ich das Leben meiner Großmutter vor mir: Wie sehr hatte sie zunächst unter ihrem Mann, dem oft betrunkenen Fürsten Koslowski, mit dem man sie zwangsweise verheiratet hatte, dann unter der nicht legalisierten Verbindung mit meinem Großvater Alexander Michailowitsch Islenjew in dieser Dorfeinsamkeit gelitten, in der sie jedes Jahr ein Kind zur Welt brachte.[12] Ständig hatte sie in der Angst gelebt, mein Großvater, der dem Kartenspiel verfallen war, werde sein Hab und Gut verlieren. Diese Vorahnung hat sich dann auch tatsächlich am Ende seines Lebens bewahrheitet.

Der alte Geistliche und der Diakon Fetis erinnerten sich noch gut an Sofija Petrowna und sprachen mit bewegten Worten von ihr. „Ich habe die Schuld auf mich geladen, sie heimlich zu trauen", erzählte uns der alte Geistliche. „Sie hat mich doch so sehr darum gebeten: ‚Wenigstens vor Gott, wenn schon nicht vor den Menschen, möchte ich die Ehefrau von Alexander Michailowitsch sein', hat sie immer wieder gesagt." Von dem Diakon Fetis wurde berichtet, er sei zu Grabe getragen, plötzlich aber wieder lebendig geworden, aus dem Sarg gesprungen und nach Hause gegangen. Ich sehe noch ganz deutlich seine hagere Gestalt und das fettige geflochtene graue Zöpfchen im Nacken vor mir. Dieser Anblick war für mich ungewohnt, aber ich war in einer seelischen Verfassung, in der mich nichts mehr in Erstaunen versetzte; mir schien alles beinahe unwirklich und zauberhaft schön.

Iwizy

Nachdem man die Pferde gefüttert hatte, fuhren wir von Krasnoje weiter zu unserem Großvater nach Iwizy. Auch dort wurden wir herzlich und festlich empfangen. Unser Großvater, der sehr schnell ging, dabei aber kaum die Füße hob, rutschte ständig auf seinen weichen Stiefeln aus. Er war immer zu Späßen aufgelegt, nannte uns „die gnädigen Fräulein aus Moskau", pflegte uns mit dem Zeige- und dem Mittelfinger in die Backe zu kneifen, uns zuzublinzeln und mit verschmitztem Gesichtsausdruck irgend etwas Lustiges zu sagen. Ich sehe noch genau seine mächtige Gestalt vor mir, das schwarze Mützchen auf dem kahlen Kopf, die große gekrümmte Nase in dem braunen, glattrasierten Gesicht. Mit verwunderten Blicken schauten wir seiner zweiten Frau zu, die gewöhnlich eine lange Pfeife rauchte, wobei ihre Unterlippe herunterhing. Nur ihre schwarzen, glänzenden, ausdrucksvollen Augen zeugten von ihrer früheren Schönheit.

Die schöne Olga, äußerlich ruhig und kühl, führte uns nach oben in das Zimmer, das für uns vorbereitet war. Dort stand hinter einem Schrank mein Bett; statt eines Nachttischs hatte man einen einfachen Holzstuhl daneben gerückt.

Am nächsten Tag besuchten wir Nachbarn, die junge Töchter hatten; sie waren sehr höflich, aber uns in allem fremd. Es waren junge Damen vom Lande, wie man sie aus den Romanen Turgenjews kennt. Das Leben der Gutsbesitzer war noch vom feudal-patriarchalischen Geist geprägt. Ohne Eisenbahnverbindungen führten sie ein abgeschiedenes, aber zufriedenes Leben, das nur vom Nächstliegenden bestimmt war – den Problemen der Gutswirtschaft, den Nachbarn, der Jagd, den Handarbeiten der Frauen und den einfachen, fröhlichen Familien- und Kirchenfesten.

Unsere Reise in den Odojewer Landkreis erregte einiges Aufsehen. Wir hatten viel Besuch, nahmen an Picknicks, Bällen und Ausfahrten teil.

Unerwartet traf Lew Nikolajewitsch auf seinem Schimmel in

Iwizy ein. Mein Großvater, der mit Graf Nikolai Iljitsch Tolstoi befreundet gewesen war und auch Lew Nikolajewitsch sehr mochte, freute sich sehr über seinen Besuch.

Offiziere, junge Gutsnachbarn, viele junge und ältere Damen kamen zu Besuch; sie waren uns in allem fremd. Aber was machte das schon? Wir waren fröhlich, und nur das zählte. Die Jugend, die tagsüber ausgeritten war, wollte abends tanzen. Der Reihe nach spielten wir auf dem Klavier zum Tanz.

„Wie elegant sie hier alle sind!" bemerkte Lew Nikolajewitsch und blickte auf mein weißes Kleid mit violettem Barège und hellvioletten Schleifen auf den Schultern, von denen die langen Bänder herunterhingen, damals „Suivez-moi" genannt. „Mir tut es leid, daß Sie bei meiner Tante nicht auch so elegant waren", fügte er lächelnd hinzu.

„Tanzen Sie denn nicht?" fragte ich.

„O nein, ich bin schon zu alt."

An zwei Tischen spielten grauhaarige Herren und Damen Karten. Auch nachdem später alle abgefahren waren, blieben wir noch an den ungedeckten Tischen sitzen, auf denen die Kerzen herunterbrannten, und hörten aufmerksam Lew Nikolajewitsch zu, der lebhaft erzählte. Mamá meinte aber, es sei allmählich an der Zeit, schlafen zu gehen; und sie forderte uns streng auf, uns zurückzuziehen. Als ich schon an der Tür war, rief Lew Nikolajewitsch:

„Sofja Andrejewna, warten Sie noch einen Augenblick!"

„Was gibt's?"

„Lesen Sie doch das, was ich Ihnen hier aufschreibe."

„Gut", stimmte ich zu.

„Aber ich werde nur die Anfangsbuchstaben hinschreiben, Sie sollen die Wörter erraten."

„Wie denn? Das ist doch unmöglich! Na gut, schreiben Sie."

Lew Nikolajewitsch wischte mit einer kleinen Bürste alle Spielnotizen fort, nahm ein Stück Kreide und begann zu schreiben. Wir waren beide sehr erregt. Ich folgte seiner großen roten Hand und richtete meine ganze Aufmerksamkeit auf diese Kreide und die Hand, die die Kreide hielt. Wir schwiegen beide.

„I. J. u. I. V. n. G. e. m. n. a. a. m. A. u. m. U. z. G." schrieb Lew Nikolajewitsch.

„Ihre Jugend und Ihr Verlangen nach Glück erinnern mich nur allzusehr an mein Alter und meine Unfähigkeit zum Glück", las ich vor.

Mein Herz begann stark zu schlagen, es pochte in meinen Schläfen, mein Gesicht brannte, ich hatte jegliches Gefühl für Zeit und Raum, für alles Irdische, verloren; ich glaubte, in dieser Minute alles zu können, alles zu verstehen, alles Unfaßbare zu erfassen.

„Nun, weiter", sagte Lew Nikolajewitsch und schrieb: „I. I. F. h. e. f. M. ü. I. S. L. u. m. I. S. T. u. S. s. m. v."

„In Ihrer Familie herrscht eine falsche Meinung über Ihre Schwester Lisa und mich. Ihre Schwester Tanetschka und Sie sollen mich verteidigen", las ich schnell und fließend aus den Anfangsbuchstaben.

Lew Nikolajewitsch war nicht einmal verwundert – als handle es sich um das Selbstverständlichste. Wir waren uns innerlich so nahe, daß um uns herum nichts mehr zu existieren schien.

Ich hörte die verärgerte Stimme meiner Mutter, die mich ermahnte, schlafen zu gehen. Wir verabschiedeten uns hastig, löschten die Kerzen und gingen auseinander. Oben zündete ich hinter dem Schrank einen Kerzenstummel an, kauerte mich auf den Boden, legte mein Tagebuch auf den Stuhl und schrieb die Worte von Lew Nikolajewitsch auf, deren Anfangsbuchstaben er notiert hatte. Ich ahnte, daß sich zwischen uns etwas Ernstes, Bedeutungsvolles ereignet hatte, das nicht mehr rückgängig gemacht werden konnte, doch ich ließ weder meinen Gefühlen noch meinen Träumen freien Lauf. Ich vertraute all das, was an diesem Abend geschehen war, nur meinem Tagebuch an, verschloß darin das, was noch nicht ans Licht kommen durfte.

Wir fuhren aus Iwizy ab und hielten uns noch einmal für einen Tag in Jasnaja Poljana auf. Doch dieses Mal war die Stimmung weniger fröhlich. Marija Nikolajewna wollte uns nach Moskau begleiten und von dort wieder ins Ausland reisen, wo sie ihre Kinder zurückgelassen hatte. Tante Tatjana Alexandrowna, die ihre Mascha über alles liebte, war traurig und schweigsam. Schon immer war ihr die Trennung von Mascha schwergefallen, die sie wie eine Tochter aufgezogen und geliebt hatte, und die mit ihrem Neffen, dem Sohn ihrer Schwester Jelisaweta Alexandrowna[13], dem Grafen Walerijan Petrowitsch Tolstoi, so unglücklich war. Lew Nikolajewitschs Verhalten und die mißtrauischen Blicke meiner Schwestern und der anderen verwirrten mich. Auch meine Mutter war offensichtlich beunruhigt. Der kleine Wolodja und meine Schwester Tanja waren erschöpft und wollten sobald wie möglich nach Hause zurückkehren.

Die Fahrt in der Annenkow-Kutsche

In Tula mieteten wir eine der großen Annenkow-Kutschen, die nach ihrem Besitzer so genannt wurden. Sie hatten innen vier Plätze und hinten im Freien zwei weitere Sitze wie eine Droschke mit zurückschlagbarem Verdeck.

Lisa und ich verließen Jasnaja Poljana ungern. Wir verabschiedeten uns von der Tante und von Natalja Petrowna und suchten Lew Nikolajewitsch, um auch von ihm Abschied zu nehmen.

„Ich fahre mit Ihnen", sagte er. „Wie könnte ich jetzt in Jasnaja Poljana bleiben? Es wird leer und langweilig sein."

Ich fragte mich nicht, warum ich plötzlich so fröhlich wurde, warum alles plötzlich in neuem Glanz erstrahlte, sondern eilte nur, meiner Mutter und den Schwestern die Neuigkeit mitzuteilen. Man beschloß, daß während der ganzen Reise Lew Nikolajewitsch auf dem hinteren Sitz im Freien sitzen sollte, auf dem zweiten Hintersitz dagegen, von Poststation zu Poststation abwechselnd, meine Schwester Lisa und ich.

Und so fuhren wir dahin... Gegen Abend kam eine große Müdigkeit über mich. Ich fröstelte, hüllte mich warm ein, und ein Gefühl des Glücks stieg in mir auf neben diesem vertrauten Freund unserer Familie, dem Autor der „Kindheit", diesem feinfühligen Menschen, der mir jetzt persönlich nähergekommen war. Er erzählte mir ausführlich und eindrucksvoll von seinem Leben im Kaukasus, von der Schönheit der Berge, der ursprünglichen Natur, von seinen Kriegserlebnissen. Seine ruhige, ein wenig rauhe Stimme, die wie von fernher an mein Ohr drang, war sehr angenehm. Manchmal nickte ich kurz ein, dann wachte ich wieder auf, und immer noch erzählte diese Stimme schön und poetisch ihre kaukasischen Geschichten. Es war mir furchtbar peinlich, daß ich manchmal den Schlaf nicht bekämpfen und nicht alles genau hören konnte, was Lew Nikolajewitsch erzählte; aber ich war ja noch so jung. Wir fuhren die ganze Nacht hindurch. Meine Mutter und Marija Nikolajewna wechselten manchmal einige Worte; der kleine Wolodja piepste im Schlaf mit seinem dünnen, hohen Stimmchen.

Allmählich näherten wir uns Moskau. Nach der letzten Poststation sollte ich wieder mit Lew Nikolajewitsch auf dem hinteren Sitz fahren. Doch da kam meine Schwester Lisa zu mir und bat mich, ihr den Platz auf dem Außensitz zu überlassen.

„Sonja, wenn es dir nichts ausmacht, möchte ich draußen sitzen", bat sie. „In der Kutsche ist es so stickig."

Wir kamen aus der Poststation und setzten uns auf unsere Plätze. Ich schlüpfte in die Kutsche.

„Sofja Andrejewna!" rief mir Lew Nikolajewitsch zu, „Sie sind doch jetzt an der Reihe, hinten zu sitzen!"

„Ich weiß, aber mir ist kalt", antwortete ich ausweichend und schlug die Tür der Kutsche hinter mir zu.

Lew Nikolajewitsch stand einen Augenblick verlegen da und setzte sich dann auf den Kutschbock.

Am nächsten Tag reiste Marija Nikolajewna wieder ins Ausland, wir kehrten nach Pokrowskoje auf unsere Datscha zurück, wo mein Vater und meine Brüder uns erwarteten.

Die letzten Jungmädchentage und meine Novelle

Mein ganzes bisheriges Leben hatte sich verändert. Äußerlich war noch alles gleich: die Umgebung, die Menschen, ich selbst. Doch eben nur äußerlich. Wo aber war mein eigentliches Ich geblieben, jenes Gefühl, das mich schon in Jasnaja Poljana und Iwizy ergriffen hatte und mich auch weiterhin beherrschte? Mein Ich war unabhängig von Raum und Zeit, frei, grenzenlos und allmächtig. Diese letzten Tage meiner Jungmädchenzeit waren von einer besonderen Lebenskraft und inneren Ergriffenheit bestimmt. Noch zweimal in meinem Leben sollte ich einen ähnlich lebhaften Aufschwung meiner seelischen Kräfte erfahren.

Diese Gefühlsregungen überzeugten mich stärker als irgend etwas sonst, daß die Seele ein selbständiges Leben führt, unsterblich ist und daß der Tod die Befreiung der Seele darstellt, die den Körper verläßt.

Lew Nikolajewitsch mietete sich in Moskau eine Wohnung bei einem deutschen Schuster.

In dieser Zeit nahmen ihn seine Schulprojekte sehr in Anspruch.[14] Die von ihm herausgegebene Zeitschrift „Jasnaja Poljana", die nur ein Jahr bestand[15], befaßte sich vor allem mit pädagogischen Richtlinien für die Volksschulen.

Er kam fast täglich zu uns nach Pokrowskoje. Manchmal brachte ihn unser Vater mit, der oft aus beruflichen Gründen in die Stadt fahren mußte. Einmal erzählte uns Lew Nikolajewitsch, daß er im Palast des Peter-Parks gewesen sei und durch den wachhabenden Flügeladjudanten wegen der Beleidigung, die ihm die völlig unbegründete Polizeidurchsuchung von Jasnaja Poljana zugefügt hatte[16], Zar Alexander II. einen Brief habe überreichen lassen. Es war der 23. August 1862. Der Zar weilte damals anläßlich der Manöver auf dem Chodyner Feld im Peter-Park.

Lew Nikolajewitsch und ich gingen oft spazieren und unterhielten uns; einmal fragte er mich, ob ich Tagebuch führe.

Ich konnte ihm eine bejahende Antwort geben, denn schon seit meinem elften Lebensjahr pflegte ich Aufzeichnungen zu machen; außerdem hatte ich im Alter von sechzehn Jahren eine Novelle geschrieben.

„Lassen Sie mich Ihre Tagebücher lesen", bat mich Lew Nikolajewitsch.

„Nein, das kann ich nicht."

„Nun gut, dann geben Sie mir die Novelle."

Ich überreichte ihm das Heft. Am nächsten Morgen fragte ich ihn, ob er die Novelle gelesen habe. Er antwortete mir ruhig und gelassen, er habe sie nur überflogen. Doch in seinem Tagebuch fand ich später folgenden Eintrag: „Sie ließ mich ihre Novelle lesen. Welch eine Energie der Wahrheit und Schlichtheit!"[17] Und dann erzählte er mir, er habe die ganze Nacht nicht geschlafen, weil ihn mein Urteil über eine Gestalt der Novelle, den Fürsten Dublizki, in dem er sich wiedererkannt habe, sehr tief betroffen hätte. Ich hatte geschrieben, der Fürst sei von „selten unansehnlichem Äußeren und sehr wechselhaft in seinem Urteil".

Als wir einmal besonders fröhlich und ausgelassen waren, wiederholte ich ständig ein und denselben albernen Satz: „Wenn ich einmal Zarin bin, werde ich dies oder jenes machen“ oder „Wenn ich einmal Zarin bin, werde ich dies oder jenes befehlen“. Vor der Veranda stand das Pferdekabriolett meines Vaters, aus dem gerade das Pferd ausgespannt worden war. Ich setzte mich in das Kabriolett und rief aus: „Als Zarin werde ich nur noch in solchen Kabrioletts fahren.“

Lew Nikolajewitsch ergriff die Wagendeichsel und zog mich wie ein Pferd im Trab und sagte: „So werde ich meine Zarin spazierenfahren.“ Wie kräftig und gesund war er!

„Lassen Sie das doch, das ist doch zu schwer für Sie!“ schrie ich. Aber ich war sehr vergnügt und freute mich, daß er so kräftig war und mich spazierenfuhr.

Was für zauberhafte Mondabende und Nächte! Wie heute sehe ich die Schonung vor mir im Mondschein und den Widerschein des Monds im nahegelegenen Teich. Diese Mondnächte waren stahlgrau, frisch, verliehen neue Kraft ... „Was sind das für phantastische Nächte“, sagte Lew Nikolajewitsch oft, wenn er mit uns auf dem Balkon saß oder in der Umgebung der Datscha spazierenging. Zwischen uns kam es nicht zu romantischen Liebeserklärungen; da wir uns schon lange kannten, gingen wir einfach und unkompliziert miteinander um. Und mir gelang es, noch ein wunderbares, freies, durch nichts verwirrtes Jungmädchenleben zu vollenden.

Lew Nikolajewitsch kam immer wieder zu uns. Wenn es spät wurde, forderten ihn manchmal meine Eltern auf, bei uns zu übernachten. Einmal – es war Anfang September – begleiteten wir ihn ein Stück auf seinem Nachhauseweg. Bevor wir uns von ihm trennten, trug meine Schwester Lisa mir auf, ihn zu ihrem Namenstag am 5. September einzuladen, ohne ihn jedoch über den Anlaß zu unterrichten. Ich bat ihn, uns an diesem Tag zu besuchen, mir gelang es aber nicht, meine Einladung geschickt zu formulieren. Er lehnte zunächst ab, wunderte sich und fragte dann: „Warum laden Sie mich denn gerade für den 5. September ein?“ Ich konnte seine Neugier nicht befriedigen, denn Lisa hatte mich ausdrücklich um Stillschweigen gebeten. Lew Nikolajewitsch versprach zu kommen. Über seinen Besuch freuten wir uns immer sehr, denn er war ein interessanter und unterhaltsamer Plauderer.

Zunächst bezog ich seine Besuche nicht auf mich, doch bald

merkte ich, daß meine Gefühle für ihn ernster wurden. Ich erinnere mich, daß ich einmal bewegt nach oben in unser Jungmädchenzimmer mit dem italienischen Fenster lief, das auf den Teich, die Kirche, all das blickte, was mir seit meiner Geburt vertraut war (ich bin in Pokrowskoje geboren). Ich stand am Fenster, mein Herz schlug heftig. Auch vor meiner Schwester Tanja, die das Zimmer betrat, konnte ich meinen Gemütszustand nicht verbergen.

„Was ist los mit dir, Sonja?“ fragte sie teilnahmsvoll.

„Je crains d'aimer le comte“, antwortete ich ihr schnell und ohne weitere Erklärung.[18]

„Wirklich?“ wunderte sich Tanja, die solche Gefühle bei mir nicht vermutet hatte. Sie machte sich sogar Sorgen, denn sie kannte mich gut und wußte, daß der Ausdruck „aimer“ für mich niemals bedeutete, mit einem Gefühl leichtfertig umzugehen, sondern eher zu leiden.

In Moskau

Zwischen dem 5. und 16. September reiste unsere ganze Familie nach Moskau. Wie immer, wenn wir die Datscha verließen und dem Leben auf dem Land den Rücken kehrten, kam mir Moskau langweilig, eng, verschlossen vor; ein beklemmendes Gefühl ergriff mich dann. Vor der Abreise pflegten wir möglichst viele der geliebten Plätze noch einmal aufzusuchen; in diesem Jahr nahm ich tatsächlich Abschied vom geliebten Pokrowskoje und damit zugleich von meinem unbeschwerten Leben.

Auch in Moskau besuchte uns Lew Nikolajewitsch fast täglich. Einmal ging ich abends ganz leise ins Schlafzimmer zur Mutter, die schon im Bett lag. Wie oft hatte Mamá, wenn wir von einer Abendeinladung oder aus dem Theater kamen, fröhlich gesagt: „Nun los, erzählt doch!“ Und wir erzählten ihr von dem Abend oder spielten ihr die einzelnen Rollen des Bühnenstücks vor. Diesmal aber waren wir beide bedrückt.

„Was hast du, Sonja?“ fragte mich meine Mutter.

„Ich habe ein Problem, Mamá. Alle glauben, daß Lew Nikolajewitsch nicht mich heiraten wird, aber alles spricht dafür, daß er mich liebt“, sagte ich zaghaft.

Ich weiß nicht, warum meine Mutter plötzlich böse wurde und mich barsch anherrschte: „Ständig bildest du dir ein, daß alle in dich verliebt seien. Du phantasierst doch bloß." Diese Reaktion auf meine Offenheit machte mich traurig, und seitdem vertraute ich meine Gefühle niemandem mehr an. Mein Vater war ebenfalls verärgert, daß Lew Nikolajewitsch uns so oft besuchte, ohne nach alter russischer Tradition um die Hand der ältesten Tochter zu bitten; darum verhielt er sich abweisend Lew Nikolajewitsch und unfreundlich mir gegenüber. Die Situation war gespannt und schwierig, besonders für mich.

Am 14. September sagte Lew Nikolajewitsch zu mir, er müsse mir etwas sehr Wichtiges mitteilen. Es war nicht schwer zu erraten, worum es sich handelte. An diesem Abend sprach er sehr lange mit mir. Während ich Klavier spielte, hatte er sich an den Ofen im Wohnzimmer gelehnt. Jedesmal, wenn ich das Spiel unterbrach, wiederholte er: „Spielen Sie, spielen Sie ..." Wegen der Musik konnten die anderen seine Worte nicht verstehen, aber meine Hände zitterten, die Finger verhaspelten sich, spielten vielleicht schon zum zehntenmal das Motiv des Walzers „Il Bacio", den ich auswendig gelernt hatte, um den Gesang meiner Schwester Tanja zu begleiten.

Einen Antrag machte mir Lew Nikolajewitsch an diesem Abend noch nicht, und ich erinnere mich nicht mehr genau an seine Worte. Dem Sinne nach sagte er, er liebe mich und wolle mich heiraten. Er erging sich aber nur in Andeutungen. Doch in sein Tagebuch schrieb er:

„12. September 1862. Ich bin verliebt. Daß man so lieben könnte, hätte ich nie geglaubt. Ich bin dem Wahnsinn nahe und werde mich erschießen, wenn das so weiter geht. Einen ganzen Abend war ich bei ihnen. Sie ist in jeder Beziehung ein prächtiger Mensch ..."

„13. September 1862 ... Morgen gehe ich hin, sobald ich aufgestanden bin, und mache ihr einen Heiratsantrag oder ich bringe mich um ... 4 Uhr nachts ... Ich habe ihr einen Brief geschrieben und werde ihn morgen übergeben, d. h. heute am 14. Mein Gott, wie fürchte ich mich zu sterben! Das Glück, und noch dazu dieses, scheint mir unmöglich. Mein Gott, hilf mir! ..."[19]

Am 16. September, einem Sonnabend, kamen abends mein Bruder Sascha und seine Kameraden. Im Speisezimmer tranken wir Tee und bewirteten die hungrigen Kadetten. Lew Nikolajewitsch verbrachte den ganzen Tag bei uns. Schließlich wartete er einen Augenblick ab, als keine fremden Blicke auf uns ruhten, und rief mich in das Zimmer meiner Mutter, in dem sich gerade niemand aufhielt.

„Ich wollte mit Ihnen sprechen", begann er, „aber ich konnte es nicht. Hier ist ein Brief, den ich schon einige Tage in der Tasche mit mir herumtrage. Lesen Sie ihn. Ich werde hier auf Ihre Antwort warten."

Der Antrag

Ich nahm den Brief und eilte in das Zimmer, das ich mit meinen beiden Schwestern teilte. So lautete der Brief:

„Sofja Andrejewna, ich halte es nicht mehr aus. Drei Wochen lang sage ich mir jeden Tag: heute gestehe ich ihr meine Liebe, und dann gehe ich doch wieder fort mit der gleichen Sehnsucht, dem gleichen Bedauern, mit Furcht und Glück im Herzen. Und jede Nacht, wie auch jetzt wieder, bedenke ich das Vergangene, quäle mich und frage mich: Warum habe ich nichts gesagt, und was hätte ich sagen können? Jetzt nehme ich diesen Brief mit, um ihn Ihnen zu überreichen, wenn es mir wieder nicht gelingt oder mein Mut nicht ausreicht, Ihnen alles zu sagen. *Die falsche Meinung* Ihrer Familie über mich besteht – wie mir scheint – darin, daß ich in Ihre Schwester Lisa verliebt sei. Das ist nicht richtig. *Ihre Novelle geht mir nicht aus dem Kopf:* Nach der Lektüre wurde mir klar, daß es mir – Dublizki – nicht zukommt, vom Glück zu träumen, daß Sie sehr hohe poetische Forderungen an die Liebe stellen ... daß ich den Mann nicht beneide, den Sie lieben werden. Ich glaubte, ich könnte mich an Ihnen freuen, wie man sich an Kindern freut. In Iwizy habe ich geschrieben: Durch Ihre Jugend fühle ich mich nur allzusehr an mein Alter erinnert. Doch schon damals habe ich mich belogen, und jetzt wieder. Damals hätte ich alles abbrechen, mich in die Einsamkeit zurückziehen und mich meiner Arbeit widmen sollen. Jetzt aber kann ich es nicht. Ich fühle, daß ich in Ihrer Familie Verwirrung gestiftet habe, daß ich Ihnen nicht mehr nur ein aufrichtiger Freund sein kann. Ich vermag nicht fortzugehen und traue mich doch nicht zu bleiben. Sie aufrichtiger Mensch, sagen Sie mir, Hand aufs Herz, ohne um Gottes willen etwas zu überstürzen, was soll ich tun? Was man verspottet, das macht einen zum Knecht. Hätte man mir vor einem Monat gesagt, daß man sich so quälen kann, wie ich mich jetzt quäle, und bei aller

Qual doch glücklich ist, hätte ich mich totgelacht. Sagen Sie mir *ehrlich,* wollen Sie meine Frau werden? Doch nur, wenn Sie von ganzem Herzen *ja* sagen können. Wenn aber auch nur ein Anflug von Zweifel in Ihnen ist, sagen Sie lieber: *nein.* Prüfen Sie sich gut. Für mich wird es schrecklich sein, das *Nein* zu hören, doch ich bin darauf gefaßt und werde in mir Kräfte finden, mit dieser Zurückweisung fertig zu werden. Doch wenn ich als Ehemann niemals so geliebt werde, wie ich liebe, wird es schrecklich sein."[20]

Ich las diesen Brief nicht sogleich aufmerksam bis zum Ende, sondern überflog ihn nur bis zu den Worten: „Wollen Sie meine Frau werden?" Als ich nach oben zu Lew Nikolajewitsch mit meinem „Ja" zurücklaufen wollte, kam mir meine Schwester Lisa in der Tür entgegen und fragte mich: „Was ist los?" „Le comte m'a fait la proposition", antwortete ich ihr schnell. Meine Mutter trat ein und erfaßte sofort die Situation. Sie nahm mich energisch bei den Schultern, drehte mich zur Tür und sagte: „Geh zu ihm und sag ihm deine Antwort."

Als ob ich Flügel hätte, rannte ich die Treppe hinauf, huschte am Speisezimmer, am Wohnzimmer vorbei, lief in das Zimmer meiner Mutter. Lew Nikolajewitsch stand in einer Ecke des Zimmers an die Wand gelehnt und wartete auf mich. Ich ging auf ihn zu, er ergriff meine Hände.

„Nun, wie ist es?" fragte er.

„Selbstverständlich ja", antwortete ich.

Einige Minuten später wußten es alle im Haus, welche Entscheidung ich getroffen hatte, und alle sprachen uns ihre Glückwünsche aus.

Der Namenstag, die Braut

Am 17. September hatten meine Mutter – Ljubow Alexandrowna – und ich Namenstag. Allen Moskauer Verwandten, Freunden und Bekannten, die zu uns kamen, um zu gratulieren, teilten wir meine Verlobung mit. Als der alte Universitätsprofessor, der meiner Schwester und mir Französischunterricht erteilt hatte, erfuhr, daß nicht meine ältere Schwester, sondern ich Lew Nikolajewitsch heiraten würde, rief er reichlich naiv aus: „C'est dommage, que cela ne fut Mlle. Lise, elle a si bien étudié."

Die kleine Katja Obolenskaja stürzte herbei, umarmte mich und sagte im Unterschied zu ihm: „Wie freue ich mich, daß Sie einen so guten Menschen und Schriftsteller heiraten!"

Ich war nur eine Woche lang verlobt: vom 16. bis 23. September. Man schleppte mich durch die Geschäfte, und ich probierte ohne innere Anteilnahme Kleider, Wäsche und den Kopfschmuck. Einmal brachte mir Lew Nikolajewitsch, der täglich zu uns kam, seine Tagebücher mit. Die Lektüre dieser Tagebücher, die er mir aus allzu großer Gewissenhaftigkeit vor der Eheschließung zu lesen gab, erschütterte mich. Hätte er es lieber nicht getan! Ich habe viele Tränen vergossen bei der Enthüllung seiner Vergangenheit.

Als Mamá einmal abends mit meinen Schwestern ins Theater fuhr, um „Othello" zu sehen, in dem der berühmte Aldrige die Hauptrolle spielte, bestellte sie auch für uns eine Kalesche. Ich erinnere mich noch ganz deutlich an mein Gefühl: Ich befürchtete, daß Lew Nikolajewitsch bald von mir, einem dummen, unbedeutenden jungen Mädchen, enttäuscht sein würde. Wir schwiegen fast während der ganzen Fahrt.

Einmal kam er, als ich gerade mit meiner Freundin Olga S.[21] in der Halle am Fenster saß und sie bitterlich weinte. Lew Nikolajewitsch wunderte sich:

„Sie tun gerade so, als ob man sie beerdigen würde", sagte er.

„Nun ist alles vorbei, Sie nehmen Sie mit sich fort, und für uns alle ist sie verloren", sagte sie auf französisch und konnte ihre Tränen nicht zurückhalten.

Diese Woche glich einem bedrückenden Traum. Für viele Menschen brachte meine Hochzeit Leid, Lew Nikolajewitsch aber drängte zur Eheschließung. Meine Mutter meinte, es müsse doch wenigstens noch das Allernötigste, wenn schon nicht die ganze Aussteuer, vorher genäht werden.

„Aber sie hat doch genug zum Anziehen", sagte Lew Nikolajewitsch, „sie ist überhaupt immer so elegant gekleidet."

In aller Eile wurde mein Hochzeitskleid genäht. Die Hochzeit wurde auf den 23. September, 19 Uhr, in der Hofkirche festgesetzt. Lew Nikolajewitsch kaufte eine prächtige Dormeuse, schenkte mir eine Brillantnadel und bestellte Photos meiner ganzen Familie. Er ließ sich auch selbst photographieren, und ich äußerte den Wunsch, dieses Photo in das goldene Armband einzufassen, das mir mein Vater geschenkt hatte. Lew Nikolajewitsch hatte außerdem viel Ärger und Aufregung mit Herrn Stellowski[22], dem er damals seine Werke verkauft hatte. Weder die Geschenke noch die Kleider versetzten mich in stürmische Begeisterung. Sie waren nicht besonders wichtig für mich, denn ich war ganz und gar erfüllt von meiner Liebe, von meiner Angst, daß Lew Nikolajewitsch mich nicht mehr lieben würde. Diese Angst blieb mein ganzes Leben lang in meinem Herzen, obwohl wir mit Gottes Hilfe diese Liebe in all den achtundvierzig Jahren unseres Ehelebens bewahren konnten.

Als Lew Nikolajewitsch und ich über unsere Zukunft sprachen, ließ er mir die Wahl, ob ich nach der Hochzeit weiterhin in Moskau bei den Verwandten leben oder ob ich zunächst ins Ausland bzw. gleich nach Jasnaja Poljana fahren wolle. Ich entschied mich für das letztere, um sogleich ernsthaft das Familienleben *zu Hause* zu beginnen. Lew Nikolajewitsch freute sich über meine Entscheidung.

Die Hochzeit

Und so kam der Tag der Hochzeit, der 23. September, herbei. Ich sah Lew Nikolajewitsch nur für einige Minuten. Wir setzten uns auf die bereits gepackten Reisekoffer, und er begann, mich mit Verhören und Zweifeln an meiner Liebe zu quälen. Ich hatte sogar den Eindruck, daß er fliehen wolle, weil er Angst vor der Heirat hatte.[23] Ich brach in Tränen aus. Da kam meine Mutter hinzu und wies ihn in heftigem Ton zurecht: „Mußt du sie ausgerechnet jetzt quälen?" fragte sie. „Heute findet die Hochzeit statt; Sofja ist ohnehin traurig zumute, weil sie sich von uns trennt; dann müßt ihr noch die Reise antreten, und nun ist sie ganz in Tränen aufgelöst." Lew Nikolajewitsch bekam offensichtlich ein schlechtes Gewissen und ging schnell fort. An diesem Tag aß er mit Wassili Stepanowitsch und Praskowja Perfiljew zu Mittag. Sie segneten ihn und geleiteten ihn in die Kirche. Timirjasew sollte Brautführer sein. Lew Nikolajewitschs Bruder Sergei war schon fortgefahren, um alles für unsere Ankunft in Jasnaja Poljana vorzubereiten.

Nach achtzehn Uhr begannen meine Schwestern und meine Freundinnen, mir beim Ankleiden zu helfen. Ich hatte ausdrücklich darum gebeten, daß kein Friseur kommen sollte, und richtete mir meine Haare selbst. Ich war in Wolken von Tüll gehüllt. Mein Kleid war duftig und zart und hatte nach der damaligen Mode ein tiefes Dekolleté und Ärmel. Meine Schultern und Hände waren mager und knöchern wie die eines noch nicht vollentwickelten jungen Mädchens. Als ich fertig angezogen war, warteten wir auf den Brautführer, der uns mitteilen sollte, daß der Bräutigam in der Kirche sei.

Es verging mehr als eine Stunde, niemand kam. Ich befürchtete plötzlich, Lew Nikolajewitsch sei geflohen – er hatte sich morgens so seltsam verhalten. Doch da erschien statt des Brautführers, aufgeregt und abgehetzt, der leicht schielende Diener Alexei Stepanowitsch, um aus dem Reisekoffer ein sauberes Hemd herauszunehmen. Bei den Vorbereitungen für die Hochzeit und die Abreise hatte man vergessen, ein frisches Hemd für den Bräutigam zurechtzulegen. Man hätte auch keines kaufen können, weil am Sonntag alle Geschäfte geschlossen waren. Es verging noch sehr viel Zeit, bis der Bräutigam das Hemd bekam, es anzog und in die Kirche fuhr. Doch endlich kam der Brautführer und teilte mir mit, daß der Bräutigam auf mich warte. Da begann das Abschiednehmen, Weinen und Schluchzen, und ich war völlig aufgelöst.

„Was sollen wir denn ohne unsere liebe kleine Gräfin machen?" sagte die Kinderfrau, die mich seit meiner frühesten Kindheit so genannt hatte, wahrscheinlich weil ich den Vornamen meiner Großmutter, der Gräfin Sofija Petrowna Sawadowskaja, trug.

„Ohne dich komme ich um vor Langeweile", sagte meine Schwester Tanja. Mein kleiner Bruder Petja blickte mich mit seinen traurigen schwarzen Augen an. Mutter mied meine Nähe und zwang sich, die Hochzeitsvorbereitungen abzuschließen. Die bevorstehende Trennung machte alle traurig.

Ich suchte meinen Vater, der sich nicht wohl fühlte, in seinem Arbeitszimmer auf, um mich von ihm zu verabschieden. Er war gerührt und ergriffen. Brot und Salz wurden bereitgestellt; meine Mutter, die die Ikone der Märtyrerin Sofija in der Hand hielt, und ihr Bruder Michail Alexandrowitsch segneten mich.

Schweigend fuhren wir zur Kirche, die in der Nähe des Hauses lag, in dem wir wohnten.[24] Lew Nikolajewitschs Tante Pelageja Iljinitschna Juschkowa und mein kleiner Bruder Wolodja, der die Ikone trug, saßen neben mir in der Kutsche. Ich weinte während der ganzen

Fahrt. Der Wintergarten und die Hofkirche Mariä Geburt waren prächtig erleuchtet. Im Wintergarten kam mir Lew Nikolajewitsch entgegen, er nahm meinen Arm und geleitete mich zur Kirchentür, wo uns der Geistliche erwartete, der uns an der Hand zu den Chorstühlen führte. Die Gäste waren schon in der Kirche. Es hatten sich aber auch viele Fremde eingefunden, die am Hof tätig waren. Im Vorbeigehen hörte ich, daß sie Bemerkungen über meine Jugend und mein verweintes Aussehen fallenließen. Zwei Geistliche nahmen feierlich die Trauungszeremonie vor, während die Chorknaben des Hofes sangen.

Die Hochzeit von Lewin und Kitty in „Anna Karenina"[25] ist nach unserer Trauungszeremonie erzählt. Lew Nikolajewitsch hat das äußere Zeremoniell ebenso treffend wie den psychologischen Prozeß in der Seele Lewins gezeichnet.

Ich hatte in den vergangenen Tagen so viele Aufregungen durchgemacht, daß ich wie gelähmt unter der Brautkrone stand. Ich hatte das Gefühl, es vollziehe sich etwas Unbestreitbares und Unausweichliches. Es geschah, was geschehen mußte, dabei gab es nichts mehr zu bedenken. Mein Bruder Sascha und sein ehemaliger Korpskamerad P.[26], der damals bereits Gardeoffizier war, waren meine Brautführer. Als die feierliche Handlung zu Ende war und uns die Gäste beglückwünscht hatten, fuhren wir – nun als Paar allein – in der Kutsche nach Hause. Lew Nikolajewitsch war sehr fürsorglich und offensichtlich glücklich ...

Bei uns im Kreml hatte man alle Vorbereitungen getroffen: Champagner, Obst, Pralinen usw. waren aufgetragen. Nur die Verwandten und die engsten Freunde nahmen daran teil. Anschließend zog ich mich um, und man half mir ins Reisekleid. Unser betagtes Zimmermädchen Warwara, von Doktor Anke, dem alten Freund meines Vaters, der stets zu Späßen aufgelegt war, „Auster" genannt, sollte mich nach Jasnaja Poljana begleiten. Geschäftig hastete sie mit Lew Nikolajewitschs Diener Alexei hin und her und packte noch die letzten Sachen ein.

Geleit und Abreise

Der Kutscher und die sechs Postpferde trafen ein. Die neue Dormeuse, die Lew Nikolajewitsch erst wenige Tage zuvor gekauft hatte, wurde angeschirrt, die schwarzen, spiegelblanken, verschnürten Reisekoffer auf der Kutsche festgebunden. Dann drängte Lew Nikolajewitsch zur Abreise.

Etwas bedrückend Quälendes schnürte mir die Kehle zu. Zum erstenmal wurde mir deutlich bewußt, daß ich mich *für immer* von meiner Familie, von all denen, die ich so sehr liebte, trennte. Aber ich zwang mich, meine Tränen zurückzuhalten. Ich begann, Abschied zu nehmen. Es war entsetzlich! Als ich mich von meinem kranken Vater verabschiedete, standen meine Augen voll Tränen. Auch Lisa war den Tränen nahe. Meine Schwester Tanja und mein Bruder Petja, der viel zuviel Champagner getrunken hatte – mit Absicht, wie er sagte, um nicht zu traurig zu sein – weinten laut und hemmungslos. Der Junge wurde ins Bett gebracht. Ich ging nach unten, küßte und segnete meinen kleinen zweijährigen schlafenden Bruder Wjatscheslaw, verabschiedete mich von der Kinderfrau Wera Iwanowna, die mich schluchzend umarmte, mich ins Gesicht, auf die Schultern küßte, wie es gerade kam. Die zurückhaltende alte Stepanida Trifonowna[27], die mehr als fünfunddreißig Jahre als Haushälterin bei uns gelebt hatte, wünschte mir Glück.

Die letzten Minuten waren die schlimmsten. Absichtlich hatte ich den Abschied von meiner Mutter bis zum Schluß hinausgezögert. Erst im allerletzten Augenblick, als ich schon in die Kutsche steigen sollte, warf ich mich ihr an den Hals. Wir mußten beide laut weinen. Diese Tränen drückten sowohl unsere gegenseitige Dankbarkeit aus für all das Gute, das wir uns gegeben hatten, als auch das Verzeihen von ungewollten Kränkungen, meinen Trennungsschmerz und den Wunsch meiner Mutter, ich möge glücklich werden. Als ich mich schließlich von ihr losriß und in die Kutsche stieg, ohne mich noch einmal umzudrehen, stieß sie einen herzzerreißenden Schrei aus, den ich mein ganzes Leben lang nicht vergessen habe.

Der Herbstregen strömte ohne Unterlaß; in den Pfützen spiegelten sich die trübe Straßenbeleuchtung und die Laternen der Kutsche, die gerade erst angezündet worden waren. Die Pferde scharrten ungeduldig mit den Hufen, der Kutscher trieb die Leitpferde an. Lew Nikolajewitsch schlug die Kutschentür zu, Alexei Stepanowitsch sprang auf den Rücksitz, und die betagte „Auster“ Warwara kroch auf den Nachbarsitz. Wir fuhren ab, die Pferde plantschten durch die

Pfützen. Von Müdigkeit und Kummer zerschlagen drückte ich mich in eine Ecke und weinte unaufhörlich. Lew Nikolajewitsch schien sehr verwundert, ja sogar verletzt und ohne Verständnis für mich. Er war ohne eine richtige Familie aufgewachsen, und da er ein Mann war, konnte er mich nicht verstehen. Er machte eine Anspielung, daß ich ihn offensichtlich zu wenig liebe, wenn mir der Abschied von meiner Familie so schwerfalle. Er konnte nicht begreifen, daß ich mit der gleichen Innigkeit, mit der ich meine Familie liebte, auch ihn und unsere Kinder später zu lieben imstande sein würde.

Als wir aus Moskau herausfuhren, wurde es dunkel und trostlos. Zum erstenmal in meinem Leben reiste ich zu dieser düsteren Jahreszeit. Es bedrückte mich, daß es kein Licht gab. Bis zur ersten Station – ich glaube, es war „Birjulewo“ – saßen wir stumm nebeneinander. Dort gab man uns jungen Adligen, die mit einem Sechsspänner vor der neuen Dromeuse angereist waren, die großen leerstehenden Zarenzimmer, die mit seidensamtbezogenen Möbeln schrecklich ungemütlich eingerichtet waren. Dann wurde der Samowar gebracht und Tee gekocht. Ich hatte mich in die Ecke des Sofas gedrückt und saß dort schweigend, wie verurteilt.

„Nun, was ist, bewirte uns, schenk den Tee ein“, sagte Lew Nikolajewitsch.

Ich entschuldigte mich und übernahm sofort meine Rolle als Hausfrau. Ich war aber verwirrt und hatte ständig vor irgend etwas Angst. Ich konnte mich nicht entschließen, zum „Du“ überzugehen, und vermied es, Lew Nikolajewitsch anzureden. Noch lange blieb ich beim „Sie“.

Die Ankunft in Jasnaja Poljana

Fast vierundzwanzig Stunden waren wir von Moskau nach Jasnaja Poljana unterwegs. Wir kamen erst gegen Abend des nächsten Tages an. Es war sehr seltsam. Ich war zwar *zu Hause,* aber wo? In Jasnaja Poljana.

Als ich die Treppe zu dem Haus, in dem ich ein halbes Jahrhundert leben sollte, hinaufstieg, standen vor der Tür Tante Tatjana Alexandrowna mit der Ikone „Zeichen der Gottesmutter“ in der Hand und Lew Nikolajewitschs Bruder Sergei mit Brot und Salz. Ich verneigte mich tief vor ihnen, bekreuzigte mich, küßte erst die Ikone und dann die Tante. Nachdem Lew Nikolajewitsch das gleiche getan hatte, gingen wir in das Zimmer der Tante, wo sich auch Natalja Petrowna befand. So begann mein Leben in Jasnaja Poljana. In den ersten achtzehn Jahren unseres gemeinsamen Lebens habe ich es fast nie verlassen.[28] Lew Nikolajewitsch vermerkte damals in seinem Tagebuch: „25. September 1862. Unfaßbares Glück! Es kann doch nicht sein, daß all das nur mit dem Leben endet!“[29]

Tagebücher

1862–1897

8. Oktober. Schreibe wieder Tagebuch. Es ist schon trostlos, die alte Gewohnheit wieder aufzunehmen, die ich seit meiner Hochzeit aufgegeben hatte. Früher schrieb ich immer dann, wenn mir das Herz schwer war. Und auch jetzt bin ich sehr traurig.

Zwei Wochen lang verlief zwischen meinem Mann und mir alles harmonisch – so schien es mir wenigstens. Ich konnte mich ihm anvertrauen und brauchte ihm nichts zu verheimlichen.

Seit meiner Kindheit habe ich mir vorgestellt, daß der Mensch, den ich später einmal lieben würde, völlig ungebrochen und *rein* sein sollte. Das waren natürlich Kinderträume, und doch kann ich mich noch nicht von ihnen trennen. Wie schön wäre es, wenn sich dieser Mensch stets in meiner Nähe aufhielte, sein Leben lang nur mich liebte, wenn ich all seine Gedanken kennte und wir beide nicht erst ein ausschweifendes Leben führten (*er* genausowenig wie *ich*), bevor wir zur Ruhe kommen und anständig werden. All diese Träume waren mir so lieb! Gleichsam um ihretwillen gewann ich P. lieb; oder anders gesagt: meine geliebten Träume übertrug ich auf P.[1]

Es fiel mir nicht schwer, mich zu verlieben und weiterzugehen. Ja ich bin überhaupt niemals stehengeblieben, sondern bin immer weitermarschiert, ohne lange nachzudenken. Aber seit meiner Heirat soll ich all meine Träume für Illusionen halten und sie aufgeben – und genau das kann ich nicht. Die Vergangenheit meines Mannes ist so schrecklich für mich – werde ich mich wohl jemals damit abfinden können?[2] Vielleicht wird in der Zukunft alles gut, wenn ich mir andere Lebensziele setze, wenn ich zum Beispiel Kinder bekomme, wie ich es mir so sehnlich wünsche. Vielleicht finde ich dann in ihnen jene sittliche Reinheit, jene Unverdorbenheit, die nichts mit der ausschweifenden Vergangenheit meines Mannes zu tun haben, die mich jetzt so sehr belastet. Er versteht nicht, daß für mich seine Vergangenheit ein ganzes Leben mit tausend verschiedenen Gefühlen darstellt, die nicht mehr mir gelten können, ebenso wie mir auch seine Jugend nicht mehr gehören kann, die er an weiß Gott wen verschwendet hat. Und er versteht auch nicht, daß ich nichts verschwendet habe, daß ich ihm alles gebe, vielleicht mit Ausnahme meiner Kindheit. Aber sogar die gehört ihm. Meine schönsten Erinnerungen sind die an meine unschuldige Kindheit. Und warum sollte ich mir mein erstes kindliches Gefühl für ihn vergällen lassen? Es war doch wirklich nicht schlecht. Er hat sein ganzes Leben seine Kräfte verschwendet, und erst jetzt ist es ihm gelungen, nach all dem Schlechten, das ihn in seinen Bann gezogen hat, dieses Gefühl der reinen Liebe zu finden, das ihm jetzt so stark und so gut vorkommt, weil es ihm nach so vielen Irrungen zuteil geworden ist. Natürlich ist auch meine Vergangenheit nicht völlig ungetrübt, doch das Böse hielt sich in Grenzen. Ihn freut es, wenn ich mich quäle, wenn er sieht, daß ich über seine Zweifel an meiner Liebe weine. Es wäre ihm lieber, daß auch ich so gelebt und genausoviel Schlechtes erfahren hätte wie er, damit ich jetzt das Gute besser zu schätzen wüßte. Instinktiv tut es ihm leid, daß ich so mühelos glücklich wurde, daß ich nach dem Glück griff, ohne mich zu besinnen, ohne zu leiden. Aber ich will nicht aus gekränkter Eigenliebe weinen. Ich möchte nicht, daß er sieht, wie ich mich quäle. Soll er doch denken, daß mir alles leichtfällt! Als gestern der Großvater[3] da war, ging ich absichtlich nach oben, um ihn zu sehen. Und bei seinem Anblick ergriff mich ein derart starkes Gefühl für ihn, daß ich auf ihn zugehen wollte. Doch ich dachte, wenn ich ihn anrühre, wird es schon nicht mehr so gut sein, es ist ein Frevel. Ich zeige nie meine Gefühle, ich bin nicht in der Lage, ihnen freien Lauf zu lassen. Ich habe soviel törichte Eigenliebe, daß sofort alles verdorben ist, wenn ich sehe, daß jemand auch nur ein wenig an mir zweifelt oder mich nicht versteht. Dann werde ich wütend. Und was macht er mit mir? Ich werde mich immer mehr von ihm zurückziehen und versuchen, ihm nicht das Leben zu verderben. Doch wie leid tut er mir in den Augenblicken, wenn Zweifel an der Echtheit meiner Gefühle ihn quälen. Dann verschleiern Tränen seine Augen, und sein Blick ist traurig und sanft. Ich könnte ihn in solchen Augenblicken mit meiner Liebe ersticken, doch sofort muß ich wieder denken: *er* hat *kein Vertrauen zu mir.* Und plötzlich hatte ich heute die Vorahnung, daß wir uns immer stärker voneinander absondern und zunehmend in verschiedenen Welten leben werden; meine Welt wird voller Traurigkeit, seine ohne Vertrauen, doch voller Aktivität sein. Unsere Beziehung kam mir tatsächlich gemein vor. Auch ich habe begonnen, an seiner Liebe zu zweifeln. Wenn er mich küßt, denke ich: „Er ist ja nicht zum erstenmal verliebt." Und dieser Gedanke verletzt dieses tiefe Gefühl, das mich zum erstenmal in meinem Leben ergriffen hat und nur ihm gilt und gelten soll. Doch er genügt diesem Gefühl nicht. Natürlich war auch ich verliebt, aber in meine Träume, während er in reale Frauen verliebt war, die hübsch waren, Persönlichkeit, ein Gesicht, ein Herz hatten, die er genauso liebte wie er mich jetzt liebt. Wirklich, das ist gemein. Und daran ist seine Vergangenheit schuld, nicht ich. Ich kann es Gott einfach nicht verzeihen, daß er es so eingerichtet hat, daß sich die Leute erst die Hörner abstoßen müssen, ehe sie anständige Menschen werden. Und was kann ich dagegen machen, daß es mir so schwerfällt einzusehen, daß auch mein Mann unter diese Kategorie von Menschen fällt? Er glaubt, daß ich ihn nicht liebe. Wenn ich ihn nicht liebte, würde ich mich nicht bei dem Gedanken quälen, wem früher seine zärtlichen Gefühle galten und wem sie in Zukunft gelten werden. Es ist eine schwierige, beinahe ausweglose Situation, wenn man einem Menschen, der aus der Überzeugung heiratete „ich konnte nicht anders, aber sie liebt mich nicht", beweisen muß, daß man ihn liebt. Und es gibt jetzt Augenblicke in meinem Leben, in denen mich ein Gefühl wehmutsvoller Trauer überkommt, wenn mich irgend etwas an seine Vergangenheit erinnert. In diesen Augenblicken fühle ich keine Liebe für ihn, ich kann mir sogar vorstellen, daß es für mich möglich wäre, ihn überhaupt nicht mehr zu lieben. Fühlt er sich dann wirklich wohl dabei, wenn ich weine und mir immer deutlicher bewußt wird, daß unsere Beziehung alles andere als unkompliziert ist? Das, womit die Katze spielt, bringt die Maus zum Weinen. Dieses Spielzeug ist aber nicht unzerbrechlich, und wenn es zerbricht, dann wird er selbst weinen. Ich kann das einfach nicht ertragen, daß er immer mehr an mir herumnörgelt. Und doch ist er ein lieber, guter Mensch, der alles Böse verabscheut. Ich habe immer mit jugendlicher Begeisterung das Gute geliebt, doch jetzt scheint alles in mir wie erstorben. Wenn ich nur ein wenig vergnügt bin, rügt er mich sofort und dämpft meine Freude.

9. Oktober. Gestern sprachen wir uns aus, ich war sehr erleichtert, wurde richtig vergnügt. Heute sind wir lange ausgeritten, und dennoch bedrückt mich etwas. Ich habe heute nacht so schlecht geträumt. Obwohl ich nicht ständig an den Traum denke, macht er mich doch traurig. Heute habe ich wieder an Mamá gedacht, auch das war traurig und doch zugleich schön. Ich trauere der Vergangenheit nicht nach, aber ich werde immer voll Wehmut an sie zurückdenken. Mein Mann ist offensichtlich ruhig, hat wieder Vertrauen zu mir. Ich sehe, daß ich ihm wirklich wenig Glück zuteil werden lasse.

Irgendwie schläft mein ganzes Ich, kann nicht aufwachen. Wachte ich endlich auf, dann wäre ich ein ganz anderer Mensch. Aber ich weiß nicht, was dazu nötig ist. Wenn er erkennen würde, wie sehr ich ihn liebe, dann könnte ich sprechen und ihm sagen, *wie* ich ihn liebe, dann wäre es mir möglich festzustellen, was ihn bewegt. Dann wüßte ich auch, wie ich ihn vollkommen glücklich machen könnte. Ich muß unbedingt sobald wie nur irgend möglich aufwachen. Dieser Schlaf ist im Sommer über mich gekommen, als ich aus Pokrowskoje nach Iwizy fuhr. In Moskau bin ich dann wieder eingeschlafen und seitdem noch nicht wieder aufgewacht. Irgend etwas bedroht mich ständig. Ich habe das Gefühl, daß ich bald sterben werde. Und das ist um so merkwürdiger, weil ich jetzt doch einen Mann habe. Ich höre, wie er schläft, für mich ist es schrecklich, allein zu sein. Aber er erlaubt mir nicht, zu ihm zu kommen, das macht mich traurig. Wie abstoßend ist die körperliche Liebe!

11. Oktober. Bin ganz furchtbar traurig. Ziehe mich immer mehr in mich selbst zurück. Mein Mann ist krank, hat schlechte Laune, liebt mich nicht. Ich habe das zwar erwartet, aber nicht gedacht, daß es so furchtbar würde. Und die anderen denken, ich sei wahnsinnig glücklich. Niemand weiß, daß ich unfähig bin, ihn oder mich glücklich zu machen. Wenn ich manchmal sehr traurig bin, denke ich: „Wozu lebst du überhaupt, wenn du dich selbst nicht wohl fühlst und es den anderen ebenfalls nicht gut geht?" Schrecklich, ständig dieser Gedanke. Er wird von Tag zu Tag immer kälter, ich dagegen liebe ihn immer mehr. Bald halte ich seine Kälte nicht mehr aus. Er ist aber ehrlich, wird mich nicht betrügen. Wenn er mich nicht mehr liebt, wird er keine Liebe vortäuschen, wenn er mich aber liebt, dann wird diese Liebe in jeder Bewegung sichtbar. Alles regt mich auf. Als heute Grischa von seinem *Papascha* sprach, hätte ich weinen können, so leid tut es mir, daß er nicht sein rechtmäßiger Sohn ist.[4] Denke dauernd an meine Lieben, wie leicht kamen wir miteinander zurecht, aber jetzt, ach Gott, es zerreißt mir das Herz. Niemand liebt mich:

Tantchen[5] mag mich, weil sie es für ihre Pflicht hält, mein Mann aber liebt mich überhaupt nicht mehr. Meine gute Mamascha, Tanja, sie waren so lieb zu mir. Warum habe ich sie nur verlassen? Der armen Lisa habe ich soviel Leid zugefügt, das quält mich, macht mich schrecklich traurig. Aber Ljowotschka ist wirklich ein guter Mensch, ich weiß ja, daß ich an allem schuld bin. Ich fürchte mich, ihm meine Traurigkeit zu zeigen, weil ich weiß, daß Ehemänner kein Verständnis dafür aufbringen. Oft tröste ich mich damit, daß alles vorübergeht. Doch diesmal geht nichts vorüber, es wird nur immer noch schlimmer. Papa hat geschrieben: „Dein Mann liebt Dich leidenschaftlich."[6] Ja, er liebte mich wirklich *leidenschaftlich*, aber die Leidenschaft ist schnell verraucht. Daran hat niemand gedacht, und nur ich ganz allein weiß, daß er in mich verliebt war, ohne mich zu lieben. Warum habe ich nicht bedacht, daß er für dieses Verliebtsein zeit seines Lebens mit einer ungeliebten Ehefrau zahlen wird? Warum nur habe ich ihn, den alle so lieben, zugrunde gerichtet? Ich habe ihn aus reinem Egoismus geheiratet. Ich sehe ihn an und weiß, was er denkt: Ich möchte sie lieben, aber ich kann es nicht.

So ist also diese Zeit dahingegangen wie ein Traum. Man hat mich zum Narren gehalten, als man mir sagte: „Mach dir keine Sorgen, du wirst schon sehen, wie schön alles wird." Ich habe meine ganze Energie und Tatkraft, um den Haushalt zu führen, eingebüßt. Jetzt könnte ich den lieben langen Tag mit den Händen im Schoß dasitzen und meinen trüben Gedanken nachhängen. Ich wollte arbeiten, konnte aber nicht. Wozu soll ich die Haube aufsetzen, die mir nur lästig ist? Am liebsten würde ich jetzt Klavier spielen, geniere mich jedoch, denn wenn ich oben spiele, hört es jeder, und das Klavier, das hier unten steht, ist verstimmt. Heute schlug er mir vor, hier zu bleiben, während er nach Nikolskoje fährt.[7] Ich hätte zustimmen müssen, ihn von meiner Gegenwart erlösen, doch dazu reichte meine Kraft nicht. Jetzt spielt er wohl oben vierhändig mit Olga. Überall sucht der Arme Zerstreuung, um sich von mir zu befreien. Wozu bin ich nur auf der Welt?[8]

13. November. Der 13., eine Unglückszahl, war mein erster Gedanke. Aber ich bin erleichtert, wenn ich mich mit ihm aussprechen kann. Ich Egoistin bin erleichtert, wenn er wieder bei mir ist und mich beruhigen kann. Ich finde einfach keine Beschäftigung für mich.

Er ist glücklich, weil er klug und begabt ist. Ich bin weder das eine noch das andere. Man kann nicht nur von der Liebe leben, doch ich habe einen so beschränkten Horizont, daß ich ausschließlich an ihn denke. Fühlt er sich einmal nicht wohl, gleich habe ich Angst, er könne sterben, und diese düsteren Gedanken lassen mich bestimmt drei Stunden lang nicht los. Ist er aber fröhlich, dann hoffe ich, diese Stimmung möge andauern, und das macht mich so glücklich, daß ich an nichts anderes mehr denken kann. Ist er aber nicht bei mir oder irgendwie beschäftigt, fange ich gleich an zu grübeln und horche, ob sich seine Schritte nähern. Wenn er endlich wieder da ist, versuche ich, seinen Gesichtsausdruck zu erforschen. An all dem ist bestimmt meine Schwangerschaft schuld. Ich bin jetzt in einer so merkwürdigen Verfassung, habe kaum Einfluß auf ihn. Es wäre nicht schwer, eine Arbeit zu finden, es gibt ja so viel zu tun. Zunächst einmal muß der ganze Kleinkram erledigt werden, dann gilt es, Höflichkeitsbesuche abzustatten, ein wenig Klavier zu spielen, einige unterhaltsame, aber nicht besonders geistreiche Bücher zu lesen und schließlich die Gurken einzusalzen. Ich weiß, wenn ich erst einmal mein müßiges Jungmädchenleben aufgeben und mich mit dem Dorfleben wirklich anfreunden werde, dann wird sich alles andere finden. Ich will und werde nicht in den gewohnten Trott der Langeweile verfallen. Hätte doch mein Mann größeren Einfluß auf mich! Es ist merkwürdig, wie sehr ich ihn liebe und wie wenig ich vorläufig seinen Einfluß spüre. Manchmal sehe ich wohl ein, daß dieses Leben gut ist, und ich freue mich, so viele Verpflichtungen zu haben. Aber diese Augenblicke der Einsicht verfliegen im Nu. Dennoch warte ich auf ihre Wiederkehr, denn ich weiß, wenn sich solche Augenblicke öfter wiederholen, setzt sich die Maschine in Gang, fange ich an zu leben, das heißt, tätig zu werden. Es ist seltsam, daß ich so überzeugt bin, daß diese Zeit wirklich kommen wird, fast genauso sicher, wie man weiß, daß die Feiertage kommen oder daß es Sommer wird. Dabei befinde ich mich jetzt wieder in einem so schläfrigen Zustand, daß selbst die Reise nach Moskau, der Gedanke an das Kind in mir keine freudige Erregtheit, nichts auslöst. Wenn ich bloß ein Mittel wüßte, das mich aus meiner Apathie reißen und mir neue Impulse geben könnte!

Schon seit langem habe ich nicht mehr gebetet. Früher gefiel mir sogar das religiöse Ritual. Manchmal habe ich, ohne daß es die anderen bemerkten, eine Kerze vor der Ikone angezündet, Blumen gebracht, die Tür geschlossen, mich hingekniet und stundenlang gebetet. Heute erscheint mir das komisch und dumm, und dennoch denke ich gern daran zurück. Alles ist so ernst geworden! Die Erinnerungen an meine Jungmädchenzeit sind noch ganz lebendig, und mir fällt es schwer, mich von ihnen zu lösen, und doch weiß ich, daß ich nicht mehr zurückkehren kann. In einigen Jahren aber werde ich mir eine ernsthafte Erwachsenenwelt als *Frau* geschaffen haben, in der mein Mann und meine Kinder ihren Platz haben werden. Und diese Welt wird mir dann besonders teuer sein, weil man Mann und Kinder stärker liebt als Eltern und Geschwister. Noch aber habe ich meinen Platz nicht gefunden, schwanke hin und her zwischen Vergangenheit, Gegenwart und Zukunft. Mein Mann liebt mich zu sehr, um mir meinen eigenen Weg zeigen zu können, ihn selbst zu finden, ist aber ungemein schwer. Aber er spürt auch, daß ich mich verändert habe. Nur Geduld, ich werde wieder wie früher sein, dabei aber mich zur Frau entwickeln. Ich werde wieder aufwachen, und auch er wird wieder mit mir zufrieden sein.

Ganz bestimmt werde ich in der vertrauten Umgebung in Moskau wieder lebhafter. Dann werde ich auch alles besser verstehen können und die positiven Seiten zu schätzen wissen, denn die Schwierigkeiten kommen im Augenblick durch mich. Ich wünsche mir nur, daß er meinen unerträglichen momentanen Zustand geduldig erträgt ... Jetzt zum Beispiel bin ich allein, eine tiefe Traurigkeit erfüllt mein Herz. Es ist schrecklich, allein zu sein. Ich bin das einfach nicht gewöhnt. Bei uns zu Hause war immer so viel Leben, hier ist alles tot, wenn er nicht da ist. Und er begreift das nicht, weil er fast immer allein war. Er ist an das Alleinsein gewöhnt, findet Zuflucht in seiner Arbeit, ist nicht auf die Anwesenheit lieber Menschen angewiesen. Ich werde mich mit der Zeit auch daran gewöhnen. Jetzt sind nirgends fröhliche Stimmen zu hören, alles ist wie ausgestorben. Und er wird böse, wenn ich ihm sage, daß es mir schwerfällt, hier allein ohne ihn zu sein. In dieser Beziehung ist er ungerecht; aber wie sollte er mich auch verstehen, er hatte keine richtige Familie. Ich will alles tun, damit er sich wohl fühlt, denn er ist ein sehr guter Mensch, viel besser als ich, deshalb liebe ich ihn ja so sehr, außer ihm gibt es für mich gar nichts mehr auf der Welt. Und ich langweile mich, weil mein Innenleben so arm ist und ich an ein lautes Leben gewöhnt war, hier aber Stille, ja Totenstille herrscht. Aber ich werde mich daran gewöhnen, schließlich gewöhnen sich die Menschen doch an alles. Später einmal werde ich ein fröhliches, lautes Haus führen, mich meinen Kindern widmen, aktiv und rege sein, mich an der Unbeschwertheit meiner Kinder freuen. Aber auch jetzt habe ich schon viel erlebt.

23. November. Ich verabscheue ihn, wenn er dem Volk soviel Bedeutung beimißt. Ich fühle, für ihn gibt es entweder mich, die ich einstweilen seine Familie repräsentiere, oder aber das Volk, das ihn, L., glühend liebt.[9] Das ist Egoismus. Was soll's. Ich lebe für ihn, durch ihn, komme seinen Wünschen entgegen, aber hier ist es zu eng und stickig für mich. Bin heute fortgelaufen, weil mir alles immer mehr zuwider wurde. Tantchen, die Studenten[10], Natalja Petrowna[11], die Räume, das Leben. Ich hätte lachen können vor Freude, als ich mich heimlich aus dem Haus stahl. L. selbst ist mir nicht zuwider, aber plötzlich begriff ich, daß er einen Standpunkt vertritt, den ich nicht teile. Für mich bedeutet das Volk nicht *alles* wie für ihn, andererseits bin aber auch ich für ihn nicht in dem Maße *alles*, wie er es für mich ist. Sehr einfach. Aber wenn ich für ihn nicht alles, kein *Mensch*, sondern nur eine *Ehefrau*, eine Puppe bin, dann kann und will ich nicht leben.[12] Natürlich habe ich noch keine eigene Aufgabe gefunden, bin aber nicht meiner Natur nach untätig, ich weiß nur einfach noch nicht, wo und was ich wirklich Sinnvolles tun kann. Er ist ungeduldig und verärgert. Gott befohlen! Ich fühle mich heute so wohl, so frei, weil ich für mich bin, er war finster, rührte mich aber, Gott sei Dank, nicht an. Ich weiß, daß er innerlich reich ist, ungewöhnliche Talente besitzt, ein Dichter ist, doch es erzürnt mich, daß ihn nur das Finstere beschäftigt. Manchmal möchte ich mich gern von seinem ein wenig belastenden Einfluß freimachen – belastend insofern, als ich seine Gedanken teile, alles mit seinen Augen betrachte. Doch so sehr ich mich auch anstrenge, ich kann mich nicht in ihn verwandeln, denn dabei verliere ich mich selbst. Doch ich mache mir einfach Sorgen um ihn. Ich bin schon nicht mehr die, die ich war. Ich bin sehr niedergeschlagen. Fortan werde ich immer fortgehen oder

-fahren, sobald ich Langeweile verspüre. Draußen erschien mir plötzlich alles so frei, obwohl ich ständig an ihn dachte: vielleicht läuft er mir nach, sucht mich, macht sich Sorgen. Da wurde ich traurig und kehrte um. Er hatte eine finstere Miene, und ich hätte beinahe angefangen zu weinen. Er sagt kein Wort zu mir, es ist schrecklich, mit ihm zu leben. Plötzlich begeistert er sich wieder für das Volk, ich aber existiere nicht mehr, denn er liebt mich nicht anders, als er die Schule liebte, die Natur, das Volk, vielleicht noch seine Schriftstellerei, eins nach dem anderen, bis wieder etwas Neues für ihn wichtig wird. Tantchen fragte, warum und wohin ich gegangen sei. Ich wollte sie ärgern; weil sie die Studenten verteidigt, sagte ich: „Weg von den Studenten." Dabei stimmt das überhaupt nicht, ich bin gar nicht böse auf sie, sondern schimpfe und klage nur aus alter Gewohnheit. Ich bin einfach weggelaufen, weil ich es nicht mehr ertrug, immer an der gleichen Stelle zu bleiben. Das kenne ich von zu Hause überhaupt nicht, dort hatte ich soviel Abwechslung! Aber hier sehe ich ohne Unterlaß immer wieder nur Tantchen, Natalja Petrowna und zur Abwechslung ab und zu die Studenten. Mein Mann gehört heute nicht mir, ist gemein. Er ist also nicht vorhanden. Könnte ich doch fortgehen, ganz weit weg, könnte ich doch sehen, wie es meinen Lieben zu Hause geht und dann wieder hierher zurückkommen! Jetzt werde ich noch ein bißchen Klavierspielen. Er badet gerade, heute ist er mir sehr fremd.

16. Dezember. Ich glaube, irgendwann tue ich mir noch etwas an aus Eifersucht: „Verliebt wie nie!" Dabei ist sie nichts als eine dicke weiße Bauersfrau, schrecklich.[13] Ich habe mit solch starkem Verlangen meinen Blick auf den Dolch und die Gewehre gerichtet! Nur ein Stich – es wäre ganz einfach. Bevor das Kind auf die Welt kommt. Sie ist hier, nur wenige Schritte entfernt. Ich fahre aus, kann ihr gleich begegnen. So also hat er sie geliebt! Könnte ich doch nur sein Tagebuch verbrennen und alle Spuren seiner Vergangenheit auslöschen!

Bin wieder zurückgekommen, alles ist noch schlimmer, habe Kopfschmerzen, bin verwirrt und sehr, sehr bedrückt. Draußen hatte ich das Gefühl von Freiheit und Weite. Wie gern würde ich großzügig denken, großzügig leben! Aber mein Leben ist kleinlich. Es ist schwer zu lieben. Aber oft liebe ich ihn so, daß mein Atem stockt, daß ich mein Leben dafür geben würde, könnte ich mir damit seine Liebe erhalten. Ohne ihn ist meine Welt eng und klein. Doch wir können unsere beiden Welten nicht zu einer einzigen zusammenfügen. Er ist so klug, aktiv, begabt, hat eine so schreckliche Vergangenheit, gegenüber der meine Vergangenheit kurz und bedeutungslos ist. Ich erschrak heute über die Reise nach Moskau. Dann fühle ich mich noch bedeutungsloser, weil ich weiß, daß es für mich nur hier in Jasnaja möglich wird, mein Leben mit meiner Familie ohne fremde Menschen so zu gestalten, daß ich damit zufrieden bin.

Ich las den Anfang seiner Werke: all die Stellen, die von Liebe und Frauen handeln, sind mir zutiefst zuwider. Ich möchte alles, alles verbrennen. Nichts soll mehr an seine Vergangenheit erinnern. Und weil ich aus Eifersucht schrecklich egoistisch geworden bin, täte es mir nicht leid um seine Werke. Könnte ich auch ihn umbringen und ihn später neu als den erschaffen, der er war, selbst das würde ich mit Freude tun.

1863

9. Januar. Noch nie in meinem Leben war ich so unglücklich und schuldbewußt. Nie hätte ich gedacht, daß ich so schuldig werden könnte. Ich bin so traurig, ersticke fast an meinen Tränen. Ich fürchte mich, mit ihm zu sprechen, wage nicht, ihn anzusehen. Noch nie war er mir so lieb und teuer, noch nie kam ich mir selbst so nichtswürdig und ekelhaft vor. Doch er zürnt nicht, liebt mich trotz allem, hat einen so sanften, erhabenen Blick. Ein solcher Mensch könnte einen vor Glück und Scham ersterben lassen. Ich fühle mich sehr schlecht. Die moralische Schuld, die ich auf mich geladen habe, machte mich physisch krank. Ich hatte solche Schmerzen, daß ich eine Fehlgeburt befürchtete. Wurde fast wahnsinnig. Habe den ganzen Tag gebetet, als könnte das meine Schuld rückgängig und ungeschehen machen. Wenn ich allein bin, fällt mir alles leichter, dann kann ich hemmungslos weinen, und ich habe ihn lieb. Aber wenn er da ist, quält mich mein Gewissen, quält mich sein sanfter Blick, sein geliebtes Gesicht, das ich seit gestern abend nicht mehr gesehen habe. Wie kann ich ihm überhaupt so etwas antun? Ich habe viel darüber nachgedacht, wie ich das dumme Wort[1] streichen oder stehenlassen, wie ich mich überhaupt in seinem Sinne bessern könnte. Ich kann ihn nicht noch stärker lieben, denn ich liebe ihn mit allen Kräften bis zum äußersten. Meine Gedanken gelten nur ihm, ich hege keinen anderen Wunsch als den, ihn immer zu lieben. Ich könnte ihn für nichts in irgendeiner Weise beschuldigen. Er bringt mir jedoch kein Vertrauen entgegen, meint immer, ich brauche Zerstreuungen, aber ich brauche nichts außer ihm. Wenn er nur wüßte, mit welcher Freude ich an die Zukunft denke, an die Zukunft ohne alle Zerstreuungen, gemeinsam mit ihm und allem, was ihm lieb ist! Ich bemühe mich sogar, das liebzugewinnen, was ich im Grunde nicht mag, wie zum Beispiel Auerbach[2]. Gestern aber war ich aus lauter Ausgelassenheit kapriziös wie noch nie zuvor. Habe ich wirklich einen schlechten Charakter oder sind meine Nerven bzw. die Schwangerschaft daran schuld? Doch es wird bestimmt besser, weil ich jetzt auf *unser Glück achten werde*, wenn ich es noch nicht ganz und gar zerstört habe. Es ist schrecklich, und es könnte doch alles so fröhlich und gut sein. Er ist jetzt gesund; was habe ich nur angerichtet. Tanja[3], Sascha[4] und Kusminski sind gekommen. Ich muß ständig weinen und will mich ihnen auf keinen Fall in diesem Zustand zeigen, sie sind noch Kinder, haben noch nicht geliebt. Wie sehr warte ich auf ihn. Gott, sind etwa seine Gefühle zu mir erkaltet? Jetzt ruht wirklich alles ganz und gar nur auf ihm. Ich bin so nichtsnutzig, und dieses Gefühl ist ungeheuer bedrückend. Es wird ihm sicher auch plötzlich bewußt werden, wie elend und nichtswürdig ich im Vergleich zu ihm bin.

11. Januar. Ich habe mich ein wenig beruhigt, weil er sich mir gegenüber aufgeschlossener zeigt. Doch das erfahrene Leid, die Wunde ist so frisch, daß die Erinnerung an sie einen stechenden physischen Schmerz in meinem Kopf auslösen kann. Physisch, weil ich spüre, wie dieser Schmerz durch alle Adern und Nerven läuft. Mit keiner Silbe erwähnte er mein Tagebuch, ich weiß nicht einmal, ob er es gelesen hat. Ich weiß, daß die Eintragung ekelhaft war und will sie deshalb nicht wieder lesen.

Ich bin völlig allein, mir ist unheimlich zumute; eigentlich möchte ich mir alles von der Seele schreiben, doch vor lauter Angst kann ich keinen klaren Gedanken fassen. Weil ich schwanger bin, habe ich Angst, mich zu erschrecken. Meine Eifersucht ist eine angeborene Krankheit, aber vielleicht kommt sie auch daher, daß ich mich ihm ohne jeden Rückhalt hingab, daß ich außer ihm nichts liebe, daß ich nur mit ihm und durch ihn glücklich werden kann. Deshalb befürchte ich, daß er mich verläßt. Dieses beklemmende Gefühl gleicht dem Bangen alter Leute um ihr einziges Kind, das ihr ausschließlicher Lebensinhalt ist. Man hat mir immer gesagt, ich sei überhaupt nicht egoistisch. Ich bin es sonst auch gar nicht, nur in diesem einzigen Punkt zeigt sich mein extremer Egoismus, es ist schrecklich. Doch ich liebe ihn so sehr, daß ich auch damit zurechtkommen werde. Doch ohne äußerste Beherrschung und Willenskraft werde ich das nicht schaffen. Es gibt oft Tage – so auch heute –, an denen ich ihn so liebe, daß es mir beinahe einen körperlichen Schmerz verursacht. Es tut mir weh, ihn anzusehen, anzuhören, mit ihm zusammen zu sein, wenn ich mich nicht richtig verhalten habe, so wie der Teufel den Heiligen scheut. Könnte ich doch irgend etwas für ihn tun, damit er mich wieder so liebte wie früher! Jetzt sind unsere Verdienste nicht ebenbürtig, auch aus diesem Grunde ist unsere Beziehung nicht gleichgewichtig. Natürlich sind Verdienste niemals gleichgewichtig – wenn wenigstens von meiner Seite weniger Bösartiges geschähe. Früher habe ich ihn irgendwie selbstbewußt geliebt, jetzt aber danke ich Gott und ihm für jedes gute Wort, jede Zärtlichkeit, jeden sanften, liebevollen Blick.

Jetzt lebe ich einfach so, warte auf nichts anderes und bin damit zufrieden. Irgendwie war ich stolz darauf, das Kind in meinem Schoß zu tragen und bald zur Welt zu bringen. Es ist doch das Schicksal von uns Frauen, das Gesetz der Natur. Doch jetzt gibt es diesen Trost nicht. Es gibt nichts außer meinem Mann, außer Ljowotschka, und mein einziges Verdienst ist, diesen Mann innig zu lieben. Er ist für mich das Teuerste auf der Welt.

14. Januar. Bin wieder allein, langweile mich. Doch zwischen uns ist wieder alles in Ordnung. Ich weiß weder, warum er, noch warum ich zur Versöhnung bereit waren. Sie kam ganz von selbst. Das aber weiß ich, daß das Glück mir wieder gewogen ist. Ich möchte nach Hause. Manchmal plane und träume ich, wie ich in Jasnaja Poljana *mit ihm* leben werde. Dabei stelle ich voll Traurigkeit fest, daß ich mich von meinen Lieben im Kreml abgewandt habe. Mir ist ganz deutlich bewußt, wie sehr sich meine Welt verändert hat, doch ich liebe sie genauso innig wie eh und je, vor allem Mamá, und manchmal tut es mir leid, daß ich nicht mehr bei ihnen bin. Ich gehe völlig in ihm auf, lebe nur für ihn, und dennoch bedrückt mich oft das Gefühl, daß ich doch nicht *alles* für ihn bin, daß er sich auch irgendwie über meinen Verlust trösten könnte, weil er viele „ressources" hat. Ich aber bin innerlich arm; habe ich mich einmal ganz hingegeben, dann vermag ich für mich selbst nichts anderes mehr zu entdecken.

Das Hotelleben bedrückt mich. Das einzige, was mich freut, ist, mit meinen Lieben und unbedingt mit *Ljowotschka* im Kreml zusammenzusitzen.[5] Ich weiß, daß es nur von mir abhängt, ob wir bald nach Hause fahren. Aber mir fehlt einfach der Mut, schon wieder von meinen Lieben Abschied zu nehmen, und ich bin auch zu träge, um irgend etwas zu unternehmen. Hatte heute nacht einen beängstigenden Traum. In einem riesigen Garten erhielten wir Besuch von den Dorfmädchen und den älteren Frauen aus Jassenki, sie waren herrschaftlich gekleidet. Als letzte erschien A.[6] im schwarzen Seidenkleid. Ich begann mit ihr zu sprechen, doch da überkam mich eine solche Wut, daß ich ihr Kind ergriff und es in Stücke riß. Ich raste, riß ihm ab den Kopf, die Beine. Da kam Ljowotschka, und ich sagte ihm, daß man mich jetzt nach Sibirien verbannen würde. Doch er sammelte nur alle Teile wieder zusammen und sagte: „Das ist doch nur eine Puppe." Da blickte ich hin und sah, daß alles tatsächlich nur aus Baumwollflocken und Glacéleder war. Selbst hier in Moskau quält mich der Gedanke an sie, die Eifersucht auf seine Vergangenheit, die ihn hindert, sich mir ganz hinzugeben. Die einzige Erfahrung, die er noch nicht hat, ist die, Vater zu sein.

Nun scheint er innerlich erstarrt zu sein, aber ich weiß ja, daß seine Seele niemals schläft. Es beunruhigt mich, daß er so abgenommen hat. Ich würde alles dafür geben, wenn ich in sein Herz sehen könnte. Er schreibt nicht einmal Tagebuch, das macht mich traurig.

Unbewußt wünsche ich mir manchmal törichterweise, meinen Einfluß auf ihn zu fühlen, d. h., einfach zu erleben, daß er auf mich hört. Doch er weist dieses Verlangen stets zurück, darüber bin ich froh; das geht auch vorbei.

17. Januar. Moskau. Ich war gerade verstimmt und verärgert darüber, daß er alle und jeden liebt, denn ich möchte, daß er nur mich liebt. Jetzt bin ich wieder zu mir gekommen und habe begriffen, daß ich wieder einmal meinen Launen nachhänge; gerade seine Güte und sein Gefühlsreichtum sind doch so schön an ihm. Aber immer wieder verspüre ich den brennenden Wunsch – und dieser Egoismus ist die Ursache meiner Launen, meines Kummers usw. –, daß er nur für mich leben, nur an mich denken, nur mich allein lieben sollte. Das aber habe nur ich mir selbst zur Regel gemacht. Sobald ich denke, daß ich diesen oder jenen liebe, sage ich mir sofort, daß das nicht stimmt, weil ich ausschließlich Ljowotschka liebe. Aber ich muß unbedingt etwas finden, was seiner Liebe zu seiner *Arbeit* gleichkommt, damit ich dann, wenn sein Gefühl für mich erkaltet, eine Beschäftigung habe, die mich ausfüllt. Diese Augenblicke hat es von vornherein gegeben, doch von nun an werden sie bestimmt immer häufiger werden. Es ist mir im Lauf der Zeit klargeworden, daß Ljowotschka keineswegs so im Detail über unsere Beziehungen nachzudenken braucht wie ich, da ich mich mit nichts anderem sonst beschäftige. Auf diese Weise werde ich, ohne es mir ausdrücklich zur Aufgabe zu machen, ganz unwillkürlich lernen, mit ihm umzugehen. Noch kann ich diese Erkenntnis nicht in die Tat umsetzen, aber ich bin zuversichtlich, es kommt mit der Zeit. Wahrscheinlich wird es in Jasnaja Poljana leichter sein, weil er dort fast allein mit mir und für mich lebt. Außer Tantchen und mir gibt es dort niemanden. Das Leben auf dem Gut habe ich sehr liebgewonnen, ich würde es gegen kein anderes eintauschen. Ich wäre bereit, alles dafür zu tun. Immer mehr werde ich mich darum bemühen, mein Leben besser zu organisieren, und ich hoffe, daß es mir gelingt.

Innerhalb des Hauses kann ich das; doch Ljowotschka ist auch auf andere Menschen angewiesen, und ich weiß nicht, wo ich die finden könnte, ich selbst liebe niemanden außer ihm. Doch wenn Ljowotschka es wünscht, werde ich jeden bei uns aufnehmen, Hauptsache, daß er sich nicht langweilt und zufrieden ist, dann wird er mich lieben, und mehr brauche ich nicht. Es ist schwierig, ohne Streit zu leben, aber ich will mich darum bemühen, denn er sagt zu Recht, daß sonst eine *Schramme*[7] zurückbleibt. Mein Unglück ist die Eifersucht. Darauf muß er Rücksicht nehmen, aber auch ich muß mich um Rücksicht auf ihn bemühen.

Er möchte mich nicht mitnehmen, weil ihm der Hut, die Krinolinen, alles lästig ist. Ohne ihn aber bin ich nur traurig. Es ist schrecklich, sich aufzudrängen. Dennoch bin ich sehr traurig darüber, daß er nicht dieses Verlangen nach ständiger Nähe empfindet, das in mir immer stärker wird. Ich warte sehnsüchtig auf ihn und habe mich deshalb wieder ans Schreiben begeben. Manche können in der Einsamkeit leben, doch für mich ist das Alleinsein schrecklich. Es ist mir durchaus bewußt, daß ich ihn eingeengt habe. Mamá liebe ich immer inniger und weiß doch, daß wir nicht zusammenleben können. Wie kommt es, daß ich mich Tanja jetzt nicht mehr so verbunden fühle? Die Trennung von meiner Familie war hart für mich. Ljowotschka versteht das nicht, es ist besser, daß ich nichts mehr dazu sage. Ich freue mich auf Tantchen. Ich habe bemerkt, daß ich sie besonders lieb habe, wenn ich mit Ljowotschka nicht über sie spreche. Er ist voreingenommen. Ich bin ihr gegenüber ungerecht, vielleicht sollte ich ihr gegenüber liebenswürdiger sein, denn schließlich hat sie Ljowotschka aufgezogen und wird auch meine Kinder mit aufziehen. Und es ist doch schön, durch Liebenswürdigkeit andere für sich zu gewinnen. Aber ich fürchte, daß mir ein solches Verhalten als Schmeichelei oder Heuchelei ausgelegt wird, obwohl es ja nichts mit Heuchelei zu tun hat, wenn man sich vor einer guten alten Frau zusammennimmt. Aber ich bin nur noch auf ihn eingestellt. Mich interessiert nichts außer *unserem* Leben, natürlich mit allen, die es teilen. Drei Uhr – er ist immer noch nicht da. Warum hat er dann versprochen, um diese Zeit wieder hier zu sein? Ist das gut, daß er unpünktlich ist? Wahrscheinlich ja, weil das heißt, daß er nicht kleinlich ist. Wenn ich ihn aber darauf anspreche, bricht er in Zorn aus, und ich fürchte mich. Ich weiche ihm dann möglichst schnell aus, damit er mich nicht gänzlich vernichtet. Dabei zerreißt mir fast das Herz.

29. Januar. Das Leben hier im Kreml beschwert mir das Herz, weil es mich an meine Jungmädchenzeit erinnert, als ich noch ein zielloser und untätiger Mensch war. Ljowotschka hat all meine Vorstellungen von den Aufgaben des Ehelebens zunichte gemacht, seitdem er mir zu verstehen gab, daß man sich als Ehemann oder Ehefrau nicht nur mit dem Familienleben zufriedengeben dürfe, sondern noch eine andere Aufgabe haben müsse. *Ich brauche nichts anderes als dich. Ljowotschka lügt immer.*[8]

3. März. Immer dasselbe Lied: bin allein und schreibe. Doch wenn ich allein bin, langweile ich mich nicht, weil ich mich bereits an diesen Zustand gewöhnt habe. Und außerdem bin ich glücklich, weil ich weiß, daß er mich liebt und mir treu ist. Wenn er zurückkehrt, ist er sehr nett, stellt mir ein paar Fragen und erzählt dann selbst. Mir fällt das Leben so leicht. Habe *sein* Tagebuch gelesen; ich bin glücklich[9], da seine Gedanken nur um mich und um die Arbeit kreisen, sonst beschäftigt ihn nichts. Gestern und heute ist er sehr angespannt, er schreibt und denkt in einem fort, und ich will ihn nicht stören. Ich freue mich, daß er schreibt. Wollte heute zum Gottesdienst fahren, blieb aber lange zu Hause und betete. Seit meiner Heirat ist mir das Rituelle und Heuchlerische noch mehr zuwider. Mit all meiner Kraft möchte ich mich der Führung des Haushalts widmen und etwas *Sinnvolles* beginnen. Weiß aber nicht, was. Aber das kommt noch. Denn es ist doch ekelhaft, sich selbst und den anderen vorzuspielen, daß man stets in eifriger Tätigkeit ist. Ja und wozu sollte ich irgend jemandem etwas vorspielen? Manchmal weiß ich, was ich tun und wie ich meine Zeit nutzen könnte, dann aber verzettele ich mich wieder. Das ist jetzt mein Leben, und hier werde ich meine *Aufgabe* finden, mehr brauche ich nicht. Doch als ich gefragt wurde, was ich bräuchte, wußte ich nicht darauf zu antworten. Ich glaube, daß ich Tantchen nicht wirklich liebe. Das macht mich traurig. Ihr Alter rührt mich nicht, im Gegenteil, es versetzt mich oft in Zorn. Das ist bösartig. Sie ist oft so verärgert und unnatürlich. Mit allem, worüber ich früher schimpfte, habe ich mich ausgesöhnt: mit den Studenten, dem Volk und auch mit Tantchen. Ich freue mich, daß Ljowotschka starken Einfluß auf mich ausübt.

26. März. Ich fühle mich schlecht, apathisch. Er ist seit dem Morgen in Tula, aber mir kommt es vor, als hätte ich ihn schon einen Monat lang nicht gesehen, als wäre mein Glück schon längst entschwunden. Selbst wenn ich ihn leibhaftig vor mir sehe, erscheint er mir unwirklich wie ein Gespenst. Im Augenblick empfinde ich auch kein Gefühl der Liebe für ihn, obwohl sich für mich alles auf dieses Gefühl gründet. Es bedrückte mich, über den Hof zu gehen. Kranke,

Unglückliche, alle klagen. Wer krank ist, hat auch Sorgen. Aber ich bin bestürzt darüber, daß es so viele verschlagene Menschen gibt. Tantchen ist ruhig und ausgeglichen, aber ich habe es schwer mit ihr, weil sie alt ist. Ich habe lange an meine Lieben gedacht. Oft bin ich traurig, nicht bei ihnen zu sein, aber ich trauere niemals meinem früheren Leben nach. Es ist schon alles gut, so wie es jetzt ist. Manchmal habe ich Angst, ihn zu lieben. Ein solches Glück ist so unbeständig. Es peinigt und beunruhigt mich, daß er noch nicht da ist. Erst fahre ich nicht mit ihm, dann mache ich mir Vorwürfe und denke, es wäre doch besser gewesen, wenn er zornig geworden und ich ihm zur Last gefallen wäre. All das wäre besser, als jetzt hier mit meiner Qual allein zu sitzen. Immer das gleiche. Er kommt nicht nach Nikolskoje, und ich werde hier verrückt. Wie langsam hier die Zeit verstreicht! Gerade war Tantchen da, küßte mir die Hand. Warum? Ich war sehr gerührt. Sicher ist sie ein guter Mensch, es tut ihr leid, daß ich hier allein bin, und wenn sie verstimmt ist, kommt das sicher von der Galle. Ich aber bin noch jung und sollte über diese kleinen Schwächen hinwegsehen, manchmal bekomme ich ein schlechtes Gewissen wegen meiner Ungeduld und Unwilligkeit ihr gegenüber.

Er war gestern abend gekränkt, sagte es aber nicht direkt. Das heißt aber doch, daß zwischen uns keineswegs alles ganz unkompliziert ist. Ich möchte ihm immer möglichst sofort sagen, was mich ärgert oder bedrückt, scheue mich jedoch manchmal davor. Ich bin verwöhnt, weil Ljowotschka mir einfach zu viel Glück beschert. Ich liebe seine Fröhlichkeit, seinen Mißmut, seinen Gesichtsausdruck, seine Milde, seine Härte. Jetzt empfinde ich es als angenehm, hier zu sitzen und fast zwangsläufig zu schreiben in Gedanken an ihn. Ich überdenke noch einmal alles, stelle ihn mir in ganz unterschiedlichen Situationen mit ganz unterschiedlichem Mienenspiel vor. Es ist immer fast schmerzlich schön, wenn er zurückkehrt. So sehr er mich auch zu überzeugen versucht, weiß ich doch, daß er mich nie in dem Maße lieben kann, wie ich ihn liebe. Würde er mich etwa je mit so quälender Ungeduld erwarten?

1. April. Ich fühle mich nicht wohl, bin traurig. Ljowa ist fortgefahren. Daß ich nicht aus meinem Inneren schöpfen kann, ist ein großer Mangel. Innerer Reichtum ist unbedingt erforderlich. Das

Wetter ist sommerlich schön, meine Stimmung jedoch sommerlich traurig. Welch eine Öde und Einsamkeit! Ljowotschka kümmert sich um seine Angelegenheiten, die Gutswirtschaft, ich um gar nichts ... Wozu wäre ich denn überhaupt fähig? Man kann doch nicht nur so einfach dahinleben. Ich würde so gern etwas Sinnvolles tun. Früher wollte ich im Frühjahr, in dieser herrlichen Jahreszeit, immer etwas unternehmen, irgendwohin fahren, träumte Gott weiß wovon. Jetzt aber empfinde ich diese Sehnsucht nicht mehr, weil ich unwillkürlich weiß, daß ich bereits alles gefunden habe, daß es nichts mehr zu suchen gibt. Und dennoch ist es manchmal ein wenig langweilig. Viel Glück, aber wenig Beschäftigung. Und mit der Zeit stumpft man gegen alles Gute ab, wenn man keine Abwechslung hat. Träume und Phantasien müssen der Arbeit weichen, das Leben in der Phantasie muß vom Leben in der Gegenwart abgelöst werden. Es ist alles so eintönig, ich bin wütend über mich selbst.

8. April. Ich habe ihm auf dem Gut geholfen; Ljowotschka war mit vollem, ich mit halbem Ernst dabei. Es war gut, wichtig, interessant und erfreulich, mit ihm zusammenzuarbeiten. Er ist ein wenig bedrückt, hat Sorgen, ist nicht ganz gesund. Das quält mich. Ich will ihn nicht merken lassen, wie besorgt ich über seinen Gesundheitszustand, über seinen Blutandrang im Kopf, bin. Unwillkürlich drängt sich mir der schreckliche Gedanke auf, daß unser unerhörtes Glück nicht dauerhaft sei, sondern daß es sich plötzlich wenden könnte. Ich fürchte ... ach, das ist zu dumm, das kann ich nicht aufschreiben. Hoffentlich weicht diese Angst bald. Sie vergiftet mein Leben.

Ich freue mich, daß wir Bienen gekauft haben. Die Gutswirtschaft ist interessant, aber anstrengend. Die Auerbachs sind ziemlich langweilig, ich vermisse niemanden. Frau Auerbach hat diesen Zweifel in mir aufkommen lassen. Aus irgendeinem Grund tut sie mir leid. Ob sie ihren Mann liebt? Doch jedes *Ehemysterium* bleibt unzugänglich. Irgend etwas bedrückt Ljowa. Er gibt sich nicht mehr so natürlich, ist verschlossener geworden. Oder sind die Kopfschmerzen daran schuld? Fehlt ihm irgend etwas? Ich würde alles für ihn tun, was in meinen Kräften steht. Jetzt ist er nicht da, ich fürchte, daß er noch verstimmter wieder zurückkommt. Rückblickend wird mir noch deutlicher bewußt, wie schrecklich ich ihn liebe, denn ich fühle, daß ich zu jedem Opfer für ihn bereit wäre.

10. April. Er ist fortgefahren, um Papá in Tula abzuholen. Ich vergehe fast vor Sehnsucht. Habe seine Briefe an W. A. erneut gelesen. Er war noch jung, liebte nicht sie, sondern die Liebe und das Familienleben. Aber wie gut erkenne ich ihn in all dem, seinen Regeln, seinem wundervollen Streben nach dem Guten, Untadeligen, er ist ein so lieber Mensch! Und bei der Lektüre seiner Briefe empfand ich keine Eifersucht, mir schien, es wäre gar nicht er, noch viel weniger W., sondern irgendeine geliebte Frau, eher *ich* als W. Habe mich in ihre Welt versetzt. Sie ist hübsch, innerlich hohl in ihrer Jugendlichkeit (natürlich nur im moralischen Sinn), er aber schon der, der er jetzt ohne die Liebe zu W. ist, die Liebe und das Gute liebend. Deutlich stand Sudakowo vor mir, das Klavier, die Sonaten, das hübsche schwarze Köpfchen, vertrauensselig und ohne Arg. Ihre Jugend (halte ich mich jetzt etwa selbst schon für alt?), die Natur, die Dorfeinsamkeit – all das ist mir vertraut, und ich werde dabei nicht traurig. Dann las ich, welche Vorstellungen er vom Familienleben hatte. Er war noch so jung und konnte nicht wissen, daß ein vorausgeplantes Glück im nachhinein sich als trügerisch und wechselhaft erweisen kann. Aber es sind sehr schöne Träume.[10]

24. April. Ljowa ist entweder alt oder unglücklich. Sollte ihn wirklich außer den Finanzen, der Gutswirtschaft und der Branntweinbrennerei absolut nichts anderes mehr interessieren?[11] Wenn er gerade einmal nicht ißt, schläft oder schweigt, läuft er ständig geschäftig auf den Feldern herum, immer allein. Und ich langweile mich, weil ich allein, ganz allein bin. Das einzige Zeichen seiner Liebe ist ein Handkuß und die Tatsache, daß er mir nichts Böses antut.

Das Wetter ist wunderbar, aber mich quält irgend etwas. Früher wußten Tanja und ich ganz genau, was das heißt: Frühjahr, Sommer ... Wir haben uns gemeinsam gefreut, und zwar um so mehr, wenn wir gleich dachten, gleich fühlten, ohne uns ständig vor Augen zu halten, was die Fabrik kostet und welche Geräte nötig sind. Das ist doch schrecklich langweilig! Ich freue mich schon jetzt darauf, daß sie kommt. Denn es geht mir nicht gut mit Ljowa. Es ist mir peinlich und unangenehm, meine Gedanken zu äußern. Ich weiß nicht, woher das kommt. Ich habe doch kein schlechtes Gewissen, bin ihm gegenüber ohne jede Schuld. Ich schreibe hier meine Gedanken auf und mich stößt die Vorstellung ab, er könne meine Aufzeichnungen lesen. Fürchte mich sehr, ihn zu lieben, fürchte mich, er könne erkennen, daß ich ihm, wie mir scheint, zuwider bin, daß ihm der Sinn nicht nach mir steht. Wahrscheinlich wird man mich fragen, was ich überhaupt will, aber das weiß ich ja selbst nicht. Es geschieht alles ganz von selbst.

25. April. Den ganzen Morgen die gleiche Langeweile, die gleiche Vorahnung, daß irgend etwas Schreckliches geschehen wird. Ljowa gegenüber unverändert zaghaft. Weinte wie eine Verrückte, ohne zu wissen warum (wie immer). Und dennoch wußte ich ganz genau, daß ich aus einem ganz bestimmten Grund weinte. Ich könnte sogar sterben, wenn ich wüßte, daß Ljowa mich nicht mehr so wie früher liebt. Wollte heute auch nicht schreiben, doch jetzt bin ich hier unten allein und gehorche der alten Gewohnheit, alles aufzuschreiben. Wurde gestört.

29. April, abends. Eine Kleinigkeit machte mich schrecklich wütend: die geschickten Sachen. Kämpfe schrecklich mit mir selbst, um nicht wütend zu sein. Heute gelang es. Ich empfinde zärtliche Zuneigung zu Ljowa, jedoch wegen meines Kleinmuts zugleich auch ein wenig Scheu, mir selbst gegenüber Ekel. Das war schon lange nicht mehr. Möchte schrecklich gern zu den Bienen, den Apfelbäumen, nach der Wirtschaft sehen[12], tätig sein, doch immer wieder überfällt mich eine gewisse Schwere und Müdigkeit der Glieder, Erschöpfung. Eine innere Stimme sagt mir: Bleib still sitzen, paß auf deinen Bauch auf. Leider äußert sich Ljowa abfällig über diese Gebrechlichkeit, als sei ich an dieser Schwangerschaft schuld. Aber ich kann ihm ja auch wirklich nichts helfen. Noch aus einem zweiten Grund (nichts als die Wahrheit soll im Tagebuch stehen) ekle ich mich vor mir selbst. Ich habe mich aufrichtig darüber gefreut, daß W. W.[13] in mich verliebt war. Hätte ich es denn gern, daß auch jetzt jemand in mich verliebt sei? Ekelhaft, wie nichtig das ist. Und schon muß ich darüber lachen. Nichts als Ekel und äußere Verachtung. Ljowa entfernt sich immer mehr von mir. Schrecklich, wie wichtig für ihn die körperliche Liebe ist! Für mich trifft eher das Gegenteil zu. Aber seelisch ist er mir *treu*, das ist das Wichtigste.

8. Mai. An allem ist die Schwangerschaft schuld, ich fühle mich physisch und seelisch elend. Ich fange an zu kränkeln und langweile mich schrecklich, fühle eine große Leere und Traurigkeit. Für Ljowa existiere ich nicht. Ich merke, daß er meinen Anblick nicht ertragen kann, und darum bemühe ich mich jetzt vor allem darum, ihn in Ruhe zu lassen und mich aus seinem Leben zurückzuziehen. Aufgrund meiner Schwangerschaft kann ich ihm überhaupt keine Freude bereiten. Welch bittere Wahrheit, daß eine Schwangerschaft die Liebe des Ehemanns zu seiner Frau auf die Probe stellt! Er ist bei seinen Bienenstöcken, ich gäbe Gott weiß was dafür, könnte ich auch dorthin, tue es aber nicht, weil ich so schreckliches Herzklopfen habe, dort kaum sitzen kann, es bald ein Gewitter gibt, mein Kopf schmerzt und ich furchtbar traurig bin. Möchte weinen und ihm zugleich nicht zur Last fallen, zumal er selbst krank ist. Meistens fühle ich mich nicht mehr wohl in seinem Beisein. Wenn er manchmal noch für kurze Augenblicke freundlich zu mir ist, dann wohl vor allem aus alter Gewohnheit. Obwohl er mich nicht liebt, fühlt er sich irgendwie verpflichtet, die alten Beziehungen aufrechtzuerhalten. Er würde sich sicher auch nur ungern eingestehen, daß er mich früher, vor gar nicht so langer Zeit, geliebt hat, daß diese Liebe aber erloschen ist. Wenn er wüßte, wie sehr er sich verändert hat! Wenn er in meiner Haut steckte, würde er begreifen, was es heißt, so leben zu müssen. Aber ich bin völlig hilflos. Die Liebe wird noch in ihm erwachen, wenn ich niederkomme, wie das bei Männern üblich ist. Das ist das schreckliche übliche Gleis, auf dem sie alle fahren. Und zu allem Unglück liebe ich ihn sehr, noch inniger als früher. Werde ich dann auch einmal auf dieses Unglücksgleis geraten?

12. Mai. Er versprach, um zwölf Uhr hier zu sein, jetzt ist es bereits zwei. Es wird ihm hoffentlich nichts zugestoßen sein? Macht ihm das denn Spaß, mich so zu quälen? Aus Mitleid würde man doch selbst einen Hund nicht wegjagen, der immer um einen herum schleicht. Mamás Geschick im ersten Ehejahr glich ein wenig dem meinen. Ihr ging es nicht gut, doch Papá fuhr zu seinen Patienten und spielte Karten. Ljowa durchwandert seine Ländereien. Auch Mamá war allein, unglücklich, schwanger und krank. Mit dem Verstand kann man nie etwas begreifen, bis man es nicht selbst erfährt. Die Jugend ist viel weniger eine Zeit des Glücks als des Unglücks (wenn man verheiratet ist). Man kann doch nicht nur mit der Nadel in der Hand dasitzen oder Klavier spielen und *allein,* völlig allein sein mit dem Gedanken oder der Überzeugung, daß man vom eigenen Mann nicht mehr geliebt wird und seine Sklavin ist. Mamá sagt, daß es für sie viel leichter und schöner wurde, als sie Kinder hatte, auf die sie sich ganz konzentrieren konnte. Und es ist ja auch so. Ich bin einfach deswegen so ekelhaft und störrisch, weil ich mich allein langweile und bereits seit zwölf Uhr ängstlich und aufgeregt auf ihn warte. Er ist bösartig, in ihm ist nicht das kleinste Fünkchen Mitleid, das doch jeder einigermaßen gute Mensch für eine leidende Kreatur empfindet.

12. Mai. Habe an mir gearbeitet, gegen die Langeweile angekämpft, wurde zwar nicht fröhlich, doch zumindest ruhig und gelassen.

22. Mai. Kommt man hier ins Arbeitszimmer, ohne an etwas zu denken, dann läuft es einem kalt über den Rücken. Stellt man sich jedoch den geistigen Prozeß vor, der sich hier vollzieht, dann ist es gerade umgekehrt. Ich empfinde jetzt Kälte und Langeweile bzw. Angst. Angst vor dem Tod, Angst davor, daß alles plötzlich vorbei sein könnte. Es gibt kein Leben. Keine Liebe, kein Leben. Gestern lief ich in den Garten voll Angst vor einer Fehlgeburt. Aber ich habe eine eiserne Konstitution. Er vermag jetzt niemanden zu lieben, ist krank. Wenn er wieder genesen ist, wird er sich schrecklich fühlen. Überhaupt haben alle phantasiebegabten Menschen wenig Vitalität. Man kann sich tausend verschiedene Welten *ausdenken,* doch *leben* muß man in seinem engsten Kreis. Ich habe den meinen liebgewonnen, verlange nach keinem anderen, er aber ist dessen überdrüssig, hat schon wieder neue Wünsche. Bin heute davon überzeugt, daß ich außer ihm nichts brauche. Doch wie oft war ich davon schon überzeugt! Mamá sagte oft, es gäbe nichts Schlimmeres, als einen Ehemann am Rockzipfel festhalten zu wollen. Sie hat recht. Ich will für sie beten, sie hat viel durchgemacht. Das Leben ist schwer, fordert viel. Und man muß sich beizeiten überlegen, wie man das eigene Leben einrichten will. Vor meiner Heirat pflegte ich zu sagen, das Beste sei, ohne Liebe zu leben, denn ich wußte genau, daß ich nicht imstande bin, nur ein wenig zu lieben, daß aber eine große Liebe mir viel Leid bescheren würde. Tanja hat das verstanden, auch sie wird nicht ohne Leid glücklich werden. Jetzt aber ist sie jung und vernügt und freut sich ihres Lebens. Irgendein Mann wird aber auch ihren kindlichen Trotz brechen. Sie gibt sich jedoch nicht leicht mit einem kargen Leben zufrieden. Es ist schwer, sich selbst zu überwinden. Aber sie vermag mehr Liebe zu erwecken als ich. *Ich selbst bringe mir unwillentlich Schrammen bei* und muß teuer dafür bezahlen. Jede Schramme kostet mich Leben, d. h. ein wenig Kraft, ein wenig Jugend, Energie und Fröhlichkeit und verstärkt dabei den Abscheu vor mir selbst. Und diese Schramme läßt sich nie wieder auslöschen. *Seine* Liebe muß behütet werden, sie wird immer schwächer, vielleicht ist sie schon ganz erloschen. Ich bin besessen von diesem Gedanken, schrecklich. Bin seit gestern krank, habe Angst vor einer Fehlgeburt, und dennoch bereitet mir dieser Schmerz im Leib fast Genuß. Hatte man als Kind etwas Böses getan, verzieh die Mamá, doch man kann sich selbst nicht verzeihen, man krallt die Nägel solange ins Fleisch, bis es schmerzt. Der Schmerz wird immer unerträglicher, aber man erträgt ihn doch mit unbeschreiblicher Lust. In Zeiten wie diesen stellt man die Liebe auf die Probe. Die Stimmung wird sich wieder bessern, ich werde gesund werden, und alles wird seinen gewohnten Gang gehen, sobald das Kind da sein wird – doch dann kommt auch die körperliche Lust wieder – wie widerlich.

Er wird denken, daß er mich wieder liebt, doch es wird nur eine verblaßte Erinnerung an die Liebe sein. Es wird wieder Krankheit, Langeweile und Mißerfolge geben, zudem eine ungeliebte Ehefrau, die ständig dem Ehemann unter die Augen tritt – solch ein Leben steht ihm bevor. Mich aber wird es nicht mehr geben. Früher habe ich ihn geliebt, und es war mir ein Trost zu wissen, daß auch er mich liebte. Was für eine Törin war ich! Nichts als Qualen habe ich mir damit bereitet. Und alles langweilt mich. Die Uhr schlägt eintönig, der Hund jault gelangweilt, Duschka[14] ist unglücklich, die beiden alten Frauen sind bedauernswert, alles ist wie erstorben. Doch wenn Ljowa …

6. Juni. Die jungen Leute kamen angereist[15], stören leider unser Leben. Aus irgendeinem Grund sind sie nicht fröhlich, aber kommt es von der „Kälte" hier? Ich hätte mir ihre Wirkung auf mich anders vorgestellt. Sie machen mich nicht fröhlicher, sondern regen mich nur auf, ich verspüre tödliche Langeweile. Ich liebe Ljowa schrecklich, ärgere mich aber, daß unsere Beziehung nicht gleichgewichtig ist. Ich bin schrecklich abhängig von ihm und schätze seine Liebe Gott weiß wie hoch. Er aber zweifelt entweder nicht an meiner Liebe oder hat sie nicht nötig, jedenfalls verhält er sich, als gäbe es auf der Welt nur ihn allein. Ständig denke ich, es sei schon Herbst und alles bald zu Ende. Dabei weiß ich überhaupt nicht, welch ein Winter dem Herbst folgen, ja, ob ihm überhaupt noch ein Winter folgen wird. Es ist schrecklich langweilig, ohne Bedürfnisse, ohne irgendwelche Freude zu sein. Ich fühle mich schon alt. Und das Alter ist doch unerträglich. Nach seinen Worten: „Wir beide sind doch schon alt und sollten lieber zu Hause bleiben" hatte ich keine Lust, mit ihnen auszufahren. Ich genoß das Alleinsein mit ihm, als sei es etwas Unerhörtes. Jetzt aber bin ich allein, nachdem alle fortgefahren sind und auch Ljowa weggegangen ist. Ich bin traurig, und aus lauter Ärger wäre ich sogar bereit, ihm vorzuwerfen, daß ich keine Equipage zum Ausfahren habe, daß er mich vernachlässigt, daß er mich am liebsten mit einem Buch auf dem Sofa zurückläßt, ohne einen Gedanken an mich zu verschwenden. Aber wenn es mir gelingt, von meinem Ärger abzusehen, dann sehe ich natürlich ein, daß er viel zu tun hat, ihm der Sinn nicht nach mir steht und die Gutswirtschaft der reinste Frondienst ist. Und nun haben sich auch noch diese jungen Leute aufgedrängt. Ja, der widerliche Anatoli kommt einem nicht aus den Augen.[16] Und schließlich ist er nicht schuld daran, daß er mit der Droschke hinters Licht geführt wurde. Trotz allem ist er ein wirklich edler Mensch, den ich von ganzem Herzen liebe.

7. Juni. Das Gefühl meiner Liebe zu ihm hat mich überwältigt. Ständig kümmert er sich um die Gutswirtschaft, doch das macht mich nicht mißmutig, es beeinträchtigt nicht mein Wohlbefinden. Ich fühle seine Liebe. Angstvoll frage ich mich, ob das nicht heißt, daß ich bald sterben muß. Es wäre unfaßbar traurig für mich, wenn ich ihn für immer verlassen müßte. Immer besser lerne ich ihn kennen und lieben und habe das Gefühl, daß die Liebe von Tag zu Tag größer wird. Außer seinen Interessen ist nichts von Belang für mich.

8. Juni. Ljowa ist äußerst fröhlich, denn der Besuch hat ihn sehr angeregt. Die Einsamkeit ist nichts für ihn. Mein Lieber, da bin ich ja beständiger. Vorher war er nämlich vor lauter Langeweile krank. Tanja ist zu aufdringlich, die beiden Saschas[17] – vor allem mein Bruder – dagegen sehr taktvoll.

14. Juli. Nun ist alles vollbracht, ich bin niedergekommen, habe viel durchgemacht, nun bin ich wieder aufgestanden und kehre langsam ins Leben zurück, ängstlich und ständig besorgt um das Kind und noch mehr um meinen Mann.[18] Ich fühle mich wie zerrissen und werde wohl immer befürchten, meine Pflicht gegenüber *meiner Familie* nicht erfüllt zu haben. Meinem Mann gegenüber verhalte ich mich verlegen, als hätte ich irgendeine Schuld auf mich geladen. Ich bin wohl eine Belastung für ihn, bin zu dumm (mein altes Lied), langweilig und geistlos. Manchmal tröste ich mich mit dem Gedanken, daß die Liebe zu Mann und Kindern allgemein als ein Verdienst gilt. Doch ich fürchte, mich darin ganz zu verlieren; denn ich möchte mich – ich kann es nicht anders, für Mann und Kind – gern noch ein wenig bilden. Wie stark ist die Mutterliebe in mir! Es kommt mir überhaupt nicht seltsam vor, sondern vielmehr selbstverständlich, Mutter zu sein. Es ist ja Ljowotschkas Kind, deshalb habe ich es so lieb. Ljowas Zustand peinigt mich. Er hat einen so großen seelischen Reichtum, aber er läßt alles ungenutzt verfallen. Dennoch weiß ich, zu welcher Vollkommenheit er fähig ist, und ich gäbe darum Gott weiß was, um ihn auch hier glücklich zu sehen.

23. Juli. Zehn Monate verheiratet, schrecklich mutlos, suche automatisch Unterstützung, so wie das Kind meine Brust sucht. Ich krümme mich vor Schmerzen. Ljowa ist grausam. Er kümmert sich nicht um die Gutswirtschaft, er sagt, er sei nicht dafür auf der Welt. Geht ein wenig auf die Jagd.[19] Ist mit allem unzufrieden. Ich weiß, daß ich ihm das vorenthalte, wonach er verlangt. Lieblos. Bin wie ein Hund an seine Zärtlichkeiten gewöhnt, aber er ist kühl geworden. Alle trösten mich, es gäbe in der Ehe immer wieder solche Zeiten, doch sie sind jetzt schon allzu häufig. *Geduld.*

24. Juli. Trat auf den Balkon und war ergriffen. Der Anblick der Natur ist eine Wohltat, erinnert an Gott, alles erscheint weit und geräumig ... Die Meinen sind fortgefahren, meine beste Freundin ist meine Mutter.[20] Ich habe zunächst geweint, dann bin ich wieder abgestumpft. Mein Mann ist lebhafter geworden, Gott sei Dank, ich habe viel für ihn gebetet. Er liebt mich, möge Gott uns dauerhaftes Glück schenken! Habe schlimme Schmerzen, krümme mich und ziehe mich in mein Schneckenhaus zurück, entschlossen, alles zu ertragen. Liebe das Kind sehr und empfinde es als schreckliches

Unglück, das mein Leben zerstört, nicht stillen zu können. Sehne mich nach der Natur und nach Erholung, fühle mich wie eingesperrt. Warte mit großer Ungeduld auf die Rückkehr meines Mannes aus Tula. Liebe ihn von ganzem Herzen, inbrünstig und treu, fast andächtig. Gehe zu meinem Sohn …

31. Juli. Er sagt *floskelhaft.* Das ist wirklich grausam. Aber er ist wütend – worüber? Wer ist schuld? Unsere Beziehung hat sich verschlechtert – und das in der Zeit der Not. Er ist so unausstehlich, daß ich ihm den ganzen Tag aus dem Weg zu gehen versuche. Er sagt: „Ich gehe schlafen, ich gehe schwimmen", und ich denke: „Gott sei Dank". Wenn ich bei meinem Kleinen sitze, bricht mir das Herz.[21] Gott, zu dem wir doch immer gemeinsam beteten, hat mir gleichermaßen Mann und Kind genommen. Als wäre alles vorbei. Aber man darf nicht die Geduld und die Zuversicht verlieren. Zumindest bin ich glücklich über unsere Vergangenheit, ich habe ihn sehr geliebt, bin ihm für alles dankbar. Habe gerade sein Tagebuch gelesen. *Diese neun Monate waren keineswegs die schlechtesten in meinem Leben.* Über den zehnten Monat gibt es schon nichts mehr zu sagen. Wie oft wird er sich wohl selbst gefragt haben: „Warum habe ich geheiratet?" Und wie oft hat er laut gesagt: „Ich bin nicht mehr der, der ich einst war."[22]

2. August. Er hat nicht über mich geschrieben. Und darüber nicht, daß ich umsonst auf der Welt bin. Hättest du dich doch lieber davongemacht, Sofja Andrejewna. Schrecklich quält dieses Leid! Habe mir fest vorgenommen, über ihn kein Wort zu verlieren. Vielleicht beruhigt er sich wieder.

3. August. Sprach mit ihm, große Erleichterung. Nicht zuletzt deshalb, weil mein Verdacht sich bestätigte. Es ist nicht normal, nicht selbst sein Kind zu stillen. Wer würde das bestreiten? Aber was vermag ich gegen meine physische Ohnmacht zu tun? Instinktiv fühle ich, daß er ungerecht zu mir ist. Warum soll ich mich immer wieder quälen? Wurde wütend und fand es heute nicht einmal so unbestreitbar richtig, ganz allein für den Kleinen sorgen zu wollen. Am liebsten würde er mich von der Erde tilgen, weil ich leide und meiner Pflicht nicht genüge. Doch auch ich sähe ihn am liebsten nicht, weil er nicht leidet und statt dessen nur schreibt. Ich hätte nicht gedacht, daß auch auf diesem Gebiet die Ehemänner grausam sein können. In diesem Augenblick glaube ich sogar, daß ich ihn nicht liebe. Kann man etwa eine Mücke lieben, die einen ständig sticht? Ich kann an all dem doch nichts ändern. Doch ich werde den Kleinen versorgen, so gut ich kann. Nicht etwa aus Liebe zu Ljowa, denn der verdient für all das Böse, was er mir antut, nichts als Böses. Und wie schwach ist er, daß er sich nicht einmal für die kurze Zeit, bis ich wieder ganz hergestellt bin, gedulden kann! Ich wollte doch auch Geduld aufbringen, zehnmal mehr als er. Ich wollte das aufschreiben, weil ich so wütend bin.

Es regnet, und ich fürchte, daß er sich erkältet, bin nicht mehr böse – liebe ihn. Gott sei mit ihm.

Sonja, verzeih mir, ich weiß erst jetzt, daß ich schuldig bin und wie schuldig ich bin! Es gibt Tage, da lebst du gleichsam nicht nach deinem eigenen Willen, sondern ordnest dich einem fremden Gesetz unter. So habe ich mich in diesen Tagen dir gegenüber verhalten. Und wer ist das eigentlich – „ich"? Ich wußte immer, daß ich große Fehler habe, und daß Gefühl und Großmut nur ein Zehntel meines Wesens ausmachen. Ich war grob und hart und zu wem? Zu dem einzigen Geschöpf, das mir ein so großes Glück beschert hat und das nur mich liebt. Sonja, ich weiß, daß man das nicht vergessen und ohne weiteres verzeihen kann; doch ich kenne das ganze Ausmaß meiner Niedertracht besser als du; Sonja, mein Liebling, ich bin schuldig, bin ekelhaft, doch in mir steckt auch ein guter Mensch, der manchmal schläft. Liebe ihn und rüge ihn nicht, Sonja.[23]

Das hatte Ljowotschka geschrieben, hatte mich um Verzeihung gebeten. Doch dann ist er wegen irgend etwas böse geworden und hat alles durchgestrichen. Es geht um die Zeit meiner schrecklichen Brustentzündung, meine Brust schmerzte, ich *konnte* Serjoscha *nicht* stillen, und das hat ihn so sehr erzürnt. *Wollte* ich es etwa *nicht?* Ganz im Gegenteil, es war mein größter, dringlichster Wunsch. Ich hätte diese wenigen Zeilen, die seine Zärtlichkeit und Reue ausdrückten, wirklich verdient, doch in einer neuen Stimmung mir gegenüber hat er sie mir entrissen, bevor ich sie zu Ende lesen konnte.

17. August. Träumte und erinnerte mich an die verrückten Nächte des vorigen Jahres, als ich noch so frei und heiter gestimmt war. Damals trübte nichts meine Freude am Leben. Ich liebte und verstand ihn; ich ruhte vollkommen in mir und war frisch und unverdorben. Und dazu der liebe *comte*[24] mit seinem klaren, sanften, gutmütigen Blick (so schien es mir damals). Es war eine herrliche Zeit, und ich fühlte mich durch seine Zuneigung geschmeichelt, ohne daß ich mir seiner Liebe bewußt gewesen wäre. Aber ich muß sie erahnt haben, sonst hätte ich mich nicht so wohl gefühlt. Ich erinnere mich, daß mich eines Abends, als Popow gerade bei uns war, eine Äußerung des *comte* sehr kränkte. Ich wollte aber nicht zeigen, wie verletzt ich war. Also setzte ich mich neben Popow auf die kleine Treppe und lauschte den Worten des *comte*, versuchte aber ein Interesse an Popow vorzuspielen. Doch seitdem machte ich es mir selbst zur Regel, mich dem *comte* gegenüber nie mehr zu verstellen. Daran mußte ich heute zurückdenken, und ich kann immer noch nicht das Glück fassen, daß dieser *comte* nun mein Mann ist. Liska wußte wohl, wo man das Glück suchen könne[25], Sonetschka Behrs hatte keine Ahnung davon. Ich aber weiß es jetzt. Doch mein Dummerchen ist eifersüchtig[26], mein Gott, könnte ihm denn überhaupt irgend etwas Anlaß zur Eifersucht geben? Ich bedaure, daß er den schönen August des vergangenen Jahres allein ohne mich verlebte. Und jetzt könnte es noch schöner werden. Er ist jetzt nicht zu Hause, und wie immer langweile ich mich ohne ihn. Ob ich mich je daran gewöhnen werde? Warte auf meine Genesung wie auf die Rückkehr ins Leben, ins Leben mit Ljowa. Jetzt ist jeder für sich. Jedesmal wenn er an meiner Liebe zweifelt, bin ich so verzweifelt, daß ich kopflos werde. Wie sollte ich ihm meine Liebe beweisen? Ich liebe ihn so inbrünstig und treu!

10. September. Ein wenig trauere ich meiner sorglosen Jugend nach, beneide die Jugendlichen um ihre Unbekümmertheit, langweile mich. Leide, habe Schmerzen, eingeschlossen in der Enge dieses Hauses, während draußen alles so frei und angenehm ist. Aber die Aussicht auf ein glückliches Familienleben entschädigt mich für diesen Verlust. Mondschein, stille Abende, Nataljas[27] Kind ist gestorben. Welch ein furchtbarer Schmerz! Womit haben Kind und Mutter das verdient? Der Vater weint, auch ich habe weinen müssen, es zerreißt einem das Herz. Ljowas Blick gestern abend am Klavier läßt mich nicht los. Woran wird er gedacht haben? Ich kenne diesen Blick nicht. Hat er sich vielleicht an etwas erinnert? War er eifersüchtig? Er liebt ...

22. September. Morgen haben wir unseren ersten Hochzeitstag. Vor einem Jahr hoffte ich auf Glück, jetzt erwarte ich nur noch Unglück. Bis jetzt habe ich alles nicht so ernst genommen, jetzt weiß ich, daß er es ernst meint. Er will in den Krieg ziehen.[28] Ist das nur eine Laune? Unbedacht, nein, er ist einfach unbeständig. Ich weiß nicht, ob er absichtlich oder unabsichtlich mit all seinen Kräften versucht, unserem Leben eine verhängnisvolle Wendung zu geben, so daß ich restlos unglücklich bin. Er zwingt mich, ständig mit dem Gedanken zu leben, daß ich bald allein mit einem oder vielleicht gar mehreren Kindern dastehen werde – ohne Ehemann. Für ihn ist das nur eine vorübergehende Stimmung. Heute heiratet er, weil's ihm gerade paßt, und zeugt Kinder – morgen zieht er in den Krieg und läßt die Familie allein zurück. Ich kann mir jetzt nur wünschen, daß mein Kind stirbt, denn das überlebe ich nicht. Ich glaube einfach nicht an diese Vaterlandsliebe, an diesen Enthusiasmus eines Fünfunddreißigjährigen. Gehören denn Kinder nicht zum Vaterland, sind sie etwa keine Russen? Kann man sie verlassen, weil es Spaß macht, auf einem Pferd dahinzugaloppieren, sich am Krieg zu begeistern, wenn man das Kugelpfeifen hört? Wegen seiner Unbeständigkeit und seines Kleinmuts achte ich ihn immer weniger. Die Pflege des Talents sei doch fast noch wichtiger als die Familie. Soll er mir doch genau erklären, was dieser Wunsch bedeutet. Warum habe ich ihn und nicht Walerijan Petrowitsch[29] geheiratet? Von ihm fiele mir die Trennung nicht schwer. Wozu brauchte er denn meine Liebe? Das sind doch alles nur Aufwallungen. Ich weiß, daß ich schuld an allem bin. Jetzt schmollt er. Es ist meine Schuld, daß ich ihn so liebe und nicht zur Trennung bereit bin. Soll er ruhig schmollen – ich versuche, mich so früh wie möglich auf die Trennung einzustellen, d. h., ich will ihn nicht mehr lieben, damit mir dann der Abschied leichter fällt. Soll er mich ruhig ganz meiden, auch ich gehe ihm aus dem Weg. Das war wohl genug, ein Jahr Glück, jetzt klammert er sich an eine neue Idee. Ist unseres Lebens überdrüssig geworden. Aber er soll keine Kinder mehr bekommen. Warum sollte ich ihm Kinder schenken – damit er sie dann verläßt? Das ist doch Despotismus: „Dies ist mein Wille, wag du ja nicht, mir zu widersprechen." Noch gibt es keinen Krieg, noch ist er hier. Um so schlimmer.

Wäre doch nur alles vorbei! Und das Schlimmste ist, daß ich ihn liebe. Wenn ich sehe, wie bedrückt er ist, dreht sich mir das Herz im Leibe um.

7. Oktober. Langeweile, aber ich freue mich über unseren Sohn. Wozu brauche ich eine Amme? Die ständige Sorge um die Windeln lenkt mich vom Grübeln ab. Natürlich bemerkt Ljowa meine Langeweile, die sich gar nicht verbergen läßt, sie wird ihm unerträglich werden. Möchte mal wieder auf einen Ball, doch nicht daher kommt meine Langeweile. Ich fahre nicht weg, ärgere mich aber, daß ich überhaupt diesen Wunsch verspüre. Und dieser Ärger würde mir das ganze Vergnügen verderben, an das ich ohnehin nicht glaube. Er sagt: „Ich fühle mich wie neugeboren." Wozu das? Soll bei ihm doch alles wieder so werden wie es vor unserer Hochzeit war, mit all seiner Unruhe und Unstetigkeit. Wie ist es, wenn man sich wie neugeboren fühlt? Er sagt: „Das mußt du selbst erfahren." Aber ich verliere den Kopf und bin unfähig, ihn zu verstehen. Es geht eine Veränderung in ihm vor. Unsere Wege trennen sich immer mehr. Meine Krankheit und das Kind haben dazu beigetragen, daß wir uns auseinandergelebt haben. Ich verstehe ihn nicht mehr so unmittelbar wie früher. Was brauche ich mehr? Ist es nicht ein Glück, einen klugen, talentierten, gütigen Ehemann zu haben? Und dennoch plagt mich die Langeweile. *Jugend.*[30]

17. Oktober. Kann ihn einfach nicht genügend verstehen, und deshalb bin ich so eifersüchtig auf seine Gedanken, seine Taten, seine Vergangenheit, seine jetzigen Regungen. Ich möchte mich so gern in ihn hineindenken können, damit er mir genausoviel Vertrauen entgegenbrächte wie Alexandrine, aber ich weiß, daß das nicht möglich ist und, ohne eifersüchtig zu sein, finde mich damit ab, daß ich zu jung, zu dumm und zu wenig dichterisch begabt bin, um Alexandrine zu gleichen. Alexandrine ist nicht nur ungewöhnlich begabt, sondern auch älter und kinderlos, ja sogar unverheiratet. Es würde mich nicht verletzen, wenn die beiden ihren früheren Briefwechsel weiterführten. Es würde mich nur traurig machen, meinte Alexandrine, ich wäre nur für das Kind und oberflächliche Alltagsbegegnungen geeignet. Aber ich weiß, wie eifersüchtig ich auch wäre, eifersüchtig auf sein Herz, aus seinem Herzen könnte ich Alexandrine doch nicht verbannen. Und das ist auch gar nicht nötig, sie hatte eine Aufgabe übernommen, die ich nie so gut wie sie erfüllen könnte.[31]

Ganz umsonst hat er den Brief an sie nicht abgeschickt. Ich habe geweint, weil er mir nicht gesagt hatte, was er ihr geschrieben hat. „Das, was nur ich selbst über mich weiß." Nur Ihnen teile ich es mit, aber meine Frau geht das nichts an. – Ich würde sie gern näher kennenlernen, hielte sie mich seiner wohl für würdig? Sie hat ihn richtig erkannt und verstanden. In der Schublade seines Schreibtischs habe ich einen Brief von ihr gefunden, der mich über ihre Beziehung zu Ljowa nachdenken ließ. Ein edler Brief. Mehrfach schon wollte ich ihr schreiben, ohne Ljowa etwas davon zu sagen, konnte mich dann jedoch nicht dazu entschließen. Sie beeindruckt und interessiert mich sehr, und seit ich Ljowas Brief an sie las, muß ich ständig an sie denken. Ich könnte sie liebgewinnen.[32] Meinem seelischen Zustand nach zu urteilen, bin ich nicht schwanger und möchte es auch nicht werden. Ich liebe ihn sehr und bin darüber erschrocken, daß diese Liebe immer noch stärker wird. Ich fühle mich heute gut und ruhig, weil ich spüre, daß er mich liebt. Ich befürchte nicht, daß er sich in seinen Tränen und Gedanken verliert. Voll Ungeduld warte ich darauf, daß seine Unruhe und seine Unzufriedenheit mit sich selbst vergehen. Sehe immer mit besonderer Freude, wenn es ihm seelisch besser geht, denn sein jetziger Zustand ängstigt mich, weil diese innere Anstrengung sein Leben, das mir so teuer ist, verkürzt.

28. Oktober. Irgend etwas stimmt nicht mit mir, alles fällt mir schwer. Als wäre unsere Liebe restlos erloschen. Er ist ziemlich ruhig, sehr beschäftigt, kalt, ich böse und fühle mich wie zerschlagen. Bin böse auf mich selbst, meinen Charakter, die Beziehung zu meinem Mann. Was habe ich gewollt und was habe ich ihm versprochen? Lieber, lieber Ljowotschka. Dieses ständige Zanken belastet ihn. Und dennoch bin ich wütend. Herr, vergib mir. Ich liebe ihn sehr, bin traurig, kann nicht glücklich sein und andere nicht glücklich machen. Vor meiner sittlichen Schwäche ekelt es mich. Kann ein so schwacher Mensch denn wirklich lieben? Ja, ich liebe ihn wirklich, liebe ihn wahnsinnig. Daran gibt es überhaupt keinen Zweifel. Früher pflegte er mir alles zu erzählen, jetzt bin ich dessen nicht würdig, das waren für mich die wunderbarsten, glücklichsten Minuten, als mir all seine Gedanken gehörten. Jetzt gibt es das nicht mehr. „Wir werden immer glücklich sein, Sonja." Es tut mir so leid, daß er nicht das Glück gefunden hat, das er erwartet hatte und dessen er würdig wäre.

13. November. Tantchen tut mir leid. Sie wird nicht mehr lange leben, hustet, schläft nicht, ist sehr krank. Ihre Hände sind knochig und ausgedörrt. Ich muß ständig an sie denken. Er sagt: „Laß uns in Moskau leben." Ich habe das schon immer befürchtet und bin schon jetzt eifersüchtig auf die erste hübsche Frau, die ihm begegnen und sein Ideal verkörpern wird. Das Aufflackern einer solchen Liebe ängstigt mich, weil sie blind und vielleicht nie auszulöschen ist. Ich war nicht im geringsten sein Ideal einer Frau, ich kann es gar nicht sein. Bin verlassen worden. Keinen Tag, keinen Abend, keine Nacht. Bei mir sucht er Befriedigung, bin zugleich Amme, gehöre sozusagen zur „Einrichtung" des Hauses, bin *Frau.* Versuche jegliches menschliche Gefühl in mir zu ersticken. Noch läuft die Maschine: Ich koche die Milch, stricke eine Decke, laufe hin und her, um nicht nachdenken zu müssen. So läßt es sich einigermaßen erträglich leben. Aber kaum bin ich eine Minute allein, komme ich zur Besinnung, und es ist schon nicht mehr auszuhalten. Er liebt mich nicht mehr. Warum war es mir nicht vergönnt, seine Liebe zu bewahren? Aber es war wohl so vorherbestimmt. Ich muß gestehen, daß mir zu einem bestimmten Zeitpunkt alles, was nicht mit unserer Liebe zusammenhing, unwichtig war, sogar seine Schriftstellerei; unwichtig, was er über die Gräfin Soundso schrieb, die sich mit der Fürstin Soundso unterhielt[33]; doch dann verachtete ich mich selbst. Mein Leben ist schrecklich, seines dagegen ganz und gar ausgefüllt mit Arbeit und unsterblichen Werken. Ich habe angefangen, ihn zu fürchten und fühle mich hier manchmal völlig fremd. Er selbst hat es bewirkt. Aber vielleicht bin ich ja auch wirklich schuld an diesem Zustand, vielleicht hat sich mein Charakter zum Schlechten verändert. Seit einiger Zeit fühle ich, daß ich für ihn nicht mehr die bin, die ich einmal war, daß er mich fallenläßt. Gott sei Dank überlasse ich mich nicht mehr wie früher der Verzweiflung; ich habe mich damit abgefunden, doch heute bin ich wirklich überhaupt nicht fröhlich, alles läßt mich kalt. Weiß nicht, was mit mir los ist. Eine dunkle, untrügliche Ahnung steigt in mir auf.

19. Dezember. Habe zwei Kerzen angezündet, setzte mich an den Tisch und schon besserte sich meine Stimmung. Bin kleinmütig und geistlos. Aber heute bin ich unbekümmert, vergnügt, durch nichts zu erschüttern. Möchte ein wenig kokettieren – und wär' es auch nur mit Alescha Gorschki – und mich wenigstens über irgendeinen Stuhl ärgern. Habe vier Stunden lang zu seinem Verdruß mit Tantchen Karten gespielt, ließ mich nicht in meinem Zeitvertreib beeinträchtigen. Jeder Gedanke an Tanja gibt mir einen Stich ins Herz.[34] Doch sogar diesen Gedanken schiebe ich heute von mir fort. Bin albern. Dem Kind geht es besser, vielleicht macht mich *das* so fröhlich. In diesem Augenblick hätte ich große Lust auf einen Ball oder irgendeine andere Zerstreuung. Später werde ich mich bestimmt über diese Stimmung, gegen die ich jetzt nichts zu unternehmen vermag, ärgern. Bin erbost, daß Ljowa nur wenig arbeitet und überhaupt nicht an meine Liebe glaubt, dafür würde ich mich gern an ihm rächen. Er ist zu alt und zu beschäftigt. Ich aber fühle mich heute so jung, zu jedem Streich aufgelegt, würde gerne noch herumtoben, statt mich schon schlafen zu legen. Aber mit wem?

24. Dezember. Alles um mich herum ist alt, und dieses Alter bedroht mich. Versuche, jedes jugendliche Gefühl in mir zu unterdrücken, das in diese Umgebung nicht passen würde. Nur Serjoscha ist jung oder zumindest in seinem Herzen jünger als die anderen.[35] Deshalb freue ich mich immer über seinen Besuch. Ljowa scheint mich immer mehr in meiner Entwicklung zu behindern. Daher kommt meine Verhaltenheit, die sich jeden Gefühlsausbruch untersagt. Und *wie* soll ich leben, wenn alles so friedlich, ruhig und vernünftig ist? Es ist alles eintönig, ja lieblos, deshalb habe ich zu nichts Lust. Ich beklage mich, als ob ich unglücklich wäre. Ja, ich bin wirklich unglücklich, weil er mich nicht mehr liebt. Er hat es gesagt, aber ich habe es auch schon zuvor gefühlt. Wie ist das mit mir? Ich sehe ihn nur sehr selten und fürchte seine Gegenwart so sehr, daß ich nicht weiß, wie sehr ich ihn liebe. Ich sähe gern Tanja mit Serjoscha verheiratet, doch heute erschrak ich vor diesem Wunsch. Denn womit hat Mascha das verdient?[36] Alles, was Ljowa über die verschiedenen Kammern des Herzens sagt, ist doch wirklich reinster Idealismus, der mich jedenfalls nicht beruhigen kann.

1864

2. Januar. All meine Gedanken gelten Tanja, immer wieder Tanja. Habe bis zur Erschöpfung für sie gehofft, gebangt, getrauert, jetzt sage ich wie Ljowa und Tantchen – alles liegt in Gottes Händen. Ich merke, daß ich schlechter Stimmung bin. In Tula war es langweilig, bin erschöpft. Ich hätte die ganze Stadt leerkaufen wollen, aber ich blieb vernünftig. Ljowa ist lieb. Als er spielte, war etwas Kindliches in seinem Ausdruck. Ich dachte an Alexandrine und verstand sie. Verstand, *wie* sie ihn geliebt hat. *Babuschka.*[1] Jetzt wird er ärgerlich und sagt: „Immer wenn sie verstimmt ist, greift sie zum Tagebuch." Was geht ihn das an? Ich bin jetzt nicht verstimmt, doch mich kränkt das kleinste verletzende Wort, er sollte behutsamer mit dem Gefühl umgehen, das ich ihm entgegenbringe. Ich habe selbst Angst, seelisch und physisch bösartig zu sein.

27. März. Mein Tagebuch ist völlig verstaubt, so lange habe ich nichts mehr geschrieben. Doch möchte ich verstohlen, wie ein Kind beim Versteckspielen, alles aufschreiben, was mir durch den Kopf geht. Wie gern möchte ich alle lieben und allen Gutes tun, doch es braucht nur jemand an dieses Gefühl zu rühren, sofort löst es sich auf. Plötzlich empfinde ich soviel Zärtlichkeit und Liebe für meinen Mann. Vielleicht kommt das daher, daß mir gestern der Gedanke durch den Kopf schoß, ich könnte ihn verlieren. Heute weiß ich mit Sicherheit, daß ich diesen Gedanken einfach nicht ertrage und ihn deshalb gar nicht zulassen darf. Und wenn ein anderer so etwas sagt, werde ich nicht darauf hören. Ich liebe Tanja so sehr, wie könnte ich einen schlechten Einfluß auf sie ausüben wollen. Im Grunde hat man ja auch gar keinen Einfluß auf einen anderen Menschen, das ist vergebliche Mühe. Ich will vergnügt und viel mit ihr zusammensein. Ich will soviel tun wie nur möglich, werde aber an den Verhältnissen nichts ändern können. Aber ich will sie wenigstens ablenken. Es wird schön sein, wenn Tanja und Serguschka[2] bei mir sind, um die ich mich kümmern kann. In diesem Jahr bin ich sicher nicht so egoistisch wie im vorigen, als ich unglücklich darüber war, mit meinem dicken Bauch nicht an den allgemeinen Zerstreuungen teilnehmen zu können. Jetzt aber bin ich weitaus fröhlicher als alle anderen.

22. April. Blieb allein, habe mich den ganzen Tag bemüht, ohne Grübeln mit mir selbst zurechtzukommen. Jetzt abends aber ist alles über mir zusammengebrochen. Ich muß weinen und alles ausführlich ins Tagebuch schreiben, obwohl ich viel lieber ihm schriebe, wenn er nur erreichbar wäre. Es gibt nichts zu berichten, alles ist langweilig, leer und tot. Tagsüber hält mich die Sorge für Serjoscha aufrecht, doch wenn er abends schläft, renne ich sinnlos herum und suche mir krampfhaft irgendeine Beschäftigung, um nur nicht zum Nachdenken zu kommen. Ich habe ständig das Gefühl, er sei auf der Jagd oder bei den Bienenständen bzw. mit der Gutswirtschaft beschäftigt und kehre gleich zurück. Ich bin gewohnt, auf ihn zu warten, denn er kommt ja immer erst im allerletzten Moment zurück, bevor mir die Geduld endgültig reißt. Um nicht allzusehr mit ihm zu leiden, versuche ich, mich mit unfreundlichen Gedanken an ihn oder unser gemeinsames Leben abzulenken. Doch sofort weiß ich wieder, wie sehr ich ihn liebe, so daß diese Selbsttäuschung nicht gelingt, und schon breche ich wieder in Tränen aus. Will ich mir einreden, daß ich mich überhaupt nicht langweile, dann verstärkt sich das Gefühl der Langeweile sogleich um so mehr. Zum erstenmal in meinem Leben werde ich ganz allein schlafen. Alle haben mir geraten, mit Tanja in einem Zimmer zu schlafen, aber das habe ich abgelehnt. Entweder schlafe ich mit Ljowa oder allein. Selbst wenn er sterben sollte, werde ich ihm immer treu bleiben. Ich habe jetzt grenzenloses Vertrauen zu ihm. Beinahe geniere ich mich zu sagen, daß ich weine, weil mein Mann nicht da ist. Noch vier Tage werde ich weinen. Ich weiß, wenn ich meinen Tränen freien Lauf ließe, wäre ich zu der Dummheit fähig, plötzlich nach Nikolskoje zu fahren. Durch das Schreiben gerate ich jetzt noch mehr in Verwirrung. Wozu tauge ich denn, wenn ich kaum etwas zu erdulden vermag? Ich will lieber gar nicht daran denken, was er jetzt macht. Er leidet bestimmt kaum unter unserer Trennung, er weint nicht wie ich. Ich schäme mich meines Alleinseins nicht und schreibe darum kaum mehr Tagebuch, und er hat längst aufgehört, meine Aufzeichnungen nachzulesen. Ich kann mich einfach nicht entschließen, zu Bett zu gehen, fühle mich allein und schwach, sicher wird Tanja bald im Wohnzimmer mich weinen hören, das ist mir peinlich.

Und dabei habe ich mich heute doch den ganzen Tag so bemüht, vernünftig zu sein![3]

3. November. Merkwürdig, daß ich inmitten meines Glücks ständig Traurigkeit und Angst verspüre und an Ljowas Tod denken muß. Wie jede Nacht, so habe ich mich auch heute nacht wieder sehr gefürchtet, vor Kummer mußte ich weinen, als ich bei meiner kleinen Tochter saß.[4] Ljowas Tod stand mir in allen Einzelheiten so deutlich vor Augen. Zum erstenmal hatte ich diese Ängste an dem Tag, als er sich den Arm auskugelte.[5] Plötzlich wurde mir bewußt, was sein Verlust für mich bedeuten würde, und dieser Gedanke läßt mich nicht mehr los. Ich schlafe jetzt mit im Kinderzimmer, das lenkt mich ein wenig ab. Manchmal denke ich, daß er sich in unserer Weiberwelt doch langweilen muß, daß ich eine gute Amme bin, die zu nichts anderem taugt und ihn darum nicht glücklich machen kann. Ich zeichne mich nicht durch einen scharfen Verstand, besondere Bildung und Talent aus. Es wäre besser, daß das Unabwendbare, das ich angstvoll vorausahne, sich bald ereignen würde. Manchmal lenkt mich die Sorge um die Kinder ab, zerstreuen mich Serjoschas Streiche. Meistens aber fühle ich mich ganz matt, ohne all meine frühere Fröhlichkeit. Oft verspüre ich im vorhinein, daß sich Ljowas Stimmung verschlechtert. Vielleicht empfindet er auch jetzt einen heimlichen Haß auf mich.

1865

25. Februar. Ich bin so oft allein mit meinen Gedanken, daß es einfach nötig ist, Tagebuch zu schreiben. Oft bedrückt es mich, doch heute genieße ich dieses Alleinsein mit meinen Gedanken, die ich niemand mitteile. Was geht mir nicht alles durch den Kopf! Gestern sagte Ljowotschka, er fühle sich jung. Ich verstand ihn so gut, weil ich selbst gesund und ausnahmsweise nicht schwanger bin. Aber für ihn bedeutet Jungsein *„ich kann alles"*, für mich dagegen „ich kann und will alles". Doch wenn ich mich nicht vom spontanen Gefühl leiten lasse, sondern alles gründlich bedenke, sehe ich, daß ich keine anderen Wünsche habe und nichts anderes vermag, als die Kinder zu nähren und zu pflegen, zu essen, zu trinken und zu schlafen, Mann und Kinder zu lieben. Das macht eigentlich mein Glück aus. Warum verfalle ich dann immer wieder in eine traurige Stimmung? Gestern abend mußte ich sogar weinen. Da ich sicher bin, daß niemand meine Aufzeichnungen lesen wird, auch Ljowotschka nicht, kann ich vollkommen aufrichtig sein. Er ist fortgefahren und nur noch selten bei mir. Doch wenn ich mich *jung* fühle, macht mich das Alleinsein froh, weil ich mich dann nicht vor meiner Reizbarkeit zu fürchten brauche. Dunjascha[1] sagt: Der Graf ist älter geworden. Stimmt das? Nur noch selten ist er fröhlich; er ärgert sich über mich, er geht ganz im Schreiben auf, das ihn dennoch nicht erfreut. Sollte er nicht mehr fähig sein, sich zu freuen? Er will, daß wir den kommenden Winter in Moskau verbringen. Dort wird es für ihn unterhaltsamer sein, doch mich ängstigt dieser Gedanke. Natürlich sagte ich ihm nicht, daß ich sogar mit ihm da Angst habe, ich versuche mich unbewußt selbst zu überlisten, um nicht dumm dazustehen. Ich habe nie meinen kleinmütigen Ehrgeiz eingestanden, meinen Neid. In Moskau werde ich mich schämen, keine schöne Kutsche, keine Pferde, keinen Diener in Livree, kein schönes Kleid, keine elegante Wohnung, überhaupt nichts zu haben. Es ist erstaunlich, wie gleichgültig Ljowotschka diese Dinge sind.

Die Kinder sind mein ganzes Glück. Gestern habe ich für Tanja gebetet, und jetzt weiß ich schon nicht mehr, worum. Mit den Kindern zusammen fühle ich mich *nicht* mehr jung, sondern ruhig und gelassen.

6. März. Serjoscha ist krank, bin wie betäubt, ich nehme nur noch alles verschwommen wahr. Ljowotschka ist munter, voller Energie, arbeitet und ist unabhängig. Ich fühle, daß er Leben und Kraft in sich hat, ich dagegen nur ein Wurm bin, der herumkriecht und an ihm nagt. Ich habe Angst vor meiner Schwäche. Die Krankheit hat an meinen Nerven gezehrt. Die letzte *Schramme* in meiner Beziehung zu Ljowotschka ist noch sehr frisch. Daran war ich selbst schuld, jetzt warte ich voll banger Erwartung darauf, ob er jemals wieder so zärtlich zu mir sein wird wie früher. Ich verehre ihn, und dennoch verspüre ich manchmal den unwiderstehlichen Drang, mit ihm wegen seiner Charakterschwäche einen Streit anzufangen. Bin schon den ganzen Abend in einer merkwürdigen Stimmung. Er ging spazieren, ich blieb allein. Alles war still, die Kinder schliefen, die Ofenbank war geheizt. Die leuchtenden Blumen und der kräftige Duft des Pomeranzenbaums kamen mir ganz und gar unpassend vor; der Widerhall meiner eigenen Schritte, ja sogar mein Atem schreckte mich. Dann kehrte Ljowotschka zurück, und sofort kehrte für mich die Heiterkeit zurück. Er brachte den würzigen Duft frischer Luft mit, ja, er selbst wirkte auf mich wie frische Luft.

8. März. Alles ist jetzt besser geworden. Serjoscha ist wieder gesund. Ljowa sieht gut aus, ist fröhlich, doch mir gegenüber kalt und gleichgültig. Ich traue mir nicht zu sagen, *daß er mich nicht liebt.* Diese Vorstellung quält mich ständig und läßt mich ihm gegenüber unsicher und zaghaft sein. Während Serjoschas Krankheit war ich in einer schrecklichen Verfassung. Ich hatte schreckliche Ängste, die ich mir einzugestehen schäme. Als Ljowotschka sich kalt und abweisend mir gegenüber verhielt und immer häufiger das Haus verließ, fragte ich mich, ob er etwa zu A.[2] gehe. Das quälte mich unbeschreiblich, nur Serjoscha lenkte mich ab. Jetzt, da ich wieder zur Besinnung komme, schäme ich mich dieser Ängste. Eigentlich müßte ich ihn jetzt doch gut genug kennen. Könnte er denn sonst so ruhig, ungezwungen und aufrichtig sein? Doch so sehr ich mich auch bemühe, wird mich, solange sie in unserer Nähe lebt, jede Verstimmung oder Unfreundlichkeit Ljowotschkas mir gegenüber auf solch qualvolle Gedanken bringen. Ja, und wenn er plötzlich käme und sagte … ich unterstelle ihm etwas Entsetzliches und schäme mich. Darum hielt ich es heute für meine Pflicht, diesen Zweifel, der an meinem Herzen nagt, zu äußern.

9. März. Ljowotschka ist gleichbleibend kalt. Ich habe Schnupfen und fühle mich elend. Schweige den ganzen Tag und vergrabe mich in meine Gedanken. Ich erfreue mich nur am Anblick der erwachenden Natur. Die Kinder sind immer noch erkältet und husten, Serjoscha ist schrecklich dünn. Ljowotschkas Gleichgültigkeit allem gegenüber, was mich angeht, bringt mich noch um. Er fordert nur Anteilnahme für seine Interessen, die mir ohnehin lieb und teuer sind.

Denke ständig an meine Lieben in Moskau. Ljowotschka kennt diese Liebe zu den Eltern nicht. Ich würde sie gern bald wiedersehen. Ich habe immer den Eindruck, daß mein Wunsch, sie in Moskau zu besuchen, Ljowotschkas Unmut erregt. Er überlegt sich, ob er daraus irgendeinen Nutzen ziehen könnte, verspürt aber nicht im geringsten das Verlangen, etwas nur zu meiner Freude zu tun. Bin ich egoistisch? Ich glaube nicht. Ich würde alles mögliche für Ljowotschka tun. Er sagt, ich habe einen schwachen Charakter. Vielleicht ist das nicht einmal so schlecht, weil ich mich dadurch leichter in die neuen Verhältnisse fügen kann. Dennoch arbeite ich ständig an mir, um gegen meine Charakterschwäche anzukämpfen. Ljowotschka ist auf der Jagd, ich habe den ganzen Vormittag abgeschrieben. Ich hoffe, daß Tantchen bald kommt, denn ich mag sie gern[3]; ich bedaure nur, daß ich dann nicht mehr in meiner selbstgewählten Einsamkeit, in der ich mich so wohl und frei fühle, leben kann. Ich habe Angst vor Ljowotschka, der immer unerbittlicher meine böse Gesinnung bemerkt, so daß ich befürchte, wenige gute Anlagen zu haben.

10. März. Ljowotschka hat Kopfschmerzen, ist nach Jassenki geritten. Ich bin auch nicht gesund. Die Kinder leiden unter ihrer Erkältung und ihrem Husten. Wie soll Serjoscha je wieder ganz gesund werden? Er ist so dünn, ißt nicht, ist traurig und hat ständig Durchfall. Tantchen hat einen rührenden Brief[4] geschrieben, ist auch krank, hustet. Ljowotschka sagt, ich würde Maschenka insgeheim hassen.[5] Ljowotschka ist zärtlicher geworden, nach langer Zeit hat er mich wieder geküßt. Ich schreibe seine Manuskripte für ihn ab und freue mich, wenn ich ihm irgendwie behilflich sein kann.

14. März. Schon mehrere Tage lang schreckliche Kopfschmerzen, nur abends fühle ich mich frischer, fähig, etwas zu tun und zu genießen. Ljowotschka spielt die Etüden von Chopin, ist sehr guter Stimmung, nur mir gegenüber gleichbleibend kalt. Irgend etwas stimmt nicht. Die Kinder beanspruchen mich ganz für sich. Beide haben Durchfall, das bringt mich noch zur Verzweiflung. Djakow war da, ich habe mich über seinen Besuch gefreut. Ich mag ihn, er ist mir sympathisch, ich kommt gut mit ihm aus. Noch immer kein Frühling, die Kälte und der Winter scheinen kein Ende nehmen zu wollen. Das bedrückt mich auch im Hinblick auf den Gesundheitszustand der Kinder. Ich erwarte den Frühling wie ein Geschenk, doch er verspätet sich. Ljowotschka fährt jetzt oft nach Tula, weil er immer häufiger das Bedürfnis hat, andere Menschen zu sehen. Ich hingegen verspüre das Bedürfnis, Tanja, die Zephyros[6], Mamá und Papá wiederzusehen.

15. März. Ljowotschka ist nach Tula gefahren, bin froh darüber. Ein Kind von Serjoscha liegt im Sterben, schrecklich. Habe heute nicht so starke Kopfschmerzen, fühle mich munter und stark. Den Kindern geht es besser, sie sind aber immer noch nicht ganz gesund. Heute schien einmal kurz die Sonne, und das wirkte auf mich wie ein Walzer auf eine Sechzehnjährige. Möchte spazierengehen, sehne mich nach der Natur, nach dem Frühling, dem Sommer. Bekam schon lange keinen Brief von meinen Lieben. Was wird wohl die hübsche Tanja machen? Zwischen Ljowotschka und mir ist wieder alles in Ordnung. Er fand mich in den letzten Tagen so komisch ... Ich liebe ihn sehr. Neben einem solchen Menschen kann man sich unmöglich ekelhaft verhalten. Seine Selbstzermarterung und seine Nachsicht mit seinen Mitmenschen demütigen mich und zwingen auch mich, mein Inneres zu erforschen und meine Fehler zu erkennen.

16. März. Schreckliche Kopfschmerzen. Weiß nicht, was mit den Kindern los ist. Serjoscha hatte heute hohes Fieber. Kaum war Ljowotschka aufgestanden, schon verließ er das Haus. Wohin ist er gegangen? Was bewegt ihn? Von Tanja bekam ich gestern einen Brief und ihre *Habseligkeiten*, darunter auch Sachen aus meiner Jungmädchenzeit. Ich freue mich schon sehr auf sie. Serjoschas Sohn[7] ist gestorben. Es ist ein furchtbarer Schicksalsschlag, ich habe heute morgen geweint. Meine Kopfschmerzen hindern mich, etwas zu tun. Habe eine unerträgliche nervöse Zuckung.

20. März. Habe schon seit gestern Fieber und Kopfschmerzen. Fühle mich Ljowotschka gegenüber wie ein räudiger Hund, was allerdings nicht viel ausmacht, da er mich ohnehin nicht beachtet. Es tut mir weh, daß ich für ihn überhaupt nicht mehr existiere. Ich liebe ihn nach wie vor sehr und bin wahnsinnig eifersüchtig auf ihn. Ich bin verwöhnt. Als ich heute die Kritik von den „Kosaken"[8] las und über dieses Werk nachdachte, wurde mir bewußt, daß ich all dem ein Ende gesetzt habe, was für ihn die Kosaken und andere Frauen bedeuteten: Leben, Liebe, Jugend. Ich widme mich gänzlich den Kindern.

Empfinde es als großes Glück, für sie unersetzlich zu sein. Wenn Tanja an meiner Brust liegt oder Serjoscha mich ganz fest umarmt, empfinde ich weder Eifersucht noch Kummer, noch Trauer, noch Sehnsucht nach irgend etwas, nichts. Jetzt, da sie beide krank sind, kann mich nichts mehr erfreuen. Das Wetter ist frühlingshaft schön, doch mir ist es nicht vergönnt, mich an der Natur zu erfreuen. Aber ich freue mich, daß Ljowotschka fröhlich, tatkräftig und gesund ist. Es ist schrecklich, gedemütigt zu werden. Nur meine Kinder, meine Energie, meine Jugend, die Tatsache, daß ich eine gesunde, gute Ehefrau bin, bieten mir die Möglichkeit, ihm gleichwertig zu sein. Doch jetzt bin ich für ihn nichts als ein räudiger Hund.

23. März. Habe kein Fieber mehr, fühle mich auch seelisch besser. Nur die nervösen Zuckungen quälen mich schrecklich. Die Kinder sind immer noch krank. Ljowotschka ist nach Tula zum Arzt gefahren. Wir verstehen uns gut, ich komme wieder besser mit ihm zurecht, zweifle nicht an seiner Liebe, bin nicht eifersüchtig. Das Wetter ist wundervoll, Frühling, kleine Bäche, doch ich bin ans Haus gefesselt. Die Viehwirtschaft nimmt Ljowotschka sehr in Anspruch, am Roman arbeitet er einstweilen ohne große Begeisterung.[9] Er hat so viele Ideen, doch wann wird er sie zu Papier bringen? Manchmal erzählt er mir von seinen literarischen Plänen. Ich freue mich immer sehr darüber. Doch wozu führt das? Ich kann sie doch nicht aufschreiben.

26. März. Wenn ich abends Tanja und Serjoscha ins Bett gebracht habe, kommt es mir vor, als hätte ich in einem plötzlichen Anfall von Ordnungsliebe alles aufgeräumt. Sie sind beide fast gesund. Tanja macht mir Sorgen, ich hänge sehr an ihr, doch die Angst vor dem Tod, das ewige Unglück fast aller Menschen, quält mich oft. Ljowotschka ist gereizter Stimmung. Heute kam mir plötzlich der schreckliche Gedanke, er sei schon so an meine Liebe und Hingabe gewohnt, daß er mich kaum noch beachtet. Was würde aber geschehen, wenn ich ihn nicht mehr so lieben würde? Ich kann das so leichtfertig sagen, weil ich weiß, daß es nie der Fall sein wird. Doch gerade deshalb wird er mich immer weniger achten. In diesen Tagen war Serjoscha bei uns. Ich habe ihn sehr liebgewonnen, komme gut mit ihm zurecht, er tut mir sehr leid. Der Frühling ist neblig und langweilig. In mir erwachte wieder die kindliche Freude an den

Feiertagen. Morgen ist Palmsonntag, den ich zu Hause so liebte. Und dann kommt der Karsamstag, der sich überhaupt nicht vom gewöhnlichen Alltag der Fastenzeit unterscheidet. Serjoscha sagte gestern: „Wirklich schön sind doch nur die Nachtigallen, der Mond, die Liebe, die Musik." Wir sprachen darüber, ohne daß ich mich meiner Worte zu schämen brauchte, denn Ljowotschka sieht mich immer an, als wolle er sagen: „Mit welchem Recht sprichst du von Dingen, die deinem Gefühl ganz unzugänglich sind?" In der Tat, ich habe für viele Dinge kein Gefühl. Ljowotschka liebt die Einsamkeit, weil er einen großen Reichtum an geistigen Gütern hat. Jetzt schreibt er; wahrscheinlich ebenfalls Tagebuch. Ich lese es nur ganz selten. Wenn man die Aufzeichnungen des anderen liest, wird man sofort unaufrichtig bei der Niederschrift der eigenen Empfindungen. Aber in der letzten Zeit war ich immer sehr aufrichtig in meinem Tagebuch, so daß ich mich dabei sehr wohl fühlte. Außerdem schreibt er seine Gedanken zum Roman und überhaupt *Kluges*[10] auf, das mir um so deutlicher meine Nichtigkeit bewußt werden läßt.

1. April. Ljowotschka ist in Tula, ich langweile mich und bin verzweifelt, weil er ständig über seinen schlechten Gesundheitszustand, über Blutandrang, schlechte Verdauung und Ohrensausen klagt. All das ängstigt mich jetzt in der Einsamkeit bei herrlichem, klaren, warmen Frühlingswetter um so mehr, da ich allein und deshalb noch viel empfindlicher bin. Die Kinder sind fast gesund, ich bin heute mit ihnen spazierengegangen. Tanja hat in ihrem sechsmonatigen Leben zum erstenmal Gottes freie Natur gesehen. Ich war den ganzen Tag untätig, suchte nur meinen schwarzen Gedanken zu entfliehen. Ich liebe ihn schrecklich und bin traurig, daß ich so wenig wirklich Gutes für ihn tun kann. Ich liebe ihn aufrichtig und innig, und das ist mein Verhängnis.

3. Mai. Scheußliches Frühjahr. Tanja kam an, es gab Schnepfenjagden, man ritt aus. Verstehe mich mit allen gut, alle sind gesund. Heute brach alles zusammen. Stritt mit Ljowa. Versuche mich zu bessern, bin jedoch alles andere als sanft. Die Kinder sind krank. Ärgere mich über Tanja, die sich allzusehr in Ljowotschkas Leben drängt. Nach Nikolskoje, auf die Jagd, zu Pferd, zu Fuß. Gestern zum erstenmal ein Ausbruch von Eifersucht, der mich heute reut. Ich überließ ihr mein Pferd, fand das richtig; bin mir selbst gegenüber immer zu nachsichtig. Sie sind allein im Wald auf dem Schnepfenstrich. Mir kommen Gott weiß was für Gedanken.

9. Juni. Seit vorgestern ist alles entschieden zwischen Tanja und Serjoscha: sie werden heiraten. Es ist schön, sie anzusehen, und ich freue mich über ihr Glück mehr, als ich mich je über mein eigenes freute. Sie gehen in den Gartenalleen spazieren, und ich spielte in gewisser Weise eine Beschützerrolle, was für mich traurig und schön zugleich war. Um Tanjas willen habe ich Serjoscha noch mehr liebgewonnen. Überhaupt ist alles wundervoll. Die Hochzeit soll in etwa zwanzig Tagen, vielleicht auch noch etwas später stattfinden.[11] Was kann denn noch geschehen? Sie liebt ihn seit langem, ist ein edler Mensch mit einem wunderbaren Charakter. Ich bin sehr glücklich über diese Beziehung. Das Wetter ist scheußlich, Ljowa und Tanja sind erkältet, Serjoscha ist mit Grischa und Keller nach Pirogowo[12] gefahren. Seit gestern ist es neblig trüb. Warten ist immer wieder langweilig. Ich sähe sie am liebsten so schnell wie möglich glücklich vereint. Wir fahren bald nach Nikolskoje, wo auch die Hochzeit stattfinden soll. Heute las ich ihr altes Tagebuch. Es hat mich sehr belastet, von all ihrem früheren Kummer zu erfahren, so daß ich immer wieder innehalten und weinen mußte. Sie aber dachte, es langweile mich. Ljowa ist aus irgendeinem Grund bedrückt, die Kinder sind lieb und wachsen heran.

12. Juli, Nikolskoje. Die Hochzeit hat nicht stattgefunden. Serjoscha hat Tanja getäuscht[13], verhielt sich wie der gemeinste Mensch. Seit fast einem Monat leidet Tanja. Sie ist ein liebes, zartfühlendes Wesen und siecht jetzt dahin. Mich quält der Gedanke, sie könne an Tuberkulose erkrankt sein. Die ganze traurige Geschichte könnte ich nie hier aufschreiben. Ich bin sehr ärgerlich auf Serjoscha. Ich werde mich an ihm rächen. Tanja hat sich die ganze Zeit bewundernswert verhalten. Sie hat ihn sehr geliebt, er aber hat seine Liebe zu ihr nur vorgetäuscht, in Wirklichkeit war ihm die Zigeunerin teurer. Mascha ist tatsächlich ein guter Mensch, der einem leid tun kann und gegen den ich nichts habe. Doch er ist mir widerwärtig. Warten Sie, warten Sie, und all das nur, um Tanja an der Nase herumzuführen und sich an ihrem Gefühl zu laben. Er brachte sie so weit, daß sie selbst aus Mitleid für Mascha und die Kinder, vor allem aber aus Mitleid und Liebe für ihn entsagte. Sie waren schon zwölf Tage verlobt, tauschten

Zärtlichkeiten aus, er schmiedete Pläne und konnte sie damit überzeugen. Wie gemein! Ich sage das allen, auch meine Kinder sollen es ruhig erfahren, damit sie sich niemals so verhalten wie er.[14] Im Augenblick führe ich ein stilles und glückliches Familienleben. Womit habe ich dieses Glück verdient? Ljowa und die Kinder sind gesund, rundherum wunderbares, heißes Sommerwetter, wir leben in schönster Harmonie miteinander. Hätte nur nicht diese widerwärtige Geschichte mit Serjoscha unser friedliches Leben aus dem Gleis gebracht! Wir sind schon seit dem 28. Juni, Serjoschas Geburtstag, hier in Nikolskoje. Djakows und Schwägerin Maschenka mit ihren kleinen Töchtern[15] haben uns schon besucht; gestern war wieder der liebe Djakow da, der Tanja abzulenken versucht. Heute morgen erschien zum erstenmal unser Nachbar Wolkow. Er ist angenehm, ruhig und schüchtern, hat blondes Haar und eine Stupsnase. Mein Trost sind die Kinder und die gute Stimmung des lieben, geliebten Ljwotschka. Mir geht es gut, ob es so bleibt?

16. Juli. Habe mich unverzeihlicherweise mit der Amme[16] überworfen, jetzt mache ich mir Vorwürfe, sie ist doch ein guter Mensch. Bemühte mich um eine Aussöhnung, war beinahe bereit, sie um Verzeihung zu bitten. Doch mit solchen Leuten soll man nicht allzu gefühlvoll umgehen, sie verstehen das nicht. Fets sind bei uns, sie sind angenehm, er ist etwas zu schwülstig, sie allzu einfach, doch herzensgut. Bin wegen der armen Tanja sehr beunruhigt. Sie fühlt sich ständig matt, und man befürchtet, sie könne an der Schwindsucht leiden. Auch um die kleine Tanja habe ich mich sehr gesorgt, weil sie krank war, doch jetzt geht es ihr besser. Sie ist so lieb und lebhaft, hat entzückende Äuglein und lächelt so reizend! Serjoscha ist oft eigensinnig. Das ist sicher eine Folge der Krankheit, denn er ist ein gutes und freundliches Kind. Heute gab es ein schreckliches Gewitter. Ljowa liest aus seinem Roman Kriegsszenen vor, diese Abschnitte mag ich nicht.

Warum habe ich mich mit der Amme überworfen? In vielem ähnele ich Mamá. Heute entdecke ich voll Schrecken Züge von ihr an mir, die ich verabscheute. So vor allem die Überzeugung, man müsse mir meine Schwächen verzeihen, weil ich im Grunde ein guter Mensch sei. Dabei möchte ich wirklich ein guter Mensch sein, möchte jedoch meine Unzulänglichkeiten nicht unterschätzen. Niemand – vor allem nicht ich selbst – darf sie einfach hinnehmen.

26. Oktober. Ich greife gern nach meinem Tagebuch. Ob das daher kommt, daß ich mich selbst – zumindest mein Innenleben – liebe? Worauf ist aber die weitverbreitete Ansicht zurückzuführen, daß die zunächst verliebten Ehemänner mit den Jahren ihren Frauen gegenüber immer mehr abkühlen? Ich habe es heute begriffen: nur nach einigen Jahren Ehe erweist sich eine Frau *wirklich* als Frau, und es findet sich unter Millionen höchstens eine, die durch die Ehe nicht verändert wird und die so gut und lieb bleibt, wie sie es vor der Ehe war. Eine solche Frau wird der Mann – vorausgesetzt, daß auch er gut ist – sein ganzes Leben lang unverändert lieben. Ich selbst habe mich in der Ehe verändert, oder habe ich mir früher nur einen heuchlerischen Anstrich gegeben? Ich bin so sehr viel schlechter geworden, Ljowotschkas Kälte macht mir schon nichts mehr aus, weil ich sie ja kenne und weil ich sie verdiene. Früher, als ich noch sanfter war, war ich darüber zutiefst erschüttert. Jetzt kurz die Bilanz unseres Lebens für die Zukunft. Wir sind seit dem 12. Oktober in Jasnaja Poljana. Schwester Tanja blieb bei Djakows. Sie ist nicht gesund, ich fürchte, daß wir sie verlieren werden, aber ich bemühe mich, nicht daran zu denken. Ljowa war krank, jetzt geht es ihm besser, er schreibt. Die Kinder sind lieb, ich möchte das kleine Mädchen abstillen, obwohl mich das traurig macht. Ljowotschka lehrt, alles vom Körperlichen aus zu betrachten, und leider bin ich jetzt fast so weit, daß ich seine Ansichten teile. Tantchen[17] fühlt sich elend und schwach. Ich bin so kalt zu ihr. Kann ich überhaupt nicht zärtlich sein? Ich bin sicher wieder schwanger. Das ist schrecklich und beeinträchtigt meine Stimmung. Möchte so gern mächtig und stärker als alle sein. Kann diesen Wunsch selbst kaum verstehen.

1866

12. März. Wir waren sechs Wochen in Moskau, kamen am 7. zurück.[1] Hier in Jasnaja Poljana bin ich wieder ruhig, zwar ein wenig traurig, und doch vor allem unbehelligt glücklich. In Moskau war es schön mit meinen Lieben, die meine Kinder so mögen. Tanja ist flink und klug, lieb und gesund. Serjoscha ist kräftiger geworden, verständig, nicht mehr so schüchtern wie früher, herzensgut. Ich fürchte, meine Kinder allzu leidenschaftlich zu lieben, aber sie machen mich wirklich glücklich und zufrieden. Zwischen Ljowa und mir herrscht ein gespanntes Verhältnis. In Moskau hat der grobe Ton P.s, dem gegenüber ich mich nicht richtig zu verhalten vermag, unsere Beziehung sehr belastet.[2] So unangenehm und widerlich mir das alles auch war, finde ich mich dennoch von Ljowotschka allzu streng und ungerecht beurteilt, denn ich habe mir bisher während meiner Ehe nie etwa zuschulden kommen lassen. Andererseits freue ich mich auch über diese Strenge, weil sie zeigt, daß er mich achtet. Und wenn ich jetzt noch hundertmal vorsichtiger sein werde, dann ist das nur gut. Schrecklich, daß unsere Beziehung eine neue *Schramme* erlitten hat. Ich fühle mich immer wertloser, nichtiger; einen großen Teil meines Selbstwertgefühls, ohne das ich kaum leben kann, habe ich bereits eingebüßt.

In Moskau haben wir unser Leben nach den Gepflogenheiten meiner Kreml-Lieben eingerichtet. Morgens wurde eine Kutsche für die Kinder geschickt, und wir verbrachten dann den ganzen Tag bei den Eltern. Ljowa nahm an einem Bildhauerkurs teil und ging zur Gymnastik.[3] Dann trafen wir alte Bekannte, wie die Perfiljews, Baschilows, Frau Gortschakowa und lernten Frau Obolenskaja kennen. Ich besuchte Konzerte und lernte die klassische Musik schätzen. Es war eine erfreuliche Zeit, ich war gutgelaunt und mochte sogar die Dmitrowka-Straße, unser stickiges Wohn-Schlafzimmer und Ljowas Arbeitszimmer, in dem er sein rotes Pferd modellierte und in dem wir beide meistens abends zusammensaßen. Petja[4] ist sehr sympathisch, ich habe ihn richtig liebgewonnen.

Wenn ich jetzt an sie alle denke, bricht mir das Herz, und ich bin traurig, weil ich nicht bei ihnen bin.

22. März. In der unbeschwerten Jugend drängen sich uns so viele Eindrücke auf, daß wir sie gar nicht analysieren können. Später bemüht man sich um neue Eindrücke und denkt lange über sie nach, weil man ständig auf der Suche nach Ernstem und Würdigerem als man selbst ist. Das ist nicht mehr so gut.

28. April. Wenn ein Mann zu heiraten beabsichtigt, wählt er sich eine Braut mit ganz bestimmten Eigenschaften, die seinen Vorstellungen entsprechen. Er weiß aber nicht, daß sie sich gänzlich verändern wird, daß der ganze Mechanismus zerbrechen kann. Und bevor dieser Mechanismus sich auf neue Weise wieder zusammenfügt, kann niemand behaupten, mit der Neuvermählten glücklich zu sein. Denn der Charakter einer Frau ist weniger wichtig als der Einfluß, den sie in der ersten Zeit ihrer Ehe durch den Mann erfährt. Alle beneiden uns um unser Glück. Das zwingt mich darüber nachzudenken, warum wir glücklich sind und was es eigentlich bedeutet, glücklich zu sein.

9. Juni. Am 22. Mai kam früher als erwartet unser zweiter Sohn Ilja zur Welt, dessen Geburt ich erst für Mitte Juni erwartet hatte.

19. Juni. Wir haben einen neuen Verwalter mit Frau.[5] Sie ist jung, hübsch, *Nihilistin* und führt mit Ljowa lange lebhafte Gespräche über Literatur und Weltanschauung. Diese ungehörig langen Unterhaltungen quälen mich und schmeicheln ihr. Er hat doch verkündet, in die „intimité" dürfe kein weiteres, junges, hübsches Geschöpf eingeführt werden, und er tut es jetzt als erster. Ich lasse mir meine Empfindungen natürlich nicht anmerken, habe aber keine ruhige Minute mehr. Seit Iljas Geburt wohnen wir leider in getrennten Zimmern und keiner geht zum anderen. Hätten wir ein gemeinsames Zimmer, würde ich ihm heute abend einfach alles sagen, was mich bewegt und was ich kaum mehr ertrage. Meine Kinder machen mich so glücklich, schenken mir soviel Freude, daß es eine Sünde wäre, noch mehr zu verlangen. Wie schade, daß Ljowotschka seine eigenen Vorsätze vergessen hat. Warum sprach er heute von der Furcht des Ehemanns, seiner Frau ein Leid anzutun, wenn diese ohne Tadel ist? Ist das Unglück nicht genauso groß, wenn der Ehemann in der Tiefe seines Herzens auch nur für einen Augenblick in der Liebe zu seiner Frau schwankend wird. Es war wirklich nicht nötig, daß Ljowotschka heute Marija Iwanowna einen so flammenden Vortrag hielt. Jetzt ist es schon bald ein Uhr nachts, ich kann immer noch nicht schlafen. Als ahnte ich etwas Schlimmes, als wäre die nihilistische Frau des Verwalters meine „bête noire".

22. Juli. Marija Iwanowna hat mir erzählt, daß Ljowa heute unter irgendeinem Vorwand ihr Haus betrat; dann hat er sich unter ihrem Balkon mit ihr unterhalten. Warum mußte er im Regen dieses Haus aufsuchen? Daß sie ihm gefällt, ist offenkundig und macht mich verrückt. Ich wünsche ihr jedes nur mögliche Übel, bin aber aus irgendeinem Grund besonders freundlich zu ihr. Ob sich ihr Mann bald als ungeeignet für diesen Dienst erweist und sie wieder fortgehen? Vorerst aber martert mich die Eifersucht. Er verhält sich äußerst kalt zu mir. Mir tun die Brüste weh, habe beim Stillen unbeschreibliche Schmerzen. Heute ließ ich Mawruscha rufen, damit sie auch ein wenig stillt und sich meine Brüste erholen können. Wenn es mir nicht gut geht, wirkt das sofort belastend auf unsere Beziehung. Dann wird er unfreundlich und abweisend, und zu meinen physischen Schmerzen kommen die seelischen hinzu, die noch quälender sind. Ich habe mich jetzt in meinem Zimmer eingeschlossen, sie ist im Wohnzimmer bei den Kindern. Ich kann sie einfach nicht ertragen. Es tut mir direkt weh zu sehen, wie schön und lebhaft sie ist, vor allem wenn Ljowotschka dabei ist.

24. Juli. Heute war Ljowotschka wieder bei ihr und daraufhin bedauerte er sie, weil sie sich langweilte, und fragte mich, warum ich sie nicht zum Mittagessen einlade. Ginge es nach mir, käme sie mir überhaupt nicht ins Haus. Ach, Ljowotschka weiß gar nicht, wohin er gerät! Ich habe immer noch Schmerzen in der Brust, darum ließ ich Mawruscha zum Stillen holen, weil Ilja sehr unruhig ist. Wann werde ich ihn wieder allein stillen können? Ich freue mich von Herzen, wenn Ljowotschka mit der Gutsverwaltung nicht zufrieden ist. Vielleicht entläßt er dann den Verwalter, und ich werde meine quälende Eifersucht auf Marija Iwanowa los. Es tut mir leid, aber ich kann sie nicht ertragen.

10. August. Manchmal habe ich das Bedürfnis, etwas Außergewöhnliches zu tun, aufgrund dessen mich alle liebgewinnen würden. Gestern hat Bibikow eine furchtbare Geschichte erzählt. In Jassenki hat man einen Militärschreiber erschossen, weil er den Kompaniehauptmann ins Gesicht geschlagen hatte. Ljowotschka hat die Rolle des Verteidigers übernommen, als sie ihn vor dem öffentlichen Feldgericht aburteilten. Aber unglücklicherweise war diese Verteidigung natürlich nur eine Formsache.[6] Heute erfuhr ich vom Tod des kleinen Sohnes von Constance[7]. Sie macht ein schweres Schicksal durch.

Wir hatten Gäste: die Fürstinnen Gortschakow. Am gleichen Tag kamen auch der sympathische Fürst Lwow und der dicke Sollogub mit seinen beiden halbwüchsigen Söhnen. Er sagte zu mir, ich entspräche dem Ideal einer Schriftstellergattin, die immer die *Amme des Talents* sein müsse. Ich bin ihm für diese Worte dankbar und werde mich sehr darum bemühen, Ljowotschkas Talent zu fördern. Meine fast grundlose Eifersucht auf Marija Iwanowa ist verraucht. Mein Verhältnis zu Ljowotschka hat sich gebessert, es herrscht jedoch immer noch eine kalte Atmosphäre. Die Kinder sind so lieb! Serjoscha fängt an, *du* zu mir zu sagen. Heute mußte ich zu meinem Bedauern feststellen, daß er seit dem Sommer das Alphabet verlernt hat, das er im Winter so gut beherrschte.

27. August. Ich leide fast unter der übermäßig starken Liebe zu meinen Kindern. Schon das geringste Anzeichen einer Erkrankung bringt mich zur Verzweiflung, jedes kleine Lächeln, jeder Blick meiner Kinder rührt mich zu Tränen. Iljuscha ist krank, ich erwarte die Djakows, Tanja und Maschenka mit den kleinen Töchtern, sie sind heute in das Haus gezogen, in dem sie wohnen werden.[8] Das Stillen ist weiterhin sehr mühsam, ich habe oft Schwächeanfälle. Liebte ich meine Kinder weniger, wäre es leichter für mich.

12. November. Ljowa hat Schwester Tanja nach Moskau gebracht.[9] Mit ihrer Gesundheit steht es nicht gut, das bringt mich zur Verzweiflung. Wahrscheinlich fährt sie mit den Djakows nach Italien.[10] Mir war während des Herbstes die Verschlechterung ihres Gesundheitszustands gar nicht aufgefallen. In den ersten drei Septemberwochen war die Stimmung bei uns so heiter, daß ich mich mit nichts Unangenehmem belasten wollte. Ich habe in dieser glücklichen Zeit kein Tagebuch geführt. In diesen drei Wochen waren die Djakows, Schwägerin Maschenka mit ihren Töchtern und Tanja zu Besuch. Wir kamen so gut miteinander aus, wie das sicher nur ganz selten möglich ist. Voll Freude denke ich an den 17. September mit der Überraschung der Musik nach dem Mittagessen zurück.[11] Wie schön war der Abend auf der Terrasse im Laternen- und Kerzenschein! Ich erinnere mich an die gutaussehenden jungen Damen in ihren weißen Kleidern, an den kleinen gutmütigen Kolokolzew, aber insbesondere an das strahlende Gesicht Ljowotschkas, der sich darum bemühte, uns alle bei Laune zu halten! Ich war selbst erstaunt darüber, mit welcher Begeisterung ich tanzte. Das Wetter war wunderbar, wir alle fühlten uns wohl. Doch nach der Abreise der Gäste konnte uns Tanja ihren schlechten Gesundheitszustand nicht mehr verhehlen. Jetzt mache ich mir besonders große Sorgen um sie, da Ljowotschka nicht mehr hier ist. Wenn er nicht bei mir ist, erscheint mir alles traurig und leer. Ich bin sehr auf ihn angewiesen. In seiner Abwesenheit schließe ich mich noch enger an die Kinder an, aber sie sind natürlich noch sehr klein und bieten mir keinen Ersatz für ihn. Sie schlafen, essen, schlafen. Im Augenblick schreibe ich Ljowas Roman[12] ab, ohne ihn vorher gelesen zu haben. Das bereitet mir eine sehr große Freude, beim Abschreiben habe ich das Gefühl, auch in seiner Welt zu leben. Ich weiß nicht, ob ich mich geändert habe oder ob dieser Roman besonders gut ist. Ich schreibe schnell, um der interessanten Entwicklung der Ereignisse zu folgen. Oft sprechen wir über den Roman, Ljowa scheint Wert auf mein Urteil zu legen (das erfüllt mich mit Stolz).

1867

12. Januar. Fühle mich verloren und zugleich unter einem furchtbaren Druck, als stünde ein trauriges Ende bevor. Und tatsächlich wird bald wieder vieles ein Ende haben, das ist schrecklich. Mit der Engländerin habe ich nach wie vor Schwierigkeiten, hege ihr gegenüber keine freundlichen Gefühle.[1] Man sagt, vor dem Tod möchte man sich noch um alles kümmern. Ich möchte mich jetzt um alles kümmern, es gibt soviel zu tun, und ich hetze ständig herum. Ljowotschka war den ganzen Winter gereizt, schreibt den Roman oft unter Tränen.[2] Dieser Roman wird meiner Überzeugung nach außerordentlich gut. Alles, was er mir vorliest, bewegt mich zutiefst. Kommt es daher, weil ich als seine Frau besonderen Anteil nehme, oder ist der Roman wirklich so gut? Ich glaube, letzteres trifft zu. Die Familie erfährt vor allem die „fatigues du travail", Ljowa ist ungeduldig und gereizt mir gegenüber, so daß ich mich immer einsamer fühle.

15. März. Gestern nacht, gegen zehn Uhr, als ich schon schlief, ist unsere Orangerie in Flammen aufgegangen, alles brannte bis zum Boden nieder. Ljowa weckte mich, die Flammen loderten zum Himmel. Er schleppte die Kinder und die Habe des Gärtners heraus, ich rannte ins Dorf, um Männer zu Hilfe zu rufen. Doch jede Hilfe kam zu spät. Die Pflanzen, die noch vom Großvater gesetzt, drei Generationen erfreut hatten, waren alle verbrannt, kaum etwas blieb erhalten. Nachts konnte man noch nicht das ganze Ausmaß der Katastrophe überblicken. Doch jetzt am Tag muß ich mich furchtbar zusammennehmen, um mir meinen Kummer und die Tränen nicht anmerken zu lassen. Vor allem tut mir Ljowotschka leid; offensichtlich ist er bedrückt, und alles, war ihn bedrückt, belastet auch mich. Er hatte so viel Freude an seinen Pflanzen und Blumen, aber jetzt ist leider alles unwiederbringlich dahin, und einen solchen Verlust verschmerzt man erst mit den Jahren.

29. August. Wir hören nicht auf, uns zu streiten. „Du bist schuld, daß du bis jetzt nicht erkannt hast, wie sehr dein Mann dich liebt und was er zu dulden bereit ist." Ständig Streit. Ich habe nur den einen Wunsch, alle Streitigkeiten so schnell wie möglich zu schlichten. Aber es wird immer schlechter. Ich zweifle an mir selbst, suche qualvoll nach der Wahrheit. Nichts außer Eifersucht und der Angst, daß alles zu Ende sei.

12. September. Ja, es ist alles verlorengegangen. Übriggeblieben ist nur die Kälte und die Leere nach dem Verlust von Ehrlichkeit und Liebe. Ich fühle das unentwegt, fürchte mich vor dem Alleinsein, habe Angst vor der Begegnung mit ihm. Wenn er mit mir zu reden anfängt, überfällt mich manchmal ein Schauder, gleich werde er mir sagen, daß er mich nicht mehr erträgt. Aber so weit kommt es nicht, er ist nicht zornig, spricht nicht mit mir über unsere Beziehung, aber er liebt mich auch nicht. Ich hätte nie gedacht, daß ich so unsäglich darunter leiden würde. Manchmal denke ich aber: Na bitte, dann lieb mich eben nicht, wenn du *mich* nicht lieben kannst. Doch im Grunde richtet sich das gegen mich selbst, weil ich meinen Mann so sehr liebe, daß ich überhaupt keinen Stolz mehr besitze. Mamá erwähnt oft mit Stolz erfüllt, wie lange Papá sie leidenschaftlich liebte. Das ist nicht ihr Verdienst, ihn so an sich gebunden zu haben, sondern es ist sein Verdienst, daß er sie so zu lieben vermochte. Das ist eine ganz besondere Fähigkeit. Wie kann man einen anderen Menschen an sich binden? Dafür gibt es keine Hilfsmittel. Mich hat man gelehrt, man müsse ehrlich sein, lieben können und vor allem eine gute Ehefrau und Mutter sein. So steht es in den Ehefibeln geschrieben, doch das ist alles dummes Zeug. Man darf *nicht* lieben, sondern soll lieber klug und listig all die unangenehmen Züge verbergen, die man ebenso wie alle anderen auch in sich hat. Meine Liebe zu ihm bringt mir doch nichts als Schmerz und Demütigung. Und ihm kommt das alles dumm vor: „Du sagst das eine, tust aber gerade das Entgegengesetzte.“ Wenn ich mit mir scharf ins Gericht gehe, entdecke ich nur eine demütigende Liebe und einen schlechten Charakter; letzteres beeinträchtigt die Liebe.

14. September. Alles unverändert, vielleicht ist das ja alles auszuhalten. Ich habe heute sogar für mich entschieden, daß man auch so leben kann, unter Verzicht auf körperliche Liebe. Nur fromme Gedanken, Gebete, ständiges Streben nach Vervollkommnung. Und die Liebe ist totgetreten worden und schweigt. Niemand, nicht einmal Ljowotschka darf an diese Welt rühren. Soll mich doch keiner lieben, ich aber werde alle lieben und stärker und glücklicher als sie alle sein.

16. September. Unwillkürlich dachte ich den ganzen Tag daran, wie wir letztes Jahr den morgigen 17. September[3] feierten. Ich sehne mich wirklich nicht nach der Fröhlichkeit, der Musik und den Tänzen von damals zurück, doch ich erwarte von ihm, daß er sich bemüht, mir eine Freude bereiten zu wollen, wie es im letzten Jahr der Fall war. Wenn ich diese Absicht bei ihm feststellen würde, wäre ich ihm mein ganzes Leben lang dankbar. Damals kam ich mir glücklich, stark und schön vor. Jetzt dagegen fühle ich mich ungeliebt und nichtswürdig, schwach und schlecht.

Als wir heute morgen über die Gutswirtschaft sprachen, schienen wir eine *Einheit* zu sein. Doch solche Gespräche sind sehr selten geworden. Ich lebe bis zur Selbstverleugnung für meine Kinder. Heute kam Serjoscha und fragte: „Was für ein Buch schreibst du?" Ich antwortete ihm, er werde es lesen, wenn er erwachsen sei. Was wird er dann denken und wie wird er über mich urteilen? Werden mich auch etwa meine Kinder nicht lieben? Ach, ich wünsche mir so sehr, von allen geliebt zu werden, doch es gelingt mir nicht.

1868

31. Juli. Seltsames Gefühl, wenn man das eigene Tagebuch liest. Welche Widersprüche! Bin ich etwa eine so unglückliche Frau, wie es laut Tagebuch den Anschein hat? Ist denn überhaupt jemand noch glücklicher als ich? Ist eine andere Ehefrau glücklicher als ich? Ist etwa eine andere Ehe glücklicher und harmonischer als unsere? Manchmal bin ich allein im Zimmer, bekreuzige mich und bitte Gott, er möge mir dieses Glück noch lange gewähren. Ich schreibe immer dann Tagebuch, wenn wir eine Auseinandersetzung haben. Auch jetzt gibt es Tage des Streits. Aber es geht dabei immer um Probleme, die man gar nicht diskutieren würde, wenn man sich nicht liebte. Nun bin ich schon fast sechs Jahre lang verheiratet, und meine Liebe ist in dieser Zeit gewachsen. Er sagt oft, das sei schon keine Liebe mehr, sondern Vertrautheit, denn wir seien schon so sehr zusammengewachsen, daß einer nicht ohne den anderen leben kann. Doch ich liebe ihn immer noch voll Leidenschaft und Eifersucht, und die Selbstverständlichkeit, mit der er mein Gefühl aufnimmt, erzürnt mich manchmal. Er ist mit Petja auf die Jagd gefahren. Im Sommer kann er nicht schreiben. Später fahren sie nach Nikolskoje. Ich bin krank, sitze fast den ganzen Tag zu Hause. Die Kinder sind ständig draußen und kommen nur zu den Mahlzeiten auf die Terrasse. Ilja ist unglaublich lieb. Für Tanja existiert nur Dascha, ganz selten nur schaut sie einmal für einen Augenblick bei mir vorbei. Kusminski ist in gewisser Weise weder Fisch noch Fleisch.

1870

5. Juni. Vor drei Tagen habe ich meinen Sohn Ljowuschka[1] abgestillt. Bei ihm fiel es mir fast schwerer als bei den anderen Kindern. Ich habe ihn gesegnet, von ihm Abschied genommen, habe gebetet und geweint. Diese erste Trennung ist immer ein sehr schmerzlicher Schritt. Offensichtlich bin ich wieder schwanger. Mit jedem Kind sagt man sich mehr von seinem eigenen Leben los und beugt sich tiefer unter das Joch der Sorgen, der Krankheiten und des Alters.

1871

18. August. Gestern nacht habe ich mich von Tanja verabschiedet, die mit den Kindern in den Kaukasus fährt. Ich bin sehr traurig, und ich weiß nicht, wie ich es verschmerzen soll, von ihr getrennt zu leben. Es ist, als hätte man mir ein Stück aus dem Herzen gerissen, und ich kann mich nicht damit abfinden. Niemand auf der ganzen Welt könnt mich besser aufheitern, mich verständnisvoller in meinem Kummer und meiner Mutlosigkeit trösten. Ich blicke hinaus in die Natur, denke an mein zukünftiges Leben, doch ohne Tanja ist alles leer und traurig. Ich kann meinen Kummer nicht in Worte fassen, er läßt sich auch nicht mit Tränen wegschwemmen, sondern er wird Jahre dauern, bis ich darüber hinwegkomme, und nur bei der leisesten Erwähnung verursacht er einen unerträglichen Schmerz im Herzen.[1] So ist es ja auch mit der ständigen Sorge um Ljowotschkas Gesundheit. Er hat zwei Monate lang Kumys getrunken, ohne daß eine Besserung eingetreten wäre.[2] Seit dem vergangenen Winter hat er überhaupt kein Interesse an den Ereignissen um ihn herum, das bestärkt mich in der Annahme, daß er an einer schleichenden Krankheit leidet. Es ist, als würde uns eine Wand voneinander trennen. Er wird es nicht verstehen, wenn ich nicht in mir die Kraft finde, mich über Tanjas Abfahrt hinwegzutrösten, mich mit den Kindern zu beschäftigen und ein erfülltes Leben zu leben. Aber die Hoffnungslosigkeit, der er jetzt erliegt, greift allmählich auch auf mich über. Er gesteht sich das nicht ein, aber ich täusche mich in meinem Gefühl nie, wenn ich auch selbst am meisten darunter leide.

Seit Ljowotschka und ich im vergangenen Winter beide so krank waren, hat unsere Beziehung einen Riß bekommen. Ich habe meinen bisher unerschütterlichen Glauben ans Leben und ans Glück aufgegeben und meine innere Festigkeit verloren. Jetzt fürchte ich mich ständig vor einem drohenden Unglück. Und das ist ja schon da, denn ich habe die beiden mir liebsten Menschen verloren: Tanja ist abgereist, Ljowotschka kränkelt. Er ist überhaupt nicht mehr der, der er war. Er führt das auf „das Alter", ich auf „die Krankheit" zurück. Was immer *es* ist, es beginnt uns voneinander zu trennen.

1872

Haben einen glücklichen Winter verbracht, waren einander sehr nah. Ljowotschka geht es besser.

1. April. Am 30. März kam Ljowotschka aus Moskau zurück.[1] Die Kinder brachten gelbe und violette Blumen.

Habe mich aufs Abendmahl vorbereitet. Kam aus Tula mit der Eisenbahn, fuhr dann mit einem Bauernkarren weiter. Nur in den kleinen Hohlwegen liegt noch Schnee. Ljowotschka war abends auf dem Schnepfenstrich, erlegte eine Waldschnepfe, eine zweite sandte uns Mitrofan.[2]

3. April. Weiterhin warm: er schoß zwei Waldschnepfen. Bekamen die Korrekturbogen des „Alphabets"[3], saßen bis vier Uhr nachts.

5. April. Er erlegte wieder eine Waldschnepfe; vor dem Mittagessen gingen wir mit den Kindern bei den Bienenständen spazieren; da wir nicht die Furt durchqueren konnten, kehrte ich um und ging mit Ljolja in der Nähe des Hauses spazieren. Warmer Wind.

6. April. Klarer windiger Morgen. Später Donner und Hagel. Die letzten Abende hatte Ljowotschka Schüttelfrost, fühlt sich gar nicht wohl.

8. April. Nachts lang anhaltendes Donnern und Regen. Ljowotschka friert es ständig am Rücken, er ist gar nicht gesund. Ist aber guter Stimmung und sagt, er habe noch für unendlich viele Jahre genügend zu tun.[4] Alles wird grün, die Blätter sprießen, das Wurmkraut blüht, das Gras steht schon hoch.

9. April. Als wäre es schon Sommer.

12. April. Gingen mit Iljuscha auf Schnepfenjagd in den abgeholzten Sasseka-Wald. Ein wunderbar warmer klarer Abend, den wir sehr genossen. Über den Bäumen stieg der Vollmond auf.

16. April. Ostersonntag. Nachts Regen und Gewitter. Morgens setzte der Frost ein, es wurde trüb.

18. April. L. fuhr mit den Bibikows auf Schnepfenjagd, erlegte drei im Sasseka-Wald. Es ist immer noch kalt.

19. April. Ljowotschka hat die ganze Nacht bis zum Morgengrauen die Sterne betrachtet.

20. April. Fuhr mit Warja und den Kindern Veilchen pflücken. Es ist immer noch frisch; ich habe etwas Fieber. Ljowotschka ist gesund. Abends kam Warjas Bräutigam.[5]

21. April. Fuhren mit den Kindern, Warja und Nagornows Morcheln sammeln. Fanden einen Korb voll. Immer noch nicht warm. Ljowotschka, Warja und ihr Bräutigam waren auf Schnepfenjagd. Die Sonne ging unter wie ein leuchtend roter Feuerball. Die Bäume, mit Ausnahme der Eiche, grünen wieder, überall blüht es. Heute morgen brachte mir Ljowotschka einen bunten Strauß mit.

23. April. Die Nacht war kalt, der Morgen klar und frisch. Wolkenloser Himmel. Einige Eichen beginnen auszuschlagen. Die Linde ist an einigen Stellen schon ganz grün.

27./28. April. Ljowotschka ist nachts nach Moskau gefahren.[6] Mascha[7] ist sehr krank.

30. April. Unerträgliche Hitze. Tags und nachts Gewitter.

13. Mai. Ljowotschka brachte heute eine vollerblühte Rose.

14. Mai. Ljowotschka, Stjopa[8] und Serjoscha sind nach Nikolskoje gefahren.

15. Mai. Wir haben gebadet, Kaffee gekocht, in unserem Birkenwäldchen Pilze gesammelt.

16./17. Mai. Sie sind aus Nikolskoje zurückgekehrt; es ist kalt und neblig.

18. Mai. Hanna ist nach Tula gefahren, um den Kindern Spielzeug zu kaufen. Wir gingen Pilze sammeln und wurden vom Regen überrascht. Ljowotschka war gestern sehr verärgert darüber, daß die Korrekturbogen noch nicht hier sind. Er schrieb nach Moskau, man solle Ris das Original wegnehmen.[9] Heute schrieb er an Liwen über Sascha.[10] An den Akazien hängen lange Schoten. Es ist kalt und windig.

26. Mai. Ljowotschka und Iljuscha sind mit dem Zug nach Tula gefahren, ich bin mit den Kindern schwimmen gegangen. Der Hekkenrosenstrauch ist ganz abgeblüht. Gestern wurde das Heu aus dem Garten verkauft.

1873

13. Februar. Ljowotschka ist nach Moskau gefahren.[1] Ohne ihn sitze ich den ganzen Tag mit starrem Blick und beunruhigenden quälenden Gedanken traurig herum. Und wie immer greife ich in einem solchen Zustand zum Tagebuch. Ich schreibe alles auf, was mich quält, und komme dadurch wieder zu mir. Was wäre ich ohne diesen Menschen, der mir mit seinen klaren Anschauungen eine ständige Stütze ist? Wenn ich so unruhig bin, befrage ich mich manchmal selbst: Wonach sehnst du dich? Und entsetzt antworte ich: Ich sehne mich nach Fröhlichkeit, Plauderei, eleganten Kleidern: ich möchte, daß man mich schön findet, daß Ljowotschka mit mir das normale Leben vieler gewöhnlicher Sterblicher lebt. Doch mit einem Aufschrei des Herzens sage ich mich von all diesen teuflischen Versuchungen los, und ich fühle mich noch schlechter als sonst. Ich hasse diese Leute, die mir sagen, daß ich schön sei. Früher wollte ich nie schön sein, jetzt bin ich es bereits nicht mehr. Und wozu würde mir denn diese Schönheit nützen? Mein kleiner Petja[2] liebt seine alte Amme nicht weniger als er eine schöne Frau lieben würde. Ljowotschka würde sich auch mit dem häßlichsten Gesicht abfinden, wenn seine Frau sich in ihr Schicksal fügte und das von ihm bestimmte Leben führte. Ich würde mich so gern selbst grundlegend ändern und von all dem, was ekelhaft, gemein und falsch an mir ist, Abstand nehmen. Ich will heute meine Haare ondolieren lassen. Ich freue mich schon, hübscher auszusehen, obwohl mich niemand sieht; aber das ist ja auch gar nicht nötig. Ich mag so gern Schleifen, wünsche mir einen neuen Ledergürtel, und jetzt, da ich all das geschrieben habe, würde ich am liebsten weinen ... Oben sitzen die Kinder und warten auf mich.

Heute haben wir einen Ausflug gemacht, die Jungen hatten einen Zusammenstoß mit Fjodorowitsch[3]; nur mit Mühe gelang es mir, Fjodor Fjodorowitsch zu versöhnen und die Kinder wieder zu beruhigen. Die neue Gouvernante kam vor drei Tagen an, sie ist mir nicht ganz sympathisch, ist allzu „commune" und fade.[4] Aber vielleicht ist es zu früh, um ein endgültiges Urteil zu fällen.

17. April. Es schneite den ganzen Morgen, keine Frühlingsfröhlichkeit mehr. In meinem Herzen sieht es nicht weniger kalt, finster und traurig als in der Natur aus. Ljowotschka schreibt seinen Roman, er kommt gut voran.

11. November. Am 9. November morgens um neun Uhr starb mein kleiner Petja an der Bräune. Er war zwei Tage lang krank, verschied still. Er war am 13. Juni 1872 geboren worden, ich habe ihn ein Jahr und zweieinhalb Monate lang gestillt. Er war ein fröhlicher Junge. Ich habe ihn sehr geliebt. Und jetzt ist alles so leer, gestern haben wir ihn beerdigt. Ich kann es immer noch nicht fassen. Er hing sehr an mir. Ob er wohl traurig ist, daß ich zurückblieb, daß er mich zurücklassen mußte?

1874

17. Februar. Wie sehr ich auch über die Zukunft nachdenke, Petja lebt nicht mehr. Und ich habe die düstere Ahnung, daß man auch für mein Grab schaufeln wird, sobald es auf Petjas Grab zu grünen beginnen wird.

12. Oktober. Allmählich halte ich dieses völlig einsame Leben hier auf dem Lande nicht mehr aus. Ich bin apathisch und niedergeschlagen, nichts interessiert mich, und ich denke voll Abscheu daran, daß das alles so unverändert weitergehen wird: heute, morgen, jahrein, jahraus. Wenn ich morgens aufwache, habe ich keine Lust aufzustehen, weil ich schon weiß, was mich erwartet. Zuerst kommt der Koch, dann das Zimmermädchen, das sich beklagt, die Leute seien mit dem Essen unzufrieden und der Zucker sei aufgebraucht. Also bestelle ich Zucker, dann setze ich mich mit Schmerzen in der rechten Schulter an meine Stickerei, später unterrichte ich die Kinder in der Grammatik, lehre sie die Tonleitern. Das Unterrichten macht mir zwar Freude, aber es ist mir stets bewußt, daß ich es leider längst nicht so gut tue, wie ich es gerne wollte. Abends sticke ich wieder, während Ljowotschka und Tantchen[1] ihre ewigen widerwärtigen Patiencen legen. Hin und wieder erfreut mich eine angenehme Lektüre. Doch gibt es etwa viele lesenswerte Bücher? Zuweilen – so wie heute nacht – träume ich sehr intensiv. Träume zum Beispiel, zum Abendgottesdienst in eine Kirche zu gehen und dort so inbrünstig zu beten, wie es mir bisher nicht gelungen ist. Zuweilen sehe ich auch herrliche Bilder einer Gemäldegalerie im Traum, ein andermal zauberhafte Blumen und manchmal sogar Menschen, denen gegenüber ich weder Haß noch Abneigung, sondern nur Sympathie und Liebe empfinde.

Gott weiß, wie ich in diesem Jahr versucht habe, gegen diese schändliche Langeweile anzukämpfen, wie ich mich um gute Gedanken bemühte, wie ich mir vor allem immer wieder vor Augen führte, daß es nichts Besseres als das Leben hier auf dem Lande für eine gesunde geistige und körperliche Entwicklung der Kinder geben könne. Solche Erwägungen ließen schließlich meine egoistischen

Empfindungen verstummen. Doch jetzt begreife ich voll Entsetzen, daß dieses Verstummen eine schreckliche Apathie, eine tierisch stumpfe Gleichgültigkeit zur Folge hatte, die zu bekämpfen noch sehr viel schwieriger sein wird. Dabei bin ich nicht allein; denn Ljowotschka und ich sind sehr eng, mit den Jahren immer enger miteinander verbunden. Aber gerade er hat meinen apathischen Zustand auf dem Gewissen. Es tut mir weh, wenn ich sehen muß, wie niedergeschlagen und verzagt er jetzt schon tage- und wochenlang dasitzt, ohne etwas zu tun, ohne sich über irgend etwas zu freuen. Und offensichtlich hat er sich mit diesem Zustand, der doch nichts anderes ist als ein geistiger Tod, abgefunden. Ich finde das schrecklich. Und er selbst wird *das* bestimmt nicht lange aushalten.[2] Vielleicht bin ich ja ungerecht. Aber mir scheint, daß unser schrecklich einsamer und eintöniger Tagesablauf, den er so will, während ich darunter leide, schuld ist an der Apathie, die uns beide überfallen hat. Wenn ich Ljowotschka so vor mir sehe und dann an die Zukunft denke, daran denke, wie die Kinder heranwachsen, immer mehr Zuspruch brauchen werden, dann weiß ich schon jetzt, daß Ljowotschka mir keine Hilfe sein wird. Nichts berührt ihn wirklich. Die ganze seelische Verantwortung für die Kinder liegt auf mir, ihm werden ihre Mißerfolge keine Qual bereiten. Doch *wie* werde ich allein all das ertragen, den Kindern helfen können, wenn ich daneben auch noch voll Trauer mitansehen muß, wie alles in Ljowotschka erloschen ist, wie ihn nichts mehr zu begeistern vermag? Wenn die Menschen keine Hoffnung mehr haben, können sie einfach nicht weiterleben. So also hoffe ich, daß Gott noch einmal jenes Feuer in Ljowotschka entfachen möge, das ihn früher lebendig sein ließ und mit dessen Hilfe er auch jetzt wieder aufleben könnte.

1876

15. September. Bin wieder allein, und wieder flüchte ich mich zu meinem schweigenden Gefährten – dem Tagebuch. Ich möchte jeden Tag alles gewissenhaft aufschreiben. Ljowotschka ist über Orenburg, wohin er unbedingt wollte, nach Samara gefahren. Aus Orenburg erhielt ich ein Telegramm von ihm.[1] Ich vermisse ihn sehr, mache mir Sorgen. Nur allzugern würde ich mir einreden, es mache mir Freude, daß er sich selbst einen Wunsch erfüllt hat. Aber das stimmt überhaupt nicht. Ich freue mich darüber keineswegs, sondern bin sogar gekränkt, daß er ausgerechnet jetzt in einer so harmonischen Phase unserer Beziehung mich freiwillig verläßt und mich für zwei lange Wochen dieser qualvollen Unruhe ausliefert. Machte mich wieder ans Unterrichten der Kinder und gebe mir ganz große Mühe. Doch, großer Gott, wie bin ich ungeduldig, wie werde ich wütend, wie schreie ich sie an! Heute brach ich am Ende der Stunde sogar in Tränen aus, so bekümmerte mich Serjoschas schlechter Aufsatz über die Wolga voller Rechtschreibfehler und Iljas Faulheit. Die Kinder waren von diesem Tränenausbruch völlig überrascht, der Serjoschas Mitleid erregte, was mich wiederum rührte. Nach der Stunde wich er nicht von meiner Seite, war still und aufmerksam. Mit Tanja komme ich überhaupt nicht zurecht. Warum muß man nur ewig mit den Kindern kämpfen? Ich hege keine bösen Gedanken, wäre nur gern etwas ungebundener. Fühle mich erschöpft und elend, das Atmen fällt mir schwer, habe mir den Magen verdorben, leide unter der Kälte und krampfe mich regelrecht zusammen.

17. September. Mein Namenstag. Und wiederum keine Zeile von Ljowotschka. Morgens stand ich träge auf, fühlte mich elend und ganz in Anspruch genommen von den Alltagssorgen. Die Kinder ließen mit Stjopa[2] Drachen steigen, kamen rotwangig an und wollten auch mich holen. Doch ich blieb in meinem Zimmer und bat, mir alle Papiere von Ljowotschka aus dem Gewehrschrank zu bringen, und dann vertiefte ich mich in die Welt seiner literarischen Werke und seiner Tagebücher. War zuweilen sehr bewegt, ja erregt. Doch meine eigentliche Absicht, Ljowotschkas Biographie zu schreiben, werde ich nicht verwirklichen können, weil ich nicht hinreichend objektiv zu sein vermag. Vielmehr suche ich gierig all die Stellen, in denen er in seinem Tagebuch von irgendeiner Liebesaffäre erzählt. Das quält mich dann so sehr, daß ich vor Eifersucht ganz wirr werde. Will es aber mit der Biographie trotzdem versuchen.[3] Mich erschrecken die unguten Gefühle, die ich für Ljowotschka hege, seitdem er fortgefahren ist. Vor seiner Abreise hatte ich ihn sehr lieb, jetzt aber werfe ich ihm ständig vor, daß er mir so viel Kummer und Unruhe bereitet. Wie konnte er das gerade jetzt tun, da es mit meiner Gesundheit nicht zum Besten steht und er angeblich doch so sehr um meine Gesundheit bangt? Vor lauter Aufregung kann ich jetzt keine Nacht schlafen, kann fast nichts essen, muß ständig die Tränen unterdrücken oder weine manchmal heimlich, so unruhig bin ich. Ich fühle mich, als hätte ich Fieber, abends bekomme ich immer häufiger Schüttelfrost, meine Nerven sind zum Zerreißen gespannt, und mein Kopf scheint zerspringen zu wollen. Welche Gedanken haben mich in diesen zwei Wochen heimgesucht! Mit den Kindern komme ich gut zurecht, doch ich befürchte, daß ich allzuoft an ihr Mitleid appelliere. Tanja wird hübsch; doch ihr jugendliches Verliebtsein in den Geiger Ippolit Nagornow[4] bereitet mir Sorge. Nach dem Frühstück habe ich die Kinder unterrichtet. Plötzlich schwand all meine Energie, so daß ich zu nichts mehr fähig war. Gott, hilf mir doch, noch die kommenden Tage zu überstehen! Immer wieder sage ich mir: „Wofür werde ich so sehr bestraft? „Dafür, daß ich ihn zu sehr geliebt habe." Jetzt aber hat all dieses Glück einen Riß bekommen. Und das erzürnt mich sehr.

18. September. Heute kam ein Telegramm aus Sysran, daß er übermorgen früh hier eintreffen will.[5] Und plötzlich wurde es mir leicht ums Herz, die Kinder waren lieb und lernten fleißig. Doch mir tut die Brust weh, ich werde doch wohl nicht krank werden? Als ich die Kinder unterrichtete, tat mir jeder Atemzug weh, und ich konnte kaum sprechen. Abends nach dem Unterricht bei M. Rey[6] kamen die Kinder schlecht gestimmt herauf. Da sie unartig gewesen waren, hatten sie alle eine Fünf in Betragen bekommen. Ich sagte, da sich Serjoscha schlecht betragen habe, dürfe er nicht auf die Jagd. Vielleicht bessere er sich, wenn er bestraft werde. Darauf sagte Serjoscha plötzlich jähzornig: „Au contraire", womit er mich sehr kränkte. Doch als er mich beim Abschied fragte, ob ich ihm zürne, war ich so gerührt, daß ich ihm verzieh. Stjopa ist sehr lieb und bemüht, mir zu helfen, die Kinder zu unterrichten, hält sie an, ihre Aufgaben ordentlich zu erledigen. Wenn ich daran denke, daß Ljowotschka übermorgen kommt, erfaßt mich eine stille Freude.

1877

27. Februar. Als ich heute die alten Tagebücher von Ljowotschka wieder las, begriff ich, daß ich nicht imstande sein werde, „Materialien zu einer Biographie" zusammenzustellen, wie ich es gern getan hätte.[1] Sein Innenleben ist so komplex und die Lektüre seiner Tagebücher so aufwühlend für mich, daß ich unfähig bin, alles vernünftig und sachlich zu erörtern und darzulegen. Aber ich bedaure, daß ich meinen alten Plan aufgeben muß. Ich will jedoch wenigstens gewissenhaft und beständig Aufzeichnungen über unser jetziges Leben und über seine intellektuellen Tätigkeiten aufzeichnen. Jetzt ist er nach Moskau gefahren, weil er dort die Korrekturen für das Februar-Heft durchsehen[2] und sich wegen seiner Kopfschmerzen und des Blutandrangs zum Gehirn bei Sacharin Rat holen will.[3]

Als ich Ljowotschka vor einigen Tagen darum bat, mir etwas aus seiner Vergangenheit zu erzählen, erwiderte er: „Ach bitte, frag mich nicht. Mich regt das alles zu sehr auf, und ich bin jetzt schon zu alt, um mir noch einmal mein Leben in Erinnerung zu rufen."

21. September. Nikolenka Tolstoi war bei uns zu Besuch. Wir schmiedeten Pläne, gemeinsam mit ihm und seiner zukünftigen jungen Frau nach Moskau zu fahren.[1] Sie wird sicher Aufsehen erregen.

22. September. Ljowotschka und Iljuscha gingen mit den Windhunden auf die Jagd und schoßen sechs Hasen. Andrjuscha wurde gegen die Pocken geimpft.

23. September. Unser sechzehnter Hochzeitstag. Ich gab den Kindern Deutschunterricht, alles ging gut, das Wetter ist freundlich und warm. Habe große Freude an Andrjuscha.

24. September. Sonntag. Bin spät aufgestanden. Ljowotschka fuhr zum Gottesdienst[2]; wir tranken mit seiner Schwester Maschenka Kaffee. Nach dem Frühstück gingen die Kinder zu Fuß nach Jassenki. Maschenka fuhr mit Serjoschas Griechisch- und Lateinlehrer, dem Gymnasiasten Uljaninski, nach Tula; Ljowotschka und Serjoscha gingen mit Gewehren und Hunden auf die Jagd. Ich blieb zu Hause, um für die Jungen Jacken zuzuschneiden. Später fuhr ich mit Mascha und Anna[3] zu den Kindern nach Jassenki. Vor meiner Abfahrt kam Fürst Urussow[4], der sich dann, ebenfalls mit seinem Gewehr bewaffnet, auf die Suche nach unseren Jägern machte. In Jassenki fand ich die Kinder in einem kleinen Laden, wo sie Süßigkeiten kauften, die sie gleich verzehrten. Wir trafen uns dann alle zum Mittagessen. In der Dämmerung spielten wir Krocket: Ljowotschka, Iljuscha und ich gegen M. Nief, Ljolja und Urussow, die gewannen. Abends spielten Ljowotschka und Urussow Schach, die Kinder schleckten Süßigkeiten und waren überdreht; ich las das „Journal d'une femme“ von Octave Feuillet[5] – sehr gut und idealistisch. Doch das Ende ist unnatürlich. Aber es soll offensichtlich mit Absicht im Gegensatz zur neuesten, allzu realistischen Literatur stehen. Jetzt ist es Mitternacht, Ljowotschka ißt gerade zu Abend, dann wollen wir gleich schlafen gehen.

25. September. Heute morgen unterrichtete ich die Kinder, Maschenka kam zum Mittagessen und brachte Anton, Rossa und Nadja

Delwig mit. Die Kinder waren übermütig und ausgelassen. Um sie wieder zu beruhigen, tanzten wir abends eine Quadrille, ich tanzte mit Ljolja. Ljowotschka und Alexander Grigorjewitsch[6] musizierten für uns. Später spielte Maschenka Klavier und Alexander Grigorjewitsch begleitete sie auf der Geige. Sie spielten recht gut Mozarts wunderbare Sonate, deren Andante mich immer tief ergreift. Doch als Ljowotschka später Sonaten von Weber spielte, erschien mir Alexander Grigorjewitschs Geigenspiel recht kläglich im Vergleich zu dem Nagornows. Zum Schluß spielten sie noch Beethovens „Kreutzersonate«, das ging ziemlich daneben; doch *wie* muß diese Sonate klingen, wenn sie gut gespielt wird! Später versuchten die Kinder und ich Karten zu legen.

26. September. Ich stand mit Kopfschmerzen auf. Ljowotschka fuhr mit Anton zum Gottesdienst. Die anderen spielten sehr vergnügt Krocket. Es sind wunderbar klare Tage, die Blätter werden jetzt langsam gelb, fallen aber noch nicht ab. Die mondhellen Nächte sind schon sehr kalt. Nach dem Frühstück spielten Rossa und ich gegen Anton und Serjoscha Krocket. Ljowotschka überredete die Kinder, mit den Windhunden über die Felder zu streifen. Es war ein wunderschönes Bild, wie sie mit Anna, Mlle. Gachet und M. Nief loszogen. Jeder hielt seinen Hund am Koppelriemen, der Jäger führte das Reitpferd. Später gingen auch die anderen ins Feld, während ich Wassili Iwanowitsch[7] aufsuchte. Dieses Mal fühlte ich mich gar nicht wohl bei ihnen. Anschließend kam auch Serjoscha dorthin und war sehr überrascht, mich dort anzutreffen. Er mag Wassili Iwanowitsch sehr und vergißt ihn nie. Ljowotschka war ebenfalls auf der Jagd und erlegte ein Birkhuhn. Die Kinder spielten bis zum Einbruch der Dämmerung Krocket. Gleich nach dem Essen fuhren Delwigs ab. Dann drängten sich alle Kinder in Ljowotschkas Zimmer zusammen. Wir plauderten und lachten, und sie spielten Abklatschen. Wir gingen dann früh schlafen.

27. September. Trocken und klar. Ich habe viel zugeschnitten und genäht, Lisa[8] Französisch-, Mascha und Tanja Deutschunterricht gegeben. Andrjuscha ist sehr unruhig seit der Pockenimpfung am Freitag, und mir schmerzen die Brustwarzen. Ljowotschka war mit den Windhunden im Sasseka-Wald, hat aber nicht einmal etwas erspäht. Mit seiner Arbeit geht es kaum voran, er hat Rückenschmerzen. Aus irgendeinem Grund ist Maschenka verstimmt und unzufrieden, fröstelt.

1. Oktober (Sonntag der Fürbitten). Morgens fuhr Ljowotschka zum Gottesdienst. Serjoscha hatte Griechisch und Latein bei Uljaninski, ich schlief lange, weil jetzt die Nächte seit Andrjuschas Pockenimpfung recht unruhig sind. Die Kinder zogen sich gleich am frühen Morgen festlich an und warteten voll Ungeduld auf mich, denn sie wollten zu Delwigs fahren; leider hatte sich der Himmel getrübt. Da es aber warm war, schickte ich sie dennoch auf den Weg. Sie fuhren mit Mlle. Gachet. Urussow kam und ging zusammen mit M. Nief und Ljowotschka auf Schnepfenjagd. Maschenka ist krank, sitzt unten und versucht, sich mit homöopathischen Mitteln zu kurieren. Ich blieb ganz allein, ging ein wenig spazieren, kehrte dann vom Krocketplatz ins Haus zurück, setzte mich schließlich hin und nähte. Wir aßen um sieben, dann plauderten wir angeregt über ernste Dinge, Ljowotschka und Urussow spielten Schach, während ich mit einem Seidenfaden Andrjuschas Straminkittelchen bestickte. Um zehn kehrten die Kinder zurück und erzählten vergnügt ihre Erlebnisse.

2. Oktober. Ich unterrichtete gerade die Kinder, als plötzlich Gromow mit seiner Tochter Nadja, der Braut von Nikolenka, erschien. Ich werde sie bestimmt liebgewinnen. Gleich nach dem Essen sind sie wieder fortgefahren. Abends habe ich zunächst gearbeitet, dann bin ich mit Tanja baden gegangen. Bei uns im Haus ist alles ruhig, fröhlich und lebendig. Das Wetter ist beständig und klar, die Nächte voll Mondschein. Andrjuscha geht es besser.

3. Oktober. Trotz des herrlichen Wetters sitze ich zu Hause. Ich habe die Kinder unterrichtet, Tanja ausgeschimpft und bestraft, weil sie auf dem Spaziergang Mlle. Gachet weggelaufen ist. Ljowotschka ist zur Jagd geritten, hat fünf Hasen erlegt; doch dann ist er mit dem Pferd gestürzt, hat sich aber, obwohl er in vollem Galopp kopfüber stürzte, nur die Hand verletzt. Dem Pferd ist der Hals so stark eingeknickt, daß es sich noch lange nach dem Sturz nicht aufrichten konnte. Serjoscha hat ihm ein Spanischfliegenpflaster auf die rechte Seite geklebt, dennoch mache ich mir noch immer große Sorgen um Ljowotschka. Andrjuscha ist außerordentlich lieb; heute aß er allein sein Butterbrot und trank seine Milch dazu. Die Kinder spielen in jeder freien Minute Krocket. Als Ljowotschka nach der Rückkehr von der Jagd zu Mittag aß, las ich allen laut den Brief meiner Schwester Tanja vor, den ich gerade erhalten und über den ich mich sehr gefreut hatte. Als ich zu der Stelle kam, an der sie „*Eurem* guten, sanften, frommen *Papachen*" Grüße ausrichten ließ, brachen alle in schallendes Gelächter aus; denn wir hatten ihn einmal zum Spaß beim Krocketspiel Papachen genannt, während all die anderen Eigenschaften ihm bei einem Orakelspiel zugeschrieben worden waren.

4. Oktober. Heute wird Tanja vierzehn Jahre alt. Gleich nach dem Aufstehen ging ich zu den Kindern auf die Waldlichtung, wo sie bei herrlichstem Wetter ein Picknick vorbereitet hatten. Als ich kam, schwelten vier Kohlenfeuer. M. Nief bereitete mit aufgekrempelten Ärmeln ein Omelett und kochte Schokolade, während Serjoscha Schaschliks briet. Alle aßen mit dem größten Appetit. Als wir wieder zu Hause waren, spielten wir Krocket, und plötzlich sahen wir, daß auf dem *Proschpekt* Pferde und Esel aus Samara entlangtrabten. Die Kinder stürzten sich voll Freude auf die Esel und ritten gleich los. Zum Essen kamen Nikolenka, Baronesse Delwig und Rossa. Wir tranken Champagner auf Tanjas Wohl. Abends begleiteten Tanja und ich die Gäste bis nach Koslowka, und auf dem Heimweg kam uns Ljowotschka entgegen. Wir gingen erst spät schlafen.

6. Oktober. Habe einen Katarrh und Rheuma in allen Gliedern. Morgens ging ich hinunter zu Ljowotschka, der an seinem neuen Werk schreibt, für das er authentisches Quellenmaterial herangezogen hat, nach dem auch die Handlung datiert werden soll. Er sagt, er habe jetzt bereits zum zehntenmal den Anfang zu schreiben versucht. Das Ganze soll mit einem Prozeß einsetzen, den Bauern gegen die Gutsbesitzer angestrengt haben. Und aus diesem Prozeß sollen sich wie die Strahlen eines Springbrunnens die einzelnen Handlungsstränge unmittelbar in die Alltagsschilderungen des Lebens der Bauern wie der Gutsbesitzer ergießen und bereits auf Petersburg und die weiteren Orte verweisen, an denen die anderen Personen auftreten werden.[9] Mir gefällt diese „entrée en matière" sehr. Die Kinder lernen ohne Begeisterung und lassen sich statt dessen die albernsten Späße einfallen.

8. Oktober. Nikolenka hat geheiratet. Da Ljowotschka den Vater vertrat, fuhr er bereits morgens nach Tula, während Tanja und ich erst abends folgten und direkt in die Kirche gingen, wo die Trauungszeremonie schon begonnen hatte. Die Feier mit dem Gesang der Chorknaben hat auf Tanja tiefen Eindruck gemacht. Wir fuhren sogleich nach der Trauung wieder ab. Serjoscha war auf der Jagd und erlegte zwei Hasen. Die Kinder ritten am Morgen auf ihren Eseln nach Jassenki.

9. Oktober. Bibikow kam aus Samara mit der unerfreulichen Nachricht, daß wieder nahezu keine Einnahmen zu erwarten seien. Dort haben sie ohne mein Wissen ein Stück Land gepachtet und Vieh gekauft, ohne daß sich das irgendwie günstig auf die Ernteerträge ausgewirkt hätte. Ich geriet in schrecklichen Zorn, es kam zu einem schweren Streit mit Ljowotschka.[10] Wie verhaßt ist mir alles, mein Leben, mein sogenanntes *Glück.* Alles verdrießt mich, widert mich an ...

11. Oktober. Morgens kam D. A. Djakow, der für seine Tochter ein Gut kaufen will. Ljowotschka ging auf die Jagd, schoß heute jedoch nichts, während er gestern zwei Waldschnepfen und einen Hasen erlegte, den aber die Hunde zerfleischten. Abends liest bei uns jetzt immer zur großen Freude der Kinder, die es kaum erwarten können, M. Nief „Les trois Mousquetaires" von Alexandre Dumas vor.[11] Ljowotschka sichtet das Material für sein neues Werk, klagt aber ständig über Kopfschmerzen, die ihn am Schreiben hindern. Wir gehen wieder freundschaftlich miteinander um[12], und ich habe mir fest vorgenommen, Rücksicht auf ihn zu nehmen.

13. Oktober. Mitten im Unterricht sprangen Ljolja und Lisa mit einem Freudenschrei auf, weil sie Sergei Nikolajewitsch entdeckt hatten. Er war aus Tula, wo er geschäftlich zu tun hatte, zu uns gekommen. Wir unterhielten uns den ganzen Tag mit ihm.

14. Oktober. Heute ist Maschenka abgereist. Ljowotschka ging auf die Jagd und erspähte sechs Birkhühner. Sergei Nikolajewitsch fuhr zu Chomjakow nach Jassenki, um Erkundigungen über einen Verwalter einzuholen. Sergei Nikolajewitsch fragt sehr oft nach meiner Schwester Tanja, die er nicht vergessen hat und auch nicht vergessen wird. Er sagt, er hätte gern mit ihr gesprochen bei der unerwarteten Begegnung im Zug. Serjoscha schlug Ljolja, der den Stock nach ihm geworfen hatte, den Serjoscha ihm entreißen wollte. Ich schimpfte Serjoscha aus. Abends kam der bucklige Zeichenlehrer, bei dem Tanja, Ilja und Ljolja Unterricht haben. Doch während Tanja voll Ernst bei der Sache war, lachten die beiden Jungen und alberten herum. Serjoscha hat Latein- und Griechischunterricht bei Uljaninski. Abends las M. Nief wieder „Les trois Mousquetaires" vor. Ich bin in einer merkwürdigen Stimmung, beschäftige mich vor allem mit meinem Aussehen und träume von einem anderen Leben, das heißt, ich möchte wieder einmal viel lesen, mich bilden können, möchte klug, schön und elegant sein und mit den Kindern nach Moskau fahren. Andrjuscha ist ein sehr liebes Kind.

15. Oktober. Als ich morgens Tee trinken wollte, fand ich außer Ljowotschka und seinem Bruder Sergei schon die Kinder und ihre beiden Lehrer – Uljaninski und den buckligen Zeichenlehrer –, deren Anwesenheit mich ein wenig geniert, vor. Ljowotschka fuhr dann gleich zum Gottesdienst.

Später wurden Vorbereitungen für die Jagd getroffen und sieben Pferde gesattelt: Ljowotschka, sein Bruder, unser Sohn Serjoscha, Iljuscha, M. Nief und zwei Bedienstete ritten los, die Jagdhunde folgten ihnen. Tanja, Mascha, Ljolja, Mlle. Gachet und Lisa machten sich auf den Eseln auf den Weg nach Koslowka. Ich blieb allein zurück, beschäftigte mich mit Andrjuscha, doch als er eingeschlafen war, befahl ich, einen Wagen einzuspannen und fuhr den Kindern entgegen. Als ich sie traf, setzte sich Mlle. Gachet zu mir in den Wagen, die Kinder verlangten geriebenen Rettich und Kwas. Mit dem Hauptessen aber wollten wir auf die Jäger warten. Sie kamen gegen sieben fröhlich und zufrieden zurück und hielten uns triumphierend ihre Jagdbeute entgegen: sechs Hasen, die sie an einen Stock gebunden hatten. Abends wurde wieder Dumas vorgelesen, aber alle waren rasch müde. Serjoscha sagt mir ständig Liebenswürdigkeiten auch über die Kinder.

16. Oktober. Bin morgens erst spät aufgestanden. Die Kinder kamen wie immer einer nach dem anderen zu mir ins Schlafzimmer, zuletzt erschien auch Ljowotschka. Nachdem Andrjuscha hinausgetragen worden war, der nach dem morgendlichen Stillen immer noch bei mir schläft, probierte ich mein schönes neues Kleid an. Dann setzte ich mich zum traurig gestimmten Serjoscha, den wir später bis nach Pirogowo begleiteten. Ich übte mit Ljolja und Iljuscha Deutschlesen. Nach dem Essen fuhr Ljowotschka nach Tula zu einer Sitzung des Realgymnasiums, dessen Kurator er ist. Ich machte mich an eine Kurzbiographie von Ljowotschka, die für die neue Ausgabe der Russischen Bibliothek bestimmt ist, in der Stasjulewitsch eine von Strachow besorgte Auswahl von Ljowotschkas Werken herausbringen will.[13] Diese Biographie fällt mir ziemlich schwer. Mich stören nicht nur die Kinder, der Lärm, das Stillen, sondern vor allem die Tatsache, daß ich Ljowotschkas Leben vor unserer Ehe zu wenig kenne, als daß ich darüber schreiben könnte. Ich griff zu den Biographien von Lermontow, Puschkin[14] und Gogol[15], las einzelne Gedichte und versenkte mich beglückt in die Welt der Poesie. Doch leider sind auch Dichter nicht ohne Fehler. Die Biographie Lermontows enthüllt auch negative Aspekte seines Charakters. Wir haben wieder Dumas gelesen, der den Kindern immer besser gefällt. Ich nähe für Andrjuscha ein Flanellhemdchen und beschäftige mich mit der wenig erfreulichen Lektüre von „L'idée de Jean Têterol" von Cherbuliez.[16] Wenn Ljowotschka nicht da ist, sitzt Mlle. Gachet bei mir. Ljowotschka schreibt heute nicht, sagte nur am Morgen zu mir: „Wie gut wird das werden!"[17]

18. Oktober. Andrjuscha ist krank, hat sich den Magen verdorben und wird vom Fieber geschüttelt. Ich bin spät aufgestanden, die Jungen wollen mit den Hunden im Feld Mäuse jagen, Ljola und die Mädchen reiten auf ihren Eseln. Ich habe mit Mlle. Gachet und Wassili Iwanowitsch Krocket gespielt, eine Partie gewannen wir, die zweite Mlle. Gachet. Der Wind weht aus Süden, deshalb ist das Wetter trocken und schön. Ljolja habe ich heute wieder Musikunterricht erteilt. Das Mittagessen war gräßlich, die Kartoffelsuppe roch ranzig, die Piroggen waren trocken und die Pasteten[18] zäh wie Schuhsohlen. Da ich Hasenbraten ohnehin nicht anrühre, nahm ich nur ein wenig Vinaigrette-Sauce. Nach dem Essen schalt ich den Koch gerade in dem Augenblick, als Ljowotschka mit einer Beute von vier Hasen und einem Fuchs von der Jagd zurückkehrte. Er war müde, schweigsam und in sich gekehrt. Mit der Post kam heute von Tanja Seide aus dem Kaukasus und Schuylers recht gute englische Übersetzung der „Kosaken".[19] Als abends wieder Dumas vorgelesen wurde, schnitt ich ein weißes Kittelchen aus Kaschmirstoff für Andrjuscha zu, dessen Saum ich mit roter Seide besticken möchte. Unterdessen wuschen sich Ilja und Ljolja lachend und albernd unten im Bad. Unter dem Vorwand, mir das Nachthemdchen ansehen zu wollen, das nach Iljuschas Meinung zu kurz geworden ist, ging ich später zu ihnen, um zu sehen, ob sie im Bett lagen. Es war ein herrlicher Anblick! Mein Verlangen nach irgendwelchen „émotions" erscheint mir moralisch verwerflich.

21. Oktober. Andrjuscha war gestern sehr krank: obwohl er Fieber hatte, waren seine Hände und Füße eiskalt; im Schlaf wälzte er sich unruhig von einer Seite auf die andere, seine Augenlider flatterten, die Lippen zitterten, Tränen rannen ihm über die Wangen. Heute ist das Fieber gesunken, er hat Durchfall bekommen und ist noch immer beängstigend unruhig. Aus Petersburg kam Nawrozki, der Redakteur der neuen Zeitschrift „Russkaja retsch", zu uns. Er las seine Gedichte und einen Abschnitt aus einem Drama vor – gar nicht schlecht.[20] Außerdem erzählte er interessante Neuigkeiten aus Petersburg. Die Lehrer sind wieder da. Ich habe versucht, mich heute mit Serjoscha auszusprechen. Nachdem ich ihm gestern vorgeworfen hatte, daß er sich allzugern über andere lustig mache, tat mir heute dieser Vorwurf leid, und ich sagte Serjoscha, daß ich meinen Kindern nur aus übergroßer Liebe Vorhaltungen mache, weil ich weiß, wie sehr das Glück eines Menschen von seiner Fähigkeit, Liebe zu empfinden, abhängt. Heute dachte ich, daß es nicht recht sei, die Zaren einzubalsamieren, heißt es doch: „Erde bist du und zur Erde sollst du werden." Statt die Menschen einfach unter die Erde zu legen, balsamiert man sie ein und bewahrt sie in Grabgewölben auf. Ist das Gott wohlgefällig? Ljowotschka hat heute auf der Jagd einen Hasen erlegt; gestern schrieb er ein wenig, hat es mir aber noch nicht gezeigt. Das Wetter ist umgeschlagen, es regnet leicht. Serjoscha hat seit drei Tagen wieder Schmerzen in der Seite.

22. Oktober, Sonntag. Die Kinder sind auf ihren Eseln nach Jassenki geritten, für Mascha wurde Kolpik[21] vor den Wagen gespannt. In Jassenki kauften sie sich Süßigkeiten, die sie sogleich verspeisten. Anna und ich sind bei Andrjuscha geblieben, der immer noch kränkelt. Ich habe einen kleinen Kittel für ihn zugeschnitten und einen einsamen, traurigen Tag verbracht. Am Morgen hatte der bucklige Zeichenlehrer recht interessant von seiner Tätigkeit in einer Seidenfabrik erzählt. Ljowotschka war nach dem Frühgottesdienst mit Serjoscha auf die Jagd geritten, aber mit leeren Händen zurückgekehrt. Die Amme ist in Tula, ich sitze schon seit sieben Uhr bei Andrjuscha und bin jetzt sehr erschöpft. Von den Briefen, die Ljowotschka schreiben wollte, wurden nur die an Turgenjew und Strachow fertig.[22] Während ich am Abend die recht interessante „L'idée de Jean Têterol" von Cherbuliez las, spielten die Kinder Verstecken. Ljowotschka las ebenfalls, legte sich dann schlafen.

23. Oktober. Nachdem wir Kaffee getrunken hatten, ging Ljowotschka auf die Jagd im Sasseka-Wald. Ich unterrichtete Mascha im Russischen, Lisa im Französischen und Ljolja im Deutschen. Ljowotschka kam zum Essen zurück und brachte drei Hasen mit. Begleitet von Alexander Grigorjewitsch spielte Serjoscha sehr schön seine Sonate von Haydn auf der Geige. Während Ljowotschka abends Sonaten von Weber und Schubert auf der Geige spielte, bestickte ich Andrjuschas Kaschmirkittelchen und lauschte andächtig der Musik. Das Wetter ist windig und unfreundlich. Heute sagte Ljowotschka, er wolle sich jetzt mit der Lektüre von Dickens „Martin Chuzzlewit" vom Studium der historischen Texte erholen.[23] Und ich weiß, daß Ljowotschka immer unmittelbar, bevor er selbst zu schreiben beginnt, englische Romane zu lesen pflegt. Die Kinder sind gesund, Ljolja lernt vorzüglich, Ilja stickt begeistert auf Stramin, Mascha lächelt immer und ist gehorsam, aber ich kann sie nicht durchschauen. Tanja ist verschlossen und ohne jede Energie, aber wenigstens nicht launisch.[24] (Ein Bauer hat heute alle Ratten und Mäuse im Haus gefangen und dafür fünf Rubel erhalten.)

24. Oktober. Als wir aufstanden, nieselte es, jetzt aber hat es aufgehört. Wir haben zugesehen, als Mischka an einem Strick und einer Stange in den Brunnen hinuntergelassen wurde, um von dort Kübel und Eimer wieder hochzuholen. Während er zwei alte Eimer wohlbehalten nach oben zog, konnte er den neuen Kübel nicht entdecken. Später sahen wir auf dem Speicher die Wintersachen in den Koffern durch. Dann unterrichtete ich die Kinder, stickte, trug Andrjuscha auf dem Arm ein wenig durch die Zimmer und beobachtete, wie er sich beim Anblick von Bildern freute. Nach dem Essen schmiedete ich mit den Kindern den Plan, in den Feiertagen ein Theaterstück aufzuführen. Mit Unterbrechungen setzen wir das Vorlesen von „Les trois Mousquetaires" fort. Ljowotschka ist mit den Jagdhunden in den Sakas gegangen, hat jedoch nichts erlegt. Er ist gereizt und matt, doch wir verstehen uns gut, und das ist die Hauptsache. Heute sagte er zu mir: „Sonja, wenn ich etwas schreiben werde, dann soll es bis zum letzten Wort für die Kinder verständlich sein."

25. Oktober. Für Ljoljas Musikunterricht habe ich ein leichtes Menuett in den Symphonien von Haydn gesucht. Dann habe ich mit Mascha gelesen, mich mit Lisa beschäftigt, für Andrjuscha ein weißes Pikeekittelchen genäht. Ljowotschka ist mit den Windhunden auf die Jagd gegangen und hat einen Hasen und ein kleines weißes Tier mitgebracht, das einem Schneewiesel ähnelt. Abends haben wir gemeinsam für die geplante biographische Skizze die wichtigsten Daten von Ljowotschkas Leben zusammengestellt.[25] Dabei waren wir sehr fröhlich und gingen herzlich miteinander um.

27. Oktober. Morgens habe ich zehn Briefe von Ljowotschka für die Post fertiggemacht und dann einsam wie immer meinen Morgentee getrunken. Trotz des freundlichen Wetters war ich so traurig gestimmt, daß mir die Tränen kamen, schließlich raffte ich mich auf und ging spazieren. Ljowotschka war bereits am frühen Morgen zur Jagd geritten. Nachdem ich ein wenig mit Andrjuscha gespielt hatte, suchte ich die anderen Kinder. Die drei Jungen fand ich auf der Tenne um einen Heuschober spielend, auf dem M. Nief lag und las. Im Garten war es wundervoll, und darum ging ich mit den Mädchen dort spazieren. Vor dem Mittagessen ärgerten mich Iljuscha und Ljolja, weil sie am Kaviar genascht hatten. Ich schimpfte sie tüchtig aus und prügelte Ilja. Abends fuhren wir bei wundervollem Wetter und Mondschein mit allen Kindern und den Erziehern in der Kutsche und dem Leiterwagen spazieren. Danach schrieb ich wieder ein wenig an Ljowotschkas Biographie. Alexei Alexejewitsch Bibikow ist zu Besuch gekommen. Ich werde jetzt einen Hecht blau essen und Andrjuscha stillen, der gestern wieder fieberte. Dann lege ich mich schlafen.

28. Oktober. Als ich wieder allein beim Tee saß, kam Tanja und klagte über Halsschmerzen, was mich sehr beunruhigte. Ich ordnete an, sie solle mit Bertholletsalz gurgeln: ein Teelöffel Salz aufgelöst in einem Glas kochendem Wasser. Wir haben Gilja aufgetragen, im Wald sechstausend Futterkästen anzubringen. Um sie mir anzusehen, ging ich mit Mascha, Mlle. Gachet und Anna bei herrlich klarem, aber frostigem Wetter in den Wald. Die Jungen spielten wieder um den Heuschober auf der Tenne. Gegen Mittag trafen wiederum die Lehrer ein. Tanja hat mit schwarzer Kreide recht schön einen Kopf gezeichnet. Ich habe für den Sohn von Parascha[26] ein Taufkleidchen genäht und Andrjuscha zum erstenmal seit der Pockenimpfung gebadet. Ljowotschka war mit den Hunden auf der Jagd, hat einen Hasen erlegt.

29. Oktober. Es hat geschneit, und infolgedessen ist es nicht mehr so kalt. Die Kinder liefen herum, spielten lärmend und vergnügt Verstecken. Wir blieben wegen des schlechten Wetters den ganzen Tag zu Hause, Ljowotschka versuchte zu schreiben, ich arbeitete an seiner Biographie. Während des abendlichen Vorlesens habe ich das Taufkleidchen zu Ende genäht.

1. November. Gestern morgen hat mir Ljowotschka den Einstieg seines neuen Werks vorgelesen, das mit dem Prozeß der Bauern um ein strittiges Stück Land und mit der Ankunft des Fürsten Tschernyschow in Moskau einsetzt. Außerdem kommen die Grundsteinlegung für eine Kirche des Heilands, eine Pilgerin, eine junge und eine alte Frau darin vor.[27] Ljowotschka hat einen Hasen erlegt. Zum Mittagessen kam Djakow zu uns, wir saßen auch abends mit ihm zusammen und sprachen über die Güter, die er für seine Tochter besichtigt hat.[28] Am Montag waren Tanja und Serjoscha bei der Taufe von Paraschas Sohn; während die anderen Kinder sich sehr gut benahmen, lachte Iljuscha und störte Ljolja. Heute bin ich bei klarem Frostwetter mit Dmitri Alexejewitsch, Serjoscha und Tanja nach Tula gefahren. Wir haben für Tanja einen Pelz, für Serjoscha einen Halbpelz (12 Silberrubel) und einen warmen Mantel (65 Silberrubel) gekauft, für Tanja Stiefel, für mich eine Fuchsjacke und noch vieles andere bestellt. Ljowotschka hatte den ganzen Tag zu Hause gearbeitet und kam uns dann bei unserer Heimkehr entgegen. Es ist immer wieder eine Freude für mich, schon von weitem seinen grauen Mantel zu erblicken! Andrjuscha ist gesund und munter. Für die Jungen brachte ich Brummkreisel (das Stück zu zehn Kopeken), für Mascha einen kleinen Fingerhut, Ohrringe, eine Brosche, Glasperlen für ihre Puppe, für alle warme Handschuhe und noch ein paar Kleinigkeiten mit. Da wir den ganzen Tag nichts außer süßen Piroggen und Brot aus gesiebtem Mehl gegessen haben, bin ich jetzt ganz erschöpft. Gestern habe ich Andrjuscha gebadet, seine Fontanelle ist noch immer nicht ganz zugewachsen! Heute haben wir mit unvermindertem Interesse „Die drei Musketiere“ zu Ende gelesen. Ljowotschka improvisierte am Klavier, dafür hat er eine besondere Begabung. Ich erhielt einen langen Brief von meiner Schwester Tanja; da jetzt Miss Maccarthy bei ihr ist, möchte sie Anna zu sich holen. Was soll ich nur tun, ich kann sie doch noch nicht hergeben?

4. November. Gestern war ich zu verstört, um Tagebuch zu schreiben. Ljowotschka und Serjoscha befanden sich noch auf der Jagd, als Nebel sich herabsenkte. Zu meiner großen Beunruhigung kamen sie, da sie den Weg verloren hatten, erst abends um neun zurück. Sie hatten drei Füchse und einen Hasen erlegt. Heute habe ich Ljowotschka auf die Jagd begleitet, die Mädchen folgten uns auf den Eseln. Die Lehrer sind wieder da, lesen irgend etwas Langweiliges vor. Ljowotschka schreibt kaum, ist völlig verzagt. Ich habe für Tanja Flanellhosen genäht und Andrjuschas Taschentücher mit rotem Seidenfaden bestickt. Als ich die Kinder unterrichtete, geriet ich mit Ljowotschka in Streit, da er es im Unterschied zu mir für unnötig hält, daß Serjoscha die französische Literatur kennenlernt. Andrjuschas Amme hat Mascha die Ohrläppchen durchgestochen, damit sie Ohrringe tragen kann.

5. November. Ein langer, langweiliger, einsamer nebliger Sonntag! Ljowotschka und Serjoscha waren mit den Hunden auf der Jagd, Serjoscha erlegte einen Hasen. Die übrigen Kinder, Anna, Mlle. Gachet und M. Nief machten sich auf den Eseln und mit einem Leiterwagen auf den Weg nach Jassenki und kauften dort Süßigkeiten. Ich habe viel gearbeitet und mich mit Andrjuscha beschäftigt, dessen riesiger Kopf mit der immer noch nicht zugewachsenen Fontanelle mir Sorge macht. Abends spielten wir vierhändig ein Trio von Mozart. Ljowotschka las während des Abendessens, wie er es meistens auch beim Morgenkaffee tut. Ich trank Tee, aß Sauerkraut und schloß die sehr interessante Lektüre „Les deux Barbeaux“ in der „Revue des deux Mondes“[29] ab. Während Serjoscha bei Uljaninski Griechisch- und Lateinunterricht hatte, arbeiteten Tanja, Ilja und Ljolja mit dem Zeichenlehrer. Tanja zeigt eine gewisse Begabung zum Tuschezeichnen. Ich sehe, daß mein Unterricht doch gute Grundlagen für alles mögliche geschaffen hat. Mit dem Lehrer arbeiten sie jetzt vier Stunden, bei mir waren es immerhin drei Jahre.

6. November. Bedrückendes nebliges Wetter. Ich las mit Ljolja und abends auch mit Iljuscha Deutsch, unterrichtete Mascha im Russischen, sie sagte sehr schön Puschkins Verse „Sturm hüllt den Himmel in Nebel" auf, hatte aber so schlecht abgeschrieben, daß ich ihr das Blatt aus dem Heft riß. Alexander Grigorjewitsch war wieder da, aber ich bin mit seinem Unterricht nicht besonders zufrieden. Ljowotschka brachte von der Jagd zwei Hasen mit. Er ist niedergedrückt, kann nicht schreiben. Abends sagte er bei der Lektüre von Dickens „Dombey and Son"[30] plötzlich zu mir: „Ach, welch ein glänzender Gedanke ist mir da gekommen!" Auf mein Nachfragen ging er nicht ein, sagte später aber doch: „Mich beschäftigt ständig die alte Frau, wie sie aussieht, woran sie denkt. Doch das Wichtigste ist, was sie *fühlt.* Ihre Gedanken kreisen ständig um ihren Mann Gerassimowitsch, der unschuldig mit einem halbgeschorenen Kopf im Gefängnis sitzt." Dann setzte er sich ans Klavier und improvisierte, während ich in der „Revue des deux Mondes" über Maler und Malerei las. Für Andrjuscha habe ich heute eine kleine Decke wattiert. Gestern abend unterhielten sich die Kinder über affektiertes Verhalten und fielen dabei über Tanja her, der sie vorwarfen, sich während des Besuchs bei den Delwigs geziert aufgeführt zu haben.

7. November. Habe für Ljowotschka Hemden zugeschnitten und Lisa unterrichtet. Es ist etwas Unangenehmes passiert: Mir kam es ungerechtfertigterweise so vor, als habe mir jemand ein Stück Tuch vom Ballen entwendet. Als jedoch das Tuch ausgemessen und die Angaben mit denen der Rechnung verglichen wurden, zeigte sich, daß nichts fehlte. Ljowotschka ist abends zusammen mit Iljuscha und Ljolja ins Dampfbad geritten. Er ist wieder fröhlicher, hat klarere Vorstellungen von dem, was er schreiben will. Andrjuschas nicht zugewachsene Fontanelle beunruhigt mich nach wie vor. Tanja hat leichte Halsschmerzen, ich habe sie die Geschichtslektion über Alexander Newski abgefragt, die sie nicht sonderlich beherrschte. Ljolja unterrichtete ich in Biblischer Geschichte, erklärte ihm Moses und die Ägyptischen Plagen.

10. November. Konnte vor lauter Kopfschmerzen nicht Tagebuch schreiben. Andrjuscha kränkelte gestern wieder, hatte Schnupfen und bekam einen trockenen Husten, heute geht es ihm wieder besser. Im Unterschied zu den letzten Tagen ist Ljwotschka heute zu Hause geblieben, weil er erkältet ist und sich eine leichte Grippe zugezogen hat. Ljolja, der eine Übersetzung aus dem Englischen angefertigt hat, unterrichtete ich heute über den Auszug der Juden aus Ägypten; dann spielte er vierhändig mit mir auf dem Klavier das Menuett von Haydn, das ich mit ihm eingeübt hatte. Mascha hat ihr Kinderzimmer in einem Aufsatz beschrieben, die Verse „Einst am Epiphaniasfest weissagten die Mädchen" auswendig gelernt und anschließend aus einem Buch laut vorgelesen. Heute hat sie die erste Arithmetikstunde bei ihrem Vater und versteht doch noch kaum, was eigentlich 20, 40, 50 usw. heißt. Tanja haben wir heute wegen ihrer Faulheit getadelt. Abends spielte ich mit Ljowotschka vierhändig, nähte für Mascha Schürzchen aus ungebleichtem Tuch und las den ziemlich langweiligen „Le roman d'un peintre".[31] Gerade haben wir zum Tee gesalzenen Fisch gegessen. Da heute Freitag ist, nimmt Ljowotschka nur Fastenspeise zu sich. Auf meine Bitte hin haben wir Akulka, die Enkelin der Amme, zu uns genommen. Morgen bringt sie Onkel Sergei[32] nach Tula. Wir haben die Schlittschuhe gerichtet, denn der Himmel ist grau und wolkig, es ist kalt, Schnee scheint sich anzukündigen, es wäre ja auch wirklich an der Zeit! Ich fühle mich wie eine Arbeitsmaschine; wie gern hätte ich ein wenig freien Raum nur für mich allein, doch das gibt es nicht ... Aber ich will darüber kein Sterbenswörtchen verlieren.

11. November. Schade, daß ich immer erst abends, wenn ich schon ganz müde bin, Tagebuch schreibe. Heute nacht fing Andrjuscha plötzlich an zu husten und zu röcheln, sein Atem pfiff, das dauerte von vier Uhr nachts bis acht Uhr morgens. Dann wurde es wieder besser, aber er hat auch jetzt noch krampfartige Hustenanfälle und außerdem Durchfall. Ich gab ihm nur drei Antimontropfen und band ihm das neue Flanellhemdchen um den Hals, auf dem ich eine Mischung aus Seife, Speck und Kampferöl verrieben hatte. Ljowotschka sagte heute, er habe sein neues Werk schon deutlich vor Augen, die Charaktere seien jetzt ganz lebendig geworden. So arbeitete er heute fröhlich und voller *Selbstvertrauen* trotz der Kopfschmerzen und des Hustens.

Der Zeichenlehrer und der Gymnasiast Uljaninski sind wieder da. Tanja zeichnet den Kopf des Schäfers sehr hübsch. Ilja und Ljolja malen nur zum eigenen Vergnügen. Ich arbeite viel, habe für Andrjuscha ein Unterjäckchen aus Flanell, ein Kopfkissen und zwei Überzüge genäht. Bekam einen Brief von Mamá.

14. November. Vor drei Tagen, am Sonntag, sind Tanja, Iljuscha, Ljolja und ich nach Tula gefahren, während Serjoscha mit den Lehrern schon vorausgereist war. Die Kinder hatten großen Spaß an der Fahrt. Abends gegen sechs trafen wir bei Delwigs ein, wo Serjoscha bereits auf uns wartete. Die Kinder veranstalteten viele Spiele, tanzten auch, ich hatte meine helle Freude an ihnen. Am Sonntagmorgen war Obolenski bei uns, Ljowotschka verbrachte den Tag zu Hause und kam uns abends mit Kopfschmerzen entgegen. Ich habe von Delwigs Sollogubs Vaudevilles mitgebracht, von denen ich ein Stück aussuchen will, das die Kinder an den Feiertagen aufführen könnten. Geeignet wäre wohl „Die Werkstatt eines russischen Malers“, die wir gestern zusammen lasen. Aber das Pläneschmieden und die Vorfreude allein sind schon herrlich.[33] Gestern abend spielten Ljowotschka auf dem Klavier und Alexander Grigorjewitsch auf der Geige ein Duett. Nach den Alpträumen dieser Nacht haben Ljowotschka und ich, was ja selten genug vorkommt, gemeinsam Tee getrunken und dabei ein langes philosophisches Gespräch über die Bedeutung des Lebens, über die Religion, über den Tod usw. geführt. Solche Gespräche mit ihm wirken auf mich immer außerordentlich beruhigend. Auf meine Weise verstehe ich, wie tiefgründig er denkt, und darum finde ich in all meinen Zweifeln immer wieder Punkte, an denen ich einhalten und mich trösten kann. Wäre ich jetzt nicht so erschöpft und von Kopfschmerzen geplagt, würde ich seine Ansichten hier ausführlich aufzeichnen.

Ljowotschka ist jetzt jeden Tag auf der Jagd. Gestern hat er sechs Hasen erlegt, heute schoß er eine Füchsin. Dmitri Dmitritsch Obolenski ist wieder zu uns gekommen, um sich das Herz auszuschütten, da es schlecht mit seinen Geschäften steht.[34] Ljowotschka fühlt sich schon die ganze Zeit über nicht gesund, auch Andrjuscha kränkelt, hat Durchfall und ist doch bei alledem fröhlich.

16. November. Ljowotschka sagt: „Ich habe alle Gedanken, Charaktere und Ereignisse schon völlig im Kopf.“ Doch weil er nicht gesund ist, kann er nicht schreiben. Gestern fing er an, ausschließlich Fastenspeise zu sich zu nehmen, wogegen ich um seiner Gesundheit willen heftig protestierte. Gestern war er mit den Hunden auf der

Jagd und hetzte drei Hasen und eine Füchsin; heute blieb er hingegen den ganzen Tag zu Hause. Ich habe heute Ljolja im Lesen und in russischer Grammatik unterrichtet, ließ mir von Tanja den Geschichtsstoff über Johann III. aufsagen, den sie leider nicht beherrschte. Mascha las vor und schrieb zur Übung ab; sie bestickt jetzt einen Teppich. Serjoscha und Tanja träumen ständig von irgendwelchen *Zerstreuungen*, und es tut mir herzlich leid, daß ich ihnen nur so wenige bieten kann; doch ich will mich jetzt noch verstärkt darum bemühen. Heute abend saßen Ljowotschka und ich mit allen sechs Kindern im Balkonzimmer zusammen, und plötzlich ließ mich die Vorstellung traurig werden, daß wir irgendwann einmal alle voneinander getrennt sein werden. Heute kam ein Brief von meiner Schwester Tanja, gestern Post von Strachow und Lisa Obolenskaja. Ich bitte Ljowotschka immer wieder, seine Kurzbiographie, die ich verfaßt habe, durchzusehen. Doch bisher hat er es noch nicht getan.

19. November. Gestern hat Ljowotschka wieder vier Hasen und eine Füchsin erlegt, heute ging er früh zum Gottesdienst und setzte sich anschließend an den Schreibtisch. Zum Glück konnte ich ihn überreden, aus Rücksicht auf seinen kranken Magen das Fasten aufzugeben. Er hat jetzt die Kurzbiographie gelesen, sie aber noch nicht überarbeitet. Serjoscha, Iljuscha und M. Nief sind nach Jassenki geritten, um die Durchfahrt des Monarchen mitanzusehn,[35] erspähten aber nur den Zug „et le marmiton“, wie M. Nief scherzend bemerkte. Auch Tanja und Ljolja durften reiten, während Mascha und Mlle. Gachet im Leiterwagen fuhren. Tanja war entzückt von der Scherpe meines schwarzen Rocks, den sie angezogen hatte. Am Freitag gab es Ärger mit Iljuscha, der nicht nur schlecht gelernt hatte, sondern auch nicht gehorchen wollte und mit einem nassen Schwamm nach M. Nief geworfen hatte. Zur Strafe wollte der Vater ihn ohne Mittagessen lassen. Als ich später nach unten ins Kinderzimmer kam, lag er bäuchlings auf seinem Bett, hatte den Kopf im Kissen vergraben und weinte bitterlich. Er tat mir schrecklich leid, und mit M. Nief versuchte ich, ihn zu trösten, gab ihm jedoch nichts zu essen. Mit welchem Appetit hat der Arme dann sein Roastbeef zum Abendtee verzehrt! Heute abend tanzte ich zuerst mit den großen, dann mit den kleinen Kindern Quadrille, was allen viel Freude bereitete.

Ich werde wieder von meiner üblichen Herbstmelancholie heimgesucht, besticke beharrlich schweigend den Teppich oder lese, fühle mich wie erstarrt und hoffnungslos deprimiert. Wenn erst der Winter kommt, wird es wieder besser werden, doch vorerst ist es kaum zu ertragen. Hier im Saal steht das Fenster offen, im Hof ist es ständig neblig und bedrückend trüb.

21. November. Gleich mehrere Unannehmlichkeiten auf einmal: Die Amme ist schwanger und geht in zwei Monaten fort, so daß wir uns um eine neue Amme für Andrjuscha kümmern müssen. Grigori[36] hat abgesagt. Ljowotschka war heute mit Iljuscha auf der Jagd, hat sechs Hasen erlegt. Serjoscha hustet und spielt den ganzen Tag mit Tanja Walzer oder allein Beethovens Sonate „Phantasie". Abends tanzten die Kinder Quadrille und andere Tänze. Andrjuscha hat Durchfall und ist an einem einzigen Tag furchtbar abgemagert.

24. November. Bin seit drei Tagen krank, habe Schnupfen, Fieber, Zahnschmerzen. Noch immer ist es zu warm für die Jahreszeit, der Schnee will und will nicht kommen. Grigori ist weggegangen. Andrjuscha, der jetzt zu krabbeln beginnt, hat noch immer Durchfall.

Als Ljolja mir gestern die biblische Geschichte von der Wanderung der Juden durch die Wüste aufsagte, stockte er plötzlich, wußte nicht mehr weiter, wollte alles noch einmal durchlesen, damit verging eine Stunde, schließlich schrie er, den Tränen nahe: „Ich kann einfach nicht mehr. Dann bekomme ich eben eine Fünf." Und damit war der Unterricht zu Ende. Gott sei Dank verlor ich nicht die Geduld, sondern verschob die Stunde voller Nachsicht mit ihm auf morgen. An meiner düsteren Verfassung hat sich noch nichts geändert. Schreckliche eifersüchtige Verdächtigungen gehen mir durch den Kopf. Ich fühle manchmal selbst, daß das an Wahnsinn grenzt, und flehe oft zu Gott, er möge sich meiner erbarmen. In den Nächten stille ich sitzend Andrjuscha, alles ist still und dunkel ringsum, nur das Ikonenlämpchen brennt schwach. Als die Amme gerade hinausgegangen war, um Windeln aufzuhängen, hörte ich plötzlich Anna nebenan im Kinderzimmer schreien: „Serjoscha, dare not! Serjoscha!" Erschrocken legte ich Andrjuscha in die Wiege und sah dann im Kinderzimmer, daß Anna im Traum phantasiert hatte. Ich deckte Tanja und Mascha, die im Schlaf die Bettdecke weggeschoben hatten, wieder zu und legte mich dann selbst ins Bett. Doch mich schüttelte das Fieber, und ich konnte, unruhig wie ich war, die ganze Nacht nicht schlafen.

Heute hat man den Pelz, die Jacke und die Mütze für Tanja gebracht. Meine Fuchsjacke ist im Rücken zu eng und in den Ärmeln zu kurz geraten.

Nachdem Ljowotschka am Mittwoch in Tula war und dort bei Samarins gespeist hat, ist er in den letzten zwei Tagen nicht mehr aus dem Haus gegangen. Ich habe versucht, eine neue Biographie von ihm zu schreiben, doch sie ist viel zu lang.[37]

1879

18. Dezember. Nun ist mehr als ein Jahr vergangen, und jetzt sitze ich hier und warte jeden Augenblick auf meine Niederkunft. Die Kinder und alle anderen im Haus warten angespannt, denn die Feiertage rücken näher, und niemand weiß, wann ich niederkommen werde. Es herrscht jetzt oft strenger Frost nachts, bis zu zwanzig Grad minus. Mascha konnte heute zum erstenmal wieder aufstehen, nachdem sie eine Woche lang mit Fieber und einer Halsentzündung das Bett hüten mußte. Ljowotschka ist nach Tula gefahren, um Bibikow wegen des Drucks der neuen Ausgabe seiner Werke[1] nach Moskau zu schicken. Er versprach, ein wenig Christbaumschmuck zu kaufen. Andrjuscha heitert mein Leben auf, er ist ein so liebes Kind!

Zwei Tage später, am 20. Dezember um sechs Uhr morgens, wurde Mischa geboren.[2]

1882

28. Februar. Seit dem 15. September sind wir hier in Moskau, wohnen nicht weit von der Kirche der Allerheiligsten Gottesmutter im Haus des Fürsten Wolkonski in der Deneschni-Gasse.[1] Serjoscha geht zur Universität, Tanja in die Zeichenschule auf der Mjasnizkaja, Ilja und Lolja besuchen das Gymnasium von Poliwanow ganz in unserer Nähe.[2] Wie gut könnten wir hier in Moskau leben, wenn diese Stadt nicht allzu bedrückend auf Ljowotschkas leicht erregbares Gemüt wirken würde, wobei er sich besonders jetzt in seiner christlichen Einstellung nicht mit all dem Luxus, dem Müßiggang und den Intrigen des Großstadtlebens abfinden kann.[3] Gestern ist er mit Ilja nach Jasnaja Poljana gefahren, um dort zu arbeiten und sich auszuruhen.

26. August. Es ist zwanzig Jahre her, daß ich – jung und glücklich wie ich damals war – dieses Tagebuch mit der Geschichte meiner Liebe zu Ljowotschka begann. Und im Grunde füllt nur sie die Seiten dieses Buchs. Nun aber, zwanzig Jahre später, sitze ich schon die ganze Nacht allein hier, lese alles wieder und beweise meine Liebe. Denn es ist das erste Mal, daß Ljowotschka mich allein läßt und in seinem Arbeitszimmer schläft. Wegen irgendeiner Nichtigkeit hatten wir Streit bekommen; ich warf ihm vor, daß er die Kinder vernachlässigt und mir weder hilft, den kranken Iljuscha zu pflegen, noch den Kindern Jacken zu nähen. Natürlich geht es nicht um die Jacken, sondern um das Erkalten seiner Gefühle für die Kinder und mich. Mit erregter Stimme schrie er heute plötzlich, es sei sein sehnlichster Wunsch, die Familie zu verlassen. Niemals werde ich diesen unverhüllten Aufschrei vergessen, der mir das Herz zerriß. Ich flehe Gott an, er möge mich sterben lassen; denn seitdem ich fühle, daß ich Ljowotschkas Liebe verloren habe, weiß ich, daß ohne diese Liebe für mich das Leben unerträglich ist. Ich vermag ihm nicht zu zeigen, daß ich ihn seit zwanzig Jahren unverändert innig liebe. Das demütigt *mich* und ödet *ihn* nur an. Er geht völlig auf in seinen christlichen Ideen, im Verlangen, immer vollkommener zu werden. Und ich komme um vor Eifersucht ... Iljuscha hat Typhus, liegt mit hohem

Fieber im Wohnzimmer. Ich versuche, ihm streng nach Vorschrift des Arztes Chinin zu geben. Nein, ich lege mich heute nicht in das Bett, das mein Mann verließ. Gott, erbarme dich meiner! Ich bin zu keinem klaren Gedanken fähig, will nicht mehr leben. Es schlägt vier Uhr.[4] Wenn Ljowotschka heute nacht nicht zu mir kommt, liebt er bestimmt eine andere. Er ist nicht gekommen. Pflicht? Früher kannte ich meine Pflicht so genau, aber jetzt?

Er ist wiedergekommen, doch erst in der nächsten Nacht haben wir uns unter Tränen versöhnt. Und ich bin glücklich, daß die Liebe nicht erloschen ist, um die ich in jener schrecklichen Nacht so bitterlich geweint habe. Niemals werde ich jenen wunderbaren klaren, kalten Morgen vergessen, als ich nach der schlaflosen Nacht den Waldweg entlang zum Badesteg lief. Der Tau glitzerte silbrig, schon seit langem hatte ich nicht mehr die Natur in all dieser Pracht gesehen. Unendlich lange saß ich im eisigen Wasser und hatte nur den Wunsch, mich bis auf den Tod zu verkühlen. Doch nichts geschah, und so kehrte ich nach Hause zurück, ging zu Aljoscha, der mich strahlend ansah, und stillte ihn.[5]

10. September. Tanja ist mit ihrer Familie nach Petersburg abgereist[6], Ljowotschka mit Ljolja nach Moskau gefahren.[7] Heute, am letzten warmen Tag, ging ich noch einmal baden.

1883

Moskau, 5. März. Wie stark wirkt doch immer die Frühlingssonne auf mich, die hier oben so warm in mein kleines Arbeitszimmer scheint. Jetzt in dieser stillen ersten Fastenwoche überdenke ich noch einmal all die Erlebnisse des vergangenen Winters. Ich habe mich ein wenig in der vornehmen Welt umgesehen, mich an Tanjas Erfolgen, an meiner noch immer jugendlichen Wirkung ergötzt, an einigen festlichen Veranstaltungen teilgenommen, die die vornehme Welt zu bieten vermag. Aber wahrscheinlich kann niemand ermessen, daß Augenblicke der Verzweiflung die fröhlichen Stunden überwogen haben. Doch manchmal konnte und *wollte* ich einfach nicht anders. Ich weiß ja, daß ich in allem, was ich tue (selbst in Kleinigkeiten), niemals meinem eigenen, sondern immer dem Willen Gottes oder des Schicksals, wie auch immer man diesen höchsten Willen nennen mag, folge. Vor drei Tagen stillte ich Aljoscha ab, und wiederum durchleide ich die Seelenpein der ersten Trennung von einem geliebten Kind.

Wir leben jetzt in unserem Haus, relativ weit ab vom Großstadtlärm, sehr viel weniger mühsam als im vergangenen Winter. Ljowotschka ist ruhig und gütig, obgleich er mir auch jetzt noch manchmal bittere Vorwürfe macht, doch das geschieht seltener und geht auch rascher vorbei als früher. Er wird immer sanfter.

Gott allein sieht und weiß, was in meiner Seele vorgeht. Aus Furcht, in der Stadt ganz allein die schwere Verantwortung für das Leben tragen zu müssen, wollte ich weder im Sommer noch im Herbst nach Moskau, überdies weil ich in Jasnaja Poljana all das zurücklassen mußte, was mir lieb und vertraut ist. Wie sehr habe ich all das bedacht bei meiner Abreise, und im vergangenen Jahr wäre es noch möglich gewesen, alles rückgängig zu machen. Um diese abermalige Übersiedlung müssen sich jetzt die Kinder zusammen mit ihrem Vater kümmern, das soll nicht meine Sache sein. Doch diese Übersiedlung war nötig und wirkt sich jetzt segensreich auf unser Familienleben aus ... Warum? Noch immer schreibt Ljowotschka ganz und gar im christlichen Geist[1], und diese Arbeit wird nie ein Ende haben, weil sie nie veröffentlicht werden kann. Doch *das* muß sein, *das* ist Gottes Wille, und vielleicht dient es ja wirklich erhabenen Zielen.

1885

24. März. Ostersonntag. Gestern ist Ljowotschka von der Krim zurückgekehrt, wohin er den kranken Urussow begleitet hatte.[1] Bei Wanderungen in den Bergen und beim Anblick des herrlichen Meeres gedachte er der Sewastopoler Kriegstage; auf dem Weg nach

Simeis kam er mit Urussow auch an der Stelle vorbei, an der er damals – das ist nun schon fast dreißig Jahre her[2] – mit seinem Geschütz gelegen und von der aus er selbst gefeuert hatte, und zwar nur ein einziges Mal. Auf der Reise mit Urussow nun stieg er plötzlich aus dem Landauer und begann etwas zu suchen: Unweit des Weges hatte er die Kugel eines Berggeschützes aufblitzen sehen. Sollte das vielleicht jene Kugel sein, die er damals selbst abgefeuert hatte? Denn zu keiner Zeit hatte dort ein anderer feuern können, da es nur dieses einzige Berggeschütz gegeben hatte.

Jetzt ist es Abend, die älteren Kinder haben sich mit den Olsufjews getroffen, und Lopatin singt.

1886

25. Oktober. Jasnaja Poljana. Alle im Haus – Lew Nikolajewitsch in erster Linie, doch die Kinder folgen ihm darin wie eine Hammelherde – haben mir die Rolle einer *Landplage* zugewiesen. Er hat jede Last auf mich abgewälzt: die Verantwortung für die Kinder, für das Gut, die Geldangelegenheiten, alles Materielle, dessen er sich weit mehr als ich bedient, und jetzt kommt er unter dem Deckmantel der Tugend mit bereits zuvor aufgesetzter finsterer offizieller Miene zu mir, bittet für einen Bauern um ein Pferd, um Geld, Mehl usw. Ich verstehe nichts von der Landwirtschaft, habe dafür weder Zeit noch Neigung, ich kann nichts organisieren, weiß nicht, ob in diesem Moment tatsächlich gerade ein Pferd in der Landwirtschaft gebraucht wird oder nicht. Und gerade weil ich nichts von alledem verstehe, machen mich diese formalen Nachfragen wütend.

Ich hätte die größte Lust, alles hinzuwerfen und diesem Leben den Rücken zu kehren. Mein Gott, wie bin ich des Lebens, des Kämpfens und Leidens überdrüssig! Wie unermeßlich böse sind unsere nächsten Angehörigen, ohne es zu wissen! Wie egoistisch! Warum tue ich dennoch dies alles? Ich weiß es nicht, halte es wohl für meine Pflicht. Das, was mein Mann seinem Reden nach verlangt, kann ich nicht tun, ohne mich zunächst aus all den familiären und finanziellen Banden zu lösen, in die ich verstrickt bin. Tag und Nacht nur diesen einen Gedanken: fort, nichts als fort, aus dem Haus, aus dem Leben, aus all diesen grausamen, unerträglichen Ansprüchen. Ich habe die Dunkelheit liebgewonnen. Wenn es dunkel wird, verspüre ich manchmal wieder Fröhlichkeit, dann rufe ich mir all das in die Erinnerung zurück, was ich in meinem Leben geliebt habe, und umgebe mich mit diesen Traumbildern. Gestern ertappte ich mich dabei, wie ich laut vor mich hinsprach, und fragte mich entsetzt: Das ist doch wohl nicht der Anfang des Wahnsinns? Wenn mir die Dunkelheit jetzt so lieb ist, muß mir da nicht auch der Tod lieb sein?

So merkwürdig es klingen mag: die vergangenen beiden Monate, als Lew Nikolajewitsch krank war[1], sind für mich trotz aller Pein die letzte glückliche Zeit meines Lebens gewesen. Ich war glücklich, ihn Tag und Nacht pflegen zu können, hatte eine Aufgabe, deren Sinn nicht angezweifelt werden konnte, die einzige, zu der ich fähig bin: mich selbst für den geliebten Menschen aufzuopfern. Ich war um so glücklicher, je beschwerlicher mir alles fiel. Jetzt ist er wieder auf den Beinen, fast wieder genesen, und gibt mir zu verstehen, daß er meiner nicht mehr bedarf. Und so bin ich wieder einmal fortgeschleudert worden als unnützes Ding, von dem man (und so war es in meinem Familienleben immer) nur das eine fordert: irgendeinen unbestimmten, alle Kräfte übersteigenden Verzicht auf Besitz, Überzeugung, Bildung und Wohlstand für die Kinder. Zu diesem Verzicht bin nicht nur ich unfähig – eine Frau, der es weiß Gott nicht an Energie mangelt –, zu einem solchen Verzicht wären auch tausend andere Menschen nicht fähig, ja sogar nicht einmal die, die durchaus von der Aufrichtigkeit seiner Lehren überzeugt sind.[2]

Wir halten uns jetzt schon länger als sonst in Jasnaja Poljana auf. Mir fehlt zu jeglicher Unternehmung einfach die Kraft. Und dennoch schäme ich mich, daß meine Energien schwinden. Den für richtig erkannten Weg müßte man entschlossen verfolgen, doch ich gehe meinen Weg aus träger Gewohnheit. Wahrscheinlich werde ich wieder nach Moskau fahren, mich um die Editionen kümmern und jenes Geld zusammentreiben, das Lew Nikolajewitsch mit seiner neuen wichtigtuerischen Gleichgültigkeit und seinem Haß auf mich ständig für seine Favoriten und jene vorgeblich Armen fordert, die unverschämt genug sind und sich auf den Umgang mit ihm verstehen, wie zum Beispiel Konstantin[3], Ganja[4], Alexander Petrowitsch[5] und andere. Die Kinder fallen wegen meiner Auseinandersetzung mit ihrem Vater über mich her und fordern nichtsdestotrotz alles nur Erdenkliche ... Nur fort, fort – ich werde irgendwie wirklich all dies verlassen. Ich habe einfach nicht mehr genug Willenskraft, nicht genug Liebe, um zu arbeiten, zu kämpfen und alles zu ertragen.

Doch vorerst will ich wieder mein Tagebuch schreiben, all meine Erregung hier abladen, dann werde ich mich wieder fangen können. Es ist ein feuchter, trauriger Herbst. Andrjuscha und Mischa liefen auf dem Unteren Teich Schlittschuh. Tanja und Mascha haben Zahnschmerzen. Lew Nikolajewitsch beabsichtigt, ein Drama aus dem Bauernmilieu zu schreiben.[6] Gebe Gott, daß er sich tatsächlich wieder an solche Sachen macht. Er hat Rheumatismus in der Hand. Mme. Seuron ist fröhlich und sympathisch, kommt gut mit den Kindern zurecht.

Zu meiner großen Sorge führen Serjoscha, Ilja und Ljolja ein geheimnisvolles Leben in Moskau. Was haben sie doch für eine seltsame Einstellung den menschlichen und insbesondere den eigenen Schwächen gegenüber! All das ist doch ganz natürlich und selbstverständlich, und es ist überhaupt großartig, daß wir dagegen anzukämpfen versuchen. Warum *muß* es Schwächen geben? Natürlich kommen sie vor und natürlich muß man gegen sie angehen. Aber doch nicht immer wieder von neuem, sondern grundsätzlich nur einmal im Leben. Und es lohnt sich, diesen Kampf auszufechten, der häufig genug das Herz bricht und das Leben vernichtet. Doch das ist ein außerordentlicher Kampf, kein Kampf um solch widerlich kleine Leidenschaften wie Wein, Kartenspiel, das Strelna-Viertel.

Ich frage mich oft, warum Ljowotschka mich immer wieder in eine Situation bringt, in der ich unschuldig schuldig bin. Will er denn, daß ich statt zu leben nur noch leide, indem ich ständig Armut, Krankheit und Not sehe und diese sogar noch ausdrücklich suche? Und von den Kindern fordert er dasselbe. Ist das denn nötig? Ist es wirklich nötig, daß ein gesunder Mensch ständig Krankenhäuser aufsucht, um die Krämpfe und Qualen der Menschen zu sehen und ihr Stöhnen zu hören? Wenn einem ein Kranker begegnet, dann muß man Erbarmen mit ihm haben und ihm helfen. Doch warum sollte man ihn eigens suchen?

Ich lese die Biographien von Philosophen[7], eine interessante Lektüre, obgleich es mir schwerfällt, mich ihr ruhig und besonnen zu widmen. Man sucht in den Worten und Lehren eines jeden Philosophen gerade das, was die eigenen Überzeugungen und Ansichten bestätigt, und überliest das übrige. Diese Einstellung erschwert mir natürlich das Lesen, auch wenn ich mich bemühe, weniger voreingenommen zu sein. Buturlin, ein Mann mit fest umrissenen, klaren Begriffen und Wertvorstellungen, ist zu Besuch gekommen.

26. Oktober. Ljowotschka hat den ersten Akt des Dramas geschrieben, den ich abschreiben werde. Warum kann ich nicht mehr so blind an seine schriftstellerische Begabung glauben? Er ist mit Buturlin spazierengegangen. Draußen ist es trüb und feucht.

Ich habe mich allzu intensiv mit Buturlin unterhalten, dabei die Regel der Worte Epiktets vergessend: „Garde le silence le plus souvent, ne dis que les choses nécessaires et toujours en peu de mots." Doch Buturlin ist klug, versteht viel.

Gestern abend bei der Lektüre von Urussows Briefen, überfiel mich wieder der Schmerz um seinen Tod. Und ich suchte aus diesen Briefen das zu erfahren, was ich schon zu seinen Lebzeiten immer hatte wissen wollen: Wie steht er zu mir?[8] Ich weiß nur, wie leicht und beglückend das Zusammensein mit ihm war, weiß aber nicht, woran das lag.

Ich denke voll Traurigkeit an meine älteren Söhne, als ob sie sehr weit weg wären. Warum *schmerzt* all das, was mit den Kindern geschieht, niemals die Väter? Warum müssen die Frauen auch noch *diese* Lebenslast tragen? Wie schwierig ist oft das Leben!

27. Oktober. Habe den ersten Akt von Ljowotschkas neuem Drama abgeschrieben. Es ist ausgezeichnet. Die Charaktere anschaulich gezeichnet, die Handlungsführung spannend und überzeugend, es wird sicher auch in den nächsten Akten gut vorangehen. Abends las Ljowotschka Buturlin seine „Kritik der dogmatischen Theologie"[9] vor. Ich hörte ein wenig zu, dachte dann aber ziemlich bald an etwas anderes, dieser Text bewegt mich nicht – entweder ist mein Herz verhärtet oder aber der Text selbst wirklich nicht interessant. Ilja hat geschrieben, daß er heiraten möchte. Ist das nicht nur eine Begeisterung des kaum erwachten körperlichen Empfindens, das die erste Frau, zu der er in einen engeren Kontakt trat, in ihm entfacht hat? Ich weiß nicht, ob man diese Ehe gutheißen soll oder nicht und überantworte alles Gottes Ratschluß.[10] Ohne besondere Aufmerksamkeit habe ich Andrjuscha und Mischa unterrichtet, die ich beide sehr liebe. Las die Korrekturen für die Volksausgabe[11] und bin nun sehr erschöpft. Mir tut es jetzt besonders leid, aus Jasnaja Poljana fortzufahren, weil ich fürchte, daß das eine Unterbrechung für Ljowotschkas kaum begonnene Arbeit bedeuten wird. Mascha läuft ohne Unterricht herum, die Jungen machen mir Sorgen, die Geschäfte gehen schlecht. Wenn Ljowotschka in Moskau weiterarbeitet, werde ich wieder Ruhe finden. Ich will ihn behutsam behandeln und ihn umsorgen, damit er Kraft für seine Arbeit findet, die mir so teuer ist.

30. Oktober. Er hat bereits den zweiten Akt des Dramas geschrieben. Ich bin früh aufgestanden, um ihn abzuschreiben. Habe ihn dann abends zum zweitenmal abgeschrieben. Das Stück ist gut, doch allzu *gleichmäßig*, es fehlen noch einige theatralische Effekte, das habe ich auch zu Ljowotschka gesagt. Ich war den ganzen Tag mit den Korrekturen beschäftigt, unterrichtete Andrjuscha und Mischa und las den Kindern aus der Zeitschrift „Rodnik“[12] und aus der Gedichtsammlung „Heimisches Echo“ vor.[13] Die Gedichte und die Bilder gefielen ihnen sehr. Die beiden kleinen Mädchen sitzen immer unten, lesen und schreiben. Während des Tages überkam mich eine Zeitlang die altbekannte Schwermut, da mir alles zu eng erschien. Aniska[14] kam und erzählte von der Krankheit ihrer Mutter; aber ich bin heute zu müde, um noch bei ihnen vorbeizugehen, will es morgen ganz bestimmt tun. Als ich mich gerade zum Mittagessen hingesetzt hatte, ließ mich Ljowotschka durch die Mädchen um Geld für irgendeine alte Frau und für die Diebin Ganja bitten. Ich war schrecklich hungrig und verärgert, daß alle zu spät kamen, aber ich wollte auch der Diebin Ganja überhaupt kein Geld geben, und darum sagte ich, ich hätte kein Geld, obwohl ich noch einige Rubel hatte. Doch dann schämte ich mich meiner Lüge und holte das Geld, nachdem ich meine Suppe gegessen hatte. Schweigend dachte ich dann darüber nach, ob ich zu jener von Ljowotschka geforderten Liebe für alle fähig sei, zum Beispiel auch zu Ganja, die ausnahmslos alle im Dorf bestohlen hat, an einer widerwärtigen Krankheit leidet und einfach schrecklich unsympathisch ist. Ein Hauch von Mitgefühl für sie regte sich in mir, diese Regung schwand jedoch bald wieder. Feinermann[15] ist gekommen, seine Anwesenheit stört mich nicht mehr so wie früher. Von dem alten Gay bekamen wir Briefe.[16] Und wiederum empfinde ich ein leichtes Mißtrauen, in seinem Ton schwingt etwas Gekünsteltes.

Buturlin ist abgereist, was ich nicht bedaure. Doch das Zusammensein mit ihm war anregend. Tanja warf mir in sehr unschöner Weise vor, ich gäbe dem Vater kein Geld. Merkwürdigerweise erschien es auch mir plötzlich so, als gäbe ich tatsächlich *ihm* nicht das, worum er bittet. Doch in jenem Augenblick lag mir jeder Gedanke an Ljowotschka völlig fern. Denn schließlich braucht ja nicht *er* Geld, und so konnte ich mir gar nicht vorstellen, daß ich, wenn ich Ganja das Geld verweigere, es damit Ljowotschka vorenthalte. So geht mir das oft.

1887

3. März. Wir sind alle von der Nachricht über die Bomben aufgeschreckt, die man in Petersburg bei vier Studenten fand, die sie gegen den Zaren werfen wollten, als dieser zur Seelenmesse für seinen Vater fuhr.[1] Ich war dermaßen aufgewühlt, daß ich den ganzen Tag keinen klaren Gedanken fassen konnte, zieht doch ein solches Übel eine unabsehbare Folge weiterer Übel nach sich. Ljowotschka nahm die Nachricht niedergeschlagen und schweigsam auf. Er hat das alles schon früher durchlitten.

Sein Drama hat einen ungeheuren Erfolg, den Ljowotschka und ich gleichermaßen gelassen hinnehmen.[2] Als er das Drama begann, schrieb ich Tagebuch, konnte dann aber keine Tagebuchnotizen mehr machen, weil ich *das Drama* so oft abschreiben mußte. Am 11. November starb meine Mutter in Jalta (und wurde dort auch beigesetzt)[3]. Am 21. übersiedelte ich mit der Familie nach Moskau. Ljowotschka schrieb eine Novelle aus der Zeit des Christentums[4] und arbeitet jetzt an einem Artikel „Über das Leben und den Tod"[5]. Er klagt häufig über Magenweh. Wir haben einen friedlichen, schönen Winter verbracht. Es ist eine neue billige Ausgabe herausgekommen[6], doch mein Interesse an solchen Projekten ist völlig erloschen. Das Geld macht nicht glücklich, aber das wußte ich auch vorher. Wir haben eine neue englische Gouvernante eingestellt, Miss Fewson; Mascha ist krank. Ich habe ihr „King Lear" vorgelesen; ich liebe Shakespeare, auch wenn er oft zügellos ist, wie zum Beispiel in den unzähligen Mord- und Todesfällen.

6. März. Ich habe „Über das Leben und den Tod" wieder abgeschrieben und anschließend noch einmal aufmerksam gelesen und mich bemüht, darin etwas Neues zu entdecken. Ich fand treffende Formulierungen, schöne Wendungen, doch der Grundgedanke ist auch weiterhin für mich nichts Neues. Es ist die Absage an alles Materielle um des geistigen Lebens willen. Eins ist für mich ungerecht und nicht annehmbar: daß die Absage an das Privatleben im Namen einer Liebe für die ganze Welt geschehen soll. Ich bin überzeugt, daß es ganz unbestreitbare Verpflichtungen gibt, die Gott uns auferlegt hat, und von denen sich loszusagen kein Mensch das Recht hat. Und für das geistige Leben sind sie alles andere als ein Hindernis, sondern vielmehr eine Hilfe.

Ich bin niedergeschlagen und bekümmert über Iljas Lebenswandel: Müßiggang, Wodka, häufige Unaufrichtigkeiten, schlechte Gesellschaft und, was mir besonders Sorge macht, keine geistigen Interessen. Serjoscha ist wieder nach Tula gefahren, weil morgen eine Sitzung der Bauern-Sparkasse stattfindet.[7] Tanja und Ljowa spielen leider Wint. Meine *erzieherischen Fähigkeiten* versagen bei den jüngsten Kindern völlig; weil ich immer schreckliches *Mitleid* für sie empfinde, befürchte ich, sie zu verziehen. Wie eine alte Frau verzärtele ich sie, obgleich mein Verlangen unverändert stark ist, daß sie eine gute Bildung erhalten, die ich für sehr wichtig erachte. In meinem Leben bietet mir augenblicklich nichts einen Halt. Doch manchmal gibt es wunderbare Augenblicke, in denen ich über den Tod nachsinne, und manchmal erkenne ich mich selbst und begreife ganz klar, daß die materielle und die geistige Erkenntnis voneinander geschieden sind, und daß es ohne jeden Zweifel für beide ein ewiges Leben gibt.

Ljowotschka will manchmal ins Dorf gehen, bleibt aber doch hier. Ich sage nichts dazu, weil ich meine, kein Recht dazu zu haben, ihn in seinen Handlungen zu beeinflussen. Er hat sich sehr verändert, betrachtet alles mit großer Gelassenheit, beteiligt sich am Wint-Spiel, setzt sich wieder ans Klavier und läßt sich diesmal vom Großstadtleben nicht so beunruhigen. Von Tschertkow kam ein Brief.[8] Ich mag ihn nicht, weil er dumm, listig, voreingenommen und ungerecht ist. L. N. dagegen fühlt sich zu ihm hingezogen, weil es ihm schmeichelt, von ihm verehrt zu werden. Das, was Tschertkow auf L. N.s Anregung für die Volksbildung unternommen hat, schätze ich allerdings auch, und in diesem Punkt muß ich ihm Gerechtigkeit widerfahren lassen.[9] Feinerman ist wieder in Jasnaja Poljana. Er hat irgendwo ohne jegliche Mittel seine schwangere Frau und ein Kind zurückgelassen und will jetzt bei uns leben. Ich verfechte die Ideale des Familienlebens, und deshalb ist er für mich kein Mensch, sondern erbärmlicher als ein Tier. Wie fanatisch er auch immer sein, welche Gedanken er auch immer in den schönsten Worten formulieren mag, für mich bleibt die Tatsache, daß er seine Familie im Stich gelassen hat und sich selbst von fremder Leute Geld nährt, niederträchtig und gemein.

9. März. Ljowotschka schreibt seinen Artikel „Über das Leben und den Tod" neu für eine Vorlesung in der Psychologischen Gesellschaft der Universität.[10] Seit einer Woche schon lebt er wieder streng vegetarisch[11], was sich bereits deutlich auf seine seelische Verfassung auswirkt. Heute hat er sich absichtlich in meiner Gegenwart mit jemandem darüber unterhalten, daß Geld und Besitz nur ein Übel sind, und dabei auf meinen Wunsch angespielt, das Geld für die Kinder zusammenzuhalten. Ich schwieg zunächst, verlor dann aber doch die Geduld und sagte: „Ich verkaufe zwölf Bände für acht Rubel[12], du aber hast allein ‚Krieg und Frieden' für zehn Rubel verkauft."[13] Er wurde wütend und verstummte. Diese sogenannten *Freunde,* die Neuen Christen, bringen L. N. willentlich und keineswegs immer erfolglos gegen mich auf. Ich habe einen Brief Tschertkows über das Glück gelesen, das er in der geistigen Gemeinschaft mit seiner Frau fände, und wie schmerzlich es ihn berühren würde, daß L. N., der das viel mehr als er selbst verdiene, ein solches Glück versagt bliebe[14] – wobei er auf mich anspielte. Das hat mir furchtbar weh getan. Dieser stumpfsinnige, listige, unehrliche Mensch, der L. N. mit seinen Schmeicheleien in Verwirrung gebracht hat, will nun (das soll wohl *christlich* sein) jenes Band zerstören, das fünfundzwanzig Jahre lang uns in jeder nur möglichen Hinsicht eng miteinander verbunden hat! Als Lew Nikolajewitsch die beiden Monate krank war, lebten wir so wie früher miteinander. Ich merkte, daß er sich erholte und neue schöpferische Kräfte sammelte. Und tatsächlich hat er dann ja auch das Drama geschrieben. Jetzt aber bringen ihn die Machenschaften dieser widerlich heuchlerischen Neuen Christen erneut in Verwirrung, er will wieder ins Dorf, und ich stelle fest, daß sein Feuer wieder erloschen ist.

Er muß die Beziehung zu Tschertkow unbedingt abbrechen, denn darin liegt alle Lüge und alles Übel begraben; von einem solchen Menschen muß man sich so fern wie nur irgend möglich halten.

Heute haben wir junge Leute zu Besuch. Nach dem Mittagessen wurde Wint gespielt. Dieser Wint allüberall ist wirklich eine traurige Erscheinung! Es ist kalt, nachts sinkt das Thermometer bis auf 14 Grad unter Null.

14. März. Moskau. Ich sitze hier ganz allein, ringsum ist alles still, und ich fühle mich sehr wohl. Die drei Kleinen schlafen. Tanja, Mascha und Ljowa sind bei Tatischtschews. Ilja sitzt seit drei Tagen im Karzer als Strafe dafür, daß er zu spät zum Exerzieren kam.[15] Lew Nikolajewitsch ist mit N. N. Gay (dem Sohn) zur Universität gefahren, um in der Psychologischen Gesellschaft seinen neuen Artikel „Über das Leben und den Tod" vorzutragen. Gay und ich haben den Artikel in aller Eile abgeschrieben, ich war heute den ganzen Tag damit beschäftigt.[16] L. N. ist nicht gesund, hat Magenschmerzen und Verdauungsstörungen, und ißt dabei ohne Sinn und Verstand mal Fett, mal vegetarisch, dazu trinkt er noch verdünnten Rum usw. Er ist niedergeschlagen, aber freundlich. Aus Petersburg kam ein Herr wegen der Kostüme für unser Drama.[17] Gestern erhielt ich einen Brief von Potechin, daß es noch *nicht* sicher ist, ob das Stück die Zensur passieren wird.[18] Doch sie proben und bereiten alles vor. Ich weiß noch nicht, ob ich zur Generalprobe fahren soll, denn ich will hier nicht alles im Stich lassen. Ich habe mich noch nicht entschieden. Es hängt auch von Ljowotschkas Gesundheitszustand ab. Mit den Kindern war ich Schlittschuhlaufen, bin aber selbst nicht gelaufen.

Die Freuden der Jugend verlieren ein wenig ihren Reiz für mich. Ljowotschka hat sehr intensiv an diesem Artikel gearbeitet, der mir sehr gefällt. Er ist bereits zum zweitenmal in der Universität und hält sich nicht ganz strikt an die von ihm selbst aufgestellten Regeln: das Zimmer macht jetzt oft Grigori sauber.[19] Wenn er sich nicht wohl fühlt, ißt er auch mal Fleisch, und wenn wir Wint spielen, setzt er sich auch dazu. Er ist nicht mehr so starrsinnig wie früher, weniger schlechtgelaunt, fröhlicher und gütiger. Zürnt auch nicht mehr über den Verkauf seiner Bücher, sondern freut sich, daß die Ausgabe nur acht Rubel kostet.[20]

30. März. Ljowotschka geht es immer noch nicht besser. Da das Magenweh jetzt schon drei Monate lang andauert, beschloß ich, Sacharin zu konsultieren, und schrieb ihm einen Brief. Doch L. N. kam dessen Besuch zuvor und suchte ihn gestern abend selbst auf. Sacharin diagnostizierte einen Gallenkatarrh und verordnete (ich notiere es hier als Gedächtnisstütze):

1. sich warm anzuziehen;
2. ungewaschenen Flanell auf dem Leib zu tragen;
3. keine Butter zu essen;
4. häufig, aber nur kleine Portionen zu sich zu nehmen;
5. drei- oder viermal am Tag je ein halbes Glas lauwarmes frisch importiertes Emser oder Kesselbrunner Wasser zu trinken und zwar,
   a) auf nüchternen Magen b) eine Viertelstunde später und eine Stunde vor dem Mittagessen. Das drei Wochen lang, dann eine Pause einlegen und es im Bedarfsfall wiederholen. Kuhwarme Milch so heiß wie möglich, ohne sich zu verbrennen, zu trinken;
6. das Rauchen aufzugeben.

18. Juni. Viele Menschen werfen mir vor, nicht regelmäßig Tagebuchaufzeichnungen zu machen, obwohl mich das Schicksal mit einem so bedeutenden Menschen wie Lew Nikolajewitsch zusammengeführt hat. Doch mir fällt es außerordentlich schwer, von meinen *persönlichen* Beziehungen zu ihm abzusehen, neutral zu sein, und außerdem bleibt mir ja auch fast keine freie Minute, weil ich immer in meinem Leben so viel zu tun hatte. Ich hatte geglaubt, jetzt im Sommer etwas mehr Zeit zu haben, die ich der Durchsicht und dem Abschreiben von Lew Nikolajewitschs Manuskripten widmen wollte. Aber nun bin ich schon über einen Monat hier, und Lew Nikolajewitsch hat mich ganz mit dem Abschreiben seines Artikels „Über das Leben und den Tod“ in Anspruch genommen, an dem er schon so lange intensiv arbeitet. Kaum habe ich eine Abschrift fertiggestellt, da ändert er etwas, und die ganze Arbeit fängt wieder von vorne an. Und dennoch müßte ich Aufzeichnungen machen, die mindestens dazu beitragen könnten, vieles, was in seinem Leben unverständlich ist, zu klären. So gibt es zum Beispiel einen Brief an einen Engelhardt, das Manuskript dieses Briefes besitzt N. N. Lew Nikolajewitsch hat den jungen Engelhardt, der sich wie viele andere an Lew Nikolajewitsch als den berühmten Schriftsteller gewandt hatte, niemals gesehen. Als L. N. an Engelhardt schrieb, war er gedrückter Stimmung, er fühlte sich allein und unglücklich, und so legte er seine Gedanken, die er niemals verwirklichen konnte oder wollte, in diesem Brief an einen Unbekannten ganz ausführlich wie in einem Tagebuch dar.[21]

Noch seltsamer sind sein Verhältnis und sein Briefwechsel mit Leuten von schlechter Reputation, die man schlichtweg für ehrlos halten muß, wie zum Beispiel Osmidow.[22] Als ich vor einigen Tagen auf einem Umschlag Osmidows Adresse las, fragte ich Lew Nikolajewitsch, warum er seinen Kontakt zu diesem Menschen aufrecht erhalte, dessen Schlechtigkeit er doch selbst kenne. Darauf entgegnete er: „Wenn er wirklich schlecht ist, dann kann vielleicht gerade ich ihm nützlich und dienlich sein.“ Und so erklärt er sein Verhältnis zu vielen häufig ganz unbekannten Finsterlingen[23], von denen sich viele bei uns aufzuhalten pflegen. Gestern kam noch ein Medizinstudent aus dem vierten Studienjahr zu uns, ein verzweifelter Revolutionär[24], den L. N. über den Irrtum der Revolution aufzuklären versuchte. Ob es ihm gelang, weiß ich nicht. Ich habe ihn nicht gesehen. Heute trafen viele Briefe aus Amerika ein, Kennans Artikel in „Century“ über seinen Aufenthalt in Jasnaja Poljana und seine Gespräche mit Lew Nikolajewitsch. Außerdem eine Rezension von L. N.s übersetzten Werken. Es ist überraschend und erfreulich zugleich, auch in der Ferne aufrichtiges Verständnis und echte Sympathie zu finden.[25]

Ljowotschka ging mit den beiden Töchtern und den beiden Kusminski-Mädchen zu Fuß nach Jassenki. Da es zu regnen begann, ließ ich ihnen den Bauernwagen und Regenzeug nachschicken. Wenn

Ljowotschka nicht von seinen Aposteln Tschertkow, Feinerman u. a. umgeben ist, ist er wieder der liebe, fröhliche, seiner Familie zugewandte Mensch, der er früher war. Vor einigen Tagen spielte er den ganzen Abend hingebungsvoll Klavier: Mozart, Weber, Haydn. Auf der Geige begleitete ihn dabei der achtzehnjährige Ljassota, den ich auf Ljowas Wunsch für ihn als Geigenlehrer eingestellt habe. Er kommt vom Moskauer Konservatorium.

Als ich am 11. Mai aus Moskau zurückkehrte, bestand ich darauf, daß Ljowotschka den Anweisungen Sacharins folgend sein Wasser trinken sollte; er fügte sich. Schweigend brachte ich ihm ein Glas lauwarmes Emser Wasser, das er ohne Widerspruch trank. Doch wenn er nicht bei Stimmung ist, pflegt er zu sagen: „Dir sagt man, daß man etwas einnehmen soll, und du glaubst es. Ich tue es jetzt, weil der Schaden wohl nicht allzugroß ist.“ Er hat das Wasser in den letzten drei Wochen regelmäßig getrunken, und vom Vegetarianismus war keine Rede mehr. Meiner Meinung nach hat sich sein Gesundheitszustand deutlich gebessert, er bewegt sich viel, ist kräftiger geworden, nur schläft er noch immer zu wenig, kaum mehr als sieben Stunden. Das kommt wahrscheinlich von der sitzenden Tätigkeit. Ihn freut sein Erfolg oder besser gesagt das lebhafte Echo in Amerika sehr. Doch Ruhm und Erfolg bedeuten ihm eigentlich nur wenig. Er sieht jetzt häufig so vital und zufrieden aus und sagt oft: „Wie schön ist das Leben!“

Ich sehne mich nach Iljuscha und leide darunter, daß ich ihn bisher noch nicht besucht habe.[26] Doch er hat in diesem letzten Jahr so wenig Verlangen nach irgendwelchen familiären Kontakten gezeigt und hielt sich von uns allen so fern, daß man nicht den Eindruck hat, es verlange ihn nach uns. Irgendwie ist der Arme vom Weg abgekommen, hat den Mut verloren und ist deshalb jetzt so hilflos und bedrückt. Ich werde in den nächsten Tagen zu ihm fahren.

Täglich kommen unzählig viele Kranke zu mir, die ich nach dem Buch von Florinski[27] behandle. Doch welch seelische Qual bedeutet es, zuweilen einfach nicht zu wissen, um welche Krankheit es sich handelt und womit sie zu heilen sei! Darum möchte ich manchmal diese ganze Praktiziererei aufgeben, doch wenn ich dann diese rührende Vertrauensseligkeit, diese flehenden Blicke sehe, tut es mir so leid, daß ich trotz aller Gewissensqualen, vielleicht nicht das

Richtige zu tun, dennoch Arzneien verteile und mich verzweifelt darum bemühe, nicht an diese Unglücklichen zu denken. Vor einigen Tagen hatte ich das Mittel nicht, das erforderlich gewesen wäre. Also schrieb ich der Kranken eine Verordnung für die Apotheke und gab ihr das Geld für die Arznei. Da bricht sie plötzlich in Tränen aus und gibt mir das Geld zurück mit den Worten: „Ich muß ja wohl sterben, hier haben Sie das Geld wieder, geben Sie es jemand, der ärmer ist als ich. Vielen Dank, aber ich brauche es nicht."

21. Juni. Endlich ist es richtig heiß, ich habe zum erstenmal gebadet. Gestern abend ist der Schauspieler Andrejew-Burlak[28] hier eingetroffen, der Lew Nikolajewitsch kennenlernen wollte. Er *erzählte* in der Art von Gorbunow[29] aus dem Alltag der Bauern. Später gingen alle anderen weg, nur Ljowotschka, Ljowa und ich blieben noch bis gegen zwei Uhr sitzen. Er erzählt außerordentlich gut. Ljowotschka hat so gelacht, daß Ljowa und ich es mit der Angst zu tun bekamen. Heute hat Ljowotschka zunächst seinen Artikel „Über das Leben und den Tod" überarbeitet, dann nach dem Essen die Feldstreifen und den Garten gemäht. Ich las Strachows Schrift gegen den Spiritismus, ein schwieriges und leider nicht überzeugendes Buch – aber vielleicht verstehe ich es auch nicht.[30] Ehe ich heute zum Baden ging, versammelte ich meine lieben Kleinen und las ihnen den „Held unserer Zeit" vor. Wieviel kluge und bereits ausgereifte Überlegungen gibt es darin! Ich liebe Lermontow sehr, und wenn er wirklich, wie man sagt, ein unfreundlicher Mensch war, so lag das sicher daran, daß er den Durchschnittsmenschen *so* unendlich überlegen war. Man hat *ihn* nicht verstanden, während *er* alles durchschaute.

Ich fühle mich körperlich und seelisch schwach. Bin bedrückt von den Erinnerungen und Mitleidsbekundungen. Sie sind das Allerschlimmste.

2. Juli. Ich war in Moskau, habe Iljuscha besucht und mich gefreut, sein gutmütiges Gesicht zu sehen. Auch er hat sich ganz offensichtlich über meinen Besuch gefreut. Er wohnt in einer Bauernhütte, und obwohl seine Wirtsleute ihn mögen, lebt er doch irgendwie stumpfsinnig vor sich hin. Mir als seiner Mutter tat es leid zu sehen, daß er seine Schulden von dem Geld, das ich ihm gebe, bezahlt und sich auf Pump Vorspeisen und Süßigkeiten kauft, jedoch nie vernünftig zu

Mittag ißt. Doch ihm macht das nichts aus. Sein ganzer Lebensinhalt ist Sonja Filossofowa; er lebt von seinen Erinnerungen, ihrem Briefwechsel und den Zukunftsträumen. Jetzt ist er hier, war auf der Jagd, hat drei Schnepfen erlegt. Morgen will er wieder wegfahren. Mich schmerzt das, aber man muß sich daran gewöhnen, daß die Kinder flügge werden.

Strachow ist bei uns; er ist angenehm, klug und still![31] Ljowotschka ist mit dem Grasmähen beschäftigt, schreibt aber täglich etwa drei Stunden an dem Artikel[32], mit dem er jetzt bald fertig ist. Vor einigen Tagen spielte Serjoscha Walzer, da kam Ljowotschka abends und sagte: „Komm, laß uns Walzer tanzen", und wir tanzten zur Begeisterung der jungen Leute. Er ist zwar sehr fröhlich und lebhaft, aber er ermüdet schneller beim Grasmähen und auf den Spaziergängen. Er führt lange Gespräche mit Strachow über Wissenschaft, Kunst und Musik. Heute unterhielten sie sich über die Photographie, weil ich einen Photoapparat mitgebracht habe und mich mit dem Photographieren beschäftigen will. Ich werde Landschaftsaufnahmen machen und unsere gesamte Familie photographieren. Tochter Tanja ist in Pirogowo.

3. Juli. Serjoscha spielt, von Ljassota auf der Geige begleitet, Beethovens Kreutzersonate; wie machtvoll sind da *alle* Gefühle der Welt ausgedrückt! Auf meinem Tisch stehen Rosen und Reseden, bald wird es ein wunderbares Mittagessen geben, nach dem Gewitter ist das Wetter warm und mild, unsere lieben Kinder sind bei uns – Andrjuscha hat gerade sorgfältig seine Stühle im Kinderzimmer bespannt – gleich kommt mein geliebter Ljowotschka. So also sieht mein Leben aus, das ich ganz bewußt genieße und für das ich Gott danke. Hier habe ich *Glück* und *Segen* gefunden. Doch in Ljowotschkas Artikel „Über das Leben und den Tod", den ich gerade abschreibe, geht es um ein ganz anderes Glück. Ich kann mich erinnern, als ich jung, ganz jung noch und unverheiratet war, da hat es auch mich nach *jenem* Glück verlangt, das die völlige Selbstaufgabe und der Dienst am Nächsten zu geben vermögen, ja ich strebte damals sogar zum Asketentum. Doch das Schicksal hat mir eine Familie beschert, für die ich gelebt habe. Und nun soll ich auf einmal bekennen, daß das nicht das Richtige, daß das nicht das eigentliche *Leben* war. Werde ich das je so sehen?

Gestern ist Strachow, heute Ilja abgereist. Gestern probierten Serjoscha und ich den von mir gekauften Photoapparat aus.

19. Juli. Die letzten Tage vergingen etwas stumpfsinnig. Serjoscha war in Samara, kam aber unverrichteter Dinge wieder zurück.[33] P. Dm. Golochwastow, ein überzeugter Slawophiler und strenger Anhänger des russisch-orthodoxen Glaubens hat uns besucht und mit Lew Nikolajewitsch über Kirche und Religion diskutiert. Es war höchst unerfreulich. Golochwastow erzählte pathetisch von der herrlichen, schön erbauten Kirche in Nowy Jerussalim (Woskressensk), in der sich zehntausend Pilger versammeln können. L. N. hörte ihm lange zu, sagte dann schließlich: „Und sie alle kommen, um über Gott zu lachen." Er hatte einen ironischen, ja bösen Unterton. Ich schaltete mich daraufhin mit der Bemerkung ein, es sei doch allzu hochmütig zu behaupten, zehntausend Menschen würden lachen, und nur er allein sei im Recht, wenn er seinen Glauben predige, vielmehr müsse man zugestehen, daß die Menschen sich aus einem erhabeneren Motiv in dieser Kirche versammelten. Nach dem Essen begann Golochwastow ein Gespräch über den Patriarchen Nikon, darüber, wie interessant doch sein Leben und seine Persönlichkeit gewesen seien. Lew Nikolajewitsch las Zeitung, doch plötzlich bemerkte er mit dem gleichen Unterton: „Er war ein Bauer aus Mordwinien. Und wenn er etwas zu sagen gehabt hätte, warum hat er es nicht getan?" Da fuhr Golochwastow auf: „Entweder machen Sie sich über mich lustig oder Sie … – ich bin gewöhnt, die Worte anderer zu achten –, dann hätte möglicherweise auch ich noch einmal über diese Fragen nachgedacht." Es war wirklich eine schwierige Situation.

Auch Butkewitsch, der ehemalige Revolutionär, war hier. Das erste Mal war er wegen politischer Umtriebe im Gefängnis, das zweite Mal stand er unter Verdacht. Er ist ein junger Mann, Sohn eines Gutsbesitzers aus Tula, und hat Lew Nikolajewitsch geschrieben, daß nach seiner Entlassung aus dem Gefängnis eine mit ihm bekannte junge Dame auf der Straße so getan habe, als kenne sie ihn nicht und daß ihn das verletzt habe. Früher habe ich ihn nicht eingeladen, wenn er zu Lew Nikolajewitsch kam, so daß er nur unten saß. Diesmal aber tat er mir leid, und darum bat ich ihn zum Tee. Daraufhin blieb er zwei Tage bei uns und gefiel mir überhaupt nicht.

Er schweigt hartnäckig, verzieht keine Miene, hat sehr dunkle Haare, eine blaue Brille und ist auf einem Auge blind. Aus seinen wenigen Worten kann man sich keinen Begriff von seinen Anschauungen machen! Jetzt ist er einer von den *Tolstojanern*. Wie wenig sympathisch sind alle diese Typen, die Lew Nikolajewitschs Lehre anhängen! Nicht ein einziger von ihnen ist normal, auch die Frauen sind zumeist hysterisch. Gerade ist Marija Alexandrowna Schmidt weggefahren. Früher hatte sie Nonne werden wollen, heute ist sie eine begeisterte Anhängerin der Ideen Lew Nikolajewitschs. Sie war Aufseherin des Nikolajer Instituts, schied jedoch aus, nachdem sie sich von der Kirche losgesagt hatte. Jetzt lebt sie auf dem Land und beschäftigt sich ausschließlich mit dem Abschreiben der – verbotenen – Schriften von Lew Nikolajewitsch. Wenn sie ihn trifft oder von ihm Abschied nimmt, schluchzt sie hysterisch. Auch Pawel Iwanowitsch Birjukow ist hier: er ist besser als die anderen, bescheiden und klug, doch auch er predigt das Tolstojanertum.[34] Außerdem kamen Frau Golochwastow mit ihren Schülern[35] sowie unser Neffe Andrjuscha mit seinem Lehrer.[36]

Es geht sehr laut zu, und mich verdrießt das alles. Nichts würde ich mir sehnlicher wünschen, als daß nur unsere Familienangehörigen beisammen wären! Die Gäste stehlen uns auch weiterhin all unsere Zeit. Auch Abamelek war hier, der Mutter und Tochter Helbig mitbrachte. Sie ist eine geborene Fürstin Schachowskaja, die einen deutschen Professor geheiratet hat, der ebenfalls anreiste, um sich die russische Sehenswürdigkeit Tolstoi zu betrachten. Obgleich sie sich als sehr angenehm erwiesen und sehr gut musizierten, ist es doch beschwerlich, wenn man sich niemals seine Freunde und Besucher selbst auswählen kann, sondern allen und jeden empfangen muß.

Morgens ist es heiß, die Nächte sind frisch. Wir baden, Früchte gibt es im Überfluß.

4. August. Heute ist die Gräfin Alexandra Andrejewna Tolstaja abgereist, war seit dem 25. Juni bei uns zu Besuch.[37] Ljowotschka hatte am 16. Juli eine schwere Gallenkolik, er hat sich bis jetzt noch nicht ganz davon erholt. Gestern abend brachte P. I. Birjukow den Artikel „Über das Leben“ in die Druckerei. Die Worte „und den Tod“ sind weggefallen. Als er den Artikel beendete, beschloß er, daß es „den Tod nicht gibt“[38]. Es hat viel geregnet, jetzt klart es ein wenig auf.

19. August. Vom 9. bis zum 16. abends war der Maler Repin bei uns. Er hat zwei Porträts von Lew Nikolajewitsch gemalt; mit dem ersten, unten im Arbeitszimmer begonnen, war er nicht zufrieden, und er malte hier oben im Saal vor hellem Hintergrund ein zweites, das außerordentlich gut gelungen ist. Im Augenblick trocknet es noch bei uns. Das erste hat er flüchtig zu Ende gebracht und mir geschenkt.[39] Man hat bereits begonnen, den Artikel zu drucken, weil aber die Lettern nicht schön sind, muß er noch einmal gesetzt werden. Ljowotschkas Gesundheitszustand ist zufriedenstellend, obgleich er manchmal über Gallenschmerzen klagt. Wunderbares klares Wetter. Ilja war am 15. und 16. hier, gesund und unendlich fröhlich. Mich belastet meine Schwangerschaft körperlich und seelisch. Ljowotschkas Gesundheit ist sehr angegriffen, und unser Familienleben wird immer komplizierter. Mein Bruder Stjopa und seine Frau[40] sind gekommen; gestern fuhr er nach Petersburg, um sich um seine Versetzung nach Rußland zu bemühen, sie blieb hier. Schwer zu sagen, was für ein Mensch sie ist, sehr verschlossen und emsig. Bei Ljowotschka sind die Finsterlinge Butkewitsch, Rachmanow und ein Student aus Kiew. Welch ein unsympathisches, uns innerlich fremdes Volk, das unser Familienleben belastet! Ljowotschkas Berühmtheit und seine neuen Ideen haben uns diese Verpflichtung aufgebürdet.

Abends liest uns Ljowotschka jetzt Gogols „Tote Seelen“ vor.[41] Ich habe eine Neuralgie.

25. August. Habe heute den ganzen Tag Ljowotschkas Manuskripte durchgesehen und diejenigen ausgewählt, die ich dem Rumjanzew-Museum zur Aufbewahrung übergeben möchte. Es ist sehr mühsam, diesen Wirrwarr auszusortieren, *wahrscheinlich* kann man ihn überhaupt nicht vollständig ordnen oder komplettieren. Ich will dorthin auch Briefe, Tagebücher und Porträts, wie überhaupt alles, was einen Bezug zu Lew Nikolajewitsch hat, bringen.[42] Ein *vernünftiger* Schritt, und dennoch stimmt er mich irgendwie traurig. Ob ich vielleicht sterben werde, weil ich alles in Ordnung bringen möchte?

Stjopa, seine Frau und der liebe Strachow sind bei uns zu Besuch. Die Hitze ist schrecklich, ich habe Halsschmerzen. Ljowotschka ist krank und trinkt seit dem 20. wieder Emser Wasser. Werotschka Tolstaja und Mascha sind wegen des Gelds für Schwager Serjoscha zu uns gekommen.

Ljowotschka sitzt noch immer an seinem Artikel, obgleich offensichtlich seine Energien für diese Arbeit erschöpft sind.

Lew Nikolajewitsch trank zum erstenmal am 17. Juni 1888 Emser oder Kesselbrunner. Dieses Wasser trank er im Juni 1889 vier Wochen lang und ebenfalls ab dem 8. Mai 1890 vier Wochen lang, Kumys den ganzen Sommer hindurch.[43]

Diese Blume hat mir Ljowotschka im Oktober 1890 in Jasnaja Poljana gebracht.[44]

1890

20. November. Ich schreibe alle vorhandenen Tagebücher von Ljowotschka ab und habe mich entschlossen, auch selbst wieder Tagebuch zu führen, vor allem auch deshalb, weil ich mich noch nie so einsam gefühlt habe wie jetzt. Die Söhne sind alle aus dem Haus: Serjoscha lebt in Nikolskoje, Ilja mit seiner Familie in Grinjowka, Ljowa in Moskau, wohin auch Tanja für eine Zeitlang gefahren ist. Ich bin jetzt mit den Kleinen zusammen und erziehe sie. Zu Mascha habe ich nie eine wirkliche innere Beziehung gehabt; wer daran schuld ist, weiß ich nicht.[1] Wahrscheinlich ich selbst. Ljowotschka hat jegliche Gemeinschaft mit mir aufgegeben. Warum und weshalb verstehe ich überhaupt nicht. Wenn er krank ist, nimmt er meine Pflege, als sei es meine Pflicht und Schuldigkeit, hin, jedoch spüre ich, daß ich ihm fremd bin. Dabei bemühe ich mich mit aller Kraft, eine geistige Gemeinschaft mit ihm zu finden. Ich habe heimlich seine Tagebücher gelesen, weil ich erfahren wollte, wie wir wieder einander näherkommen könnten. Aber bei der Lektüre packte mich tiefe Verzweiflung. Wahrscheinlich hat er gemerkt, daß ich sie gelesen habe, denn jetzt versteckt er sie, hat aber nichts gesagt.

Wenn ich früher seine Manuskripte abschrieb, war das immer eine

1 Jugendbildnis der Sofja Andrejewna Tolstaja, geb. Behrs

2 Außenansicht des Hauses der Familie Tolstoi in Jasnaja Poljana

3 Das Moskauer Winterwohnhaus der Familie Tolstoi in den Jahren 1881 bis 1896

4 Lew Nikolajewitsch Tolstoi und Sofja Andrejewna mit ihren Söhnen Lew, Ilja, Michail, Iwan und den Töchtern Tatjana, Marija und Alexandra. Aufnahme von 1892

5 Lew Tolstoi mit seiner Familie

6 Sofja Andrejewna und drei ihrer Töchter

7 Tolstois Söhne

Freude für mich. Jetzt aber gibt er alles den Töchtern und hält es sorgsam vor mir verborgen. Er bringt mich systematisch um, läßt mich an seinem Leben nicht Anteil nehmen. Das verletzt mich sehr. Zuweilen überkommt mich eine geradezu wahnwitzige Verzweiflung. Dann möchte ich mich umbringen, irgendwohin fliehen, mich in jemanden verlieben – wenn ich nur nicht mehr mit diesem Menschen zusammenleben müßte, den ich trotz allem mein Leben lang geliebt habe, obwohl mir jetzt bewußt wird, daß ich ihn idealisiert habe, und daß er ausschließlich von einem starken sexuellen Trieb beherrscht wird. Jetzt aber sind mir die Augen aufgegangen, und ich sehe, daß mein Leben zerstört ist. Wie beneide ich sogar die Nagornows, die *zusammen* leben und nicht nur eine körperliche Gemeinschaft bilden. Und so geht es doch vielen Menschen. Aber wir? Ach, mein Gott, was ist das für ein mürrischer, ja sogar geheuchelter Ton, der so gar nicht zu mir paßt, die ich fröhlich und offen bin und mich nach einer zartfühlenden Gemeinsamkeit sehne.

Morgen fahre ich wegen der Geschäfte nach Moskau. Obwohl mir das immer beschwerlich ist und mich aufregt, freue ich mich diesmal sogar darauf. Wenn ich mir meiner Einsamkeit bewußt werde, möchte ich am liebsten ständig weinen; man müßte das alles vergessen können, damit einem leichter ums Herz würde. Habe mir jetzt angewöhnt, jeden Abend sehr lange zu beten, das läßt den Tag gut enden. Gab heute Andrjuscha und Mischa Musikunterricht und ärgerte mich sehr dabei. Andrjuscha reagiert auf meine Heftigkeit mürrisch, Mischa immer hilflos. Ich liebe sie beide sehr und halte es für eine angenehme Pflicht, sie zu erziehen, obgleich ich diese Pflicht sicher wieder ungeschickt und schlecht erfülle. Wera Kusminskaja ist jetzt bei uns, sie ist mir sehr vertraut geworden, wahrscheinlich weil sie meiner Schwester Tanja so ähnlich ist. Ich lebe gern auf dem Land, freue mich immer wieder an der Natur und der Stille. Wenn sich bloß *ein gewisser Mensch* teilnahmsvoller mir gegenüber verhielte! Es vergehen Tage, Wochen, Monate, ohne daß wir auch nur ein Wort wechseln. Ich bin wie früher vollauf beschäftigt mit meinen Interessen, meinen Kindern, einem Buch, irgend etwas, und dann begegne ich plötzlich seinem hartnäckigen Widerstand: „Hoffst du denn noch immer und willst du mich auch weiterhin mit deinen Dummheiten belästigen?“

Ist denn überhaupt noch eine seelische Gemeinsamkeit zwischen uns möglich, oder ist schon alles verloren? Manchmal denke ich, wenn ich einfach wie früher zu ihm ginge, seine Blätter und Tagebücher nähme, alles lesen und über alles mit ihm sprechen würde, dann könnte er mir helfen, weiterzuleben. Doch ich, die ich unschuldig bin, die ihn in seinem Leben niemals verletzt habe, die ihn liebe, ich fürchte mich jetzt vor ihm, als sei ich eine Verbrecherin. Ich habe Angst vor diesem hartnäckigen, stummen Widerstand, der mehr schmerzt als alle Worte und Prügel. Er vermag nicht zu lieben – hat es von Jugend auf nie *gelernt.*

5. Dezember. Setze mein Tagebuch fort. War in Moskau, habe viele Menschen getroffen, die sehr liebenswürdig zu mir waren. Auch Tanja war da, wir haben uns wie immer gut verstanden. Ljowa hat keinen seelischen Halt in sich, das empfindet man besonders schmerzlich, wenn man zu ihm kommt und seine Nervosität bemerkt. Doch er spürt stets, wenn er einen verletzt hat, und das ist gut. Ich bin am 25. abends heimgekehrt. Ljowotschka wollte gerade mit Mascha, Wera Tolstaja und Wera Kusminskaja nach Krapiwna und ließ sich auch von dem eisigen Wind und Scheesturm nicht zurückhalten. Dort fand ein Prozeß statt, und dank der Fürsprache Ljowotschkas erhielten die Mörder nur eine sehr geringfügige Strafe: Zwangsumsiedlung anstelle von Zwangsarbeit. Deshalb kehrten alle sehr zufrieden zurück.[2] Mischa war krank, hatte fünf Tage lang Fieber, ich mußte mich viel um ihn kümmern, was mich, da ich mich von Moskau noch nicht erholt hatte, sehr anstrengte. Jetzt haben wir den kranken Rusanow, Boulanger, Butkewitsch und Petja Rajewski zu Besuch. Sie sind langweilig und stehen uns außer Petja Rajewski alle fern. Ljowotschka verhält sich weniger fremd, aber bei ihm hängt alles von der Stimmung ab. Ich habe heute allein die Beethoven-Sonate („Una fantasia") gespielt und mir „Adelaide" und Schubert angesehen. Abends las ich zur Unterhaltung der Gäste Gedichte von Fet vor; auch mir bereiteten diese Gedichte und die Musik Freude. Tanja und Mascha begleiteten Wera Kusminskaja und kehrten zum Essen aus Tula zurück. Gestern war auch ich in Tula wegen des Holzverkaufs, der Auseinandersetzung mit dem Geistlichen von Owsjannikowo[3], brachte Geld zur Bank und machte Einkäufe. Wenn ich meine Energie auf praktische Dinge verwende, werde ich immer traurig und verstimmt. Wie gern würde ich diese Energie für anderes aufbringen!

6. Dezember. Feiertag. Heute wird Andrjuscha dreizehn. Wir gingen alle zum Hügel zum Schlittschuhlaufen. Die Jungen und Mädchen waren festlich gekleidet und sehr vergnügt. Ich lief ohne besondere Begeisterung Schlittschuh. Tanja ist zum Namenstag nach Tula zu Sinowjews und Dawydows gefahren. Rusanow, Boulanger, Butkewitsch und Petja Rajewski, der mit Tanja gefahren ist, sind noch immer hier zu Besuch. Ich fühle mich erschöpft, die Brust schmerzt, das Atmen wird mir schwer, und auch das Frauenleiden beunruhigt und belastet mich. Erfreut hat mich ein Brief von Sofja Alex. Filossofowa über die älteren Söhne. Wir Mütter haben doch alle nur den einen Wunsch, daß unsere Kinder *glücklich* sind. Und offensichtlich steht bei ihnen einstweilen alles zum Besten. Ljowotschka verhält sich allen gegenüber unverändert fremd und kalt, doch ich leide mehr als die anderen darunter. Ich habe nur wenig geschafft: ein kleines Stück von Lew Nikolajewitschs Tagebüchern abgeschrieben, Gäste empfangen, mit den Kindern gearbeitet. Wanetschka[4] nimmt viel Zeit in Anspruch.

7. Dezember. Habe den ganzen Tag geschrieben. Fühle mich nicht wohl. Dawydow kam auf der Durchfahrt nach Krapiwna mit dem Untersuchungsrichter hier vorbei. Ich habe Leskows „Eine Gottesstunde" gelesen – begabt, aber gekünstelt?[5] Und Unaufrichtigkeit ist mir überall verhaßt. Ljowotschka ist fröhlich und offensichtlich gesund.

8. Dezember. Schreibe fortwährend Ljowotschkas Tagebücher ab. Warum habe ich sie nicht früher abgeschrieben oder gelesen? Sie liegen doch schon lange in meiner Kommode. Ich glaube, daran hinderte mich jenes Grauen, das mich als Braut bei der Lektüre von Ljowotschkas Tagebüchern ergriff, jener stechende Schmerz der Eifersucht, das fassungslose Entsetzen über die Lasterhaftigkeit der Männer, das mich nie verlassen hat. Möge Gott alle jungen Seelen vor solchen Wunden bewahren, sie schließen sich nie mehr. Heute gab ich Andrjuscha und Mischa Musikunterricht. Andrjuscha war aus Trotz starrsinnig, so daß meine Geduld auf eine harte Probe gestellt wurde. Ich kämpfte meine Wut nieder, brach aber plötzlich in Tränen aus. Da fing auch er an zu weinen und versprach halbherzig, besser zu lernen; dann gab er sich tatsächlich mehr Mühe. Ich schämte mich, aber vielleicht war es ja sogar gut so. Ich habe eine triviale Novelle in der Revue d. d. M. gelesen, und auf Ljowotschkas Geheiß las Tanja abends eine langweilige schwedische Geschichte in russischer Übersetzung vor. Ich würde gern etwas Bedeutsames lesen, irgendeinen Philosophen, wage mich aber nicht heran. Ich bin jetzt sanft gestimmt, möchte ständig an etwas Erhabenes denken. Doch ich habe sündige Träume, und zeitweilig finde ich kaum innere Ruhe.

9. Dezember. Beende diesen Tag wiederum mit schwerem Herzen. Alles regt mich auf. Schrieb Ljowotschkas Jugendtagebücher ab.[6] Da heute das Wetter außergewöhnlich schön war, ging ich spazieren und dachte nach. Auf dem Weg zur Schonung kam ich an der Tenne vorbei. Links stand die Sonne schon tief, rechts ging der Mond auf. Rötliches Licht schimmerte durch die weißen Wipfel, der Himmel war tiefblau, und auf der Schonung glitzerte der Schnee. Wahrhafte *Reinheit* ist überall und immer schön. Wie wunderbar ist allenthalben diese Reinheit: in der Natur, im Herzen, im Verhalten, im Gewissen. Und wie sehr habe ich mich immer um sie bemüht! Doch wozu? Wäre jetzt nicht die Erinnerung an irgendeine Liebe – selbst an eine sündhafte – besser als die Reinheit meines Gewissens?

Habe mit Tanja die Symphonie von Mozart gespielt, später spielte ich auch mit Ljowotschka, was zunächst nicht recht klappte; unzufrieden murrte er mich an. Obwohl das sicher kaum zu bemerken war und sein Unmut schnell verflog, hat mir doch sein Ton so weh getan, daß all meine Freude am vierhändigen Spiel dahin war, und ich traurig, schrecklich traurig wurde. Unser Spiel wurde dann durch die Ankunft von Birjukow unterbrochen. Die Mädchen gerieten in Aufregung – Tanja um Maschas, Mascha um ihrer selbst willen. Alle verhielten sich gekünstelt, sprachen viel und gezwungen, alles höchst unangenehm. Hoffentlich fährt er bald wieder weg, dann wird sich wohl auch Mascha wieder beruhigen. Hat eine Geschichte erst einmal dumm angefangen, so läßt sie sich nicht so leicht wieder in Ordnung bringen.[7] Habe den Roman in der „Revue des deux Mondes“ gelesen. Dort besucht ein junges Mädchen den Mann, den es liebt, und freut sich so sehr an all den Dingen und Gegenständen, die *seine* Welt ausmachen. Wie trefflich ist das beobachtet!

Doch wenn diese Dinge Schuhmacherwerkzeug, Stiefel, Nachtgeschirr und Schmutz sind ... wie steht es dann? Nein, ich werde mich nie daran gewöhnen.[8]

10. Dezember. Wieviel Schweres muß ich im Alter mitmachen! Ljowotschka hat sich einen Kreis höchst seltsamer Bekannter herangezogen, die sich seine Anhänger heißen. Heute kam einer hier angereist: Butkewitsch, der seiner revolutionären Ideen wegen nach Sibirien verbannt worden war. Er trägt eine dunkle Brille und sieht überhaupt finster und unheimlich aus; er brachte seine jüdische Geliebte mit, die er nur deshalb seine Frau nennt, weil er mit ihr zusammenlebt. Weil Birjukow bei ihnen war, verzog sich auch Mascha nach unten und tat mit der Jüdin schön. Ich war höchst aufgebracht, daß meine Tochter, ein anständiges Mädchen, sich mit solchem Volk abgibt und der Vater dem offensichtlich wohlwollend gegenübersteht. Voller Wut schleuderte ich ihm entgegen: „Du hast ja dein ganzes Leben mit ähnlichem Gelichter zugebracht, aber mir sind diese Leute fremd, und ich will nicht, daß sich meine Töchter mit ihnen herumtreiben." Er stöhnte natürlich auf und ging wütend fort, ohne ein Wort zu sagen. Auch Birjukows Anwesenheit belastet mich, ich kann es kaum abwarten, daß er wieder fährt. Abends blieb Mascha als letzte mit ihm im Saal zurück, und mir schien es, daß er ihr die Hand küßte. Als ich sie darauf ansprach, verneinte sie es zornig. Wahrscheinlich stimmt es ja, aber wer findet sich in diesem verschlossenen, verlogenen Kreis schon zurecht! Sie haben mich völlig zermartert, manchmal wäre ich Mascha gern los und denke: „Warum halte ich sie denn? Soll sie doch Birjukow heiraten, dann werde ich ihren Platz bei Ljowotschka einnehmen, werde für ihn abschreiben, seine Sachen und seine Korrespondenz in Ordnung bringen und ihn heimlich und leise von diesen verhaßten ‚Finsterlingen' abbringen."

Ljowotschka ißt aus irgendeinem Grund nicht; er wird doch nicht krank sein? Mit Andrjuscha und Mischa habe ich Pläne geschmiedet, daß wir in der Zeit der Rauhnächte ein Stück aufführen wollen, das aus dem Japanischen übersetzt wurde. Habe für Mischa eine Bettdecke gehäkelt, den Kindern zwei Stunden lang Religionsunterricht erteilt und will jetzt lesen.

11. Dezember. Habe seit heute morgen Ljowotschkas Tagebuch abgeschrieben, was mich immer einer Fülle von Gedanken nachhängen läßt. So dachte ich zum Beispiel, daß man den Menschen, der einen mit allen Schwächen besser als alle anderen kennt und dem man sich schon deshalb nicht mehr nur von *einer* Seite zeigen kann, nicht liebt. Deshalb gehen Ehegatten so oft im Alter auseinander, d. h. dann, wenn bereits *alles* entschleiert und geklärt ist, und diese Klarheit dem einen oder dem anderen nicht zum Vorteil gereicht. Habe geduldig den Musikunterricht erteilt. Birjukow bleibt noch einen Tag länger. Mascha kam, um sich wegen des gestrigen Vorfalls auszusprechen. Ich sagte ihr, es täte mir leid, wenn ich sie ungerechtfertigterweise gekränkt habe. Übrigens bemerkte sie heute leichtfertig lachend: „Lassen Sie mich ihn doch heiraten, dann ist alles in Ordnung; denn Sie halten ihn doch auch für einen guten Menschen." Als ob das genug wäre! Ich habe beobachtet, daß Mütter fast ein wenig selbst verliebt sind in die Bräutigame der Töchter, und eben das verbürgt die Sympathie der zukünftigen Gatten. Ich aber empfinde Birjukow gegenüber Ekel, und eben dieses Gefühl wird auch Mascha schon bald ergreifen. Doch sie sieht das nicht ein oder sie ist nicht meine Tochter.

Ljowa ist zu uns gekommen, und mir wurde geradezu leicht ums Herz. Doch er ist überhaupt nicht fröhlich, sondern dreht sich in Gedanken, egoistisch wie sein Vater, eigentlich nur um sich selbst. Wanetschka hat sich so rührend über sein Kommen gefreut und ihn so liebevoll angeblickt, doch er war nur schroff zu ihm. All die frühere Zärtlichkeit ist versiegt. Wie sehr hat Ljowa als kleiner Junge geweint, als man ihn von der Engländerin entfernte und der Obhut des Erziehers anvertraute! Damals sagte er, er gehe dort *zugrunde*, und ich wollte ihn wieder zurückholen. Doch der Vater ließ nicht mit sich reden, blieb streng und unerbittlich. Und Gott allein weiß, ob nicht gerade das einen verhängnisvollen Einfluß auf Ljowa insofern hatte, als es ihn weniger zärtlich, weniger fröhlich und labil werden ließ. Abends saßen wir alle zusammen, Tanja hat Rückenschmerzen, sie ist komisch, überhaupt nicht vergnügt. Ja, gerade sie wäre auf ein neues Leben, auf die Ehe angewiesen. Ich bete täglich für sie darum. Heute dachte ich, es sei eine Sünde, wider das Schicksal zu murren. Wenn auch ein Teil des Glücks dahin ist, so ist doch nicht alles verloren, und darum sage ich aus ehrlichem Herzen: „Gott, ich danke dir."

Während des Mittagessens teilte mir Ljowotschka mit, daß die

Bauern, die dreißig Birken auf der Schonung geschlagen haben und jetzt vor Gericht geladen wurden, auf mich warteten.[9] Jedesmal, wenn man mir sagt, daß man auf *mich* wartet, daß *ich* etwas entscheiden soll, gerate ich in Panik, bin den Tränen nahe und fühle mich wie in einer eisernen Umklammerung, aus der ich mich nicht befreien kann. Diese mir um *Christi willen* aufgedrängte Wirtschaft und Geschäfte sind wirklich das schwerste Kreuz, das Gott mir aufladen konnte. Und sollte die Rettung eines Menschen, seines geistigen *Lebens*, darin bestehen, das Leben seines Nächsten zu töten, dann ist Ljowotschka gerettet. Aber bedeutet das nicht in Wahrheit für uns beide den Untergang?

13. Dezember. Gestern habe ich nicht Tagebuch geschrieben, war den ganzen Tag durcheinander, weil ich immer an die Bauern vor Gericht denken mußte und bis abends keinen anderen Gedanken fassen konnte (erfuhr bis zum Abend das Urteil nicht). Birjukow ist abgereist, Dillon angekommen, der Engländer, der „Wandelt im Licht" usw. übersetzt hat. Habe gestern den ganzen Tag Ljowotschkas Tagebuch abgeschrieben, und in manchen Augenblicken tat er mir schrecklich leid: wie hilflos und einsam war er! Aber er ist schon damals den Weg des Geistigen gegangen. Heute habe ich erfahren, daß die Bauern zu sechs Wochen Gefängnis und siebenundzwanzig Rubeln verurteilt worden sind. Wieder würgte es mich in der Kehle, ich war den ganzen Tag den Tränen nahe; ich hatte vor allem mit *mir selbst* Mitleid. Warum muß ausgerechnet in meinem Namen Menschen Leid zugefügt werden, da ich doch gegen niemand Böses im Sinn führe, niemandem etwas zuleide tun möchte? Selbst vom praktischen Gesichtspunkt aus – mir gehört doch gar nichts, aber was bin ich für eine Landplage! Habe drei Stunden lang die Kinder der Reihe nach geduldig unterrichtet. Gestern sprach ich mit Ljowa über Tanja und Mascha; wir sähen sie beide gern verheiratet, aber natürlich nicht mit Birjukow.[10] Ljowotschka bekomme ich fast nie zu Gesicht. Er ist offensichtlich froh und zufrieden über diese Entfremdung, mir aber tut sie so weh, daß ich manchmal überhaupt nicht mehr leben möchte.

Gestern abend gingen Tanja, Mascha, Ljowa, Liddi, Andrjuscha, Mischa und ich noch spät spazieren bis zum Eishügel. Die Kinder liefen Schlittschuh, ich ging ein wenig auf und ab. Es war eine herrliche Mondnacht, 15 Grad Frost. Dieses reine klare Weiß des Schnees, der Bäume und des Mondlichts war so schön, daß man sich einfach nicht von diesem Anblick lösen mochte. Ich sagte zu Ljowa: »Ich möchte nur immerzu all dies hier anschauen können, mehr brauche ich gar nicht.“ Doch er darauf: „Aber mir wäre das zu wenig.“

14. Dezember. Kam heute beim Abschreiben von Ljowotschkas Tagebuch an die Stelle, an der er notiert hat: »Es gibt keine Liebe. *Es gibt das Bedürfnis des Fleisches nach Verkehr und das Bedürfnis der Vernunft nach einer Freundin fürs Leben.*“[11] Ja, hätte ich diese seine Überzeugung vor neunundzwanzig Jahren gekannt, dann hätte ich ihn um nichts in der Welt geheiratet.

Der Tag verging wie gewöhnlich: ich unterrichtete Mischa, beschäftigte mich mit Wanetschka, unterhielt mit mit Dillon; der Student A. W. Singer kam zu Besuch. Lehrte Sascha[12] das Vaterunser, schrieb kaum etwas ab. Sprach mit Mascha über Birjukow. Sie beteuert, daß sie entweder ihn oder aber, wenn mir das nicht recht sei, niemand heiraten würde. Doch sie fügte hinzu: „Regen Sie sich bloß nicht auf, wer weiß, was noch alles passiert!“ Und mir kam es vor, als wolle sie sich selbst aus den Netzen befreien, in denen sie sich verstrickt hat. Tanja tuschelt mit Mascha, ist aber offensichtlich vergnügt. Ich habe Briefe geschrieben: an meine Schwester Tanja und an eine französische Zeitung wegen des am 21. November 1890 im „Figaro“ erschienenen Artikels, in dem von den Vorteilen die Rede ist, die mir die ausländischen Editionen von Lew Nikolajewitschs Werken brächten.[13] Außerdem schrieb ich an Dunajew und an Alex. Behrs.

15. Dezember. Ein trister Tag. Beim Musikunterricht störte mich der Gemeindevorsteher Sytin, der auf Tanjas Wunsch zu einem Gespräch über die Schule von Jasnaja Poljana gekommen war. Zum Mittagessen erschien Bulygin. Ich ging zweimal mit den Kindern spazieren, das zweite Mal mit Sascha, die abends darüber weinte, daß es *langweilig* sei. Bei uns im Haus lastet auf allem und jedem irgendein seelischer Druck.

Ljowotschka ist besonders finster und verstimmt, weil die Bauern aus Jassenki, die auf der Schonung Bäume schlugen, verurteilt worden sind. Als sich der Vorfall aber damals ereignete und der Wachtmeister erschien, habe ich Ljowotschka gefragt, was geschehen, ob ein Protokoll aufgesetzt werden solle. Nach einigem Nachdenken hatte er damals gesagt: „Man muß sie abschrecken, und ihnen dann verzeihen." Nachdem sich nun aber herausgestellt hat, daß das Ganze ein Kriminaldelikt ist, das man nicht einfach verzeihen kann, bin natürlich wieder *ich* schuld. Er ist wütend und schweigsam, ich weiß nicht, was er zu tun gedenkt.[14] Ich bin traurig und, wie man sagt, so weit, daß ich heute daran dachte, zu Ilja zu fahren, allen Lebewohl zu sagen und mich dann irgendwo still auf die Gleise zu legen, wie es Agafja Michailowna oft angedroht hat. Und das Schreckliche daran ist, daß es sich so leicht ausführen ließe.

Dillon ist morgens abgereist, Bulygin und Singer abends. Es sind keine Gäste mehr da.

16. Dezember. Ja, ich habe jegliche Fähigkeit, mich auf irgend etwas zu konzentrieren – sei es ein Gedanke, ein Gefühl oder eine Tätigkeit – verloren. Dieses Chaos der ständig einander ablösenden Sorgen macht mich manchmal so verrückt, daß ich ganz aus dem Gleichgewicht gerate. Das hört sich so leicht dahin gesagt an. Aber ich bin doch wirklich in jeder Minute überlastet durch das Unterrichten und die Krankenbetreuung der Kinder, den körperlichen, vor allem aber den seelischen Zustand meines Mannes, die Geschäfte, Probleme und Schulden der älteren Kinder, durch den Verkauf des Guts von Samara, von dem ich Pläne für die Käufer bereitstellen und kopieren muß, die neue Ausgabe und den XIII. Band mit der verbotenen „Kreutzersonate"[15], das Gesuch über die Auseinandersetzung mit dem Geistlichen von Owsjannikowo, die Korrekturen des XII. Bandes, die Nachthemden für Mischa, Bettücher und Stiefel für Andrjuscha. Die Zahlungen für das Haus dürfen nicht versäumt, die Versicherungen, die Gutsschulden, die Pässe für die Leute müssen besorgt, die Rechnungen aufgestellt und überprüft, das Abschreiben vorangetrieben werden usw. – und für all das bin unbedingt ich verantwortlich. Und wenn dann eine solche Geschichte passiert wie heute nacht, sehe ich, daß ich unrecht hatte, irgendwie das Wesentliche aus den Augen verloren und ganz unabsichtlich Ljowotschka weh getan habe. Diese *Geschichte* passierte, wie ja zu erwarten war, wegen der Bauern, die auf der Schonung Bäume geschlagen hatten und daraufhin zu sechs Wochen Gefängnis verurteilt worden waren. Als wir damals dem Landeshauptmann die Beschwerde übergaben, hatten wir beabsichtigt, den Bauern nach der Urteilsverkündung zu verzeihen. Doch das Ganze stellte sich als *Kriminaldelikt* heraus, von dessen Ahndung nicht abgesehen werden kann, und nun geriet Ljowotschka in Verzweiflung darüber, daß wegen *seines* Eigentums Bauern aus Jassenki ins Gefängnis gekommen sind. Er konnte nachts nicht schlafen, sprang seufzend auf, ging umher und beschuldigte natürlich mich, und zwar mit äußerst scharfen Worten. Gott sei Dank, geriet ich nicht in Zorn; ich hielt mir ständig vor Augen, daß er krank ist. Ich wunderte mich darüber, wie er die ganze Zeit an mein Mitleid zu appellieren versuchte, ohne sich selbst auch nur für einen Augenblick einmal in meine Situation zu versetzen, um einzusehen, daß ich weder ihm, ja noch nicht einmal den Dieben in irgendeiner Weise ein Leid habe zufügen wollen.[16]

Diese Selbstvergötterung kommt in seinen Tagebüchern überall zum Vorschein. Es ist geradezu unglaublich, wie für ihn die Menschen nur in dem Maße existiert haben, wie sie ihn unmittelbar betrafen. Aber die Frauen! Ich habe mich heute bei einem sehr üblen Gefühl ertappt. Ich schreibe seine Tagebücher wie eine Trunkene in einem anhaltenden Rausch ab, und zwar besteht diese Trunkenheit in der wahnsinnigen Eifersucht, die mich immer dann überkommt, wenn es um Frauen geht. Noch immer bin ich nicht gelassen genug, weil die Erinnerungen mich ständig quälen. Alles braucht seine Zeit. Heute verblüffte mich in seinem Tagebuch auch die Beobachtung, daß Ljowotschka einerseits so verrucht gelebt, andererseits aber täglich eine Gelegenheit gesucht hat, eine *gute Tat* zu vollbringen. Und wie oft geht er auch jetzt auf die Landstraße, führt dort einem Betrunkenen das Pferd, hilft da anzuspannen, dort eine Fuhre aufzuladen – sucht geradezu nach der *guten Tat, die er vollbringen könnte.*

Heute ist Sonntag. Nach der schweren Nacht mit den Vorwürfen und Auseinandersetzungen liegt mir heute den ganzen Tag zentnerschwer die Traurigkeit auf der Seele. Habe den Tag träge verbracht. Draußen wütet ein Schneesturm; mit Ausnahme der Jungen ging niemand ins Freie. Ljowa wollte zu Ilja fahren, kehrte aber, kaum daß er durch das Dorf war, zurück. Abends lasen wir „Chinesische

Märchen“ in französischer Übersetzung. Sehr merkwürdig. Ich spielte ein wenig Klavier. Wanja und Sascha tanzten und heiterten die allgemeine Stimmung ein wenig auf.

17. Dezember. Es beginnt Ljowotschka zu beunruhigen, daß ich seine Tagebücher abschreibe. Am liebsten würde er die alten vernichten, um vor den Kindern und dem Publikum ungetrübt als Patriarch dastehen zu können.[17] Auch jetzt nichts als Eitelkeit!

Es sind wieder *Finsterlinge* gekommen: der dumme Popow, ein östlicher, fauler, schwacher Mensch, und der dem Kaufmannsstand entstammende dicke Dummkopf Chochlow.[18] Und dies sind die Anhänger eines großen Mannes! Diese armselige Ausgeburt der menschlichen Gesellschaft, untätige Schwätzer und ungebildete Faulpelze. Tanja und Ljowa sind zu Iljuscha und Serjoscha gefahren. Ich blieb zu Hause, fühlte mich nicht wohl, hatte nachts nicht geschlafen. Beim Unterrichten der Kinder störte mich E. E. Kern, der frühere Förster im staatlichen Sasseka-Forst, jetzt Gutsbesitzer, der mir verschiedene sehr nützliche Ratschläge und Auskünfte für Wald und Garten gab.

19. Dezember. Gestern früh bin ich mit Andrjuscha und M. Borel nach Tula gefahren. Es war so kalt, daß ich mir Andrjuschas wegen Sorgen machte. Wir waren vollauf beschäftigt mit unseren Einkäufen und Bestellungen, schauten auch kurz bei Rajewskis vorbei, aber nur die kleinen Jungen waren da. Kamen fast rechtzeitig zum Essen zurück. Abends las Alexei Mitrofanowitsch[19] ziemlich langweilig von den deutschen Kolonien vor, wir besahen den „Review of Reviews“. Bin erschöpft und nervös, Popow und Chochlow regen mich durch ihre Schweigsamkeit auf.

Heute bin ich spät aufgestanden, habe nachts nicht geschlafen. Im Saal traf ich den jungen akkuraten Offizier Schirkewitsch an, der gekommen war, um Ljowotschka kennenzulernen. Er schreibt selbst Verse und Prosa. Ist offensichtlich mit sich selbst und seinem Schicksal zufrieden, dabei aber nicht dumm, sondern intelligent, ganz anders als diese „Finsterlinge“. Habe Wanetschka zum erstenmal in diesem Winter spazieren geführt. Sascha kam auch mit. Lehrte Mischa das Neue Testament und Gebete, schreibe jetzt Tagebuch. Habe aus Ljowotschkas Tagebuch bisher nur zwei Seiten abgeschrieben, mir aber zehn als Norm gesetzt. War über Andrjuscha verärgert, weil er oft *absichtlich* nicht versteht und auch *nicht zur kleinsten Anstrengung bereit ist*, über etwas nachzudenken oder es auswendig zu lernen. Abends will auch ich mich um die Gäste kümmern, lesen und anschließend baden.

20. Dezember. Habe nachts nicht geschlafen, bin morgens spät aufgestanden. Mich quält der widerliche Zustand der Erregung, habe Rückenschmerzen. Ging mit den Kindern Schlittschuhlaufen, fürchtete mich aber hinzufallen, weil das Eis schlecht war; habe mit dem Gärtner, den Bauerntöchtern und meinen drei Kindern den Schnee weggefegt, Sascha zum erstenmal gezeigt, wie man Schlittschuh läuft. Später, zu Hause, gab ich den Kindern noch drei Stunden Unterricht: Andrjuscha und Mischa zusammen Musikunterricht und Andrjuscha gesondert Religionsunterricht. Mischa hat Geburtstag, wird elf. Ljowa ist vom Besuch bei Ilja zurückgekommen, brachte Sascha Filossofowa mit. Mascha ist mit dem Kutscher Filipp[20] nach Pirogowo gefahren. Ebenso Tanja, Natascha[21] und Ilja, sie kommen morgen zurück. Ljowa war verstimmt und unfreundlich zu allen, er erzählte die traurige Geschichte, daß Serjoscha sich mit Iljuscha wegen einer Nichtigkeit (eines Pferds) gestritten hat.

Abends fing ich an, Ljowotschkas Aufsatz über die Kirche abzuschreiben.[22]

Man darf die Kirche nicht als Idee ablehnen, die die Gemeinschaft der Gläubigen tragen soll, als wahre Religion. Dagegen ist die Kirche in ihrem jetzigen Zustand mit all ihren Ritualen unannehmbar. Warum muß zum Beispiel ein Brot mit einem Stöckchen durchstoßen werden, kann man statt dessen nicht einfach vorlesen, daß der Krieger Christi Rippe mit der Lanze durchstach? Es gibt viele dieser ungesitteten Bräuche, die der Kirche nur Schaden zufügen. Es ist jetzt zehn, wir werden Tee trinken und lesen. Habe nichts aus Ljowotschkas Tagebüchern abgeschrieben und fühle mich deshalb ruhiger und reiner.

23. Dezember. Diese Tage sind sehr ereignisreich. Vor zwei Tagen wurden wir morgens durch das Eintreffen von zwei Telegrammen geweckt. Im ersten stand, daß es der Schwiegertochter Sonja nicht gut gehe; im zweiten, daß sie einen Sohn geboren habe.[23] Diese Nachricht hat mich sehr erfreut, doch nur für einen kurzen Augenblick, weil ich dann daran denken mußte, daß Iljuscha sicher ein lieber und guter, aber kein zuverlässiger Vater ist. Sonja gegenüber empfinde ich immer eine zärtliche Regung, nicht zuletzt deshalb, weil sie so ganz anders ist als wir mit unserer unruhigen, nervösen, hitzigen Natur. Sie ist ruhig und sanft. Mit dem Kursker Zug trafen Ilja, Tanja und Natascha Filossofowa ein. Mit Ilja gab es wie immer ein unschönes Gespräch über das Gut und Geld. Abends ist er dann abgereist. Ich war gestern den ganzen Tag in Tula, aß bei Dawydows und kaufte in trüber Stimmung den Schmuck für den Weihnachtsbaum. Früher ging es da fröhlich zu, aber jetzt bin ich erschöpft. Heute sind die Filossofowa-Töchter abgereist, angekommen sind Mascha Kusminskaja und Erdeli. Daß sie mit *ihm* kam, gefiel mir nicht, was ich auch nicht verberge. Tagsüber bastelten wir Blumen für den Christbaum und vergoldeten Nüsse. Erhielt einen sehr schmeichelhaften, ja geradezu verliebten Brief von Fet, und obwohl ich selbst nie in ihn verliebt war, sondern eher eine gewisse Abneigung ihm gegenüber empfand, habe ich mich darüber gefreut.[24]

24. Dezember. Bin spät aufgestanden, Wanetschka kam zu mir und ich spielte eine ganze Stunde lang mit ihm. Dann verließ ich mein Zimmer – Serjoscha war gekommen und spielte Klavier. Das Zusammensein mit ihm ist so angenehm und erholsam! Mascha Kusminskaja und Erdeli bereiten keine reine Freude; man weiß nicht recht, was sie eigentlich sind, sie wollen nicht als verlobt gelten, verhalten sich aber so. Meine Mascha kann einem leid tun, so mager und traurig wie sie ist. Habe mit allen Kindern, Tanja und Liddi Pudding gemacht. Haben fröhlich gespeist, dann las Ljowotschka aus der Bibel vor, und wir haben viel gelacht. Ich habe Puppen aus Karton ausgeschnitten, will für die Kinder ein Puppenspiel machen. Gerade ist Dunajew angekommen. Es ist schon spät.

25. Dezember. Weihnachten. Schon vom Morgen an waren alle feierlicher Stimmung. Verbrachten den ganzen Tag um den Tannenbaum. Morgens kam es beim Kaffee zu einer hitzigen Diskussion zwischen Ljowotschka und Ljowa, nachdem sich zunächst Ljowa über die Essenszeiten und überhaupt *unsere* Lebensweise beklagt hatte. Daraufhin entgegnete ihm Ljowotschka klug und treffend, daß alles von ihm selbst abhänge, von dem Leben *in* ihm und nicht *um* ihn. Das war sehr gut gesagt, doch immer, wenn er seine Anhänger als Beispiel anführt, wird es peinlich.

Die Weihnachtsfeier war fröhlich. Aus dem Dorf waren an die achtzig Leute und Kinder gekommen. Wir haben alle wohlüberlegt beschenkt und unsere Familie war sehr zufrieden. Mit Erdeli sprach ich zum erstenmal offen über seine Beziehung zu Mascha Kusminskaja und ihre zukünftige Hochzeit.[25] Mascha und er können einem leid tun, sie möchten sich so gern verbinden, aber immer kommt irgend etwas dazwischen.

27. Dezember. Habe gestern nicht Tagebuch geführt. Ich mag diese Festtage mit ihrer Untätigkeit, ihrem Leerlauf und dem allgemeinen Bemühen, sich zu amüsieren, nicht. Habe den ganzen Tag Puppen gezeichnet und geklebt, möchte für die Kinder ein Puppentheater bauen. Gestern abend war ich ganz verstimmt über diesen sinnlos verbrachten Tag. Hatte Zahnschmerzen und schlief nachts nicht. Griff heute nach dem Buch von Rod „Le sens de la vie"[26] und kann mich schon den ganzen Tag nicht von dieser Lektüre losreißen. Wie aufrichtig werden hier all die ernsten und schwierigen Fragen unseres Alltagslebens behandelt! Auch die Sprache ist sehr schön. Dieses Buch hat in mir ein längst erloschenes Interesse für alles Lebendige und Geistige wieder geweckt, und ich sehe plötzlich die Möglichkeit eines neuen Auftriebs nach der niederdrückenden „Beichte" von Ljowotschka, die Möglichkeit, mir meine eigene geistige Welt aufzubauen.

Abends kamen das Gesinde und unser Dienstmädchen, verkleidet tanzten sie zu den Klängen der Ziehharmonika und des Klaviers. Das ging auf Tanjas Anregung zurück, die sich, genauso wie Mascha, ebenfalls verkleidet hatte. Als Mascha ins Zimmer trat, stießen Ljowa und ich einen Seufzer aus: sie hatte die Rückseite ihrer Beinkleider ganz eng nach vorn geschnürt und sich wie ein Junge angezogen. Sie hat wirklich kein Schamgefühl! Was ist sie doch für ein dummes, stumpfsinniges Geschöpf, das mir innerlich unendlich fernsteht!

Diese lautstarken Unternehmungen machen mich immer ganz traurig. Ich ging in mein Zimmer, öffnete das Oberfenster, blickte in den frostklaren Sternenhimmel und mußte plötzlich an den verstorbenen U.[27] denken. Und der Gedanke machte mich so unerträglich traurig, daß ich mit seinem Tod wohl für immer jene zarten, reinen und zweifelsohne mehr als freundschaftlichen Gefühle verloren habe, die nie auch nur den leisesten Schatten auf unser Gewissen warfen und dennoch mich über so viele Jahre meines Lebens hinweg beglückten. Für wen hat jetzt mein Leben noch einen Wert, von wem erfahre ich Zärtlichkeit und Zuwendung, wenn nicht von Wanetschka? Doch auch so ist es gut, und ich bin Gott dankbar.

28. Dezember. Zum Schluß hin wird Rods Buch schlechter. Das Kapitel über die Religion bleibt verschwommen, und jener „sens de la vie", den er gefunden zu haben behauptet, vermag nicht zu überzeugen. Wir alle haben ihn nicht gefunden und werden ihn *niemals* finden. Denn leben heißt suchen. Im Jenseits aber wird uns jenes Prinzip – Gott – wieder zu sich holen, von dem wir einst ausgegangen sind. Ja, ohne diese beständige Erkenntnis des Göttlichen in uns könnte ich überhaupt nicht leben. Ich bin so sehr daran gewöhnt, keinen einzigen Schritt zu tun, ohne zu flehen: Herr, hilf; Herr, verzeih; Herr, erbarme Dich ... Und denoch weiß ich, daß mein Leben keineswegs ein göttliches ist. Aber immer wieder von neuem meine ich, daß sich bald, ja ganz bald alles ändern wird und ich nur noch Güte ausstrahlen werde. Und dann vermag ich es doch nicht. Ich schaue mir ständig Ljowa an: er hat so viele gute Eigenschaften, ist klug und begabt, doch es fehlt ihm das Gefühl für die eigene Selbsterhaltung, alles verdrießt, beunruhigt, interessiert, erregt, ja quält ihn. Das hängt von seinem Alter ab. Ljowotschka, mein Mann, verstand es, sich ein eigenes Innenleben zu bewahren, aber er hatte ja auch keine Familie, und die Gewohnheit, *dieser* Sorge ledig zu sein, hat er nie aufgegeben.

Gestern mußte ich für Al. Tolstaja Erkundigungen einholen[28] und las seine Briefe an mich wieder. Es gab doch eine Zeit, als er mich so innig liebte, in der er mir in seinem Innenleben einen festen Platz einräumte, und in jedem meiner Kinder habe ich eine Ähnlichkeit mit ihm gesucht. Sollte das alles von seiner Seite aus nichts als körperliches Verlangen gewesen sein, das, wenn es sich mit den Jahren verliert, jene Leere unerbittlich aufdeckt, die dann zurückbleibt? Gestern erzählte er Ljowa, daß er zu der Zeit, als er den Plan zur Niederschrift der „Kreutzersonate" gefaßt, nach einer ganz besonderen Form für diese Erzählung gesucht habe. Auf die Idee zu dieser *Erzählung* hatte ihn der Schauspieler Andrejew-Burlak gebracht, der auch ein fabelhafter Erzähler ist.[29] Dieser hatte ihm nämlich berichtet, daß ihm auf einer Eisenbahnfahrt einmal ein Herr erzählt habe, welches Unglück für ihn der Treuebruch seiner Frau bedeutete. Und dieses Sujet hat Ljowotschka aufgegriffen.

Habe heute den ganzen Tag Ljowotschkas Tagebücher abgeschrieben. Abends haben wir uns alle im Familienkreis unterhalten. Wir hatten Dawydow, Lopuchins und Pissarews aus Tula erwartet. Doch niemand von ihnen ist gekommen. Es ist windig und kalt. 12 Grad.

29. Dezember. Ein wunderschöner klarer Frosttag. Tiefblauer Himmel, auf den Bäumen Reif und überall regungslose Stille. Wir waren alle fast den ganzen Tag draußen. Die Kinder und die kleinen Mädchen fuhren Schlitten; Erdeli, Mascha K., Ljowa und ich liefen Schlittschuh, ich ängstlich und schlecht. Und dennoch hat diese Bewegung für mich etwas Beruhigendes und Berauschendes zugleich. Zum Essen kamen Sinowjews und Mme Schuliani mit ihrem Sohn. Sinowjews sind kluge, sympathische Menschen. Ljuba spielte zwar gut doch allzu schülerhaft, so daß ihr Spiel einem nichts gibt. Mme Schuliani sang mit Nadja, später auch allein. Wenn sie singt, offenbart sie eine große Leidenschaftlichkeit, die ihr wahrscheinlich überhaupt zu eigen ist. Ljowotschka kränkelt, ist einsilbig und in sich gekehrt. Serjoscha wird zu Olsufjews fahren. Tanja ist fröhlich und aufgedreht.

30. Dezember. Beschäftige mich schon seit dem frühen Morgen mit Wanetschka, da die Kinderfrau zu ihrer Mutter gefahren ist. Habe das Buch von Rod zu Ende gelesen, sein Gebet schließlich ist wieder aufrichtig und verständlich. Nach dem Essen bereiteten Andrjuscha, Mischa und ich das Theaterspiel vor. Geistige Trägheit. Den Abend verbrachten wir alle gemeinsam, unterhielten uns ruhig und gelassen über Musik. Ljowa ist ins Dorf gegangen, wo ein Fest stattfindet.

31. Dezember. Ich bin so sehr daran gewohnt, nicht mein eigenes Leben, sondern das Leben von Ljowotschka und den Kindern zu führen, daß mir ein Tag, an dem ich nichts für sie oder zumindest im Hinblick auf sie getan habe, leer und sinnlos erscheint. Habe wieder angefangen, Ljowotschkas Tagebücher abzuschreiben. Wie schade ist es doch, daß diese ewige seelische Abhängigkeit vom geliebten Menschen mich um meine eigenen Möglichkeiten und Energien gebracht hat!

Ich habe die Abrechnungen in Ordnung gebracht, obgleich für die letzten Monate die Summen von Einnahmen und Ausgaben nicht übereinstimmten. Aber ich habe das recht gelassen genommen, weil ich die Ausgaben nie gewissenhaft genug notiere. Ilja hat mich mit einem Telegramm zur Taufe eingeladen. Sofja Alexejewna[30] und Tanja hatten abgelehnt, und jetzt soll ich „faute de mieux" Pate werden. Doch mich kränkt das nicht; mir geht es nur um diesen kleinen Knirps von Enkel, nicht um seine Umwelt. Und ihn halte ich gern über die Taufe. Ich werde heute nacht – Neujahrsnacht – um fünf Uhr fahren. Den Tag über habe ich abgeschrieben und war mit den Kindern zusammen. Es herrscht Eintracht. Wir werden den Jahreswechsel ruhig und allein begehen.

1891

2. Januar. Bin nach der Taufe des Kleinen von Iljuscha zurückgekehrt. Das Ritual selbst, mit dem die Ansprüche des Satans zurückgewiesen werden sollen usw., hat mich wie immer recht unbeteiligt gelassen. Doch der Kleine, dessen Seele so unergründlich geheimnisvoll ist wie sein Leben noch ungewiß, hat mich mit seinen weit geöffneten Äuglein und dem lieben ruhigen Ausdruck seines kleinen roten Gesichts gerührt, und ich habe innig für ihn gebetet. In Grinjowka waren viele, viele Filossofows. Sie sind alle so stämmig, wahre Riesen, doch ausgesprochen gutmütig. Sie sind völlig ungekünstelt und – was so besonders schön ist – ohne Arg. Ilja ist furchtbar zerstreut und bedenkt wie zum Trotz absolut nichts, sondern verzettelt sich mit tausend Kleinigkeiten. Meine Heimkehr verlief traurig; ganz offensichtlich lag niemandem daran, daß ich wieder da war. Ich frage mich oft, warum ich nicht geliebt werde, da ich doch alle so sehr liebe. Wahrscheinlich liegt es an meinen hitzigen Ausbrüchen, wenn ich allzu schroff und unbedacht rede.

Später kamen dann alle herbei, doch es war nicht einmal etwas zum Essen vorbereitet, was mich im übrigen nicht besonders störte. Nur Wanetschka und Sascha zeigten mir ihre Freude: Wanetschka stürmisch, Sascha verhalten. Zu Hause traf ich Koletschka Gay und Pastuchow an, die inzwischen zu Besuch gekommen waren. Besonders über den ersteren habe ich mich sehr gefreut, denn er hat ein gutmütiges fröhliches Wesen, das sich auch in seinem Gesichtsausdruck widerspiegelt. Mischa ist nicht ganz gesund. Die Dawydows sind hier gewesen, wir gaben uns alle Mühe, sie zu unterhalten, aber ich hatte trotzdem den Eindruck, daß sie sich langweilten. Ich mag vor allem ihn gern, er ist ausgesprochen sympathisch.

Heute abend kam es wiederum zu einer Auseinandersetzung zwischen Mascha und mir wegen Birjukow. Sie versucht auf jede nur mögliche Weise, wieder Kontakt mit ihm aufzunehmen, ich aber vermag meine Ansicht nicht zu ändern: heiratet sie ihn, so bedeutet das ihren Untergang. Ich war schroff und ungerecht, aber ich kann einfach nicht gelassen über diese Angelegenheit urteilen. Und überhaupt ist Mascha für mich ein Kreuz, das Gott mir aufgebürdet hat. Sie hat mir vom Tag ihrer Geburt an nichts als Qualen bereitet. In unserer Familie führt sie sich wie eine Fremde auf, sie hat der Religion abgesagt, und in dieser Liebe zu Birjukow, die nichts als eine Einbildung ist, kann ich sie schon ganz und gar nicht begreifen.

3. Januar. Habe mich den ganzen Tag mit dem Puppentheater abgeplagt. Der Saal war vollgestopft mit Kindern, doch das Ganze klappte nicht besonders. Leider hatten die Kinder immer ihren besonderen Spaß an *Petruschka*, wenn er sich prügelte. Was sind das doch für grobe Sitten! Ich bin erschöpft und mißgestimmt. Pastuchow und der junge Gay sind hier zu Besuch. Ljowotschka ist fröhlich; heute morgen hat er viel geschrieben – über die Kirche. Ich kann seinen religiös-philosophischen Artikeln nichts abgewinnen, meine Liebe wird immer seinen schöngeistigen Worten gelten. Draußen ist Schneesturm. 7 Grad Kälte.

4. Januar. Seit heute morgen herrscht bei 10 Grad minus ein schrecklicher Schneesturm, der Wind heult, draußen ist alles verweht. Am Morgen gab es eine betrübliche Nachricht; der Waldaufseher Roman war nachts betrunken in den See geraten. Völlig durchnäßt hat ihn der Bauer Jakow Kurnossenkow angeschleppt, doch das Pferd, das noch jung war, ist ertrunken und verendet. Ärgerlich und traurig. Roman ist dann in größter Aufregung nach Hause gerannt. Auch Berger ist verschwunden. Er ist schrecklich faul und verlogen, ich bin sehr unzufrieden mit ihm. Mascha hat sich einen Trog gekauft und wäscht jetzt die Wäsche selbst. Wütend habe ich zu ihr gesagt, daß sie ihre Gesundheit gänzlich ruiniert und mich völlig fertigmacht. Sie nahm diese Worte ruhig und gleichgültig hin. Alle vier Kleinen sind erkältet und husten, sind aber vergnügt und auf den Beinen. Wo mag Serjoscha bei diesem Schneesturm stecken? Er ist zu den Olsufjews gefahren und von dort wohl noch nicht abgereist. Ljowotschka klagt über Schwierigkeiten beim Schreiben. Ich habe heute den ganzen Tag aufgeräumt: Kleider, Gegenstände und Papiere, habe alle Briefe sortiert und könnte jetzt wenigstens sterben, da alles vollständig in Ordnung ist. Bin ziemlich elend, habe Herzklopfen, Schwindelanfälle, Atemnot und Rückenschmerzen.

Ljowa ritt mit dem Aufseher fort, um das Pferd zu suchen, aber sie verirrten sich, fanden das Pferd nicht und kehrten wieder zurück. Ljowa ist mir sehr teuer, aber es bekümmert mich, daß er nicht fröhlich und so abgezehrt ist. Zu meiner Freude macht er jetzt übrigens einen ruhigen Eindruck.

5. Januar. Fühle mich schlecht, habe Rückenschmerzen, Nasenbluten, Zahnschmerzen an einem Schneidezahn, der sicher gezogen und ersetzt werden muß, was mir widerwärtig ist. Schreibe seit dem Morgen Ljowotschkas Tagebuch ab, habe sein Arbeitszimmer, seine Sachen und seine Wäsche sauber hergerichtet. Machte mich dann daran, seine Socken zu stopfen und war bis zum Essen vollauf beschäftigt. Spielte mit Wanetschka. Ljowotschka ist mit N. N. Gay (dem Jüngeren) zu Bulygin geritten, zu uns kamen Wanja und Petja Rajewski zu Besuch. Abends wurde ich auf Mischa böse, weil er Sascha geschlagen hatte. Ich wurde jedoch allzu wütend, stieß ihn in den Rücken und ließ ihn vor allen niederknien. Weinend lief er davon in sein Zimmer. Er tat mir leid, und ich wurde traurig, weil ich mich gerade mit ihm so gut verstehe. Bald waren aber alle Spannungen wieder ausgeglichen. Mascha Kusminskaja las mir einen Brief von Erdeli vor. Sie werden mit so viel Klatschereien belästigt! Diese armen jungen Leute – wozu nur all diese unnötige Quälerei?

Es ist schon zwei Uhr, aber ich mag noch nicht schlafen. Ljowotschka ist sehr lieb zu mir, und das macht mich glücklich. Ich merke selbst, wie leicht ich in diesen Tagen in Zorn gerate. Daran ist meine Krankheit schuld, aber das soll anders werden, ich will mich bemühen, vorsichtiger zu sein.

6. Januar. Bin ganz krank, habe Kopf- und Rückenschmerzen, konnte nachts nicht schlafen. Tagsüber stopfte ich stumpfsinnig, ohne mich vom Platz zu rühren, Ljowotschkas Socken. Man hat mir Spinoza zugeschickt, ich kann ihn aber jetzt nicht lesen, muß warten, bis mein Kopf wieder klarer ist und ich besser sehe, denn im Augenblick habe ich ständig schwarze Punkte vor den Augen. Bulygin und Koletschka Gay sind bei uns zu Besuch. Serjoscha ist fröhlich und guter Dinge mit dem Eilzug angekommen, wir unterhielten uns über Frivoles, sprachen über seinen Besuch bei Olsufjews und über die Geschäfte. In der Nacht will er nach Nikolskoje fahren.

Andrjuscha und Mischa waren im Dorf, um sich einen *geselligen Abend* anzusehen. Kamen dabei offensichtlich nicht auf ihre Kosten, denn aus Verlegenheit spielten die Burschen nicht, und mir taten die beiden leid, weil sie nicht das erhoffte Vergnügen fanden. Mit Mascha habe ich auch weiterhin Probleme: sie fährt allein mit einem ganz jungen Ding zu Typhus-Kranken. Ich habe Angst um sie, aber auch vor der Ansteckungsgefahr. Natürlich ist es schön, daß sie den Kranken hilft. Ich selbst habe das doch auch immer getan, aber sie kann nie das richtige Maß finden. Übrigens sprach ich heute in sanftem Ton mit ihr; es bekümmert mich, daß wir uns nicht besser verstehen. Ljowotschka las heute Gay, Bulygin und Ljowa seinen Artikel über die Kirche vor, den ich zum Teil abgeschrieben, zum Teil selbst gelesen hatte.[1] Seine nicht belletristischen, tendenziösen und religiösen Arbeiten bedeuten mir nichts. Vielmehr grämen sie mich, zerstören etwas in mir und versetzen mich in eine fruchtlose Erregung.

7. Januar. Seit heute morgen bin ich aufgebracht über Maschas gestrigen Satz, sie wolle im Frühjahr kommenden Jahres Birjukow heiraten. „Ich gehe Kartoffeln anbauen", stieß sie aus. Ich habe es mir jetzt zur Gewohnheit gemacht, zunächst zu schweigen und erst am folgenden Tag etwas zu sagen. Heute also habe ich Birjukow Geld geschickt für das Buch, das er gekauft und Mascha geschickt hatte, und ihm meinen Entschluß mitgeteilt, ihm Mascha nicht zur Frau geben zu wollen. Dabei habe ich zugleich auch die Bitte ausgesprochen, er möge von einem Kommen und einem Briefwechsel mit

Mascha absehen. Mascha hatte gelauscht, als ich Ljowotschka von diesem Schreiben berichtete, und sagte voller Wut, alles, was sie mir versprochen habe, nehme sie wieder zurück. Daraufhin regte auch ich mich so auf, daß mir die Tränen kamen. Überhaupt quält mich Mascha mit ihrem ganzen Dasein, ihrer Verschlossenheit und dieser angeblichen Liebe zu B.[2] schrecklich.

Ljowa ist heute morgen mit Mitrocha[3] nach Pirogowo, Tanja nach Tula gefahren. Ihr hat man Geld gestohlen. Und uns hat man heute nacht zwei Fuhren Holz von der Stelle entwendet, wo das gefällte Holz gelagert wurde. Ich habe von früh an Ljowotschkas Tagebücher abgeschrieben, die Kinder unterrichtet, Strümpfe gestopft, und kann jetzt einfach nicht mehr – was ist das doch für eine höllische Arbeit! Abends wurden zwei widerwärtige, langweilige Erzählungen vorgelesen, die der dumme, taktlose Tschertkow geschickt hatte. Koletschka Gay, der gestern mit Bulygin fortgefahren war, ist noch nicht zurückgekehrt. Was ist er doch für ein sonniger, kluger, lieber Mensch! Das Zusammensein mit ihm bereitet mir Freude. Offensichtlich ist es ihm anfangs sehr schwer gefallen, so zu leben, wie er jetzt lebt. Es ist nicht gelogen, wenn er dieses Leben gut nennt, denn er hat jetzt zur Ruhe gefunden und sagte: „Eine Rückkehr zum früheren Leben kann es nicht mehr geben." Das stimmt. Mascha Kusminskaja ist überhaupt kein eigenständiger Mensch, sie geht völlig auf in ihrer Liebe zu Erdeli, und die übrige Welt existiert für sie nicht mehr.

Ich dachte heute, daß sich 9/10 aller Ereignisse in der Welt aufgrund irgendeiner Art von Liebe vollziehen, daß die Menschen sich aber mit aller Macht darum bemühen, das zu verbergen, um nicht die geheimsten Regungen ihres Denkens und Fühlens offenbaren zu müssen. Ich könnte jetzt viele solcher Phänomene nennen, doch der Mensch in seiner unverhüllten Nacktheit ist allzu schrecklich. In Ljowotschkas Tagebüchern kommt *Liebe*, so wie ich sie verstehe, überhaupt nicht vor: er hat offensichtlich dieses Gefühl nie gekannt. Über die Liebe als Antriebskraft habe ich mich nicht klar genug ausgedrückt. Ich wollte sagen, daß die Liebe, wenn sie einen Menschen bestimmt, sich im Alltag, in der Arbeit, in der Beziehung zu den Mitmenschen offenbart und zur Antriebskraft für seine ganze Umwelt wird. Deshalb kann ich auch die Liebe von Mascha Kusminskaja nicht verstehen, weil sie sie niederdrückt. Es kann aber auch sein, daß diese Geschichte sich einfach schon viel zu lange hinzieht.

8. Januar. Bin schon seit dem frühen Morgen mit Arbeit überlastet. Habe die Abrechnungsbücher für Jasnaja Poljana und den Wald in Ordnung gebracht. Dann zusammen mit N. N. Gay (dem Jüngeren) Korrekturen für den XIII. Band der neuen Edition der Gesamtausgabe gelesen.[4] Anschließend gab ich Andrjuscha und Mischa zwei Stunden Musikunterricht. Nach dem Essen schrieb ich für die Kinder Akkorde, dann rechnete ich die Ausgaben für Butter und Eier nach und entwarf die Gesuche für das Judicium mit dem Geistlichen von Owsjannikowo und die Besitzübernahme von Grinjowka. Überhaupt halte ich jetzt alles in Ordnung – ob das heißt, daß ich bald sterben werde? Ich müßte wegen des XIII. Bandes nach Moskau fahren, habe aber gar keine Lust. Bin trüb gestimmt, obwohl das eine Sünde ist, denn alle sind, Gott sei Dank, gesund und wohlauf. Mit Sascha und Wanja habe ich gemeinsam gebetet; Tanja und Mascha sind mit Koletschka Gay nach Koslowka gefahren. Ljowotschka sehe ich eigentlich nur, wenn er schläft oder ißt. Er sitzt die ganze Zeit unten, liest und schreibt. Er ist fröhlich, und es scheint ihm gut zu gehen.

9. Januar. War heute weniger aktiv, obwohl ich wiederum um zehn Uhr aufgestanden bin. Habe ein wenig abgeschrieben, Mischa eine Stunde unterrichtet, Andrjuscha gezeigt, wie man vierhändig spielt, dann gegessen, nach dem Essen ein wenig geschrieben und die Novelle von Sassodimski „Am lodernden Kamin" gelesen, recht gut und ehrlich geschrieben, war zu Tränen gerührt.[5] Spielte mit Tanja die „Kreutzersonate" vierhändig – schlecht; sie läßt sich ohne vorheriges Üben wirklich nicht spielen. Abends hatte Andrjuscha Zahnschmerzen. Ich trug Wanetschka, der heiser ist, auf dem Arm. Was ist er doch für ein zartes, feinfühliges und kluges Kind! Ich liebe ihn allzusehr und fürchte, daß er nicht lange lebt. Immer wieder träume ich, daß ich noch einem Jungen das Leben schenke. Mein Brief an den „Figaro" ist in den „Russkie wedomosti" übersetzt abgedruckt worden. Doch die Übersetzung ist nicht sehr sorgfältig, so daß das Wort *Reputation* sich recht merkwürdig ausnimmt.[6] Habe an Schwester Tanja und Gay den Älteren geschrieben. Gehe jetzt ins Bett. Habe eben noch alle Dokumente, Pläne und das Geld zurechtgelegt, weil ich morgen wegen der Geschäfte nach Tula fahren will.

10. Januar. Bin um zehn aufgestanden, aber nicht nach Tula gefahren, weil der Wind zu stark war. Habe morgens für Sascha Wäsche zugeschnitten, ein wenig abgeschrieben, den Kindern erfolgreich Musik- und Andrjuscha zusätzlich Religionsunterricht erteilt. Andrjuscha ist dickköpfig und zerstreut, aus Trotz hört er nicht zu und begreift nichts. Je größer meine Hingabe an die Arbeit ist, desto grober und unaufmerksamer verhält er sich und quält mich damit gräßlich. Armer Junge, mit diesem Charakter wird er es noch schwer haben im Leben! Nach dem Essen fuhren die drei Mädchen nach Jassenki, um Erdeli, der zu seiner Mutter unterwegs ist, vom Eilzug abzuholen. Heute sitzen Mascha und er turtelnd da und unterhalten sich die ganze Zeit flüsternd miteinander. Wir haben Solowjews Kritik an Fet und an der „Lyrischen Dichtung" vorgelesen, sie ist zutreffend, reicht jedoch nicht aus.[7] Anschließend wurde eine ziemlich sinnlose Erzählung vorgelesen. Dann spielten Ljowotschka und Nikolai Nikolajewitsch[8] Schach mit Alexei Mitrofanowitsch[9], der uns alle in Erstaunen versetzte, weil er ohne hinzusehen spielte. Ich schrieb noch einen Brief an meinen Bruder Wjatscheslaw. Ljowotschka ist recht lebhaft. Wir unterhielten uns darüber, daß die Zensur einen Schriftsteller immer daran hindert, gerade das zu sagen, was ihm am wichtigsten ist. Doch ich wies darauf hin, daß es auch rein belletristische Werke gebe, denen die Zensur nichts anhaben könne, man denke beispielsweise an „Krieg und Frieden". Da begann Ljowotschka mit Bedauern von seinem Verzicht auf diese Werke zu sprechen,[10] und es war offensichtlich, wie sehr er sich über das Verbot der „Kreutzersonate" ärgert, denn er erwähnte sie ausdrücklich.

12. Januar. Gestern war ich in Tula, verkaufte die Zinsscheine, reichte das Gesuch auf die Besitzübernahme von Grinjowka ein, bezahlte die Bücher, plagte mich aber vor allem wegen der Landteilung mit der Frau des Geistlichen von Owsjannikowo herum, die die gleichen Ansprüche wie ich erhebt. Viermal ging ich vom Kreisgericht zur Gouvernementsverwaltung, und jedesmal verwies mich das eine Amt wiederum an das andere mit den Worten, diese Angelegenheit falle nicht in seine Kompetenz. So reiste ich unverrichteter Dinge wieder ab. Schon lange war ich nicht so niedergedrückt wie gestern, als ich in der Kanzlei des Staatsanwalts (Dawydow) saß und auf den vereidigten Rechtsanwalt wartete, der lange nicht erschien. Das *Handeln* ist mühsam und beschwerlich; viel leichter ist es zu sagen: als Christ habe ich kein Recht zu handeln! Jetzt werde ich mir wirklich einen juristischen Sachverständigen nehmen, denn ich kann nicht immer selbst nach Tula fahren. War auf einen Sprung bei den Dawydows, mir gefällt Tschelokajewa in ihrer lebhaften Klugheit. Zu Hause abends – man hatte mit dem Essen auf mich gewartet – feierten wir zu Wanetschkas großer Freude Mischas Namenstag. Nachts um drei bekam Wanetschka Fieber und fing an stark zu husten. Ich hatte gar keine Lust aufzustehen, überwand mich dann aber doch, trug ihn herum und beruhigte ihn. Heute bin ich spät aufgestanden. Tanja hatte Namenstag. Ljowa kam mit Wera Tolstaja aus Pirogowo. Gegen Mittag trafen auch Wanja und Petja Rajewski ein, so daß schließlich alles doch noch ein bißchen einer Namenstagsfeier ähnelte. Wir spielten mit den Kindern, und Wanetschka war völlig begeistert, er will den ganzen Tag nicht vom Arm, fiebert und hustet, ist aber unverdrossen. Schließlich fuhren alle nach Koslowka, um Koletschka Gay das Geleit zu geben. Sie brachten einen Brief von Warja Nagornowa und die Korrekturbogen der „Kreutzersonate" mit. Jetzt steuert alles auf den Krisenpunkt zu. Wie wird es werden? Wird man sie verbieten oder nicht? Und wie soll ich mich verhalten?

Mir reicht die Zeit weder zum Lesen noch zum Arbeiten. Morgen muß ich mich an die Korrekturen machen und Wäsche zuschneiden. Mir ist einsam ums Herz.

13. Januar. Wanetschka ist krank; mittags wollte er nicht aufstehen und gegen zwei hatte er 39,4 Fieber, abends um neun ebenso. Nachts hustete er, klebriger Schleim steckte ihm in der Kehle, er würgte und glühte. Er ist schrecklich erkältet, heute hatte er stechende Ohrenschmerzen. Er tut mir unendlich leid. In der Zeit, die ich nicht bei ihm verbrachte, habe ich intensiv an den Korrekturen für den XIII. Band, darunter die „Kreutzersonate" gearbeitet. Mascha Kusminskaja half mir dabei. Wera Tolstaja ist wieder fortgefahren, die Mädchen haben sie begleitet. Ljowotschka und Ljowa sind gestern bei 24 Grad Frost nach Koslowka geritten. Als Wanetschka heute nacht fast erstickte, bin ich zu Mascha gelaufen, um sie um ein

Brechmittel zu bitten. Ich weckte sie in meiner Not, und sie sprang hilfsbereit auf, um Ipecacuanha zu suchen. Und als sie mir ihr Gesicht zuwandte, kam sie mir so zart und gut vor, daß ich so gerührt war und sie am liebsten umarmt und geküßt hätte. Wie hätte sie sich darüber gewundert! Ich wäre glücklich, wenn ich immer dieses Gefühl für sie hegen könnte. Ich will mich darum bemühen.

14. Januar. Wanetschka geht es besser, tagsüber kletterte die Temperatur auf 38,5 Grad, fiel dann aber, der Husten sitzt nicht mehr so fest, und der Junge ist wieder fröhlicher. Ljowa ist nach Moskau gefahren. Bei uns hat sich Klopski, einer dieser widerlichen Finsterlinge[11], eingestellt. Habe Mischa Stachowitsch auf seinen Brief geantwortet, ebenso Warja Nagornowa, ein wenig abgeschrieben, Andrjuscha (Lithurgie) und Mischa (Heiliges Abendmahl) unterrichtet. Nach dem Essen saß ich bei Wanetschka, dann schrieb ich Ljowotschkas Tagebücher ab, bin jetzt schon beim Jahr 1854, dann ging ich nach unten zu den Mädchen. Mein Geist schläft ganz und gar. Gestern wurde Mitrocha für Moskau ausstaffiert; Mischa und Andrjuscha nahmen daran regen Anteil, gaben ihm je 50 Kopeken von ihrem eigenen Geld und einen Mantel. Es herrscht strenger Frost. Ljowotschka ist irgendwie gereizt. Wie fürchte ich stets seinen erbarmungslosen Hohn, der mich bis in die letzte Faser meiner Seele verletzt!

15. Januar. Welch ein grausamer Kampf tobt jetzt! Heute morgen hatten die Kinder unten Unterricht, wo sich auch dieser Klopski aufhielt. Er fragte Andrjuscha: „Warum lernt ihr eigentlich? Wollt ihr denn eure Seelen verderben? Das ist doch gewiß nicht im Sinne eures Vaters.“ Die Mädchen schnappten das sofort begierig auf und hätten ihm am liebsten die Hand für diese hehren Worte gedrückt. Die Jungen aber rannten zu mir und erzählten mir alles. Mit heftigen Worten habe ich ihnen eingeschärft, daß geistige Arbeit immer das Leben von uns Adligen rechtfertigt, ebenso wie auch der Bauer eine wirkliche Arbeit leisten muß; daß ich sie ganz allein erziehe und alle Scham auf mich fallen wird, wenn nichts aus ihnen wird, und daß es mir einen ungeheuren Schmerz bereiten wird, wenn all meine Mühe sich als umsonst erweisen sollte.

16. Januar. War wieder wegen der Geschäfte in Tula, lief herum, sprach mit vielen Leuten und hatte schrecklich viel zu tun. Es ging um Folgendes: die Besitzübernahme von Grinjowka, die Auseinandersetzung mit der Frau des Geistlichen von Owsjannikowo und den Verkauf des Holzes. Habe übrigens den Paß von Petr Wassiljewitsch[12] in Ordnung bringen lassen. Besuchte die Rajewskaja, aß bei der Sinowjewa[13]. Die kleine Manja ähnelt Wanetschka, sie saß auf meinem Schoß und gab mir einen Kuß auf die Wange.

Auf der Heimfahrt betete ich inbrünstig und schloß auch all meine Feinde in mein Gebet ein. Beschloß, Birjukow einen guten Brief zu schreiben – und tat es dann auch. Beschloß, die Teilung mit der Frau des Geistlichen von Owsjannikowo friedfertig zu vollziehen, und schrieb auch ihr. Außerdem antwortete ich Frau Ixkul auf ihre Bitte, den „Leinwandmesser" und „Polikuschka" für das Volk zu drucken. Lehnte die erste Bitte ab, stimmte aber der zweiten zu.[14]

Schrieb an Serjoscha und schickte ihm den Kaufvertrag von Grinjowka.[15] Zu Hause fand ich alles in der gewohnten Ordnung vor. Schließlich beschloß ich noch, durch Mascha den Familien der Bauern helfen zu lassen, die man wegen des Holzschlags arretiert hat.

17. Januar. Stand spät und matt auf, immer noch erschöpft von der gestrigen Reise. Habe Ljowa einen Brief geschrieben, und beim Abschreiben von Ljowotschkas Tagebüchern das Kaukasische Heft abgeschlossen. Gab Andrjuscha Religionsunterricht, dann ihm und Mischa zwei Musikstunden. Sie lernten willig und leicht. Nach dem Mittagessen schrieb ich weiter, beschäftigte mich dann mit Wanetschka, der Ohrenreißen hatte und weinte. Wir lasen einen ziemlich langweiligen französischen Roman vor. Nach dem Essen gab es ein scherzhaftes Gespräch darüber, daß die Herren doch einmal eine Woche lang mit der Situation ihrer Bediensteten tauschen sollten. Ljowotschka runzelte die Stirn, stand auf und ging nach unten. Ich folgte ihm und fragte, was mit ihm los sei. Er antwortete: „Das dumme Gespräch über einen heiligen Gegenstand. Mir ist es ohnehin sehr unangenehm, ständig von Bediensteten umgeben zu sein. Aber macht man daraus noch einen Scherz, dann peinigt mich das erst recht, noch dazu im Beisein der Kinder." Ich versuchte, ihn zu beruhigen. Aber soeben hat er höchst erregt mit Alexei Mitrofanowitsch gestritten, wobei er Strachow verteidigte.

18. Januar. Bin nicht gesund; alle Muskeln meines Leibes schmerzen, und ich fiebere ein wenig. Mit der Kinderfrau gab es eine scheußliche Geschichte. Sie verhält sich seit gestern grob, beschäftigt sich überhaupt nicht mit dem Kind und brachte mich heute in äußerste Wut. Da ich mich selbst elend fühle, sagte ich ihr, ich erlaube nicht jeder hergelaufenen Person, mir grob zu kommen. Daraufhin stieß sie so unglaubliche Frechheiten hervor, daß ich sie sofort entlassen würde, nähme ich nicht törichterweise auf Wanetschka Rücksicht. Das kleine Kerlchen fühlte, daß etwas nicht in Ordnung ist, klammerte sich an ihren Rockschoß und wich nicht von ihrer Seite, wobei er sagte: „Mama recht." Ach, wenn doch alle wie Kinder wären!

Ich unterrichtete Mischa, schrieb ab, ächzte, aß nichts, legte mich aber dennoch nicht ins Bett. In Ljowotschkas Tagebüchern sind die Passagen über den Krieg und Sewastopol sehr interessant. Ein herausgerissenes Blatt verletzte mich durch den groben Zynismus der Ausschweifung. Ja, niemals können diese beiden Begriffe miteinander versöhnt werden: die *Ehe* der Frau und das ausschweifende Leben des Mannes. Und die *Ehe* kann nach dem ausschweifenden Leben des Mannes niemals glücklich werden. Dennoch ist es erstaunlich, daß wir ein *solches* Eheleben führen konnten. Unser Glück verdankte ich meiner kindlichen Unschuld und meinem Selbstbewahrungstrieb. Instinktiv habe ich die Augen vor seiner Vergangenheit geschlossen und, mich selbst schonend, seine Tagebücher damals nicht vollständig gelesen und ihn nie nach seiner Vergangenheit gefragt. Denn sonst wären wir beide zugrunde gegangen. Aber er weiß nicht, daß wir beide hätten untergehen können und daß nur meine Reinheit uns gerettet hat. Das ist ganz ohne Zweifel so. Diese unbeschränkte Ausschweifung, ihre Darstellung und die Bewertung dieses wollüstigen Lebens könnten unausweichlich ansteckend wirken. Könnten eine Frau schädlich beeinflussen, die auch nur eine leichte Neigung für irgendeinen Mann verspürte: „So hast Du also gelebt, Du hast mich mit Deiner Vergangenheit geschändet, jetzt also nimm die Rache dafür." Genau diese Gedanken könnte die Lektüre dieser Tagebücher in einer Frau hervorrufen.

19. Januar. Immer noch krank: Leibschmerzen und Fieber. Habe nur mit äußerster Anstrengung den Kindern zwei Musikstunden gegeben und die zahlreichen Korrekturbogen der „Kreutzersonate" durchgearbeitet. Doch wieviel und wie gut kann ich im Grunde arbeiten! Aber es ist so schade, daß diese Fähigkeit nicht einer wichtigeren und erhabeneren als dieser mechanischen Tätigkeit zugute kommt. Wenn ich Novellen schreiben oder Bilder malen könnte, wäre ich äußerst glücklich. Von Ljowa kam ein sehr schöner Brief, aber er ist immer so leicht zu beeindrucken, und, mein Gott, wie finster ist er, so ohne alle Lebensfreude! In seinem Leben und Arbeiten wird es nie etwas in sich Geschlossenes, Harmonisches geben. Und das ist so schade.

Wie auffällig ist die innere Verbindung zwischen Ljowotschkas frühen Tagebüchern und seiner „Kreutzersonate"! Ich aber gleiche in diesem Spinnennetz der summenden Mücke, die zufällig dort hineingeraten ist und der die Spinne das ganze Blut ausgesaugt hat.

20. Januar. Gesundheitlich geht es mir besser, bin aber erkältet. Mischa hat Grippe, aber Sascha und Wanetschka sind wieder gesund. Erdeli ist jetzt hier; seine Mutter hat ihren Einspruch gegen die Ehe mit Mascha, an dem sie schon fast drei Jahre festhält, auch dieses Mal nicht aufgegeben. Mascha ist schrecklich traurig, und er offensichtlich auch. Wir haben alle geweint, weil sie uns so leid tun, doch auch wir wissen keinen vernünftigen Rat. Er ist ein hilfloser Jüngling, der einem leid tun kann. Nach dem Essen haben die Kinder gespielt, die Mädchen und ich gelesen. Hatte vor dem Essen Spinoza gelesen, fand aber keinen Zugang, er gefällt mir nicht, obwohl seine Definition *Gottes* mich überzeugt, sie entspricht meiner eigenen Auffassung.[16] Wir haben dann ein wenig einen französischen Roman gelesen. Jetzt sind die Korrekturbogen vom Schluß der „Kreutzersonate" gekommen. Gott sei Dank konnte ich sie ohne die frühere Erregung lesen, las sie einmal und machte mich dann sogleich an die Verbesserungen. Ljowotschka schläft schlecht, kann nicht schreiben. Am Morgen war es wärmer, 1½ Grad Kälte, jetzt sind es schon wieder minus 7 Grad unter Null.

23. Januar. Habe drei Tage lang keine Aufzeichnungen gemacht. Vorgestern hatten wir Besuch: die Rajewskaja, Erdeli und Alexander Alexandrowitsch Behrs. Der Tag ging öde dahin, und ich war in einer unsinnigen Weise munter. Gestern ist Ljowotschka zu Fuß nach Tula gelaufen. Es war warm und am Morgen war Rajewski zu Fuß gekommen, um seine Frau bei uns abzuholen. Das verlockte Ljowotschka. Er aß bei Sinowjews (der Hausherr war nicht da), verbrachte den

Abend bei Rajewskis und kam schließlich mit Alexei Mitrofanowitsch mit dem Zug zurück. Auch Serjoscha war in Tula, heute kam er dann zu uns. Als Tanja, er und ich zusammensaßen, erzählten wir uns alles und sprachen über die Geschäfte, das eheliche Leben, die Verbindung zwischen Mascha Kusminskaja und Erdeli. Nach dem Mittagessen ist er wieder fortgefahren. Ich habe mit der Maschine Wäsche genäht. Doch mir schmerzen die Augen und der Kopf wegen der schrecklichen Erkältung. Bei uns bekommen alle der Reihe nach Grippe. Infolge meines schlechten Gesundheitszustands läßt mich alles gleichgültig.

25. Januar. Bin morgens früh aufgestanden, erkältet und elend. Bin nach Tula gefahren, das Wetter war klar. An der kleinen Brücke traf ich Ljowotschka, der schon von seinem Spaziergang zurückkehrte, er war fröhlich und heiter. Ich freue mich immer sehr, ihn zu sehen, besonders, wenn ich nicht damit gerechnet habe. In Tula hatte ich Verschiedenes zu erledigen: ich erhielt Geld für das Holz und kam mit dem Geistlichen von Owsjannikowo, da ich in allem einlenkte, fast zu einer Übereinstimmung hinsichtlich der Teilung.[17] War bei der Rajewsjaka, den Swerbejews und der Sinowjewa, bei der ich Arsenjew, den Adelsmarschall des Gouvernements, traf. Seit zwei Jahren beobachte ich, wie man anfängt, sich mir gegenüber wie zu einer *alten* Frau zu verhalten. Das ist für mich etwas ganz Neues, bekümmert mich aber kaum. Wie sehr bin ich das Gefühl gewohnt, daß andere Menschen mir gegenüber eine gewisse Sympathie, um nicht zu sagen Bewunderung empfinden! Jetzt aber ist es mir wichtiger, daß man mir mit Achtung und Zartgefühl begegnet.

Als ich die „Kreutzersonate" (die Korrekturbogen)[18] las, kam mir gestern abend der Gedanke, daß eine Frau in ihrer Jugend von ganzem Herzen liebt und sich gern dem geliebten Menschen hingibt, weil sie sieht, welch einen Genuß das für ihn bedeutet. Dagegen begreift eine Frau in reiferen Jahren, auf ihr Leben zurückblickend, daß der Mann sie stets nur in den Augenblicken, da er ihrer bedurfte, geliebt hat und daß er gleich nach der Befriedigung seines Verlangens schon nicht mehr zärtlich, sondern unvermittelt mürrisch und grob mit ihr umging.

Beginnt nun eine Frau, die all das lange nicht wahrhaben wollte, selbst dieses Verlangen zu empfinden, dann schwindet ihre sentimentale Liebe und statt dessen begegnet sie zu gewissen Zeiten ihrem Mann mit Leidenschaft und fordert Befriedigung von ihm. Doch wehe ihr, wenn er sie dann schon nicht mehr liebt! Und wehe ihm, wenn er ihrem Verlangen dann nicht mehr nachzukommen vermag! So entstehen all diese Familientragödien und Ehescheidungen, die gerade im Alter so unerwartet und häßlich sind. Nur dort dauert das Glück, wo Geist und Wille den Körper und die Leidenschaften bekämpft haben. Und die „Kreutzersonate" stimmt in all den Passagen nicht, in denen von Frauen in der Jugend gesprochen wird. Einer jungen Frau ist diese sexuelle Begierde noch fremd, noch dazu, wenn sie gerade ein Kind geboren hat, das sie noch stillt. Sie ist ja schließlich nur einmal in zwei Jahren wirklich Frau! Ihre Leidenschaft beginnt erst zu erwachen, wenn sie an die dreißig Jahre alt ist.

Ich kehrte gegen sechs aus Tula zurück und aß dann allein. Ljowotschka wollte mich abholen, wir hatten uns aber leider verfehlt. In der letzten Zeit ist er wieder zärtlicher zu mir. Doch wenn ich mich auch nur zu gern der alten Täuschung hingäbe, so kann ich den Eindruck nicht loswerden, daß es nur von seinem jetzt wieder besseren Gesundheitszustand herrührt, der die alte Leidenschaftlichkeit in ihm wieder hat erwachen lassen.

Habe den ganzen Abend intensiv an den Korrekturen der „Kreutzersonate" und des „Nachworts" gearbeitet sowie die Abrechnungen durchgesehen und alles aufgeschrieben, was in Moskau besorgt werden soll: Einkäufe und Geschäftsangelegenheiten.

26. Januar. Bin um zehn Uhr aufgestanden; Wanetschka kam herein, zum Spaziergang fertig angezogen. Ich prüfte abschließend noch einmal die gestrigen Korrekturen, blätterte einen Samenkatalog durch, notierte noch einige Bestellungen. Gab Andrjuscha und Mischa Musikunterricht. Andrjuscha ist während des Unterrichts furchtbar dickköpfig; er spricht jetzt in einer Art und Weise, die man ihm nur schwer wieder abgewöhnen kann. Die Swerbejew-Kinder mit ihrer Engländerin, die beiden Rajewskis und Serjoscha Berger kamen zu Besuch. Sie spielten viel und gingen dann Schlittschuhlaufen. Ich besuchte Iwan Alexandrowitsch, der dem Leiden so hilflos gegenübersteht wie ein Kind. Dann ging ich zu Ljowotschka, um mit ihm den Brief des alten Gay[19] zu lesen und sagte, daß mir von all seinen Anhängern Gays Sohn Nikolai Nikolajewitsch und Fürst

Chilkow die liebsten seien; ich fügte hinzu, diese Leute seien noch vom Geist der Universitäten und alten Traditionen geprägt, und das mache ihren besonderen Reiz aus. Wie aber einmal deren Kinder aufwachsen und was aus *denen* werden würde, das müsse man erst noch abwarten. Ljowotschka wurde sofort mürrisch und gereizt, das Gespräch nahm eine unschöne Wendung; ich war sehr böse auf ihn, als ich das Zimmer verließ. Wenn jemand wüßte, wie wenig zartfühlend er ist! Immer folgt er *seinen Prinzipien, nicht aber seinem Herzen.*

Alle haben sich schon schlafen gelegt, ich werde jetzt das gleiche tun. Bewahre mich, o Herr, in dieser Nacht vor jenen sündigen Träumen, die mich heute morgen aufgeweckt haben.

4. Februar. Wieviel habe ich in der letzten Zeit erlebt! Am 27. Januar fuhr ich nachts nach Moskau wegen der Geschäfte. Am ersten Tag speiste ich bei Mamonows, war abends mit Urussow, Tanja und Ljowa im Konzert. Grschimali und die Posnanskaja spielten die Kreutzersonate. Obwohl sie ausgezeichnet spielten, konnte ich mich nicht auf ihr Spiel konzentrieren, weil es so heiß und ermüdend war. Am nächsten Morgen zahlte ich für den Kauf von Grinjowka 7600 Rubel bei einer Moskauer Bank ein und erteilte den Auftrag, das Geld bei der Adelsbank zu deponieren. Aß bei Fet zu Mittag und schwatzte dort viel Überflüssiges, klagte vor allem törichterweise darüber, daß mich Ljowotschka nicht genügend liebe. Abends traf ich Dunajew zu Hause an, und wir stellten mit dem Kontorangestellten die Abrechnungen zusammen. Über Dunajew hat Onkel Kostja einmal gesagt: „Das ist doch der, der nach dir seufzt“, und damit hat er mir ein für allemal Dunajew verleidet, obgleich dieser so gutherzig ist.

Dienstagvormittag trafen Kusminski und Mascha ein, die aus Jasnaja Poljana kamen und mir zu meiner Freude etwas von zu Hause berichten konnten. Mit ihnen, Tanja, Ljowa, Wera Petrowna und Lili Obolenskaja saß ich drei Stunden zusammen, wir plauderten vergnügt, frühstückten und lachten. Dann kam Urussow, und wir machten uns auf den Weg zu Schidlowski. Am Mittwoch besuchte ich Sewerzews, bei denen auch Onkel Kostja und die Meschtscherinows waren, und wir unterhielten uns über die Ehe und die Liebe. Am Donnerstag war ich bei Djadkow, traf dort Lisa, Warja und

Mascha Kolokolzewa und fühlte mich dort wie zu Hause. Die Geschäfte konnte ich erfolgreich abschließen, aber es ging mir ja nicht um die Geschäfte, sondern um die Menschen, vor allem um Ljowa, wie er nun einmal ist mit seinem komplizierten Seelenleben, seinen schriftstellerischen Versuchen und seiner pessimistischen Lebenseinstellung. Er las mir seine Erzählung „Montechristo" vor, sehr rührend und bewegend, aber dennoch sehr kindlich geschrieben. Eine zweite Erzählung hat er an die Zeitschrift „Nedelja" geschickt, und Gaideburow hat ihm versprochen, daß sie im Märzheft gedruckt werden wird.[20] Noch weiß das niemand, und er bat mich, es für mich zu behalten. Ich wurde plötzlich so froh bei dem Gedanken, daß jene künstlerische und intellektuelle Atmosphäre, in der ich mein ganzes Leben lang gelebt habe, für mich auch dann nicht verloren gehen wird, wenn ich Ljowotschka überleben sollte. Denn dann wird mein ganzes Interesse diesem Sohn gelten, und ich werde weiterhin das verfolgen können, was ich immer für interessant und bereichernd erachtet habe. Das werde ich dann in meinem Sohn lieben können, und um seinetwillen wird mir mein eigenes Leben lieb und sein Vater nah sein. Wer weiß, was Gott uns noch alles zugedacht hat!

Weiterhin wühlte mich bei meiner Heimkehr die Begegnung mit Mischa Stachowitsch auf, der mir relativ unerwartet zum ersten Mal gestand, daß er Tanja schon seit langem verehre: „J'ai longtemps taché de mériter Tatjana Lwowna, mais elle n'a jamais donné aucun espoir." Wir hatten immer gemeint, er habe es auf Mascha abgesehen, und als ich Tanja das Ganze erzählte, sah ich, wie sehr es sie erregte. Ich wäre glücklich, wenn sie Mischa Stachowitsch heiratete. Ich mag ihn sehr; unter den jungen Leuten, die ich kenne, gefällt mir niemand so sehr wie er, und wem könnte ich ihn mehr zum Mann wünschen als meiner geliebten Tochter?

Wir waren dieser Tage alle sehr vergnügt: zu Besuch kamen noch Kern und seine Frau, die Rajewski-Jungen, Dunajew und Almassow; doch alle Fröhlichkeit rührte im Grunde allein von Stachowitsch her. Die Kinder liefen an beiden Feiertagen Schlittschuh, am 2. Februar und am Sonntag rodelten sie auf den Bänken durchs Dorf[21], ich besuchte die blinde Jewlanja, die Mutter Mitrochas, der bei Ljowa ist, erzählte ihr möglichst viel von ihm und freute mich, ihr damit eine Freude bereiten zu können.

Heute gab ich den Kindern Unterricht; während meiner Abwesenheit hat Andrjuscha nichts getan und konnte dementsprechend auch nichts. Ich geriet außer mir vor Wut und setzte ihn an die Luft. Großer Gott, wie quält und martert er mich doch! Ljowotschka ist nicht besonders munter, er ritt aber heute trotzdem nach Jassenki und spielte nach dem Essen lange Chopin. Keines anderen Menschen Spiel rührt mich so tief an wie das von Ljowotschka; er spielt mit so erstaunlich viel Gefühl und findet dann genau den richtigen Ausdruck. Er hat Tanja erzählt, daß er über ein großes belletristisches Werk nachsinnt.[22] Das gleiche sagte er auch zu Stachowitsch. Mascha wollte plötzlich mit aller Entschiedenheit nach Pirogowo fahren; doch ich untersagte es ihr, da sie heiser ist, draußen aber Frost bis 15 Grad unter Null herrscht. Ob ihr nicht doch die Nachricht zugesetzt hat, daß Stachowitsch Tanja mehr liebt als sie, nachdem man ihr so lange das Gegenteil eingeredet hatte?

Tanja war mit Miss Lydia in Tula und ließ sich photographieren. Sie hatte es eilig damit, da Stachowitsch sie um ihr Porträt gebeten hatte. Sie ist wirklich erregt. Doch auch hier wiederum ... so wie Gott es fügt!

6. Februar. Stand um zehn Uhr auf. Habe heute nacht geträumt, daß Mascha irgendwoher zerkratzt und zerschlagen meinen kleinen verstorbenen Petja angeschleppt brachte, der inzwischen so groß geworden war wie Mischa und ihm auch ähnlich sah. Wir freuten uns beide über das Wiedersehen, und heute sehe ich ihn den ganzen Tag in jenem Halbdämmer vor mir, in dem er damals krank darniederlag. Habe den ganzen Tag für Andrjuscha und Mischa ein Paar Hosen zugeschnitten, genäht und gebügelt und war dann am Abend damit fertig. Ljowotschka las abends „Don Carlos“ von Schiller[23] vor, während ich strickte. Jetzt ist es elf Uhr, er ist noch nach Koslowka geritten, um die Post abzuholen. Die Mädchen haben sich schon schlafen gelegt, seit sie von M. Stachowitschs Gefühlen erfahren haben, sind sie beide schrecklich aufgeregt, ja eigentlich unglücklich. Ich lese „Physiologie de l'amour moderne“[24], habe gerade erst angefangen und weiß noch nicht, worum es eigentlich geht, aber es gefällt mir nicht.

Ljowotschka hat seine Freude an Wanetschka und beschäftigt sich mit ihm. Heute abend setzte er Sascha und ihn nacheinander in einen leeren Korb, schloß den Deckel und schleppte dann mit Andrjuscha und Mischa den Korb durch das Haus. Er *amüsiert* sich mit allen Kindern, aber er *unterrichtet* sie überhaupt nicht.

7. Februar. Tanja ist krank, hat 39,3 Fieber und Glieder-, Rücken- und Leibschmerzen. Habe Andrjuscha und Mischa viele Stunden gegeben. Mischa hat zu meiner Besorgnis dauernd Kopfschmerzen. Leider haben wir noch immer nichts von Ljowa gehört, er wird doch wohl nicht krank sein? Ein Brief von Manetschka Stachowitsch ist eingetroffen, dabei hatte ich auf eine Nachricht von Mischa gewartet. An den letzten beiden Abenden wollte ich mit Ljowotschka nach Koslowka fahren, doch wie zum Trotz ritt er allein. Er ist wieder schroff, verhält sich unnatürlich und alles andere als freundlich mir gegenüber, so daß ich gestern abend sehr wütend auf ihn war; aber ich zog es vor zu schweigen. Bis zwei Uhr nachts ließ er mich nicht schlafen. Zunächst war er unten und wusch sich so lange, daß ich schon dachte, es sei ihm etwas zugestoßen. Denn das Waschen ist für ihn ja etwas Besonders. Ich bemühe mich so sehr, nur das Geistige an ihm wahrzunehmen und schaffe das auch, wenn er gut zu mir ist.

9. Februar. Gestern abend hat sich endlich mein Traum erfüllt – Ljowotschka und ich sind bei Mondschein im Schlitten nach Koslowka gefahren. Es war keine Post da, auch nichts von Ljowa. Tanja geht es offensichtlich besser, obgleich sie immer noch 38,6 Fieber hat. Jetzt hat auch mein lieber kleiner Wanetschka Fieber bekommen. Draußen ist es sehr windig, 1 Grad Kälte. Ich bin heute träge und traurig. Habe Wanetschka einen Matrosenanzug genäht, zwei Stunden Musikunterricht gegeben und Beketows Buch „Über die gegenwärtige und zukünftige Ernährung des Menschen“[25] gelesen. Er sagt den Sieg des Vegetarianismus in der ganzen Welt voraus und hat damit vielleicht sogar recht. Mir tut es weh, wenn ich höre, wie Wanetschka hustet.

10. Februar. Tanja hat heute vor Kopfschmerzen vom Morgen bis zum Mittag laut gestöhnt, dann hatte sie wieder 38,5 Fieber. Wanetschka hatte heute morgen 39,3. Eine merkwürdige Krankheit, die bis jetzt noch immer nicht richtig zu erkennen ist. Ich könnte nicht sagen, daß ich in großer Unruhe bin, aber meine Kranken tun mir doch sehr leid. Auch ich selbst bin nicht ganz auf dem Posten, habe die ganze Nacht nicht geschlafen. Habe Ljowotschkas Sewastopoler

Tagebücher[26] abgeschrieben, die sehr interessant sind, und dann am Bett der Kranken gesessen und gestrickt. Bin mit Andrjuscha noch einmal den Stoff durchgegangen, den er in dieser Woche nicht ordentlich beherrscht hatte. Mascha hat für das verschiedenste Gesindel eine Schule in „jenem Haus“[27] eingerichtet, und alle Kinder laufen dahin. Auch Sascha geht dorthin, solange Tanja krank ist. Mischa hat eine neue Uhr, und freut sich so schrecklich darüber, wie nur Kinder das können. Ljowotschka sehe ich nur selten, er schreibt wieder etwas über Wissenschaft und Kunst.[28] Er zeigte mir heute einen Artikel aus Open Court[29], in dem es von ihm heißt, daß er das eine predige, aber das Entgegengesetzte tue, wobei darauf hingewiesen wird, daß der Besitz an die *Ehefrau* übergegangen sei: „Als ob wir nicht wüßten, wie sich die Männer im allgemeinen, doch die Russen im besonderen ihren Frauen gegenüber verhalten“, heißt es dort, „den Frauen wird kein eigener Wille zugebilligt.“ Ljowotschka war von diesen Worten verletzt, während sie mir überhaupt nichts anhaben konnten. Ich bin schließlich schon an zu vieles gewöhnt.

11. Februar. Nun ist auch noch Andrjuscha krank geworden. Wanetschka ging es tagsüber besser, doch jetzt nachts hat er wieder Fieber. Haben Besuch von der Annenkowa. Tanja geht es viel besser, von Ljowa kam ein kurzer Brief. Habe heute viel Interessantes aus Ljowotschkas Sewastopoler Kriegsnotizen abgeschrieben, gearbeitet und die Kinder unterrichtet.

12. Februar. Heute fühlten sich alle Kinder den ganzen Tag über nicht wohl. Jedem tat etwas anderes weh: Mascha der Leib, Tanja der Magen, Mischa die Zähne, Wanetschka hatte Ausschlag, Andrjuscha Fieber und Erbrechen, nur Sascha ist fröhlich und gesund.

Ich schrieb weiter Ljowotschkas Tagebücher ab, gestern griff er nach ihnen, begann darin zu lesen und sagte wiederholt, ihm sei dieses Abschreiben unangenehm, doch ich dachte für mich: „Das mußt du nun schon aushalten, wenn es dir unangenehm ist, warum hast du denn so unsittlich gelebt!“ Heute aber machte er einen richtigen Aufstand, sagte, ich täte ihm weh, nähme überhaupt keine Rücksicht, er habe ja diese Tagebücher sogar vernichten wollen, und vorwurfvoll fragte er mich, ob es mir denn wohl angenehm wäre, an Früheres erinnert zu werden, das mich wie ein übles Vergehen quälte. Ich hielt dagegen, daß es mir nicht leid täte, wenn es ihm

Schmerz bereite, doch falls er die Tagebücher verbrennen wolle, solle er es doch bitte tun, was spiele da meine Abschreibarbeit schon für eine Rolle! Doch wenn wir anfangen wollten, einander die gegenseitigen Verletzungen vorzurechnen, dann könne ich nur sagen, daß er mir mit seiner letzten Novelle vor der ganzen Öffentlichkeit einen *solchen* Schmerz zugefügt habe, gegen den alles andere wohl nur sehr gering wiegen würde. Seine Geschütze seien stärker und träfen unerbittlicher. Er möchte vor den Augen der ganzen Welt auf jenem Sockel bleiben, den er mit so ungeheuren Anstrengungen erklommen hat. Seine früheren Tagebücher aber stürzen ihn herab in jenen Morast, in dem er gelebt hat, und das verdrießt ihn.[30]

Ich weiß nicht, wie und warum die „Kreutzersonate" mit unserem Eheleben in Verbindung gebracht wird, aber es ist nun einmal so, und alle – vom Zaren bis zu Lew Nikolajewitschs Bruder und seinem besten Freund Djakow – fühlen Mitleid mit mir. Aber wozu führe ich die Meinung der anderen als Beispiel an? Ich fühle doch selbst ganz genau, daß diese Novelle gegen mich gerichtet ist, mich schrecklich gekränkt, vor den Augen der ganzen Welt gedemütigt und den letzten Rest von Liebe zwischen uns zunichte gemacht hat. Und dies alles, obwohl ich nie auch nur mit einer einzigen Geste, einem einzigen untreuen Blick während meines ganzen ehelichen Lebens vor meinem Mann schuldig geworden bin! Ob ich je Liebe für irgendeinen anderen hätte empfinden können, ob in meinem Herzen je ein Kampf getobt hat, das ist eine andere Frage, die nur *mich allein* etwas angeht, das ist mein Allerheiligstes, an das niemand auf der ganzen Welt das Recht hat zu rühren, da ich ja rein geblieben bin.

Ich weiß nicht, warum ich gerade heute zum ersten Mal Lew Nikolajewitsch gesagt habe, was ich seiner „Kreutzersonate" gegenüber empfinde. Sie ist ja schon vor so langer Zeit geschrieben worden![31] Doch früher oder später hätte ich es ihm ohnehin sagen müssen, und so kam es eben heute dazu nach dem Vorwurf *„ich täte ihm weh"*. Da sollte er auch einmal *meinen* Schmerz sehen.

Heute ist Maschas Geburtstag. Wie qualvoll war ihre Geburt! Genauso qualvoll wie es auch jetzt nach zwanzig Jahren immer noch mit ihr ist.[32]

13. Februar. Das gestrige Gespräch, das mir das Herz im Leibe herumgedreht hat, endete mit dem ruhigen Versprechen, daß wir unser Leben so freundschaftlich und so friedlich wie nur möglich miteinander zu Ende leben wollen.

Die Kinder sind noch immer nicht gesund: Andrjuscha hatte den ganzen Tag über Fieber, Tanja und Mascha fühlen sich schlapp und haben Kopfschmerzen. Mischa hat eine Neuralgie. Zusammen mit der Annenkowa verbrachte ich heute den ganzen Tag bei den Kindern und arbeitete. Schnitt für Andrjuscha einen Schlafrock zu, stopfte Strümpfe und nähte einen Kissenbezug. Abends las uns Ljowotschka Schillers „Don Carlos" zu Ende vor; wir erhielten zwei schöne Briefe: ich von Ljowa, Ljowotschka von Gräfin Alexandrine Andrejewna Tolstaja.[33] Tanja führt sich irgendwie hysterisch und sonderbar auf. Mein ganzes Alltagsleben ist bestimmt von den Sorgen, den Kindern und den Krankheiten; meine geistigen Interessen sind gleichsam lahmgelegt.

15. Februar. Ljowotschka hat mir nahezu verboten, seine Tagebücher weiter abzuschreiben, und das verdrießt mich, da ich schon soviel abgeschrieben habe, daß von dem Heft, an dem ich gerade bin, kaum noch etwas übrig ist. Ich werde die Arbeit heimlich fortsetzen und zu Ende bringen, so wie ich das vor langer Zeit *beschlossen* habe. Die Kinder sind wieder gesund. Ljowa hat telegraphiert, daß er morgen nicht nach Grinjowka fahren werde, da er in Moskau zu tun habe. Mischa Stachowitsch hat in einem Brief das Duell zwischen Lomonossow und Wadpolski[34] beschrieben und es richtig als einen ganz gemeinen *Mord* bezeichnet. Weiterhin forderte er mich auf, nach Petersburg zu kommen, um mit dem Zaren persönlich über die Zensurbeschränkungen Ljowotschka gegenüber zu sprechen. Auf meine Reise und die Unterredung mit dem Zaren setzt er große Hoffnungen. Wenn ich mir um das Haus und die Kinder keine Sorgen zu machen brauchte, wenn ich die „Kreutzersonate" liebte und an eine weitere *schöngeistige* Tätigkeit Ljowotschkas glauben könnte – dann würde ich wohl fahren. Aber so! Woher soll ich die Energie nehmen, die erforderlich ist, um klug und überzeugend auf eine in ihren Ansichten so relativ unbeirrbare Persönlichkeit wie den Zaren einzuwirken? Ich fühle in mir nicht mehr jene Macht über Menschen, die ich früher doch so reichlich besaß.

Wir waren in Koslowka, um Post abzuholen, Ljowotschka zu

Pferd, Tanja, Mascha, Iwan Alexandrowitsch und ich mit dem Schlitten.

Eine wunderbare Mondnacht: der Weg schlängelte sich wie in einer Märchenlandschaft durch den glitzernden Schnee. Es herrschen 12 Grad Frost, aber auf den Feldern ist es noch viel kälter. Bei der Heimfahrt dachte ich mit Grauen an unser Leben in der Stadt. Wie sollen wir da zurechtkommen ohne die Schönheit der Natur, die Weite und die Muße, mit der man hier auf dem Land so reich beschenkt ist!

16. Februar. Stachowitschs Brief hat mich doch aufgewühlt, denn ich habe heute nacht vom Zaren und von der Kaiserin geträumt und denke ständig über eine Reise nach Petersburg nach. Dabei spielt Eitelkeit die wichtigste Rolle, doch gerade der will ich nicht anheimfallen, und darum werde ich nicht fahren. Ljowotschka wollte mit Mascha nach Pirogowo und ist nun dort geblieben. Ich weiß ganz genau warum, ich habe es an dem Ton gemerkt, in dem er mit mir sprach.

Habe den ganzen Tag angestrengt Wäsche zugeschnitten und mit der Maschine genäht. Lese immer noch „Physiologie de l'amour moderne" und finde diese Analyse der sinnlichen Liebe interessant. Habe den Kindern Musikunterricht gegeben, wir kommen nur ganz langsam voran. Andrjuscha spielt eine Sonate von Beethoven, Mischa eine von Haydn. Mischa ist weitaus begabter. Mascha, Andrjuscha und Alexei Mitrofanowitsch haben abends den Mädchen und unseren Stubenmädchen in „jenem Haus" Unterricht gegeben; Mascha sieht blaß, elend und dünn aus, doch sie hat etwas Rührendes an sich. Tanja ist verstimmt und unruhig, als warte sie auf etwas.

17. Februar. Ljowa hat geschrieben, daß er krank sei. Offensichtlich hat er in Moskau dieselbe Krankheit bekommen wie die Kinder hier in Jasnaja Poljana. Doch vielleicht ist es ja auch etwas anderes. Auf jeden Fall bin ich noch immer in Sorge, obgleich er ja selbst geschrieben hat und es ehrlich und eigentlich nicht gefährlich klang. Ilja ist auch in Moskau, hat Klee verkauft. Habe an Ljowa, Schwester Tanja und M. Stachowitsch geschrieben, doch keiner der Briefe ist mir gelungen. Nikolai Nikolajewitsch Gay ist mit seiner Frau gekommen und hat sein neues Gemälde mitgebracht: Judas, der Verräter, blickt auf eine sich entfernende Gruppe.[35] Die Wiedergabe des

Mondlichts ist ihm gelungen, das Sujet ist schön, doch in seiner künstlerischen Ausführung vermag das Gemälde nicht zu überzeugen. Bei intensiver Beleuchtung wirkt es stärker. Ich habe den ganzen Tag mit Anna Petrowna Gay zugebracht und bin ohne meine gewohnten Beschäftigungen erschöpft. Ljowotschka war nach Tula geritten, jedoch sehr bald schon wieder zurückgekehrt, da er Dawydows nicht angetroffen und von einem Boten erfahren hatte, daß Gay mit dem Gemälde da sei. Ljowotschka ist munter, doch eine innere Unruhe läßt ihn nicht los: mal will er nach Pirogowo, mal nach Tula. Er nimmt schon wieder keine Bouillon mehr zu sich, muß unbedingt Kaffee aus Haferwurz trinken – offensichtlich ist er es leid, gesund zu sein. Mir ist seine Geschäftigkeit schrecklich unangenehm. Er klagt ständig, daß er nicht schreiben könne. Mascha unterrichtet wieder abends, sie unterrichtet allein und ist deshalb erschöpft.

18. Februar. Von Ljowa schlechte Nachrichten. Er hat telegraphiert, der Arzt habe wieder seine übliche fieberhafte Erkrankung festgestellt, an der er schon vor zwei Jahren litt. In einem Brief schrieb er, daß es ihm besser ginge; doch der gerade aus Moskau zurückgekehrte Ilja sagte, daß Ljowa an der gleichen Krankheit leide, die in Jasnaja Poljana umgegangen sei. Gebe Gott, daß sich das nicht so lange hinzieht! Tanja fährt morgen zu ihm, ich muß wegen der Auseinandersetzung mit dem Geistlichen von Owsjannikowo morgen nach Tula. Ich bin diese schreckliche Geschichte, die bereits ewig dauert, schon lange leid.

Im Beisein von Gay und Butkewitsch wurde die Erzählung eines kaum bekannten Autors „Die Uhr“[36] vorgelesen. Mit Ilja gab es böse Auseinandersetzungen wegen des Guts und des Vermögens. Die Kräfte lassen bei Mascha nach, und das macht mir Sorgen. Die Tage gehen farblos und unruhig dahin. Ich habe die Kinder mit viel Mühe Gottes Gebote gelehrt, eine Decke gesäumt und war mit Anna Petrowna zusammen.

Draußen heult der Wind.

19. Februar. War in Tula, habe aber niemand außer den Läden, dem Rechtsanwalt, dem Popen, den Straßen und der Gouvernementsverwaltung gesehen. Die Gespräche mit dem Popen über die Teilung verliefen wiederum ergebnislos. Iwan Alexandrowitsch war mit mir gefahren. Tanja will in Moskau den kranken Ljowa pflegen.

Darüber bin ich sehr froh, doch aus irgendeinem Grund mache ich mir keine allzu ernsten Sorgen um ihn; ich habe das Gefühl, daß es ihm heute schon besser geht.

Habe die Decke bestickt, gegessen, mich oberflächlich unterhalten und letztlich gelangweilt. Rajewski war da, um sich das Gemälde von Gay anzusehen. Für einen kurzen Augenblick sah ich Dawydow auf der Straße und freute mich sehr darüber. Er ist mir sehr sympathisch, weil er einer der wenigen wirklich *besonderen* Menschen ist.

20. Februar. Haben gerade die alten Gays nach Koslowka begleitet. Tanja und Ljowa haben mir einen Brief geschrieben, Ljowa mit Bleistift, ihm geht es besser, er hat morgens 37, abends 38,6 Fieber. Sie hatten auch noch ein Telegramm geschickt. Es regt mich auf, daß sich Mischa während des Unterrichts manchmal geradezu hysterisch aufführt: er weint und lacht, doch dann geht es bald wieder vorüber. Ob wir ihnen nicht vielleicht tatsächlich zuviel Unterricht zumuten? Andrjuscha ist auch matt. Ljowotschka, Mascha und ich sind nach Koslowka gefahren, es war warm und windig. Gestern abend hat es zwischen uns vier – den beiden Gays, Ljowotschka und mir – ein sehr schwieriges Gespräch über unsere ehelichen Beziehungen und die Schmerzen gegeben, die die Ehemänner erdulden, wenn sie von ihren Frauen nicht verstanden werden. Ljowotschka sagte: „Da wächst wie ein Kind unter tausend Schmerzen in dir ein neuer Gedanke, ja ein vollständiger geistiger Umbruch heran, und die anderen klagen dich noch dieser Schmerzen wegen an und wollen nichts von ihnen wissen." Ich entgegnete, daß wir Frauen in der Zeit, da die Männer ihre von ihnen selbst ersonnenen geistigen Kinder zur Welt zu bringen versuchen, unter wirklichen Qualen Kinder aus Fleisch und Blut gebären, die wir dann auch stillen und aufziehen müssen; wie sollten wir da noch Kraft haben, je nach den geistigen Umbrüchen der Männer, mit denen wir nicht Schritt halten und die uns nur leid tun könnten, das Lebenssteuer herumzureißen? Wir haben einander übrigens vielerlei Vorwürfe gemacht, aber dennoch hatte jeder (zumindest gilt das für mich) nur den einen Wunsch, nicht an die alten wunden Punkte zu rühren und so freundlich wie nur möglich miteinander um zu gehen. Was die Menschen, nicht nur die geliebten Ehemänner, in Güte sagen und tun, das trifft – wie könnte es anders sein – zumindest langsam und mit der Zeit doch immer auf Verständnis und Sympathie, wenn es wirklich gut gemeint ist.

23. Februar. Gorbunow und die Annenkowa sind bei uns zu Besuch. Sascha ist krank, hat Fieber und Husten, ich pflege sie mit besonderer Aufmerksamkeit und mache mir Sorgen um sie. Die Annenkowa erzählte, sie habe in Moskau Tanja und Ljowa gesehen. Ljowa sei wieder genesen, scheue sich aber noch, das Haus zu verlassen. Polonski hat uns einen Brief geschrieben und sein Gedicht „Abendglocken“[37] geschickt. Ljowotschka nähte abends Stiefel und klagte über Frösteln. Draußen tobt der Sturm. Habe mich heute den ganzen Tag um Sascha gekümmert, Wanetschka herumgetragen, Andrjuscha und Mischa zwei Musikstunden gegeben und eine Decke bestickt. Sündige Gedanken martern mich. Doch merkwürdigerweise sind sie ganz losgelöst von mir, als beträfen sie gar nicht mich, meine Seele oder mein Leben, und als hätten sie weder Macht, in mein Leben einzudringen, noch mich zu verderben.

Eine große Freude hat mir heute Mischa mit seinem Klavierspiel bereitet. Wir begannen, die Serenade aus „Don Giovanni“ vierhändig einzustudieren, als er plötzlich vor den Klängen dieser Melodie regelrecht aufstrahlte.

Doch zu meiner großen Beunruhigung haben Andrjuscha und er irgendwelche *Geheimnisse*. Gebe Gott, daß Borel sie nicht verdorben hat, wer könnte für den bürgen! Reinheit, heilige Reinheit war für mich immer das Teuerste auf der Welt.

25. Februar. Ljowotschka, Mascha, Petja Rajewski und Gorbunow sind nach Koslowka gefahren, um die Annenkowa zum Zug zu bringen. Durch Petja ist Mascha wieder vergnügter geworden; sie freut sich, daß er ihr gegenüber nicht gleichgültig ist. Die Jugend zollt ihren Tribut, und ich bin froh darüber.

Gestern kam ein ziemlich düsterer Brief von Ljowa, daß es ihm nicht gut gehe, und ein tröstlicherer von Tanja. Noch scheuen sie die Fahrt hierher. Gestern nacht gegen vier Uhr weckte mich Wanetschkas keuchender Hustenanfall. Mascha und ich sprangen beide auf, gaben ihm kochendes Sprudelwasser zu trinken, brachten Wasser mit Terpentinöl zum Kochen, gossen es in einen Napf, bedeckten ihn mit einem Tuch und ließen Wanetschka die Dämpfe einatmen. Die

Atemnot ließ bald nach, doch dann bekam er Fieber. Ich dachte, das wird sicher langwierig, doch nach einem Tag, das heißt heute, war alles vorbei, und er sang schon wieder im Saal seine „Kleine Harfe". Auch Sascha geht es viel besser, sie braucht nicht mehr zu liegen.

Habe die Kinder Gottes Gebote gelehrt und Mischa lange den Gottesbegriff erklärt. Er ist bereits durch verschiedene Ableugnungen, vor allem durch die Ablehnung der Kirche verwirrt worden. Ich habe mich nun darum bemüht, ihm die wahre Bedeutung der Kirche, wie ich sie verstehe, zu erläutern, als *Versammlung der Gläubigen*, als *Bewahrerin* des Heiligtums, des Glaubens und der Anschauung Gottes, nicht aber als Ritual. Ljowotschka ist ruhig, gesund und fröhlich. Wir kommen oberflächlich gesehen einfach und gut miteinander aus. Doch immerhin besser als zu Anfang des Winters. Im Dorf ist die siebenjährige Tochter von Olga Jerschowa gestorben. Es war ein sehr liebes Wesen, das von seiner Mutter nur allzusehr geliebt wurde. Ljowotschka und die Annenkowa sind dorthin gegangen, aber ich war nicht dazu in der Lage.

28. Februar. Die Tage sind wie im Nu verstrichen. Wanetschka kränkelt, ich habe gearbeitet, unterrichtet, gelesen und war krank. Heute geht es mir besser, doch Wanetschka hustet noch immer sehr. Gestern abend sind Tanja, Ljowa und Sonja Mamonowa gekommen. Ljowa hat abgenommen, sieht aber nicht krank aus. Er ist argwöhnisch und hat ja auch wirklich keine kräftige Konstitution. Tanja ist richtig aufgelebt und sieht irgendwie hübscher aus. Die drei Brüder Rajewski sind aus Koslowka gekommen und wurden von unseren Kindern abgeholt. Der Weg wird matschiger, weil es wärmer wird und die Temperatur schon 2 Grad über Null angestiegen ist. Südwind. Ljowotschka fuhr nach Tula, brachte Iwan Iwanowitsch Gorbunow zum Zug und besuchte dann die Rajewskis. Er ist sehr lebhaft, doch seine Lebensfreude hat etwas Frühlingsbedingtes, Egoistisches und Körperliches an sich. Schon lange sah er nicht mehr so gesund und munter aus. Ich weiß nicht, woran er jetzt arbeitet, er spricht nicht gern darüber. Aus Moskau kam die Nachricht, daß der XIII. Band mit Arrest belegt worden ist.[38] Ich weiß nicht, wie das enden wird und habe noch keinen Entschluß gefaßt.

Gestern las Ljowotschka Nefjodows Erzählung „Jewlampis Tochter“[39] vor, die ich schlecht und düster finde. Ich gehe jetzt schlafen. Bin irgendwie traurig.

2. März. Den gestrigen Tag haben wir müßig und feiertäglich verbracht. Wir gingen mit allen Kindern und den Rajewskis in die Rowskije Kasarmy[40] zum Teetrinken. Nach dem Mittagessen spielten die Kinder, Wanetschka bemühte sich, die Spiele zu verstehen und mitzumachen. Zwischen all diesen großen kräftigen Leuten – vor allem den Rajewskis – nimmt sich dieser kleine blonde Knirps besonders rührend aus. Heute kamen auch Serjoscha, Ilja und Zurikow, ein Kollege und Nachbar von Serjoscha. Ilja bittet jedesmal für irgend etwas um Geld; das ist so unschön. Er geht leichtfertig damit um und lebt auf allzu großem Fuß. Ljowotschka ist traurig. Auf meine Frage nach dem Grund, antwortete er, daß er nicht schreiben könne. Worüber er jetzt schriebe? „Über das Nichtwiderstehen.“[41]

Wie sollte er auch damit vorankommen! Diese Frage ist doch allen, auch ihm selbst, schon längst lästig geworden, weil sie nach allen Seiten hin gedreht und gewendet worden ist. Ihn verlangt es nach einer *schöngeistigen* Arbeit, doch es fällt ihm schwer, den Anfang zu machen. Dort wäre das *Räsonieren* fehl am Platz. Wenn erst der Strom des wahrhaftigen, schöngeistigen Schaffens aus ihm herausbricht, dann kann er ihn schon nicht mehr zum Stehen bringen, da ist dann plötzlich das Nichtwiderstehen unangebracht, den Strom anzuhalten unmöglich, doch ihn zuzulassen erschreckend. Und so ist ihm schwer ums Herz.

Ljowa war heute darüber gekränkt, daß sowohl Serjoscha als auch ich ihm sagten, seine Gesundheit sei angegriffen. Ich habe ihn beleidigt, obwohl ich zärtlich zu ihm sein wollte.

Ich habe heute die Lektüre von Bourgets „Physiologie der modernen Liebe“ – natürlich auf französisch – beendet. Sehr klug geschrieben, dennoch langweilte sie mich, da sich hier alles nur um das eine dreht und mir das ganze Ambiente fremd ist.

3. März. Letzter Tag der Butterwoche. Andrjuscha ist nach Koslowka geritten, Mascha und Mischa sind noch mit dem Schlitten nach Jassenki und Teljatinki zu den Kranken gefahren. Dort liegt schon seit mehreren Monaten ein Bauer mit einer schrecklichen Wunde. Wie gut, daß sich Mascha seiner angenommen hat und ihm beisteht! Das ist ein gutes Werk.[42] Ljowa ist ein wenig fröhlicher, doch sein krankes Aussehen bekümmert mich. Sonja Mamonowa hat gesungen, während Serjoscha und Ilja auf dem Klavier spielten. Dann plauderte ich mit Zurikow, und wie immer bereue ich später, daß ich zu viel geredet habe. Ich habe den ganzen Tag genäht, weil ich bei dieser allgemeinen Unruhe nichts anderes tun kann. Ich habe mich gefreut, als beim Mittagessen all unsere neun Kinder um den Tisch versammelt waren.

6. März. Serjoscha ist nach Nikolskoje, Mascha mit einer kranken Bäuerin nach Tula gefahren und hat auch das junge Mädchen Saschka mitgenommen. Nun ist alles wieder beim alten. Aber für mich war es eine große Freude, am Samstag und am Sonntag unsere neun Kinder mit uns am Tisch vereint zu sehen. Ich sitze die ganze Zeit zu Hause mit verschiedenen Arbeiten. Um mir nach dem Mittagessen ein wenig Bewegung zu verschaffen, schloß ich mich Ljowotschka an, und gemeinsam spielten wir mit den Jüngsten: Sascha, Wanetschka und Kuska. Ljowotschka geht immer nach dem Mittagessen mit ihnen durch das ganze Haus, setzt sie in einen leeren Korb, schließt den Deckel, trägt sie durch die Zimmer, stellt irgendwann den Korb ab und läßt dann den, der gerade im Korb sitzt, raten, wo er sich jetzt befindet. Ljowa ist sehr abgezehrt, die Haut spannt über den Knochen, und es tut mir im Herzen weh, ihn anzusehen. Aber er ist fröhlicher geworden. Er muß in diesem Sommer ganz strikt Kumys trinken.

Die russische Novelle „Am Abend“[43] wurde vorgelesen; ich aber las Spinoza. Seine Beschäftigung mit der Geschichte des jüdischen Volkes interessiert mich nicht besonders; mal sehen, wie die Abschnitte der Ethik ausfallen. Ich liebe alles Hochgeistige, aber nicht die *Analysen* irgendeiner Einzelwissenschaft.[44]

Nach dem Tee sprachen wir vom Essen, vom Luxus, vom Vegetarianismus, für den sich Ljowotschka mit solchem Nachdruck einsetzt. Er erzählte, in einer deutschen Zeitung seien „Brot und Mandeln“ empfohlen worden. Wahrscheinlich hält sich derjenige, der diese Empfehlung ausgesprochen hat, ebenso konsequent daran wie Ljowotschka an das Gebot der Keuschheit, das er in seiner „Kreutzersonate“ propagiert.

8. März. Haben das Märzheft der „Nedelja“ mit Ljowas Erzählung erhalten.[45] Zum ersten Mal ist etwas von ihm (unter dem Namen

L. Lwow) veröffentlicht worden. Ich habe die Erzählung noch nicht zum zweiten Mal lesen können, weil das Heft gerade heute ankam, als ich in Tula war. Mich bewegt Ljowas belletristische Schriftstellerei sehr, vor allem auch im Hinblick auf seine Zukunft. Ist sie nur etwas Vorübergehendes, weil er so besonders beeindruckbar ist und jetzt soviel Neues und Unbekanntes erlebt hat, oder ist sie wirklich der Anfang seiner schriftstellerischen Tätigkeit? Es wäre so gut, wenn sie für ihn wirklich zu einer Lebensaufgabe würde, dann könnte er auch das Leben selbst liebgewinnen. Er sieht jetzt besser aus, obgleich er noch immer sehr dünn ist.

In Tula gab es wiederum viel zu tun: es ging um die Pfandschuld für Grinjowka, das Geld von der Fabrik für das Holz, die Gelder der Kinderfrau bei der Staatsbank, Einkäufe; schließlich besuchte ich dann noch Sinowjews und Dawydows. Die ganze Reise war sehr mühselig. Man sollte eigentlich immer nur ganz kurz, d. h. nur für wenige Stunden, irgendwohin zu *Besuch* fahren; denn sonst stört man als Außenstehender die Ordnung des Familienlebens und fällt allen zur Last.

10. März. Als Ljowotschka heute morgen beim Frühstück saß und die Zeitungen und die Briefe aus Koslowka bereits eingetroffen waren, sagte ich: „Ich habe noch immer keine Nachricht bezüglich des XIII. Bandes bekommen." Darauf Ljowotschka: „Was plagst du dich nur so ab, ich werde ohnehin in den Zeitungen bekanntgeben müssen, daß ich auf alle Rechte an den Werken des XIII. Bandes verzichte." Ich: „Aber warte bitte damit, bis er erschienen ist." Er: „Selbstverständlich." Dann ging er hinaus. Mich erboste jedoch der Gedanke, daß er mich wieder um die Möglichkeit bringen will, zusätzlich ein wenig Geld zu verdienen, das meine Kinder so dringend brauchen können. Und so dachte ich mir hämische Worte aus, die ich zu ihm sagte, als er sich zum Spazierengehen fertigmachte: „Wenn Du in den Zeitungen Deinen Verzicht auf alle Rechte bekanntgibst, werde auch ich dort unverzüglich eine Erklärung abdrucken lassen, mit der ich an das Taktgefühl des Publikums appelliere, das es ihm unmöglich machen wird, jene Rechte in Anspruch zu nehmen, die deinen Kindern zustehen." Daraufhin begann er mir meine Taktlosigkeit vorzuhalten, jedoch in freundlichem Ton. Ich schwieg. Schließlich sagte er, wenn ich ihn wirklich liebte, würde ich selbst eine solche Verzichtserklärung auf die Rechte an seinen Werken veröffentlichen. Nachdem er fortgegangen war, ergriff mich ein tiefes Mitleid für ihn, und all meine materiellen Interessen kamen mir so nichtig vor angesichts jenes Schmerzes, den für mich unsere gegenseitige Entfremdung bedeutet. Nach dem Mittagessen sagte ich, es täte mir leid, ihm häßliche Worte gesagt zu haben, und ich werde nichts in den Zeitungen veröffentlichen lassen, denn mir läge vor allem daran, ihn nicht zu kränken. Tränen der Rührung standen in unseren Augen. Wanetschka, der neben uns stand, fragte ganz erschreckt: „Was? Was?" Ich erklärte ihm: „Mama hat den Papa gekränkt, und jetzt haben wir uns wieder versöhnt." Er gab sich zufrieden und stieß so etwas wie ein „Ah!" hervor.

Es ist windig und kalt. Der Zeichenlehrer war da und wollte sich Geld leihen, doch ich habe abgelehnt, schließlich war er als Lehrer zu schlecht.

Mir schmerzen Rücken und Brust, ich fühle mich entsetzlich schwach. Nach dem Essen haben Tanja, Sonja Mamonowa, Mascha, Wanetschka und ein wenig auch Mischa zu den Klängen von Ziehharmonika und Klavier getanzt. Sonja hatte sich als Bauersfrau verkleidet. Alexei Mitrofanowitsch ist mit den vier Kindern, die er unterrichtet, nach Tula gefahren.

Ich habe M.de Vogues Aufsatz „Aus Anlaß der Kreutzersonate"[46] gelesen, erstaunlich feinsinnig und klug geschrieben. Er führt unter anderem aus, Tolstoi habe die Analyse (analyse creusante) bis zum äußersten getrieben. Abends las Ljowotschka Potapenkos Novelle „Die Generalstochter"[47] vor – nicht schlecht. Ich habe gestrickt und gemeinsam mit Sonja für Agafja Michailowna eine Bluse zugeschnitten und genäht.

Ljowotschka überarbeitet immer wieder sein „Über das Nichtwiderstehen", das Mascha für ihn abschreibt. Solch schwergewichtige Artikel bereiten einem *Künstler* besondere Mühe, doch an sein eigentliches, schöngeistiges Werk geht er nicht heran.

11. März. Wjatscheslaw[48] ist zu uns gekommen, Sonja Mamonowa wieder abgereist. Ich freue mich an Wjatscheslaw, er erinnert mich an meine Mutter, die ihn so sehr liebte.

Tanja geleitete Sonja nach Tula und speiste dort beim Gouverneur. Ljowotschka ritt in der Angelegenheit verschiedener Bauern ebenfalls nach Tula und suchte dort Dawydow und Sinowjew auf. Ich habe den ganzen Tag mit meinem Bruder verbracht. Abends wurde vorgelesen.

12. März. Haben einen Amerikaner aus New York, den Redakteur der Zeitung „Harold"[49], zu Besuch. Und einen weiteren *Finsterling*, Nikiforow. Gespräche, nichts als Gespräche. Erhielt die Mitteilung der Moskauer Zensur, daß der XIII. Band endgültig mit Arrest belegt worden sei. Nun muß ich sehen, was sich in Petersburg machen läßt. Bin sehr verärgert. Fühle, daß ich dort nichts erreichen werde, mein Glück und mein Vertrauen in die eigenen Kräfte sind dahin. Aber vielleicht steht mir ja Gott bei. Schnee, Wind, Frost, man muß sogar wieder mit dem Schlitten fahren.

13. März. War wieder in Tula, habe aber außer in den geschäftlichen Angelegenheiten niemanden gesehen. Es geht immer noch um die Teilung mit dem Geistlichen. Abends Unterredungen mit dem Amerikaner; er braucht für seine Zeitung Informationen über Ljowotschka, die ich ihm zwar gab, jedoch mit äußerster Vorsicht; bin jetzt durch mancherlei Schaden klug geworden. Wjatscheslaw ist am frühen Morgen gefahren, er hat sich leider von uns getrennt. Erhielt einen Brief von der Gräfin Alexandrine Andrejewna Tolstaja, sie schreibt, der Zar empfange zwar keine Damen, ich solle aber trotzdem etwa noch eine Woche oder zehn Tage auf eine definitive Antwort waren.[50]

Ich fahre nach Moskau und bringe dort den XII. Band mit einer kurzen erklärenden Notiz über die Verzögerung des XIII. Bandes heraus.[51] Welche Mühe machen mir all diese Plackereien! Und für wen tue ich das eigentlich alles? Wie gern bliebe ich hier!

Es ist kalt und windig. Erneut Schneefall. Alle fahren wieder mit dem Schlitten.

20. März. War den 15. und 16. in Moskau. Verbrachte beide Tage mit Ljowa, der sehr glücklich ist, daß jetzt auch im Aprilheft des „Rodnik" seine Erzählung „Montechristo" abgedruckt wird. Ich war ebenfalls glücklich, nehme an seinen ersten schriftstellerischen Versuchen, denen die Zeitschriften so wohlwollend begegnen, freudigen Anteil. In Moskau erfuhr ich, daß in Petersburg der *ganze* XIII. Band die Zensur nicht passiert hat, während in Moskau nur die „Kreutzersonate" verboten worden ist. Fahre jetzt nach Petersburg, unternehme dort alle Anstrengungen, um den Zaren zu sehen und den XIII. Band freizubekommen. In Moskau habe ich zu meiner Freude die beiden Olsufjews und Wsewoloschski getroffen, drei prächtige Menschen. Dunajew ist sehr merkwürdig und krank. Habe Warenka Nagornowa nach Jasnaja Poljana mitgenommen, dieses liebe, lichte Geschöpf, über dessen Ankunft sich alle freuten. Sie ist erst heute wieder abgereist. Tanja und Mascha haben sie gerade im neuen Bauernkarren nach Tula begleitet, wollen dort über Nacht bei den Sinowjews bleiben und sich morgen die Ausstellung der Peredwischniki ansehen. Am Sonntag werde auch ich mit den Kleinen dorthin fahren. Habe für nichts Interesse und kann an nichts anderes denken, solange nicht das Schicksal des XIII. Bandes entschieden ist. In Gedanken verfasse ich immer neue Briefe und Ansprachen an den Zaren, male mir immer neue Situationen aus und warte mit aller Anspannung auf den Brief von A. A. Tolstaja, die mir mitteilen will, ob der Zar bereit ist, mich zu empfangen. Ljowotschka sagt, er dämmere geistig vor sich hin und komme mit dem Schreiben kaum voran. Er hat wieder häufiger Magenweh, sieht aber munter aus.

Es ist windig, es taut, 5 Grad über Null, Morast. Für Fahrten benutzt man jetzt den Bauernkarren.

21. März. Habe Spinoza gelesen, fand zwei Erörterungen äußerst frappierend: die erste über die Staatsgewalt und die Gesetze: der Staat solle sich die Menschen unterordnen und zwar nicht etwa mittels der Angst vor Bestrafung von Verbrechen, sondern durch die Errichtung von Idealen, denen sie als Inbegriff des Guten nacheifern würden. Die zweite Erörterung gilt den Wundern: daß die gemeinen Leute (le vulgaire) die Hand Gottes nur in dem erkennen, was sich *außerhalb* der Gesetze der Natur und der Wahrscheinlichkeit vollziehe, daß sie Gott aber nicht in der ganzen Natur, dem ganzen Weltall zu sehen imstande seien. Und demgemäß warten sie auf die göttlichen Wunder wie auf etwas, das jenseits der Grenzen der Natur liege.

Die Mädchen sind aus Tula zurückgekehrt, haben bei den Dawydows übernachtet, die Vorjahresausstellung der Peredwischniki gesehen und waren ganz durchgefroren. Draußen tobt ein schrecklicher Sturm. Mit Andrjuscha gab es heute wieder Ärger während des Musikunterrichts. Er kann sich einfach nicht auf den *Kern* einer Sache konzentrieren, sondern denkt an tausend Nebensächlichkeiten. Er zieht ärgerlich seine Hand zurück, wenn ich sie berühre, wendet sich ab, wenn ich ihn anspreche usw. Ich versuche, so geduldig wie nur irgend möglich zu sein, doch endlich schießt eine solche Wut in mir hoch, daß ich ihn entweder anschreie oder ihm auf die Hand schlage.

Tanja hat einen Brief von Ljowa bekommen. Ljowotschka ist ungewöhnlich lieb, fröhlich und zärtlich. Und all das wie immer nur aus ein und demselben Grund! Wenn doch nur diejenigen, die so ehrfürchtig die „Kreutzersonate“ lesen, einen Moment lang einen Blick auf Ljowotschkas Liebesleben werfen könnten, das allein ihn fröhlich und gütig sein läßt – wie würden sie dann ihre Gottheit von jenem Sockel stürzen, auf den sie ihn erhoben haben! Ich aber liebe ihn so wie er ist mit all seinen guten und schlechten Angewohnheiten als einen ganz durchschnittlichen Menschen. Man braucht kein Tier zu sein, aber man muß auch nicht mit aller Gewalt Wahrheiten verkünden, denen man selbst nicht zu folgen vermag.

22. März. Hatte den ganzen Tag mit den Sommerkleidern für die Kinder zu tun. Nach dem Mittagessen spielten Ljowotschka und ich vierhändig. Statt eine Patience zu legen, spulte er abends die ungebleichten Fäden für mich auf, die schrecklich durcheinandergeraten waren; er hatte seinen Spaß daran. Habe Sonja einen Brief geschrieben. Bin sehr müde und fühle mich nicht wohl.

23. März. Habe heute die ersten Anzeichen des Frühlings wahrgenommen. Strahlender Sonnenschein, Vogelgesang. Nach dem Essen fegte ich mit Andrjuscha und Sascha den Schnee von den Stufen der Steinterrasse. Ljowotschka ritt nach Tula, besuchte aber nur die Dawydows und war gegen acht Uhr abends wieder zurück. Als ich heute morgen im Saal arbeitete, während er noch beim Frühstück saß, sagte er plötzlich: „Hör nur, wie dumm ich bin. Habe mir gerade einen französischen Kalauer ausgedacht: ‚Quand est-ce-qu'on se porte bien? – Quand on a une bonne et qu'on ne lui donne pas du thé, s'est à dire qu'on *a une bonne sans thé* (bonne santé).‘“ Dabei aß er Schokoladenpudding. Ich hatte ihm nämlich gesagt, Schokolade sei nicht schädlich wie Vanille, sondern sei *santé*, das hatte ihn auf den Kalauer gebracht.

Gab den Kindern Musikunterricht, wir spielten vierhändig die Gavotte von Bach in einem Arrangement für Kinder. Petja Rajewski ist bei uns. Aus Petersburg immer noch nichts Neues, und ich leide unter dieser Ungewisseheit und dem Warten.

24. März. Habe heute morgen drei Briefe geschrieben: antwortete Ljowa und Dunajew, und da mich der Zustand des Wartens allzusehr marterte, fragte ich in einem Brief an die Gräfin A. A. Tolstaja noch einmal nach dem letzten Stand der Dinge. Gut an Ljowas langem Brief war vor allem, daß er offen über seinen Zustand schreibt und die Beziehung zur Familie nicht abbricht.

Später saß ich allein und las. In den „Russkije wedomosti" steht ein vorzüglicher Aufsatz „Schopenhauers Gedanken über die Schriftstellerei."[52] Er unterscheidet drei Kategorien von Schriftstellern: „erstlich solche, welche schreiben, ohne zu denken. Sie schreiben aus dem Gedächtnis, aus Reminiscenzen, oder gar unmittelbar aus fremden Büchern ... Zweitens solche, die während des Schreibens denken. Sie denken, um zu schreiben ... Drittens solche, die gedacht haben, ehe sie ans Schreiben gingen. Sie schreiben bloß, weil sie gedacht haben. Sind selten." Das ist sehr gescheit.

Alle Kinder haben in den Rowskije Kasarmy Tee getrunken. Gegen drei kam Dawydow mit seiner Tochter und dem kleinen Buchman. Nach dem Mittagessen gingen wir spazieren, schauten uns die Schweine an, gingen auf die Tenne und kletterten auf das Heu. Als wir wieder nach Hause kamen, spielte ich mit Dawydow vierhändig. Die Kinder beschäftigten sich mit allerlei Spielen und waren sehr munter. Mit Ljowotschka komme ich auf freundschaftlicher Basis gut zurecht. Zunächst ging er spazieren, dann schrieb er ein wenig an seinem Artikel. Wann wird er ihn je abschließen? Zwei Grad plus. Gegen Abend begann es wieder zu frieren, es liegt noch überall viel Schnee, vor allem im Wald.

27. März. War am 25. mit Andrjuscha und Mischa in Tula, wir besuchten die Ausstellung der Peredwischniki. An Gemälden habe ich immer große Freude, doch dort gab es nur wenig gute: die wunderbaren Landschaftsbilder von Wolkow und Schischkin.[53] Nach der Ausstellung gingen wir in eine Konditorei, dann in ein Geschäft für Schulbedarf und fuhren schließlich zu den Rajewskis. Iwan Iwanowitsch und Jelena Pawlowna wollten gerade zu Sofja Dmitriewna Swerbejewa zum Mittagessen fahren, und ich schloß mich ihnen an; die sechs Jungen aßen für sich allein. Später stellte sich heraus, daß die Swerbejews noch eine Konzertkarte übrig hatten, und so fuhr ich mit einem der Mädchen, Ljuba, dorthin. Rajewski holte die Jungen ab. Wie stets in der Provinz waren das Konzert und die Rezitation recht mittelmäßig, dennoch langweilte ich mich nicht, war nur schrecklich müde. Doch die Kinder hatten ihre große Freude.

Nach dem Konzert fuhr ich wieder zu den Dawydows und blieb bei ihnen über Nacht, während die Kinder bei den Rajewskis übernachteten. Am nächsten Morgen fuhren sie nach Hause zurück, während ich mich wegen der Geschäfte auf den Weg machte. Als ich die Kiewer Straße entlangging, stand plötzlich Iljuscha vor mir. Ich war sehr überrascht und bat ihn, mit mir gemeinsam eine zum Verkauf stehende Kalesche zu begutachten. Das nahm viel Zeit in Anspruch und war wenig ergiebig. Dann ging ich zu dem Obernotar wegen eines Gerichtsgutachtens und fuhr anschließend mit Ilja nach Hause. Er hatte Auskünfte einholen wollen über ein Gut, das wegen eines Konkurses verkauft werden soll, bat mich um 35 000 Rubel, die ich ihm nicht gab, worauf es zu einer häßlichen Szene kam, doch dann beruhigte sich alles wieder. Nach dem Mittagessen ging ich in Tanjas Zimmer, um ein wenig mit den Kindern zusammenzusitzen. Da sagte Ilja plötzlich: „Ich werde Ihnen keine Stuten für den Kumys zur Verfügung stellen." Ich brauste auf: „Ich bitte dich ja auch nicht darum, sondern befehle es dem Verwalter." Er ebenfalls aufbrausend: „Der Verwalter bin ich." – „Und ich die Gutsbesitzerin." Ob ich schon allzu erschöpft oder einfach seines ewigen Geredes über Geld und Gut schon allzu überdrüssig war, jedenfalls wurde ich entsetzlich zornig und sagte: „So weit ist es also gekommen, nicht einmal Kumys für deinen Vater hast du übrig, wozu bist du überhaupt hier, scher dich zum Teufel, du hast mich genug gequält!" Ich schlug die Tür zu und ging hinaus. Es tut mir bitter leid um diesen Sohn, wie rücksichtslos und peinlich er sich aufführt!

Danach haben wir – und zwar zum ersten Mal mit allem Ernst – darüber gesprochen, daß es so nicht weitergehen könne und daß alles aufgeteilt werden müsse. Ich bin darüber sehr froh, jedoch nur unter der Bedingung, daß bei dieser Teilung das Los entscheidet. Doch auch dem widersetzt sich offensichtlich wieder Ilja, da er in Grinjowka und Nikolskoje bleiben will. Ich aber widersetze mich mit allem

Nachdruck einer Benachteiligung der schutzlosen Kleinen. Nur mit Ilja gibt es immer wieder Schwierigkeiten, er ist gräßlich egoistisch und habgierig; ob das vielleicht daher kommt, daß er schon eine Familie hat? Die übrigen Kinder sind alle sehr taktvoll und würden jeder Lösung zustimmen. Ljowotschka hat immer besonders zu Ilja gehalten, wollte niemals dessen Schwächen sehen. Auch jetzt möchte er in allem Iljas Wünschen willfahren, doch ich befürchte, daß dann die Unannehmlichkeiten nie ein Ende haben werden. Glücklicherweise ist Grinjowka auf meinen Namen eingetragen, und wenn bei der Aufteilung zwischen den Kindern nicht das Los entscheidet, werde ich mich weigern, Grinjowka und Owsjannikowo abzutreten. Um nichts in der Welt stimme ich zu, daß die Kleinen zu kurz kommen! Ljowotschka setzen all diese Gespräche sehr zu, mir jedoch noch zehnmal mehr, weil ich die Interessen der jüngeren Kinder gegen die der älteren verteidigen muß. Tanja tritt zu meinem Ärger ständig für Ilja ein. Morgen werde ich, so schwer es mir auch fällt, nach Petersburg fahren; es graust mir, und ich ahne, daß ich nichts ausrichten werde. Es ist wärmer geworden, ist aber immer noch windig. Tagsüber zeigte das Thermometer heute sieben Grad über Null.

22. April. Habe fast einen Monat lang kein Tagebuch geschrieben. Dieser Monat war besonders interessant und ereignisreich. Aber so ist es ja immer: es blieb nur wenig Freizeit übrig, meine Nerven waren bis zum äußersten gespannt, ich mußte viele Briefe nach Hause schreiben – wie konnte ich da noch an das Tagebuch denken?

Heute ist der zweite Ostertag und der zweite Tag, an dem bereits schon richtig sommerlich warmes Wetter ist. In den beiden letzten Tagen färbte sich das Graubraun der Büsche und Bäume in zartes Grün, heute singt zum ersten Mal allenthalben die Nachtigall, die sich gestern abend erst eingestimmt hat.

Aus Petersburg bin ich am Palmsonntag zurückgekehrt. In der Karwoche habe ich mich zunächst ausgeruht, wurde dann krank, gab den Kindern einige Unterrichtsstunden, erquickte mich an der Stille und am Familienleben, dann aber sprachen wir weiter über die Teilung, die alle Kinder äußerst bewegt, vor allem Ilja. Sie ist nun folgendermaßen geregelt worden: Ilja bekommt Grinjowka und einen Teil von Nikolskoje, einen zweiten Teil von Nikolskoje erhält

Serjoscha, den dritten und größten – zugleich mit der Auflage, die Steuern zu bezahlen – Tanja und Mascha. Ljowa ist das Haus in Moskau und ein Stück Land des Gutes bei Bobrowno in Samara, Tanja oder Mascha Owsjannikowo und 40 000 Rubel zugesprochen worden. Andrjuscha, Mischa und Sascha erhalten jeweils 20 000 Desjatinen Land im Gouvernement Samara, Wanetschka und ich Jasnaja Poljana. Zunächst forderte ich, daß über die Aufteilung das Los entscheiden solle, doch dem widersetzten sich Lew Nikolajewitsch und die Kinder, so daß ich einlenken mußte. Die Ländereien von Samara sind insofern günstig für die Kleinen, als sie noch im Wert steigen. Außerdem kann dort nichts gestohlen oder verdorben werden, und die Verwaltung liegt in einer Hand. Jasnaja Poljana wurde Wanetschka und mir zugesprochen, weil man den Vater schließlich nicht vertreiben kann; dort aber, wo ich bin, werden auch Lew Nikolajewitsch und Wanetschka sein.[54]

Ilja verbrachte hier drei Tage, mit ihm waren auch Zurikow und Naryschkin gekommen. Serjoscha und Ljowa sind noch jetzt bei uns. Serjoscha hat sich sehr von der Familie entfernt und möchte jetzt wieder zu den Landeshauptmännern nach Moskau[55], da er des Lebens in Nikolskoje überdrüssig ist. Das ist ja auch verständlich, so allein wie er da lebt. Ljowa reist heute ab, um sich in Moskau auf das Examen vorzubereiten. Er ist immer noch dünn, aber auch weiterhin in einer guten seelischen Verfassung. Seine Erzählung „Montechristo“ ist im Aprilheft des „Rodnik“ abgedruckt worden, er bekam 26 Rubel Honorar. Im Märzheft der „Nedelja“ erschien seine Erzählung „Liebe“, dafür bekam er ein Honorar von 65 Rubeln! Sein erstes selbstverdientes Geld! Ljowotschka lobt „Montechristo“ ebenso wie alle anderen sehr.

In der Karwoche schickte ich Andrjuscha und Mischa zur Beichte, hatte aber selbst nicht die Kraft dazu. Sie legten die Beichte ziemlich gleichgültig und spontan mit dem Volk ab. Auf Bitten der ganzen Dienerschaft wurde am Samstag bei uns ein Morgengottesdienst abgehalten; Ljowotschka war nicht zu Hause. Als ich ihn zuvor gefragt hatte, ob es ihm unangenehm sei, antwortete er: „Keineswegs“.

Gestern gab ich nach dem Morgentee und dem Frühstück Anweisung, den neuen Bauernkarren anzuspannen, und wir fuhren mit allen Kindern, Lydia, der Kinderfrau, Tanja, Mascha und zwei jungen Mädchen (den beiden Saschkas) in den Sasseka-Wald, um Morcheln zu suchen. Ich ging ständig mit Sascha und Wanetschka, und obgleich ich wegen meiner Kurzsichtigkeit nahezu keine Morcheln entdecken konnte, liebe ich doch sehr den Wald und die erwachende, frühlingshaft sprießende Natur und die Stille im Baumdickicht. Ljowa ging mit Andrjuscha zum Angeln, doch sie hatten keinen Erfolg. Ljowa erlegte eine Ente. Auch heute tummeln sich die Kinder auf der Wiese vor dem Haus und laufen auf pas-de-géant.

Gestern abend spielten unsere Kinder mit den Dorfkindern, doch seltsam, schon jetzt verhalten sich diese elf- und dreizehnjährigen Knaben den Bauernmädchen gegenüber wie junge *Männer*, nicht wie Spielgefährten. Wie schade!

Dunajew ist bei uns. Ljowotschka ist irgendwie traurig, und als ich ihn nach dem Grund fragte, sagte er: „Ich habe Schwierigkeiten beim Schreiben.“[56] Aber natürlich: meine Reise nach Petersburg, das Beichten der Kinder, der Morgengottesdienst – all das entspricht nicht *seinem* Glauben und macht ihn traurig. Ich muß einfach diesen Regeln, die Ljowotschka für sich und die anderen aufgestellt hat, ein positives Gefühl entgegenbringen. Dennoch sehe ich keine Möglichkeit, sie im Leben zu verwirklichen. Auf halbem Wege stehenzubleiben, vermag ich nicht, das entspricht nicht meinem Charakter. Doch bis zum Ende zu gehen, dazu habe ich nicht die Kraft.

Unterdessen wachsen die Kinder ganz ohne Religion auf; dabei sind Kinder ebenso wie das Volk auf festgefügte *Formen* angewiesen. Sie brauchen sie als etwas, in dem sich das Verhältnis zu Gott ausdrücken kann. Mit Ausnahme der Menschen, die zu einem ganz und gar abstrakten, nur von ethischen Idealen geprägten Glauben fähig sind, bedürfen alle anderen der Kirche, um nicht einer hoffnungslosen, erschreckenden Leere anheimzufallen.

Heute habe ich Ljowa nach Moskau begleitet; Tanja und Wanetschka kamen bis nach Jassenki mit.

Ich werde jetzt versuchen, möglichst gewissenhaft aus dem Gedächtnis all meine Bemühungen in Petersburg um den mit Arrest belegten XIII. Band der Gesamtausgabe und meine Unterredung mit dem Zaren am 13. April 1893 aufzuschreiben.

In der Nacht vom 28. auf den 29. März reiste ich aus Jasnaja Poljana ab. Morgens, nach der Ankunft in Moskau, saß ich eine Weile mit Ljowa beisammen, dann fuhr ich zur Staatsbank, um 5prozentige Bankbilletts in 4prozentige zu konvertieren. Um vier Uhr war ich bereits auf dem Nikolajewsker Bahnhof, fand ein sehr gemütliches Coupé zweiter Klasse und hatte eine angenehme Reise mit einer Dame aus der Gegend von Mogiljow, einer Gutsbesitzerin, Frau des Kreismarschalls. In Petersburg waren die Kusminskis gerade erst beim Aufstehen. Sascha war auf Revision der Baltischen Gouvernements. Tanja kleidete sich an, Mascha und die Kinder waren beim Abendmahl. Ich freute mich, wieder mit Tanja zusammen zu sein, und sie quartierte mich in ihrem Schlafzimmer ein. Sogleich baten wir Mischa Stachowitsch zu uns; er sagte, er habe mir geschrieben und mich zu der Audienz beim Zaren herbestellt, da dessen Cousine Jelena Grigorjewna Scheremetewa, eine Tochter der Großfürstin Marija Nikolajewna (aus der Lichtenberger Linie) die Einwilligung des Zaren erwirkt habe. Der Vorwand für mein Gesuch um eine Audienz war, daß ich den Zaren bitten wolle, die Zensur über Lew Nikolajewitschs Werke persönlich zu übernehmen. Stachowitschs Brief war verlorengegangen, oder er hatte ihn gar nicht geschrieben. Er ist kein sehr aufrichtiger Mensch, darum erlaube ich mir, daran zu zweifeln. M. Stachowitsch zeigte mir seinen Entwurf für den Brief an den Zaren; er gefiel mir nicht sonderlich, doch ich nahm ihn an. Der Klarheit wegen sei noch erwähnt, daß die Scheremetewa sich auf die Bitte von Sossja Stachowitsch, der die Scheremetewa sehr gewogen ist, um meine Audienz beim Zaren bemüht hatte. Am Morgen nach meiner Ankunft besuchte ich Nikolai Nikolajewitsch Strachow in seiner Wohnung, die ganz von seiner wundervollen Bibliothek eingenommen ist. Er wunderte und freute sich über mein Kommen. Gemeinsam besprachen wir den Brief und wie ich das Gespräch mit dem Zaren führen würde. Stachowitschs Briefentwurf gefiel ihm genausowenig wie mir, und gegen fünf schickte er mir dann seine Variante. Aber auch diese gefiel mir nicht, und so verfaßte ich aufgrund der ersten und zweiten noch meine eigene, dritte Fassung. Mein Bruder Wjatscheslaw kam und gab meinem Brief den letzten

Schliff. In dieser Form wurde er am 31. März abgeschickt. Der Brief lautete:

> Euer Kaiserliche Majestät, erkühne mich, Ew. M. alleruntertänigst zu bitten, mir eine Audienz gewähren zu wollen, um persönlich bei Ew. M. für meinen Gatten, den Grafen L. N. Tolstoi, Fürsprache einlegen zu können. Allerhöchstdero huldreiche Aufmerksamkeit würde es mir gestatten, die Umstände darzulegen, welche die Rückkehr meines Gatten zu seiner früheren schöngeistigen, literarischen Tätigkeit befördern könnten, und zu erläutern, daß gewisse Anschuldigungen, welche gegen ihn vorgebracht werden, falsch sind, aber doch so schwer wiegen, daß sie einem russischen Schriftsteller, welcher ohnehin schon seine Gesundheit eingebüßt hat, die letzten Geisteskräfte rauben, wiewohl er mit seinen Werken dem Ruhme seines Vaterlandes vielleicht noch zu Diensten sein könnte.
> Euer Kaiserlichen Majestät treue Untertanin
> 31. März 1891 Gräfin *Sofija Tolstaja*

Da ich nicht wußte, wie ich diesen Brief absenden sollte, fragte meine Schwester Tanja telephonisch bei Skalkowski an, einem guten Bekannten von ihr, der ein hohes Amt bei der Post bekleidet.

Am nächsten Morgen schickte Skalkowski seinen Kurier vorbei und teilte uns mit, er verspreche, mein Brief werde dem Zaren noch am Abend des gleichen Tages in Gattschina zugestellt. Der Brief kam am 1. April an, doch am gleichen Tag starb in Charkow, auf dem Weg zur Krim, die Großfürstin Olga Fjodorowna an akuter Pleuritis und einer Herzkrankheit. Dieser Tod sowie die Heirat ihres Sohnes Michail Michailowitsch mit der Gräfin Merenberg – ohne Einwilligung des Zaren und der Eltern – beschäftigte ganz Petersburg, überall wurde nur noch davon gesprochen. Der Etikette gemäß ruhten neun Tage lang sämtliche Hofgeschäfte, die ganze Zarenfamilie gab sich in Abgeschiedenheit der Trauer hin. Aus den Fenstern der Kusminskischen Wohnung schauten wir zu, wie über den Newski-Prospekt der Leichnam der Großfürstin von der Bahnstation zur Peter-Pauls-Festung überführt wurde. Der Zar und Michail Nikolajewitsch schritten gleich hinter dem Sarg. Armee und Geistlichkeit (letztere war besonders zahlreich vertreten) verhielten sich erstaunlich solidarisch. Der Zug hielt zum Beispiel vor der Kirche Mariä Erscheinung für eine kurze Seelenmesse, und beim Gebet wurden *die*

Trommeln geschlagen, und eine merkwürdige Pfeifmusik setzte ein. So etwas habe ich noch nie erlebt. Es machte einen fast heidnischen Eindruck.

Um ungefähr zu wissen, wie ich mit dem Zaren sprechen und ihn um die Erlaubnis für den XIII. Band der Gesamtausgabe bitten sollte, beschloß ich, Feoktistow im Zensurkomitee aufzusuchen, um die Motive für das Verbot zu erfahren. Schwester Tanja begleitete mich. Nach der Begrüßung durch Feoktistow, den ich in Moskau noch als jungen Mann gekannt hatte, als er gerade seine schöne Frau heimlich ihrer Mutter entführt hatte, fragte ich ihn, warum der *ganze* XIII. Band verboten worden sei. Er schlug unwillig ein Buch auf und las mit monotoner Stimme vor: „Das ‚Buch über das Leben' ist auf Anordnung des Hl. Synods von der geistlichen Zensur verboten worden, der Aufsatz ‚Was sollen wir denn tun?' von der Polizeidirektion. Und die ‚Kreutzersonate'", fügte er hinzu, „ist auf allerhöchstes Geheiß verboten worden." Darauf legte ich ihm hitzig dar, daß die Kapitel aus dem Buch „Über das Leben", die ich in den Band aufgenommen hatte, schon in der „Nedelja" abgedruckt waren[57] und bei der Zensur nicht einmal Mißfallen erregt hatten, daß er selbst Kapitel aus „Was sollen wir denn tun?" für den XII. Band genehmigt habe und daß also nur die „Kreutzersonate" übrigbleibe, die ich aber beim Zaren loszubitten hoffte.

Feoktistow war sehr verlegen, als er erfuhr, daß „Über das Leben" und „Was sollen wir denn tun?" gar nicht vollständig aufgenommen waren. Er rief seinen Sekretär, hieß ihn die Angelegenheit noch einmal überprüfen und versprach, binnen zweier Tage zu antworten. Ich machte ihm heftige Vorwürfe, wie nachlässig und unaufmerksam die Zensur sich zu einem Schriftsteller wie LewTolstoi verhalte, man habe ja nicht einmal den *Titel* gelesen und damit mir wie auch dem Autor selbst Verwirrung und Kummer bereitet. Feoktistow begriff offenbar, daß er eine Dummheit gemacht hatte, und am 3. April brachte er mir persönlich den XIII. Band und sagte, er könne genehmigt werden.

In der Zeitung „Nowoje wremja"[58] wurde damals gerade das Repertoire der Stücke veröffentlicht, die in der kommenden Saison auf den kaiserlichen Bühnen aufgeführt werden sollten, unter anderem auch „Früchte der Bildung" des Grafen L. N. Tolstoi. Da meines Wissens dieses Stück für die kaiserlichen Theater verboten war, erkundigte ich mich im Theaterkomitee, was es damit auf sich habe. Es stimmte tatsächlich. Ich fragte, ob man sich mit dem Autor in Verbindung gesetzt und angefragt habe, ob er dies auch wünsche. Man antwortete: nein. Aufgebracht sagte ich dem Beamten, da springe man doch sehr rücksichtslos mit dem Autor um, und außerdem erklärte ich, man möge sich bei allen Verhandlungen nun bitte an mich und nicht an ihn wenden. Am nächsten Tag erschien ein Regisseur mit einem Schreiben, das die Bedingungen enthielt: ich sollte alle möglichen Verpflichtungen auf mich nehmen, zum Beispiel *mich verbürgen*, das Stück werde nicht auf Privatbühnen gespielt, *mich verpflichten*, bei Zuwiderhandlung 2000 Rubel Strafe zu zahlen usw. Mich brachten diese Verpflichtungen in Harnisch, und am nächsten Morgen fuhr in noch einmal ins Theaterkomitee und erklärte dem Beamten, ich sei nicht bereit, *irgendwelche* Verpflichtungen auf mich zu nehmen, eher solle das Stück nicht gespielt werden, ich unterschriebe jedenfalls rein gar nichts. Er sagte, das müsse dem Direktor mitgeteilt werden. Ich hieß ihn, mich bei Direktor Wsewoloschski zu melden, doch das wollte er nicht. Darauf erwiderte ich: „Das sind mir ja schöne Sitten hier, den Zaren kann man sehen, nicht aber einen Direktor, der *verpflichtet* ist, einen zu empfangen." Meine Vermessenheit brachte ihn in Verlegenheit, und er ging mich melden. Im Geiste sagte ich mir: „Ihr Flegel, euch kann man ja bloß anschreien." Wsewoloschski empfing mich nicht sehr achtungsvoll, stellte mir seinen Gehilfen, einen gewissen Pogoschew vor und sprach: „Sie wollen uns also das Stück nicht geben, Gräfin?" Darauf ich: „Ich will lediglich keine Verpflichtungen übernehmen, die ich nicht erfüllen kann." –„Aber das ist doch eine reine Formsache." – „Vielleicht für andere, für mich aber ist es eine Gewissenssache, ich unterschreibe nichts." Da mischte sich Pogoschew ein: „Wenn Sie die Bedingungen nicht unterschreiben, erhalten Sie statt 10 Prozent nur 5 Prozent der Bruttoeinnahmen." Ich fuhr auf und sagte, zu ihm gewandt: „Wir sind hier nicht auf dem Markt, und ich bin nicht gewohnt, wie mit Kaufleuten zu handeln. Bitte doch alle Geldfragen beiseite zu lassen, sie interessieren mich nicht, noch weniger den Grafen, und das Stück gebe ich nicht her." Dann wandte ich mich wieder an Wsewoloschski: „Wie können Sie, ein Mann unserer Kreise, nicht verstehen, daß man Lew Nikolajewitsch nicht mit Vaudeville-Schreibern auf eine Stufe stellen darf, daß wir alle, und vor allen anderen ich als seine Gattin und als anständige Frau, auf seine Ideen Rücksicht nehmen müssen, und darum kann ich nicht die Verpflichtung eingehen, auf *keiner* privaten Bühne werde dieses Stück gespielt. Lew Nikolajewitschs größte Freude ist ja, daß die Komödie ihm bisher noch keine Kopeke eingebracht hat, die Verpflichtung hier nimmt ihm jedoch das Recht, das Stück in Wohltätigkeitsaufführungen spielen zu lassen ..." Ich ereiferte mich sehr, und Wsewoloschski schlug vor, einige Bedingungen zu streichen. Auch darauf ging ich nicht ein, und schließlich schlug er vor, ich solle einen persönlichen Brief schreiben, daß ich gegen 10 Prozent der Bruttoeinnahmen den kaiserlichen Theatern das Recht zur Aufführung des Stücks überließe, was ich dann auch tat.

Mein Sohn Serjoscha hat mir nun geraten, dieses Geld den wohltätigen Kaiserin-Marija-Stiftungen zur Verfügung zu stellen. Ich würde das ja gerne tun, aber meine neun Kinder brauchen doch soviel Geld, und woher es nehmen?

Ich nutzte meine freie Zeit und war auf den Ausstellungen der Peredwischniki und der akademischen Maler.[59] Ob ich nun schlecht gelaunt oder sehr müde war, die Ausstellungen beeindruckten mich jedenfalls kaum. Außerdem machte ich mit Tanja Einkäufe, nähte mir ein Kleid und war viel mit meinen Verwandten und deren Gästen zusammen. Zu meiner Freude konnte ich dreimal Gräfin Alexandra Andrejewna Tolstaja sehen und lange mit ihr über Religion, über Ljowotschka, die Kinder und meine Lage in der Familie sprechen. Sie begegnete mir die ganze Zeit sehr freundlich und voller Mitgefühl. Jeweils einmal speiste ich bei den Stachowitschs, den Mengdens, den Trochimowskis, den Auerbachs und bei Gräfin Alexandra Andrejewna. Sonst immer zu Hause. Man wollte mich verleiten, mir die berühmte italienische Schauspielerin Eleonora Duse anzusehen, aber meine Nerven waren völlig zerrüttet, und auch um das Geld war es mir leid. Die ganze Zeit schlief ich nie mehr als fünf Stunden.

Am Freitag, dem 12. April, verlor ich schließlich die Geduld, noch länger auf die Audienz beim Zaren zu warten. Das Heimweh, die bevorstehende Karwoche und mein Nervenzustand – all das bewog mich dazu, am Sonntag nach Hause zu fahren. Ich zog mich an und fuhr zu Scheremetewa, um ihr für ihre Bemühungen zu danken und zu sagen, ich könne nicht länger warten. Scheremetewa, bei der gerade die Mecklenburger Prinzessin zu Besuch war und die dachte, Gräfin Sofja Andrejewna Tolstaja, die unverheiratete Schwester Alexandra Andrejewnas, wolle zu ihr, empfing mich nicht. Darauf begab ich mich zu Sossja Stachowitsch und erklärte ihr, ich führe am Sonntag ab und bäte, dies Scheremetewa zu übermitteln, damit diese es dem Zaren ausrichte. Dann sah ich kurz bei Alexandra Andrejewna vorbei, um mich von ihr zu verabschieden.

Um elf Uhr abends – ich war gerade ins Bett gegangen – kam ein Billett von Sossja, der Zar habe mich durch Scheremetewa für den nächsten Tag auf halb zwölf Uhr in den Anitschkow-Palast gebeten ...

Im ersten Augenblick freute mich vor allem, daß ich schon am nächsten Tag abreisen konnte. Sogleich begann ich zu packen, schrieb ein paar kurze Briefe, ließ Mme. Auerbach um eine Kutsche und einen Lakaien bitten und ging um drei Uhr nachts aufgeregt ins Bett. Doch ich konnte nicht schlafen, ich überlegte die ganze Zeit und prägte mir ein, was ich dem Zaren zu sagen hatte.

Morgens traf ich rasch meine Anordnungen, wem was zu bezahlen sei, bat Tanja, den Rest einzupacken, kleidete mich an und wartete auf den Zeitpunkt der Abfahrt. Ich hatte mir ein schwarzes Trauerkleid genäht, mit Schleier und schwarzem Spitzenhut. Fünfzehn Minuten nach elf brach ich auf. Ein wenig schlug mir das Herz, als die Kutsche in den Hof des Anitschkow-Palastes einbog. Am Tor und an der Freitreppe wurde salutiert, und ich verneigte mich. Als ich das Entree betrat, fragte ich den Türsteher, ob der Zar befohlen habe, die Gräfin Tolstaja vorzulassen. Er sagte: „Nein." Man fragte noch jemand anderen – die gleiche Antwort. Mir krampfte sich das Herz zusammen. Darauf wurde der Läufer des Zaren geholt, ein junger, wohlgestalteter Mann mit leuchtend rotem und goldenen Gewand und einem Dreispitz. Ich fragte ihn: „Hat der Zar verfügt, die Gräfin Tolstaja vorzulassen?" Er sagte: „Gewiß doch, Erlaucht, der Zar hat, als er aus der Kirche kam, schon nach Ihnen gefragt." An diesem Tag hatte der Zar nämlich der Taufe der Großfürstin Jelisaweta Fjodorowna beigewohnt, die zum orthodoxen Glauben übergetreten war. Der Läufer eilte eine steile, mit grellgrünem, sehr unschönem Teppich ausgelegte Treppe hinauf, ich ihm nach. Dabei überschätzte ich meine Kräfte und rannte zu schnell, und als der Läufer mich in einen Salon geführt hatte und nach einer Verbeugung verschwand, spürte ich einen derartigen Blutandrang zum Herzen, daß ich dachte, ich müsse sterben. Ich war in einem fürchterlichen Zustand. Als erstes schoß mir der Gedanke durch den Kopf, das Ganze sei nun doch nicht wert gewesen, daß es mich das Leben kostete; gleich käme der Läufer, um mich zum Zaren vorzulassen, und fände meinen Leichnam, oder ich brächte jedenfalls kein Wort heraus. Mein Herz schlug derart, daß Atmen, Reden oder Rufen buchstäblich unmöglich war. Ich blieb eine Weile sitzen, dann wollte ich jemanden um Wasser bitten, konnte es aber nicht. Da fiel mir ein, daß man Pferde, wenn sie abgejagt sind, langsam herumführt. Ich erhob mich vom Diwan und ging langsam auf und ab. Aber es wurde noch lange nicht besser. Vorsichtig und unmerklich lockerte ich an der Taille das Korsett, setzte mich wieder hin, massierte mir die Brust und dachte an meine Kinder, wie sie die Nachricht von meinem Tod wohl aufnehmen würden. Zum Glück hatte der Zar, als er erfuhr, daß ich noch nicht da war, erst jemand anderen empfangen, und ich hatte genügend Zeit, um Atem zu schöpfen und zu mir zu kommen. Ich erholte mich und seufzte erleichtert, da kam auch schon der Läufer zurück und verkündete: „Seine Majestät lassen Ihre Erlaucht, die Gräfin Tolstaja, bitten!“ Ich folgte ihm. Vor dem Kabinett des Zaren verbeugte er sich und verschwand. Der Zar begrüßte mich gleich an der Tür, reichte mir die Hand, ich verneigte mich mit einem leichten Knicks, und er hob an mit den Worten:

„Verzeihen Sie, Gräfin, daß ich Sie so lange warten ließ, doch die Umstände gestatteten mir nicht, Sie früher zu empfangen.“

Darauf antwortete ich: „Ich bin ohnehin zutiefst dankbar, daß Euer Majestät mich gütigst zu empfangen geruhen.“

Hierauf begann der Zar – mit welchen Worten weiß ich nicht mehr – von meinem Manne zu sprechen, und was denn nun eigentlich mein Begehr sei. Ich antwortete ihm, nun schon völlig ruhig und gefaßt: „Euer Majestät, in der letzten Zeit wurde ich gewahr, daß mein Mann wieder in seiner früheren, schöngeistigen Art zu schreiben geneigt ist, unlängst sagte er: ‚Meine religiösen und philosophischen Arbeiten liegen mir inzwischen so fern, daß ich nun wieder schöngeistig schreiben könnte, und in meinem Kopf gestaltet sich etwas, das nach Form und Umfang ‚Krieg und Frieden' vergleichbar wäre.' Unterdessen nehmen jedoch die Vorurteile gegen ihn ständig zu. Den XIII. Band beispielsweise hat man erst mit Arrest belegt, jetzt aber hält man es für möglich, ihn zu genehmigen; ‚Früchte der Bildung' wurde verboten, jetzt soll das Stück auf den kaiserlichen Bühnen gespielt werden. Die ‚Kreutzersonate' ist nicht freigegeben ..."

Worauf der Zar sagte: „Aber sie ist auch so geschrieben, daß Sie sie Ihren Kindern wahrscheinlich nicht zu lesen geben würden."

Darauf ich: „Leider ist diese Erzählung äußerlich zu extrem, doch der Grundgedanke ist folgender: Ein Ideal ist immer unerreichbar; wird vollkommene Keuschheit zum Ideal erhoben, so können die Menschen nur in der Ehe rein leben."

Da fällt mir noch ein, daß der Zar, als ich ihm sagte, Lew Nikolajewitsch sei schöngeistiger Tätigkeit wieder zugeneigt, einwarf: „Ach, wie gut das wäre! Wie er schreibt! Wie er schreibt!"

Nachdem ich das Ideal der „Kreutzersonate" charakterisiert hatte, fügte ich noch hinzu: „Wie wäre ich glücklich, wenn die Möglichkeit bestünde, das Verbot der ‚Kreutzersonate' für die Gesamtausgabe aufzuheben. Das wäre eine klare Geste des Wohlwollens gegenüber Lew Nikolajewitsch, was ihn möglicherweise sehr zur Arbeit anspornen könnte."

Darauf sagte der Zar: „Ja, für die Gesamtausgabe kann man sie genehmigen, nicht jedermann ist in der Lage, sich diese zu leisten, somit kann sie keine weite Verbreitung finden."

An welchem Punkt des Gesprächs weiß ich nicht mehr, jedenfalls drückte der Zar bestimmt zweimal sein Bedauern darüber aus, daß Lew Nikolajewitsch sich von der Kirche abgewandt habe. Und er fügte hinzu: „Ohnehin gehen viele Irrlehren unter dem gemeinen Volk um und fügen ihm Schaden zu."

Darauf antwortete ich: „Euer Majestät, ich kann beteuern, daß mein Mann noch nie unter dem Volk oder sonst irgendwo etwas gepredigt hat; vor Bauern hat er nie auch nur ein Wort fallen lassen, und er verbreitet auch keines seiner Manuskripte, vielmehr ist er bestürzt darüber, wenn andere dies tun. So hat zum Beispiel einmal ein junger Mann aus seiner Schriftmappe ein Manuskript gestohlen, hat eine Abschrift aus seinem Tagebuch gemacht, die Aufzeichnungen zwei Jahre später lithographiert und in Umlauf gebracht." (Ich sprach, ohne den Namen zu nennen, von Nowosselow und der Geschichte mit „Nikolai Palkin"[60].)

Der Zar war erstaunt und äußerte seine Mißbilligung: „Nicht möglich! Wie häßlich, das ist ja einfach schrecklich! In seinem Tagebuch kann ein jeder schreiben, was er mag, doch ein Manuskript zu stehlen – das ist eine sehr häßliche Tat!"

Der Zar spricht schüchtern und hat eine sehr angenehme, melodische Stimme. Seine Augen blicken freundlich und sehr gütig, sein Lächeln ist verschämt und ebenfalls gütig. Er ist sehr groß, eher dick, doch stämmig und offensichtlich stark. Haare hat er fast keine mehr; seine Schläfen sind ein bißchen eingedrückt. Er erinnerte mich ein wenig an Wladimir Grigorjewitsch Tschertkow, vor allem durch seine Stimme und Sprechweise. Dann fragte mich der Zar noch, was die Kinder von der Lehre ihres Vaters hielten. Ich gab zur Antwort, den hohen sittlichen Richtlinien, die ihr Vater verkündet, könnten sie nur Achtung entgegenbringen, ich aber hielte es für notwendig, sie im kirchlichen Glauben zu erziehen; im August hätte ich mit den Kindern gefastet und mich auf das Abendmahl vorbereitet, allerdings in Tula und nicht auf dem Lande, da man aus unseren Priestern, die doch unsere geistlichen Väter sein sollten, Spione gemacht habe, die uns fälschlich denunziert hätten.

Hierauf sagte der Zar: „Davon habe ich gehört." Danach erzählte ich, mein ältester Sohn sei Landeshauptmann, der zweite verheiratet und auf dem Gut tätig, der dritte studiere, und die anderen seien noch zu Hause.

Ich vergaß noch zu erwähnen, daß der Zar, als es um die „Kreutzersonate" ging, sagte: „Könnte Ihr Gatte sie nicht ein bißchen umarbeiten?"

Darauf erwiderte ich: „Nein, Euer Majestät, er hat noch nie seine Werke verbessern können, und über diese Novelle sagt er, sie sei ihm jetzt zuwider, er könne nichts mehr darüber hören."

Dann fragte mich der Zar: „Sehen Sie eigentlich Tschertkow häufig, den Sohn von Grigori Iwanowitsch und Jelisaweta Iwanowna? Den hat ihr Gatte völlig bekehrt."

Auf diese Frage war ich nicht vorbereitet und geriet einen Augenblick ins Stocken. Doch ich fing mich wieder und antwortete:

„Tschertkow haben wir über zwei Jahre nicht mehr gesehen. Seine Frau ist krank, und er kann sie nicht allein lassen. Tschertkow und mein Mann waren sich zunächst nicht auf religiösem, sondern auf einem anderen Felde nähergekommen. Da meinem Mann aufgefallen war, wieviel dumme und unmoralische Bücher es in der Volksliteratur gibt, brachte er Tschertkow auf den Gedanken, die Volksliteratur umzuwandeln und sie in die Bahnen von Sittlichkeit und Bildung zu lenken. Mein Mann schrieb ein paar Erzählungen für das Volk, die in mehreren Millionen Exemplaren in Umlauf kamen, danach auf einmal für schädlich und zu wenig kirchentreu befunden und ebenfalls verboten wurden. Außerdem hat man viele wissenschaftliche, philosophische, historische und andere Bücher herausgebracht. Das ist eine sehr gute Sache, die sich gut entwickelt hat, jetzt aber ebenfalls von Verfolgung betroffen ist."[61]

Darauf erwiderte der Zar nichts. Schließlich faßte ich mir ein Herz und sagte: „Euer Majestät, wenn mein Mann wieder schöngeistig schreiben wird und ich seine Werke herausgeben werde, so wäre es für mich das höchste Glück, wenn das Urteil über seine Werke Ausdruck des persönlichen Willens Eurer Majestät sein könnte."

Hierauf gab mir der Zar zur Antwort: „Es wäre mir ein Vergnügen. Schicken Sie seine Werke zur Überprüfung direkt an mich."

Ich weiß nicht mehr recht, ob sonst noch etwas gesprochen wurde, ich glaube, ich habe alles aufgeschrieben. Soweit ich mich erinnere, fügte der Zar noch hinzu: „Machen Sie sich keine Sorgen, alles wird sich einrenken. Es war mir ein Vergnügen!" Dann stand er auf und reichte mir die Hand.

Ich verneigte mich wiederum und sagte: „Ich bedauere sehr, daß ich nicht mehr darum ersuchen konnte, der Kaiserin meine Aufwartung zu machen, man hat mir gesagt, sie fühle sich unpäßlich."

„Nein, die Kaiserin ist heute wohlauf und wird Sie empfangen. Lassen Sie sich bei ihr anmelden."

Danach ging ich hinaus, doch in der Tür zu dem kleinen Raum vor dem Kabinett hielt der Zar mich auf und fragte: „Werden Sie noch lange in Petersburg verweilen?"

„Nein, Euer Majestät, ich reise heute ab."

„So rasch? Wie das?"

„Eines meiner Kinder ist nicht ganz gesund."

„Was hat es?"
„Windpocken."
„Das ist völlig ungefährlich, es darf sich bloß nicht erkälten."
„Ich befürchte eben, Euer Majestät, daß es sich bei diesem Frost erkältet, wenn ich nicht da bin."
Und ich verneigte mich noch einmal und ging, nachdem der Zar mir sehr freundlich die Hand gedrückt hatte.
So kam ich denn wieder in jenen Salon mit den roten Atlasmöbeln, einer Frauenstatue in der Mitte, zwei Knabenstatuen an den Seiten und zwei Spiegeln an den Wänden zwischen den Bogengängen zum nächsten Raum. Außerdem gab es eine Unmenge von Pflanzen und Blumen. Niemals werde ich die hellroten, üppig blühenden Azaleen vergessen, die ich ansah, als ich dachte, ich müßte sterben. Das Fenster ging auf einen langweiligen gepflasterten Hof hinaus, wo zwei Kutschen standen und Soldaten herumliefen.
Ein älterer Lakai mit fremdländischem Gesicht und ebensolcher Aussprache stand an der Tür zum Empfangszimmer der Zarin, auf der anderen Seite ein Neger in nationaler Uniform. An der Kabinetttür des Zaren hatten auch Neger gestanden, drei, glaube ich. Ich bat den Lakaien, mich bei der Zarin anzumelden, und fügte hinzu, es geschehe mit Erlaubnis des Zaren.
Er sagte, eine Dame sitze bei ihr, und er werde mich melden, wenn diese fort sei.
Ich wartete fünfzehn oder zwanzig Minuten. Die Dame kam heraus, und der Lakai sagte, der Zar sei bei der Zarin gewesen und habe ihr mitgeteilt, daß ich ihr meine Aufwartung zu machen wünschte. Ich trat ein. Rasch und leichtfüßig kam mir die schlanke Kaiserin in einem schwarzen Wollkleid entgegen. Ihre Haare von schönem Kastanienbraun waren so akkurat gelegt, als wären sie angeklebt. Sie hat einen sehr hübschen Teint, eine schmale Taille, einen schlanken Hals und dünne Arme. Ihre kehlige und laute Stimme versetzte mich in Erstaunen. Sie reichte mir die Hand, und wie zuvor der Zar forderte auch sie mich sogleich auf, Platz zu nehmen.
„Je vous ai déjà vu une fois, n'est-ce pas?" fragte sie.
„J'ai eu le bonheur d'être présentée à votre majesté il y a de cela quelques années à l'Institut de St. Nicolas, chez Mme. Schostag."

„Ah, certainement, et votre fille aussi. Dites moi, est-ce que vraiment on vole les manuscrits du comte et on les imprime sans lui demander la permission? Mais c'est une horreur, c'est très, mal, c'est impossible."

„C'est vrai, votre majesté, et c'est bien triste. Mais que faire!"

Dann fragte die Kaiserin, wieviel Kinder ich hätte und womit sie sich beschäftigten. Ich gab meiner Freude Ausdruck, daß es ihrem Sohn Georgi Alexandrowitsch nun besser ging, ich hätte großes Mitleid mit ihr empfunden, da mir klar gewesen sei, wie schwer ihr die Trennung von den beiden Söhnen fallen mußte, zumal der eine so krank war. Sie sagte, jetzt sei er wieder völlig gesund; er habe eine Lungenentzündung gehabt, die Krankheit sei verschleppt worden, und sie sei in großer Sorge gewesen. Ich bedauerte, daß ich nie ihre Kinder hätte sehen können, worauf die Kaiserin sagte, sie seien alle in Gattschina.

„Ils sont tous si heureux, si bien portants", fügte die Kaiserin hinzu. „Je tiens qu'ils aient des souvenirs heureux de leur enfance."

Darauf ich: „Dans une famille comme celle de sa majesté, tout le monde doit se sentir heureux."

Die Kaiserin fuhr fort: „Ce petit Michel aux joues roses, il joue une grande fille à 16 ans."

Dann stand die Kaiserin auf, reichte mir die Hand und sagte freundlich: „Je suis très contente de vous avoir revu encore une fois."

Ich verneigte mich und ging.

Die Kutsche der Auerbachs brachte mich zum Kusminskischen Haus zurück, und ohne von den vier Stockwerken etwas zu merken, eilte ich zufrieden hinauf.

Meine Schwester Tanja, Sossja, Manja und Mischa Stachowitsch, Erdeli, Alexander Michailowitsch und die Kusminskischen Kinder erwarteten mich. Ich mußte alles genau berichten. Alle zeigten aufrichtige Anteilnahme und beglückwünschten mich. Ich gab zwei Telegramme auf: eines an Ljowa nach Moskau, das andere nach Hause. Wir frühstückten, und um drei Uhr nachmittags stieg ich in den Zug. Alle begleiteten mich, und es fiel mir furchtbar schwer, mich von meiner Schwester Tanja zu trennen, als ich ihr abgespanntes Gesicht sah und mir einfiel, wieviel Umstände ich ihr bereitet und wieviel Anteilnahme ich von ihr erfahren hatte.

Eines habe ich bei der Wiedergabe des Gesprächs mit dem Zaren noch vergessen. Nach Lew Nikolajewitschs Einfluß auf das Volk erwähnte er auch die jungen Leute, die von ihm bekehrt wurden. Ich sagte dem Zaren, dies seien fast ausnahmslos Menschen, die sich auf dem Weg des politischen Bösen befunden hätten, und Lew Nikolajewitsch habe sie zur Erde, zum Verzicht auf den Widerstand gegen das Böse und zur Liebe bekehrt. Und wenn sie auch nicht in der Wahrheit lebten, so doch jedenfalls auf seiten der Ordnung.

Auf dem Kursker Bahnhof in Moskau holten mich am Sonntag, dem 14. April, Ljowa, Dmitri Alexejewitsch Djakow und Dunajew ab. Wir frühstückten, und auch ihnen erzählte ich alles. Ljowa und Dmitri Alexejewitsch zeigten großes Interesse. Kurz vor der Abfahrt traf ich auf dem Perron Nadja Sinowjewa, die ebenfalls in den Zug einstieg. Sie lud uns in ihr Coupé ein, und wir hatten eine sehr vergnügte Reise: Ljowa, Nadja, ich und zwei Gutsbesitzersdamen, Mutter und Tochter, aus der Charkower Gegend. Die Tochter weinte am Anfang, weil sie gerade von ihrem Bräutigam Abschied genommen hatte.

Zu Hause holten uns Tanja und die jüngeren Kinder ab. Ljowotschka war in den Tschepysch gegangen, danach hatte er lange auf mich im Garten gewartet. Ich war aber schon früher eingetroffen. Mascha war auf ihrem Zimmer. Ich war sehr glücklich, wieder daheim zu sein. Aber Ljowotschka war mit meinen Abenteuern und dem Besuch beim Zaren unzufrieden. Er sagte, jetzt hätten wir sozusagen gewisse Verpflichtungen übernommen, die wir nicht erfüllen könnten, früher hätten er und der Zar sich gegenseitig ignoriert, doch jetzt könnte uns das alles schaden und zu Unannehmlichkeiten führen.[62]

23. April. Morgens ging ich gleich daran, die gestern im Tschepysch und im Tannenwald ausgegrabenen Bäumchen zu setzen, ebenso die Eicheln, die Wanetschka und die Kinderfrau für mich aufgelesen hatten. Wanetschka war die ganze Zeit um mich, Lidija auch, und Dunajew half mir, alles im Garten beim unteren Teich einzupflanzen. Es tut mir leid, daß der alte Garten verkommt, und ich hätte gerne, daß der junge gedeiht. Dunajew gegenüber empfinde ich etwas Seltsames, fast Widerwillen, obwohl er ein guter Mensch ist.

Zum Mittagessen trafen alle Sinowjews ein; wir gingen spazieren und plauderten. Abends spielten und sangen die beiden Sinowjew-Mädchen, und Serjoscha spielte sehr gut eine Ballade von Chopin.

Heute abend erinnerte ich mich (das tue ich immer, wenn der Sommer naht) an den verstorbenen Urussow. Und ich war so trostlos, daß er nicht mehr ist und nie mehr sein wird. Wie verstand er es doch, auf andere Menschen einzugehen, wie verwöhnte er mich durch diese ständige Teilnahme und die Überzeugung, für mich sei nur das Beste gut genug, ich vermöchte alles, was ich wolle, und alles, was ich tue, sei wundervoll. Und meine eigene Familie hat mich verachtet und sich teilnahmslos, egoistisch und eifersüchtig mir gegenüber verhalten. Weshalb urteilt die *eigene Familie* immer strenger als andere? Wie schade das ist, und wie vergiftet man sich dadurch doch die Beziehungen und das Leben! Draußen ist es kalt und klar. Eben kam Tanja und sagte, Ljowotschka lasse mir ausrichten, er sei zu Bett und habe die Kerze gelöscht.

24. April. Begleitete heute die Sinowjew-Mädchen und Serjoscha nach Jassenki, alle sind nach Tula, und unsere Mädchen, Tanja und Mascha, wollten von dort gleich nach Pirogowo weiter. Sascha und Wanetschka hatte ich nach Jassenki mitgenommen. Es regnete, der Nordwind wehte, und plötzlich erfaßte mich die Furcht, die Kinder könnten sich erkälten. Schrieb dann Briefe: an Ljowa, an Gaideburow, die Antwort auf eine Anfrage wegen der neuen Ausgabe[63], an Sossja Stachowitsch und Fet. Das Essen verlief ruhig – Ljowotschka, Dunajew, Lida, ich und die vier Kleinen. Nach dem Essen wollte Ljowotschka auf einmal mit Dunajew zu Fuß nach Tula. Der Nordwind war so stark, daß ich ihn beschwor, es nicht zu tun. Aber er ist eben störrisch, und mein Leben lang ist mir noch nie vorgekommen, daß er eine Bitte von mir erfüllt hätte, vor allem, wenn es um *seine* Gesundheit ging. So brach er also mit Dunajew auf, nur mit einem leichten Mantel bekleidet. Ich ging mit den Kindern ein bißchen nach draußen, und plötzlich sah ich im Garten am unteren Teich, genau dort, wo ich gestern die jungen Eichen und Tannen gepflanzt hatte, eine ganze Herde von Kühen aus dem Dorf. Mädchen und Frauen hüteten sie seelenruhig, bis ich lautstark dazwischenfuhr. Es tat mir um meine Arbeit und die Setzlinge leid. Dann ging ich zu Wassili und befahl ihm, die Kühe zu verjagen, wenn sie auf dem Gut weideten.

Mit dem Volk hier hat man seine Last, Ljowotschka hat sie alle sehr verwöhnt. Als ich wieder zurückkam, machte ich Wanetschka ein Bad und brachte ihn selbst zu Bett; dann schrieb ich Ljowotschkas Tagebücher ab. Jetzt geht es auf elf Uhr zu, der Wind braust, und mir ist bange um alle, die fort sind. Habe Ljowotschkas wegen nach Koslowka geschickt, aber er hat es wohl kaum bis Tula und zum Zug geschafft. Ljowotschka und Dunajew sind nun doch mit dem Zug zurückgekehrt, und es war so kalt, daß Ljowotschka sich über den Schafspelz freute.

29. April. Einige Tage nicht Tagebuch geschrieben. Hatte vorgestern abend wieder einen Erstickungsanfall, mir war, als sei ich zugepfropft. Dazu schreckliches Herzklopfen und Blutandrang zum Kopf. Ich stürzte zur Kinderfrau, sagte: ich sterbe. Küßte Wanetschka und rannte hinunter zu Ljowotschka, um von ihm Abschied zu nehmen. Physisch war es furchtbar, geistig überhaupt nicht. Ljowotschka war nicht da. Ich bekreuzigte mich und wartete halb erstickt auf den Tod. Ging dann wieder auf mein Zimmer und konnte gerade noch bitten, man solle mir schnellstens Senf für die Brust und den Pulverisator bringen. Als ich mich hingelegt hatte und den Dampf einatmete, wurde mir besser. Aber noch immer ist in der Brust etwas nicht in Ordnung, ich glaube, ich lebe nicht mehr lange. Irgend etwas in mir ist angeschlagen. Solch ein Verschleiß an Energie und Lebenskraft, wie mir beschieden – dafür bin ich jetzt schon zu alt.

Schon den zweiten Tag sind die alten Gays auf dem Rückweg aus Petersburg bei uns zu Gast. Habe einen Brief an den Innenminister geschrieben, er möge den Zaren daran erinnern, daß er mir persönlich gestattet hat, die „Kreutzersonate“ in der Gesamtausgabe zu veröffentlichen.[64] Von Ljowa ein trauriger Brief, er wolle die Examina nicht ablegen und verlasse die Universität[65]. Ljowotschka und ich schrieben ihm, wir rieten ihm nicht, die Universität aufzugeben, bevor er sich klargemacht habe, was er dann tun werde. Glaube nicht, daß er darauf hört. Soll er doch machen, was er möchte, unterstützen muß man ihn so oder so. Übermorgen fährt Tanja nach Moskau. Alle sind gesund und munter, die Kinder haben heute mit dem Lernen begonnen. Den ganzen Tag Regen und kalt. Bin schon drei Tage krank, sitze zu Hause, draußen grünt alles, das Gras und die Blätter an den Bäumen, und die Nachtigallen schlagen.

30. April. Die Gays sind wieder abgefahren, die Familie ist unter sich, und das ist sehr angenehm. Des Nachts Kälte und Frost. Saß den ganzen Tag zu Hause, meist allein. Habe schon lange nicht mehr solch eine Weite um mich gefühlt wie heute. Der Kopf klar, der Geist frei, ich begreife alles und durchstreife in Gedanken unermeßliche Weiten. An manchen Tagen ist es genau umgekehrt: man fühlt sich eingeengt, niedergedrückt und wie eingesperrt. Las „La vie éternelle", ein wunderbares, nicht mehr neues Buch. Ljowotschka war nach Jassenki geritten und hatte das Buch von der Post mitgebracht; Nikiforow hat es ihm geschickt[66].

Wie dumm, daß ich meine Jugend in solcher Abgeschiedenheit verbrachte! Ich weiß noch, wie jede Kleinigkeit, zum Beispiel verkochtes oder halbgares Essen, riesige Ausmaße annahm; wie jeder Kummer übergroß wurde; wie ohne Vergleichsmöglichkeit alles Gute unbemerkt vorüberging; wie jeder Gast von besonderem Interesse war; wie eintönig ein Tag nach dem anderen ablief, ohne für irgend etwas Energie oder Interesse zu wecken. Nein, ich war für die Abgeschiedenheit nicht geschaffen, das hat all meine Seelenkräfte gelähmt.

1. Mai. Tanja morgens nach Moskau gefahren. Ilja ist hier, er war wegen der Teilung in Tula. Zum Mittagessen Dawydow mit Tochter und Fürst Lwow. Beide sind mir sehr angenehm, und es wäre ein guter Tag geworden, wenn nicht meine Unpäßlichkeit. Ein Katarrh aller Luftwege, nachts Fieber; irgendwie quälend.

Habe Ljowotschkas Tagebuch abgeschrieben, „La vie éternelle" gelesen. Sehr gut und interessant. Nach dem Essen waren alle spazieren, und ich spielte zwei Stunden Mendelssohns „Lieder ohne Worte" und eine Beethoven-Sonate. Wie immer ärgerte mich, daß ich so schlecht spiele, manchmal möchte ich einfach Stunden nehmen, um die Musik richtig zu beherrschen. Ljowotschka war Dawydow entgegengegangen. Er ist ständig unterwegs und schreibt an dem Aufsatz[67]. Beim Tee kam es zu einem Gespräch über Erziehung. Ich möchte die Kinder nicht aufs Gymnasium schicken, sehe aber keinen anderen Ausweg und weiß überhaupt nicht, was tun. Ich allein vermag ihnen keine Bildung zu geben, und Ljowotschka hat sein Leben lang sehr schön über alles *räsoniert*, aber absolut *nichts getan* (auf diesem Gebiet). Ein Herr kam mit einem Brief von Orlow[68] und fährt gleich wieder ab. Das Wetter wird wärmer, alle bringen frische helle Veilchen mit. Wir haben Morcheln gegessen, die Nachtigall schlägt, das Laub sprießt erst spärlich. Überhaupt ist das kein fröhlicher Frühling, er zieht langsam ein. Wie sympathisch ist Dawydow mit seinem Feingefühl!

15. Mai. Wieder lange nicht Tagebuch geführt, wieder viele Ereignisse. Am 2. oder 3. Mai kam Urussowa (geb. Malzewa) mit den beiden älteren Töchtern Mary und Ira. Ihre Anwesenheit hat mich schrecklich, fast krankhaft an den verstorbenen Fürsten Urussow erinnert, und ich konnte dieses Gefühl gar nicht mehr loswerden. Am Mittagstisch sah ich ständig vor mir, wie er mir gegenüber saß, neben Ljowotschka, oder neben mir, und wie er mich bat, als wir seine Familie erwarteten: „Sie werden sie doch lieben, Gräfin, nicht wahr? Sie werden doch meine *unglückliche* Frau lieben?" Dabei sagte er „unglücklich" mit fremdländischem Akzent. Und tatsächlich liebe ich seine unglückliche Frau und seine Kinder, vor allem Mary, die ihm frappierend ähnelt und derart die Beethoven-Sonate gespielt hat, daß an ihrer wundervollen und außerordentlichen Begabung kein Zweifel sein kann. Und wie naiv und zugleich kultiviert sie beide doch sind! Die Fürstin hat sich sehr zu ihrem Vorteil verändert, ist in sich gegangen und hat manches bereut. Ich weiß nicht, warum sie jedesmal – auch diesmal wieder ganz ernst und ruhig – zu mir sagt, ihr Mann habe mich außerordentlich geliebt, mehr als Ljowotschka, ich hätte ihm in meiner Familie sowohl Familienglück beschert als auch das, was sie, seine Frau, ihm hätte geben müssen – Anteilnahme, Freundschaft, Herzlichkeit und Fürsorge. Ich sagte zu ihr, daß ihr Mann mich so geliebt habe, darin irre sie sich; er habe mir das nie gesagt, und wir seien lediglich sehr befreundet gewesen. Darauf sie: „Jamais il n'aurait osé vous avouer son amour, et il aimait trop le comte pour se l'avouer même à soi-même."

Wir verbrachten drei schöne Tage zusammen und schieden in Freundschaft.

Sie reisten auf die Krim, und mir teilte Tanja mit, ich müsse wegen der Examina von Andrjuscha und Mischa nach Moskau kommen, und so fuhren wir mit Alexei Mitrofanowitsch am 6. per Kurierzug hin. Es war heiß, ich strickte, die Kinder tollten herum, schlossen mit den Passagieren Freundschaft und wurden von ihnen bewirtet.

Abends trafen wir in unserem Haus in Chamowniki ein, und ich fuhr zu Poliwanow, um mich genauestens nach den Examina zu erkundigen. Andrjuscha tat vor Aufregung die ganze Nacht kein Auge zu, Mischa war ruhig und schlief bald ein. Das erste Examen, Religion, verlief günstig insofern, als die Angst danach zurückging. Wir wohnten fünf Tage lang im Nebengebäude, in freien Minuten nutzten wir unseren wunderbaren Garten. Die Kinder legten die Examina schlecht ab, ich weiß nicht, ob das auf ihre geringen Fähigkeiten oder die schlechten Lehrer zurückzuführen ist. Andrjuscha wurde in die 3. Klasse aufgenommen, Mischa in die 2., und ich bin mir immer noch nicht schlüssig, ob ich sie aufs Gymnasium schicken soll, sie tun mir leid, und es schreckt mich; sie nicht zu schicken, schreckt mich aber auch. Alles wird sich weisen. Wie verschieden die beiden doch sind! Andrjuscha schüchtern, nervös, sieht sich alles genau an; Mischa lebhaft, gesprächig, allen Annehmlichkeiten des Lebens zugetan.

Waren auf einer französischen Ausstellung, sahen dort eine Fontäne mit Licht, aber die Ausstellung war noch nicht ganz fertig und noch geschlossen; wir sahen nur die Bronze- und Porzellangegenstände.

Als wir am Kreml vorüberfuhren, standen beim Kleinen Palast viele Equipagen. Da gab der Großfürst Sergei Alexandrowitsch, der neue Generalgouverneur von Moskau, seinen Antrittsempfang für die Moskauer Gesellschaft.

Der XIII. Band ist von der Zensur noch nicht freigegeben; man stößt sich noch an drei Sätzen, die ungefähr lauten: „Vom Eiffelturm bis zur allgemeinen Wehrpflicht ...", „Da alle europäischen Völker damit beschäftigt sind, die Jugend im Morden zu unterweisen ..." und „... daß dies alles von Menschen vollbracht und gelenkt wird, die nicht in nüchternem Zustand sind". Diese Sätze sind jedoch in demselben Aufsatz schon veröffentlicht worden, als Vorwort zu Alexejews Buch „Über die Trunksucht"[69]. Dies schrieb ich an die Moskauer Zensur wie auch an Feoktistow nach Petersburg. Während meiner Abwesenheit von Jasnaja Poljana traf dort ein Brief des Ministers ein[70] mit der Genehmigung der „Kreutzersonate" und des „Nachworts" für die Gesamtausgabe. In Moskau erfuhr ich davon in der Druckerei. Ich kann mir den inneren Triumph nicht versagen, nun auch noch mit dem Zaren zu tun gehabt zu haben, und daß ich, eine Frau, das erreicht habe, was keinem anderen gelungen wäre. Und meine persönliche Wirkung hat dabei unzweifelhaft die wichtigste Rolle gespielt. Ich hatte zu allen gesagt, wenn mich für einen Augenblick jene Inspiration befiele, durch die ich den Zaren als Menschen geistig in meine Gewalt bekäme, dann würde ich mein Ziel erreichen, und diese Inspiration befiel mich, und ich beugte den Willen des Zaren, obgleich er ja ein sehr guter Mensch und guten Einflüssen zugeneigt ist. Wer dies liest, hält meine Worte wohl für Prahlerei, aber da täuscht er sich und ist ungerecht.

Dieser Tage kommt der XIII. Band heraus, und ich würde ihn zu gern dem Zaren mit einem Gruppenbild von meiner ganzen Familie schicken, für die er solches Interesse gezeigt hat. Sowohl er als auch die Zarin fragten mich ausführlich nach den Kindern.

Der Frühling ist nun auf seinem Höhepunkt. Die Apfelbäume blühen unwahrscheinlich. Etwas Zauberisches, Entrücktes liegt in diesem Blühen. Ich habe noch nie Vergleichbares gesehen. Schaut man aus dem Fenster in den Garten, ist man jedesmal hingerissen von diesen luftigen weißen Blütenwolken, hie und da mit rosa Schattierung, vor dem frischen Grün des Hintergrunds.

Es ist sehr heiß und trocken. In allen Zimmern duftet es betäubend nach Maiglöckchensträußen.

Der arme Ljowotschka hat eine Lidentzündung, und schon zwei Tage sitzt er unten allein im dunklen Zimmer. Gestern ließ ich Doktor Rudnew um Rat fragen, er verschrieb Spülungen mit Bleiwasser, das er gleich mitschickte. Mit Maschas Hilfe schrieb Ljowotschka gestern an Aljochin (den Finsterling) einen Brief über religiöse Fragen, und zwar so gut, so sehr mit meinen Ansichten übereinstimmend, daß ich frappiert war.[71] Es ging um die Unsterblichkeit und das Leben nach dem Tode, über das wir uns keine Sorgen zu machen brauchen, wenn wir unser Leben in Gottes Hände gelegt haben und sagen: „Dein Wille geschehe!“ Darüber erfahren kann man doch nichts, wie sehr man sich auch sorgen mag.

Morgen treffen die Kusminskis ein, und heute beim Mittagessen waren die Kinder betrübt, daß unser stilles, glückliches Leben im Familienkreis ein Ende hat und ein zwar nahestehendes, aber doch nicht zu uns gehörendes, unruhestiftendes Element hinzukommt.

Ich liebe meine Schwester so sehr, daß mir niemand aus ihrer Familie je zur Last fällt, und über sie freue ich mich schrecklich. Serjoscha war da und fuhr nach Tula. Gestern abend unterhielten sich Tanja, Serjoscha und Ljowa fast bis zwei Uhr nachts; alle waren zufrieden.

Ljowotschka diktierte Tanja gestern einen Romananfang – sie sagt mir nicht, was genau, und ich möchte weder sie noch Ljowotschka auffordern, von etwas zu berichten, was noch im Entstehen ist; darüber spricht es sich immer schwer.[72]

22. Mai. Eine weitere betriebsame Woche ist vorüber. Die Kusminskis trafen ein, auch Maschas Bräutigam Erdeli. Sommerliches Leben mit Baden, lärmenden und müßig herumtobenden Kinderscharen, mit Trägheit, Hitze und Schönheit der Natur. Fet und Frau waren da, er trug Gedichte vor: Liebe und nochmals Liebe. Alles, was er in Jasnaja Poljana sah, begeisterte ihn, und offenbar war er mit seinem Besuch, mit Ljowotschka und mir zufrieden.[73] Er ist siebzig, doch mit seiner ewig jung klingenden Lyrik erweckt er in mir stets poetische Gedanken und Gefühle. Mag das auch unzeitgemäß sein, so ist es doch schön und bleibt völlig unschuldig.

Mascha fuhr mit den Filossofow-Mädchen zu ihnen nach Paniki. Wünsche ihr Zerstreuung, für ihre zwanzig Jahre ist die Arme so wenig heiter und jung. Waren spazieren, doch es fing zu regnen an, und nach und nach kehrten alle nach Hause zurück. Abends wollten wir gemeinsam lesen, kamen aber sehr schön ins Reden, über Novellen, über die Liebe, über Kunst und Malerei. Ljowotschka sagte, es gebe nichts Widerlicheres als Bilder, die Wollust im Alltag darstellen, zum Beispiel ein Mönch, der eine Frau ansieht, ein Tatare, der mit einer Dame über die Krim reitet, ein Schwiegervater, der seine Schwiegertochter unsittlich anblickt usw.; das alles sei schon im Leben widerlich, und so etwas Garstiges solle man sich nun *ewig* auf einem Bild anschauen. Ich bin mit ihm völlig einer Meinung und liebe nur Bilder, auf denen Schönheit, Natur oder erhabene Gedanken dargestellt sind.

Heute hat Ilja Geburtstag. So lebt er also nun, der Arme, in seiner verworrenen Welt, umgeben von Wirtschaft, Familie, ständigem Zweifel und Hader mit dem Schicksal. Mir tut es leid, daß unser Verhältnis sich wegen der Eigentumsgeschichten so verschlechtert hat. Doch ich hoffe, mit der Zeit wird sich das wieder geben. Er hat etwas Verhuschtes an sich, was seine Taten verschleiert, würde man sie bei Licht besehen, müßte vieles unehrenhaft genannt werden, und davor fürchtet er sich, und ich mich auch.

27. Mai. Annenkowa zu Besuch, sie hat ein Frauenzimmer mitgebracht, das sie, statt der Kinderfrau, als Lehrerin für Sascha und Wanja rekommandiert. Aber mir gefällt sie nicht: sie ist kränklich und unnatürlich. Iljuscha kam, um den Plan von Nikolskoje zu holen; er ist jetzt zugänglicher. Er hat Ljowa mitgenommen. Ljowa fragte mich gestern, wann diese wundervollen Wintertage gewesen seien, als Sonne und Mond sich begegneten und so ein schönes Licht war. Ich schrieb ihm eine Seite aus meinem Tagebuch vom 9. Dezember 1890 ab, dort hatte ich einen solchen Tag beschrieben. Sicher schreibt er etwas und braucht es dazu. Gestern wanderten Annenkowa, Ljowotschka, dieses Fräulein und ich nach Koslowka und holten Sinowjew mit seinen Töchtern ab, die Tanja und die beiden Kusminskischen Mädchen zu uns brachten. Die Sinowjew-Töchter sangen, und es war sehr nett. Auch Schwester Tanja sang; niemandes „timbre" kommt dem ihrer Stimme gleich.

Heute kamen die Rajewskis, Vater und Sohn, aus Tula zum Mittagessen. Nach dem Essen begleiteten wir sie ein Stück. Auf der Chaussee trafen wir den Herausgeber des „Kurski listok"[74], der, ein Fahrrad schiebend, auf Lew Nikolajewitsch zutrat und ihm erklärte, es sei sein sehnlichster Wunsch, ihn kennenzulernen, und ob wir ihm gestatteten, zu uns zu kommen. Nahe beim Haus begegneten wir dem Kutscher Michail und den Dienstmädchen, die mit dem Leiterwagen, das Pferd der Kinder vorgespannt, im Galopp dahinjagten. Ich wurde sehr wütend, daß über meinen Kopf hinweg so etwas gebilligt wird, und schickte sie wieder nach Hause. Das hatte Tanja getan, und ich erteilte ihr einen Verweis. Daheim machte ich mich an die Korrektur der „Kreutzersonate", die ich nicht mag, sie war mir stets zuwider.

Draußen ist es sehr kalt und bedeckt. Drei Tage war so ein schlimmer Nordwind, daß alle zu Hause blieben. Wassja Kusminski hat Sascha mit einer Kinderpistole ins Auge geschossen, so daß es einen Blutfleck gab. Wanetschka konnte die ganze letzte Nacht nicht schlafen, hatte Bauchweh, ich kümmerte mich um ihn bis drei und schlief dann erst gegen fünf ein. Flieder und Maiglöckchen sind verblüht. Wanetschka und die Kinderfrau brachten Nachtviolen. Die Steinpilze kommen schon. Es ist sehr trocken, das Gras steht schlecht. Rajewski sagt, bei ihm im Jepifaner Landkreis herrsche Hunger. Von Mascha ein Brief, sie ist bei den Filossofows offenbar fröhlich, worüber ich mich freue.

1. Juni. Die ganze Zeit Gäste. Annenkowas Mann[75] war da, ein Gutsbesitzer, der sich mit Juristerei befaßt, ein vulgärer, merkwürdiger Mensch, angeblich jedoch unendlich gutmütig und feinfühlig. Er brachte Neljubow mit, einen Untersuchungsrichter aus seiner Kreisstadt Lgow, einen dürren, schwärmerischen und finsteren Idealisten. Außerdem verbrachte Suworin vom „Nowoje wremja" einen Abend mit uns. Er macht den Eindruck eines schüchternen Menschen, der sich für alles interessiert. Er bat darum, einen Bildhauer, einen Juden aus Paris, mitbringen oder herschicken zu dürfen, damit er ein Standbild von Lew Nikolajewitsch modelliere; ich stimmte zu, Ljowotschka aber schwieg sich aus wie immer. Ihm ist das sicher angenehm.[76] Gestern abend waren P. F. Samarin, General Bestuschew und Dawydow bei uns zu Gast. Ljowotschka war zu Fuß in Tula, wollte sehen, wie Vieh geschlachtet wird; gestern war aber kein Schlachttag, er konnte bloß den Ort besichtigen. Dawydow brachte ihn mit der Kutsche aus Tula zurück. Abends gingen wir spazieren, mit Dawydow komme ich immer besser zurecht, er ist ein sehr angenehmer Mensch. Samarin und Bestuschew mußte ich von meinem Besuch beim Zaren sowie das ganze Gespräch erzählen. Wie schrecklich sich alle dafür interessieren! Das eigentliche, tiefste Motiv für meine Reise nach Petersburg errät jedoch niemand. Alles hat seinen Grund in der „Kreutzersonate". Diese Novelle hat einen Schatten auf mich geworfen; viele Leute vermuten, die Geschichte sei aus unserem Leben gegriffen, andere wiederum bedauern mich. Auch der Zar soll gesagt haben: „Seine arme Frau tut mir leid." Onkel Kostja in Moskau äußerte mir gegenüber, ich sei „une victime", und alle bedauerten mich. Darum eben wollte ich beweisen, daß ich mit einem Opfer kaum etwas gemein habe, damit die Leute anders über mich reden; das geschah ganz instinktiv. Von meinem Erfolg beim Zaren war ich von vornherein überzeugt: noch habe ich meine frühere Stärke nicht verloren, mir andere Menschen gewogen zu machen, und damit wie auch durch mein Reden gewann ich den

Zaren. Außerdem war es mir ein Bedürfnis, diese Novelle für das Publikum freizubekommen. Alle Welt weiß, daß ich beim Zaren *die Genehmigung erwirkt habe*. Handelte die Novelle von mir und unseren Beziehungen, hätte ich mich nicht für ihre Verbreitung eingesetzt. Jedermann wird das so auffassen. Von allen Seiten werden mir höchst schmeichelhafte Äußerungen des Zaren hinterbracht. Zu Scheremetewa hat er gesagt, er bedauere, daß er an jenem Tag Dringliches zu erledigen hatte und die für ihn so interessante und angenehme Unterhaltung mit mir nicht fortsetzen konnte. Gräfin Alexandra Andrejewna Tolstaja schrieb mir, ich hätte einen *hervorragenden* Eindruck hinterlassen. Fürstin Urussowa teilte mir mit, ihr habe Schukowski gesagt, der Zar habe mich sehr aufrichtig, schlicht und sympathisch gefunden. Er sei überrascht gewesen, daß ich noch so jung und hübsch sei. All dies schmeichelt meiner Eitelkeit und ist eine Vergeltung dafür, daß mein eigener Mann niemals meine Stellung in der Gesellschaft zu heben suchte, sondern vielmehr stets bemüht war, sie herabzusetzen. Warum, habe ich nie begriffen.

Seit heute morgen Regen, Kälte, Wind, alle sitzen zu Hause. Gleich will ich den Kindern die erste Musikstunde dieses Sommers geben. Ljowa und Mascha sind noch nicht zurück. Doch die Stimmung ist gut, das Verhältnis zu Ljowotschka einfach und freundschaftlich; die Kinder alle friedlich und nett. Vor drei Tagen trafen die Kumys-Leute ein, nicht die vom letzten Jahr, sondern eine Mutter mit zwei Söhnen; offenbar stille, arme Leute. Ljowotschka sagt ständig, er wolle keinen Kumys, werde keinen trinken, aber sein Magen ist zur Zeit nicht in Ordnung.

3. Juni. Den gestrigen Tag verbrachte bei uns ein Deutscher aus Berlin[77], der sich *mal Tolstoi anschauen* und für seine deutschen Juden – Löwenfeld u. a. – einen Aufsatz von Lew Nikolajewitsch erbitten wollte, den diese übersetzen könnten. Er selbst ist Kaufmann, kauft in ganz Rußland Wolle an, ein liebedienerischer und unangenehmer Mensch, verdarb uns den ganzen Tag. Abends führten Ljowotschka, Schwester Tanja und ich ein hochgeistiges Gespräch. Ljowotschka sagte, es gebe Dinge, die ein Mensch *einfach nicht* zu tun imstande sei, deshalb seien Christen zu Märtyrern geworden; sie *konnten* einfach Götzen keine Opfer darbringen, ein Bauer *kann* keine Hostie ausspucken usw. Ich sagte, so ohne Grund dürfe man solche Dinge natürlich nicht tun, aber für einen bestimmten Zweck, zur Rettung seines Nächsten oder für dessen Wohl, sei einem alles erlaubt. Darauf er: „Und – ein Kind töten?" Ich: „Das auf gar keinen Fall, denn Schlimmeres kann es gar nicht geben, und – egal, zu welchem Zweck, *das* darf man nicht tun, es gibt *nichts Schlimmeres.*" Dies gefiel ihm nicht, er widersprach mit schrecklich gereizter Stimme, schrie heiser: „Ach was! Ach was!" – ich geriet von diesem Tonfall außer mich und sagte ihm eine Menge unangenehmer Dinge: mit ihm könne man nicht reden, alle seine Freunde seien längst zu diesem Schluß gekommen, er höre sich nur gerne predigen, und bei seinem bösen „Ach was" könne ich genausowenig reden, wie wenn nebendran ein Hund bellte ... Das war natürlich zu garstig von mir, aber ich bin nun mal sehr jähzornig.

War in Tula, sprach mit dem Notar ausführlich über die mir verhaßte Teilung. Schaute bei den Rajewskis vorbei, speiste bei den Dawydows. Abends kam Sinowjew (der Gouverneur) mit seinem Bruder, einem Ingenieur.

Ljowotschka hat derzeit zwei Themen, über die er *radikale* Reden führt: er widerlegt die Vererbungslehre und predigt den Vegetarianismus. Sein drittes Thema, über das er allerdings nicht spricht, aber anscheinend schreibt, ist die Widerlegung der Kirche, und zwar stärker denn je.

Meine Kinder sind ständig im Freien, reiten und lassen sich den ganzen Tag nicht blicken. Ich spreche sie selten, und das ist schade. Wanetschka, Sascha, Tanja und die beiden Kusminski-Mädchen kamen mir und meiner Schwester Tanja entgegen. Der junge Zinger kam zu Besuch. Es ist immer noch kalt und nicht sommerlich.

5. Juni. Ein warmer, klarer Tag, nachts scheint der Mond. Bin voll innerer Unruhe; meine Tätigkeit befriedigt mich nicht, und alles, was ich mache, kommt mir unwesentlich vor; vonnöten wäre etwas anderes, was ich aber nicht vermag. Morgens las ich mit Schwester Tanja Potapenkos Novelle „Die Generalstochter", die Ljowotschka gefällt. Nach dem Frühstück sprachen Ljowa, Tanja und Mascha und Wera Kusminskaja über eine Reise durch Rußland, worauf sie große Lust hätten. Ich kann es ihnen nachfühlen, denn ich habe selbst wenig gesehen. Schwester Tanja wurde ärgerlich und sagte, das komme nur daher, weil „sie vor lauter Wohlleben der Hafer sticht".

Dann fuhr das junge Volk zu den Sinowjews, und ich ging mit Ljowotschka durchs Dorf, zu dem Schuster, und auf einen Besuch zu dem kranken Timofei Fokanow. Manchmal sehne ich mich so nach dem Umgang mit Ljowotschka, mit ihm zu reden! Aber das ist zur Zeit unmöglich. Er war schon immer abweisend, aber jetzt stößt man ständig, wie heute abend, auf einen schon lange wunden Punkt. Wir sprachen über die Reise der Kinder, und er legte dar, diese Wünsche kämen vom Leben im Überfluß, von der schlechten Erziehung, und dann begannen die Vorwürfe, wer denn wohl an dieser Erziehung schuld sei. Ich sagte, schuld sei, wie diese Erziehung einmal eingeleitet und in was für Bahnen das Familienleben gelenkt worden sei. Er sagte, vor zwölf Jahren habe er sich geändert und ich hätte mich auch ändern und die jüngeren Kinder nach seinen neuen Überzeugungen erziehen müssen. Darauf erwiderte ich, ich alleine hätte das niemals *vermocht*, und er habe viel geredet und jahrelang *geschrieben*, die Kinder habe er aber nicht erzogen und häufig sogar ihre Existenz völlig vergessen.

Das Ganze nahm jedoch ein gutes Ende, wir gingen in Freundschaft auseinander. Ljowa und Andrjuscha begaben sich zu Pferd nach Pirogowo. Habe gerade noch einen weiteren Druckbogen der „Kreutzersonate“ fertig korrigiert. Es ist zwei Uhr nachts.

6. Juni. War mit Sascha, Wanja, Mischa, der Kinderfrau und Lidija in Tula. Letztere brauchte einen Paß, die jüngeren Kinder ließ ich photographieren, und ich hatte in Sachen Teilung zu tun. Was für eine komplizierte, schwierige und zähe Angelegenheit, sowohl grundsätzlich als auch praktisch! War sehr verstimmt, weil zwei Billetts à tausend vor zwei Jahren zur Ziehung gekommen waren und seither ohne Zinsen dalagen.

Abends mit Tanja, Mischa und Mascha Kusminskaja zum erstenmal beim Baden. Ljowa und Andrjuscha um elf Uhr nachts aus Pirogowo zurück. Ein heißer Tag, die Nacht frisch. Dachte viel an den Tod und stellte ihn mir deutlich vor. Zu Besuch sind Alexander Wassiljewitsch Zinger und Petja Rajewski; dieser hat heute das Gymnasium beendet und ist sehr glücklich.

7. Juni. Mischa Kusminski krank, sieht nach Diphterie aus, mir liegt ein Stein auf dem Herzen: habe Angst um ihn und die anderen Kinder. Schwester Tanja schiebt den Gedanken an Gefahr weit von sich, ich aber kann das nicht. Kommt dann wirklich ein Leid, ist sie unvorbereitet und gerät in äußerste Verzweiflung. Haben nach Doktor Rudnew geschickt.

Ljowotschka war in Tula, wollte auf die Bitte eines *Finsterlings* die Lebensgefährtin dieses mir unbekannten Herrn – ein Anhänger Ljowotschkas namens Dudtschenko – besuchen; sie ist verbannt worden und befindet sich nun auf dem Transport nach Twer. Man hat ihr vorgeschlagen, auf eigene Kosten in Freiheit zu reisen, aber das wollte sie nicht und fährt nun mit den Arrestanten. Was ist das? Prahlerei, Großtun mit seinen *Ideen* oder Überzeugung? Will ich ohne genauere Kenntnis nicht beurteilen. Das Mädchen war nicht in Tula, und Ljowotschka war allem Anschein nach froh, daß er seine *Pflicht* erfüllt, aber sie nicht gesehen hatte. Außerdem hatte er sich noch das Schlachten von Vieh angesehen und erzählte uns sehr erregt, was für ein schreckliches Schauspiel das sei, wie die Rinder sich fürchten und wie man ihnen am Kopf schon das Fell abzieht, während sie noch mit den Beinen zucken und noch nicht verendet sind. Wahrlich, das ist schrecklich, aber jeder Tod ist schrecklich! Ljowotschkas Schwester Marja Nikolajewna ist angekommen. Redet von nichts anderem als von Klöstern, Vater Amwrossi, Ioann von Kronstadt, der Wirkung irgendwelcher Heiligenbilder, von Priestern und Nonnen, und dabei ißt sie gern und ärgert sich oft und hat für niemanden auch nur ein bißchen Liebe übrig. Abends waren wir baden, ein fürchterlich heißer Tag. Schnitt Wanetschka die Haare, aus Versehen stieß ich ihm die Schere gegen den Kopf. Blut spritzte heraus, er weinte sehr. Ich sagte: „Verzeih der Mama, sie hat es nicht gewollt." Er hörte nicht auf zu weinen. Ich: „Hier, schlag mich." Er ergriff meine Hand und küßte sie leidenschaftlich, weinte aber weiter. Was für ein liebes Kind! Habe Angst, es bleibt nicht am Leben.

9. Juni. Pfingstsonntag. Ein klarer, heißer, wunderschöner Sommertag, und ein genauso herrlicher, warmer, mondbeschienener Abend. Wie viele Jahre schon feiern wir das Fest auf die vertraute Weise! Morgens fuhren die Kinder, festlich herausgeputzt und mit Blumen geschmückt, im Bauernwagen mit Schwägerin Marja Nikolajewna, dem Erzieher und den Gouvernanten zur Messe. Nach ihrer Rückkehr tranken beide Familien gemeinsam auf dem Krocket-

Rasen Kaffee, dann führten wir lange Gespräche. Meine Tanja ließ sich heftig und gereizt darüber aus, wie das Verhältnis zwischen Eheleuten aussehen müßte. Dann zerstreuten sich alle; die einen gingen baden, die anderen schreiben. Mascha Kusminskaja verzog sich mit ihrem soeben angekommenen Bräutigam Erdeli. Ein prächtiger, gutmütiger, sympathischer Junge. Aber eben ein Junge! Schlimm, dabei ist er schon zwanzig. Nachdem ich mich ein wenig hingelegt und gelesen hatte, nahm ich Wanetschka und Mitetschka zu mir aufs Zimmer und erzählte ihnen, auf dem Bett liegend, Märchen. Ihre Fähigkeiten müssen gefördert werden. Dann hörten wir Frauengesang näherkommen und folgten der festlichen, bunten Menge in den Tschepysch, wo Kränze gewunden wurden. Etwas Trauriges, aber auch Rührendes liegt in der Wiederholung von stets demselben Eindruck – dieses Winden der Kränze, die dann ins Wasser geworfen werden – während meiner fast dreißig Sommer in Jasnaja Poljana. Schon fast drei Generationen sind vor meinen Augen aufgewachsen, und einmal im Jahr sehe ich sie alle zusammen. Heute empfand ich Zärtlichkeit gegenüber diesen Leuten, mit denen ich so viele Jahre gemeinsam verlebt und für die ich so wenig getan habe.

Das Mittagessen war fröhlich, alle fühlten sich wohl. Die Anwesenheit von Maschenka und Lenotschka von der Tolstoischen Seite der Familie war sehr angenehm, und Serjoschas Gegenwart erfreut mich immer besonders. Gestern war Ilja da, abends kam es wieder zu einem Gespräch über die Teilung. Noch immer haben wir keinen Beschluß gefaßt und wissen nicht, wie wir am besten teilen sollen. Mal ist die eine Seite, mal die andere mit etwas unzufrieden oder hat irgendwelche Befürchtungen. Mir schlägt das aufs Gemüt, Ljowotschka aber verhält sich zu alledem geringschätzig und lustlos. Überhaupt steht er allem erstaunlich teilnahmslos gegenüber. Gestern und heute hat er sich Schuhe genäht, morgens schreibt er an seinem Aufsatz[79]. Er verköstigt sich sehr schlecht, trinkt weder Milch noch Eier oder Kumys. Mit Brot, Pilzsuppe und Kaffee aus Roggen oder Zichorie schlägt er sich den Bauch voll. Hat sich einen Spaten hergerichtet und will Boden für Weizen umstechen, statt ihn zu pflügen. Wieder so ein Wahnwitz – sich beim Umgraben der trockenen und steinharten Erde abzuschinden. Serjoscha spielt Klavier, Schwägerin Maschenka hört ihm zu und ist bewegt, und ich höre ebenfalls mit großem Genuß zu. Wir waren baden, Ljowotschka ist fort. Habe heute über ihn nachgedacht: Ich sähe ihn so gerne gesund – er aber verdirbt sich den Magen mit äußerst schädlichem Essen (wie der Doktor sagt). Ich sähe ihn so gerne als Dichter – er aber schreibt Predigten in Form von Aufsätzen. Ich sähe ihn so gerne zärtlich, teilnahmsvoll, freundlich – er aber ist grob sinnlich und außerdem gleichgültig. Jetzt auch noch diese Umgraberei; dieses neue Hirngespinst hat etwas Verhängnisvolles an sich. Und welch eine Hitze! Mit seiner unruhigen und zu Hirngespinsten neigenden Natur hat er mir schon häufig das Herz schwergemacht und tut es auch weiterhin.

12. Juni. Drei Tage nicht geschrieben. Am Pfingstmontag passierte eine unangenehme Geschichte. Morgens reiste Erdeli ab, Mascha wollte ihn bis Jassenki begleiten. Ich mußte sowieso zum Geistlichen schicken, wegen der Geburtsurkunden der Kinder für die Teilung. Da sagte jemand, Mascha begleite ihren Bräutigam bis Tula. Darauf ich: „Ist doch nicht möglich!" Will sie aber fragen, denn falls sie bis Tula fährt, könnte ich den Kutscher zum Geistlichen schicken, falls sie aber zurückkehrt, würde ich sie nicht damit behelligen; mit dem Abschied vom Bräutigam wird sie schon Kummer genug haben. Mascha kommt, und ich frage: „Fährst du bis Tula?" Sie antwortet: „Nein, nein." Fuhr dann aber doch. Die Bauernwagen fahren vor, ich frage Berger, ob jemand an Koslowka vorbeikomme, ich müsse ein Telegramm aufgeben. Worauf Filipp sagt, Marja Alexandrowna hätte angeordnet, sie vom Bummelzug abzuholen. Mich ärgerte, daß sie mir nicht gesagt hatte, was sie tat, außerdem diese Anordnung. Doch wie sich herausstellte, hatte sie das gar nicht angeordnet, sondern nur gebeten, wenn möglich ihr eigenes Pferd zu schicken. An die Antwort, die sie mir gab, erinnert sie sich nicht mehr; wie konnte sie auch darauf achthaben, wo ihr doch der Abschied von ihrem Bräutigam bevorstand! Da ich sie sehr liebe, nahm ich mir alles sehr zu Herzen. Hinzu kam noch, daß Sanja und Wassja mich und Maschenka im Wagen warten ließen, und als Schwester Tanja kam, machte ich ihr sehr ungehalten Vorwürfe über ihre Kinder. Sie wollte Genaueres wissen, ich sagte, ich verstünde nicht, warum Mascha mich angelogen habe; darauf sprang Tanja aus dem Wagen, packte Mitja und ging. Das schmerzte mich nun noch mehr, mir liefen die Tränen herunter, ich nahm Wanja und stand ebenfalls auf, doch er tat mir leid, und ich wollte trotzdem fahren. Aber da standen auch Ljowa und Maschenka auf, und es wurde eine ganze *Affäre* daraus. Was sie eigentlich zum *Ausbruch* brachte, war Ljowas Bemerkung, ich sei schlechter Laune. Das verletzte mich, um so mehr, als ich den ganzen Morgen angestrengt an der Korrektur und anderen Dingen gearbeitet und Kopfweh und Nasenbluten gehabt hatte. Dann versöhnten wir uns wieder, aber ein Schmerz blieb zurück. Abends kam M. I. Sinowjewa mit ihren Töchtern angefahren, und alle sangen den ganzen Abend, es war sehr nett.

Gestern trafen *Finsterlinge* (Ljowotschkas Anhänger) ein, Chochlow und Aljochin; letzterer ein studierter Chemiker, hatte eine Stellung an der Universität, und jetzt hat er sich einen Kittel angezogen und zieht mit seinen Glaubensbrüdern umher. Wie die Pilger, bloß mit anderem Anstrich. Pilgern liegt im Charakter des russischen Menschen. Schade, zehn Jahre hat er an der Universität gearbeitet, und jetzt ist alles für die Katz. Chochlow ist Techniker, noch jung und irgendwie unausgegoren. Beide sind schweigsam und finster, wie alle diese Anhänger. Essen kein Fleisch, stecken in schlechter Bauernkluft. Ich verstehe diesen Wissenschaftler nicht. Dem muß doch klar sein, daß herumzupilgern und bei anderen Leuten die Beine unter den Tisch zu strecken kein richtiges Leben ist. Ljowotschka sagt immer, sie würden arbeiten. Doch ich habe noch nie gesehen oder gehört, daß sie ernsthaft arbeiten, immer hocken sie mit langem Gesicht da und schweigen.

War heute in Tula, brachte Schwägerin Maschenka weg, erhielt Geld, legte es an, war beim Notar, einem anderen, im Kreisgericht, machte Einkäufe und bin nun schrecklich müde. Aß allein und ging allein zu Fuß zum Baden. Die Einsamkeit half, in Gedanken mit den Geschäften und dem Leben ins reine zu kommen.

Abends saßen wir alle beisammen, und dann lasen wir eine dumme russische Novelle aus dem „Sewerny westnik“[80].

Alles schläft. Andrjuscha, Mischa und M. Borel fahren frühmorgens zu Ilja.

13. Juni. Stand um vier Uhr früh auf, half den Kindern beim Aufbruch. Das Wetter war kalt und klar. Legte mich dann wieder hin und konnte lange nicht einschlafen. Morgens erklärte Ljowotschka, er wolle mit seinen Finsterlingen zu Butkewitsch wandern, das sind über vierzig Werst. Zwar ist mir bange vor seiner Erschöpfung und dieser Umgang ist mir unangenehm, doch ich sehe, daß die Unruhe ihn gepackt hat, und wenn es das nicht tut, so denkt er sich etwas anderes aus, sicher etwas Aberwitziges, einfach zur Abwechslung. Alle drei warfen sich Säcke mit ihren Sachen über die Schulter und zogen unter der sengenden Sonne davon. Die Nächte sind sehr kalt, die Tage trocken und heiß. Schlimm, von allen Seiten hört man Klagen über die Dürre und die bevorstehende Hungersnot. Und keiner weiß, wie die Mehrheit des russischen Volkes dieses Jahr überleben soll. Stellenweise ist überhaupt nichts aufgekeimt, die Felder mußten umgepflügt werden. In Jasnaja Poljana geht es noch einigermaßen, aber es gibt Gegenden völlig ohne Getreide für Mensch und Vieh.

Habe nach dem Essen im ganzen Haus saubergemacht, mit Fomitsch und Nikita den Schmutz aus den Ecken gescharrt; ließ dann Iwan Alexandrowitsch und den Gärtner kommen, und zu dritt zählten wir die Äpfel, wieviel Maß es ungefähr pro Baum sind und wieviel Apfelbäume. Damit waren wir bis zum Abend vollauf beschäftigt. Morgen mache ich weiter.

Abends versammelten wir uns auf der Terrasse, tranken fröstelnd Tee, und Mascha erzählte voller Entsetzen, welche Sittenverderbnis unter dem Hofgesinde herrsche. Mir tat es weh, daß Mascha und die Mädchen um so etwas wissen, aber bei Maschas Lebensweise kann das gar nicht ausbleiben. Sie ist ja ständig unter dem Volk, und da hört man nichts anderes.

Ljowa und Iwan Alexandrowitsch kamen; Mischa Kusminski kehrte von den Lodyschenskis zurück, und wir wechselten das Thema. Jetzt schlafen alle, ich werde lesen. Ohne Andrjuscha und Mischa ist es langweilig, und um Ljowotschka und sie ist mir bange.

14. Juni. Verbrachte einen guten, arbeitsamen Tag, obwohl ich die ganze letzte Nacht nicht geschlafen hatte. Morgens las ich in einer Zeitschrift russische Novellen. Dann räumte ich im Haus auf, schaffte Ordnung und Sauberkeit. Ich weiß nicht warum, aber in Ljowotschkas Abwesenheit überkommt mich stets eine ungeheuere Arbeitsenergie. Dann fuhren alle zum Baden. Vor dem Essen las ich die deutschen Korrekturbogen von Ljowotschkas Biographie, die Löwenfeld geschickt hatte.[81] Nach dem Essen nahm ich Sascha,

Wanja, Mitja Kusminski, Wera und die Kinderfrauen mit, und wir spazierten über die Roggenfelder, pflückten Kornblumen, bei Tscherta gingen wir in den Wald, suchten Nachtviolen, setzten uns hin und genossen den Abend. Wie unglaublich schön, still, klar und frisch es war! Dann schritt ich noch den ganzen Garten ab und sah mir die Eichen- und Tannenschößlinge an, die ich gepflanzt hatte. Wieder zurück, nahm ich mir die russischen Korrekturbogen des zweiten Lesebuches vor, schrieb Briefe und trank Tee mit Tanja, die Jugend war nach Koslowka gefahren. Filipp war in Krapiwna beim Vormundschaftsamt, um mich für die Teilung als Vormund der vier Minderjährigen bestellen zu lassen. Um fünf Uhr nachmittags sah er Ljowotschka drei Werst vor Krapiwna. Gott sei Dank, er ist wohlauf. Nachricht auch von den Kindern. Es ist zwei Uhr nachts, gehe zu Bett. Die Nächte sind sehr kalt.

15. Juni. War mit Tochter Mascha in Tula; ich in Sachen Teilung, Mascha, um den kleinen Filka als Schusterlehrling unterzubringen, was sie auch bewerkstelligte. Meine ganzen Bemühungen um die Teilung sind ins Stocken geraten, weil Mascha ihren Anteil nicht nehmen will. Ich sehe klar, daß die Arme sich das überhaupt nicht richtig überlegt hat und sich nicht einmal deutlich vorstellen kann, was es heißt, nach einem solchen Leben ohne eine Kopeke dazustehen. Sie handelt unter Hypnose, nicht aus eigener Überzeugung. Sie wartet auf den Vater, um ihn um Rat zu fragen, weil sie ja in jedem Fall eine Kuratel anerkennen und einige Papiere unterzeichnen müßte.

Abends sprachen wir über die Toten und das Sterben, allgemein über Vorahnungen und Träume, die auf die Einbildungskraft wirken. Uns störte eine Dame, die Frau von Doktor Kudrjawzew aus dem Kaukasus, die Ljowotschka sehen wollte, womit sie allerdings kein Glück hatte. Dann kam Mischa Kusminski und berichtete sehr interessant von einer Wahnsinnigen. Heute nacht sind nämlich einige Sachen von Tanja aus dem Pavillon verschwunden.[83] Aufgrund verschiedener Hinweise bekam man heraus, daß die verrückte Schwester von Mitjas Amme die Sachen entwendet hatte. Also fuhr Mischa mit der Amme zu der Verrückten und fragte sie vorsichtig aus, wohin sie alles gebracht habe. Darauf kam es zu originellen Streifzügen. Stück für Stück zeigte sie alles: ein Album hatte sie unter einem Strauch in

Jassenki versteckt, ein Kästchen mit Handwerkszeug und Schlüsseln auf dem Friedhof bei der Kirche vergraben und mit Steinen bedeckt, zwei Handtücher und ein Kinderhemd unter der Brücke verborgen, ihren Sarafan und die Unterhosen ihres Mannes im Graben in den Schlamm gewühlt, und ein altes silbernes Tintenfaß mit Kette hatte sie in Teljatinki an einen Baum im Garten gehängt. Und sie wußte alles noch, nach und nach wurde alles eingesammelt, nur das Tintenfaß nicht, das man wegen der Dunkelheit nicht mehr holen konnte. Heute abend hat es geregnet, und es wurde wärmer. Aber es hat noch zu wenig geregnet; gebe Gott, daß noch mehr kommt.

16. Juni. Den ganzen Tag Regen und Gewitter, Natur und Volk heitern sich auf. Ljowotschka kehrte mißgestimmt und schweigsam von den Butkewitschs zurück. Meine Tochter Mascha hört bei den Tagelöhnern und Bauernmädchen im Dorf schreckliche Dinge; das besudelt sie moralisch, erschüttert und bedrückt sie, und all dies bringt sie mit sich nach Hause, wo sie uns von diesem moralischen Schmutz erzählt. Entsetzlich! Ich berichtete Ljowotschka davon; er erwiderte, man dürfe sich nicht abwenden, sondern müsse den Leuten helfen, aus dieser üblen Unwissenheit herauszufinden. Sicher, er, sogar ich könnte helfen, aber sie, das 20jährige unschuldige Mädchen! Er hat sie in dieses schmutzige Milieu hineingestoßen; mag er das nun auch vor Gott und seinem Gewissen verantworten, ich aber bin dafür nicht geschaffen, ich sterbe, ersticke, wenn ich mich in dieses Milieu begebe, und an Mascha sehe ich, in welchem Maße ihr zutiefst widerstrebt, wovor jedes junge Mädchen entsetzt ein für allemal Reißaus nehmen müßte.

Bezog den ganzen Tag Paravents und Polstermöbel in Saschas und Lidijas Zimmer. Habe manchmal das Bedürfnis nach körperlicher Arbeit. Nun ist es jedoch auf lange Zeit gestillt.

18. Juni. Saschas Geburtstag, sie wird sieben. Morgens bekam sie Geschenke, dann fuhr ich mit ihr, Wanja und Wassja Kusminski nach Jassenki, wo wir Andrjuscha, Mischa und M. Borel abholten, die von Ilja zurückkehrten. Es war eine fröhliche Fahrt; die Kinder erzählten, wie wunderschön und wie lustig alles bei Ilja war. Dann übersetzte ich aus dem Englischen das Vorwort zu dem Buch über den Vegetarianismus[84], mühte mich sehr und kam voran. Zum Essen kehrte Mascha aus Tula zurück, brachte mir verschiedene Papiere vom Notar, mit denen ich nach dem Essen über eine Stunde zu tun hatte.

Abends wurden Geschirr, Samowar, Speisen und Beeren in den Tschepysch geschafft, die ganze Gesellschaft versammelte sich, zündete ein Feuer an und *machte ein Picknick*, wie die Kinder sagen. Die Mädchen versuchten es mit Spielen, daraus wurde jedoch nichts Rechtes. Als es bereits dunkelte, kamen zwei Frauen aus dem Kusminskischen Hause angelaufen und sagten, der Stier sei wild geworden und rase direkt auf uns zu, in Richtung Tschepysch. Wir packten im Nu alles zusammen und eilten nach Hause. Der Stier war tatsächlich dem Viehknecht nachgejagt und hatte ihn fast zu Tode gestoßen. Mich beunruhigte nur, daß Ljowotschka nicht daheim war, er war baden gegangen. Doch er kehrte bald zurück, zog seinen Schlafrock an und erklärte, es gehe ihm nicht gut; er habe Schüttelfrost und Magenweh. Das habe ich erwartet: die letzte Zeit hat er sich abscheulich ernährt, aß fast nur Brot, schlug sich damit den Magen voll, trotz der Warnung des Doktors, das sei das allerschädlichste. Eier aß er überhaupt nicht, trank viel Roggenkaffee, und dann wanderte er auch noch, gebeugt unter dem schweren Sack, den Magen eingedrückt, die hundert Werst hin und zurück zu Butkewitsch. Ich habe noch nie einen Menschen gesehen, der hartnäckiger an seinen wilden Hirngespinsten festhielte. Nur um mir zu widersprechen, trinkt er zum Beispiel überhaupt keinen Kumys und nennt keinen Grund dafür. Wie verdrießlich, zusehen zu müssen, wie ein Mensch sich zugrunde richtet! Tochter Tanja sagte morgens unangenehme und böse Dinge über meine Erziehung der Kinder, und abends teilte sie an alle boshafte Spitzen aus, weil sie die Pferde zuschanden machten. Gott sei Dank bewahrte ich beide Male Stillschweigen.

Gestern abend fuhren alle zu den Sinowjews, Ljowotschka ging spazieren, und ich war den ganzen Abend allein und las in „La vie éternelle“ – das Buch war liegengeblieben. Die Bestimmung *Gottes* gefällt mir nicht, sie hat etwas Materielles an sich: „Dieu est la vie éternelle et universelle dans l'infini du temps et dans l'infini de l'espace; dans tous les siècles comme dans chaque instant; dans tous les mondes, comme dans chaque atome.“ Also: Gott als etwas, das existiert; wo aber bleibt Gott als die Liebe, die Güte, der Geist, jener Gott, zu dem ich bete?

Ljowa schreibt etwas, Mascha Kusminskaja schreibt es für ihn ins reine. Wäre interessant zu wissen, was er da macht, doch ich fürchte, den Fortgang seiner Arbeit zu stören, wenn ich ihn bäte vorzulesen, oder etwas darüber sagte.

29. Juni. Haben ruhig und in Frieden gelebt, ohne Gäste, ohne Ereignisse, ohne Freude und Kummer. Lediglich die jüngeren Kinder hatten Fieber, jedes einen Tag lang. Heute trafen Repin und Kusminski ein. Nach dem Frühstück ging ich mit Sascha und Wanja spazieren, die Kinderfrau war bei ihrer Mutter in Sudakowo, Lidija war müde und blieb daheim. Repin ging auch mit. Auf der Schonung machten wir Rast, und Repin zeichnete unsere Gruppe mit Bleistift in sein Album. Nicht sehr originalgetreu, aber recht malerisch.[85] Der Tag war herrlich, klar, sehr viele Blumen, die Kinder sammelten Beeren, und wir führten interessante Gespräche; Repin ist offenbar ein vom Leben gebrochener Mensch.

Tanja fuhr mit Lenotschka zu Serjoscha, anläßlich seines Geburtstags, und kommt wahrscheinlich morgen zurück.

Repin will Zeichnungen machen und Ljowotschka als Schriftsteller bei der Arbeit malen.

Am Dienstag erwarten wir Alexandra Andrejewna.

16. Juli. Alexandra Andrejewna war hier und reiste weiter nach Zarskoje, wohin sie es wegen der Krankheit ihrer blinden Schwester Sofja sehr eilig hatte. Wie immer brachte sie Frohmut, Freundlichkeit und Interesse für alles mit. Sie ist jedoch mit Haut und Haaren dem Hof verfallen. Sie liebt den Hof, den Zaren und die ganze Zarenfamilie, erstens, weil sie *jedermann* zu lieben bereit ist, und zweitens, weil sie alle zum *Zarentum* gehören, und sie erkennt die russische Kirche und die Gesalbten an.

Am Tag nach ihrer Abreise fuhr ich nach Moskau, um 20 000 zusätzliche Exemplare des XIII. Bandes in Auftrag zu geben[86], bislang waren nur 3 000 erschienen, die sehr schnell vergriffen waren. Mußte mich sehr abmühen, um Papier und eine Druckerei zu finden, die sich auf eine Herstellungszeit von zwei Wochen einließ. Kaufte dann noch die Aussteuer für Mascha Kusminskaja, bestellte das Silber. Wera Kusminskaja war mit dabei, wir wohnten mit Djakow zusammen, der sich in unserem Haus aufhielt. War mit Wera auf der französischen Ausstellung[87], wollte die Gemälde sehen, sah aber wenig, da schon Abend war und die Ausstellung geschlossen wurde; mir war es schrecklich langweilig, mit dem Ballon flog ich nicht, es war mir um die fünf Rubel leid.

Ljowotschka schrieb mir nach Moskau, er wünsche, den XII. und XIII. Band dem Publikum abzutreten[88]; wer wolle, könne nachdrukken. Einerseits dauert mich das Geld, das meiner Familie entgeht; andererseits, da ich weiß, daß alle Aufsätze von der Zensur nur für die *Gesamtausgabe* genehmigt sind, wäre es niederträchtig, die Leute auf diese Weise in die Irre zu führen und Einbußen erleiden zu lassen. Ljowotschka zu bekümmern wäre mir aber noch schmerzlicher, und gestern sagte ich zu ihm, er möge es ruhig veröffentlichen und machen, was er will, von mir kämen keine Proteste und Vorwürfe. Seither schweigt er und unternimmt nichts.

Eine Unmenge Gäste war in diesen Tagen hier. Repin ist heute abgereist, er hat Ljowotschkas Büste und ein kleines Bild vollendet, das ihn beim Schreiben in seinem Kabinett zeigt; ein großes, ein Ganzporträt, hat er begonnen und will es zu Hause vollenden. Es stellt Ljowotschka im Wald dar, barfuß, die Hände im Gürtel.[89]

Ginzburg modelliert eine große, sehr schlecht gelungene Büste und hat bereits eine kleine Figur gemacht – ebenfalls, wie er am Schreibtisch sitzt –, die ist nicht übel.[90] Außerdem waren noch Warja Nagornowa, Wera und Warja Tolstaja und die Sinowjews bei uns, jetzt sind die Helbigs da, Bruder und Schwester, und ich habe heute mit dem jungen Helbig die Büste von Repin sowie Wanja und Mitja photographiert – ist nicht sehr geglückt.

Von Ljowa, der nach Samara unterwegs ist, kamen zwei ziemlich fade Briefe. Serjoscha fuhr in meinen Angelegenheiten ebenfalls nach Samara. Vorgestern war der Notar Beloborodow mit Papieren hier; mit der Teilung geht es voran. Außerdem war am Sonntagabend noch Figner da und sang ein wenig, aber nicht sehr schön.

Ljowotschka ist nicht fröhlich, heute hieß es, er habe gesagt, er werde nicht nach Moskau fahren. Ich weiß nicht, was ich tun soll, weiß nicht, was wie entscheiden, oft zerreißt es mir fast das Herz vor Aufregung, Zweifeln und der fürchterlichen Verantwortung, so oder so entscheiden zu müssen. Aber wie soll man denn die Jungen auf dem Lande erziehen? Das weiß ich überhaupt nicht und sehe keine Möglichkeit. Und Ljowa, der die Universität verläßt, wenn der nun wieder alleine bleibt! Und Tanja, die in Moskau viel mehr Heiratschancen hätte! Und dagegen Ljowotschka, dem es so schwer fällt, in der Stadt zu leben! Warte immer, daß Gott mir den Anstoß zum Handeln gibt, wenn es soweit ist.

Die ganze Zeit Hitze, schreckliche Dürre, die Nächte frisch, und eine Hungersnot, eine grauenhafte Hungersnot, man hört es von allen Seiten, und es vergeht keine Stunde, ohne daß ich daran denken müßte. Und wie mir scheint, ist in dieser Hinsicht alles völlig *hoffnungslos*.

Ljowotschkas Gesundheit ist nicht ganz in Ordnung: gestern aß er grüne Erbsen und Wassermelonen in einer Menge, daß ich entsetzt war. Nachts mußte er mit Magenverstimmung dafür büßen. Kumys trinkt er immer noch nicht.

Gehe schon den zweiten Tag mit Wanja und Sascha spazieren; gestern zur Sakas-Schlucht, heute zum Brunnen bei der abgeholzten Schonung. Wanja läßt gerne die Einbildungskraft spielen und denkt sich aus, in der Nähe seien Wölfe, oder im Brunnen ein besonderes Wasser.

Ginzburg macht die Büste sehr schlecht.

21. Juli. Ich muß die ganze törichte, unglaubliche und traurige Geschichte meines heutigen Tages niederschreiben. Ich weiß nicht, was eigentlich so töricht ist: ob ich selbst es bin, oder jene Situationen, in die ich manchmal gerate. Wie bin ich jedoch zerschlagen, an Körper und Seele zermürbt!

Heute vor dem Essen sagte Ljowotschka zu mir, er schreibe an mehrere Zeitungen einen Brief, daß er auf die Rechte an seinen letzten Werken verzichte.[91] Als er neulich davon anfing, beschloß ich, das Ganze demütig hinzunehmen, und das hätte ich auch getan. Doch es vergingen einige Tage, und er fing wieder davon an. Diesmal war ich unvorbereitet, und wieder hatte ich sofort ein schlechtes Gefühl, d. h. die ganze Ungerechtigkeit dieser Tat in Hinblick auf die Familie sprang mir in die Augen, und ich begriff zum ersten Mal, daß er mit diesem Schritt von neuem das Zerwürfnis mit Frau und Familie öffentlich kund tut. Dies vor allem versetzte mich in Aufruhr. Wir warfen uns gegenseitig viel Unangenehmes an den Kopf. Ich hielt ihm Ruhmsucht und Eitelkeit vor, er schrie, ich brauchte immer nur Geld, und eine dümmere und habsüchtigere Frau habe er noch nie erlebt. Da sagte ich ihm, wie er mich das ganze Leben erniedrigt habe, weil er es eben nicht gewohnt sei, mit anständigen Frauen umzugehen; und er warf mir vor, mit dem Geld, das ich bekäme, würde ich die Kinder nur verderben ... Schließlich schrie er mich an: „Geh fort, geh fort!" Und ich ging. Ging durch den Garten, wußte nicht, was tun. Der Wächter sah, daß ich weinte, und das war mir peinlich. So kam ich zu den Apfelbäumen. Dort setzte ich mich in eine Kuhle und unterzeichnete alle amtlichen Papiere mit einem Bleistift, den ich in der Tasche hatte. Dann schrieb ich in mein Notizbuch, ich würde mich in Koslowka umbringen, da der Zwist im Leben mit Lew Nikolajewitsch mich zermürbt habe, ich hätte nicht mehr die Kraft, alle *Entscheidungen* in der Familie allein zu treffen, und deshalb schiede ich aus dem Leben.

Ich weiß noch, als ich jung war, wollte ich mich nach einem Streit jedesmal umbringen, spürte aber, ich brächte es nicht fertig; heute allerdings hätte ich es getan – doch mich rettete ein Zufall. In völliger Geistesverwirrung lief ich in Richtung Koslowka. Aus irgendeinem Grund ging mir ständig Ljowa im Kopf herum, und ich dachte, wenn ich jetzt ein Telegramm oder einen Brief vorfinde, daß Ljowa nicht mehr ist, so beschleunigt das meine Entscheidung. Als ich schon fast die Brücke an der großen Schlucht erreicht hatte, legte ich mich hin, um auszuruhen. Es begann zu dämmern, doch mir war nicht bange. Seltsamerweise erschien es mir jetzt vor allem *peinlich*, heimzukehren und nicht meiner Absicht entsprechend zu handeln. Und so verfolgte ich ungerührt weiter mein Ziel; dabei hatte ich die fürchterlichsten Kopfschmerzen, als steckte ich in einer Zwinge. Als ich weitergehen wollte, sah ich, da kam jemand in einem weiten Hemd von Koslowka her. Ich freute mich, dachte, es wäre Ljowotschka, und wir würden uns versöhnen. Wie sich zeigte, war es Al. Mich. Kusminski. Ich ärgerte mich, daß er meiner Absicht in die Quere kam, ich ahnte schon, er würde nicht von meiner Seite weichen. Er wunderte sich sehr, als er mich allein erblickte, und las mir am Gesicht ab, daß ich verstört war. Ich war absolut nicht darauf gefaßt, ihm zu begegnen, und drängte ihn, heimzugehen und mich allein zu lassen. Ich beteuerte, ich käme gleich nach. Aber er ging nicht und drängte mich, mit ihm zu kommen, wies auf die Menschenmenge hin, die auf der anderen

Seite schritt, und sagte, die Leute würden mich erschrecken, hier streiche Gott weiß wer herum.

Dann fügte er hinzu, er habe in einem Bogen über die Woronka und Gorelaja Poljana heimkehren wollen, doch über ihn seien fliegende Ameisen hergefallen, so daß er in ein Dickicht flüchten und sich auskleiden mußte, und deshalb sei er in Verzug geraten und wolle nun auf dem gleichen Weg zurück. Ich sah ein, daß Gott meine Sünde nicht wollte, unterwarf mich notgedrungen und folgte Kusminski. Aber ich wollte nicht nach Hause, darum ging ich allein durch den Sakas zum Baden. Ich dachte mir, das wäre ja noch ein Ausweg, ich könnte mich auch ertränken. Die dumpfe Verzweiflung und der Wunsch, aus diesem Leben mit seinen meine Kräfte übersteigenden Aufgaben zu scheiden, verfolgte mich immer noch. Im Wald war es ganz dunkel, ich näherte mich schon der Schlucht, als plötzlich ein Tier – was, weiß ich nicht, bin kurzsichtig und sehe in der Ferne gar nichts –, ein Hund, ein Fuchs oder ein Wolf, in der Absicht, den Weg zu überqueren, auf mich zusprang. Ich schrie aus Leibeskräften. Das Tier bog seitlich in den Wald ab und stürmte unter Laubgeraschel davon. Da verließ mich der Mut, ich kehrte heim und ging zu Wanetschka. Er lag schon im Bett, liebkoste mich und sagte immerfort: „Mama, meine Mama!“ Wenn ich früher einmal in solch einer Stimmung zu den Kindern kam, dann gaben sie meinem Leben von neuem einen Sinn, heute aber stellte ich zu meinem Entsetzen fest, daß meine Verzweiflung sogar noch schlimmer wurde, die Kinder machten mich eher traurig, irgendwie hoffnungslos.

Dann legte ich mich hin, erst in mein Bett, dann packte mich Ljowotschkas wegen, der fortgegangen war, die Unruhe; ich legte mich im Freien in die Hängematte und lauschte, ob er nicht zurückkehre. Allmählich versammelte sich alles auf der Terrasse, auch Ljowotschka kehrte zurück. Alle plauderten, schrien und lachten. Ljowotschka war munter, als wäre nichts geschehen; was sein Kopf im Namen der Idee forderte, hatte sein Herz nicht berührt, nicht im mindesten. Den Schmerz, den er mir zufügte, hat er mir schon *unzählige Male* zugefügt! Daß ich so nahe am Selbstmord war, wird er niemals erfahren; und würde er es, so glaubte er es nicht.

Von dieser fürchterlichen geistigen und körperlichen Erschöpfung schlummerte ich in der Hängematte ein. Mascha suchte etwas mit der Kerze und weckte mich. Ich ging Tee trinken. Als alle beisammen waren, wurde „Ein seltsamer Mensch“ von Lermontow vorgelesen.[92] Als wir aufbrachen und auch Ginzburg abfuhr, trat Ljowotschka zu mir, küßte mich und sagte etwas Versöhnliches. Ich bat ihn, seine Erklärung zu veröffentlichen und nicht mehr davon zu sprechen. Er sagte, er veröffentliche sie nicht, bevor ich nicht *verstünde*, daß es so sein müsse. Ich sagte, lügen könne und wolle ich nicht, und *verstehen* erst recht nicht. Mein heutiger Zustand hat mich dem Tode nähergebracht: in mir ist etwas ernstlich zerbrochen, fühle mich alt, ausgebrannt. „Schlagt nur zu! Aber schlagt mich dann auch bald tot!“ Das geht mir so durch den Sinn.

Und immer wieder von neuem verfolgt mich die „Kreutzersonate“. Heute habe ich ihm noch einmal erklärt, als Frau wolle ich nicht mehr mit ihm zusammen sein. Er beteuerte, dies und nichts anderes sei sein Wunsch, doch ich glaube ihm nicht.

Jetzt schläft er, und ich kann nicht zu ihm. Morgen ist Mascha Kusminskajas Namenstag, die Kinder haben unter meiner Leitung eine Scharade vorbereitet. Gebe Gott, daß nichts dazwischenkommt und niemandem die Laune verdorben wird.

23. Juli. Was durch diesen letzten Verdruß in mir zerbrochen ist, wird nie wieder heil. Zweimal ging ich zu ihm und sagte, ich bäte ihn, seine Erklärung über den Verzicht auf die Eigentumsrechte an seinen Werken der letzten Jahre zu veröffentlichen. Soll er doch das Zerwürfnis in der Familie öffentlich machen; ich fürchte niemanden, ich bin nur meinem Gewissen verantwortlich. Jenes Geld, das ich von seinen Büchern erhalte, gebe ich voll und ganz für seine Kinder aus; nur reguliere ich diese Ausgaben *eigenhändig*, während die Kinder, wenn sie alles in Händen hielten, es ohne Sinn und Verstand ausgeben würden. Jetzt fühle ich nur eines: ich muß noch einen weiteren, gegen mich erhobenen Vorwurf, noch eine weitere, mir aufgebürdete Schuld loswerden. Wieviel doch auf meinen Schultern lastet: die Teilung, mir gegen meinen Willen aufgedrängt, die Erziehung der Jungen, mit denen ich nach Moskau übersiedeln muß, die ganzen Buchgeschäfte, die Wirtschaft und die ganze moralische Verantwortung für die Familie. Diese zwei Tage hatte ich das Gefühl, als hätte mich die Schwere des Lebens richtig niedergebeugt, und ohne die fliegenden Ameisen, die Kusminski überfielen und veranlaßten, auf jenem Weg zurückzukehren, wäre ich vielleicht schon nicht mehr auf der Welt. Noch nie habe ich mich so ruhig und entschieden auf diesen Entschluß zubewegt.

Trotz dieses Steines auf meinem Herzen leitete ich gestern die Scharade der Kinder[93]. Mischa, Sanja und Wassja Kusminski nahmen daran teil, außerdem Boris Nagornow, Andrjuscha und Mischa. Sascha trat für einen Augenblick als Engel auf, das gab ein lebendes Bild.

Alle spielten recht ordentlich; ich finde, solche Zerstreuungen sind für die Entwicklung der Jungen, für die Anregung ihrer Einbildungskraft unerläßlich. So man sich mit solchen Zerstreuungen begnügt, führt das nicht in eine schädliche Richtung. Außer den Verwandten und Erdeli schauten noch die Sinowjew-Fräulein und alle Dienstboten, die Baschkiren, Kutscher und das Hofgesinde zu. Der Erfolg war groß, alle waren zufrieden. Als es zu Ende war, wankte ich regelrecht vor Müdigkeit, die ganze Zeit lag der Stein auf meinem Herzen, auch jetzt noch.

Gestern wurde beschlossen, Mascha Kusminskajas Hochzeit am 25. August in Jasnaja Poljana stattfinden zu lassen. Ich bin darüber sehr froh; das vereinfacht und verbilligt die ganze Sache für mich. Niemand muß nach Petersburg fahren, und es wird für alle sehr lustig.

Draußen ist es sehr trocken, windig, die Nächte kalt. Das Gemüse, die Gärten, das Laub auf den Bäumen, die Blumen und Wiesen – alles ist dürr. Ljowa schreibt aus Samara, dort sei es genauso.

Ginzburg hat die Büste fertig; sie ist ziemlich schlecht geworden. Ginzburg selbst ist ein Plebejer mit niederer Gesinnung, und ich bin froh, daß er fort ist.

Meine Meinung über Ginzburg hat sich völlig geändert. Er ist ein guter und ehrenhafter Mensch.

S. T.[94]

26. Juli. Gestern starb im Dorf eine junge Bäuerin, die Frau von Pjotr, dem Sohn des Kutschers Filipp. Mascha hatte sich um sie gekümmert und immer gesagt, sie habe es im Hals. Schließlich ließ sie verlauten, ihrer Meinung nach sei es Diphterie. Darauf verbot ich ihr hinzugehen. Wenn sie sich aber schon angesteckt hatte, war es sowieso zu spät. Mir tut die liebe Frau sehr leid, aber ich ärgere mich auch sehr über Mascha, daß sie das Risiko eingeht, zwei Familien mit kleinen Kindern anzustecken. Ihren Berichten nach war es sicher Diphterie, und sie hat das mit der ihr eigenen Schläue die ganze Zeit geheimgehalten. Jetzt ist sie mit den Nerven fertig, klagt über Halsschmerzen und hat es offenbar mit der Angst zu tun bekommen. Rein gar nichts außer Kummer, Unruhe, Ärger und Mitleid erweckt in mir diese Tochter, die mir als Kreuz auferlegt ist.

Saß den ganzen Tag an den Korrekturbögen des „Alphabets"[95]. Das wissenschaftliche Komitee hat es wegen verschiedener Wörter nicht gebilligt – z. B. Läuse, Floh, Teufel, Wanze – und auch, weil es noch Fehler enthält; außerdem schlugen sie vor, die Geschichten über den Fuchs und die Flöhe, über den dummen Bauer und andere herauszunehmen, womit Ljowotschka nicht einverstanden ist.

Wanja, Mitja, Wassja und Ljowotschka haben Schnupfen. Es hat stark geregnet und ein Gewitter gegeben. Jetzt ist es frisch. Ljowotschka ritt gestern nach Tula zu einem mildtätigen Doktor; der war aber in Moskau, und die Frau, um die es ging, ist inzwischen gestorben. Tanja und Mascha Kusminskaja reisten am 24. nach Petersburg, um sich etwas für die Hochzeit zu nähen.

27. Juli. Bin furchtbar unzufrieden mit mir. Morgens weckte mich Ljowotschka mit leidenschaftlichen Küssen ... Dann nahm ich mir den französischen Roman „Un coeur de femme" von Bourget vor, blieb bis halb zwölf im Bett und las, was ich sonst nie tue. Ein unverzeihlicher Rausch, dem ich mich da hingebe, und das in meinem Alter! Bin traurig und habe ein schlechtes Gewissen. Komme mir sündhaft und unglücklich vor, kann aber nichts dagegen machen, obgleich ich mich sehr bemühe. Und all dies, anstatt früh aufzustehen, die Baschkiren, die sich zur Bahnstation verspätet haben, zum Aufbruch zu drängen, anstatt dem Notar zu schreiben und nach den Papieren zu schicken, anstatt nachzuschauen, was die Kinder machen. Sascha und Wanja fläzten lange bei mir im Bett herum, spielten und lachten. Wanja erzählte ich das Märchen von Lipunjuschka[96], er war sehr zufrieden. Wanja hat Schnupfen, Sascha eine Magenverstimmung. Dann gab ich Mischa eine Musikstunde, die gut und still verlief. Andrjuscha macht eine englische Übersetzung und hat die Musik endgültig aufgegeben. Sonja Mamonowa und Chochlow sind hier. Draußen ist es klar und frisch.

Ach, was ist mein Mann doch ein merkwürdiger Mensch! Nachdem zwischen uns diese *Geschichte* war, macht er mir den Morgen darauf eine leidenschaftliche Liebeserklärung und sagt, ich hätte derart von ihm Besitz ergriffen, nie hätte er gedacht, daß eine solche Zuneigung möglich sei. Dabei ist alles rein *körperlich*, und darin liegt das Geheimnis unseres Zwistes. Seine Leidenschaftlichkeit hat auch von mir Besitz ergriffen, aber ich *will das nicht*, mit meinem ganzen sittlichen Empfinden will ich das nicht, und wollte es auch nie, mein Leben lang habe ich sentimental von idealen Beziehungen geträumt und mich um mancherlei Gemeinschaft bemüht, doch nicht um *diese*. Nun ist das Leben gelebt, fast alles Gute vernichtet – auf jeden Fall das Ideal.

An dem Roman von Bourget fesselte mich, daß ich darin einen Gedanken, ein Gefühl wiederfand, das mir selbst durchaus nicht fremd ist. Eine Dame der Gesellschaft liebt zwei Männer zur gleichen Zeit: ihren früheren Quasi-Ehemann (wenn auch nicht vor dem Gesetz), ein edler, sie liebender, wunderbarer Mensch, sowie einen anderen, schönen Mann, der sie ebenfalls liebt. Ich weiß, in welchem Maße diese doppelte Liebe möglich ist, und es ist treffend beschrieben. Warum soll die eine Liebe immer eine andere ausschließen? Und warum darf man nicht lieben, wenn man dabei anständig bleibt?

29. Juli. Strachow ist da, außerordentlich angenehm und klug wie immer. Basilewitsch reiste an, dann noch eine Studentin aus Kasan, welche Ljowotschka nach verschiedenen Problemen des Lebens und der Philosophie ausfragte.[97]

Ljowotschkas Magen ist nicht recht in Ordnung, nachts fieberte er. Tanja ist in Pirogowo. Regen und Langeweile. Bin in Sorge um Ljowa und Serjoscha. Habe Briefe geschrieben: an Tanja, Ginzburg und den Verwalter in Samara.

12. August. Ljowotschka nach Pirogowo geritten. Im Hause eine niederdrückende Atmosphäre; Spannungen aufgrund der unklaren Lage der Dinge. Ljowotschka erklärte heute Mascha, er werde den ganzen Winter hier bleiben und überhaupt nicht nach Moskau fahren, darum suchte er sie davon abzubringen, sich für den Feldscher-Lehrgang anzumelden, wohin sie schon ihr Aufnahmegesuch schicken wollte. Auf Tanja wirkte diese Nachricht offenbar genauso niederschmetternd wie auf mich, doch sie schweigt.

Mein Seelenzustand ist furchtbar! Was soll ich tun?

Alle Energie, um die Kinder daheim zu erziehen, ist erschöpft. Ich kann nicht mehr! Ich weiß nicht, wie es weitergehen soll, woher die Lehrer nehmen, ob Andrjuscha auch lernen wird – geistig hat er den ganzen Winter geschlafen. Ich weiß nicht, was Ljowa machen will und ob ich ihn wieder allein lassen kann. Ich weiß nicht, wie ich ohne Ljowotschka und die Mädchen auskommen soll und sie ohne uns, wenn ich mit den Jungen nach Moskau fahre. Herrgott, erleuchte mich! Andererseits, wenn ich Ljowotschka nach Moskau hole, so wird er sich grämen und ärgern. Sowieso lebt jeder von uns für sich: ich mit den Kindern, er mit seinen Ideen und seinem Egoismus; was einmal zerbrochen ist, läßt sich nicht mehr kitten.

Ich hoffe auf Gott, daß er mich im Augenblick der Entscheidung erleuchtet.

Suche mich ständig zu zerstreuen, sonst überfällt mich wieder der Wunsch nach Selbstmord, mit diesem Leben im Zwiespalt und der ganzen Verantwortung Schluß zu machen – so war ich heute mit der kleinen Sascha vier Stunden Pilze suchen, und vorgestern fuhr ich mit Wera Kusminskaja, Andrjuscha und Mischa zum Konzert der Figners. Viele Bekannte waren da, es wurde schön gesungen, und mir war froh zumute.

Von Ljowa ein Brief aus Astrachan, er will über das Kaspische Meer, kommt aber nicht in den Kaukasus, nach Pjatigorsk, wie er vorhatte, weil die Georgische Heerstraße durch einen Steinschlag verschüttet und bis zum 10. September gesperrt ist. Mache mir oft Sorgen um ihn und bin traurig.

Äpfel gibt es in rauhen Mengen, auch viele Pilze: Steinpilze, Löcherschwämme, Kapuzinerpilze. Heute wurden Eierschwämme gebracht.

14. August. War in Tula; Andrjuscha und Mischa probierten beim Schneider Anzüge an, ich hob Geld ab, zur Bezahlung der Schulden von Nikolskoje (2000), Mascha Kusminskaja holte ihren Bräutigam ab und brachte ihn her. Meine Mascha ist krank, hat hohes Fieber; bleich und armselig liegt sie im Bett. Bekam von Ljowa ein Telegramm mit der Anfrage, wann Maschas Hochzeit sei. Schrieb Geschäftsbriefe und an Gräfin Alexandra Andrejewna. Ging für eine halbe Stunde mit Sascha und Wanetschka auf Reizkersuche, es war aber sehr feucht vom Regen. Abends saß ich bei Mascha, und dann sprachen wir über die Ehe, die Liebe und die Frauen.

Schwester Tanja sagte: „Du mußt unbedingt nach Moskau gehen; glaub mir, dein Mann und die jungen Damen werden sehr bald Sehnsucht kriegen und nachkommen."

15. August. Herrliches Wetter; ließ mich verleiten, mit den Kindern Pilze sammeln zu gehen, und das vier Stunden lang. War das schön! Wie wundervoll der Duft der Erde, wie schön die feuchten Reizker im Moos, die zottigen Nagelschwämme und die stämmigen Birkenpilze; wie beruhigend die Waldesstille, wie frisch das taubedeckte Gras; und dann der klare Himmel und die Kinder mit ihren fröhlichen Gesichtern und den Körben voller Pilze. Das nenne ich einen Genuß! Erhielt von Ljowa einen Brief aus Wladikawkas und ein Telegramm aus Kislowodsk. Gott sei Dank ist er gesund und munter. Mascha geht es besser.

Abends saß ich bei den Kusminskis, bei Tanja, Mascha und Wanetschka Erdeli. Wir sprachen über die Beziehungen zwischen Eheleuten, ich erzählte ihnen, wie ich heiratete, und vor meinem geistigen Auge zog mein ganzes, recht trostloses Leben vorüber. Das Trostlose daran hat sich jetzt besonders offenbart. Hat man in der Jugend in Liebe gelebt, muß man in reiferen Jahren in Freundschaft leben. Und bei uns? Ausbrüche von Leidenschaft, dann lang andauernde Kälte; und so in einem fort. Manchmal kommt einem das Bedürfnis nach stiller, sanfter Zärtlichkeit und Freundschaft, man denkt, es wäre nie zu spät und doch so schön, und man macht einen Versuch der Annäherung, strebt nach einfachen Beziehungen, Teilnahme, gemeinsamen Interessen, und darauf – nichts, rein gar nichts, außer strengen, mürrischen und erstaunten Blicken und Teilnahmslosigkeit, Kälte, entsetzlicher Kälte. Die Ausrede, warum wir uns auf einmal so fremd sind, ist immer dieselbe: „Ich lebe ein christliches Leben, du aber bekennst dich nicht dazu, du verdirbst die Kinder", usw.

Wieso denn *christlich*, wenn er weder zu den Kindern noch zu mir noch zu irgend jemanden sonst auch nur ein Fünkchen Liebe empfindet, nur zu sich selbst. Und ich bin also eine Heidin, aber ich liebe die Kinder, und zu meinem Unglück liebe ich auch ihn, den kalten Christenmenschen, noch so sehr, daß mir die bevorstehende Entscheidung jetzt das Herz zerreißt: soll ich nach Moskau fahren oder nicht? Wie stelle ich es an, damit es allen gut geht? Denn, Gott ist mein Zeuge, *mir* geht es im Grunde nur dann gut, wenn ich um mich herum Glück verbreiten kann.

20. August. Zwei Franzosen waren zu Gast: der Psychologe Richet mit einem Verwandten[98]; hergebracht hat sie Professor Grot. Mascha holte Ljowotschka gestern in Pirogowo ab, heute legte sie sich ins Bett, wieder 39,6 Fieber. Gestern morgen fuhren wir mit allen Nachbarn zu einem Picknick in den Wald; das ausgelassene Treiben der Kinder und Jugend wurde mehrfach von Regen unterbrochen, und alles fuhr bald wieder ab. Ljowotschka verhält sich still, freundschaftlich und ist sehr *der Liebe zugetan.* War sehr interessant heute, die Gespräche zwischen Ljowotschka, Richet und Grot anzuhören. Abends brachte ich die Rede auf das Gymnasium und die Übersiedelung nach Moskau; Ljowotschka sagte: „Das ist doch schon beschlossene Sache, wozu noch darüber reden?“ Nichts ist beschlossen, bisher sind es nur quälende Probleme ...

19. September. Wie immer, wenn das Leben voller Ereignisse ist, hat man keine Zeit, Tagebuch zu schreiben, und gerade da wäre es interessant. Will die Ereignisse aufzählen.

Vor dem 25. August trafen wir fröhlich Vorbereitungen zu Mascha Kusminskajas Hochzeit. Kauften ein, machten Laternen, Zierat für die Pferde, Flaggen usw. Am 25. morgens erteilte ich mit Bruder Sascha Wanetschka Erdeli den Segen und brachte ihn mit der Kutsche in die Kirche. Wir waren beide tief gerührt. Mir tat dieser reine, zarte Junge leid, der so früh Verpflichtungen auf sich lädt und so allein steht. Als Mascha gesegnet wurde, war ich nicht dabei; sie soll sehr geweint haben, und ihr Vater auch. Dann kam die Zeremonie, ständig schnürten mir Tränen die Kehle zu; ich sah meine Vergangenheit wie auch ihre Zukunft vor mir, und daß ich mich auch einmal von Tanja und sogar Mascha trennen müßte, die mir stets leid tut und vor der ich mich stets unzureichender Liebe schuldig fühle.

Dann speisten wir zu Mittag auf dem Krocket-Rasen. Der Tag war klar und herrlich warm; alle waren fröhlich und freudig gestimmt –

die Meinen wie auch die Verwandten und Nachbarn. Abends machten wir Spiele, tanzten und sangen. Figner sang an diesem Abend erstaunlich gut. Den ganzen Tag beobachtete ich Tanja, ihre ehemaligen Bräutigame, d. h. die Männer, die ihr einen Heiratsantrag gemacht haben, und Stachowitsch, dem ich sie gerne zur Frau geben würde. Er würde sie wahrscheinlich schätzen und lieben. Spät gingen wir auseinander, und ich saß noch bis zum Morgengrauen bei den Gästen, die sich fürchteten, im Dunkeln zu fahren. Auch meine Schwiegertochter Sonja war dabei, sowie Tanja und Stachowitsch; er und Sonja sagten grausame Dinge über kleine Kinder und wie schwierig es mit ihnen sei. Ljowotschka war zwei Tage vor der Hochzeit krank, aber an diesem Tag ging es ihm bereits besser. Alle meine neun Kinder waren wieder beisammen, ich war sehr glücklich und schob alle Sorgen und Probleme tunlichst beiseite. Die Nacht verbrachte jeder der beiden Jungvermählten am alten Ort: Mascha bei ihrer Schwester, Wanetschka Erdeli bei Ljowa. Am nächsten Morgen war alles wieder beim alten; gegen sechs Uhr abends begleiteten wir das junge Paar nach Jassenki, und alle weinten sehr. Es war kalt und windig, in meinem Herzen düster, und das Leben ging im alten Gleis weiter, hielt aber neue Aufregungen bereit. Bis zum 29. schnitt ich die Frage der Übersiedelung nach Moskau nicht an. Aber die Zeit verstrich, drängte immer mehr, und am 29. abends bat ich Ljwotschka, mit ihm spazierengehen zu dürfen, und fragte ihn, ob er mir seine Erlaubnis gebe, nach Moskau zu ziehen und die Kinder aufs Gymnasium zu schicken. Ich sagte ihm, ich wisse, wie schwer ihm das falle, ich frage nur, wieviel Zeit seines Lebens er mir opfern könne, um mit mir in Moskau zu leben. Er sagte: „Ich fahre überhaupt nicht nach Moskau." Darauf ich: „Na schön, damit löst sich das Problem, dann fahre ich auch nicht nach Moskau, bringe auch die Kinder nicht hin und werde wieder nach Lehrern Ausschau halten." – „Nein, das möchte ich nicht: fahr du auf jeden Fall und schick sie aufs Gymnasium, denn du meinst ja, es müsse so sein und wäre besser so." – „Ja, aber das hieße Trennung, dann wirst du den ganzen Winter über weder mich noch die fünf Kinder sehen." – „Die Kinder sehe ich auch hier wenig, und du wirst mich ab und zu besuchen." – „Ich? Um nichts in der Welt!"

Auf einmal bedauerte ich, daß ich mein Leben lang nur ihn geliebt und ihm allein gehört habe, daß ich selbst jetzt, wo ich wie ein abgetragenes Kleidungsstück weggeworfen werde, noch immer an ihm hänge und ihn nicht alleinlassen kann.

Meine Tränen machten ihn betroffen. Wenn in ihm wenigstens ein Schimmer von jenem psychologischen Verständnis steckt, das in seinen Büchern so stark ist, so mußte er begreifen, welch ein Schmerz und welche Verzweiflung mich in diesem Augenblick erfüllten.

„Du tust mir leid", sagte er, „ich sehe, wie du leidest, und weiß nicht, wie ich dir helfen soll." – „Aber ich weiß es; ich halte es für unmoralisch, die Familie in zwei Hälften zu zerreißen, ohne allen Grund, da bringe ich liebe die Kinder zum Opfer, Ljowa und Andrjuscha, ihre Bildung und ihr Schicksal, und bleibe mit dir und den Töchtern auf dem Lande." – „Siehst du, du sprichst von einem *Opfer*, das wirst du mir vorhalten." – „Aber was soll ich denn tun, sag doch, was denn?" Er schwieg. „Kann ich jetzt nicht sagen, laß mich bis morgen nachdenken."

Wir trennten uns auf dem Grumanter Feld; er ging zu einem Kranken nach Grumont, ich nach Hause. Welch unheilbaren, tiefen Riß hat dieses neuerliche, zynische und herzlose Hinausdrängen aus seinem Leben meinem Herzen zugefügt! Es dämmerte. Ich ging die Straße entlang und heulte die ganze Zeit. Wieder einmal wurde mein Glück zu Grabe getragen. Bauern und Bäuerinnen fuhren vorüber und schauten mich verwundert an. Durch den Wald zu gehen, hatte ich Angst. Daheim war es hell, man trank Tee, die Kinder sprangen mir entgegen.

Am nächsten Tag sagte Ljowotschka mit ruhiger Stimme: „Fahr nach Moskau, nimm die Kinder mit, ich werde selbstverständlich alles tun, was du willst." *Willst*? – das Wort brachte mich auf. Ich für mich will schon längst nichts mehr, nur noch, daß sie glücklich, froh und gesund sind.

Abends packte ich die Sachen der Kinder und meine eigenen, suchte die Papiere zusammen, und am Sonntag, dem 1. September, brachte ich die Jungen nach Moskau. Zweifel und Furcht, ob ich damit gut getan, werden mir stets bleiben. Ich dachte jedenfalls, ich erfüllte meine Pflicht. Kurz vor der Abreise erfuhr ich von Ljowa die schreckliche Geschichte von Mischa Kusminskis Fehltritt mit Mitetschkas Amme, und daß meine Jungen genauestens Bescheid wissen. Ein Schlag nach dem anderen. Abscheu, Kummer um meine Schwester, Schmerz um meine Jungen und ihre Unschuld – von alledem war mein Herz übervoll. So reiste ich ab, und so, mit diesem Schmerz, lebte ich in Moskau. Doch die materiellen Sorgen, die moralische Unterstützung der Jungen auf einem für sie neuen Feld – dies alles beruhigte mich ein wenig. Dann traf Ljowa ein und erzählte mir von der Verzweiflung meiner Schwester Tanja und wie schwer sie diese Nachricht ertragen habe. Mir hatte das nun schon so lange zugesetzt, daß ich bereits ein wenig abgestumpft war, und Tanja meinte gekränkt, ich sei kalt und brächte ihr nicht genügend Mitgefühl entgegen. Das ist jedoch ungerecht. Reagiert man nach einiger Zeit auf eine Sache ein wenig matter, ist das nicht weniger mitfühlend als eine tatkräftige, heftige Reaktion, die nur unmittelbar nach dem Geschehnis eintreten und nicht zwei Wochen anhalten kann.

Auch Ljowa ist also in Moskau. Er wird das Examen zum Übertritt vom ersten zum zweiten Kurs nachholen. Ljowa ist doch ein zu guter Mensch. Hat Zartgefühl, ist rein, begabt und gut zu den Kindern. Er kümmerte sich sogleich um ihre Hausaufgaben und nahm Anteil an ihrem Leben; mit Andrjuscha ging er die Aufgaben durch, wirkte – bezüglich Mischa Kusminskis Geschichte – moralisch auf ihn ein und sprach den Kindern Mut zu.

Zwei Wochen habe ich mit ihnen in Moskau verbracht, habe im Haus einiges gestrichen, tapeziert und umgestellt, Polstermöbel bezogen, das Leben der Kinder in geordnete Bahnen gelenkt und bin abgefahren. Geblieben sind die drei Söhne, M. Borel, Alexei Mitrofanowitsch und jetzt noch Fomitsch.

Am 15. morgens kam ich wieder nach Hause. Ljowotschka warf mir sogleich vor, ich hätte die Kinder in einen „Pfuhl" gebracht. Wieder spitzte sich das Gespräch zu, aber es ging glimpflich aus, zu Streit kam es bisher nicht. Tanja gegenüber äußerte ich meine Entrüstung über Mischa und gab ihr zu verstehen, den nächsten Sommer müßten wir vielleicht getrennt verbringen. Ljowa hatte auf mich eingeredet, das sei der Kinder wegen unerläßlich, es fiel mir jedoch schrecklich schwer; so wirkte es auch auf Tanja. Sie wurde rot und sagte: „Genug, Sonja, du zerreißt mir das Herz!" Wir wollen die Frage bis zum Frühjahr offenlassen, je nachdem, wie Mischa sich bis dahin aufführt. Dann sprach ich mit Ljowotschka kurz über den

Brief, den er am 16. dann an die Zeitungen schickte und in dem er auf seine Rechte an den Aufsätzen verzichtet, die im XII. und XIII. Band stehen. Alle diese Dinge haben stets ein und denselben Ursprung: Eitelkeit und der Wunsch nach immer neuem Ruhm, damit möglichst viel über ihn gesprochen werde. Das kann mir niemand ausreden.

Der Brief wurde also abgeschickt. An jenem Abend kam ein Brief von Leskow mit einem Zeitungsausschnitt aus „Nowoje wremja". Die Überschrift lautete: „L. N. Tolstoi über die Hungersnot".[99] Aus einem Brief von Lew Nikolajewitsch hatte Leskow veröffentlichen lassen, was Ljowotschka über den Hunger schrieb. Ljowotschkas Brief ist ungeschickt, stellenweise sogar sehr, und auf jeden Fall nicht für die Presse bestimmt. Er regte sich sehr auf, schlief nachts nicht, und am nächsten Morgen sagte er, der Hunger lasse ihm keine Ruhe, man müsse Garküchen für das Volk einrichten, in denen die Hungernden sich verköstigen könnten, vor allem müsse man persönlich daran mitarbeiten, er hoffe, ich werde dafür Geld geben (dabei hatte er selbst gerade den Brief auf die Post gebracht, mit dem er sich von den Rechten am XII. und XIII. Band lossagt, um *kein Geld einzunehmen*, verstehe ihn, wer will!), und er fahre auf der Stelle nach Pirogowo, um diese Sache zu beginnen und etwas darüber zu veröffentlichen. Da es jedoch unmöglich sei, über etwas zu schreiben, was man nicht praktisch ausprobiert habe, müßten mit Hilfe des Bruders und der dortigen Gutsbesitzer erst zwei oder drei Garküchen eingerichtet werden.

Vor der Abreise sagte er zu mir: „Bitte denk nicht, ich täte das, damit man über mich spricht; es läßt mir einfach keine Ruhe mehr."

Ja, wenn er es deshalb täte, weil ihm bei dem Gedanken an die Hungernden das Herz blutet, da fiele ich vor ihm auf die Knie, dafür gäbe ich viel. Doch nach wie vor höre ich nicht, daß sein Herz spricht. Soll er wenigstens mit seiner Feder und seinem Können die Herzen der anderen Menschen aufrütteln!

Wir leben still vor uns hin – Tanja, ich, Mascha, Wera, Wassja, Wanja, Sascha und Mitja. Das Wetter ist erstaunlich klar und windstill. Schöne Briefe von den Jungen. Ich freue mich über die Abgeschiedenheit, die Erholung; bin ganz meinem Innersten zugewandt, lese, denke nach, schreibe und bete. Gestern noch war ich in der

Gewalt stürmischer Leidenschaften, die mein Mann in mir geweckt hatte; heute ist in mir alles klar, hehr, still und gut. Reinheit und Klarheit, das ist das Ideal.

21. September. Erhielt Briefe von Ljowa und Mischa. Unternahm gestern und heute ausgedehnte Spaziergänge, gestern mit Sascha, heute noch mit Wera und Lida. Die Schönheit dieser Tage ist frappierend. Es ist so warm, daß es einem sogar in Sommerkleidern heiß ist. Band ein paar Blumensträuße, schrieb an die Kinder in Moskau und freue mich, in dieser erfrischenden Stille zu leben und mich an Leib und Seele zu erholen. Habe zu nichts Lust. Las in einem Zug das ganze Buch von Rod: „Les trois coeurs"[100]. Unschön und düster, wenn auch unterhaltsam. Ernstes kann ich nicht lesen, bin die letzte Zeit geistig und körperlich wie gerädert. Gestern schrieb ich einen langen Plan für eine Novelle, die ich zu gerne verfassen würde, wenn ich es nur vermöchte[101]. Weiß nichts von Ljowotschka und Tanja und habe Sehnsucht nach ihnen, vor allem nach Tanja. Merkwürdig, Ljowotschka hat dadurch, daß er sich nach Moskau zu fahren weigerte und mich zu der Trennung für den ganzen Winter überredete, so sehr mein Gefühl der Zuneigung zu ihm versehrt, daß mir die Trennung schon nicht mehr so schlimm erscheint wie früher. Ja, ich muß mich daran gewöhnen. Wenn sein *Liebes*leben mit mir einmal zur Neige geht, wird er mich einfach zynisch und unbarmherzig aus seinem Leben hinausdrängen. Und das wird bald sein. Muß mein Herz vor diesem Schlag schützen und die anderen, d. h. meine Kinder, mehr lieben als meinen Mann. Gott sei Dank habe ich so viele, und so viele von ihnen sind gut.

Gräme mich zur Zeit sehr, daß meine drei Söhne in Moskau sind und ich hier Wetter, Natur und Stille genieße. Doch wir sind alle in der Stadt aufgewachsen, jetzt ist für uns die Zeit des Ausruhens gekommen.

8. Oktober. Hielt es nicht aus und war in Moskau bei den Jungen. Und das kam so: Nach Mischa Kusminskis Geschichte war das freundschaftliche Verhältnis zwischen Tanja und mir irgendwie gestört. Sie forderte mehr Mitgefühl, ich wiederum war streng zu Mischa, und es verdroß mich, daß er mit seinen Erzählungen meine Jungen sittlich verdorben hatte. So beschloß ich dann, Tanja bis Moskau zu begleiten. Hier waren alle gesund, Lisa und Mascha

Obolenskaja waren zu Besuch. Am 26. September reisten wir in einem speziell für uns in Tula angekoppelten Waggon nach Moskau; Sinowjew brachte uns zum Zug, und man schloß uns die Zarengemächer auf. In Moskau fuhr ich mit Wassja zu Tante Wera Alexandrowna, und dort erschienen dann auch, fröhlich und lebhaft von der Ausstellung kommend, meine drei Söhne. Sie erwarteten eigentlich Tanja, und Mischa starrte mich lange an, als ob er mich nicht erkennen würde. Schließlich rief er: „Mama!" Alle zusammen verlebten wir einen sehr schönen Abend; den nächsten Tag brachte ich auch noch bei ihnen zu, und am Samstag, dem 28., fuhr ich mit den Kindern nach Jasnaja Poljana. Lisa und Mischa Olsufjew kamen mit. Das versetzte mich Tanjas wegen in Aufregung; auch alle Kinder, besonders die Mädchen, waren schrecklich aufgeregt. Ljowa kam nicht mit, er sitzt sehr eifrig an seinen Büchern und seiner Musik und wollte nicht abgelenkt werden. Am nächsten Tag, am Sonntag, trafen noch weitere Gäste ein: Sinowjew, Dawydow mit seinen Töchtern und Mischa Stachowitsch. So waren also jene beiden Michaile beisammen, die Tanja im Gedanken an eine Heirat, wie mir scheint, in Erwägung zieht. Aber wie sehr ich auch beobachtete, keiner der beiden gab irgendwelche Absichten zu erkennen; nur in ihrem Verhältnis untereinander war etwas Feindliches zu spüren, eine Art stummer Zweikampf. Bereits am Montag fuhren alle wieder ab; Andrjuscha hatte Temperatur; und am Mittwoch brachte ich Andrjuscha und Mischa von Jassenki nach Tula, wo Sinowjew sie bis Moskau unter seine Fittiche nahm. Von Tula zurück fuhr ich mit Mascha und Serjoscha, und wir besprachen Tanjas Verheiratung.

Als nun die Kinder wieder fort waren, befiel mich wieder Schwermut. Drei Nächte hatten sie Wand an Wand mit mir geschlafen, ich hörte sie, war nicht in Sorge um sie; ihre Abreise machte mich jedoch trübsinnig. Von Ljowotschka erfahre ich ja nie Teilnahme, höre ich nie ein zärtliches, echt von Herzen kommendes Wort. Mein Herz wurde in der letzten Zeit so malträtiert, daß ich Atemnot und eine Neuralgie in der Schläfe bekam. Nachts schlief ich überhaupt nicht. Ich konnte weder sprechen noch mich freuen noch etwas tun, rein gar nichts. Ich verzog mich in einen Winkel und weinte stundenlang, weinte bei jedem Anlaß, weil nun wieder einmal eine Periode meines Lebens zu Ende ist. Und wenn man mich gefragt hätte, wo der

Hauptgrund für meinen Kummer liege, hätte ich gesagt, daß ich von Ljowotschka keinerlei Liebe bekomme, daß er mich nicht nur jetzt völlig ignoriert und bloß quält, sondern mich auch *nie* geliebt hat. Das sieht man an allem: an seiner Gleichgültigkeit gegenüber der Familie, den Kindern, unseren Interessen, ihrem Leben und ihrer Erziehung. Soeben sprachen wir darüber, wer welche Briefe geschrieben hat. Er zählte die seinigen an die Finsterlinge auf.[102] Ich fragte, wo Popow, Solotarjow und Chochlow seien. Ersterer ist ein verabschiedeter Offizier östlichen Typus', die beiden anderen sind jung, aus dem Kaufmannsstand. Sie alle gelten als Anhänger von Lew Nikolajewitsch. „Popow ist bei seiner Mutter, sie wünscht dies so. Chochlow auf einer technischen Lehranstalt, das wünscht sein Vater, und Solotarjow im Süden, in einer Kleinstadt, bei seinem altgläubigen Vater, er hat es so schwer!"

Und von jedem hieß es, es falle ihm so schwer, bei den Eltern zu leben, aber die Eltern wollten es so. Ich fragte: „Und wo hätten sie es nicht schwer?" Ich weiß doch, daß Popow, der eine äußerst lasterhafte Mutter hat, befand, mit seiner wunderbaren, gütigen Frau sei schwer auszukommen, und sich von ihr trennte; er lebte bei Tschertkow, und Tschertkow konnte ihn nicht ertragen, dort hatte er es also auch schwer; nun lebt er bei seiner Mutter, und wieder hat er es schwer. Ich weiß, daß auch Ljowotschka es mit mir schwer hat – überhaupt sind das merkwürdige Prinzipien, wenn man es überall und mit jedem schwer hat. Es hat viele Gemeinschaften dieser Tolstojaner gegeben, und jedermann hatte es dort so *schwer*, daß alle auseinanderfielen. So nahm denn unser Gespräch ein unschönes Ende, Ljowotschka fuhr nach Koslowka, und ich spürte wieder diese Beklemmung in der Brust, wieder stiegen Tränen in mir auf, doch ich suchte mich zu beruhigen. Ich darf nicht krank werden oder den Mut verlieren! Ich habe *so viele* Aufgaben und Verpflichtungen! Entweder ich bin unermüdlich für die Familie tätig, oder, falls ich es nicht aushalte, ich lebe nicht mehr weiter.

Soeben fiel mein Blick auf das Tagebuch, das diesem vorausgeht. Ich schrieb damals, daß Ljowotschka und Tanja nach Pirogowo und von dort noch weiter gereist waren, um die Hungergegenden zu erforschen.[103] Schwager Serjoscha empfing sie in Pirogowo sehr unfreundlich, sagte, sie wollten ihn wohl schulmeistern; ihr seid doch reicher als ich, sagte er, helft doch ihr, ich bin selber ein Bettler, usw. Darauf reisten Ljowotschka und Tanja zu den Bibikows weiter und registrierten dort die Hungernden; Tanja blieb bei Bibikow, und Ljowotschka fuhr zu einer Gutsbesitzerin[104] und zu Swetschin. Bibikow und die Gutsbesitzerin nahmen die Idee, Garküchen für die Hungernden einzurichten, sehr kühl auf. Niemand hat überflüssiges Geld, jeder ist mit seinen Sorgen beschäftigt. Bei den Swetschins äußerte man mehr Mitgefühl.

Nach fünf Tagen kamen Ljowotschka und Tanja zurück, und am 23., unserem Hochzeitstag (vor 29 Jahren), fuhr Ljowotschka, nun von Mascha begleitet, mit der Eisenbahn in den Jepifaner Landkreis. Sie quartierten sich bei R. A. Pissarew ein und erforschten von dort aus die Dörfer, in denen Hungersnot herrscht. Dorthin kam auch Rajewski, und sie besprachen sich über die Garküchen für die Hungernden. Ljowotschka faßte sogleich den Entschluß, mit den beiden Töchtern für den ganzen Winter zu Rajewski zu ziehen und Garküchen einzurichten, und er gab zum Kauf von Kartoffeln und roten Rüben hundert Rubel, die er noch zu Hause von mir bekommen hatte.

Als sie heimkehrten und mir erklärten, sie führen nicht nach Moskau, sondern begäben sich in die Steppe, war ich entsetzt. Den ganzen Winter getrennt, und dann noch dreißig Werst von der nächsten Bahnstation entfernt, Ljowotschka mit seinen Magen- und Darmanfällen, die Mädchen in dieser Einsamkeit, und ich ewig um sie in Sorge. Das versetzte mir einen schweren Schlag, gerade war das eine Problem unter Schmerzen irgendwie gelöst worden – nur damit es Ljowotschka nicht so schwer fiele, in Moskau zu leben, hatte ich der Veröffentlichung seiner Erklärung über den XII. und XIII. Band zugestimmt –, und wieder stand ein neues Problem, eine neue Entscheidung bevor. Das machte mich krank. Andererseits schrieb Ljowa, als er den Beschluß, zu Rajewski zu ziehen, noch nicht kannte, wir sollten alle in Jasnaja Poljana bleiben; käme ich nach Moskau, würde sie das beim Lernen stören, sie kämen sehr gut ohne mich aus. Das gab meinem Kummer neue Nahrung. Neunundzwanzig Jahre lang habe ich *ausschließlich* für die Familie gelebt; habe auf alles verzichtet, was einem jungen Wesen Freude macht und das Leben versüßt, und werde nun von *niemandem* gebraucht. Wie sehr habe ich diese ganze Zeit geweint! Offenbar bin ich ein sehr schlechter Mensch; dabei habe ich soviel geliebt, und Liebe gilt doch als gutes Gefühl ...

Habe heute abend mit Sascha gelesen, mit ihr und Wanetschka gespielt, ihnen Bilder gezeigt und Geschichten erzählt. Hinter dem Tschepysch wurden heute 2000 Tännchen gesetzt, morgen noch 4000 Birken. Und mit Nikita und Mitja habe ich auch im Garten einiges gepflanzt: Kiefern, Fichten, Lärchen, Birken und gezähnte Erlen. Morgen kommt noch mehr. Am 20. fahre ich nach Moskau. Habe absolut keine Lust! Was Ljowotschka und die Mädchen machen werden, weiß ich nicht, weiß ich überhaupt nicht. Bezüglich der Garküchen habe ich meine Zweifel. Dort kommen ja doch nur die gesunden, kräftigen Leute hin, die nichts zu tun haben. Die Kinder, Wöchnerinnen, Alten und Frauen mit kleinen Kindern können das nicht, und gerade ihnen müßte man zu essen geben.

Als Ljowotschka seine Erklärung über die Rechte am XII. und XIII. Band noch nicht veröffentlicht hatte, wollte ich 2000 Rubel für die Hungernden bereitstellen, und zwar hatte ich vor, in einer ausgewählten Gegend den armen Familien pro Monat jeweils soundsoviel Pud Mehl, Brot oder Kartoffeln zuzuteilen. Jetzt weiß ich nicht, was ich tun werde. Auf fremde Initiative, und wenn man einem dazu noch in den Rücken fällt (durch die Erklärung), kann man nicht handeln. Wenn ich jemandem Geld zur Verfügung stelle, dann Serjoscha, er ist Sekretär des Roten Kreuzes in seiner Gegend. Somit geht ihn die Hungersnot unmittelbar an, er hat Zeit, ist ehrlich und jung, und außerdem an Ort und Stelle.

16. Oktober. War in Tula, brachte die Teilung mit Sokolowa, der Frau des Geistlichen, zu einem Ende; weiß nicht, ob der Obernotar es anerkennt. Außerdem trieb ich bei dem Notar Beloborodow unsere Teilung voran. Alles äußerst langweilig und bedrückend. Morgens schneite es, ich fuhr mit dem großen Schlitten, zweispännig; als ich zurückkam, herrschten 8 Grad Kälte. Auf dem Gutsrain hatten Zigeuner ihre Zelte aufgeschlagen: Kinder, Hühner, Ferkel, an die vierzig Pferde und eine Menge Leute. Unsere Mädchen gingen hin und führten sie in die Küche des Seitengebäudes. Gestern nacht schickte Ljowotschka den Aufsatz „Über die Hungersnot“ an Grot für seine Zeitschrift „Woprossy filossofii i pschichologii“[105]. Gerade haben Sascha und Wanja das Los gezogen: *Sascha* für sich selbst, ihr fiel der *linke* Teil von *Bistrom* zu; für Andrjuscha und Mischa zog Wanetschka das Los. *Mischa* bekam die *Tutschkower* Ländereien, *Andrjuscha* den *rechten* Teil von Bistrom, und ...

Am 13. fuhr ich zu Serjoscha und Ilja. Den ersten Tag verbrachte ich mit Sonja, abends kam Ilja. Ich gewann von den beiden einen schlimmen Eindruck. Da ist wenig Liebe zwischen ihnen, sie haben niedrige Interessen, um die Wirtschaft steht es schlecht. Ilja sieht niedergeschlagen und unglücklich aus, er dauert mich sehr. Gott weiß, wer von den beiden schuld ist, glücklich sind sie jedenfalls kaum. Das Schlimmste ist der kleine Nikolai. Er ist regelrecht verwahrlost und ausgehungert: Sonja ist eine schlechte, lieblose Mutter, das springt einem ins Auge. Annotschka ist außergewöhnlich lieb. Der kleine Nikolai aber wird sicher sterben oder ein Mißgeschöpf, und das liegt mir wie ein Stein auf dem Herzen.

Serjoscha ist heiter, gelassen und angenehm in jeder Beziehung. Ich schaute mir bei ihm alles eingehend an, möchte so gern zu seinem Leben etwas beitragen, damit er sich noch wohler fühle. Seine Tätigkeit als Landeshauptmann und nun noch als Sekretär des Roten Kreuzes füllt ihn aus. Bei ihm ist es sauber und gemütlich; man merkt, da lebt ein anständiger Mensch, trotz der Armut und Bescheidenheit. Gebe Gott ihm die Kraft, so lange wie möglich ordentlich zu leben! Ljowa ist auf einmal von der Idee besessen, wegen der Hungersnot nach Samara zu fahren. Seine Unstetigkeit bedrückt mich. Wieder ein Hin und Her; er vernachlässigt die Universität und fliegt mit leeren Händen ins Ungewisse – und das nennt sich Tätigkeit.

Die Direktion der Petersburger Theater hat mir die Auszahlung der Tantiemen für die „Früchte der Bildung“ verweigert. Ich wurde sehr zornig auf die Direktion und auf Lew Nikolajewitsch, der mir die Freude vereitelt hat, diese Gelder für die Hungernden zu spenden. Gestern schrieb ich an Woronzow, den Minister bei Hofe, und bat ihn, die Tantiemen auszuzahlen; weiß nicht, was dabei herauskommt.[106] Wir packen, wollen nach Moskau; Langeweile, fühle mich unpäßlich, überall in der Welt und in der Familie spürt man Zwietracht. Schwer lastet auf allem die Hungersnot des Volkes.

19. Oktober. Völlige Apathie. Reise nicht, packe nicht, habe den ganzen Tag an einem Bilderbuch für Wanja gezeichnet.

Zu Gast sind Petja Rajewski, Popow (der Finsterling) und noch ein hochgebildeter Mann, der von Sjutajew kommt und umherzieht; er ist mißmutig, unzufrieden, enttäuscht und krank.[107] Ljowotschka gibt sich seltsam heiter, aber er ist es nur äußerlich, nicht von innen her.

12. November. Bin seit dem 22. Oktober mit Andrjuscha, Mischa, Sascha und Wanja in Moskau. Am 26. fuhr Ljowotschka mit den Töchtern in den Landkreis Dankow, zu I. I. Rajewski auf das Gut Begitschowka, und am 25. fuhr Ljowa in das Dorf Patrowka im Gouvernement Samara[108]. Alle hatten nur eines im Sinn: dem Volk in der Hungersnot zu helfen. Lange wollte ich sie nicht fortlassen, lange war es mir furchtbar schwer, mich von allen zu trennen, aber in meinem Herzen spürte ich, daß es sein mußte, und willigte ein. Dann schickte ich ihnen sogar 500 Rubel, hatte davor schon 250 gegeben. Ljowa nahm zunächst nur 300 R. mit, und dem Roten Kreuz gab ich 100 R. Wie wenig ist das im Vergleich zu dem, was gebraucht wird! In Moskau angekommen, befiel mich furchtbare Schwermut. Es fehlen mir die Worte, um meinen schrecklichen Seelenzustand in jener Zeit zu beschreiben. Meine Gesundheit war zerrüttet, ich fühlte mich dem Selbstmord nahe. Und da starb auch noch D. A. Djakow. In ihm verloren wir Lew Nikolajewitschs besten und ältesten Freund. Ich war bei ihm, als er schon fast in Agonie lag, und dann bei der Beerdigung. Dann erkrankten alle meine vier Kinder an Influenza. Einmal lag ich des Nachts schlaflos und beschloß plötzlich, einen Aufruf an die allgemeine Wohltätigkeit zu erlassen. Morgens sprang ich aus dem Bett, schrieb einen Brief an die Redaktion der „Russkije wedomosti“ und brachte ihn sogleich hin.[109] Am nächsten Tag, einem Sonntag, stand er in der Zeitung. Und plötzlich war mir heiterer und leichter zumute, ich fühlte mich gesund, und von allen Seiten trafen Spenden in Mengen ein. Wie mitfühlend, wie rührend die Öffentlichkeit auf meinen Brief reagiert! Manche weinen, wenn sie Geld bringen. Zwischen dem 3. und 12. gingen 9000 Rubel bei mir ein. 1273 Rubel schickte ich Ljowotschka, gestern gab ich Pissarew 3000 Rubel zum Kauf von Roggen und Mais; jetzt warte ich ab, was Serjoscha und Ljowa schreiben, wie man das Geld verwenden könnte. Den ganzen Morgen nehme ich Spenden entgegen, trage sie in Bücher ein, rede mit den Leuten, und das zerstreut mich. Bisweilen lasse ich die Hände sinken, und dann würde ich zu gerne Ljowotschka, Tanja und sogar Mascha sehen, obwohl ich weiß, daß Mascha sich außer Haus immer froher und munterer fühlt. Merkwürdig, wenn ich mit Ljowotschka beisammen bin, dann ist seine Unfreundlichkeit und sein mangelndes Interesse für die Familie fü. mich wie ein kalter Guß, so daß ich denke: „Was wollte ich eigentlich? Wieso ist er hier?“ Doch wenn wir getrennt sind, gilt jeder Gedanke ihm. Das kommt daher, weil ich an ihm mehr und Besseres liebte, als er zu geben imstande war.

Konnte heute wegen einiger Artikel der „Moskowskije wedomosti“ wieder nicht schlafen. Dort haben sie Ljowotschkas Aufsatz „Eine schreckliche Frage“, der dieser Tage in den „Russkije wedomosti“ stand, auf eigene Weise gedeutet. Sie sehen dahinter eine „neu auflebende liberale Partei mit politischen Plänen“ und zeihen ihn schon fast revolutionärer Machenschaften. Die Vermutung, es könne auch nur die Möglichkeit eines anderen Beweggrundes geben außer dem, dem Volk zu helfen, ist selbst schon eine revolutionäre Machenschaft seitens der „Moskowskije wedomosti“.[110]

Sie geben den geistesschwachen Revolutionären nämlich den Fingerzeig, sie *k nnten* sich mit Tolstoi und Solowjow solidarisch fühlen, und das ist meiner Meinung nach ein Funke, der ihnen hilft, neuen Mut zu schöpfen, wenn man ihn in ihren Kreis wirft.

Was für eine gemeine, gräßliche Zeitung! Und wie steht ihr doch alles Echte feindlich gegenüber. Ich wollte schon dem Minister und dem Zaren schreiben, wieviel Schaden sie anrichte, wollte in die Redaktion und ihnen damit drohen; doch ohne mich mit jemandem beraten zu haben, kann ich mich zu nichts entschließen.

Andrjuscha und Mischa sind im Gymnasium von Poliwanow, Mischa lernt schlecht, Andrjuscha mittelmäßig. Sie tun mir immer leid, ich möchte sie aufheitern, zerstreuen, überhaupt neige ich dazu, die Kinder zu verwöhnen, und das ist übel. Als wir uns heute zu Tische setzten, da dachte ich, wie egoistisch, behäbig und verschlafen unser bürgerliches Stadtleben doch ist, ohne Kontakt mit dem Volk, ohne irgend jemandem zu helfen! Ich konnte einfach nichts essen, so befiel mich der Gram um jene, die jetzt Hungers sterben, und um mich und die Kinder, die wir in dieser Umgebung, ohne eine echte Tätigkeit, moralisch sterben. Doch was tun?

Erhielt eine Antwort vom Minister bei Hofe. Im Hinblick auf mein wohltätiges Ziel hat er mir die Tantiemen von den Kasseneinnahmen der „Früchte der Bildung" zugesagt, und das habe ich bereits Direktor Wsewoloschski mitgeteilt.

1892

16. Februar. Wieder sind drei Monate vergangen, und zwar ungewöhnlich schnell. Bin mit Andrjuscha, Mischa, Sascha und Wanetschka wieder allein in Moskau. Ljowotschka, Tanja und Mascha waren zweimal hier: zunächst vom 30. November bis 9. Dezember, dann vom 30. Dezember bis 23. Januar. Wir hatten viel Besuch, freuten uns, vereint zu sein, und die Trennung wäre uns schwergefallen. So beschloß ich, mit Ljowotschka und Mascha nach Begitschowka zu fahren; Tanja blieb bei den Kindern in Moskau. Am Tag unserer Abreise wurde uns ein Artikel aus Nr. 22 der „Moskowskije wedomosti" gebracht, in dem man Ljowotschkas Aufsatz „Über die Hungersnot" paraphrasiert und mit einer Proklamation verglichen sowie Lew Nikolajewitsch zum Revolutionär gestempelt hatte. Ljowotschka und ich verfaßten eine Gegendarstellung[1], die er mich unterschreiben ließ, und reisten ab.

In Tula trafen wir unsere Gastgeberin Jelena Pawlowna Rajewskaja krank an, mit Fieber und furchtbaren Schmerzen im Bein. Die Arme kann einfach den Tod ihres Mannes nicht verwinden. Iwan Iwanowitsch war am 20. November auf seinem Gut Begitschowka an Influenza gestorben, zu jener Zeit, als die Unsrigen dort waren.[2]

Am 24. fuhren wir aus Tula mit dem Zug Sysran-Wjasma bis Klekotki; eine langweilige Strecke. Unterwegs bekam ich einen nervösen Erstickungsanfall. Ljowotschka lief ständig raus und rein, war unbekümmert und schweigsam. Das Wetter war abscheulich: es taute und regnete; tiefhängende Wolken und ein fürchterlicher

Wind. Wir fuhren mit zwei Schlitten: im ersten Mascha, der alte Fedot, Koch bei den Rajewskis, und Marja Kirillowna; im anderen, dem kleineren Schlitten, Ljowotschka und ich. Wir hatten kaum Platz, es war finster und schauerlich. Mascha war es die ganze Zeit speiübel, und ich sorgte mich, Ljowotschka könnte sich bei diesem Wind erkälten.

Bei Anbruch der Nacht kamen wir schließlich an. In Begitschowka empfingen uns Ilja, Gastew, Persidskaja, Natascha Filossofowa und Welitschkina.[3] Ilja war seltsam bänglicher Stimmung; er fürchtete, der tote I. I. Rajewski werde umgehen. Am nächsten Morgen reiste er ab.

Ljowotschka und ich wohnten im gleichen Zimmer. Ich nahm mir die Korrespondenzen vor und suchte mir so weit wie möglich Klarheit über das Ganze zu verschaffen. Dann ging ich mir die Garküchen ansehen. Als ich zur ersten kam, waren dort etwa zehn Leute, schließlich kamen achtundvierzig Leute zusammen. Alle in Lumpen, mit eingefallenen, traurigen Gesichtern. Wer eintrat, bekreuzigte sich und setzte sich gesittet an einen der beiden zusammengeschobenen Tische mit den langen Bänken. Die Wirtin reichte ein Sieb mit aufgeschnittenem Roggenbrot herum, jeder nahm sich ein Stück. Dann stellte sie einen großen Topf Kohlsuppe auf den Tisch; die Suppe war ohne Fleisch, nur mit ein wenig Pflanzenöl zubereitet. Auf der einen Tischseite saßen lauter Jungen, die waren fröhlich, lachten und machten sich lebhaft ans Essen. Nach dem Kohl gibt es gewöhnlich Kartoffelgemüse, Erben, Hirsebrei, Hafergrütze oder Runkelrüben – meist zwei Gänge zu Mittag und zwei abends. So besichtigten wir mehrere Garküchen. Zunächst hatte ich Bedenken, wie sich das Volk wohl dazu stellen werde. Doch in der zweiten Garküche sah mich ein fahlbleiches Mädchen mit so traurigem Blick an, daß ich beinahe in Tränen ausgebrochen wäre. Sowohl ihr als auch dem alten Mann, der gleich daneben saß, als auch vielen anderen fiel es, so meine ich, gewiß nicht leicht, diese Almosen entgegenzunehmen. Geben ist seliger denn nehmen – das ist fürwahr ein treffendes Sprichwort. Später sah ich mir die Garküchen, ohne die die Lage viel schlimmer wäre, mit größerem Gleichmut an.

Das Schwierigste bei unserem gemeinsamen Unterfangen ist die Auswahl der Ärmsten: wer in die Garküchen darf, an wen man Holz oder gespendete Kleidung ausgibt – alles schwierig zu entscheiden. Als ich noch die Listen schrieb, waren es zuletzt 86 Garküchen, inzwischen sind es schon *hundert*. Einmal fuhren Ljowotschka und ich an einem herrlich klaren Tag über die Dörfer. Bei einer Mühle sahen wir nach dem Mahlgut; bei einem Proviantlager veranlaßten wir die Ausgabe von Hirse (aus Orlowka) und erkundigten uns allgemein nach dem Stand der Verteilung; schließlich richteten wir noch eine Garküche in Kulikowka ein, wo es gebrannt hatte. Wir begaben uns zum Dorfältesten und wiesen ihn an, die Greise und anderen Männer herzuholen, um Rat zu halten. Die Bauern versammelten sich und nahmen auf langen Bänken Platz. Sie wurden gefragt, welche Familien die ärmsten seien, und es wurde festgesetzt, wieviel Mann jeweils pro Familie sich in den Garküchen verpflegen können. Als ich alle aufgeschrieben hatte, sagte Ljowotschka, sie sollten am Dienstag Proviant abholen kommen; der Frau des Dorfältesten schlug er vor, die Garküche für die Brandgeschädigten zu leiten.

In der Abenddämmerung kehrten wir zurück; auf der einen Seite ging rot die Sonne unter, auf der anderen der Mond auf. Wir fuhren über den Don und durch die Steppe. Eine flache, langweilige Gegend. Nur die alten und neuen Gutshäuser am Ufer des Don waren sehr schön gelegen.

An den Vormittagen schnitt ich mit einem Schneider gespendetes Tuch zu warmem Unterzeug zu; dreiundzwanzig Kleidungsstücke wurden genäht. Die Jungen hatten an den Unterziehern und Lammfelljacken ihre große Freude. Etwas *Warmes und Neues*; so etwas hatten sie von klein auf noch nie besessen.

Zehn Tage blieb ich in Begitschowka. Einmal, als unsere Helferinnen weggefahren waren und nicht zu Hause übernachteten, kam es zu Schneestürmen; wir machten uns große Sorgen. Beide sind nette junge Damen: die eine, Persidskaja, eine rotwangige, tatkräftige Kosakin, verarztet das Volk, und alle nennen sie „Fürstin". Die andere, Tochter eines Geistlichen, ist kränklich, hager, fleißig und sentimental, doch auch sie macht ihre Sache gut. Sie wurden beide ausgeschickt, Erkundigungen einzuziehen oder Garküchen einzurichten, Kleidung zu verteilen oder aufzuzeichnen, wer Brennstoff, Nahrungsmittel oder Kleidung braucht.

Als ich wieder in Moskau war, kam mir von allen Seiten das Gerücht zu Ohren, Ljowotschka habe Briefe über die russische Hungersnot nach England geschickt, und man sei darob sehr ungehalten. Schließlich erhielt ich Nachricht aus Petersburg, ich müsse eiligst etwas zu unserer Rettung unternehmen, man wolle uns verbannen usf. Zunächst konnte ich gar nichts tun. Fast eine ganze Woche lang mußte ich ständig zum Zahnarzt. Allmählich packte mich jedoch die Unruhe. Ich schrieb an den Innenminister Durnowo, an Scheremetewa, den stellvertretenden Minister Plewe, Alexandra Andrejewna und die Kusminskis. In allen Briefen stellte ich den wahren Sachverhalt dar und wies die Verleumdung der „Moskowskije wedomosti" zurück. Gegendarstellungen in den Zeitungen abzudrucken wurde verboten, obgleich ich die meinige an den „Prawitelstwenny westnik" geschickt hatte.[4] Darauf fuhr ich zu Großfürst Sergei Alexandrowitsch und bat ihn, er solle anordnen, daß meine Gegendarstellung veröffentlicht werde. Er sagte, das könne er nicht, Lew Nikolajewitsch solle selbst an den „Prawitelstwenny westnik" schreiben, das werde *die erregten Gem ter vollauf beruhigen und den Zaren zufriedenstellen.* Darauf schrieb ich Ljowotschka und beschwor ihn, dies zu tun. Heute erhielt ich seinen Brief[5] und sandte ihn sogleich an den „Prawitelstwenny westnik". Warte sehr ungeduldig auf Nachricht, ob sie ihn drucken.

Ljowotschka, Tanja, Mascha und Wera Kusminskaja sind wieder in Begitschowka. Auch Ljowa ist aus Samara dorthin gefahren. Warte auf ihn voll Ungeduld und weiß nicht, was er weiter zu tun beabsichtigt. Ich selbst habe mich mit meiner Lage abgefunden und lebe ganz meinen vier Kindern; habe begonnen, eine Novelle zu schreiben[6], sammle Spenden, führe eine ausgedehnte Korrespondenz, bezahle per Bank die Getreideankäufe und führe alle möglichen Finanzoperationen durch. Außerdem ist im Haus noch genug zu tun. Bin manchmal traurig, aber dann kommen auch wieder gute Augenblicke.

Morgen beginnen die Fasten, will sie einhalten.

1893

2. August. Habe soeben von Tschertkow erfahren, daß ein großer Teil von Lew Nikolajewitschs Manuskripten sich bei ihm befindet, ein anderer bei dem Obersten *Trenow* in Petersburg, was unsere Kinder ruhig wissen sollen.

Später hat Tschertkow alle Manuskripte von Lew Nikolajewitsch an sich gebracht und sie nach Christchurch in England mitgenommen.[1]

5. November. Ich glaube an die Macht guter und böser Geister. Böse Geister haben sich des Menschen bemächtigt, den ich liebe, doch er bemerkt es nicht. Sein Einfluß ist jedenfalls verderbenbringend. So wird sein Sohn zugrunde gehen, seine Töchter werden zugrunde gehen, jedermann, der in seinen Dunstkreis kommt. Ich aber bete Tag und Nacht für die Kinder, und dies ist ein schwerer seelischer Kräfteverschleiß, ich magere ab, gehe physisch zugrunde, mein Geist ist jedoch gerettet, da ich ständig mit Gott Gemeinschaft halte, dieses Band kann nicht abreißen, solange ich nicht unter den Einfluß dessen gerate, den eine böse Macht in ihrer Gewalt hat, der blind ist, kalt, die ihm von Gott auferlegten Verpflichtungen nicht sehen will, der hoffärtig und selbstgerecht ist. Noch bete ich nicht für die jüngeren Kinder, sie kann man noch nicht zugrunde richten. Ljowa ist hier in Moskau wieder munterer und gesünder geworden. Er ist jeglichem Einfluß entzogen, außer dem meines Gebetes. Gott hat es so gefügt, hat ihm einen guten Menschen beigegeben. Wenn nur die Kraft des Gebetes in mir nicht nachläßt, sonst wäre alles verloren. Herr, erbarme dich unser und halte jeglichen Einfluß außer dem deinigen von uns fern.[2]

1894

2. März. Tanja ist in Paris, kümmert sich um Ljowa. Ihm geht es schlechter. Längst schon hat Grauen mein Herz erfaßt, er könnte bald in die Ewigkeit abberufen werden. Lebe in den Tag hinein, wie erstarrt. Die Sorgen um Ljowa, jetzt zum Teil auch um Tanja, haben alle anderen Lebensinteressen verdrängt. Nun ist auch meine Gesundheit ruiniert. Hatte heute einen Blutsturz, des Nachts Fieber, Schweiß, Schmerzen in der Brust. Lew Nikolajewitsch ist ebenfalls angeschlagen. Aber sein Leben läuft ab wie eh und je: er steht früh auf, macht sein Zimmer, ißt Haferschleim mit Wasser und geht ans Werk. Heute traf ich ihn an, wie er eine Patience legte. Gegessen hat er rechtlich, Dunajew erzählte lautstark irgendwelche Geschichten und merkte gar nicht, daß sie niemanden interessierten. Dann legte sich Lew Nikolajewitsch schlafen, und jetzt vor kurzem schaute er aus dem Fenster, sah den hellen Sonnenschein, nahm sich vom Fensterbrett Datteln und zog, erstaunlich lebensfroh, mit Dunajew los zum Pilzmarkt, wo er einen coup d'oeil auf die Leute werfen will, die dort mit Pilzen, Honig, Moosbeeren u. a. Handel treiben.[1] Mascha ist nervös und abgemagert, es jammert einen. Serjoscha ist sehr angenehm, bin traurig, daß er bald nach Nikolskoje abfährt.

4. August. Sacharin meint, um Ljowa stehe es schlecht. Habe das in meinem Herzen längst geahnt. Wie soll ich bloß das Leid ertragen, diesen noch so jungen, so geliebten und wohlgeratenen Sohn dahinsiechen zu sehen! Mein Herz ist derart angegriffen, es schmerzt unentwegt, das Alltagsleben kostet einen soviel Mühe, daß man das Gefühl hat, gleich kommt der Punkt – und die Kraft reicht nicht mehr aus. Muß aber weiterleben: für den kleinen Wanetschka, für Mischa, Sascha, sogar für Andrjuscha, an dem schon vieles verdorben ist, doch der Funken seiner Liebe und Zärtlichkeit zu mir glimmt noch. Alles ist mir eine Last. Die mich schon lange bedrückende Entfremdung meines Mannes, der ausnahmslos alles auf mich abgewälzt hat – die Kinder, die Wirtschaft, der Umgang mit dem Gesinde und den Bauern, die Geschäfte, das Haus, die Bücher; und für alles bestraft er mich mit verächtlicher, egoistischer Gleichgültigkeit. Und *sein* Leben? Er geht spazieren, reitet aus, schreibt ein wenig, lebt, wo und wie es ihm paßt, und tut für die Familie rein gar nichts, nimmt aber alles in Anspruch: die Dienste der Töchter, den Komfort, die Schmeicheleien der Leute wie auch meine Hingabe und meine Arbeit. Und dann sein Ruhm, seine unersättliche Gier nach Ruhm, dafür hat er getan, was er nur konnte, und tut es auch weiterhin. Nur Menschen ohne Herz sind zu solch einem Leben fähig. Der arme Ljowa, wie hat ihm die ganze letzte Zeit die ablehnende Haltung des Vaters zugesetzt! Der Anblick des kranken Sohnes störte das behagliche Wohlleben, das war es, was den Vater aufbrachte. Es gibt mir einen Stich, wenn ich an Ljowas schmerzlichen Blick zurückdenke, wie er voller Vorwurf und Gram den Vater ansah, wenn dieser ihm die Krankheit vorhielt und an sein Leiden nicht glaubte. Er selbst hat dergleichen nie durchgemacht, und wenn er krank war, so war er ungeduldig und launisch.

Tanja ist mit Ljowa in Moskau, sie dauert mich, ohne sie bin ich traurig – habe daheim keinen einzigen *Freund* mehr, obgleich Lew Nikolajewitschs Anhänger wie auch er selbst Tanjas heiteres und lebensfrohes Naturell bereits unterjocht und sie mir entfremdet haben. Heute ist Strachow von hier abgereist. Im Haus ist es heiß, war mit Sascha baden; eine Bauernversammlung fand statt, rannte bei der Hitze über die noch unabgeernteten Felder, bis ich Atemnot bekam. Eine herrliche Mondnacht, warm und schmerzlich schön. Lew Nikolajewitsch ist nach Potjomkino gefahren, um etwas über die Opfer des Brandes zu erfahren und ihnen mit gespendetem Geld auszuhelfen. Andrjuscha ist zu M. A. Schmidt nach Owsjannikowo, Mischa bei mir, Mascha und Marja Kirillowna nach Koslowka unterwegs.

23. November. Die ganze Familie lebt in Moskau. Mittelpunkt meines Lebens und aller meiner Interessen ist der kranke Ljowa. An so ein Unglück kann sich der Mensch nicht gewöhnen. Keinen Augenblick geht mir sein bedauernswerter Zustand aus dem Sinn, die Angst um ihn quält mich ununterbrochen. Treffe wenig Menschen, gehe kaum aus dem Haus. Eine neue Engländerin hat bei uns angefangen, Miss Spiers. Ljowotschka, Tanja und Mascha sind zu den Pasternaks, um Musik zu hören. Es spielen seine Frau, Grschimali und Brandukow. Andrjuscha hat mir die letzte Zeit einiges zuleide getan, beträgt sich jetzt aber wieder manierlich. Um seine

Gesundheit steht es schlecht: er hatte vierzehn Abszesse und oft einen verdorbenen Magen. Mischa ist heiter und leicht zu haben, lernt jedoch schlecht.

Es liegt noch kein Schnee, man kann noch nicht mit dem Schlitten ausfahren. Windig, 2 Grad unter Null. Kümmere mich um den Druck des XIII. Bandes[2], lese „Marcella"[3]. Ljowotschka und ich lebten lange sehr einträchtig, die letzten Tage hat sich das Verhältnis etwas getrübt. Mich verdroß seine Gleichgültigkeit gegenüber Andrjuschas Streichen und daß er mir dabei nicht half. Meine Hauptschuld liegt darin, daß ich nach 32 Jahren immer noch hoffe, Ljowotschka werde etwas für mich und die Familie tun. Sollte mich daran freuen und damit begnügen, was einmal Gutes an ihm war.

1895

1. und 2. Januar. Muß Tagebuch führen, zu schade, daß ich es mein Leben lang so selten getan habe.

Gestern reiste Ljowotschka mit Tanja nach Nikolskoje zu den Olsufjews. Wenn ich allein bin, ohne meinen Mann, fühle ich mich auf einmal innerlich frei und nur allein auf Gott gestellt. Komme besser mit mir selbst klar und mit jener Wirrnis, in der ich lebe.

Die Ereignisse: Ljowa hat eine Behandlung mit elektrischem Strom begonnen, wurde ruhiger, fuhr zu den Schidlowskis.

Mascha liegt im Bett, Sascha und Wanja haben Grippe, langweilen sich und tollen mit Werka und Kolja (den Kindern des Kontordieners) herum. Andrjuscha ist bei Ilja auf dem Lande, Mischa mit seiner Geige zu den Martynows gegangen. Es gab einen Schneesturm, 7 Grad unter Null.

Heute nacht um vier Uhr wurde ich von einem Klingeln geweckt. Ich erschrak, wartete – es klingelte wieder. Der Lakai ging öffnen, da war es Chochlow, einer von Ljowotschkas Anhängern, der den Verstand verloren hat. Er verfolgt Tanja, trägt ihr seine Hand an! Die arme Tanja kann nun nicht einmal mehr nach draußen gehen; überall stellt ihr dieser abgerissene, verlauste *Finsterling* nach. Solche Leute hat Lew Nikolajewitsch neuerdings in seinen Familienkreis hereingebracht – und ich muß sie wieder hinausjagen.

Ist schon merkwürdig, gerade Menschen, die aus irgendwelchen Gründen ganz gehörig aus den normalen Lebensbahnen geworfen wurden, schwache und dumme Menschen, gerade die stürzen sich auf Lew Nikolajewitschs Lehre und kommen dann endgültig unter die Räder.

Befürchte, wenn ich nun wieder Tagebuch führe, werde ich mich gegen Lew Nikolajewitsch ereifern. Doch ich kann nicht anders als mich zu beklagen, daß alles, was angeblich um das Glück der Menschen willen verkündet wird, das Leben nur kompliziert und mir immer schwerer macht.

Der Vegetarianismus hat zu einem komplizierten doppelten Speiseplan, zu unnötigen Ausgaben und überflüssiger Arbeit für das Gesinde geführt. Die Verkündigung von Liebe und Güte hat zu Gleichgültigkeit gegenüber der Familie und dem Eindringen von allem möglichen Gesindel in unser Familienleben geführt. Und der Verzicht auf irdische Güter (von dem ja nur geredet wird) führte zu Vorwürfen und Kritik.

Wenn all diese Komplikationen sich sehr zuspitzen, dann gerate ich in Zorn und sage heftige Worte, werde davon unglücklich und bereue es, doch stets zu spät.

Jelena Pawlowna Rajewskaja verbrachte den Abend mit mir; sie bat mich um meine Novelle. Ich sah sie wieder einmal durch und merkte, wie sehr ich an meiner Novelle hänge. Das ist unschön, aber doch auch so angenehm!

Mascha fühle ich mich sehr zugetan. Sie ist sanft, umgänglich und sympathisch. Wie gerne würde ich ihr in der Geschichte mit Petja Rajewski helfen! Tanja liebe ich jetzt weniger als früher; von der Liebe der Finsterlinge Popow und Chochlow kommt sie mir wie beschmutzt vor. Sie dauert mich, sie ist alt und vergrämt geworden. Schade um ihre schöne, heitere und vielversprechende Jugend. Schade, daß sie nicht verheiratet ist. Überhaupt, wie wenig habe ich doch von meiner vielköpfigen, ansehnlichen Familie, d. h. wie wenig sind sie doch alle glücklich! Und das tut einer Mutter am meisten weh.

Schrieb drei Briefe: einen geschäftlichen nach Prag, eine Antwort an Baron Mengden und einen an S. A. Filossofowa. Gehe um drei Uhr nachts zu Bett. Morgens las ich Sascha und Wanja aus „20 000 Meilen unter dem Meer“ von Jules Verne[1] vor. Sagte zu ihnen: „Das ist anspruchsvoll, das versteht ihr nicht.“ Darauf Wanja: „Lies nur, Mama, du wirst sehen, um wieviel wir davon und von den ‚Kindern des Kapitäns Grant‘ klüger werden.“

Ljowa ist von den Schidlowskis niedergeschlagen zurückgekehrt und leidet sehr.

3. Januar. Spät aufgestanden. Ging zu Mascha, dann zu Ljowa, schimpfte mit Mischa, weil er nicht Geige spielt und vor zwölf Uhr nicht aufsteht. Dann fuhr Ljowa zu seiner Behandlung mit elektrischem Strom in die Klinik und von dort zu den Kolokolzews. War törichterweise verärgert, weil er mir lange das Pferd nicht zurückschickte. Machte Visiten bei Martynowa, Suchotina, Saikowskaja und Junge.

Die Saikowaksjas weckten Erinnerungen an die Jugendzeit. Jedoch, welch traurigen, unschönen Eindruck macht solch ein altjüngferliches Leben! Sollten meine Töchter wirklich nicht heiraten? Abends spielten die Kinder bei mir, und ich las Ljowa die Novelle „Das Gerücht“ von Fonwisin[2] vor. Bis jetzt ist sie nicht sehr gut, zu wenig feinsinnig. Schickte Rajewskaja meine Novelle zum Lesen. Würde gern noch mehr schreiben, habe aber nie die Ruhe dazu, meine Nerven sind zerrüttet, und es tut mir auch immer leid, den Kindern, die so gern bei mir sind, meine Zeit zu entziehen. Alle Straßen, Höfe, unser ganzer Garten und der Balkon sind schneebedeckt; 4 Grad unter Null.

5. Januar. Trug gestern nichts ein. Las abends Ljowa Fonwisins Novelle vor; ist interessant, doch ohne Feinsinn.

Saß dann bis drei Uhr nachts an den Rechnungen, alles geht durcheinander. Kann das nicht. Tagsüber hatte ich mich viel mit Wanja abgegeben, ihm vorgelesen und mit ihm einen Spaziergang zu den Tolstois[3] gemacht. Heute morgen wurde er krank. Mir jagt zur Zeit alles gleich schreckliche Angst ein, besonders eine Unpäßlichkeit Wanjas; habe mein Dasein so eng mit dem seinen verwoben, daß es schon gefährlich ist. Und er ist schwächlich, empfindsam und ein so gutes Kind! War gestern bei Warja Nagornowa und Mascha Kolokolzewa. Überall ist es mir öde. Mein Naturell fordert eben rastlose Tätigkeit oder starke Eindrücke, sonst falle ich zusammen. Und jetzt muß ich ständig bei den kranken Kindern sitzen, Schlimmeres gibt es nicht. Ljowotschka und Tanja vermisse ich nicht. Ilja und Andrjuscha trafen ein. Regen, 1 Grad über Null. Trotzdem ist Sascha mit Mischa und Miss Spiers Schlittschuhlaufen gegangen.

8. Januar. Wanetschka ist schon diese ganzen Tage krank, hat Fieber und etwas am Magen. Er ist auf einmal so blaß und mager geworden, daß ich ihn nicht ansehen kann, ohne daß es mir einen Stich ins Herz gibt. Andrjuscha, Mischa und Sascha waren gestern auf einem Kinderfest bei den Glebows, Wanja aber saß den ganzen Abend vom Fieber geplagt auf meinem Schoß. War sehr betrübt, daß ich ihm diese Freude versagen mußte. Davor hatte er Grippe und ist nun die dritte Woche nicht an der frischen Luft gewesen. Der Kampf mit den älteren Jungen, um sie an die Erfüllung ihrer Pflichten zu gewöhnen, geht mehr und mehr über meine Kräfte, und jene Wunden, die sie mir in diesem Kampf ständig zufügen, macht sie meinem Herzen völlig fremd. All dies schmerzt mich zutiefst, und ebenso schmerzt es mich, mitanzusehen, auf welch dumme und abgeschmackte Weise Ilja ins Elend treibt; dann Serjoschas unsittliches Leben, Ljowas Krankheit, die Ehelosigkeit der Töchter und dieser kaum noch glimmende Lebensfunken in dem armen, lieben Wanetschka.

Hatte von morgens an zu tun: Zahlungen an die Wäscherin u. a.; der Kontordiener brauchte neue Anweisungen; einige von den Dienstboten wollten für eine Hochzeit frei haben; von der Polizei kamen Papiere bezüglich des Diebstahls in Jasnaja Poljana[4]; Gehaltsauszahlungen; Paßverlängerungen usf. usf. Dann schaute ich mit Ljowa und Wanetschka Bilder in Geschichtsbüchern an, ich erzählte alles von den Ägyptern, was mir von meinen lange zurückliegenden Kenntnissen noch in den Sinn kam, und las aus Grimms Märchen[5] vor.

Wesselitskaja[6] kam angereist, unterhielt sich mit Ljowa. Habe Wanja die Temperatur gemessen – 37,8.

Zu Tisch waren die Nagornows, Ilja und Wesselitskaja hier. Nach dem Essen kam die kluge und sympathische Manja Ratschinskaja. Gab Ilja 500 Rubel. Ihm ist sowieso nicht zu helfen; meine Kinder können nicht maßhalten, sie sind alle unausgeglichen und haben kein

Pflichtgefühl. Das ist ein Zug ihres Vaters: er hat allerdings sein Leben lang dagegen angekämpft, die Kinder aber lassen sich schon in jungen Jahren gehen – die Schwäche der heutigen Jugend.

Abends verbesserte ich zwei Stunden lang Mischas schlechten Aufsatz über die „Hauptmannstochter". Eben sah ich zu meinem Entsetzen, daß er nicht einmal die Hälfte abgeschrieben hat, einen Schluß hat das Ganze überhaupt nicht. Wieder bekommt er eine schlechte Note, und das schlägt im Halbjahreszeugnis zu Buche.

Später kamen noch die Kinder von Storoschenko wie auch er selbst vorbei; dann Mitja Olsufjew. Habe lange mit ihm geschwatzt, er hat für alles Verständnis, aber nach solch einer Schwatzerei bekomme ich immer Gewissensbisse.

Die Geschichte mit der Photographie ist immer noch nicht abgetan. Poscha kam, machte mir Vorwürfe, die ich nur zurückgeben konnte. Unter Umgehung der Familie hat man Lew Nikolajewitsch heimlich überredet, ein Gruppenphoto mit allen *Finsterlingen* machen zu lassen; die Mädchen waren entrüstet, alle Bekannten entsetzt, Ljowa verärgert, und mich packten Zorn und Verzweiflung. Gruppenphotos macht man auf Gymnasien, bei Picknicks, in Institutionen u. a. Folglich sind die Tolstojaner eine *Institution*. Das Publikum hätte sich darauf gestürzt, alle hätten *Tolstoi mit seinen Schülern* kaufen mögen. Viele hätten sich darüber lustig gemacht. Doch ich habe es nicht zugelassen, daß Lew Nikolajewitsch in den Schmutz gezogen wird. Gleich am nächsten Morgen begab ich mich zu dem Photo-Atelier und nahm alle Negative an mich, noch kein einziger Abzug war gemacht worden. Der taktvolle und kluge Photograph, der Deutsche Mei, konnte es mir nachfühlen und gab die Negative bereitwillig heraus.

Wie Lew Nikolajewitsch meiner Tat gegenübersteht, weiß ich nicht.[7] Er war sehr herzlich zu mir, wird mich aber in seinem Tagebuch *prinzipiell* verurteilen; dort ist er neuerdings weder aufrichtig noch gütig.

Mascha war heute nicht so angenehm wie die Tage davor. Das ist immer so, wenn sie sich vor Dritten in Szene setzen muß. Und heute mußte sie vor Wesselitskaja dem Bild entsprechen, das diese von ihr hat.

Mit der Engländerin Spiers geht es nicht gut. Sie ist kalt, unsympathisch, schließt vor den Kindern ihre Tür ab und ist ausschließlich mit dem Erlernen des Russischen und ihrer eigenen Zerstreuung beschäftigt. Lese einen schlechten englischen Roman, werde ihn weglegen. Möchte etwas Historisches lesen, um den Kindern anhand der Bilder etwas aus der Geschichte zu erzählen. Gehe spät zu Bett.

9. Januar. Mischa Olsufjew brachte einen Brief von Lew Nikolajewitsch.[8] Er wirft mir darin vor, daß ich nicht frohen Mutes sei, dabei hat er unser Leben so beschwerlich und unerträglich gemacht. Der Brief ist aber freundlich und tut mir gut, obgleich – wie liebe ich ihn doch weniger als früher! Habe nicht nur keine Sehnsucht nach ihm, wenn er fort ist, sondern fühle mich leichter. Wie oft hatte ich nutzlos Sehnsucht nach ihm und grämte mich in seiner Abwesenheit, bat ihn bei mir zu bleiben, meine Genesung oder sonst etwas abzuwarten. Und wie oft hat man mit meiner Zuneigung Schindluder getrieben! Wenn ich nicht frohen Mutes bin, so nur, weil ich es überdrüssig bin, zu lieben, alle zu versöhnen, es allen recht zu machen, um alle zu leiden. Jetzt bewegt mich nur noch das Schicksal von zwei Menschen: Ljowa mit seinem Zustand und Wanetschka. Mehrmals am Tag betaste ich seine Beinchen und Ärmchen, wie mager sie sind, küsse ihn auf die bleiche, welke Wange, und es quält mich unentwegt. Zu Mittag ißt er kaum etwas, und ich auch nicht. Bin seinetwegen ganz abgehärmt.

Ilja ist wieder fort. Habe mit Wesselitskaja ruhig, gut und geistreich geplaudert. Sie erzählte mir die ganze Geschichte der Scheidung von ihrem Mann. Verdrießlich, daß M. Olsufjew Tanja nicht heiraten will, obgleich mir die Trennung von ihr Kummer bereiten würde.

Dunajew war zu Besuch, vormittags Mascha Subowa; Manja Ratschinskaja abgereist. Verbrachte den Tag müßig, mit den Gästen; bin müde, nervös und wie tot. Schönes Wetter, 3 Grad unter Null.

10. Januar. Wenn man mich fragte, was ich derzeit fühle, so würde ich erwidern, ich sei ohne Leben. Nichts macht mir Freude, nur Kummer und immer wieder Kummer.

Ein träger Tag: unterhielt mich mit Lidija Iwanowna (sie ist heute abgereist), las Wanja aus Grimms Märchen vor, war in der Apotheke und auf dem Markt, um für Wanja und Ljowa körnigen Kaviar zu besorgen. Andrjuscha und Mischa benehmen sich sehr gesittet. Sascha spielte auf ihrem Harmonium einen Walzer, Mischa begleitete sie auf der Geige; er überrascht mich jedesmal mit seinem guten Gehör und seinem wunderschönen Spiel. Ljowa war bei den Schidlowskis; er ist ruhiger, doch er sieht nach wie vor schlecht aus. Wanetschka sagte, als er der Musik zuhörte: „Wie gern würde ich etwas sehr, sehr gut können! Mama, gib mir so bald wie möglich Musikstunden."

Abends war ich im Wannenbad. Den Tee trank ich mit Mascha, wir sprachen über die Olsufjews und Tanja. Es regnet in Strömen, 3 Grad über Null, Matsch.

Nachts schlug ich die Negative der Gruppenphotos von den Finsterlingen kaputt; hatte zuerst mit meinem Brillantohrring Lew Nikolajewitschs Gesicht herausschneiden wollen, was aber nicht gelang. Ging um drei Uhr nachts zu Bett.

11. Januar. Morgens hustete Wanja, ich saß die ganze Zeit bei ihm, las ihm aus Grimms Märchen vor; dann versuchte ich, unseren Garten abzuzeichnen; man kann rein gar nichts, wenn man es nicht gelernt hat. Dann fegte ich, mehr der Gesundheit wegen, den Schnee von der Eisbahn. Sah durch das Fenster, daß Wanja aus dem Bett und unbekleidet herumsprang. Wieder im Haus, fiel ich über die Kinderfrau her, sie heulte in höchsten Tönen, Wanja brach in Tränen aus. Beim Mittagessen alle daheim. Mischa hat Namenstag, gab ihm 10 Rubel, und abends nahmen sie Abramka, Iljas Kutscher aus dem Dorf, mit in den Zirkus und waren über seine naive Freude entzückt. Er soll hier ein Pferd abholen, das Ilja gekauft hat. Abends saß ich eine Zeitlang bei Ljowa; dabei kam ich aus Versehen auf seine Nerven zu sprechen, ich wiederholte Doktor Belogolowys Worte, es liege alles an den Nerven. Auf einmal sprang Ljowa auf und fing schrecklich zu schimpfen an: ich sei dumm, böse, alt, alle würden lügen!... Dergleichen muß ich mir sagen lassen! Er dauert mich immer weniger, so unbarmherzig und böse wie er ist, obgleich das ja von der Krankheit herrührt, und seiner Krankheit wegen dauert er mich doch.

Dafür beteuerte mir jedoch Andrjuscha nach der Rückkehr aus dem Zirkus, alle würden mich viel zu wenig schätzen, ich sei außergewöhnlich gut, und er liebe mich mehr als jeden anderen auf der Welt.

Sortierte bis drei Uhr nachts Lew Nikolajewitschs und meine

Briefe an Schwester Tanja und las dann seine Briefe an Walerija Arsenjewa, die er einmal heiraten wollte. Die Briefe sind sehr schön, doch er hat sie nie geliebt.[9]

5 Grad unter Null, das Wetter klar und schön.

12. Januar. Stand früh auf, gab Wanja Apomorphin gegen den Husten, der schlimmer geworden ist. Öffnete die Lüftungsklappe im Fenster, draußen herrschten 10 Grad Kälte, wusch mich mit kaltem Wasser ab, wurde aber auch davon nicht wacher. Alles irgendwie freudlos. Saß bei Wanetschka, las ihm vor, empfing Gäste. Tschitscherin war da, dann Lopatin, mit dem ich ein gutes Gespräch über den Tod hatte; unter anderem sagte er, das Leben wäre nicht so interessant, wenn nicht dieses ewige Rätsel vor uns stünde – der Tod. Dann kamen Petrowskaja und Zurikowa. Zurikowa speiste und übernachtete auch bei uns. Sie ist der Typ des aristokratischen Fräuleins von Anno dazumal, das Karten legt, einen riesigen Bekanntenkreis hat und sich bis zum Alter von vierzig immer neu verliebt.

Abends hatte Wanetschka wieder 38,3 Fieber, und ich war wieder schrecklich beunruhigt. In mir ist etwas nicht in Ordnung und tut weh, und ich habe mich überhaupt nicht in der Hand. Nahm es auf mich, zum Trauergottesdienst für Lopuchina zu fahren, holte anschließend Mischa bei den Glebows ab und saß noch ein Stündchen bei den Tolstois. Von dort kehrte ich zu Fuß zurück und fürchtete mich ein wenig. Ljowa ist wieder sanftmütig, Mascha sehr lieb und versucht zu helfen, die Jungen sind herzlich. Tschitscherin sagte heute über Ljowotschka, in ihm steckten zwei Menschen: ein genialer Schriftsteller und ein schlechter Räsoneur, der die Menschen durch paradoxe Effekte widersprüchlichster Gedanken in Erstaunen versetzt. Dazu führte er mehrere Beispiele an. Tschitscherin liebt Lew Nikolajewitsch, allerdings von früher her; er sieht in ihm jenen Lew Nikolajewitsch, den er als jungen Mann kannte und von dem er noch eine Menge Briefe bewahrt.[10]

13. Januar. Sortierte die Briefe der Spender aus der Zeit der Hungersnot; zerriß jene, die bloß Ziffern und offizielle Phrasen enthielten und hob nur die auf, die Gedanken oder Gefühle zum Ausdruck brachten. Wanja half mir sehr lieb dabei. Das arme Wurm, den ganzen Tag hatte es Fieber, und es ist noch blasser und magerer geworden.

14. Januar. Saß bei Wanja, las ihm vor. Abends Bugajewa, Saikowskaja, Litwinowa. Haben albern geschwatzt. Wanja hatte morgens 37,8, abends 38,5 Fieber. Der Husten nahm ab, der Schnupfen zu. Fühle mich an Leib und Seele wie erstarrt. Warte auf das Erwachen.

15. Januar. Noch kein Erwachen, die Schwermut nahm zu; wohl deshalb, weil es mich erschöpft, tagelang die beiden Kranken Wanja und Ljowa vor Augen zu haben, das schlägt auf die Nerven und die Stimmung. Abends war Doktor Filatow hier, fand keine Komplikationen, weder in der Lunge noch im Hals, auch die Milz ist nicht vergrößert. Eine Grippe, mehr nicht. Holte Sascha bei den Glebows ab, wo sie die erste Tanzstunde hatte; abends kam mein Bruder mit seiner hageren, kläglichen Frau.[11] Später legte ich Mascha die Karten. Auch für Mischa Olsufjew legte ich welche, und für ihn zeigten die Karten auf Tod. Das Kartenlegen verdarb mir die Laune, mir wurde bange um Tanja und Lew Nikolajewitsch. Wenn sie nur bald heimkehrten! Wie würde ich Lew Nikolajewitsch lieben, wenn er nur ein klein wenig gütiger zu mir und aufmerksamer zu den Kindern, den Jungen wäre.

Ljowa ist etwas launisch, doch heute machte er auf mich zum erstenmal einen frischeren Eindruck. Mascha ist bedauernswert und angenehm in ihrem Wunsch zu helfen.

16. und 17. Januar. Mit Wanja noch immer dasselbe. Mittags setzt das Fieber ein und hält bis nachts an. Der Husten ist besser geworden, der Schnupfen noch genauso. Sascha hat auch Schnupfen. Gestern und heute war M. Stachowitsch zu Gast, doch auch er heiterte mich nicht auf. Gestern traf außerdem Mascha Kolokolzewa ein, ihre herzliche Teilnahme und echt freundschaftliche Einstellung tun mir wohl. Heute abend kamen Jelena Pawlowna Rajewskaja und Dunajew. Bin durch Wanjas Krankheit wie auch meinen eigenen Zustand sehr erschöpft. Fühle mich schwach, jede Bewegung führt zu Atemnot. Andrjuscha klagte über Leibschmerzen; Mischa schläft bei Ljowa, Mascha ist sehr sanftmütig, lieb und geht mir zur Hand.

Schneesturm, der Wind pfeift, 6 Grad unter Null. Lew Nikolajewitsch und Tanja haben versprochen, morgen von den Olsufjews zurückzukehren. Lese „Les Rois"[12], ist fürs erste interessant. Nähte und saß den ganzen Tag bei Wanja. Ein müßiges und trauriges Leben.

18. Januar. Muß immer daran denken, daß dies der Todestag meines Aljoscha ist; er starb vor neun Jahren.

Stand um sechs Uhr früh auf, gab Wanja 4 g Chinin. Stand dann um halb neun wieder auf und maß ihm die Temperatur – 36,7. Legte mich wieder hin und schlief ein. Stand erst spät richtig auf, mit Schmerzen in der Schläfe. Machte Besorgungen: Leinwand, Strümpfe, Zwirnrollen – war alles nötig; brachte den Kindern neue Musikstücke für das Ariston[13] mit. Nach dem Essen spielte Mischa Geige, und ich begleitete ihn: eine Mozart-Sonate, dann Schubert; schade, daß ich so schlecht vom Blatt spiele. Mischa geriet in Begeisterung, und es tat mir leid, ihn losreißen zu müssen, da er Nachhilfestunden hatte. Andrjuscha hat Leibschmerzen, ist faul und in seiner Schwäche wenig erträglich.

Lew Nikolajewitsch und Tanja kehrten von den Olsufjews zurück.[14] War kein freudiges Wiedersehen nach der 18tägigen Trennung, nicht so wie früher. Tanja hat einen bösen, alles bekrittelnden Ton an sich, Ljowotschka ist völlig gleichgültig. Dort haben sie froh und sorglos gelebt, Besuche gemacht, und Lew Nikolajewitsch spielte sogar Wint und vierhändig Klavier. Dort ist er nicht unter den kritischen Blicken seiner Anhänger und kann einfach vor sich hin leben und sich von der affektierten, verlogenen Position erholen, in die er sich selbst bei seinen Finsterlingen gebracht hat. Hatte vormittags eine Unterredung mit Miss Spiers, daß sie zu nichts nütze sei. Sie ist sehr unangenehm und liebt die Kinder nicht. Müssen uns von ihr trennen. Es gibt heutzutage überhaupt keine guten Gouvernanten mehr. Alles traurig.

19. Januar. Stand früh auf, beschäftigte mich mit Wanja, er malte Körbe ab, wie er es eben versteht, und ich versuchte mich an einem Aquarell vom Garten, kam überhaupt nichts dabei heraus. Habe nichts richtig gelernt! Schade. Las in „Les Rois“ – sehr schlecht. Angenehmes Mittagessen, die ganze Familie nahm teil. Ich kann nicht allein leben, ich bin es gewohnt, mit Ljowotschka und der Familie *zusammen*zusein, und wenn ich mit den Kleinen allein bin, ist es mir langweilig.

Befaßte mich nach dem Essen mit den Rechnungen aus Samara und dem dortigen Stand der Dinge. Bei Ljowotschka sitzt Golzew und liest ihm die Bittschrift aus Twer und die dem neuen Zaren vorgelegte

Petition vor.[15] Dunajew ist auch dabei. Wanja ist immer noch nicht auf dem Damm, jeden Tag bekommt er gegen halb vier Uhr nachmittags Fieber. Draußen ist es klar, 6 Grad unter Null, der Mond scheint, wie schön! Bin jedoch immer noch traurig, und meine Seele schläft.

20. Januar. Wanja geht es schlecht, sehr hohes Fieber; war abends bei Doktor Filatow; ich soll ihm noch mehr Chinin geben. Ljowotschka ist unzufrieden, daß ich den Arzt um Rat frage; dabei weiß er anscheinend selbst nicht, was tun. Er ist munter, schaffte vom Brunnen Wasser herbei und schrieb; abends las er, jetzt ist er zu Sergei Nikolajewitsch. 17 Grad unter Null, Rauhreif, in der Frühe Dunst, ein klarer Tag und eine lichte Nacht. Mein Herz ist sehr bedrückt, alles irgendwie unerträglich!

26. Januar. Wanja diese ganzen Tage fieberkrank. Bin davon leiblich und seelisch völlig erschöpft. Heute geht es besser, aber er bekam auch zweimal Chinin, insgesamt 8 g. War zum erstenmal wieder außer Haus, kaufte Noten, Spielzeug, Käse, frische Eier u. a. Saß wenig bei Wanja; nach dem Essen spielte ich mit Lew Nikolajewitsch vierhändig, um für Sascha und Nadja Martynowa ein Stück für den geplanten Musikabend der Kinder auszuwählen. Dann gingen alle fort, Ljowa redete davon, er wolle im Hof ein Haus bauen und forderte von mir auf ruppige Weise Geld dafür. Ich lehnte ab, er verfiel jedoch bald wieder in einen freundschaftlicheren Ton. Mascha und ich korrigierten dann Ljowotschkas Erzählung „Herr und Knecht" und übertrugen die Korrekturen. Bin aufgebracht, weil er die Erzählung dem „Sewerny westnik" gegeben hat. Begreife einfach nicht, was er sich immer so denkt! Hätte er sie *ohne Entgelt* bei „Posrednik" veröffentlicht, so daß jedermann für 20 Kopeken sich das neue Werk Tolstois hätte kaufen und lesen können, das hätte ich verstanden. Aber so zwingt man doch das Publikum, dafür 13 Rubel aufzuwenden! Das ist es, warum ich die *Ideen* meines Mannes nicht teile, denn er ist weder aufrichtig noch glaubwürdig. Alles nur überspannte, verschrobene Hirngespinste, und was dahintersteckt, ist alles andere als schön, hauptsächlich Eitelkeit, unersättliche Ruhmsucht und der unbezwingbare Wunsch, immer noch mehr Popularität zu erringen. Das wird mir niemand glauben wollen, und es tut mir weh, dies bekennen zu müssen, doch ich leide darunter, während die anderen es nicht sehen – denen ist doch alles gleichgültig.

Jetzt ist es bald zwei Uhr nachts. Ljowotschka ist auf einer Sitzung, die Fürst Dmitri Schachowskoi einberufen hat, ich weiß nicht, aus welchem Anlaß[16]. Alle Lampen brennen, der Lakai wartet auf ihn, ich habe ihm gerade seinen Haferbrei gekocht und die Korrekturbogen eingeklebt – doch die Herren haben zu *reden*. Und morgen gegen acht Uhr werde ich Wanetschka die Temperatur messen und Chinin geben, er aber wird schlafen. Und dann geht er Wasser holen und weiß nicht einmal, ob es dem Kind besser geht und ob die Mutter nicht zu sehr erschöpft ist. Ach, wie wenig Güte bringt er uns, der Familie, doch entgegen! Immer nur Strenge und Gleichgültigkeit. Und in den Biographien wird stehen, er habe für den Hofknecht Wasser geschleppt, und niemand wird je erfahren, daß er, um seiner Frau eine Erholungspause zu gönnen, kein einziges Mal seinem Kind Wasser zu trinken gegeben hat und in den ganzen 32 Jahren auch nicht fünf Minuten bei einem kranken Kind gesessen hat, damit ich aufatmen, ausschlafen, spazierengehen oder einfach nach der Arbeit wieder zu mir kommen könnte.

11 Grad unter Null, Rauhreif, still; der Mond scheint.

1. Februar. Wanja schon den dritten Tag fieberfrei, gebe ihm schon den vierten Tag Arsenik, jeweils fünf bis sechs Tropfen zweimal am Tag nach dem Essen. Mir wurde leichter ums Herz. Ljowa gefällt mir immer noch nicht. Das Verhältnis zu Ljowotschka ist gut.

Neulich habe ich ihn übrigens gemessen. Er ist 2 Arschin und 7 1/4 Werschok groß.[17]

Es ist warm, nach 25 Grad unter Null stieg gestern das Thermometer auf 5 Grad, und heute zeigt es 1,5 Grad. Bin nicht gesund: Atembeschwerden und Herzklopfen peinigen mich unentwegt. Innerhalb von fünf Minuten habe ich mal 64, mal 120 Puls, wenn ich schnell gehe.

Las „Über Raum und Zeit" von Tschitscherin[18]. Ohne Talent und langweilig. War im Gymnasium bei Poliwanow, er beklagte sich über Mischas Übermut und sein schlechtes Benehmen im Unterricht. Schrieb Briefe an Kandidow[19] und den Gutsverwalter.

5. Februar. Ich habe entweder einen schlechten Charakter, oder einen unbestechlichen Blick. Lew Nikolajewitsch hat eine herrliche

Erzählung geschrieben: „Herr und Knecht“. Die Intrigantin und Halbjüdin Gurewitsch erbettelt sich durch geschickte Schmeicheleien ständig etwas für ihre Zeitschrift. Lew Nikolajewitsch nimmt neuerdings kein Geld für seine Werke. Hätte er die Erzählung als billige Broschüre beim Verlag „Posrednik“ herausgebracht, damit das *ganze* Publikum sie lesen kann, dafür hätte ich Verständnis gehabt. Mir hat er sie für den XIII. Band ja nicht gegeben, damit ich nicht noch mehr Geld einnehme; doch warum dann Gurewitsch? Ich koche vor Wut und suche einen Weg, dem Publikum Gerechtigkeit widerfahren zu lassen und Gurewitsch eins auszuwischen. Und diesen Weg werde ich auch finden!

An meinem Namenstag hat mir Lew Nikolajewitsch einmal für die neue Ausgabe den „Tod des Iwan Iljitsch“ überreicht.[20] Als er dann bekanntmachte, er gebe seine Werke frei, hat er ihn mir wieder weggenommen. Auch damals weinte ich und war verärgert. Warum ist er gerade mir gegenüber immer so taktlos? Nichts, rein gar nichts macht mehr Freude! Mascha war gestern bei Professor Koschewnikow, und er sagte unerquickliche Dinge über Ljowas Krankheit. Heute morgen warf ich Andrjuscha vor, er habe mich und den Vater vorgestern hintergangen, da er versprochen hatte heimzukommen, dann aber mit Kleinmichel und Sewerzew zu den Zigeunern gefahren war. Andrjuscha geriet auf einmal in Wallung und sagte, wenn er den Vater hintergangen habe, dann nur, weil die beiden Worte „Komm heim“ das einzige gewesen sein, was er im ganzen Jahr vom Vater zu hören bekommen habe. Und daß der Vater sich nie mit ihnen abgebe, er lasse sie völlig links liegen und habe ihm noch nie bei irgend etwas geholfen. All das war bitter zu hören, darin steckt jedoch viel Wahrheit.

Mamonow war zu Besuch, außerdem die hagere, sehr liebe Gräfin Kapnist, die sich über die Zügellosigkeit an der Universität erregte. Ljowotschka hat Husten und sitzt an den Korrekturbogen von „Herr und Knecht“. Gestern abend kamen Mischas Freunde, S. M. Martynowa las uns Turgenews „Faust“ vor.

Und ich entsann mich Turgenews, wie er uns in Jasnaja Poljana besuchte und wir im Frühjahr während des Waldschnepfenstrichs auf der Jagd waren;[21] Ljowotschka stand an dem einen Baum, ich mit Turgenew an dem anderen. Und ich fragte ihn, weshalb er nicht mehr schreibe. Da beugte er sich vor, spähte wie ein Komödiant nach allen Seiten und sagte: „Außer den Bäumen hört uns offenbar niemand. Es ist nämlich so, mein Herz (im Alter redete er jeden mit „mein Herz“ an), bevor ich etwas Neues schreiben kann, muß mich jedesmal erst das Fieber der Liebe befallen, und das ist nun schon nicht mehr möglich.“ – „Schade“, erwiderte ich und fügte im Scherz hinzu: „Verlieben Sie sich doch in mich, vielleicht schreiben Sie dann etwas.“ – „Nein, diese Zeit ist um.“

Er war sehr fröhlich, abends tanzte er mit meinen Mädchen und den Kusminski-Nichten eine Art Pariser Cancan, und mit Lew Nikolajewitsch und dem verstorbenen Fürsten Leonid Urussow ließ er sich auf einen gutmütigen Disput ein. Ich weiß noch, zum Mittagessen wünschte er sich Hühnersuppe mit Grieß und Pirogge mit Rindfleisch und Zwiebeln und sagte, das könnten nur russische Köche zubereiten. Zu allen war er herzlich und freundlich, und zu Lew Nikolajewitsch sagte er: „Wie gut haben Sie daran getan, daß Sie Ihre Frau heirateten!“ Er redete auf Lew Nikolajewitsch ein, er solle schöngeistige Literatur verfassen, und ließ sich in den höchsten Tönen über sein Talent aus. Jetzt kann ich mich bereits nicht mehr an alles erinnern, schade, daß ich mein Leben lang so wenig aufgeschrieben habe. Niemand hat mich darauf hingewiesen, wie wichtig das ist, ich lebte lange in kindlicher Unwissenheit.

Las heute im „Nowoje wremja“ die bestürzende Nachricht von Mary Urussowas Tod. Sie war erst fünfundzwanzig und hatte etwas Besonderes an sich, etwas Künstlerisches, Musikalisches, Zartes. Jetzt ist ihre Seele bei ihrem Vater; sie vertrug sich nicht mit der Derbheit der Mutter. Dar arme Mädchen!

21. Februar. Mache wieder einmal eine schwere Zeit durch. Mag gar nicht niederschreiben, wie schwer, wie schrecklich mir zumute ist und wie klar ich sehe, daß mein Leben von nun an zur Neige gehen wird. Leid ist es mir überhaupt nicht darum, immer heftiger verfolgt mich der Gedanke an Selbstmord. Gott stehe mir bei, daß ich diese schlimme Sünde nicht auf mich lade! Heute wäre ich fast wieder von daheim fortgelaufen; ich bin anscheinend krank, habe mich selbst nicht in der Hand. Wie haben sich jedoch in meiner Seele alle bisherigen Qualen noch verschlimmert, und der Hauptgrund ist wie immer Ljowotschkas geringe Liebe zu mir und den Kindern. Es gibt doch auch glückliche alte Leute, die nach einem fast 33 Jahre währenden Leben in Liebe, wie wir es führten, zu einem freundschaftlichen Verhältnis übergehen. Und wir? Ich habe ständig Ausbrüche von Zärtlichkeit und dummer, sentimentaler Liebe zu ihm; als ich krank war, brachte er mir zwei herrliche Äpfel, und zur Erinnerung an diesen so seltenen Zärtlichkeitsbeweis pflanzte ich die Kerne ein. Ob ich es erleben werde, wie diese Kerne aufgehen?

Ach ja, ich wollte doch unsere ganze schlimme *Geschichte* beschreiben. Natürlich bin ich schuld daran, *wie* aber hat man mich da hineingetrieben! Mögen mich die Kinder nicht verurteilen, denn kein Mensch wird je Näheres über unsere ehelichen Beziehungen erfahren! Wenn ich trotz meines äußeren Glücks aus dem Leben scheiden will und es schon so oft wollte – so wird das wohl seinen Grund haben. Wenn ein Mensch wüßte, wie bedrückend es ist, ewig neue Anläufe zu einer Liebe zu nehmen, die keine andere Befriedigung außer der fleischlichen erfährt und in diesen ewig neuen Anläufen entsetzlich aufgerieben wird; und noch entsetzlicher ist es, wenn man in seinen *letzten* Lebenstagen zu der Überzeugung kommt, daß keinerlei Gemeinschaft besteht und daß man so ausschließlich und treu einen egoistischen Menschen geliebt hat, der einem als Antwort darauf nur seinen strengen und schonungslosen Schuldspruch entgegenhält.

Nun also die *Geschichte*. Wie aus meinen früheren Tagebucheintragungen ersichtlich, quälte mich die Novelle „Herr und Knecht". Ich gab mir jedoch große Mühe, mich zu beherrschen; ich half Ljowotschka fleißig bei den Korrekturen, und als er alles fertig hatte, bat ich ihn um die Erlaubnis, die Erzählung von den Korrekturfahnen abzuschreiben, damit auch ich sie im XIII. Teil der Gesamtausgabe veröffentlichen könnte.

Um die Absendung nach Petersburg nicht zu verzögern, wollte ich sie nachts abschreiben. Ljowotschka wurde jedoch auf einmal zornig, sagte, es würden ja Sonderdrucke geschickt, und protestierte heftig gegen das Abschreiben, wobei er als Grund lediglich angab, es sei sinnlos. Mir aber ließ keine Ruhe, daß der „Sewerny westnik" den Vorzug haben solle, mir kamen Storoschenkos Worte in den Sinn, der gesagt hatte, Gurewitsch (die Herausgeberin) hätte den Grafen ja ganz schön becirct, wenn sie in einem Jahr zwei Artikel von ihm bekommen habe[22]; und darum hatte ich beschlossen, auf Biegen und Brechen zur gleichen Zeit eine Ausgabe bei mir und im „Posrednik" durchzusetzen. Beide waren wir erregt und verärgert. Ljowotschka war so zornig, daß er nach oben rannte, sich ankleidete und sagte, er gehe jetzt für immer aus dem Haus und kehre nicht zurück.

Da meine Schuld nur darin bestand, daß ich die Erzählung abschreiben wollte, hatte ich plötzlich das Gefühl, Ljowotschka nehme das nur zum Anlaß und wolle mich aus einem viel triftigeren Grund verlassen. Der erste Gedanke war – wegen einer Frau. Ich verlor alle Contenance, und damit nicht er mich verlassen könne, lief ich selbst aus dem Haus und die Gasse hinunter. Er mir nach. Ich war im Morgenrock, er in Hosen und Weste, ohne den Kittel. Er bat mich umzukehren, ich hatte aber nur eines im Sinn – auf jeden Fall zugrunde zu gehen. Ich heulte, und wie ich mich erinnere, schrie ich: „Sollen sie mich doch auf die Wache mitnehmen und ins Irrenhaus stecken." Ljowotschka zerrte mich zurück und ich fiel in den Schnee, barfuß in Hausschuhen steckend und unter dem Morgenrock nur mit dem Nachthemd bekleidet. Ich wurde naß von Kopf bis Fuß, und jetzt bin ich krank, irgendwie nicht ganz normal und wie zugepfropft, alles ist verworren.

Wir beruhigten uns einigermaßen. Am nächsten Morgen half ich ihm wieder bei den Korrekturen für den „Sewerny westnik". Nach dem Frühstück war er zu Ende und wollte schlafen. Ich sagte: „Jetzt kann ich doch die Abschrift machen, ich nehme die Fahnen mit." Ljowotschka lag auf dem Sofa, aber als ich das sagte, sprang er mit bösem Gesicht auf und verwehrte es mir wieder, ohne den Grund zu nennen. (Ich weiß ihn auch jetzt nicht.) Ich war nicht ungehalten, flehte ihn jedoch an, mich die Abschrift machen zu lassen; Tränen standen mir in den Augen und schnürten mir die Kehle zu. Ich versprach ihm, das Buch nicht ohne seine Genehmigung herauszubringen, ich bäte ihn nur, die Abschrift machen zu dürfen. Er verwehrte es mir zwar nicht ausdrücklich, aber ich war von seiner gehässigen Reaktion völlig entgeistert. Ich konnte absolut nichts begreifen. Wieso sind ihm die Interessen von Gurewitsch und deren Zeitschrift so viel wert, daß er nicht gleichzeitig dem Erscheinen in einer Beilage zu Band XIII und in einer Ausgabe bei „Posrednik" zustimmen kann?

Eifersucht, Ärger und Verbitterung darüber, daß er *für mich nie etwas* tut; dazu mein alter Kummer wegen Ljowotschkas geringer Liebe als Antwort auf meine große – all diese Gefühle schlugen in wilder Verzweiflung über mir zusammen. Ich warf die Korrekturbogen auf den Tisch, zog einen leichten Pelz, Mütze und Galoschen über und ging aus dem Haus. Bedauerlicherweise – oder auch nicht – fiel Mascha mein verstörtes Gesicht auf, und sie folgte mir; zunächst merkte ich das aber nicht, erst später. Ich ging in Richtung Jungfrauenkloster und wollte weiter auf die Sperlingsberge und dort irgendwo im Wald erfrieren. Wie ich mich erinnere, gefiel mir der Gedanke, daß in der Novelle Wassili Andreitsch erfriert und durch diese Novelle ich erfriere. Es war mir um nichts leid. Ich hatte beinahe mein ganzes Leben nur auf eine Karte gesetzt – die Liebe zu meinem Mann –, und dieses Spiel war verloren. Wozu dann noch leben? Auch um die Kinder war es mir nicht leid. Man spürt doch immer bei Kindern, daß *wir sie* lieben, und nicht *sie uns*, darum würden sie auch ohne mich weiterleben. Mascha hatte mich aber anscheinend die ganze Zeit nicht aus den Augen gelassen und brachte mich wieder nach Hause. Zwei Tage lang klang meine Verzweiflung nicht ab. Noch einmal wollte ich wegfahren; am nächsten Morgen nahm ich mir auf der Straße eine Droschke und fuhr zum Kursker Bahnhof. Wie die Kinder herausbekommen konnten, daß ich gerade dorthin gefahren war, weiß ich nicht. Serjoscha und Mascha griffen mich jedenfalls wieder auf und führten mich nach Hause. Es war mir jedesmal peinlich und unangenehm, wieder heimzukommen. Am Abend davor (das war der 7. Februar) war ich sehr krank. Alles, was an Empfindungen in mir war, steigerte sich bis ins letzte Extrem. Erinnere mich dunkel, daß mir so war, als richte Ljowotschka jeden zugrunde, der mit ihm in Berührung kommt. Chochlow, der den Verstand verloren hat, dauerte mich unsäglich, ich wollte für alle beten, damit sie von Ljowotschkas Einfluß freikämen. Auch jetzt noch habe ich das Gefühl, meine Liebe zu ihm werde mich, werde meine Seele zugrunde richten. Wenn ich von ihr, d. h. von dieser Liebe, loskomme, so bin ich gerettet, andernfalls gehe ich unweigerlich zugrunde. Er hat mich in mir selbst getötet, jetzt bin ich tot, lebe nicht mehr.

Als ich sehr weinte, da kam er in mein Zimmer, verneigte sich vor mir bis zum Boden, auf Knien verneigte er sich und bat mich, ihm zu vergeben. Wenn wenigstens ein Funken jener Liebe, die in diesem Augenblick in ihm war, auf Dauer erhalten bliebe – dann könnte ich noch glücklich werden.

Da ich seelisch völlig zerrüttet war, wurden Ärzte geholt. Komisch war, daß jeder eine Arznei nach seinem Spezialgebiet verordnete: der Nervenarzt Brom, der Internist Vichy und Tropfen. Schließlich holte man auch den Geburtshelfer Snegirjow; der redete zynisch von der „kritischen Periode" und verordnete auch etwas. Die Arzneien nehme ich nicht. Es geht mir noch nicht besser. Nachdem ich drei Tage hintereinander kaum bekleidet bei 16 Grad Kälte durch die Straßen gelaufen bin, zitternd vor Frost, die Nerven zerrüttet – bin ich jetzt richtig krank. Die Mädchen haben auf all das verschreckt reagiert, Mischa heulte, Andrjuscha fuhr zu Ilja, um sein Leid mit ihm zu teilen; Sascha und Wanja waren kindlich betroffen, Ljowotschka in Sorge – der liebste von allen war mir jedoch Serjoscha mit seiner gelassenen Herzlichkeit, ohne eine Spur von Mißbilligung. Ljowotschka, Christenmensch, von dir habe ich stets mehr Mißbilligung als Liebe und Mitleid erfahren. Die ganze *Geschichte* passierte nur wegen meiner grenzenlosen Liebe zu ihm. Er unterstellt mir immer *Gehässigkeit*, wenn er doch bloß wüßte, daß ich gerade davon nichts habe, aber viele andere Motive; was soll ich tun, wenn Gott mir ein so unruhiges und in jeder Hinsicht leidenschaftliches Temperament mitgegeben hat?[23]

Sehr gütig und herzlich war auch Schwägerin Marja Nikolajewna; sie sagte, ich hätte in meiner Raserei die reine Wahrheit gesagt, bloß stark übertrieben. Nun ja, doch die Raserei selbst ist nicht wieder gutzumachen und unentschuldbar![24]

Jetzt leben wir wieder in Frieden. Ljowa hat sich in das Sanatorium von Ogranowitsch[25] begeben und schreibt von dort kein Wort. Er hat eine krankhafte Abneigung gegen die Familie und möchte keinerlei Kontakt mit uns. Für seinen Nervenzustand ist das vielleicht auch besser. Gestern kam ein Arzt von dort und machte uns Hoffnung. Das walte Gott, daß ich nicht den Tod eines meiner Kinder erleben muß und der Herr mich zuerst zu sich nimmt, dorthin, wo die Liebe keine Pein, sondern eine Freude ist.

Sowohl ich als auch der „Posrednik" haben die Novelle bekommen.[26] Doch um welchen Preis!

Sitze an den Korrekturen und beobachte voll Rührung den Fortgang der meisterlichen schriftstellerischen Arbeit. Oft kommen mir vor Freude darüber die Tränen.

22. Februar. Morgens. Seit gestern abend ist Wanja wieder krank. Heute hat er bereits Scharlachausschlag, Halsschmerzen und Durchfall. Filatow war hier und hat die Diagnose gestellt.

23. Februar. Mein lieber Wanetschka ist um 11 Uhr abends verstorben. Mein Gott, und ich lebe![27]

Wanetschkas Tod[1]

(geschrieben nach 1906)

Einige Tage vor seinem Ableben setzte mich Wanetschka in Erstaunen, da er begann, alle seine Sachen zu verschenken, wobei er eigenhändig geschriebene Zettel dazulegte: „Für Mascha zum Andenken an Wanja" oder „Für den Koch Semjon Nikolajewitsch von Wanja" u. a. Dann nahm er von der Wand seines Kinderzimmers verschiedene gerahmte Bildchen ab und brachte sie ins Zimmer seines Bruders Mischa, den er abgöttisch liebte. Er ließ sich von mir Nägel und Hammer geben und hängte alle seine Bilder in Mischas Zimmer auf. Er liebte Mischa so sehr, daß er ganz unglücklich und verzweifelt war und bitterlich weinte, wenn Mischa sich nach einem Streit nicht gleich wieder mit ihm aussöhnen wollte. Wie sehr Mischa den kleinen Wanetschka liebte, weiß ich nicht; später hat er jedenfalls seinen ersten Sohn nach Wanetschka benannt.

Kurz vor seinem Tod sah Wanetschka einmal ganz gedankenverloren aus dem Fenster und fragte mich dann: „Mama, ist Aljoscha (mein früh verstorbener Sohn) jetzt ein Engel?"

„Ja, es heißt, daß Kinder, die sterben, bevor sie sieben Jahre alt sind, Engel werden."

Darauf sagte er zu mir: „Es wäre besser, Mama, wenn ich auch vorher sterben würde, dann wäre ich auch ein Engel. Bald ist mein Geburtstag. Und wenn ich nicht sterbe, liebe Mama, dann laß mich fasten und beten, damit ich ohne Sünden bin."

Diese Worte drückten mir fast das Herz ab. Am 20. Februar bot Tochter Mascha sich an, zusammen mit der Kinderfrau Wanetschka in die Klinik zu Professor Filatow zu bringen, der uns diesen Tag für eine Untersuchung vorgeschlagen hatte. Fröhlich und munter kehrten sie von dort zurück. Wanetschka verkündete mir begeistert, er dürfe alles essen, viel spazierengehen und sogar reiten. Nach dem Frühstück ging er mit Sascha nach draußen und hatte dann beim Mittagessen einen gesegneten Appetit. Unter Wanetschkas Krankheit hatte das ganze Haus gelitten, und nun waren alle fröhlich. Tanja und Mascha, die keine eigene Familie hatten, übertrugen ihre ganze mütterliche Liebe auf den kleinen Bruder.

Am 20. abends baten Sascha und Wanetschka Schwägerin Mascha, ihnen Dickens' Erzählung „Die Tochter des Sträflings", eine für Kinder bearbeitete Fassung des Romans „Große Erwartungen"[2], vorzulesen. Als es Zeit zum Schlafengehen war und Wanetschka zu mir kam, um Gute Nacht zu sagen, war ich über sein trauriges, müdes Aussehen bestürzt. Ich fragte ihn nach der Geschichte.

„Ach Mama, sprich nicht davon. Es ist ein Jammer, einfach schlimm. Estella hat nicht Pip geheiratet."

Gemeinsam gingen wir hinunter ins Kinderzimmer, er gähnte und sagte ganz bekümmert und mit Tränen in den Augen:

„Mama, es ist *wieder* da, das Fieber."

Ich maß ihm die Temperatur – er hatte 38,5. Er klagte über Schmerzen in den Augen; ich dachte, er bekäme die Masern. Als mir so recht zu Bewußtsein kam, daß Wanetschka wieder krank wurde, brach ich in Tränen aus; darauf sagte er:

„Weine nicht, Mama, das ist doch Gottes Wille."

Kurze Zeit davor hatte er mich gebeten, ihm das Vaterunser zu erklären, und ich hatte ihm mit besonderer Inbrunst dargelegt, was die Worte „Dein Wille geschehe" bedeuten.

Dann bat er mich, ihm eines von Grimms Märchen, das wir begonnen hatten, zu Ende vorzulesen; es handelte, glaube ich, von einem Raben. Ich erfüllte seine Bitte. Sohn Mischa kam ins Kinderzimmer, und ich begab mich ins Schlafzimmer. Wie ich später erfuhr, sagte Wanetschka zu Mischa:

„Ich weiß, daß ich jetzt sterben muß."

Nachts glühte er vor Hitze, schlief aber. Morgens schickten wir nach Doktor Filatow, der sogleich die Diagnose stellte, Wanetschka habe Scharlach. Das Fieber war bereits auf 40 Grad gestiegen, außerdem hatte er Leibschmerzen und schlimmen Durchfall, was sich damit erklären ließ, daß als zusätzliche Komplikation noch eine Darmdiphtherie aufgetreten war.

Um drei Uhr nachts wachte Wanetschka auf, sah mich an und sagte: „Verzeih, liebe Mama, daß man dich geweckt hat.«

Darauf erwiderte ich: „Ich habe ausgeschlafen, mein Junge, wir wachen abwechselnd bei dir."

„Und wer ist jetzt an der Reihe? Tanja?"

„Nein, Mascha."

„Hol Mascha und leg dich schlafen."

So fürsorglich schickte mein lieber Junge mich weg, küßte mich ganz fest und liebevoll mit seinen ausgetrockneten Lippen und schmiegte sich an mich.

Ich fragte ihn: „Was tut dir denn weh?"

„Gar nichts."

„Aber du bist bedrückt?"

„Ja."

Danach kam er schon kaum mehr zu Bewußtsein. Am nächsten Tag stieg das Fieber bis auf 42 Grad. Filatow umwickelte ihn mit in Senfwasser getränkten Leintüchern, setzte ihn auch in ein heißes Bad, aber nichts half, sein Kopf baumelte hilflos herum, wie bei einem Toten. Dann wurden Arme und Beine kalt; noch einmal öffnete er seine Äuglein, als wäre er über etwas verwundert, dann regte er sich nicht mehr. Dies geschah am 23. Februar um elf Uhr abends.

Ljowotschka führte mich in Tanjas Zimmer, setzte sich mit mir auf das Sofa, ich legte den Kopf auf seine Brust und verlor völlig das Bewußtsein. Wir waren beide wie erstarrt vor Verzweiflung.

In den letzten Minuten waren bei Wanetschka meine Tochter Mascha und Marija Nikolajewna, die Nonne, die die ganze Zeit betete. Die Kinderfrau war wie ich vor Kummer ganz von Sinnen und lag, wie man mir später erzählte, auf ihrem Bett und schluchzte. Tanja kam immer wieder ins Krankenzimmer und lief wieder hinaus.

Als man Wanetschka in sein weißes Jäckchen gesteckt und seine langen blonden Locken gekämmt hatte, wagte ich mich mit Ljowotschka ins Kinderzimmer. Wanetschka lag auf dem Sofa, ich legte ihm eine Ikone auf die Brust, jemand zündete eine Wachskerze an und stellte sie am Kopfende auf.

Die Kunde vom Tod des allenthalben geliebten Wanetschka verbreitete sich rasch unter unseren Verwandten und Bekannten. Viele Blumen und Kränze wurden geschickt, das Kinderzimmer sah aus wie ein Garten. Niemand dachte an die Ansteckungsgefahr. Die liebe, herzensgute Safo Martynowa, die selbst vier Kinder hat, kam sogleich angefahren, weinte mit uns und nahm zutiefst bewegt an unserem Kummer Anteil. Alle Familienmitglieder rückten in ihrer Liebe zu dem verstorbenen Wanetschka nun ganz besonders eng zusammen. Marija Nikolajewna war mit uns und spendete uns innigen geistlichen Trost. In Lew Nikolajewitschs Tagebuch aus jener Zeit findet sich der Aufschrei seines Herzens:

„*26. Februar.* Wir haben Wanetschka begraben. Entsetzlich! Nein, nicht entsetzlich, sondern ein erhabenes seelisches Erlebnis. Ich danke dir, Vater.“[3]

Am dritten Tag, dem 25. Februar, wurde für Wanetschka das Totenamt gehalten, der Sarg zugenagelt, und um zwölf Uhr mittags trugen der Vater, die Söhne und Pawel Iwanowitsch Birjukow den Sarg hinaus und stellten ihn auf unseren großen viersitzigen Schlitten. Mein Mann und ich nahmen auf den gegenüberliegenden Sitzen Platz, und in Begleitung der Freunde setzten wir uns langsam in Bewegung.

In einem Brief an Schwester Tanja, in dem ich ihr später alle Ereignisse um Wanetschkas Tod beschrieb, stehen die Zeilen: „Und die ganze Zeit, Tanja, vergoß ich keine einzige Träne, während des Totenamts für Wanetschka hielt ich sein eiskaltes Köpfchen in den Händen, wärmte seine toten Wangen mit Händen und Küssen, und ich bin nicht vor Kummer gestorben, und auch jetzt, wiewohl ich über diesem Brief Tränen vergieße, lebe ich noch und werde wohl noch lange mit diesem Stein auf dem Herzen leben.“[4]

Schweigend saßen Ljowotschka und ich auf dem Schlitten neben unserem geliebten letzten Kind, unserer Hoffnung für die Zukunft. Als wir uns dem Friedhof von Pokrowskoje bei dem Dorf Nikolskoje näherten, wo wir Wanetschka neben seinem Bruder Aljoscha beerdigen wollten,[5] wurden in Ljowotschka Erinnerungen wach, wie er damals, als er in mich verliebt war, häufig über diese Straße nach Pokrowskoje gewandert oder geritten war, wo wir gerade auf der Datscha lebten. Ihn ergriff Rührung, er weinte und erquickte mich mit seinen Worten und Erinnerungen, und seine Liebe tat mir wohl.

Die Beerdigung. Das Dorf Nikolskoje bei Pokrowskoje war voller Menschen, sowohl aus dem Ort als auch von auswärts, die zur Beerdigung gekommen waren. Es war Sonntag, Schuljungen schlenderten umher und konnten sich an den Kränzen und Blumen nicht sattsehen.

Lew Nikolajewitsch und die Söhne hoben den kleinen Sarg vom Schlitten. Beim Anblick des alten, gebeugten, vom Gram gebrochenen Vaters kamen allen die Tränen. Außer unserer Familie nahmen an der Beerdigung noch teil: Manja Ratschinskaja, Sonja Mamonowa, Kolja Obolenski, Safo Martynowa, Wera Sewerzewa, Wera Tolstaja und viele andere. Alle weinten laut.

Als der Sarg in die Grube hinabgelassen wurde, verlor ich wieder jegliches Bewußtsein, als sei ich selbst in ein Loch hinabgestürzt. Später sagte man mir, Sohn Iljuscha habe die entsetzliche Grube vor mir verdeckt, jemand anders habe mich bei den Händen gefaßt. Ljowotschka hielt mich umarmt und drückte mich an seine Brust, und so verharrte ich lange in völliger Starre.

Wieder zu mir kam ich erst von dem fröhlichen Geschrei vieler Bauernkinder, denen die Kinderfrau in meinem Auftrag Süßigkeiten und Weizenkringel austeilte. Die Kinder lachten, ließen die Plätzchen fallen und hoben sie wieder auf. Mir kam in den Sinn, wie freigebig Wanetschka immer war und wie gerne er Feste feierte, und da brach ich zum ersten Mal seit seinem Tod in heftiges Schluchzen aus.

Gleich nach der Beerdigung, als alle wieder abgefahren waren, kam der Maler Kassatkin und machte zwei Skizzen vom frischen Grab.[6] Die eine schenkte er mir, die andere Tanja, und dazu schrieb er einen sehr herzlichen, poetischen Brief voller Liebe zu Wanetschka, den er ein „durchsichtig zartes Kind“ nannte.[7]

Wir kehrten in unser verwaistes, ödes Haus zurück, und ich erinnere mich, wie Lew Nikolajewitsch sich unten im Eßzimmer auf den Diwan setzte, den wir für den kranken Ljowa aufgestellt hatten, und unter Tränen sagte:

„Ich hatte gedacht, von all meinen Söhnen werde wenigstens Wanetschka nach meinem Tod mein Werk auf Erden fortsetzen."

Und ein andermal sagte er: „Dabei hatte ich gehofft, Wanetschka werde nach mir das Werk im Dienste Gottes fortsetzen. Was tun?"

Und mir fiel es noch schwerer, sein tiefes Herzeleid mitanzusehen, als selbst zu leiden.

Meiner Schwester schrieb ich über Lew Nikolajewitsch:

„Ljowotschka ist alt geworden, sein Rücken ganz gebeugt, seine Augen farblos, und man sieht, daß auch für ihn der letzte Hoffnungsstrahl seines Alters erloschen ist. Zwei Tage nach Wanetschkas Tod saß er laut schluchzend da und sagte: ‚Zum ersten Mal im Leben erfüllt mich ein Gefühl der Ausweglosigkeit.'"[8]

Wanetschka sah am meisten von allen Kindern im Gesicht dem Vater ähnlich. Er hatte die gleichen tiefliegenden, versonnenen hellen Augen, den gleichen Ernst und die durchgeistigte Innerlichkeit. Als Wanetschka sich einmal vor dem Spiegel seine Locken kämmte, wandte er sich zu mir um und sagte lächelnd: „Mama, ich merke selbst, wie sehr ich Papa ähnlich sehe."

Nach der Beerdigung. Gleich in der ersten Nacht nach Wanetschkas Tod fuhr ich entsetzt aus dem Schlaf auf und hatte Geruchshalluzinationen. Noch lange verfolgte mich dieser Geruch, obwohl mein Mann, der damals bei mir schlief, mir versicherte, es sei nichts, ich bildete mir den Geruch nur ein. Manchmal hörte ich auch plötzlich Wanetschkas zärtliche, liebevolle Stimme. Wenn ich mit ihm gebetet hatte und wir uns gegenseitig bekreuzigten, dann hatte er bisweilen zu mir gesagt: „Küß mich ganz fest, leg deinen Kopf neben meinen und atme mir auf die Brust, damit ich unter deinem Atem einschlafe."

Es gibt keine reinere, stärkere und bessere Liebe als die zwischen Mutter und Kind. Mit Wanetschkas Tod hatte in unserem Haus die traute Welt des Kindes ein Ende gefunden. Sascha strich verwaist und traurig durchs Haus und wußte nicht, wem sie sich anschließen sollte. Sie hatte einen scheuen und unzugänglichen Charakter. Wanetschka dagegen liebte die Menschen, er liebte es, anderen Briefe zu schreiben, sie zu beschenken, Feste zu feiern. Und wie viele haben ihn geliebt!

Selbst der gefühllose Menschikow schrieb über ihn: „Wenn ich Ihren kleinen Sohn sah, so dachte ich stets, er müsse entweder sterben oder werde genialer als sein Vater."[9]

Viele, sehr viele wundervolle Beileidsbriefe trafen nach Wanetschkas Tod ein. N. N. Strachow schrieb an Lew Nikolajewitsch: „Er war sehr vielversprechend, vielleicht hätte er nicht nur Ihren Namen, sondern auch Ihren Ruhm geerbt. Und wie lieb er war, läßt sich gar nicht beschreiben"[10].

Ein gewisser Schirkewitsch, ein Schriftsteller, schrieb: „Ein Schriftsteller aus Petersburg, der weder Sie noch Lew Nikolajewitsch noch Wanetschka kennt, schrieb über letzteren in geradezu hymnischen Worten, er sei ein wunderbares Wesen gewesen, das zu großen Hoffnungen berechtigte. Alle Mütter und Väter fühlen mit Ihnen in Ihrem Gram, und meine Stimme geht in der allgemeinen Welle von Mitleid völlig unter."[11]

Folgendes schrieb Mich.Al. Stachowitsch: „Auch Wanetschka selbst tut mir leid, dieses liebe, rührende und interessante Kind, das ich nur selten gesehen habe, das sich aber unwillkürlich dem Gedächtnis einprägte, da es sich von gewöhnlichen Kindern durch seinen inständigen, ernsten Blick und die Ideenfülle seiner kindlichen Streiche und Äußerungen unterschied."[12]

Olga Andrejewna Golochwastowa schrieb über Wanetschka: „Der liebe, kluge, feinfühlige, blasse Wanetschka."[13]

Sofja Alexejewna Filossofowa tröstete mich, indem sie mir versicherte, wie vielen Menschen ich lieb und wert sei, und fügte hinzu: „Sie mit Ihrem klaren, aufrichtigen und leidenden Herzen werden nun um so mehr Gutes tun."[14]

Anna Grigorjewna Dostojewskaja hatte Wanetschka selten gesehen, schrieb jedoch über ihn: „Er war ein reich begabtes Wesen mit einem zärtlichen, teilnahmsvollen Herzen."[15]

Peschkowa-Toliwerowa, die in „Igruschetschka" Wanetschkas Erzählung abdruckte,[16] schrieb: „Wie lebendig sehe ich ihn vor mir, blaß und bescheiden, doch mit wißbegierigen Augen."[17]

Tröstlich waren die Worte unseres alten Freundes Fürst S. S. Urussow, der mir versicherte, Wanetschkas Seele sei zweifellos in einem Zustand paradiesischer Glückseligkeit. Er selbst war so festen Glaubens, ein so tief religiöser Mensch, daß er auch mich mit diesem Glauben ansteckte.

Viele Menschen beteten zu Hause oder in der Kirche für Wanetschka und uns, und ganz besonders fühlten mit uns jene Väter und Mütter, die selbst Kinder verloren hatten, wie Alexandra Alexejewna Tschitscherina, geb. Gräfin Kapnist, die ihre einzige Tochter verloren hatte, oder Baronin Je.I.Mengden, der zwei erwachsene Söhne gestorben waren, u. a.

In jener Zeit schrieb ich an meine Schwester: „Ich versuche mich damit zu trösten, daß ich durch mein Leiden in die Ewigkeit eingehe, daß dieses Leiden nötig ist zur Läuterung meiner Seele, damit sie sich mit Gott und Wanetschka, der die Liebe und Fröhlichkeit in Person war, vereinen könne, und ich rufe aus: ‚Dein Wille geschehe!' Mag dies auch nötig sein, um in die Ewigkeit einzugehen, so finde ich doch trotz des geistigen Höhenflugs und des aufrichtigen Rufens meines Herzens, mich Gottes Willen zu fügen, keinen Trost darin, nirgends finde ich Trost."[18]

Aus irgendeinem Grund sprach mir Lew Nikolajewitsch fast jegliche Religiosität ab. Ihn erzürnte, daß ich die ganze Zeit von einer Kirche und einem Kloster zum anderen zog. Einmal brachte ich ganze neun Stunden fastend in der Erzengel-Kathedrale zu, wohnte stehend dem Gottesdienst bei oder saß auf den Kirchenstufen bei Wallfahrerinnen, Pilgerinnen und einer gebildeten Dame, die wie ich ihren schon älteren Sohn verloren hatte und im Gebet und im Hause Gottes Trost suchte.

Als ich einmal aus dem Kreml zu unserem Haus in Chamowniki zurückkehrte, regnete es die ganze Zeit, ich wurde durch und durch naß, erkältete mich und war lange krank. Und noch davor hatte ich mit Sascha gefastet und gebetet, und das war wohl nicht nach Lew Nikolajewitschs Sinn, denn er schreibt in seinem Tagebuch:

„*27. März 1895*. Sonja leidet unverändert und kann sich nicht zu einer religiösen Betrachtungsweise aufschwingen. Der Grund ist, daß sie ihre sämtlichen Geisteskräfte auf die animalische Liebe zu ihrem Kind verwandt hat."[19]

Warum *animalische* Liebe? Ich habe viele Kinder gehabt, aber gerade bei Wanetschka herrschte in unser beider Empfindungen die geistige Liebe vor. Wir waren ein Herz und eine Seele, verstanden einander, und trotz seines jungen Alters bewegten wir uns ständig in höheren geistigen Sphären.

Lew Nikolajewitsch kümmerte sich damals rührend um mich[20]. Ich weiß noch, wie er mich einmal zu einem Besuch bei seiner Schwester Maschenka an ihrem Namenstag, dem 25. März, mitnahm und wie wir uns ein Geschenk für sie ausdachten. Mir fiel ein, daß sie gerne einen Wecker hätte, um die Gottesdienste nicht zu verschlafen, und wir kauften gemeinsam einen Wecker und schenkten ihn ihr, worüber sie sich, wie auch über unseren Besuch, sehr freute.

Und dann weiß ich noch, wie Lew Nikolajewitsch unter dem Vorwand, Bücher fürs Gefängnis kaufen zu wollen, mich am Palmsonntag aufforderte, auf den Palmenmarkt mitzukommen. Er dachte, das würde mich zerstreuen. Damals kaufte ich weiße Kunstblumen, einen weißen Fliederzweig, den ich auch jetzt noch habe und der an Wanetschkas großem Porträt hängt.

Nach dem Besuch bei seiner Schwester Marija Nikolajewna schrieb Lew Nikolajewitsch in sein Tagebuch: „Maschenka ist gütiger geworden, seit sie im Kloster ist. Was bedeutet das? Wie vereint man Heidentum und Christentum? Kann ich mir nicht restlos erklären ...“[21] Für solch eine Heidin hielt er mich auch, und nur deshalb, weil Maschenka und ich uns nicht von der Kirche lossagten. Ich war aber immer der Ansicht, ein Glaube, dem Form und Äußerlichkeit so viel bedeuteten, sei schlecht. Und wie könnte meinem Glauben jener Ort etwas anhaben, an dem seit Jahrhunderten die Menschen sich in Gottes Namen versammeln und die Idee Gottes bewahren? In die Kirchen haben sie stets ihre Kümmernisse, Freuden, geistigen Neigungen, Hoffnungen und Zweifel gebracht – all das, wofür die Menschheit gelebt hat und immer noch lebt.

1897

1. Juni. Am 23. Februar waren es zwei Jahre, daß mein Wanetschka gestorben ist. Nach dem letzten Eintrag in mein Tagebuch klappte ich es zu, und genauso zog ich auch einen Schlußstrich unter mein Leben, meine Gefühle, meine Wahrnehmungsfähigkeit und Lebensfreude. Seither bin ich auch nicht wieder zum Leben erwacht, meine totale seelische Einsamkeit erweckte in mir jedoch den Wunsch, von neuem Tagebuch zu schreiben. Möge auf dem Papier ein Bild von der letzten Zeit meines Lebens erhalten bleiben – vor allem meines *Ehe*lebens. Werde strikt nur Tatsachen verzeichnen, und wenn ich einmal dazu aufgelegt bin, werde ich auch die beiden dazwischenliegenden Jahre meines – seinem inneren Gehalt nach – so bedeutsamen Lebens beschreiben.

Heute ist Pfingstsonntag. Ein klarer, schöner Tag. Morgens half ich Tanja und Serjoscha bei der Abreise nach Moskau, wo morgen Maschas Hochzeit stattfinden wird.[1] Dann las ich Korrektur, bin bereits am XII. Band der neuen, von mir herausgebrachten Auflage.[2] Lew Nikolajewitsch schreibt einen Aufsatz über Kunst,[3] und ich sehe ihn gewöhnlich erst beim Mittagessen. Um zwei Uhr gingen wir zu Tisch. Um drei forderte Lew Nikolajewitsch mich zu einem Spazierritt auf. Ich lehnte zunächst ab; aber dann hatte ich doch große Lust, und vor allem graute mir entsetzlich davor, allein daheimzubleiben. Zu dritt brachen wir auf (der Dritte war Dunajew) und ritten einen sehr schönen Weg durch den Sasseka-Forst. Wir kamen an der Zeche vorbei, wo die Belgische Gesellschaft Erz abbaut, sowie an dem verwilderten „Toten Reich“, ritten Schluchten hinab und wieder hinauf. Lew Nikolajewitsch war ungewöhnlich zärtlich und besorgt um mich, und das rührte mich sehr; früher hätte mich ein solches Verhalten ungeheuer glücklich gemacht, jetzt aber, da ich aus seinen Tagebüchern seine wahre Einstellung zu mir kenne, kann ich über seine greisenhafte Gutmütigkeit nur Rührung empfinden und werde mich nie mehr zu solchen Glücks- und Verzweiflungsstürmen hinreißen lassen wie früher, als ich ihn noch liebte – vor der Lektüre seiner Tagebücher. Irgendwann einmal werde ich diese Geschichte mit den Tagebüchern beschreiben, welche mein ganzes Gefühlsleben von Grund auf gewandelt hat.[4]

Dreieinhalb Stunden lang waren wir unterwegs, es war sehr schön. Zu Hause fanden wir A. A. Sinowjew vor. Lew Nikolajewitsch las mit seinen Gästen einen deutschen Brief[5], und ich machte mich wieder an die Korrekturen. Andrjuscha traf ein, und zu meinem Leidwesen ging er mit Mischa zum Reigen ins Dorf. Bei Sascha ist Sonja Kolokolzewa zu Gast, beide waren mit Mlle. Aubert spazieren.

2. Juni. Wieder das gleiche: morgens Korrekturen, abends ein Spaziergang mit Lew Nikolajewitsch, Dunajew und Maklakow. Dunajew redete unentwegt (und sehr laut) über die Ausfuhr und Einfuhr von Waren aus dem Ausland. Ein schöner Sonnenuntergang: am lichten Himmel der glühende Sonnenball und ein einziges schwarzes Wölkchen. Hatte gute Gedanken und Erinnerungen an glücklichere Zeiten. Jetzt aber ist unser Leben angekränkelt. Auch im ganz wörtlichen Sinne macht Lew Nikolajewitsch mir Sorgen: er nimmt ab, hat Kopfschmerzen – und diese unheilbare Eifersucht! Ob ich schuldig bin – ich weiß es nicht. Als Tanejew und ich uns näherkamen, ging mir häufig durch den Sinn, wie schön es doch wäre, im Alter solch einen stillen, guten, begabten Menschen zum Freund zu haben. Mir gefiel sein Verhältnis zu den Maslows, und ein solches wollte ich auch ... Und was ist dabei herausgekommen!

Abends waren die Sinowjews und Fere mit Frau zu Gast. Fuhr mit Sascha nach Koslowka, um Miss Welsh abzuholen. Der Mond scheint, es ist feucht, kalt ... und so trübsinnig!

3. Juni. Mascha und Kolja sind wieder hier, nun verheiratet. Tanejew und Turkin kamen an, um Mischa Stunden zu geben. Die peinigende Furcht vor Unannehmlichkeiten wegen Sergei Iwanowitschs Ankunft verdrängte alle anderen Gefühle. Mascha dauert mich, darum empfinde ich für sie Zärtlichkeit und werde sie natürlich lieben und ihr, so gut ich kann, im Leben weiterhelfen. Kolja macht nach wie vor den Eindruck eines netten Jungen, doch der Gedanke, daß er der Mann meiner Tochter ist, läßt jedes gute Gefühl für ihn schon im Keim ersticken. Er hat keine Stärke, gibt keinen Rückhalt im Leben ... Nun, wir werden ja sehen. Meines Mannes *Stärke* hat mich gebrochen und meine Persönlichkeit wie auch mein Leben vernichtet. Und als ob ich nicht auch stark gewesen wäre – was die Energie anbetrifft. Jetzt ist mir still und friedlich zumute, doch es tat schrecklich weh, bei der Kunde von Tanejews Kommen Lew Nikolajewitschs Entsetzen und krankhafte Eifersucht gewahren zu müssen. Seine Qualen sind mir bisweilen unerträglich.[6] Und die meinigen ...

4. Juni. Morgens ein bedrückendes Gespräch mit Lew Nikolajewitsch über S. I. Tanejew. Stets die gleiche unerträgliche Eifersucht. Meine Kehle wie zugeschnürt, ein bitterer Vorwurf meinem leidenden Manne, und den ganzen Tag quälende Schwermut. Las die Korrekturfahnen von „Macht der Finsternis"[7]; ein wundervolles, unverfälschtes Kunstwerk wie aus einem Guß. Ging dann baden, begegnete Tanejew, und das weckte trübe Erinnerungen an die fröhlichen, tagtäglichen Begegnungen im letzten Jahr. Nach dem Essen spielte er Tanja seine Romanzen vor. Ich liebe seine Musik wie auch seinen ruhigen, edlen und guten Charakter. Dann schrieb ich für Lew Nikolajewitsch seinen Aufsatz über die Kunst ab. Er kam und forderte mich außerordentlich freundlich zu einem Spaziergang auf, und es war wunderbar. Eine bedrückende Szene mit Andrjuscha, des Geldes wegen. Er weinte und dauerte mich, doch seine gar nicht männliche Schwachheit ist mir unangenehm.

Tanejew spielte zwei „Lieder ohne Worte" von Mendelssohn, das wühlte mich auf bis ins Innerste. Vor dem Schlafengehen schrieb ich noch einmal für Lew Nikolajewitsch ab.

Mascha und Kolja waren hier, beide bedauernswert, dünn, schwach ... Tanja ist mir sehr lieb und wert. Doch wo ist ihre Lebensenergie geblieben, jene, die bei mir mit solcher Kraft nach außen drängt?

5. Juni. Sergei Iwanowitsch ist heute abgefahren, Lew Nikolajewitsch wieder heiter und gelassen, und ich bin ruhig, weil ich ihn gesehen habe. Lew Nikolajewitschs eifersüchtige Forderung, jede Beziehung zu Sergei Iwanowitsch abzubrechen, hat nur einen Grund – Lew Nikolajewitschs Leiden. Mir aber brächte ein Abbruch der Beziehung – ebenfalls Leiden. Ich finde so wenig Sündhaftes an meiner reinen, ruhigen Beziehung zu diesem Menschen, dagegen bringt sie mir soviel echte, stille Freude, daß ich dieses Gefühl in meinem Herzen nicht auslöschen kann, ebensowenig könnte ich auf

Schauen, Atmen, Denken verzichten. Morgens las ich Korrektur, erwartete Sergei Iwanowitsch auf dem Balkon zum Kaffee, doch er kam genau in jener Zeitspanne, als ich zum Hochstand im Garten ging, um mit Wanetschka Zwiesprache zu halten und ihn zu fragen, ob mein Gefühl für Sergei Iwanowitsch etwas Übles sei. Heute hat mich Wanetschka von ihm weggeholt, offenbar tat ihm einfach sein Vater leid. Ich weiß aber, daß er mich nicht verurteilt; er hat mir Sergei Iwanowitsch geschickt und will ihn mir nicht wieder wegnehmen.

Ging dann mit Marja Wassiljewna baden. Meine Kraft und Leichtigkeit beim Gehen machen mir angst. Nach dem Essen waren Lew Nikolajewitsch, Sergei Iwanowitsch, Turkin und ich spazieren, und ich pflückte einen herrlichen Blumenstrauß. Lew Nikolajewitsch legte Sergei Iwanowitsch mit Feuereifer seine Gedanken über die Kunst dar, was mich nach all seinen eifersüchtigen Gehäßigkeiten verwunderte. Habe ein schlechtes Gewissen, weil ich Sascha die Übersetzung nicht korrigiert habe, die ich ihr aufgegeben hatte. Wera und Mascha Tolstaja sind eingetroffen. Habe den ganzen Abend gearbeitet: ging erst mit Marja Wassiljewna Korrekturfahnen durch, und nach dem Abendessen schrieb ich drei Stunden hintereinander Lew Nikolajewitschs Aufsatz über die Kunst ab.

In unserem Haus ist sehr wenig Leben; wenig Menschen; und vor allem ist es langweilig ohne Sergei Iwanowitsch.

6. Juni. Konnte nachts vor Kopf- und Rückenschmerzen und unerträglicher Schwermut nicht schlafen. Diese schlechte körperliche Verfassung kommt sicher von meiner kritischen Periode. War mit Tanja, Wera und Mascha Tolstaja baden. Heute kamen keine Korrekturfahnen, und so schrieb ich den ganzen Tag eifrig für Lew Nikolajewitsch ab. Sein Aufsatz interessiert mich sehr und bringt mich auf neue Gedanken.

Alle fuhren nach Owsjannikowo, nur Lew Nikolajewitsch und ich blieben zu Hause. Als ich nach oben wollte, um zu schreiben, und er in sein Zimmer, blieben wir noch einen Moment stehen und sprachen über Mascha und darüber, daß ihre religiöse Einstellung, die ihr früher eine Lebenshilfe war, sich nicht gehalten hat. Lew Nikolajewitsch sagte, *seine* religiöse Einstellung habe sein ganzes Leben verändert. Darauf erwiderte ich: vielleicht innerlich, äußerlich jedoch kein bißchen. Er wurde böse und schrie, früher habe er gejagt, sich mit der Wirtschaft abgegeben, die Kinder unterrichtet und Geld angehäuft, und jetzt tue er das nicht mehr. Ich sagte, das sei sehr schade, denn das habe der Familie und das Wirtschaften der ganzen Gegend zum Nutzen gereicht, denn er habe ja viel angepflanzt und verbessert, und das Unterrichten der Kinder und Geldverdienen sei mir eine Hilfe gewesen; jetzt aber, bei den gleichen äußeren Lebensumständen – d. h. der gleichen Zahl an Räumen, dem gleichen Essen, der gleichen Umgebung –, fahre er nach dem Schreiben Fahrrad (wie all diese Tage), reite auf den verschiedensten Pferden aus, je nach Lust und Laune, setze sich an den gedeckten Tisch voller feinster Speisen, und um die Kinder kümmere er sich überhaupt nicht, ja er vergesse sogar häufig deren Existenz. Dies brachte ihn in Harnisch. Es ist die bittere Wahrheit, die ich ihm jedoch nicht vorhalten sollte. Mag er doch auf seine alten Tage müßig und friedlich leben. Aber er hatte mir solche Vorwürfe gemacht, zum Beispiel, ich hätte ihm das ganze Leben verhunzt, während ich doch nur für ihn und die Kinder gelebt habe – da hielt ich es nicht aus.

Eine derartige Seelenpein habe ich schon lange nicht mehr erlebt; ich lief aus dem Haus, wollte mich umbringen, wegfahren, sterben – was auch immer, nur nicht so leiden müssen. Was wäre es doch für ein Glück, mit einem guten, ruhigen Menschen den Rest seiner Tage zu verbringen und nicht sich mit unsinnigen Eifersuchtsszenen herumzuquälen, wie vorgestern, oder mit grausamen gegenseitigen Vorwürfen, wie heute. Und dabei ist der Himmel so klar, das Wetter strahlend schön und friedlich; die Natur steht in vollem Saft, gerade so, als frohlocke sie in den höchsten Tönen, um dem Menschen zu beweisen, wie klein er vor ihr ist mit seinen Leidenschaften und seiner Schwermut.

Abends versöhnten wir uns wieder, ohne Aussprache. Als es bereits dämmerte, ging ich zur Woronka baden, und Lew Nikolajewitsch holte mich mit dem Leiterwagen ab und sagte mit sanfter Stimme, es sei an der Zeit, daß wir aufhörten, uns so stark und leidenschaftlich zu lieben und uns so schlimm zu streiten. Eine ruhige, sanfte geistige Freundschaft werde ich nie erleben. Abends ging ich allein durch den Wald, betete und weinte, weinte auch um Wanetschka und damit um die einzig hehre, starke Liebe meines

Lebens, die ihn und mich verbunden hatte. Jetzt werde ich so etwas schon von niemandem mehr erfahren, statt dessen nur verrückte, eifersüchtige, sinnliche Begierde, die gewaltsam alle anderen Neigungen aus meinem Herzen hinausdrängt.

7. Juni. Heute nahm ich zum ersten Mal so recht die Schönheit der Natur wahr, und mein Gefühl für sie war *keusch*, d. h. ohne wehmütige Erinnerungen an jene Menschen, mit denen oder durch die ich diese zauberhafte Natur von Jasnaja Poljana einmal geliebt hatte. Kürzlich habe ich mir eine ganze Theorie über die *Keuschheit* der Einstellung zu *Religion, Kunst und Natur* zurechtgelegt.

Die Religion ist rein und keusch, wenn sie nichts mit irgendeinem Vater Ioann, Amwrossi oder mit katholischen Beichtvätern (confesseurs) zu tun hat, sondern ganz in meiner Seele beschlossen liegt und nur auf Gott sich richtet. Und dann hilft sie auch.

Die Kunst ist keusch und rein, wenn man sie um ihrer selbst willen liebt, ohne besondere Vorliebe für den, der sie ausübt (Hofman, Tanejew oder Gay, für den Lew Nikolajewitsch so eine Vorliebe hat, Lew Nikolajewitsch selbst usw.), und dann verschafft sie hohen und reinen Genuß.

So auch *die Natur*. Wenn Eichen, Blumen oder eine schöne Gegend mit Erinnerungen an jene Menschen verbunden sind, die man geliebt und mit denen man an diesen Orten geweilt hat und die jetzt nicht mehr bei einem sind, so entgleitet einem die Natur als solche oder nimmt jene Stimmung an, in der wir selbst uns befinden. Man muß sie lieben als eine Gabe Gottes, um ihrer Schönheit willen, und dann spendet sie einem auch reine Freude.

Schrieb morgens viel für Lew Nikolajewitsch ab. Unterrichtete dann Sascha; mit ihr ist das ein Vergnügen, doch ihr Verhalten – nicht mir gegenüber, zu mir ist sie lieb – gegenüber ihren Mitmenschen wird immer unerträglicher; sie schlägt sogar ihre Gouvernante, das Zimmermädchen, Marja Wassiljewna und jeden, der ihr in die Quere kommt.

Fuhr morgens mit den anderen zum Baden, schrieb dann ab, war abends noch einmal baden; beschnitt im Garten die Alleen, band die Lindenbäumchen und die Rosen hoch und verbrachte den Tag in Einsamkeit und Ruhe.

Lew Nikolajewitsch ist ebenfalls ruhig: er schrieb, fuhr Fahrrad, dann wollte er zu Pferd nach Owsjannikowo, traf aber unterwegs, bei Koslowka, Mascha und Kolja. Abends sah er sich mit Vergnügen die Zeichnungen im „Salon“ an, den Tanja zugeschickt bekommt. Tanja war mit Marja Wassiljewna zu Fuß in Koslowka. Mischa ritt zu Kuleschow, einem Kameraden, nach Gorjatschkino.

Es gab ein Gewitter ohne Regen, war heiß; abends regnete es kurz.

Habe große Sehnsucht nach Musik, selbst zu spielen, aber immer keine Zeit. Spielte heute lediglich zwei „Lieder ohne Worte“ von Mendelssohn. Ach, diese Lieder! Besonders in das eine bin ich regelrecht vernarrt.

8. Juni. Strenge mich gräßlich an, um meine Spannkraft wiederzufinden, und es gelingt mir auch, zwar nicht für die Mußestunden, zumindest für die Arbeit. Morgens Korrekturen, dann ging ich zum Baden an die Woronka. Zum Mittagessen legte ich ein weißes Kleid an (wozu und für wen? nur, um mich nicht gehenzulassen), danach ging ich zum Tennisplatz, wo Tanja, Mascha, Mischa, Kolja, Sascha und Lew Nikolajewitsch spielten. Wie öde ist alles, ohne Tschertkow und Tanejew! Band die Rosenstöcke hoch, schnitt die trockenen Zweige ab und pflückte einen Strauß für Lew Nikolajewitsch. Dann wieder Korrekturen, abends fuhren wir im Bauernwagen zum Baden, danach trug ich Rechnungen ein, überprüfte die Überschriften in der neuen Ausgabe, dann noch einmal Korrekturen. Jetzt geht es auf zwei Uhr in der Nacht. Ein erstaunliches Wetter: klar, heiß und schön. Tanja hat auch wieder Mut gefaßt. Die Arme, völlig zu Recht hofft sie auf eine echte Liebe – die Liebe eines Mannes und Freundes, die Liebe von Kindern. Letztere spendet tatsächlich reine, schöne Freude, die Freuden der ersteren aber sind unrein, trügerisch und ...

Gestern ging ich in außerordentlich guter Stimmung zu Bett und begann ein stilles, freundschaftliches Gespräch mit Lew Nikolajewitsch. Er gab freundlich und bereitwillig Antwort. Und sagte: „Was hast du heute für eine liebe, frauliche Stimme, ich mag nicht, wenn du schreist.“

Saß heute an den Korrekturfahnen der „Kreutzersonate“, und wieder das gleiche niederdrückende Gefühl – wieviel Zynismus und nackte Entlarvung übler menschlicher Eigenschaften! Und überall sagt Posdnyschew: *wir* gaben uns tierischer Begierde hin, *wir* empfanden Überdruß – überall *wir*. Dabei hat eine Frau ein ganz anderes

Naturell, man darf die Empfindungen, zumindest die geschlechtlichen, nicht verallgemeinern; zu unterschiedlich stehen ein Mann und eine reine Frau dem gegenüber.

Es beginnt zu tagen, mag nicht schlafen; es schlägt zwei, der Mond scheint direkt zum Fenster herein. Heute ist er sehr hell, steht hoch am Himmel. Und scheint – fast möchte man sagen: elegant, als sei er mit dem frühen Morgengrauen des Junitages nicht einverstanden.

10. Juni. Habe gestern nichts eingetragen, die Tage ziehen sich so monoton und eintönig dahin. Gestern war M. A. Schmidt da. Ihr ganzes Leben ist von fanatischer Verehrung für Lew Nikolajewitsch erfüllt. Früher war sie zutiefst orthodox gläubig; nachdem sie eine Menge Aufsätze von Lew Nikolajewitsch gelesen hatte, nahm sie Ikone und Lämpchen aus der Ecke, hing überall sein Porträt auf und sammelte eine ganze Kollektion seiner verbotenen Werke, die sie gegen Entgelt für andere abschreibt. Sie ist spindeldürr, arbeitet über ihre Kräfte, alles macht sie selbst und hat Freude an ihrem Gemüsegarten, ihrer Kuh Manetschka, dem Kalb und Gottes weiter Welt. Wir Frauen können eben nicht ohne einen Abgott leben, und ihr Abgott ist Lew Nikolajewitsch. Der meine war Wanetschka, und jetzt – ist das Leben öde. Lew Nikolajewitsch ist für mich längst kein *Abgott* mehr. Zurückgeblieben ist eine große Zuneigung zu ihm; es fiele mir entsetzlich schwer, wenn ich seine ständige Anteilnahme entbehren müßte. Wo er auch ist, was er auch tut, immer wieder kommt er zu mir, und ich freue mich jedesmal, ihn zu sehen. Doch *Glück*, echtes Glück, kann er mir bereits nicht mehr geben.

Immer dasselbe: Korrekturen, Baden – morgens, mittags, abends; immer ein und dasselbe. Vor dem Essen schnitt ich für Lew Nikolajewitsch einen Leinwandkittel zu und nähte ihn gleich zusammen, abends überprüfte ich die Überschriften für die letzten Teile der Ausgabe. Nach dem Essen forderte ich Lew Nikolajewitsch, Turkin und einen jungen Künstler, der bei uns zu Gast ist, zu einem Spaziergang auf, und die Natur tat mir gut. Serjoscha kam mit dem Fahrrad aus Nikolskoje. Semjon Iwanytsch brachte den Leiterwagen für Mascha. Ein herrliches Wetter: Gewitter, kurze Regengüsse, warm, klar, und alles grünt üppig und frisch.

Bin seelisch niedergedrückt; es kostet mich entsetzlich viel innere Kraft, sämtliche Erinnerungen zum Schweigen zu bringen. Heute betrachtete ich lange Wanetschkas Porträt und brach in Tränen aus. Nichts, einfach gar nichts kann mich trösten. Ein Telegramm von Ljowa, er ist in Sorge um die Familie. Ob er uns liebt? Wenn ja, warum quält er uns dann so? Wieviel Schmerz er mir in kürzester Zeit zugefügt hat! Tanja ist auch wieder frohen Mutes. Gott helfe ihr, ich liebe sie sehr, fühle mit ihr und würde ihr so gerne helfen, doch das steht nicht in meiner Macht.

11. Juni. Alle fröhlich und munter. Stand spät auf, konnte nachts nicht schlafen, ging mit Sascha und Miss Welsh baden. Las mit Marja Wassiljewna Korrektur und kümmerte mich mit dem Gärtner um die Apfelbäume, die Pfropfreiser, die Blumen und die Tannensetzlinge. Regte mich über Dunjascha auf, weil sie sinnlos Kleienmehl vergeudet hat, das ich für Lew Nikolajewitsch aus Moskau mitgebracht hatte. Ging abends mit Tanja zum Baden, und wir sprachen über die geschlechtliche Liebe. Anscheinend beschäftigt sie das, und mir ist schrecklich bange um sie. Von Natur aus ist sie so keusch; Gott bewahre, daß sie einen ungeliebten Mann oder den aufdringlichen Suchotin heiratet. Abends promenierten wir durch die Alleen, Serjoscha und der alte Semjon Iwanytsch waren auch dabei. Alle waren fröhlich, sangen, scherzten und tanzten. Als ich heute heimkam, saß Serjoscha am Klavier, und plötzlich stieg in meinem Herzen ein unbändiges Verlangen nach jener Musik auf, die mich in einen wunderbaren Zustand versetzt und mir soviel Glück gebracht hat. Abends Korrekturen, einige Photographien, Briefe und Vorbereitungen für die Fahrt nach Tula. Es ist zwei Uhr nachts.

12. Juni. War mit Serjoscha und der Kinderfrau in Tula. Hob mit der Kinderfrau auf der Sparkasse ihre Zinsen ab, brachte mit Serjoscha Maschas Finanzangelegenheiten in Ordnung,[8] und für Mischa reichten wir ein Gesuch ein, damit ich zu seinem Rechtsvormund eingesetzt werde. Dann Einkäufe für alle. Hitze, Staub und gräßliche Langeweile! Mein letztjähriger Besuch in Tula ging mir durch den Sinn, zusammen mit Tanja, Sascha und Sergei Iwanowitsch; wie wir damals Boot fuhren, am Bahnhof speisten, nachts mit dem Zug zurückkehrten, wie Andrjuscha auf einmal in Tula vor uns stand, und unsere sorglose, freudige Stimmung. Daheim traf ich alle fröhlich an und setzte mich an die Korrekturbogen. Dann ging ich allein zum Baden. Als ich aus dem Sakas heraustrat, überwältigte mich der

Anblick des Sonnenuntergangs: der Himmel klar und ruhig, die Sonne prunkvoll, und der Wald erschien besonders dunkel. Wie schön! Schwamm dann traurig bei milchigem Nebel. Ging mutterseelenallein nach Hause, es war ganz dunkel, doch mir graute überhaupt nicht. An Wanetschkas Hügel, wo er manchmal Steinpilze gefunden hat und wir beide uns immer ausruhten, bleibe ich jedesmal einen Augenblick stehen und bete ein Vaterunser. Wenn ich jetzt allein draußen bin, fühle ich mich nie einsam – meine Seele ist bei denen, die ich geliebt habe und die nun schon nicht mehr bei mir sind. Und das lasse ich mir nicht nehmen, was auch immer geschehen mag und wie streng die Menschen auch zu mir sein mögen.

Abends traf Olga Frederix ein, sie und Serjoscha gaben sich sentimentalen Erinnerungen an die Vergangenheit hin, beide sind unglücklich! Tanja hat wohl doch das bessere Teil erwählt.

Sah mit Turkin alte Photographien durch, und wieder empfand ich schmerzliches Bedauern über das, was vergangen ist.

Lew Nikolajewitsch ist froh und glücklich. Gott helfe mir, ihm seine Ruhe zu erhalten und nichts auf mein Gewissen zu laden, was ich mir selbst zum Vorwurf machen müßte. Schrieb Ljowa einen Brief. In der neuen Ausgabe unerfreuliche Fehler bei den Überschriften.

13. Juni. Schlief schlecht, stand spät auf und eilte zum Baden. Unterwegs kamen mir Kinder entgegen, die den Bauern das Mittagessen zur Heumahd brachten; die meisten noch klein, und wie gewann ich sie gleich alle lieb, mit ihren netten, neugierigen und ernsthaften Äuglein! Mußte an Wanetschka denken, und als ich, das Herz tränenschwer, zum Badeplatz kam, sagte Tanja: „Gerade habe ich an Euch gedacht." Ich fragte: „Und weshalb?" – „Wanetschkas wegen. Wenn es *mir* schon so schwerfällt, mich daran zu erinnern, wie er weinte, die Lippen vorgestülpt, allerdings nie aus Bosheit oder Eigensinn, sondern stets vor Kummer – wie schwer muß das *Euch* dann fallen." – Ich sagte: „Hast du wegen der Kinder an ihn gedacht?" – „Ja." Und wir brachen beide in Tränen aus. Wie häufig finde ich in Tanjas Herzen einen Widerhall auf meine eigenen Gefühle und Gedanken! Ohne uns abgesprochen zu haben, hatten wir im gleichen Augenblick und aus dem gleichen Anlaß das gleiche Gefühl empfunden.

Bevor ich kam, hatte Sascha außerhalb des Badeplatzes im Fluß einen Hustenanfall bekommen und Tanja sie mit größter Mühe aus dem Wasser gezogen. Zu Hause sah ich nach Lew Nikolajewitsch. Er war froh und munter, die Arbeit ging ihm heute gut von der Hand. Dann schrieb ich vier Stunden lang für ihn den Aufsatz über die Kunst ab.

Abends waren wir wieder baden. Maklakow traf ein. Nach dem Abendessen fuhren wir mit dem Bauernwagen zur Fabrik der Belgischen Gesellschaft bei Sudakowo, sahen uns die Maschinen an und schauten zu, wie flüssiges, glühendes Roheisen abgestochen wurde. War sehr interessant, aber auch traurig, diese Hölle anzuschauen, wo Tag und Nacht Menschen in sengender Hitze arbeiten müssen. Viele Leute, eine forsche Französin, Hitze, auf dem Boden überall Steine und Eisenstücke. Die Pferde rissen sich los und wurden wieder eingefangen. Lew Nikolajewitsch war zärtlich besorgt um mich, und das ist mir die größte Freude. Ob es lange anhalten wird? Eine stille, frische Nacht, Abend- und Morgendämmerung gehen fast ineinander über. Erinnerungen an die letztjährigen Fahrten mit dem Bauernwagen.

Zu Hause erwartete mich großer Ärger: aus Moskau waren Noten gekommen, die man falsch gebunden hatte, und am ärgerlichsten war, daß man von Sergei Iwanowitschs Quartett den Umschlag mit seiner eigenhändigen Inschrift abgerissen und weggeworfen hatte. Ich hätte fast geweint.

Lew Nikolajewitsch war mein Ärger unangenehm, und ich suchte mich zu beherrschen, aber ich habe eben einen ungezügelten, hitzigen Charakter und lerne einfach nicht, mich in Zaum zu halten. Schrieb dem Kontordiener einen zornigen Brief und bereue es kaum.

14. Juni. Gab morgens Sascha ausgiebig Unterricht: korrigierte ihren Aufsatz „Über die Haustiere“ und eine Übersetzung aus dem Englischen und fragte sie die Geographie-Lektion über China ab. Sie lernt gut und ist aufmerksam, ich habe es mit ihr nicht schwer. Ich liebe das Unterrichten. War mit Tanja, Sascha und Marja Wassiljewna baden. Dann das Mittagessen, danach Korrekturen, auch nachts. Mit Sascha, Wiss Welsh, Mlle. Aubert und Marja Wassiljewna lief ich abends noch einmal an die Woronka zum Baden. Tanja, Kolja, Mascha und Mischa sind zu Pferd und im Kabriolet nach Pirogowo,

Maklakow und Turkin nach Moskau abgereist. Abends tranken Lew Nikolajewitsch, Serjoscha und ich zusammen Tee. Fühle mich ständig einsam. Mit Lew Nikolajewitsch habe ich wenig Umgang. Den ganzen Morgen sitzt er in seinem Zimmer und schreibt bis zwei Uhr, bis zum Mittagessen. Danach fährt er Fahrrad oder reitet. Dann schläft er; heute begleitete er anschließend den jungen Mann aus Kiew[9] nach Koslowka, der anscheinend gerne bei uns geblieben wäre, doch Lew Nikolajewitsch gab ihm deutlich zu verstehen, das ginge nicht. Erst nach unserem Abendessen kehrte er zurück und aß allein. Er ging früh schlafen, ich aber bin noch spät auf.

Die Natur und die viele Arbeit sind zur Zeit mein Lebensinhalt; ansonsten ist mir sehr langweilig und einsam zumute. Aber ich bemühe mich, vor den anderen munter zu erscheinen, und empfinde Gewissensbisse vor dem Schicksal, das mich doch verhältnismäßig reich bedacht hat.

15. Juni. Habe die ganze Nacht nicht geschlafen. Erst gegen Morgen schlief ich ein und wachte vor Schluchzen auf. Ich hatte geträumt, ich hätte mit der Kinderfrau Wanetschkas Spielzeug aufgeräumt und dabei geweint. Ein starkes Leid oder eine starke Liebe lassen sich nicht unterdrücken, wie sehr man sich auch anstrengt. Es gibt Tage, da kommt man mit dem Leben einfach nicht zu Rande. Es ist wie ein Stück Stoff, mit dem man etwas bezieht: manchmal hat man so viel Leben, daß ein Überschuß bleibt, manchmal hat man aufs Haar soviel, wie man zum Glück braucht, aber manchmal reicht es nicht aus, man kommt einfach nicht damit zu Rande – vom festen Ziehen reißt schließlich nur der Stoff.

Als ich aufgestanden war, sah ich nach Lew Nikolajewitsch. Er legte eine Patience und sagte, die Arbeit gehe ihm gut von der Hand. Dann blickte er mich lächelnd an und sprach: „Du hast gesagt, ich hätte einen krummen Rücken bekommen, darum strenge ich mich an, mich gerade zu halten" – und dabei reckte und streckte er sich.

Nachts regnete es, jetzt ist das Wetter klar, ein frischer Wind weht. Nach dem Kaffee las ich Korrektur – bald bin ich durch. P. A. Boulanger und meine Schwester Lisa mit ihrer Tochter sind eingetroffen, und ich bin froh darüber. Trotz des kalten Nordwindes waren wir zweimal baden. Abends ein Gespräch mit Boulanger über Lew Nikolajewitsch als großen Reformator. Meine Schwester und ich sind mit der Ablehnung der Kirche nicht einverstanden, außerdem mit einem Gedanken aus dem neuen Aufsatz über die Kunst, der besagt, die Bedeutsamkeit eines Kunstwerks hänge vom Grad seiner Wirkkraft ab. Fragt man nach, was denn auf *wen* wirke, so fällt die Behauptung schon in sich zusammen. Auf den Bauern wirkt die Ziehharmonika und das Volkslied, auf mich eine Beethoven-Sonate oder ein „Lied ohne Worte" von Mendelssohn, auf Strachow „Ruslan und Ljudmila", auf Mme. Helbig Wagner, auf den Baschkiren seine Schalmei.

Es ist kalt, windig, bewölkt.

16. Juni. Stand spät auf, sah Lew Nikolajewitsch bis zum Mittagessen nicht. Arbeitete eifrig an den Korrekturfahnen. Zum Essen kamen alle müde aus Pirogowo zurück. Meine Schwester Lisa ist zu Gast; wir sprachen über Religion. Bedaure, daß ich meine Meinung geäußert habe. Man muß die eigene unmittelbare Beziehung zu Gott wie ein Heiligtum behüten: Von der Kirche muß man übernehmen, was von den Heiligen und Gott selbst stammt, und vor allem – nicht die Formen sind wichtig, die sittlichen oder religiösen Gebote sind zweitrangig – von erster Wichtigkeit ist *die strenge Erziehung des inneren Empfindens, das unsere Taten lenkt*, damit wir ohne Kompromisse, klar und *sicher* wissen, was gut und was schlecht ist. War rasch baden an der Woronka mit Marja Wassiljewna, meiner einzigen Gesprächspartnerin dieses Sommers; sie ist vulgär, laut und wäre unausstehlich, wenn nicht voll innerer Güte. Abends wieder Korrekturen – und so hat der Tag nun ein Ende.

Draußen ist es kalt, trüb und windig.

17. Juni. Hatte einen Traum: Ich liege in einem unbekannten Zimmer in einem unbekannten Bett. Sergei Iwanowitsch tritt ein, sieht mich nicht und geht geradewegs zum Schreibtisch; auf ihm befindet sich ein Stoß von Zetteln, die aussehen, als wären sie von Notizblöcken oder Rechnungen abgerissen, lauter kleine Papierschnipsel. Er setzt die Brille auf und schreibt eilig etwas auf diese Zettel. Ich habe Angst, daß er mich erblickt, und liege still. Als er jedoch alle Papierschnipsel beschrieben hat, legt er sie zusammen, nimmt die Brille ab, steckt sie weg und geht. Ich springe aus dem Bett, nehme die Zettel und lese sie. Auf ihnen steht eine genaue Beschreibung seines Seelenzustandes: innere Kämpfe, Wünsche – das alles kann ich rasch überfliegen. Doch plötzlich klopft es, und ich wache auf, ohne daß ich alles lesen konnte. Das Aufwachen war sehr ärgerlich, ich wollte wieder einschlafen und weiterlesen – aber das gelang natürlich nicht.

Wieder Korrekturen, Baden im kalten Wasser und einsame Rückkehr nach Hause in der kalten Luft auf jenem Weg, auf dem ich in den 35 Jahren meines Ehelebens soviel erlebt habe. Nach dem Tee wanderten alle nach Koslowka: Tanja, Sascha, Werotschka, A. A. Behrs, Turkin, Miss Welsh und Mlle. Aubert. Ich sprach mit Turkin über Philosophie, und er erzählte mir von den einzelnen Richtungen in der neueren englischen Philosophie. Dachte an die letztjährigen Spaziergänge nach Koslowka. Welch ein Unterschied! Was war das für eine heitere, glückliche Zeit!

Der Unterschied liegt auch noch darin, daß statt der erlesenen, wunderschönen Musik, die Sergei Iwanowitsch uns letztes Jahr darbot, im Augenblick gerade Lew Nikolajewitsch auf dem Klavier falsch und laut Akkorde greift; er will Mischa begleiten, der recht geschickt Balalaika spielt – allerdings russische Lieder, die ich nicht mag. Und unwillkürlich drängt sich ein Vergleich auf – sollte er wirklich zugunsten des letzteren ausfallen? Über eines bin ich froh, nämlich daß Mischa daheim ist und wenigstens auf diese Weise Umgang mit dem Vater hat, was sonst so selten vorkommt. Werde wieder Korrektur lesen, und ein weiterer Lebenstag ist dahin.

Mit Sascha klappt es einfach nicht. Sie ist frech, ungebärdig, störrisch und zerrt mir an den Nerven, da sie mich ständig in meinen besten Gefühlen verletzt. Lew Nikolajewitsch war heute zweimal bei Konstantin, einem Bauern, der im Sterben liegt. Während wir spazierengingen, schrieb er emsig, dann fuhr er Fahrrad. Er ist froh und munter.

18. Juni. Saschas Geburtstag, sie ist dreizehn. Wie bedrückend die Erinnerung an ihre Geburt! Ich weiß noch, wir saßen alle abends beim Tee, die Kusminskis wohnten noch bei uns, Mme. Seuron, die Gouvernante, war mit ihrem Sohn Alcide (der Arme ist an der Cholera gestorben) auch dabei, und das Gespräch kam auf Pferde. Ich sagte zu Lew Nikolajewitsch, alles was er anfange, bringe immer nur Verlust: in Samara habe er herrliche Zuchtpferde angeschafft und alle krepieren lassen – weder die Rasse noch das Geld sei geblieben, gekostet habe es aber Tausende. Dies war die Wahrheit, doch darum geht es jetzt nicht. Er fiel immer über mich her, wenn ich schwanger war, wahrscheinlich war mein Anblick ihm unangenehm, und in den letzten Wochen verhielt er sich äußerst gereizt mir gegenüber. Auch diesmal – ein Wort gab das andere – geriet er schrecklich in Zorn, packte ein paar Sachen in einen Leinenbeutel, sagte, er verlasse für immer das Haus, vielleicht fahre er nach Amerika, und trotz meiner Bitten ging er.

Dann setzten bei mir die Geburtswehen ein. Ich quälte mich – er war fort. Saß allein im Garten auf der Bank, die Wehen wurden immer schlimmer – er war immer noch nicht zurück. Ljowa, mein Sohn, kam mit Alcide; sie baten mich, ich solle mich hinlegen. Vor Kummer war ich regelrecht erstarrt; die Hebamme traf ein, meine Schwester und die Mädchen weinten und führten mich nach oben ins Schlafzimmer. Die Wehen kamen häufiger und stärker. Gegen fünf Uhr morgens kehrte er schließlich zurück.

Ich ging zu ihm hinunter, er war böse und finster. Ich sagte zu ihm: „Ljowotschka, ich habe Wehen, ich muß gleich gebären. Weshalb bist du so zornig? Wenn ich schuldig bin, so vergib mir, vielleicht überlebe ich diese Geburt nicht ..." Er schwieg. Und plötzlich durchzuckte mich der Gedanke: Ob nicht wieder Eifersucht, ein Verdacht dahintersteckt? Und ich sagte zu ihm: „Ganz gleich, ob ich sterbe oder am Leben bleibe, ich muß dir sagen, daß ich an Körper und Seele rein bin, wenn ich sterbe; ich habe niemanden geliebt außer dir ..."

Er wandte mir plötzlich den Kopf zu und sah mich unverwandt an, sagte jedoch kein einziges freundliches Wort zu mir. Ich ging, und eine Stunde später kam Sascha zur Welt.

Ich nahm für sie eine Amme. Ich konnte damals das Kind nicht stillen, da Lew Nikolajewitsch mir auf einmal alle Geschäfte übertragen hatte und ich neben der Mutterrolle auch noch die Arbeit des Mannes auf mich nehmen mußte.

Was war das für eine schwere Zeit! Und das war die Wende zum *Christentum*! Das *Märtyrerlos* für dieses Christentum habe natürlich ich getragen, und nicht er.

Stand heute spät auf, ging mit Tanja und Marja Wassiljewna baden. Eine fürchterliche Kälte herrscht heute. Tagsüber war ich faul, las wenig Korrektur, dachte über den Stoff für eine Novelle nach und schrieb ihn auf. Abends fuhr ich im Bauernwagen zu Mascha nach Owsjannikowo. Mit von der Partie waren die Behrs, Vater und Tochter, Turkin, Sascha, die beiden Gouvernanten, Marja Wassiljewna, dazu Tanja und Mischa hoch zu Roß. Bei Mascha war es angenehm. In Koslowka schleppten Leute unter Gesang einen Waggon zur provisorischen Unterkunft über die Gleise. Später entwikkelte ich die Photographien von Sascha und Werotschka, die ich heute aufgenommen hatte.

Lew Nikolajewitsch badete morgens im mittleren Teich, dann schrieb er. Nach dem Essen spielte er mit den Mädchen und Mischa Tennis. Dann fuhr er Fahrrad und ritt allein aus, uns entgegen. Während ich die Photographien entwickelte, sprach er mit Behrs und Turkin über Kunst; dies beschäftigt ihn jetzt sehr, und ich bin in vielem nicht mit ihm einverstanden.

Außerdem spielte Behrs noch mit Tanja – sie auf der Mandoline –, und dann spielte er zum Tanz auf. Mischa und die drei Mädchen tanzten, und ich drehte mit Mischa so leichtfüßig eine Walzerrunde, daß ich mich selbst wunderte. Es hat eins geschlagen.

19. Juni. Begann gleich morgens, noch vor dem Ankleiden, Abzüge von den Photographien von Sascha und Werotschka zu machen. Dann verabschiedete ich Werotschka und ihren Vater und setzte mich an die Korrekturen. Ging mit Marja Wassiljewna baden, das Wasser war sehr kalt. Gestern abend um neun hatten wir nur 5 Grad über Null. Nach dem Essen wieder Korrekturen. In Koslowka holten wir Briefe ab. Sprach unterwegs die ganze Zeit mit Mischas Lehrer Turkin über Erziehung, über menschliche Typen und Charaktere. Auf dem Rückweg begegneten wir Lew Nikolajewitsch; er begleitete einen Mann, der wegen eines Gedichtes, das er anläßlich der Katastrophe auf dem Chodynka-Feld verfaßt hatte,[10] im Gefängnis war. Lew Nikolajewitsch verabschiedete sich sogleich von ihm und ging mit uns nach Hause, worüber ich sehr froh war. Fühle mich unpäßlich, habe ständig fliegende Hitze, die Füße schmerzen – alle sagen, das komme von der kritischen Periode. Das allerschlimmste ist die Schwermut, der ich mich immer häufiger hilflos ausgeliefert fühle. Wieder einmal ist in mir etwas zerbrochen.

Unangenehm war heute die Geschichte mit dem Forstfrevel. Ein armer, zerlumpter Bauer aus Grummont bat um Verzeihung und verneigte sich bis zur Erde. Ich hätte am liebsten geweint, und ich war auf denjenigen (weiß selbst nicht auf wen) böse, der mich gegen meinen Willen in die Situation gebracht hat, daß ich wirtschaften muß, d. h. die Wälder beschützen, und um sie zu beschützen, solch bedauernswerte Bauern bestrafen muß. Habe das Wirtschaften nie geliebt, nie gewollt und auch nie gekonnt. Wirtschaften ist ein Kampf ums Dasein gegen das Volk, und dazu bin ich überhaupt nicht fähig.

Wir beschlossen, die Bauern, die den Forstfrevel begangen hatten, das Holz abarbeiten zu lassen, sie beim Wachtmeister nicht anzuzeigen und ihnen die Bäume, die schon zum Bauen verwendet wurden, zu überlassen.

Unangenehm war auch noch der Brief von Cholewinskaja, die nach Astrachan verbannt worden ist, weil sie aufgrund eines Zettels von Tanja einem Schreiber in Tula verbotene Bücher zu lesen gegeben hat. Sie ist abgehärmt und verbittert und bittet mich um Hilfe.[10] Weiß nicht, was ich tun werde, würde aber sehr gern ihre Begnadigung erwirken.

Lew Nikolajewitsch schreibt fieberhaft an dem Aufsatz „Über die Kunst", er ist schon fast am Ende, tut nichts anderes mehr. Heute abend las er uns aus der „Revue Blanche" eine französische Komödie vor.[12]

20. Juni. Morgens Korrekturen, saß auch den ganzen Tag eifrig daran, und nun ist – o Freude! – alles fertig. Sechs Monate habe ich an den Korrekturfahnen gearbeitet, und heute war Schluß. Ob es auch gut geworden ist? Ging mit Tanja und Marja Wassiljewna baden. Die Wassertemperatur betrug 12,5 Grad, die Nächte sind kalt. Lew Nikolajewitsch ritt abends nach Tula, um Tschertkow ein Telegramm nach England zu schicken.[13] Tschertkow war beunruhigt, wie es um Lew Nikolajewitschs Gefühle für ihn bestellt sei. Wir sehr Lew Nikolajewitsch ihn doch liebt! Spielte abends Mendelssohns „Lieder ohne Worte" und suchte mich, den Klängen nachlauschend, zu entsinnen, wie Sergei Iwanowitsch sie gespielt hat.

Später las ich die Briefe, die ich von Ljowa aus Schweden und von W. W. Stassow erhalten hatte.[14] Dann klebte ich Photographien auf und schrieb an Ljowa.

Mit Lew Nikolajewitsch ganz allein zu sein war angenehm, es

erinnerte mich an meine jungen Jahre mit ihrer ungetrübten Seelenruhe, ja Apathie, dafür aber ohne Sünde, ohne Emotionen und Leidenschaften.

Muß all dies tief in meinem Inneren versenken und fest jenen Krater verschließen, aus dem meine ungezügelte Natur wie ein Vulkan zum Ausbruch drängt.

Tanja hat abgeschrieben, Mandoline und Gitarre gespielt, Sascha ihr Zimmer schön aufgeräumt, Marmelade gekocht und Blumensträuße gebunden. Mischa nahm 22 Rubel und fuhr irgendwohin, außerdem sang er laut und hämmerte Akkorde auf dem Klavier, verkleidete sich mit einem Kleid von Sascha und lernte wenig.

21. Juni. Konnte nicht schlafen, stand spät auf und wollte Sascha Unterricht geben. Da sehe ich, sie ist ganz bleich, hat Kopfschmerzen, und es ist ihr schlecht. Wie schade, daß aus dem Unterricht nichts wurde! Sie mußte sich übergeben und legte sich ins Bett. Sie hat manchmal Migräneanfälle wie ihr Vater. Ich holte Tanja und Marja Wassiljewna, und wir gingen zur Woronka baden. Probierte ein Kleid an. Dann das Mittagessen. Die Obolenskis kamen zu Besuch, alle spielten Lawn-Tennis, ich schlenderte allein umher, saß ein wenig auf dem Hochstand, plauderte mit Wanetschka und pflückte Blumen für sein Porträt. Als ich nach Hause ging, kamen alle mir entgegen, doch ich kehrte allein zurück und setzte mich ans Klavier, um Fingerübgungen zu machen, möchte wieder spielen. Iljuscha kam; er dauert mich sehr, ich weiß, um seine Wirtschaft steht es schlecht. Andererseits kann ich unmöglich meinen Kindern blindlings Geld geben, ohne ihre Angelegenheiten in die Hand zu nehmen. Ich erfahre nie, wozu ich etwas hergebe und wo die Grenze ist. Habe schon versucht, nicht nein zu sagen – darauf kennen ihre Forderungen keine Grenzen. Ich muß jetzt aber die neue Ausgabe bezahlen und auch noch leben, und schon dafür reicht es nicht. Das schwierigste im Leben sind doch Geldangelegenheiten.

Ging abends in Richtung Grummont spazieren; es war sehr schön, in meinem Herzen Ruhe.

Wenn das Leben kein vollkommenes, überwältigendes Glück bereithält, wenn es nicht immer ein *Fest* ist, so ist vollkommene Ruhe noch das beste, und dafür muß man Gott danken.

Fühle mich unwohl; schon seit meiner Rückkehr aus Moskau

spüre ich, daß mit mir etwas nicht in Ordnung ist. Habe mich bei einem merkwürdigen Gefühl ertappt: als ob ich einen Vorwand suchte, mir das Leben zu nehmen. Diesen Gedanken hege ich schon seit langem, und er reift immer mehr heran. Ich fürchte mich schrecklich davor, wie ich mich auch vor dem Wahnsinn fürchte. Doch ich liebe diesen Gedanken auch, obgleich Aberglauben und auch einfach mein religiöses Empfinden mich daran hindern. Ich glaube, daß dies eine Sünde ist, und befürchte, meine Seele könnte infolge eines Selbstmords den Zugang zu Gott und damit auch zu den Seelen der Engel, also zu Wanetschka, verlieren. Heute auf dem Spaziergang stellte ich mir vor: ich schreibe Hunderte von Briefen und verschicke sie an die merkwürdigsten Leute, und in diesen Briefen lege ich dar, warum ich mich umgebracht habe. Und in Gedanken verfaßte ich diese Beichte auch gleich, und sie war so ergreifend, daß ich über mich selbst hätte weinen mögen ... Und nun graut mir davor, ich könnte auf diese Weise den Verstand verlieren. Doch wenn ich jetzt Kummer habe oder Unannehmlichkeiten erlebe, denke ich jedesmal freudig: ich gehe nach Koslowka und bringe mich um, macht doch, was ihr wollt. Noch mehr leiden will ich nicht, und ich kann es auch nicht, nein, ich kann einfach nicht mehr. Entweder ohne Leiden leben, oder sterben; das Beste wäre sogar – sterben. Herr, vergib mir!

Gleich muß ich wieder den Küchenzettel schreiben: Soupe printanière – oh, wie bin ich es leid! Fünfunddreißig Jahre, und *jeden* Tag Soupe printanière ... Ich mag nicht mehr Soupe printanière und dergleichen schreiben, ich möchte die allerschwierigste Fuge oder Sinfonie hören, möchte jeden Tag die komplizierteste Musik hören, damit meine Seele voller Hingabe lauschen und sich bemühen kann zu verstehen, was der Komponist mit dieser geheimnisvollen, komplizierten musikalischen Sprache ausdrücken wollte und was den tiefsten Grund seiner Seele bewegte, als er diese Werke schrieb.

Mischa und Ilja griffen auf Gitarre und Klavier Akkorde und gröhlten dazu russische Volkslieder ... So, wie man mit der Sprache entweder schlichte Bedürfnisse – ich will essen, tanzen, küssen – oder auch die kompliziertesten philosophischen Überlegungen ausdrükken kann – wie stehe ich zur Ewigkeit? gibt es eine Verbindung zwischen meiner Seele und Gott, dem Urgrund allen Seins, und was ist das für eine Verbindung? –, genauso verhält es sich auch mit der Musik. Eine schlichte Melodie, ein Lied – das sind schlichte Worte, sie sind Ilja und Mischa wie auch einem Bauern und einem Kind verständlich. Komplizierte Musik, eine Sinfonie, eine Sonate – das ist eine philosophische Sprache, zu der nur ein hochkultivierter Mensch Zugang hat. Wieviel gäbe ich dafür, um statt des Hämmerns wieder jene erlesenen Klänge zu hören, die letzten Sommer mein Leben erfüllten. Ja, das war ein *Fest* des Lebens. Selbst für die Erinnerungen sei dem Schicksal noch Dank.

22. Juni. Ein wundervoller, klarer Sommertag. Morgens spielte ich auf dem Klavier Tonleitern und Etüden. Dann waren wir baden. Zum Essen waren Ilja und Kolja Lopuchin hier. Dann spielte ich noch eine Stunde. Nach dem Tee gingen wir Frauen spazieren. Sascha meckerte ungezogen, weil ich sie vom Tennis, wo sie nur zugeschaut hatte, zum Spaziergang wegholte.

Tanja ging auch mit, sie kam uns nach, und ich freute mich sehr darüber. Sie sagte: „Mich zieht es immer mehr zu Euch hin, möglicherweise geht das noch so weit, daß ich in den Urzustand zurückkehre und an Eurer Brust zu saugen beginne." Ich schließe mich auch immer enger an sie an. Ilja gab ich kein Geld, und er sagte mir sehr unschöne Dinge. Zu Unrecht habe Lew Nikolajewitsch das Gut per Kaufvertrag an mich abgetreten und nicht nur zur lebenslangen Nutzung überlassen; auf meine alten Tage sei ich auf einmal auf Geld aus, usw. O Gott! Sollte das die ganze Beziehung zu den älteren Söhnen sein – immer nur Geld und wieder Geld? Von Andrjuscha höre ich auch nichts anderes, nur – gib Geld, gib Geld! Entsetzlich!

Abends schrieb ich sechs Briefe: an Stassow, Cholewinskaja, Andrjuscha, an Kuschnerjows Druckerei, Rajewskaja und an Kaufleute.

23. Juni. Endlich hat die Schönheit der Natur mich ganz in ihren Bann geschlagen, hat vieles, was meine Seele peinigte, aus mir hinausgedrängt und mein Leben lichter werden lassen. Dieses Frühjahr war ich der Natur gegenüber lange stumpf und gleichgültig, ich schaute ständig in mich hinein, doch das ist jetzt vorüber, wie schön! Überall wird gemäht, das Heu duftet, die Tage sind klar, der Mond ist wie eine dünne, scharf umrissene Sichel (heute spiegelte er sich in der Woronka), das Volk bunt gekleidet, auf den Feldern Lagerfeuer mit Kesseln darüber und Laubhütten (die Nachtlager der Mäher), das Vieh wohlgenährt, und auf den Bäumen sattes, in diesem Jahr sehr üppiges Laub.

Morgens spielte ich eine Stunde Etüden, dann gingen wir baden. Nach dem Essen schrieb ich von drei bis sieben für Lew Nikolajewitsch den Aufsatz „Über die Kunst“ ab. Schaffte dabei sehr viel. Nach dem Tee wanderten alle nach Gorelaja Poljana, bei der Brücke kamen wir auf die Chaussee. Unter der Brücke, den Fluß entlang, ist eine neue Badestelle, Sascha und ich gingen ins Wasser, es war kalt, aber schön. Mit dem Bauernwagen kehrten wir zurück, Lew Nikolajewitsch begegnete uns auf dem Fahrrad und klagte später über Erschöpfung. Beim Mittagessen hatte Mischa den Lakaien Iwan angefahren; Lew Nikolajewitsch machte ihm Vorhaltungen, Mischa redete im gleichen Tonfall weiter, da wurde Lew Nikolajewitsch zornig, nahm seinen Teller und ging auf sein Zimmer. War sehr unangenehm. Erhielt einen Brief von Andrjuscha – wieder fordert er Geld, das ist das einzige, wozu er imstande ist. Wieviel Kummer einem die Kinder machen! Bloß Tanja nicht, von ihr erfahre ich vor allem Freude, vorerst jedenfalls.

Nach dem Spaziergang fanden wir zu Hause Marja Alexandrowna vor. Sie verehrt Lew Nikolajewitsch fanatisch, er ist ihr einziger Lebensinhalt. Aus dieser Verehrung schöpft sie jene Kraft, die sie braucht, um zu leben, zu arbeiten und alles zu ertragen. Woher sollte sie diese bei ihrem mageren, abgezehrten Körper und ihrer Krankheit auch nehmen? Welche Kraft doch in jeder Liebe steckt! Das ist regelrecht das Rückgrat jeglichen Lebens.

Nach dem Abendessen las Lew Nikolajewitsch etwas über Herzens letzte Tage vor,[15] ich schrieb dann für ihn ein Kapitel fertig ab, und wir sprachen viel über N. N. Gay und diskutierten über seine „Kreuzigung“[16]. Ich hasse dieses Gemälde, Lew Nikolajewitsch und Marja Alexandrowna lobten es jedoch. Wir ereiferten uns, darum war das Gespräch bald zu Ende. Bekam einen Brief von Ljowa aus Schweden.

24. Juni. Morgens Regen, stand spät auf, die ganze Nacht tat die rechte Hand weh. Gab Sascha sehr gut Unterricht, sie war aufmerksam. Wichtig ist vor allem, ihre Fähigkeiten zu entwickeln, worum ich mich auch bemühe. Zwei Stunden lang gab ich mich mit ihr ab.

Dann saß ich mit Marja Alexandrowna Schmidt zusammen und änderte die Ärmel an einem Kleid; wir unterhielten uns über unsere Familienangelegenheiten, sie ist sehr teilnahmsvoll und gütig. Fuhr mit Sascha, Marja Wassiljewna, Miss Welsh und Mlle. Aubert auf dem Bauernwagen zum Baden. Die Pferde bockten, es war unerträglich. Das Wasser war kalt und sauber, vom Regen war der Fluß gestiegen. Lew Nikolajewitsch geht völlig in seiner Arbeit auf, die übrige Welt existiert für ihn nicht. Wie ich mein ganzes Leben lang neben ihm einsam war, so auch jetzt. Er braucht mich nachts, und nicht tags, und das ist traurig, und unwillkürlich fehlt mir der liebe Freund und Gesprächspartner vom vorigen Jahr. Lew Nikolajewitsch ritt allein nach Owsjannikowo, dann saß er wieder unten. Ich ging zu ihm, da legte er eine Patience. Als niemand daheim war, spielte ich zwei Beethoven-Sonaten und ein „Lied ohne Worte" von Mendelssohn; damit schließe ich jedesmal mein Spiel ab wie mit einem Gebet. Habe vom Abendessen bis jetzt für Lew Nikolajewitsch abgeschrieben und sehr viel geschafft. Jetzt ist es zwei Uhr nachts, gehe ins Bett.

Ein Brief von Suchotin: seine Frau ist gestorben. Für Lew Nikolajewitsch und mich sind diese Beziehungen zwischen Tanja und Suchotin und ihr Briefwechsel nur schwer zu ertragen.

25. Juni. Habe diese Nacht überhaupt nicht geschlafen, ständig Hitzewallungen, als ob heißer Dampf mich einhüllte. Mache körperlich eine schwierige Zeit durch. Spielte über zwei Stunden Mozart-Sonaten und verschiedene Etüden. Schrieb viel für Lew Nikolajewitsch ab. Sein Aufsatz gefällt mir nicht, und das ist sehr schade. Er hat in seinen Aufsätzen so einen unangenehmen, ja geifernden Ton an sich. Ich habe das Gefühl, als falle er über einen eingebildeten Feind her (und sei es Sergei Iwanowitsch, auf den er so eifersüchtig ist), und als sei es sein einziges Ziel, diesen Feind zu vernichten. War zu Fuß an der Woronka baden, hatte meine stille Freude an der Natur und unterhielt mich nicht einmal mit Marja Wassiljewna. Der Tag verging wie der ganze Sommer – träge und langweilig. Mascha und Kolja kamen zu Besuch, dann noch Nadja Iwanowa. Alles ist trübe – die Menschen, überhaupt alles. Lese ein garstiges französisches Buch – es lag herum, ich nahm es und war über seinen wollüstigen Inhalt entsetzt. Schon allein der Titel: „Aphrodite".[17] Wie lasterhaft die

Franzosen doch sind! Allerdings kann man die Schönheit des weiblichen Körpers, und damit auch des eigenen, gut beurteilen, wenn man dieses Buch gelesen hat.

Es ist ein großes Glück, wenn eine schöne Frau sich bis ins Alter hinein in Unwissenheit über ihre Schönheit befindet, besonders über die ihres Körpers, das bewahrt ihr moralische Reinheit und Frische. Solche Bücher aber sind verderblich.

26. Juni. Hitze, Heumahd, heftige Kopfschmerzen. War morgens mit Nadja Iwanowa baden und sagte zu ihr, tief in jedes Menschen Seele stecke der Motor seines Lebens. Bei den Männern sei es das Streben nach Ruhm und Erwerb, bei manchen die Kunst und die Wissenschaft als solche; für die Frauen sei das wichtigste die Liebe, manchmal Fanatismus. In Schamordino hat eine Nonne Apfelsinenkerne, die Vater Amwrossi ausspuckte, eingepflanzt und zwei Bäumchen daraus gezüchtet. Sie betet diese beiden Bäumchen an, sie sind ihr Lebensinhalt; dabei ist sie von adliger Herkunft und hat studiert. M. A. Schmidt vergöttert Lew Nikolajewitsch. Dieser wiederum liebt nichts so sehr wie den Ruhm usw.

Spielte nach dem Essen mit Miss Welsh, will Beethovens Es-Dur-Sonate einstudieren. Mit Miss Welsh war das Spielen ein Vergnügen. Tanja und Sascha fuhren nach Tula. Morgen fahre ich mit Sascha zu Serjoscha und Ilja. Schrieb den ganzen Abend für Lew Nikolajewitsch ab. Ihn habe ich, wie immer, fast nicht zu Gesicht bekommen. Er fuhr mit dem Fahrrad nach Tula, gab es zur Reparatur und kehrte teils zu Fuß, teils auf Fuhrwerken zurück. Mein Befinden wird immer schlechter.

30. Juni. Kam gestern abend von Serjoscha und Iljuscha zurück, wo ich mit Sascha war; wollte mit Serjoscha den 28., seinen Geburtstag verbringen, damit er gerade an diesem Tag seine Einsamkeit nicht so zu spüren bekäme. Er dauert mich sehr, und es rührt mich, daß sein Unglück ihn milder werden ließ: er ist still, niedergeschlagen und den Menschen gegenüber nachsichtiger und herzlicher. Seine wirrköpfige Frau, die ihm davongelaufen ist, erwartet die Geburt seines Kindes, und ihr Herz aus Eis hat sich noch kein einziges Mal ihres Mannes erbarmt, der vor ihr keinerlei Schuld trägt. Iljas Leben wie auch er selbst machten einen freudlosen Eindruck auf mich: vier wundervolle Kinder (vor allem Mischa) – doch was für Ideale wird der Vater ihnen mitgeben? Was bewegt ihn? Pferde, Hunde, wie die Jagdhunde das Wild hetzten, ob sie Meister Reineke auch aufgespürt haben ... Und dann bei jeder passenden Gelegenheit eine Zecherei mit Gott weiß was für Gesindel – weiter nichts. Wenn er sich nicht ändert, wird es mit den Kindern ein böses Ende nehmen. Sonja, seine Frau, ahnt das dunkel, sie tut mir leid. Sie strengt sich an, aus all dem herauszukommen, arbeitet viel – doch er ist ihr in nichts eine Hilfe, und allein wird sie mit dem Leben und der Erziehung der Kinder nicht fertig.

Bei Serjoscha in Nikolskoje: ein herrlicher Spaziergang durch eine malerische Landschaft, Gäste, Gespräche mit Serjoscha über Musiktheorie; er teilte mir einiges von seinen Kenntnissen mit und gab mir musikalische Broschüren und Lehrbücher zu lesen. Freute mich, einen Tag mit Warja Nagornowa verbringen zu können. Las im Zug ein gräßliches Buch: „Les Demi-Vierges" von Prévost[18]; empfand Scham und jenes fast körperliche Unbehagen, das mich immer befällt, wenn ich ein schmutziges Buch lese. Wie schrecklich, wenn in der Liebe die Reinheit fehlt, und wie läuft doch selbst die erhabenste Liebe letztlich stets auf dasselbe hinaus: den Wunsch, die Frau zu besitzen. An dem französischen Buch ist jedoch nicht so widerlich, daß Frauen zu Fall kommen, sondern diese halbe Unzucht, d. h. *alles* geschieht, außer dem allerletzten Schritt, und das ist das schlimmste.

Auf dem Rückweg traf ich Tanja in Koslowka; sie fuhr zu den Olsufjews, und ich bin froh, daß sie wenigstens eine Zeitlang aus der niedergedrückten Stimmung herausgeholt wird, in die sie unter dem Einfluß Suchotins geraten ist, sich ein wenig zerstreut und anständige Leute trifft.

Zu Hause fand ich Mischa mit sehr starker Ruhr vor, kein Mensch hatte sich um ihn gekümmert: Mascha war mit ihrem jungen Ehemann beschäftigt, Tanja mit der Abreise, und der Vater – längst schon haben meine Kinder keinen Vater mehr.

Lew Nikolajewitsch selbst ist sehr unfreundlich und mißvergnügt, und ich bin sehr betrübt, daß ich immer wieder erleben muß, wie gleichgültig er mir und meinem Leben gegenüber ist, wenn ich daheim sitze und niemanden sehe, und daß er, damit er mich bemerkt und schätzt, die Gefahr braucht, meine Liebe zu verlieren oder – sei es auch auf die reinste und unschuldigste Weise – sie mit einem anderen Mann teilen zu müssen. Als ob das in meiner Seele die Zuneigung zu anderen auslöschen oder die zu ihm verstärken könnte, wenn ich niemanden sehe!

Das einzig Angenehme am ganzen heutigen Tag war ein Gespräch mit Turkin. Wir sprachen über die Erziehung und den Charakter von Kindern und über Rousseaus „Emile".[19] Dann noch über Reisen, er erzählte mir von der Krim. Habe viel genäht, doch der Tag war irgendwie leer. Seit heute früh gießt es in Strömen, und nichts macht Freude.

2. Juli. Habe gestern nichts eingetragen. Lew Nikolajewitsch hatte eine Magen-Galle-Kolik. Ich schrieb gerade seinen Aufsatz ab, als Mischa erschrocken angerannt kam und sagte: „Papa schreit und stöhnt vor Schmerz." Ich ging hinunter, da saß er ganz zusammengekrümmt und stöhnte, der Schweiß lief ihm in Strömen herunter, ich mußte ihm gleich das Hemd wechseln. Mascha, Mischa und ich unternahmen sofort etwas: heiße Umschläge mit Leinsamen, Soda, Rhabarber. Nichts half; alles, was er einnahm, führte zum Erbrechen, und das verursachte unerträgliche Schmerzen. Er schlief die ganze Nacht nicht, die Schmerzen hielten an, und ich bekam nachts auf einmal Angst um sein Leben. Ich spürte, wie schrecklich einsam ich plötzlich ohne ihn wäre; zwar leide ich häufig darunter, daß er mich körperlich mehr liebt als geistig, aber wenn ich seine beständige Teilnahme nicht mehr hätte, würde ich nicht mehr leben mögen. Heute legte ich ihm eine Kompresse auf, da strich er mir über die Haare, und als ich fertig war, küßte er mir die Hände und verfolgte mich die ganze Zeit mit den Augen, während ich aufräumte oder in seinem Zimmer ihm etwas zubereitete.

Heute war Doktor Rudnew da, er fand Lew Nikolajewitschs Organismus sehr widerstandsfähig; seine Erkrankung ist ein akuter Magen-Galle-Katarrh ohne jegliche Gefahr. Es wird schwer sein, Lew Nikolajewitsch Diät halten zu lassen. Krank geworden ist er auch von den Gurken und Radieschen, die er aß, obwohl ich ihn bat, es nicht zu tun, da eine Epidemie umgeht und er sowieso schon Magenweh hatte. Mischa ist auch noch nicht auf dem Damm: er hat immer noch Ruhr. Er ist sehr still, kindlich und lieb in seinem Zustand. War baden, es ist warm, feucht, eine herrliche Mondnacht – das Schicksal will es nun mal, daß anstelle von Spaziergängen,

Naturschönheit, Musik, von allem, was das Leben versüßt, ich mich mit Kompressen abgeben und gegen den Schlaf ankämpfen muß, gegen das Verlangen nach den Freuden der Natur usw. Las Lew Nikolajewitsch eine dumme Geschichte aus dem „Nowoje wremja" vor,[20] und ich selbst beendete den Roman „Les Demi-Vierges".

3. Juli. Lew Nikolajewitsch geht es heute besser, die Schmerzen sind vorbei, der Magen funktioniert, und mir ist ein Stein vom Herzen gefallen. Den ganzen Tag lag er aber noch im Bett. Ein junger Mann besuchte ihn, ein Sektierer, und er unterhielt sich lange mit ihm.[21] Wie alle Sektierer ist auch dieser sehr einseitig und engstirnig, doch er hat viel gelesen und interessiert sich für hochgeistige Probleme und die Gedanken der Weisen. In den Ausgaben von „Posrednik" hat er Epiktet, Plato, Marc Aurel u. a. gelesen.

Bin heute aus meinem Schlafzimmer, wo ich fast 35 Jahre geschlafen habe, in Maschas Zimmer umgezogen. Ich wollte größere Abgeschiedenheit, auch war es in meinem Zimmer sehr heiß, und ich habe sowieso ständig Atembeschwerden und den ganzen Tag Schweißausbrüche. War abends allein zum Baden an der Woronka. Turkin kam mir dann entgegen; er dachte, allein hätte ich unterwegs Angst. Abends saßen alle zusammen auf dem Balkon, es war heiß, ein ungewöhnlich schöner Mond. Mascha und Kolja sind nach Owsjannikowo gefahren.

Morgens gab ich Sascha ein wenig Unterricht. Sie hat sich gebessert; ich hatte ihr gedroht, sie in ein Internat zu stecken. Mischa lernt, ist sehr umgänglich, schlägt aber manchmal über die Stränge, und das jagt mir Furcht ein: mit dem Gewehr löscht er Kerzen aus, Beerenschnaps will er ansetzen, und auf dem Klavier hämmert er Akkorde und gröhlt dazu laut, dumm und unschön. Vielleicht ist er noch jung und bekommt erst mit der Zeit Manieren und Zartgefühl. Erhielt einen kurzen, kühlen Brief von Sergei Iwanowitsch, er kommt am Sonntag. Habe es Lew Nikolajewitsch noch nicht gesagt, fürchte, ihn zu verstimmen. Ob er wohl wieder eifersüchtig wird? Eine peinigende Vermutung, und vor allem, Lew Nikolajewitsch ist krank, ich fürchte sehr, ihm etwas anzuhaben. Wenn Sergei Iwanowitsch das wüßte, wie würde er sich wundern! Dennoch kann ich das freudige Gefühl nicht unterdrücken, daß ich

Musik hören und einen angenehmen, fröhlichen und anständigen Gesprächspartner haben werde. Er hat Romanzen für Tanja komponiert, sicher liebt er sie sehr.

4. Juli. Allen geht es besser, aber es gab wieder Unannehmlichkeiten. Mischa erwähnte beim Mittagessen Sergei Iwanowitschs Kommen, Lew Nikolajewitsch lief ganz rot an und sagte: „Das habe ich nicht gewußt." Nach dem Essen dann wieder ein bedrückendes Gespräch, der Vorwurf, ich sagte die Unwahrheit, und die Forderung, meine angeblich so besonderen Gefühle für Sergei Iwanowitsch mit der Wurzel auszurotten oder jegliche Beziehung abzubrechen. Das eine wie das andere ist dumm. Wenn Gefühle einmal existieren, so steht es in niemandes Macht, sie *mit der Wurzel auszurotten.* Nur *Handlungen* stehen in unserer Macht, und in dieser Hinsicht kann man mir nicht den geringsten Vorwurf machen, so gehässig man auch einen Anhaltspunkt suchen wollte. Jegliche Beziehung zu einem anständigen, taktvollen und guten Menschen abzubrechen, das hieße, ihn ohne allen Grund zu beleidigen und die eigene Frau auch ohne allen Grund zu kompromittieren – von *Schuld* einmal ganz zu schweigen.

Spielte heute etwa vier Stunden lang und schwelgte in Mozarts Musik. War spät abends mit Miss Welsh beim Baden. Pomeranzew ist eingetroffen; auch über ihn hat man sich schmählichst ausgelassen – er ist ein Schüler von Sergei Iwanowitsch.

Gewitter und Regen.

5. Juli. Weder meine Zärtlichkeiten noch meine liebevolle Fürsorge und meine Geduld vor Lew Nikolajewitschs groben und ungerechten Vorwürfen können seine Gereiztheit wegen Sergei Iwanowitschs Kommen mildern. Jetzt habe ich beschlossen zu schweigen. Diese Sache habe ich nur mit mir selbst, mit Gott und meinem Gewissen auszumachen. Pomeranzew und Muromzewa sind zu Gast. Verbrachte den ganzen Tag müßig, in Gesprächen. Muromzewa ist ein begabtes Wesen und begreift deshalb vieles, wenn nicht mit dem Verstand, so durch ihr Fingerspitzengefühl.

Lew Nikolajewitsch ließ sich vor Pomeranzew, Muromzewa und Mischa über die Kunst aus, lehnte Wagner, die neue Musik, Beethovens letzte Werke u. a. ab. Seine Dispute und Beweisführungen sind stets von einer solchen Gereiztheit begleitet, daß ich nicht zuhören kann und weggehe.

6. Juli. Morgens eine Unterhaltung mit Muromzewa, dann fuhren wir baden. Eine Hitze wie noch nie, ich liebe das. Auf dem Rückweg begegneten wir beim Wald Sergei Iwanowitsch und Juscha, sie gingen, wie im letzten Jahr, zum Baden. Daheim sah ich nach Lew Nikolajewitsch. Er war böse und eifersüchtig, und selbst die sanftesten und freundlichsten Worte konnten ihn nicht besänftigen.

Muromzewa ist abgefahren. Im Bauernwagen drängte sie sich widerlich an Sergei Iwanowitsch, und ich lernte sie von einer anderen, unschönen Seite kennen.

Mitja Djakow ist gekommen, alle Jungen sind zum Reigen ins Dorf. Tanja ist zurück, sie ist lieb und angenehm. Sergei Iwanowitsch aß nichts zu Abend und sagte, er habe Kopfschmerzen. Gott bewahre, daß er etwas bemerkt!

10. Juli. Mußte Schweres, sehr Schweres durchmachen. Was ich so schrecklich bei Tanja befürchtete, ist zur Gewißheit geworden. Sie ist in Suchotin verliebt und hat mit ihm über die Heirat gesprochen. Zufällig und wie von selbst kamen wir beide auf das Thema. Sie wollte sich offenbar aussprechen, hatte das Bedürfnis danach. Sie geht zugrunde und sucht eine Rettung. Mit Lew Nikolajewitsch führte sie auch ein Gespräch. Als ich ihm die Neuigkeit mitteilte, brachte sie ihn ganz aus der Fassung, er war gleich ganz geknickt, betrübt – eigentlich nicht betrübt, sondern verzweifelt. Tanja hat in diesen Tagen viel geweint, doch ich glaube, es ist ihr bewußt geworden, daß es ihr Unglück wäre, und sie hat ihm eine abschlägige Antwort geschickt.

Die Beziehung zwischen Lew Nikolajewitsch und mir ist wieder in Ordnung.

13. Juli. Heute reiste Sergei Iwanowitsch ab. Alle diese Tage waren friedlich und schön. Sergei Iwanowitsch hat etliche Male gespielt. Das erste Mal, am 10. abends, war Lew Nikolajewitsch zu Tanja gegangen, um mit ihr über Suchotin zu reden, und ich bat Sergei Iwanowitsch, mir eine Mozart-Sonate zu spielen. Wir waren allein im Saal. Er spielte zwei Sonaten – und spielte sie zauberhaft! Danach das wunderbare Andante aus seiner Sinfonie, ich hatte es schon früher in Moskau gehört und liebe es sehr.

Am gleichen Abend, als alle sich zum Tee versammelten, spielte er noch eine Sonate von Chopin. Niemand auf der Welt kann so spielen wie er: edel, gewissenhaft, mit einem Gefühl für Maß, und manchmal scheint er, ganz versunken, sich einer Sehnsucht hinzugeben, und das reißt dann den Zuhörer mit. Am nächsten Tag, dem 11., spielte er wieder: ein Rondo von Beethoven, Mozarts Variationen über „Ah! vous dirai-je maman", dann Schubert, Margaretes Lied aus dem „Faust", eine Ballade und eine Polonaise von Chopin.

Offenbar suchte er das auszuwählen, was Lew Nikolajewitsch liebt. Sein Spiel rührte mich im Innersten auf. Als er die Polonaise zu Ende brachte, konnte ich die Tränen nicht mehr zurückhalten, und es schüttelte mich regelrecht vor unterdrücktem Schluchzen. Gestern, am 12., spielte er erneut die Sonate von Chopin.

Seit heute geht der Sommer zur Neige. Die ganze Woche war mir mit Sergei Iwanowitsch so wohl. Wir fuhren zweimal zur Fabrik der Belgischen Gesellschaft, machten einen Rundgang über Gorelaja Poljana und badeten bei der Brücke. Außerdem waren wir noch beim Bergwerk, auf einem wunderschönen Spaziergang durch den Sasseka-Forst; gestern wanderten wir nach Kotschak und schlugen einen Bogen über Limonnaja possadka. Jeden Tag fuhr die ganze Gesellschaft gemeinsam zum Baden. Gestern und heute habe ich alle photographiert, das gleiche tat auch N. W. Turkin. Meine Photographien sind fast alle gelungen. Habe vielfach Sergei Iwanowitsch aufgenommen, und diesmal war Lew Nikolajewitsch nicht verärgert. Er ist auf einmal milde und gütig geworden, ist gestern geritten und Fahrrad gefahren und zürnt mir nicht mehr. Wofür auch? Was kann an meiner freundschaftlichen Zuneigung zu einem so reinen, gütigen und begabten Freund schlecht sein? Wie schade, daß Lew Nikolajewitschs Eifersucht mir diese Beziehung vergällt!

Tanja erhielt eine Antwort von Suchotin, und offensichtlich schreibt er ihr eine Reihe jener banalen, zärtlichen Worte, mit denen er schon so viele Frauen betört hat! Weinte heute mit Mascha über Tanjas wahnsinnige, blinde Liebe.

Andrjuscha kam für eine Stunde aus Moskau. Immer dasselbe! Geld will er haben, und ist schwach, zärtlich und bedauernswert. Abends waren wir baden. Manchmal krampft sich mir das Herz zusammen, wenn ich denke, mit unseren Spaziergängen, der Musik und der stillen, lieben Gesellschaft dieses Menschen könnte es *für immer* vorbei sein. Aber auch hier gilt – alles liegt in Gottes Hand. Ich glaube an Gottes Willen – an seinen *guten* Willen.

Schrieb ein wenig für Lew Nikolajewitsch ab, entwickelte Photographien, sah Marja Alexandrowna nur kurz, was ich bedaure. Bald ist es zwei Uhr nachts, ich sehe schlecht auf dem rechten Auge. Wie schrecklich ist doch – nicht der Tod, ihn begrüße ich – ein sieches Alter!

Pomeranzew hat mir seine Romanzen gewidmet, Tanejew mir seine Duette mitgebracht. Werde mich wieder mit Musik abgeben.

Das Wetter schlägt um; während der Woche war es fürchterlich heiß, heute ist es warm, es regnet ein wenig, gegen Abend Wind.

Was war das für eine wohltuende, lichte und freudige Woche, mit Ausnahme von Tanjas Kummer!

14. Juli. Habe von morgens an den ganzen Tag Photographien entwickelt, Abzüge gemacht und jedem geholfen, der mich um etwas bat. Hier mein Porträt[22], habe mich und Tanja aus einem nicht gelungenen Gruppenbild herausgeschnitten. Allerdings sagt man, ich sähe jünger aus als auf diesem Bild, das kommt daher, weil ich einen frischen Teint habe. Waren zu Fuß beim Baden; Nordwind und klarer Himmel. Abends war ich müde. Lew Nikolajewitsch forderte mich zu einem Spaziergang auf, worüber ich mich sehr freute. Mischa fing heute auf einmal an, mir offen und hitzig zu erzählen, was für Schwierigkeiten ihm die geschlechtliche Erregung bereite, daß er sich sogar krank fühle, gern rein bleiben würde, aber fürchte, nicht standhalten zu können. Meine armen Jungen! Der Vater fehlt ihnen, und was kann ich ihnen in solchen Dingen raten? Über dieses Gebiet des männlichen Lebens weiß ich nichts. Tanja war in Tula. Lew Nikolajewitsch ist fröhlich, er erzählte, wie er in Tula zufällig in einen Kreis von Fahrrad-Liebhabern geriet, und die ganze Unterhaltung drehte sich nur um Fahrradrennen und alles, was mit dem Fahrrad zusammenhängt. Selbst das interessiert ihn noch! Fühle mich träge, schrieb Ljowa einen Brief, beantwortete verschiedene Geschäftsbriefe, zahlte Lohn aus, verbuchte Rechnungen und schrieb für Lew Nikolajewitsch einige Seiten von „Über die Kunst“ ab. Suche mich aufzumuntern und bin fieberhaft tätig. Schrieb dann noch einmal für Lew Nikolajewitsch bis drei Uhr in der Nacht ab.

15. Juli. Stand spät auf, machte Abzüge, fuhr mit Sascha und den

Gouvernanten zum Baden. Machte dann wieder Abzüge, unterrichtete Sascha, die Stunde verlief heute sehr gut; ich gab ihr einen Aufsatz über den *Wald* auf, und dazu lasen wir verschiedene Abschnitte von Turgenew und anderen Schriftstellern, die den Wald beschreiben. Ich wies sie auf Schönheiten bei der Schilderung von Details hin, wo die Autoren sich auf *unmittelbare* und nicht *erfundene* Eindrücke stützen. Sascha scheint alles verstanden zu haben. Korrigierte ihre Übersetzung aus dem Englischen, ein Bericht über die antiken Philosophen, und fragte sie die Geographie Amerikas ab.

Nach dem Tee gingen wir alle zu Fuß nach Owsjannikowo. Ein schwedischer Student ist bei uns zu Gast, ein netter Junge.[23] Nikolai Wassiljewitsch Turkin photographierte unterwegs die verschiedensten Motive – Schafe, die Bahnstation, wie wir mit unseren Pferden Halt machen. Wäre schön, wenn etwas dabei herauskäme! Wir blieben eine Weile bei Mascha und kehrten mit dem Bauernwagen zurück. Flammend rot ging die Sonne unter, dabei war es frisch und schön, der Himmel hellblau. Lew Nikolajewitsch und der Schwede kehrten zu Pferd zurück. Lew Nikolajewitsch verblüffte mich heute, abends trank er acht Tassen Tee, und das nach einem ganzen Topf Herkules-Haferbrei, einem ganzen Teller Vinaigrette-Salat und dem Kompott.

Jetzt ist es zwei Uhr nachts, und ich schreibe immer noch ab. Eine entsetzlich langweilige und schwere Arbeit, weil das, was ich heute abschreibe, von Lew Nikolajewitsch morgen wahrscheinlich durchgestrichen und umgeschrieben wird. Es ist erstaunlich, wieviel Geduld und Arbeitseifer er hat!

Dachte heute viel über Sergei Iwanowitsch nach, da ich mit Nikolai Wassiljewitsch über ihn gesprochen hatte und der schwedische Student, der S. I. aus Moskau kennt, sich begeistert über ihn äußerte. Er hat etwas an sich, was alle lieben. Ich kann gelassen an ihn denken; das ist immer so, wenn ich ihn wiedergesehen habe. Aber er fehlt mir ständig, vor allem in dieser Sommerzeit.

Habe leidenschaftliche Sehnsucht nach Musik, möchte wenigstens selbst spielen. Aber dann habe ich keine Zeit, dann ist Lew Nikolajewitsch am Arbeiten, dann wieder schläft er – und alles stört ihn. Ohne eine individuelle Freude – und die finde ich jetzt in der Musik – ist das Leben langweilig. Rede mir ein, *Pflicht*erfüllung bringe Freude, und zwinge mich, abzuschreiben und alles zu tun, was meine *Pflicht* ausmacht, aber manchmal erlahmt der Wille, dann habe ich Sehnsucht nach individueller Freude, einem Privatleben, *eigener* Arbeit, und nicht der Arbeit an fremden Arbeiten, wie es mein Leben lang war – und dann werde ich schwach, und es geht mir schlecht.

16. Juli. Spät aufgestanden, hatte gestern bis drei Uhr nachts abgeschrieben. Und dann morgens wieder bis zum Mittagessen. Dann schaute ich nach, wie die Apfelbäume gepfropft werden, schritt mit dem Gärtner die Pflanzungen ab und traf verschiedene nützliche Anordnungen. Sammelte noch Täublinge, und auf dem Heimweg traf ich den Mann, der unsere Apfelbäume gepachtet hat; schrie ihn auf peinliche Weise an, warum er die Bäume nicht abgestützt habe, bei einer großen Zahl von Apfelbäumen waren Äste abgebrochen ... Wollte beim Landeshauptmann eine Beschwerde einreichen und tat es dann doch nicht. Danach gingen wir baden. War den ganzen Tag tätig und munter, doch auf einmal überflutete mich eine Welle so schlimmer Verzweiflung, daß ich entsetzt war. Man muß im Leben immer rüstig voranschreiten, ohne zurückzuschauen, ohne Bedauern und mit dem festen Glauben, der Herrgott werde alles zum besten wenden. Ging durch den Wald nach Hause, betete die ganze Zeit inständig, von ganzem Herzen, und empfahl mich dem Willen und der Gnade des Herrn.

Den ganzen Abend klebte ich Photographien auf, morgen werde ich sie alle verschenken; soviel Mühe werde ich nicht noch einmal an das Photographieren verschwenden. Habe heute achtzig Stück aufgeklebt.

Mischas Lehrer Turkin ist abgereist; schade, er war ein wunderbarer Mensch und Pädagoge. Draußen ist es warm, klar, ein herrlicher Sommer. Lew Nikolajewitsch sitzt unentwegt in seinem Kabinett, schreibt den Aufsatz, Briefe, liest, fährt mit dem Fahrrad zum Baden. Alles läßt ihn vollkommen gleichgültig.

17. Juli. Schreibe weiterhin ab und mache Abzüge von den Photographien. Habe heute alle weggegeben und will eine Weile mit dem Photographieren aussetzen. Wir waren baden, nach dem Essen kamen die Schenschins, unsere Nachbarn aus Sudakowo, und wir machten einen Spaziergang über die Schonung und zur Badestelle. Ein herrlicher, klarer Abend, ein dunkelroter Sonnenuntergang; Tanja ist traurig, Ljowotschka irgendwie fremd – und mir ist schwer ums Herz. Mischa war bei der Taufe von der Tochter des Lakaien Iwan. Sascha kochte Marmelade für Mascha, schrieb einen Aufsatz, lacht den ganzen Tag, ist dick und rotbackig und zu allen frech. Mascha und Kolja waren hier und spielten Tennis.

Enkelin Annotschka ist mit ihrer russischen Lehrerin eingetroffen. Morgen kommt Sonja mit den drei Jungen, am Samstag Ilja. Sie fliehen alle von Iljas Gut, weil in ihrem Haus die Nachbarn zusammenkommen und ein Zechgelage veranstalten. Ich liebe Sonja und muß sie loben, daß sie alles Unschickliche und Unsittliche von Ilja und der Familie fernzuhalten sucht. Freue mich auf die Enkel, besonders auf Mischa. Heute hatte ich so gehofft, den Tag allein verbringen zu können, zu schreiben, zu spielen, zu lesen – da schneiten die Gäste herein, und nun steht noch Iljas Familie ins Haus, und die Enkel werden meine Zeit in Beschlag nehmen. Habe ein langes Kapitel von über 50 Seiten abgeschrieben. Eine schwierige, langweilige Arbeit. Na, meinetwegen! Muß bis zum Ende meine *Pflicht* im Leben erfüllen. Freude habe ich wenig gehabt, und jetzt immer weniger.

18. Juli. Schon der 18. Juli! Weiß nicht, was ich lieber möchte: daß die Zeit verfliegt oder stehenbleibt. Gar nichts möchte ich! Tanja saß heute im Saal im Sessel und weinte bitterlich; Marja Alexandrowna und ich kamen dazu und fingen auch zu weinen an. Die Arme! Ihre Liebe ist nicht fröhlich, nicht wagemutig wie bei jungen Leuten, die an die Zukunft glauben in dem Gefühl, alles sei möglich, alles liege noch vor ihnen! Sie ist schmerzlich verliebt in einen alten – er ist 48, sie wird 33! – und schwachen Mann! Ich kennen dieses *schmerzliche* Gefühl, wenn die Liebe die Welt nicht licht, sondern düster macht, wenn sie etwas *Übles* ist, *nicht sein sollte* – doch die Kraft nicht ausreicht, um etwas dagegen zu unternehmen. Gott stehe uns bei!

Schwiegertochter Sonja mit allen meinen Enkeln ist eingetroffen. Habe große Freude an ihnen, doch – mein Leben können sie leider nicht ausfüllen, meine ganze Liebe zu *Kindern* habe ich bis auf den Grund an meine eigenen verausgabt, *das* kann mir nichts mehr geben. Alle sind nach Owsjannikowo gefahren, die drei kleinen Jungen schlafen, ich habe Klavier geübt, doch da kamen die Obolenskis mit dem jungen Grafen Scheremetew und störten mich. Immer werde ich gestört, und das ist sehr verdrießlich.

Lew Nikolajewitsch und ich haben heute Magenbeschwerden und sind schon deshalb in schlechter Verfassung. Habe viel Geschäftliches erledigt: dem Gutsverwalter in Samara geschrieben, Zeitungsannoncen für die neue Ausgabe entworfen, eine Eingabe an den Landeshauptmann wegen der Schädigung der Apfelbäume verfaßt, für Ljowa Bücher aufgegeben, Geschäftspapiere und Pässe nach Moskau geschickt, nach Berlin an Löwenfeld einen Antwortbrief geschrieben, mir für meine morgigen Besorgungen in Tula Notizen gemacht usw. usw. All dies muß sein, doch – wie langweilig, wie langweilig! Lew Nikolajewitsch hat morgens geschrieben, seither liegt er in seinem Kabinett auf dem Diwan und liest. An den Enkeln hat er keine Freude, wie auch an seinen eigenen Kindern. Er braucht im Grunde niemanden; um ihn herum aber verteidigt ein jeder sein Recht auf Leben, Bewegung, auf seine eigenen, privaten Interessen ...

20. Juli. Habe gestern nichts eingetragen, plagte mich mit den Enkeln ab, dann bis in die Nacht hinein mit mißglückten Photographien. Schlief wenig und schlecht. Heute ist ein Unglückstag. Sascha hatte Annotschka versehentlich den Finger eingeklemmt, darauf fiel Tanja über sie her, und Sascha war so in Tränen aufgelöst, daß sie nicht zum Mittagessen kam. Mich verdroß, daß sie uns an Iljas Namenstag das Essen verdarb; ich schrie sie an und befahl ihr zu kommen; das tat sie dann auch, heulte aber während der ganzen Mahlzeit und aß nichts. Mir ging durch den Sinn, wie der empfindsame Wanetschka dabei gelitten hätte, er konnte es nicht ertragen, wenn jemand Kummer hatte; und das machte mich furchtbar traurig. Sascha tat mir kaum leid, denn als sie sich vor dem Essen ankleidete, sprang sie die ganze Zeit übel mit der Kinderfrau um, ich hörte es im übernächsten Zimmer.

Immer dasselbe: wir fuhren zum Baden, und ich schrieb emsig ab. Lew Nikolajewitsch gegenüber empfinde ich stille Zärtlichkeit; wenn ich Schwierigkeiten oder Kummer habe, flüchte ich mich doch stets zu ihm, suche Unterstützung und Trost – obwohl ich weiß, daß er selten reagiert und noch seltener hilft. Du lieber Himmel, wieviel schwere Herzens- und Familienprobleme habe ich allein durchstehen und selbst lösen müssen!

Heute zum Beispiel – von Andrjuscha ein Telegramm: „Um Gottes willen, schicke 300 Rubel." Was tun? Alle beratschlagten und beschlossen, nichts zu schicken; Iljuscha bot sich an, morgen nach Moskau zu Andrjuscha ins Feldlager zu fahren. Bin ihm sehr dankbar.

Noch ein Unglück: Mischas sympathischer Lehrer N. P. Turkin kann den Unterricht leider nicht weiterführen. Beide Sabanejews, er und sie, sind krank, somit muß er sich um die Familie und die Zeitschrift „Priroda i ochota" kümmern. Wie ungünstig für Mischa! Das könnte sich nachteilig auf seine Aufnahmeprüfung für die 7. Klasse auswirken. Allein tut er gar nichts, und wie sollen wir jetzt noch an einen Lehrer kommen!

Abends versuchten wir uns an den Duetten und Romanzen von Tanejew, dabei kam aber nichts heraus. Sie sind schwierig, muß erst üben.

Eine schreckliche Hitze, 43 Grad in der Sonne, im Schatten 30. Habe Iljuschas Familie gern um mich, und ich bin der lieben Sonja dankbar, daß sie gekommen ist und alle mitgebracht hat. Wie gut und *echt* sie doch in allem ist – eine *richtige* Frau, eine *richtige* Mutter!

Tanja hat gestern und vorgestern geweint, heute scheint sie sich beruhigt zu haben.

Habe gestern und heute je eine Stunde gespielt. Um voranzukommen, ist das viel zu wenig! Ist nur gut für die Nerven und zur Zerstreuung.

21. Juli. Träumte gestern von Wanetschka, wie er abgemagert dalag und mir sein bleiches Händchen entgegenstreckte; heute träumte ich von Sergei Iwanowitsch, auch er lag da und streckte mir lächelnd seine Hände entgegen.

Mascha sagte mir, es habe Ilja sehr verdrossen, daß in Kiew bei meiner Schwester Tanja, bei den Filossofows und überall von meiner Zuneigung zu Sergei Iwanowitsch geredet wurde. Wie merkwürdig ist es doch um die Meinung der Gesellschaft bestellt! Jemanden *lieben* ist etwas Schlechtes. Mich aber verdrießt oder verwirrt dieses Gerede überhaupt nicht. Ich freue mich sogar und bin stolz, daß mein Name mit einem so wunderbaren, moralisch hochstehenden und begabten Menschen in Verbindung gebracht wird. Mein Gewissen ist ruhig; vor Gott, meinem Mann und den Kindern bin ich unschuldig wie ein neugeborenes Kind, und zwar an Körper wie an Seele, sogar in meinen Absichten. Ich weiß, mehr und stärker als Lew Nikolajewitsch habe ich nie jemanden geliebt und kann es auch gar nicht. Ich freue mich jedesmal, wenn ich ihn irgendwo unerwartet erblicke, ich liebe seine Gestalt, seine Augen, sein Lächeln, was er sagt, wobei man nie etwas Vulgäres zu hören bekommt (außer im Zorn, aber das wollen wir vergessen), und sein ewiges Streben nach Vervollkommnung.

Mischa und Mitja Djakow sind nach Poltawa zu den Danilewskis abgereist, Ilja nach Moskau zu Andrjuscha, Mascha und Kolja Obolenski zu Verwandten.

Waren baden, ich habe wieder Gruppenbilder aufgenommen, im Bauernwagen und im Wasser. Machte Abzüge von den gestrigen Photographien und schrieb volle drei Stunden für Lew Nikolajewitsch ab. Es stürmt, weht ganze Staubsäulen auf; entferntes Donnergrollen, und irgendwo in der Nähe Sturmgeläute wegen eines Brandes. Die Hitze war drückend, 28 Grad im Schatten, in der Sonne 43, in den Räumen 20,5.

Tanja ist blaß, nicht ganz wohlauf, und – mein Gott! – wie tut sie mir leid, wie liebe ich sie! Möchte sie am liebsten umarmen und packen und weit forttragen, irgendwohin. Ach, ihr meine Ältesten, meine Lieblingskinder, Serjoscha und Tanja, wieviel Liebe, Sorgen und Träume haben wir an euch verwandt – aber der Herr hat sich eurer nicht erbarmt! Wenig Glück ist ihnen zuteil geworden.

22. Juli. Wieder eine Nacht am Bett des erkrankten Lew Nikolajewitsch. Mitten in der Nacht bekam er einen choleraähnlichen Anfall: vier Stunden lang mußte er sich unentwegt übergeben. Starke Schmerzen hatte er aber nicht, und gegen Morgen klangen die Beschwerden ab. Gestern hatte er eine unglaubliche Menge gebackener Kartoffeln gegessen, trotz seines Magenwehs Kwas getrunken, und vorgestern hatte er Emser Wasser getrunken und dazu einen Pfirsich gegessen. Daß Lew Nikolajewitsch so gar keine hygienischen Kenntnisse besitzt, das ist, bei seinem Verstand, nicht zu fassen.

Serjoscha ist hier, spielte schön Klavier. Ich lebe wie ein Automat: gehe, esse, schlafe, bade, schreibe ab … Habe kein Privatleben, kann nicht lesen, nicht spielen, nicht nachdenken – und so war es immer. Ist das überhaupt ein Leben? Hélas, la plus grande partie de notre vie n'est pas vie, mais *durée*. Eigentlich lebe ich gar nicht – je dure.

Serjoscha sagte heute: „Mamá wird immer kindischer, ich werde ihr eine Puppe schenken, meinetwegen auch noch ein Puppengeschirr dazu." Komisch, was er da gesagt hat, aber mein Kindischwerden ist gar nicht komisch, eher sehr tragisch. Ich hatte nie die Zeit, mich selbständig mit irgend etwas zu beschäftigen, nie die Zeit, mich mit *mir* zu beschäftigen. Meine Kräfte und meine Zeit mußten stets für das herhalten, was die Familie – Mann oder Kinder – jeweils gerade von mir verlangten. Und nun bin ich auf einmal alt, habe alle meine geistigen, seelischen und körperlichen Kräfte für die Familie verausgabt und bin, wie Serjoscha sagt, ein Kind geblieben. Nach all der Plackerei für die Familie kann ich nur die Hände ringen, daß ich keine bessere Bildung habe, in keiner der Künste bewandert bin, wenig Menschen kennengelernt und wenig von ihnen gelernt habe – doch zu spät.

Das Wetter ist umgeschlagen: Wind, der Himmel trüb. Schrieb einen Brief an Turkin und ein ganzes Kapitel von Lew Nikolajewitschs „Über die Kunst" ab. Ein weiterer Lebenstag ist vorüber. Lew Nikolajewitsch ging es gegen Abend besser, er sitzt im Saal und spielt mit Sohn Serjoscha Schach.

23. Juli. Morgens die Ankunft von Ilja und Andrjuscha sowie Mischas neuem Lehrer Sobolew, der für Turkin eingesprungen ist. Wie ist es doch um Turkin schade! Er war so lebhaft und ungezwungen, ein leidenschaftlicher Chemiker, sprach mit Serjoscha viel über die Universität und die Chemie. Andrjuscha hat wieder einiges bei den Zigeunern verjubelt, sich 300 Rubel geliehen und ist mir wegen seines liederlichen Lebenswandels sehr zuwider. Was soll aus ihm bloß noch werden! Er ist schon sehr mißraten, und vor allem trinkt er, und wer trinkt, der schreckt vor nichts zurück. Iljuscha kam heute in mein Zimmer und machte mir Vorwürfe, ich hätte mich verändert, würde die Kinder weniger lieben und mich von ihnen zurückziehen. Ich rechtfertigte mich, indem ich ihnen vor Augen hielt (Tanja, Sonja und Andrjuscha waren auch dabei), wie meine Zeit ewig von der Arbeit für die Kinder sowie dem Abschreiben und der Fürsorge für ihren Vater in Anspruch genommen sei, und ich erinnerte sie an jene schlimmen Wochen nach Wanetschkas Geburt: Ljowa stand mitten in der Reifeprüfung, die kleinen Jungen hatten keine Gouvernante, mit meiner schmerzenden Brust stillte ich das schwächliche Kind, außerdem war Frühjahr, dann die Suche nach Lehrern, die Packerei, mein schwacher Zustand nach der Geburt, und Lew Nikolajewitsch war zu Fuß nach Jasnaja Poljana aufgebrochen, hatte mich im Stich gelassen trotz meiner Tränen und Bitten um Hilfe – und so immerfort, wieviel habe ich durchgemacht, wieviel Mühen, schlaflose Nächte, Tränen, Zweifel, wieviele Frühjahre habe ich in der Stadt verbracht, um die Söhne in der Prüfungszeit nicht zu verlassen – und jetzt ernte ich nur Vorwürfe, nichts als Vorwürfe. Ich hörte ihnen zu, rechtfertigte mich, aber dann hielt ich es nicht mehr aus und fing zu weinen an.

Wie sehr die Kinder mir auch Vorwürfe machen mögen – ich werde nie mehr die sein, die ich einmal war. Alles nutzt sich mit der Zeit ab, und so haben sich auch meine mütterlichen, heftigen Gefühle für die Familie abgenutzt. Ich kann und will nicht mehr leiden angesichts ihrer Schwächen, Unzulänglichkeiten und ihres Unglücks. Mit anderen Leuten ist es mir leichter zumute, ich brauche den Umgang mit neuen, gehaltvolleren und ruhigeren Menschen; von diesen Familiengeschichten habe ich *mehr* als genug.

Auch wegen Sergei Iwanowitsch machten sie mir Vorwürfe. Sollen sie doch! Was mir dieser Mensch gegeben hat, bereichert mein Leben. Er hat mir die Welt der Musik eröffnet, von der ich erst durch sein Spiel Freude und Trost empfing. Durch seine Musik erweckte er mich wieder zum Leben, das nach Wanetschkas Tod völlig aus mir geschwunden war. Und in seiner sanften, freudespendenden Gegenwart fand meine Seele Ruhe ... Auch jetzt ist mir jedesmal ruhig und leicht ums Herz, wenn ich ihn wiedersehe. Und sie meinen alle, ich sei verliebt! Wie bei uns doch alles ins Banale gezogen wird! Bei meinem Alter ist solch ein Wort, sind solche Gedanken doch völlig unpassend!

War nach dem Tee mit Lew Nikolajewitsch, Serjoscha, Tanja, Sascha und den Gouvernanten spazieren. Lew Nikolajewitsch unterhielt sich mit Serjoscha in unangenehm gereiztem Ton über die Bedeutung der Wissenschaft. Ich hielt mich abseits, ich kann diesen Ton nicht ertragen, der jeden Moment in einen schlimmen Disput oder sogar Streit überzugehen droht. Serjoscha beherrschte sich jedoch, und so ging alles gut aus. Wieder zu Hause, war es schon dunkel, die Männer spielten Schach, ich las ein wenig. Und den ganzen Tag habe ich abgeschrieben.

Es ist kühl geworden, Nordwind, ohne Regen, gegen Abend klarte es auf. Trotzdem waren wir baden. Zum Spielen komme ich überhaupt nicht, das Leben ist sehr öde. Schnitt den Enkeln die Haare, gab mich abends mit ihnen ab; ich mag sie sehr, meine *Großmutter*gefühle gehen jedoch nicht sehr tief. Mit Kindern muß man sich ganz den dinglichen, irdischen Interessen zuwenden, ich bin davon jedoch weit entfernt, mich interessiert die Welt der Kinder nicht mehr. Hatte genug davon!

24. Juli. Gab morgens Sascha Unterricht, korrigierte ihren Aufsatz *Der Wald.* Dann badeten wir. Nach dem Essen schrieb ich für Lew Nikolajewitsch ab und habe es auch jetzt wieder getan und gerade ein langes Kapitel beendet. Abends spielten alle Tennis: Ilja, Andrjuscha, Lew Nikolajewitsch und Waka Filossofow. Tanja, Sonja und ich schauten dem Spiel zu und paßten auf die drei Enkel Mischa, Andrjuscha und Iljuscha auf, die Kreisel trieben. Lange müßig sitzen mag ich nicht, darum nahm ich mir Säge und Gartenschere und entfernte die trockenen und welken Zweige an der Allee. Der Regen jagte uns alle ins Haus. Davor hatte ich noch den Garten abgeschritten und mir das traurige Werk des schlechten Gärtners angesehen. Zu Hause unterhielt ich mich erst mit Ilja, dann mit Andrjuscha und Waka. Ich führte ihnen eindringlich vor Augen, wie schädlich die Trunksucht ist und riet ihnen nachhaltig, dem Alkohol völlig zu entsagen. Alle Mängel und alle üblen Taten meiner Söhne kommen in erster Linie vom Alkoholgenuß. Tanja war in Tula und kehrte recht ausgelassen zurück; mich macht ihre unfrohe Ausgelassenheit jedoch bekümmert. Sie hat sich von uns entfernt, unsere liebe Tanja – von uns, von sich selbst, vom stillen, glücklichen Leben, und schreitet ins Verderben. Bis zum bitteren Ende? Und ob sie je wieder zurückkehrt? Ach, wie traurig, wie traurig ist alles!

Werde jetzt die „Briefe über die Musik" von A. Rubinstein[24] lesen. Bei Lew Nikolajewitsch sitzt Jarzew, ein *Finsterling*. Offensichtlich langweilt er ihn unsäglich. Außerdem ist er nicht ganz wohlauf, hat ständig Leibschmerzen und fühlt sich schwach. Die ganze Zeit liegt er unten, liest, ist mürrisch und sehr ernst. Tanja macht ihm großen Kummer.

25. Juli. Lew Nikolajewitsch hat immer noch mit dem Magen zu tun und ist deshalb mürrisch, arbeitsunlustig und mißgestimmt; sogar bei mir hat er sich heute wegen etwas entschuldigt. Ich verbrachte den Tag recht müßig. Schrieb Sergei Iwanowitschs Romanze ab, die er in Tanjas Auftrag zu Fets Versen „O welch ein Glück, 's ist Nacht, und wir allein" komponiert hat. Las in A. Rubinsteins „Briefen über die Musik", hätte zu gern gespielt, doch es ergab sich nicht. Abends, nach dem Tee, hatte ich riesige Lust auf einen langen Spaziergang. Tanja und Sonja waren Bootfahren, die Gouvernanten mit Sascha nach Koslowka gefahren. Lew Nikolajewitsch hatte Besuch, ein Student vom Priesterseminar[25], den Annenkowa hergeschickt hat. Als ich Lew Nikolajewitsch dann zum Spazierengehen aufforderte, war der herrliche Sonnenuntergang schon vorbei, es wurde kühl, Lew Nikolajewitsch kam bis zum Dorf mit, doch ihn fröstelte, und so kehrte er allein nach Hause zurück, ich und Sonja gingen noch weiter. Was sind das aber für kurze, gehaltlose Spaziergänge! Wenigstens der lieben Sonja sei Dank, daß sie mich begleitet hat, sie habe ich immer gern um mich. Tanja und ich kauften bei einer alten Frau russische Spitzen. Nach dem Abendessen las Lew Nikolajewitsch uns ein ziemlich dummes französiaches Drama aus der „Revue Blanche"[26] vor. Morgen früh reist Sonja mit den Kindern wieder ab, was ich sehr bedaure. Sie haben überhaupt nicht gestört, sondern viel Freude und Leben mit sich gebracht.

Heute saß ich allein auf dem Balkon und dachte, wie gut ich es doch habe: wie schön Jasnaja Poljana, wie ruhig mein Leben, wie sehr mein Mann mir zugetan ist, wie unabhängig ich finanziell bin – warum bin ich dann nicht vollkommen glücklich? Habe ich mir das selbst zuzuschreiben? Ich kenne sämtliche Gründe für meine seelischen Leiden. Erstens gräme ich mich, weil meine Kinder nicht so glücklich sind, wie ich das gern hätte, und weil ich im Grunde schrecklich einsam bin. An meinem Mann habe ich keinen Freund; zeitweise, und besonders aufs Alter zu, war er mir ein leidenschaftlicher Liebhaber, doch mein Leben lang war ich mit ihm einsam. Er geht nicht mit mir spazieren, da er gern ungestört überdenkt, was er gerade schreibt. Er interessierte sich nicht für meine Kinder – das war ihm langweilig und beschwerlich. Er ist niemals mit mir irgendwohin gefahren, nie sammelten wir gemeinsam neue Eindrücke – das hat er schon früher erlebt und ist überall gewesen. Ich aber brachte fügsam und schweigend mit ihm das ganze Leben zu, ein gleichförmiges, ruhiges, inhaltsleeres und unselbständiges Leben. Und nun steigt häufig ein schmerzliches Bedürfnis nach Kunstgenuß, Natureindrücken, geistiger Entwicklung in mir auf, ein Verlangen nach neuen Kenntnissen und nach dem Umgang mit Menschen – und wieder muß ich alles unterdrücken und schweigend und fügsam den Rest meines Lebens ebenso inhaltsleer und ohne persönliche Interessen verbringen. Dem Schicksal entgeht man nicht. Und mein Schicksal war eben, meinem Schriftstellergatten zu dienen. Auch das hat sein Gutes: so habe ich zumindest einem Menschen gedient, der das Opfer wert war.

Machte einen Krankenbesuch bei einem Jungen, legte ihm eine Kompresse auf den Bauch, gab ihm Arznei, und er ließ bereitwillig alles mit sich geschehen.

26. Juli. Schrieb morgens Noten ab und war baden; sehr kalt und windig. Angereist kamen: der Engländer Maude, Boulanger, Sinowjew und Nadja Fere. Maude ist behäbig und langweilig; Sinowjew lebhaft und voller Talent, doch nicht sehr sympathisch; Boulanger klug, gutmütig und Lew Nikolajewitsch und unserer ganzen Familie äußerst zugetan. Er ist jetzt sehr mit der Herausgabe von Büchern für „Posrednik“ beschäftigt.

Das Gespräch drehte sich um den Tod und die verschiedenen Einstellungen der Menschen zu diesem Thema. Ich selbst habe folgende Einstellung: Längst schon habe ich das Gefühl, als sei meine Seele außerhalb meines Körpers, als habe sie sich von den irdischen Interessen gelöst. Und das hat meinem *geistigen* Ich eine endlose Weite eröffnet, folglich auch Unbegrenztheit und Ewigkeit. Außerdem ist meine Verbindung mit dem göttlichen Ursprung zweifelsohne so fest, daß ich bereits den Weg in mir spüre, über den ich dorthin zurückkehren werde, wovon ich ausgegangen bin. Manchmal erfüllt mich eine große Freude, wenn ich an jenen geheimnisvollen Übergang in andere Sphären denke, wo es sicher *solche* Qualen nicht mehr geben wird, wie ich sie hier erleide. Ich kann mich schlecht ausdrükken, aber ich glaube, wenn ich sterbe, dann werde ich alles überflüssige, alles Schwere *abschütteln*, mir wird leicht, so leicht – und ich fliege davon.

Habe abends lange gespielt. Mit Interesse und Neugier ging ich verschiedene Stellen aus Beethovens Sonaten durch und studierte eine Invention von Bach ein. Bin mit der Lektüre von A. Rubinsteins „Briefen über die Musik" bald zu Ende. Lew Nikolajewitsch ist immer noch nicht ganz wohlauf. Seine vegetarischen Speisen ernähren ihn nicht ausreichend. Er war zu Pferd in Koslowka und unterhielt sich lange mit den Gästen.

Früh am Morgen reiste Sonja mit den Kindern ab. Andrjuscha fuhr zu Bibikow. Ständig verspricht er, nicht mehr zu trinken, dabei hält er es keine zwei Tage ohne eine so dem Trinken verfallene und verderbte Gesellschaft wie diese Bibikows aus. Tanja ist anscheinend ruhiger. Aber wie dünn sie geworden ist! Sascha war mit den Gouvernanten Nüsse suchen. Es ist kühler geworden. Es gibt Unmengen von Äpfeln; es war heute ein schöner Anblick, wie sie gepflückt wurden.

27. Juli. Waren morgens baden: das Wasser hatte 14 Grad, die Luft 11. Sehr kalt. Lew Nikolajewitsch kränkelt immer noch, war aber zu Pferd in Jassenki; Tanja und ich waren, ebenfalls zu Pferd, in Owsjannikowo. Ein klarer Sonnenuntergang, der Mond ging auf – gegen Abend hatte sich das Wetter gebessert, war sehr schön. Ich lebe zur Zeit folgendermaßen: wenn es mir nur jetzt, im Augenblick, gut geht – dann Gott sei Dank. Marja Alexandrowna traf ich sehr erschöpft und sogar niedergeschlagen an. Sie arbeitet zuviel. Sinowjew, Maude und Boulanger sind weiterhin zu Gast. Boulanger führte mit mir ein langes Gespräch; er sagte, wenn ich gemäß Lew Nikolajewitschs Theorie allen Besitz weggegeben hätte, um zu arbeiten, so hätte man uns weder arbeiten noch darben lassen, von überallher wäre uns Geld, Hilfe und Liebe zugekommen.

Wie naiv! Schließlich leben wir ja, schreiben, sind krank, – doch außer mir und den Töchtern hat noch nie jemand beim Schreiben geholfen, den Kranken versorgt oder uns sonst irgendwie unterstützt.

Spielte ein wenig. Übte Bachs Inventionen, versuchte mich an der „Oberon"-Ouvertüre und spielte dann meine Lieblingsstücke:

Rubinsteins „Melodie", Mendelssohns „Lied ohne Worte" und Dawydows „Romanze".

28. Juli. Lebe schlaff und träge, obgleich um mich herum das Leben in vollem Gange ist. Waren baden, Ginzburg und I. Rajewski kamen angereist, abends noch Alexander Wassiljewitsch Zinger. Ginzburg möchte von mir eine Statuette modellieren.[27] Er lobte meine Figur, sagte, ich hätte mich in den sechs Jahren überhaupt nicht verändert. Wozu das? Dennoch kitzelt diese Schmeichelei die Eitelkeit – falls es eine Schmeichelei ist. Alle, auch Lew Nikolajewitsch, spielten Lawn-Tennis, und ich spielte zwei Stunden Klavier – Balsam für meine Seele. Nach dem Tee spazierten wir nach Gorelaja Poljana, überquerten auf einem Balken das Flüßchen und kamen beim Sasseka-Forst auf die Chaussee. Dann saßen wir an der staatlichen Baumschule und kehrten erst nach Hause zurück, als wunderschön ein heller und fast voller Mond aufging. Und im Westen übergoß die Abendröte den klaren Himmel mit einem so herrlichen, zarten Rosa, daß der Blick unaufhörlich zwischen dem Mond und diesem rosa Himmelsstreifen hin und her wanderte, und beides war zauberhaft. Der Engländer Maude hielt es offenbar für seine Pflicht, mich zu begleiten und zu unterhalten; dabei wäre ich so gerne allein gegangen, hätte geschwiegen und nachgedacht ...

Abends spielte ich mit Mischas neuem Lehrer Sobolew vierhändig Mozarts 8. Sinfonie, dann Beethovens Siebte, doch diese nicht bis zum Schluß.

Erhielt einen Brief von Sergei Iwanowitsch. Habe die ganze Zeit darauf gewartet, da ich ihm Photographien geschickt hatte und er sich als höflicher Mensch ja bedanken mußte.

Sprach mit Tanja noch einmal über Suchotin, und wieder tat es sehr weh zu sehen, wie weit es mit ihnen gediehen ist. Lew Nikolajewitsch ist gesund, doch nicht fröhlich. Er hat Tennis gespielt, und jetzt spielt er mit dem Engländer Maude Schach.

Ärgerlich, daß Mischa nicht nach Hause zurückkehrt. Andrjuscha fährt heute nacht wieder zu seinem Regiment.

Von Ljowa ein herzlicher Brief. Er hat Heimweh nach Rußland und bangt um seine Frau, daß sie sich ohne ihre Familie hier nicht wohlfühlen wird. Alles kann man im Leben nicht haben!

29. Juli. Noch ein langweiliger Tag! Was habe ich gemacht?

Morgens Sascha lustlos Unterricht gegeben, dann ging ich baden, das nimmt viel Zeit in Anspruch, erhält aber den Körper frisch, und das ist sehr angenehm. Nach dem Essen schrieb ich Briefe: an Ljowa und Sergei Iwanowitsch. Den Brief an ihn mußte ich zweimal umschreiben, er klang jedesmal ungeschickt. Tanja war heute auf mich böse, weil ich Ljowa von ihrer Geschichte mit Suchotin geschrieben hatte. Mir floß aber damals das Herz über vor Kummer, und da habe ich es meinem Sohn mitgeteilt. Dabei spricht sie selbst mit den Gouvernanten und der Kinderfrau darüber. Außerdem nähte ich heute noch für Lew Nikolajewitsch eine Kappe aus schwarzem Trikot. Machten einen Spaziergang nach Koslowka: ich gab meine Briefe und ein Telegramm an Mischa auf, er solle heimkommen. Abends schrieb ich für Lew Nikolajewitsch ab. Klavier spielte ich nicht, und darum ist mir öde zumute.

Den ganzen Tag war der Engländer Maude hier, dann Fletscher, Redakteur beim „Sewerny westnik“ (beide wollen Lew Nikolajewitsch zur Mitarbeit bewegen, und das ist mir zuwider). Sie waren alle mit auf dem Spaziergang, doch Lew Nikolajewitsch ging mit ihnen weit von uns, den Frauen, entfernt, und darum hörte ich nicht, worüber sie sprachen. Hätte ja doch nichts Neues oder Interessantes erfahren! Habe diese Klügeleien satt, wobei alles umgestürzt und verneint, aber nicht die Wahrheit gesucht wird – das wäre ja gut –, sondern etwas, was die Menschheit noch nicht gehört hat, etwas Neues, Erstaunliches, Ungewöhnliches – und das ist langweilig. Wenn Menschen unter Herzensqualen für sich die Wahrheit suchen, ist das immer ehrenwert und schön, aber um andere zu verwundern – das ist überflüssig. Jeder soll sich seine Wahrheit selbst suchen.

Das Wetter ist wieder klar, entsetzlich trocken, mit zauberhaften Mondnächten. Wenn man diese Schönheit der Natur doch zu irgend etwas *ausnutzen* könnte! Die Tage verlaufen so monoton ...

30. Juli. Welch ein schöner Mond mir gerade zum Fenster hereinscheint! Wie war das doch schön in der Jugend, wenn man, zum Mond blickend, in der Seele mit dem geliebten, in der Ferne weilenden Mann Zwiesprache hielt, wohl wissend, daß auch er zu diesem Mond aufblickte, der durch seine Schönheit sowohl seine als auch meine Blicke anzog, als ob über ihn ein geheimnisvolles Gespräch stattfände!

Spielte heute etwa vier Stunden lang; die Musik hob mich sogleich über alles Irdische hinaus, und was verdrießlich und wichtig erschien, war leichter zu ertragen. Heute hatte ich zweifachen Verdruß: ein Telegramm der Danilewskaja, Mischa sei gesund und munter, komme aber erst am Samstag. Diese Laxheit, Takt- und Gewissenlosigkeit Mischas brachten mich zur Verzweiflung. Da wartet hier sein Lehrer – beim Direktor des Lyzeums habe ich eine Verschiebung der Examina auf den Herbst für ihn erwirkt –, doch Mischa läßt es sich in Poltawa gut sein, ich muß mich vor dem Lehrer für meinen Sohn schämen und werde mich auch noch vor dem Direktor schämen müssen. Nein, ich kann die ganze Bürde der Erziehung schwacher, schlechter Söhne nicht mehr tragen! Sie haben mich völlig zermürbt. Heute kamen mir direkt die Tränen, als ich das Telegramm erhielt. Selbst Lew Nikolajewitsch, der doch gegenüber allem gleichgültig ist, was die Kinder anbetrifft, selbst er war entrüstet. Schickte ein drittes Telegramm an Mischa, aber zwei Wochen sind schon unwiederbringlich dahin!

Den zweiten Verdruß bereitete mir Sascha. Neuerdings lernt sie sehr schlecht, ich gab ihr eine Lektion zum zweiten Mal auf, und wieder konnte sie sie nicht; da ließ ich sie nicht mit Tanja ausreiten. Ich strafe ungern, aber mit Sascha haben schon alle Gouvernanten die Geduld verloren.

Der Tag verlief wie gewöhnlich: ich badete, schrieb ab, spielte. Lew Nikolajewitsch ritt nach Mjassojedowo, um über die Brandopfer Erkundigungen einzuziehen. Der Bildhauer Ginzburg ist wieder hier. Heute war eine Hitze wie in Afrika, entsetzlich trocken.

Eine Eule schreit durchdringend und garstig. Doch die Nacht ist herrlich, und wie still!

31. Juli. Immer dasselbe: schrieb für Lew Nikolajewitsch sehr viel ab. Stellenweise ist es interessant, stellenweise bin ich überhaupt nicht einverstanden und fühle ohnmächtigen Ärger, da ich mich nicht traue, mit Lew Nikolajewitsch ein Gespräch zu beginnen. Er wird so zornig, wenn jemand nicht mit ihm einverstanden ist, daß jedes Gespräch sofort abgebrochen werden muß. In seinem Buch „Über die Kunst“ ist jener Gedanke gut, daß die Kunst früher der Kirche, der Religion gedient hat, da diese wahrhaftig war; als der Glaube jedoch verlorenging, da wußte die Kunst nicht mehr, wem sie dienen sollte, und ging in die Irre.[29]

Mir scheint jedoch, das ist kein neuer Gedanke. Ich weiß noch, als man mir die Erlöserkirche zeigte, da sagte sogar ich, sie gefiele mir nicht, da man sehen könne, daß sie gänzlich – die Hauptsache eingeschlossen, d. h. die Ikonen und die Malerei – ohne religiöses Empfinden geschaffen worden sei, und deshalb sei es eine heidnische Kirche; die Maria-Himmelfahrt-Kirche sei dagegen völlig durchdrungen von altehrwürdigem, naiven, aber echten Glauben, und darum sei sie viel besser – tatsächlich ein Haus des Herrn.

Waren baden, spielte eine Stunde Etüden; abends ritt Lew Nikolajewitsch zum Postabholen nach Tula, Tanja nach Jassenki. Goldenweiser kam, er spielte mir alle Romanzen, Präludien und alles, was ich von Sergei Iwanowitschs Werken abgeschrieben habe. Er spielt hervorragend vom Blatt. Ginzburg modellierte heute an meiner Statuette: bisher ist sie sehr schlecht, geschmacklos und unähnlich. Mischa ist nicht zurückgekehrt; sehr verdrießlich. Abends nähte ich mir ein Hemd und änderte Lew Nikolajewitschs Käppchen. Dann schrieb ich endlos ab. Fühle mich leer und unpäßlich. Abends spielte Lew Nikolajewitsch mit Goldenweiser Schach. Lew Nikolajewitsch ist froh und gesund, Gott sei Dank! Ein Brief von Ljowa – er kehrt am 12. zurück.

1. August. Wie ich heute Lew Nikolajewitschs Werk „Über die Kunst“ abschrieb, war überall mißbilligend davon die Rede, daß die Liebe (Erotomanie) an allen Kunstwerken viel zu großen Anteil habe. Und Sascha hatte morgens zu mir gesagt: „Wie fröhlich Papá heute ist, das macht uns alle fröhlich!“ Wenn sie wüßte, daß *Papá* immer aus eben jener Liebe seine Fröhlichkeit bezieht, die er ablehnt!

Das Wetter ist immer noch klar und trocken. Überall Staub und Unheil. Waren baden. Stand Ginzburg Modell. Machten abends bei Mondlicht einen Spaziergang. Goldenweiser spielte wunderbar Chopins Sonate mit dem Trauermarsch. Welch ein herrliches, tiefempfundenes musikalisches Epos! Eine ganze Geschichte über den Tod wird darin erzählt. Die eintönige Totenglocke wie auch die aufwühlenden Klänge der Agonie, zarte, poetische Erinnerungen an den Verstorbenen wie auch unbändige Verzweiflungsschreie – dies alles hört man heraus. Hoffe, daß *dies* auch von Lew Nikolajewitschs

Standpunkt aus echte Kunst ist. Außerdem spielte Goldenweiser Préludes von Chopin, Beethovens Sonate op. 90 und Variationen von Tschaikowski. Was für ein Vergnügen!

Die Obolenskis sind hier. Tanja gibt sich bereits wieder geziert vor dem neuen Lehrer. Wie stark ist doch die Gewohnheit zu kokettieren! Lew Nikolajewitsch spielte heute drei Stunden mit Inbrust Lawn-Tennis, dann ritt er nach Koslowka; eigentlich wollte er mit dem Fahrrad fahren, doch das ging kaputt. Ja, heute hat er auch viel geschrieben und ist überhaupt jung, fröhlich und gesund. Welch eine kräftige Natur! Gestern sagte er traurig zu mir, ich sei in diesen Tagen älter geworden. Mit ihm kann nicht einmal ich mithalten, trotz des Altersunterschieds von sechzehn Jahren und trotz meines gesunden, jugendlichen Aussehens (wie alle sagen). Habe nicht gespielt, nicht gelesen, für absolut nichts bleibt neben der Riesenarbeit des Abschreibens noch Zeit. Abends packte mich die Schwermut, und ich flüchtete mich in einen Spaziergang. Welch eine Ohnmacht verspürt man bisweilen gegenüber einem leidenschaftlichen Verlangen, welch eine quälende Ohnmacht! So muß ein Mensch sich fühlen, der eingesperrt, ja eingemauert wurde und keinen Ausweg hat. So fühlte ich mich nach Wanetschkas Tod und fühle mich auch jetzt bisweilen. *Wie sehr* das schmerzt, und *wie sehr* sehnt man sich in solchen Augenblicken den Tod herbei!

2. August. Morgens kehrte Mischa von den Danilewskis aus Kleinrußland zurück. Wollte wegen der Verspätung mit ihm schimpfen, hatte aber nicht das Herz dazu: er war so glücklich über die verschiedenen Eindrücke, die er auf der Reise empfangen hatte! Wie ist das doch schön in der Jugend: *neue* Eindrücke von der Natur, den Menschen – vor allem von der Natur. Außerdem tat ihm Ablenkung gut, denn die letzte Zeit hatten ihn die Anfechtungen seines Geschlechts sehr geplagt.

Badete heute mit Nadja Iwanowa, schwamm sehr weit. Dann schrieb ich lange und viel ab, und Lew Nikolajewitsch sagte zu mir: „Wie schön du mir abschreibst und meine Papiere in Ordnung bringst." Schon allein dafür bin ich ihm dankbar; von ihm bekommt man nicht so leicht ein Wort des Dankes zu hören, so sehr man sich auch abmüht. Stand heute Ginzburg wieder für die Statuette Modell; sie ist mir absolut nicht ähnlich, ist geschmacklos und häßlich, und

8 Tolstoi und seine Frau

9 Tolstoi mit seiner Frau auf der Krim, 1902

10 Lew Tolstoi bei der Arbeit

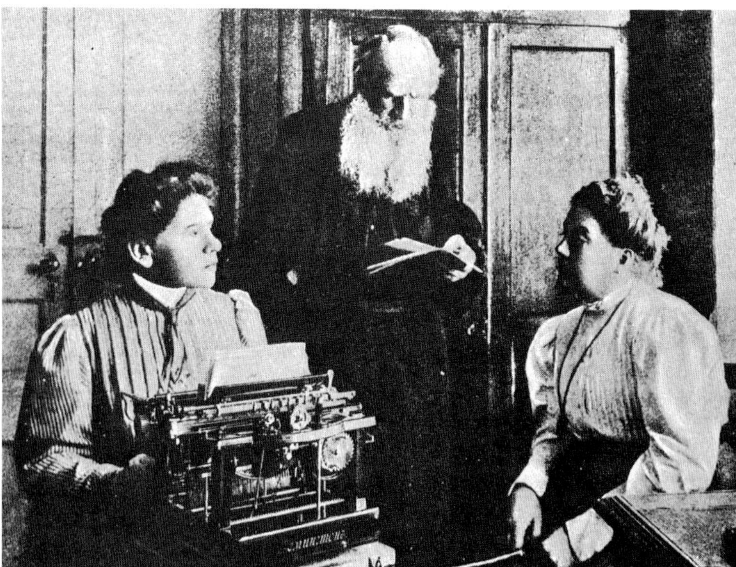

11 Eine Gruppe verbannter Tolstojaner vor ihrer Abreise nach England. In ihrer Mitte Tolstoi und Tschertkow

12 Sofja Andrejewna Tolstaja in mittleren Jahren

mich reut die verlorene Zeit. Die Statuette von Lew Nikolajewitsch[30] ist ebenfalls unähnlich und häßlich. Ist kein begabter Bildhauer, dieser Ginzburg. Abends spazierte ich mit Sascha in Richtung Koslowka dem Gefährt entgegen, das Mascha und Kolja zu uns brachte. Die arme, arme Mascha mit diesem Faulpelz mit den großen Ohren! Sie sieht so kränklich, bedauernswert und dünn aus. Alles liegt auf ihren Schultern, er aber geht spazieren, spielt, speist auf fremder Leute Kosten und denkt an gar nichts.

Lew Nikolajewitsch hat einen Fabrikarbeiter zu Besuch[31], und obgleich er beteuert, das sei ein sehr kluger Mann, langweilt er sich offenbar und weiß nicht, was er mit ihm anfangen soll. Las A. Rubinsteins Gespräche über Musik zu Ende und erzählte unterwegs Sascha davon.

Abends berichtete Mischas Lehrer Sobolew interessante Dinge über die Gold- und Platingruben im Ural. Es ist warm, still, der Mond scheint, obwohl sich der Himmel ein wenig bezogen hat. Lew Nikolajewitsch hatte heute Kummer: sein Fahrrad ist kaputt, darum konnte er nicht zum Baden fahren und mußte hinreiten. Außerdem setzte er mich in Staunen, weil er morgens Lawn-Tennis spielte. Er, der so großen Wert auf seine Vormittage legt, ist so begeistert von diesem Spiel, daß er sogar morgens spielen gegangen ist! Wieviel Jugendliches noch in ihm steckt! Ich kann mich jetzt nur noch für die Musik oder die Gartenarbeit begeistern: Äste absägen, Pflanzen setzen und ausputzen – sonst für nichts mehr.

3. August. Sortierte morgens meine Briefe an Lew Nikolajewitsch und die seinen an mich. Muß sie abschreiben und dem Rumjanzew-Museum in Moskau zur Aufbewahrung geben.[32] War allein baden. Dann stand ich wieder Modell. Nach dem Essen spielte ich; ging lediglich verschiedene Stücke von Schumann, Beethoven und Tschaikowski kurz durch. Saß allein unten, es war ruhig und schön. Abends schrieb ich für Lew Nikolajewitsch den Aufsatz über die Kunst ab und ordnete das Manuskript. Ich bin ihm jetzt wieder voll und ganz zu Diensten, und er ist glücklich. Wieder verfügt er über mein ganzes Leben. Ob ich damit glücklich bin? O nein, ich tue, was meine Pflicht ist, und darin liegt ein gewisses Glück, aber häufig verlangt mich nach anderem, und ich bin zutiefst niedergeschlagen.

4. August. Von morgens bis abends Gäste. War gerade aufgestanden, da kam zu Lew Nikolajewitsch ein Franzose[33], der geologischer Studien halber durch Europa reist; ein gesitteter, aber wenig gebildeter Mann, der auf seinem Gut in den Pyrenäen lebt. Dann traf der Maler Kassatkin ein; er zeigte uns eine Menge Photographien von den verschiedensten Gemälden und Zeichnungen, die er aus dem Ausland mitgebracht hat. Dies bereitete mir großen ästhetischen Genuß … War wieder allein baden, stand wieder Modell. Lew Nikolajewitsch ebenfalls, für seine Statuette, die Ginzburg modelliert. Abends gingen wir spazieren, es war trocken, still, der Himmel rosa vom Sonnenuntergang, jetzt scheint der Mond. Außerdem kamen noch für eine halbe Stunde zwei Ärzte aus Odessa, die zu einem Ärztekongreß nach Moskau fahren: der eine ist Schmidt, der andere Ljubomudrow, ein Militärarzt. Beide unangenehm. Vor dem Schlafengehen spielte Goldenweiser eine Beethoven-Sonate und Schumanns „Carnaval". Lew Nikolajewitsch klagte über Schwäche, ihn fröstelte, er war baden und trank sehr viel Tee. Baden sollte er besser nicht.

5. August. Unaufhaltsam, Tag um Tag, verrinnt das Leben. Heute morgen ging ich baden, nahm Sascha und Werotschka im Leiterwagen mit. Photographierte eine Viehherde und die Mädchen mit Leiterwagen und Pferd. Das nahm viel Zeit in Anspruch. Nach dem Essen stand ich zwei Stunden für Ginzburg Modell, er arbeitet mit Leidenschaft, aber ich sehe mir noch immer überhaupt nicht ähnlich. Dann photographierten Kassatkin, Sobolew und ich Lew Nikolajewitsch hoch zu Roß. Aber keiner von uns brachte etwas zustande: das Pferd bewegte sich, und ich hatte zu kurz belichtet. Abends gingen alle an die Luft, Lew Nikolajewitsch ritt nach Mjassojedowo, um den Brandgeschädigten Geld zu geben. Wir dagegen spazierten durch das Dorf und schauten bei einigen Bauern vorbei. Tanja wollte unbedingt den Sohn von Lew Nikolajewitschs Amme besuchen, Pjotr Ossipow, einen Bauern, der Bücher und Zeitungen liest und die Herrschaften und die Gelehrten verachtet, da er meint, er sei ihnen allen geistig überlegen. Ein mehr als unangenehmer Bauer. Als wir zurückkamen, war es schon dunkel, wir entwickelten die Photographien und aßen zu Abend. Erhielt Briefe von Andrjuscha und Gurewitsch[34], sie bittet mich um Lew Nikolajewitschs Aufsatz für ihre Zeitschrift. Wieso mich? Er hat stets nach seinem eigenen Kopf gehandelt, und meistens mit Absicht gegen meinen Willen. Und Gurewitsch mag ich nicht, und ich werde nichts für sie tun. Er liest gerade seinen Aufsatz Kassatkin, Ginzburg, Sobolew und Goldenweiser vor. Beim Vorlesen ist seine Sprache sehr schwerfällig. Es ist trocken, klar und warm. Mascha ist nicht recht auf dem Damm, Tanja hegt auch weiterhin ihren phantastischen Traum, ihr Leben Suchotins Familie zu widmen, doch sie ist, Gott sei Dank, ruhiger und fröhlicher.

Der Unterricht mit Sascha lief heute sehr gut. Korrigierte ihren Aufsatz „Beschreibung unseres Gartens“, fragte sie wieder Geographie ab und erläuterte ihr ausführlich verschiedene Regierungsformen.

6. August. Bin schrecklich erschöpft, da ich ein langes Kapitel von Lew Nikolajewitschs „Über die Kunst“ abgeschrieben habe. Ginzburg arbeitete lange an meiner Statuette, und auch das erschöpfte mich. Alles Beschäftigungen, die aufs Gemüt schlagen; Mühe und Erschöpfung durch *fremde,* wenn auch interessante Arbeit. Um wieviel erfreulicher und leichter ist dagegen jegliche *eigene* Arbeit! Fuhr mit den Kindern, mit Sascha, Lenka und Maschka, zum Baden. Für Kinder ist alles auf der Welt so bedeutsam, vergnüglich und in gleicher Weise wichtig. Abends machte Ginzburg einen Schneider nach (mit komischer Mimik), dann – wie ein Engländer redet und ein Deutscher liest. Alle lachten, so manch einer steigerte sich sogar regelrecht hinein. Ich kann jedoch nicht lachen, verstehe keine Komik. Das ist ein Mangel. Goldenweiser spielte wunderschön ein Konzert von Grieg: ein starkes, sehr eigenwilliges Werk, gefiel mir sehr. Dann noch zwei Nocturnes von Chopin, etwas von Schubert und einen Walzer von Rubinstein. Kassatkin malt eine kleine Skizze von Tanja[35]. Sobolew nahm uns heute wieder auf, und ich machte einige Abzüge von seinen guten Negativen. Wollte heute auch photographieren, hatte jedoch vor lauter Abschreiben und Modellstehen keine Zeit.

Mascha und Kolja sind hier. Mascha sieht sehr jämmerlich, bleich und dünn aus; ich würde der Armen so gern helfen! Über Tanja mag ich gar nicht schreiben, es ist alles grauenhaft. Mischa regt sich sehr über das Geschwätz im Dorf auf: wer sich wen vom Hals schaffen will usw. Ihn bekümmert das, dabei ist es so alltäglich! Bloß sich nicht darauf einlassen!

Lew Nikolajewitsch ritt mit Kolja nach Jassenki. Er wird ebenfalls modelliert, auch sein Bildnis hat keinerlei Ähnlichkeit mit ihm. Abends las er seinen Gästen die ersten drei Kapitel seines Aufsatzes „Über die Kunst" vor. Später spielte er mit Goldenweiser und Sohn Serjoscha Schach. Er ist gesund und munter.

8. August. Mascha ist erkrankt, Rudnew meint, es sei Typhus. Diese Neuigkeit fuhr mir wie ein Messer ins Herz; sie schnürte mir die Kehle zu und ließ die vertrauten, schrecklichen Tränen der Unruhe und Angst in mir aufsteigen, die ständig in Bereitschaft sind. Mascha hat mehrfach von Wanetschka geträumt, vielleicht will er sie zu sich holen, um sie von dem bedrückenden, armseligen und komplizierten Eheleben mit diesem phlegmatischen Kolja zu erlösen. Vor ihrer Ehe hat Mascha ein gutes, nützliches und hingebungsvolles Leben geführt, Gott allein weiß, was sie noch erwartet. Sie persönlich dauert mich jedoch entsetzlich, sie sieht so jämmerlich aus, seit sie aus der Familie fort ist. Unwillkürlich kam mir der Tod von Sascha Filossofowa in den Sinn, die auch an Typhus gestorben ist, und mir wurde noch banger ums Herz.

Ganze Heerscharen von Gästen sind da. Angereist kamen die Maklakows, Mascha und Nikolai, die beiden Schwestern Stachowitsch, sowie zwei Nataschas – Obolenskaja und Kolokolzewa. Wir waren zwanzig bei Tisch. Jeder der Gäste ist für sich sehr angenehm, schade, daß sie alle auf einmal hier sind. Es herrscht ein solches Getümmel, daß ich weder spazierengehen noch mich zurückziehen, arbeiten oder abschreiben kann. Wieder wurde ich modelliert, wieder machte ich Abzüge und war baden, habe aber nichts *Richtiges* getan; unwiederbringlich schwindet das Leben dahin, eine scharfe Wende zum Schlechten ist eingetreten.

Ließ gestern mein Tagebuch auf dem Tisch liegen: Lew Nikolajewitsch hat wieder darin gelesen und war über irgend etwas erbittert. Was könnte *ihn* schon erbittern? Niemand auf der Welt habe ich so geliebt wie ihn, und so lange!

Wir bekamen ein Telegramm von Lombroso[36], einem Anthropologen, der zu dem Ärztekongreß nach Moskau gefahren ist; er würde gern Lew Nikolajewitsch besuchen.

Ginzburg modelliert auch Lew Nikolajewitsch, und während der Sitzungen liest dieser ihm seinen Aufsatz „Über die Kunst" vor. Sehr gut an dem Aufsatz ist, daß Lew Nikolajewitsch über die neueste Kunst der Dekadenten herzieht.[37] Dieser sinnlosen und niedrigen Kunstrichtung muß Einhalt geboten werden. Und wer sollte das tun, wenn nicht er?

11. August. Drei Tage nichts eingetragen. Vorgestern morgen wurde die kranke Mascha aus Owsjannikowo hergebracht. Sie hat Unterleibstyphus und schon einige Tage 40 Grad Fieber. Erst waren wir alle sehr erschrocken, aber jetzt sind wir bereits an den Gedanken gewöhnt, daß sie krank ist. Doktor Rudnew war da und sagte, es sei eine leichte Form von Typhus, aber sie dauert mich sehr, sie leidet, wälzt sich hin und her und findet nachts keinen Schlaf. Gestern saß ich bis drei Uhr nachts bei ihr und schrieb Lew Nikolajewitschs Aufsatz ab. Hatte schon viel geschafft, da bekam Mascha Leibschmerzen. Lew Nikolajewitsch stand auf und wollte selbst den Samowar in Gang setzen, damit wir heiße Umschläge machen könnten; dann fand er aber, der Herd sei noch warm genug, um die Servietten im Backofen anzuwärmen. Ich muß jedesmal lachen, wenn er etwas Praktisches tut, wie primitiv, naiv und ungeschickt er das macht. Gestern jedenfalls verschmierte er alle Servietten mit Ruß, sengte sich den Bart an der Kerze an, und als ich ihn mit den Händen löschen wollte, war er mir auch noch böse.

Um drei löste mich Tanja bei Mascha ab. Morgens traf Lombroso ein. Ein schmächtiger Greis, der sehr schlecht zu Fuß ist und für sein Alter – er ist 62 – viel zu gebrechlich aussieht. Spricht äußerst schlecht Französisch, mit Fehlern und starkem Akzent, und noch schlechter Deutsch. Er ist Italiener, ein sehr gelehrter Anthropologe, der lange das Problem des Verbrechens erforscht hat. Ich verwickelte ihn in ein Gespräch, aber er konnte mir wenig Interessantes bieten. Er sagte, das Verbrechen sei überall auf dem Vormarsch, außer in England; den statistischen Angaben aus Rußland schenke er keinen Glauben, da es bei uns keine Pressefreiheit gebe. Außerdem sagte er noch, sein Leben lang habe er die Frauen studiert und könne sie immer noch nicht begreifen. Über die Frauen – wie er sich ausdrückte: *la femme latine* – äußerte er, die Französin und die Italienerin seien zu keiner Arbeit fähig, ihr einziges Lebensziel bestehe darin, sich zu putzen und anderen zu gefallen. Aber *la femme slave*, und darunter auch die Russin, sei zu jeglicher Arbeit fähig und sittlich weit hochstehender. Über die Erziehung sagte er, den angeborenen Eigenschaften gegenüber sei sie beinahe machtlos – und da bin ich mit ihm einer Meinung.

Ginzburg fuhr heute ab. Meine und Lew Nikolajewitschs Statuette hat er fertiggestellt. Als gestern Lew Nikolajewitsch Modell stand, kamen drei junge Damen und bestürmten Wassja Maklakow, er solle ihnen die Möglichkeit verschaffen, Lew Nikolajewitsch zu sehen. Man führte sie zu ihm. Er fragte sie, ob sie eine Frage an ihn hätten, sie aber sagten, sie wollten ihn bloß sehen. Und sahen ihn sich an und gingen wieder. Dann kam ein junger Mann mit der gleichen Absicht, aber ihm bedeutete man, Lew Nikolajewitsch sei nicht zu Hause. Als wir dann später beim Tee saßen, kam plötzlich ein ganz blutverschmierter Mann mit einem Fahrrad und erkundigte sich nach Lew Nikolajewitsch. Wie sich herausstellte, war es ein Lehrer vom Gymnasium in Tula, der vom Fahrrad gefallen war und sich verletzt hatte. Man brachte ihn in den Pavillon, wusch ihm die Wunden, verband ihn, und er aß mit uns zu Abend.

Gestern fuhren die beiden Nataschas ab, und nun ist fast niemand mehr hier. Ich sehne mich sehr nach Abgeschiedenheit. Gestern folgte Mischa seinem Lehrer, den man zum Geschworenen ernannt hatte, nach Moskau. Alle diese Tage war es heiß, entsetzlich trocken und staubig. Fühle mich unpäßlich, habe Gliederreißen am ganzen Körper und Schmerzen an Leber und Nieren. Lew Nikolajewitsch ist gesund, heute spielte er lange Lawn-Tennis. Sollte ich wirklich nie mehr fröhlich und glücklich werden? Mir will nichts mehr gelingen. Zu meiner Zufriedenheit wäre so wenig von nöten: die Möglichkeit, zwei Stunden am Tag Klavier zu spielen, und fünf freie Tage, um nach Kiew zu fahren und Schwester Tanja wiederzusehen. Maschas Krankheit hat alles vereitelt. Daß sie hier ist, im Elternhaus, das ist ja noch natürlich, ich hätte sie selbst gern hierher überführt, als sie erkrankte. Aber daß Kolja bei uns die Beine unter den Tisch streckt – das erbost mich, und ich würde ihn am liebsten wegscheuchen wie eine aufdringliche Fliege. Ich kann solche phlegmatischen, in ihrer Faulheit unverschämten Naturen nicht leiden, die sich durchfüttern lassen.

13. August. Mascha hat immer noch Fieber, von morgens bis

abends über 40 Grad. Sie tut mir so leid, die Ärmste! Fühle mich dem schlimmen Verlauf und der Hartnäckigkeit dieser schrecklichen Krankheit gegenüber machtlos. Noch nie habe ich solch einen schlimmen Typhus gesehen. Der Arzt war wieder da, Lew Nikolajewitsch holte ihn gestern zu Pferd ab; er sagte, es bestehe keine Gefahr, aber mir liegt die ganze Zeit ein schwerer Stein auf dem Herzen.

Habe in diesen Tagen sehr viel von Lew Nikolajewitschs Aufsatz abgeschrieben. Gestern fing ich mit ihm ein Gespräch darüber an, ich fragte ihn, ob er wirklich wolle, daß die Kunst ohne spezielle Schulen auskomme. Diese lehnt er nämlich ab. Aber *reden* kann man mit ihm ja nie; er wird furchtbar gereizt, schreit, und das wird so unerfreulich, daß das, was man fragen wollte, ganz in den Hintergrund tritt und man nur noch wünscht: hoffentlich ist er bald still. So auch gestern.

Als die Gäste da waren, las er ihnen seinen Aufsatz vor, und niemand sagte auch nur ein Wort, als ob sie mit allem einverstanden wären – recht hatten sie. Stellenweise kommen vortreffliche Gedanken darin vor. Beispielsweise, die Kunst müsse die Menschen mit hohem Geist erfüllen und nicht unterhalten. Das ist zweifellos wahr. Und daß in allen Schulen Zeichnen, Musik, überhaupt jede Kunst unterrichtet werden müsse, damit jeder begabte Mensch seinen Weg finden könne. Auch das ein wunderbarer Gedanke.

Eine gräßliche Hitze und Dürre. Der Roggen wurde in einen völlig staubigen Boden gesät. Gras und Laub sind verdorrt. Wir baden, und das bringt Erleichterung. Keinerlei Nachricht von Mischa aus Moskau.

14. August. Ljowa und Dora sind fröhlich und glücklich aus Schweden eingetroffen. Gott sei Dank. Dann wird es auch bei uns fröhlicher. Der Arzt war da, sah für Mascha keine Gefahr und tröstete mich sehr. Habe ihn auch konsultiert; er fand, mein Nervensystem sei völlig zerrüttet, der Organismus gesund; verschrieb mir Brom.

Lew Nikolajewitsch ritt nach Baburino auf die Bitte einer Lehrerin aus Petersburg. Verbrachte den Tag träge, war sehr erschöpft, hatte die ganze Nacht bis halb fünf morgens bei Mascha gewacht. Sie war glühend heiß und warf sich hin und her, hatte 40,7 Fieber. War baden, klebte Photographien auf, las ein wenig in Taines „Philosophie de l'art"[38] und saß bei Mascha. Immer noch gräßliche Dürre.

16. August. Das Leben wird immer schwerer. Mascha geht es unverändert schlecht. Heute stand ich völlig zerschlagen auf, hatte die ganze Nacht, bis fünf Uhr früh, schreckensbleich bei ihr ausgeharrt. Sie hat furchtbar phantasiert, und das ging noch den ganzen Morgen so weiter. Um fünf ging ich auf mein Zimmer und konnte nicht einschlafen. Und ständig von allen Seiten neue Unannehmlichkeiten. Tanja hat sich mit Suchotin in Tula getroffen, saß mit ihm im Hotel und in der Eisenbahn. Sie hat (meiner Ansicht nach) keinen Augenblick den Gedanken aufgegeben, ihn zu heiraten. Mischa ist nicht nach Moskau gefahren, wo sein Lehrer auf ihn wartet, lernt nicht und wird offensichtlich das Examen nicht bestehen. Statt dessen zog er mit den Kindern, der Ziehharmonika und diesem schweigsamen, seichten Mitja Djakow bis nachts um eins durchs Dorf. Heute morgen ist Andrjuscha eingetroffen, er wird für anderthalb Monate hier sein. Er will in dieser Zeit auch zu Ilja und nach Samara, und das ist gut. Am schwierigsten ist es mit Lew Nikolajewitsch. Über nichts kann man mit ihm reden, nie kann man es ihm recht machen. Gestern war Boulanger hier, und wir besprachen, daß es gut wäre, Lew Nikolajewitschs Aufsatz „Über die Kunst" im Hinblick auf die Zensur durchzugehen, alles Zensurwidrige zu streichen – es ist sowieso nicht viel – und den Aufsatz gleichzeitig bei „Posrednik" und in der Gesamtausgabe als XV. Band zu veröffentlichen. Ich konnte mich bisher nicht entschließen, davon anzufangen, ich fürchte derart diesen gereizten Ton, den Lew Nikolajewitsch fast ständig mir und jetzt auch anderen gegenüber anschlägt, wenn ihm jemand etwas entgegenzusetzen wagt.

Boulanger besprach das mit ihm und sagte, Lew Nikolajewitsch sei einverstanden. Aber als ich davon anfing, wurde Lew Nikolajewitsch ärgerlich und erklärte, Tschertkow habe gebeten, kein Werk von ihm herauszubringen, bevor es nicht auf englisch erschienen sei.[39] Wieder Tschertkow, der sogar von England aus Lew Nikolajewitsch in seiner Macht zu halten versteht.

Heute sprachen wir über Tanja. Lew Nikolajewitsch sagte, man müsse in erster Linie über sich selbst nachdenken, um nicht irrezugehen, wenn man Tanja etwas rate oder wünsche. Ich erwiderte, man dürfe nicht lügen, müsse unbedingt sagen, was man denkt, selbst wenn man sich irren sollte, man dürfe nicht rein aus Vorsicht unaufrichtig sein. Weiß nicht, wer von uns beiden recht hat; vielleicht er, aber es geht eigentlich nicht um das Rechthaben, sondern darum, daß er nicht ohne Gereiztheit mit einem reden kann.

Als Lew Nikolajewitsch heute aus seinem Kabinett trat, stieß er zufällig auf Mischa und warf ihm und Mitja Djakow eine ganze Reihe bitterer, doch zutreffender Wahrheiten an den Kopf. Was hat er jedoch damit angerichtet? Wenn er heute morgen ruhig und bestimmt zu Mischa gesagt hätte, er solle nach Moskau fahren und in seinem Entschluß, sich auf das Examen vorzubereiten, nicht nachlassen – das wäre um vieles besser gewesen. Seine Rüge rief hingegen bei den Söhnen auch nur Groll hervor; sie fingen an zu reden, der Vater könne nur schimpfen, nie bekämen sie von ihm Teilnahme oder einen Rat, er grolle höchstens. Und sie sagten, das Recht, sie zu rügen, erkennten sie nur der Mutter zu, denn nur die Mutter sorge für sie. Ja, ich habe für sie gesorgt, aber was habe ich fertiggebracht, was erreicht – nichts! Andrjuscha ist bislang völlig mißraten, Mischa viel zu weich, was wird bloß noch aus ihm! Ach, wie ist das alles traurig, traurig …

Ljowa und Dora richten sich ein, packen ihre Sachen aus. Dora, die Ärmste, hat es schwer in der Fremde und dazu noch in unserer nicht besonders fröhlichen Familie. Oft kommt mir der Gedanke in den Sinn, irgendwohin zu fliehen; ich bin müde, bin des Lebens entsetzlich müde. Nun, ich muß wohl die Bürde meiner ewigen Arbeit und immer nur *Arbeit* bis zum Ende tragen. Müßte schon wieder für Lew Nikolajewitsch abschreiben, kann es aber noch nicht, hege ihm gegenüber ungute Gefühle, weil er sich mein ganzes Leben untertan gemacht und sich weder um mich noch um die Kinder sonderlich gekümmert hat und vor allem mich auch weiterhin sich untertan macht, doch ich habe bereits nicht mehr die Kraft, ihm in allem und jedem dienstbar zu sein.

Nachts wachte ich bei Mascha und schrieb außerdem das ganze fünfte Kapitel ab. Ich arbeite immer für zwei.

Es hat ein wenig geregnet, doch die Luft ist drückend und sehr warm. Lese nach und nach Taine durch. Hatte schon früher damit begonnen, aber Lew Nikolajewitsch hatte diese Bücher gebraucht und sie dann verlegt, nun fand ich sie und kann die Lektüre zu Ende führen. Schön seine Bestimmung der Kunst: „L'art a pour but de manifester le caractère capital, quelque qualité saillante et notable, un point de vue important, une manière d'être principale de l'objet".

Lew Nikolajewitsch sagt über Taine nichts Gutes.[40] Mir hat jedoch Sergei Iwanowitsch geraten, ihn zu lesen.

17. August. Habe mich mit Lew Nikolajewitsch wieder völlig ausgesöhnt (im übrigen hatte ich mich auch gar nicht mit ihm zerstritten, war nur betrübt über sein Verhalten zu mir). Bei Mascha ist jetzt eine Sitzwache. Mascha ging es heute besser, die Temperatur fiel auf 38,6. Ljowa und Dora sind nicht ganz wohlauf und schlapp. Sie tut mir leid, die Arme, sie hat es sehr schwer in Rußland, ohne ihre Familie. Wieder ist es trocken und windig, doch die Luft morgens frischer. Kehrte mit Tanja vom Baden zurück und sprach mit ihr über Suchotin. Sie sagt, sie habe noch keinen endgültigen Entschluß gefaßt. Mischa reiste gestern abend nach Moskau, Andrjuscha an einen Ort, den er nicht preisgibt. Schreibe wieder für Lew Nikolajewitsch ab und wache bei Mascha; aber in der Erfüllung meiner unmittelbaren Pflichten finde ich keine Genugtuung mehr und bin schwermütig. Eine bedrückende Nachricht: bei Ilja hat es wieder gebrannt, die ganze diesjährige Ernte ist verbrannt, der Schuppen, das Werkzeug usw. Ach, was für eine Bürde ist das Leben! Dunajew und Mitja Djakow sind hier. Habe mich heute gefragt, warum mir das Abschreiben für Lew Nikolajewitsch so zur Last fällt, schließlich ist es *zweifellos* notwendig. Und ich fand die Antwort. Jede Arbeit erfordert ein gewisses Interesse, wie gut man sie macht und wie und wann sie beendet sein wird. Ich nähe etwas und sehe das Ergebnis; mich interessiert der Arbeitsprozeß, wie schnell, gut oder schlecht ich das fertigbringe. Ich lerne – und sehe den Erfolg; ich spiele – und komme voran, begreife plötzlich etwas, entdecke neue Schönheiten. Von einem schriftstellerischen Werk, einem Gemälde, und sei es auch noch so primitiv, rede ich schon gar nicht, sondern nur von der Arbeit im Alltag. Wenn man aber zum zehnten Mal ein und denselben Aufsatz abschreibt, so hat man davon gar nichts. Etwas besonders gut machen kann man da nicht. Das Ende ist nie abzusehen; alles wird ständig umgestellt, ständig neu zusammengesetzt, und so immer weiter. Ein Interesse an dem Fortgang der *künstlerischen* Arbeit, wie in früheren Zeiten, habe ich ebenfalls nicht. Ich weiß noch, wie ich bei „Krieg und Frieden" auf das Abschreiben von Lew Nikolajewitschs Tagesarbeit gewartet habe, wie ich in fieberhafter Eile immer weiter und weiter schrieb und ständig neue Schönheiten fand. Jetzt aber langweilt es mich. Ich muß unbedingt eine eigenständige Arbeit beginnen, sonst verkümmere ich seelisch vollkommen.

18. August. Gestern abend ein wunderschöner Spaziergang mit Lew Nikolajewitsch und Dunajew. Wir gingen durch den Sasseka-Forst, dann auf dem Eisenbahndamm nach Koslowka. Im Wald überkam mich eine so poetische Ruhe, wie ich sie seit langem nicht mehr empfunden habe. Dann war ich aber zu erschöpft – wir hatten zwölf Werst zurückgelegt – und fand es beschwerlich.

Mascha geht es besser. Marja Alexandrowna Schmidt war hier. Es hat ein wenig geregnet. Waren baden. Gestern, vielmehr vorgestern abend, traf eine Feldscherin ein, um Maschas Puls und Befinden zu beobachten. Doktor Rudnew war da. Ich besuchte Ljowa im „anderen" Haus. Machte mir lustlos mit Matratzen, Marmeladen und Lampen zu schaffen – brachte den Haushalt in Ordnung. Dann schrieb ich für Lew Nikolajewitsch ab, und zwar sehr viel.

Mein unterer Vorderzahn wackelt, und das macht mich mißmutig. Ach, wie ungern werde ich alt, leider muß ich mich aber damit abfinden. Verbrachte einen bedeutungslosen Tag, werde jetzt Taine lesen.

21. August. Die ganze Zeit bange ich sehr um Mascha. Erst hatte sie über 40 Grad Temperatur, und heute morgen auf einmal 35,6. Man flößte ihr Wein, Champagner ein. Tagsüber konnte sie gar nichts trinken, sie mußte sich jedesmal übergeben. Wir schickten nach dem Arzt; gegen Abend hatte sie, nach diesem Schüttelfrost, wieder 40 Grad Fieber. Fürchterlich! Die Arme tut mir leid, sie ist völlig ausgezehrt. Lisa Obolenskaja kam angereist, sie hilft bei Maschas Pflege. Wir haben uns eine Feldscherin genommen, die auf Maschas Befinden achten und nachts wachen soll. Ein langweiliger Fürst Nakaschidse aus dem Kaukasus war hier, der Bruder jener Fürstin Nakaschidse, die in Tiflis den Duchoborzen Geld übergeben hat und dann zu den Tschertkows nach England gefahren ist. Heute kommt Mitja Olsufjew.

Gebe mich schon den zweiten Tag mit Photographieren ab. Nahm Blumen auf, das Pflücken der Äpfel, die Apfelbäume, eine Laubhütte usw. Ging mit Rudnew spazieren; ein klarer, schöner Sonnenuntergang, am Himmel rosa Wölkchen, umsäumt von einem goldenen Rand. Eine fürchterliche Dürre! Lew Nikolajewitsch ritt zu schönen Stellen im Sasseka-Forst. Seinen Aufsatz über die Kunst geht er noch einmal von vorne durch. Er ist sehr fürsorglich und zärtlich zu mir, doch ich bin wie erstarrt, wegen der Aufregung um Mascha und der schlaflosen Nächte empfinde ich überhaupt nichts und bin schrecklich nervös.

Gab morgens Sascha Unterricht, jedoch zu wenig. Sie bestickt eine Serviette und will sie mir morgen schenken. Morgen, am 22. August, ist mein Geburtstag; werde dreiundfünfzig.

23. August. Mascha geht es besser, alle haben aufgeatmet. Mir liegt jedoch ein neuer Stein auf dem Herzen. Morgen kommt Suchotin, und Tanja ist aufgeregt. Ljowa, Dora, Kolja und Andrjuscha sind nach Tula gefahren, dort ist eine Ausstellung von Volkskunst. Gestern machten wir einen langen Spaziergang durch den Sasseka-Forst, zu den Erdfällen und kehrten im Bauernwagen zurück. Lew Nikolajewitsch hatte rührenderweise schon vorher zu Pferd möglichst schöne Stellen ausgesucht, um an meinem Geburtstag mit mir spazierenzugehen und mir eine Freude zu machen. Tatsächlich war der gestrige Spaziergang zauberhaft; doch ich war so restlos erschöpft, daß ich es nicht verbergen konnte, womit ich Lew Nikolajewitsch verletzte, was ich sehr bedaure. Im übrigen machten wir bei der Hütte von Bauern, die im Wald arbeiteten, eine lange Rast; dort brannte ein großes Feuer, die dunklen, uralten Eichen waren so majestätisch schön, daß ich meine Erschöpfung vergaß und auf dem Rückweg wieder fröhlich und frisch war. Vergeudete meine Zeit mit mißglückten Photographien. Habe die letzten Tage nicht abgeschrieben und deshalb ein sehr schlechtes Gewissen. Boulanger ist eingetroffen, Lisa Obolenskaja reist ab.

Fahre morgen nach Moskau, habe dort viel zu tun, muß auch nach Mischa sehen und an den beiden Examenstagen bei ihm sein. Habe überhaupt keine Lust, es fällt mir schwer, spüre aber, es muß sein.

26. August. Bin den zweiten Tag in Moskau. Gestern war ich auf verschiedenen Banken, hob Zinsen ab und zahlte für die Hypothek, die auf Iljas Gut liegt, 1300 Rubel ein. Noch einmal soviel muß abgezahlt werden, außerdem hat es bei ihm gebrannt, und die 2000 Rubel Anzahlung für das Gut im Gouvernement Wolhynien, das er und Serjoscha leichtsinnigerweise kaufen wollten, sind verloren. Das alles ärgert und bekümmert mich. Ilja ist schon immer unfähig gewesen, zum Studium wie auch zur Lenkung seiner Geschäfte, überhaupt zu *allem*.

Manja, Serjoschas Frau, brachte am 23. einen Sohn zur Welt. Der arme Serjoscha, und dieser arme Junge, bei einer solchen Mutter!

In Moskau ist es ruhig, aber langweilig, da noch niemand zurück ist. Der liebe N. W. Turkin kam, und wir plauderten sehr schön über Kindererziehung. Sergei Iwanowitsch ist noch nicht wieder in Moskau, und mich betrübt es sehr, daß ich ihn nicht sehen werde.

Stand heute den ganzen Tag nicht vom Diwan auf und machte mit dem Kontordiener die Abrechnung. Zahlen, Zahlen ohne Ende und eine schreckliche Anspannung, um sich nicht zu verrechnen und nichts zu vergessen.

Es regnete, wurde kalt und trüb. Morgen hat Mischa Examen, ich habe in der Zensur und zu Hause mit dem Kontordiener zu tun.

28. August. Heute ist Lew Nikolajewitschs Geburtstag, er wird 69. Ich glaube, zum ersten Mal, seit ich verheiratet bin, verbringe ich diesen Tag nicht mit ihm, und das tut mir leid. In welcher Stimmung er heute wohl ist? Gestern dachte ich ständig an seinen Aufsatz „Über die Kunst", er läßt mir keine Ruhe, denn er könnte so gut sein, doch so vieles daran ist ungerechtfertigt, paradox und überzogen.

Mischa hat heute die letzten Examina, und ich erwarte ihn voller Ungeduld. Ob er in die 7. Klasse aufrückt?

Habe hier viel mit dem Kontordiener erledigt, habe gerechnet, zwei Tage lang nur gerechnet. War gestern mit dem Buch von Spir – wegen einer Ausgabe bei „Posrednik"[41] – auf der Zensur; machte Einkäufe, jedoch nichts im Haus, dabei ist es sehr schmutzig.

Hier allein zu leben tut meiner Gesundheit gut, am 10. September komme ich wieder her. Es ist kalt geworden, d. h. frisch und trüb. War heute im Schwitzbad.

31. August. Alles traurig, überall Mißerfolge. Mischa muß in der 6. Klasse bleiben; Andrjuscha machte mir in Moskau wieder eine schlimme Szene, und dann fuhr er, der Ärmste, tränenüberströmt mit Mischa zu den Grusinskis. Ich hatte den Eindruck, daß er ein wenig angetrunken war, zu seltsam waren seine plötzlichen Übergänge von äußerster Flegelei zu äußerster Zärtlichkeit. Mischa bekümmerte mich durch seine Haltung gegenüber seinem Mißerfolg. Er war nicht im geringsten betroffen, sondern begab sich gleich danach mit Andrjuscha, Mitja Djakow und Boris Nagornow in den Garten, wo sie laut und unschön Lieder gröhlten. Meine Kinder sind ganz anders, als wir uns das wünschten: ich wünschte sie gebildet, pflichtbewußt und mit verfeinertem ästhetischen Empfinden; Lew Nikolajewitsch erwartet von ihnen harte Arbeit und ein einfaches Leben, und beide hätten wir gern, daß sie hohen sittlichen Anforderungen genügten. Doch nichts davon! Müde, ausgelaugt und vergrämt traf ich vorgestern früh in Jasnaja Poljana ein. Lew Nikolajewitsch kam mir unweit des Hauses entgegen, setzte sich zu mir auf den Bauernwagen und erkundigte sich kein einziges Mal nach den Kindern. Wie tut mir das jedesmal weh! Zu Hause eine Unmenge Gäste: Dunajew, Dubenski mit Frau (Zurikowa), Rostowzew und Sergejenko. Alle Zimmer belegt, Trubel, Gespräche. Hat mich alles sehr ermattet. Alle diese Herrschaften erwarten etwas von Lew Nikolajewitsch, und da ist er darauf verfallen, einen Brief zu schreiben und ihn im Ausland zu veröffentlichen.[42] Und zwar hat der schwedische Petroleumhändler Nobel ein Testament hinterlassen, daß er seinen ganzen Millionenreichtum demjenigen vermacht, der am meisten für den Frieden und folglich gegen den Krieg getan hat. In Schweden fand dieserhalb ein Konsilium statt, und man kam zu dem Schluß, Wereschtschagin habe mit seinen Bildern gegen den Krieg protestiert. Aber als man Erkundigungen einzog, stellte sich heraus, daß Wereschtschagin nicht aus Prinzip, sondern zufällig diesen Protest zum Ausdruck gebracht hatte. Darauf hieß es, Lew Nikolajewitsch habe die Erbschaft verdient. Natürlich hätte Lew Nikolajewitsch das Geld nicht genommen, er schrieb jedoch einen Brief, am allermeisten für den Frieden hätten die Duchoborzen getan, da sie den Wehrdienst verweigerten und dafür grausam büßen mußten.

Ich hätte gegen einen solchen Brief überhaupt nichts einzuwenden gehabt, doch wie sich zeigte, hatte Lew Nikolajewitsch darin hart und blindwütig die russische Regierung geschmäht, wofür überhaupt kein Anlaß bestand, einfach nur aus Schmähsucht. Mich bestürzte dieser Brief sehr, bei meinen schwachen Nerven brachte er mich einfach zur Verzweiflung, ich weinte und warf Lew Nikolajewitsch vor, er setze fahrlässig seinen Kopf aufs Spiel und reize die Regierung ohne Grund. Ich wollte sogar wegfahren, da ich nicht mehr länger unter einer solchen Nervenanspannung und unter der ständigen Bedrohung leben kann, daß Lew Nikolajewitsch etwas Waghalsiges und Gehässiges gegen die Regierung schreibt und wir verbannt werden.

Meine Verzweiflung rührte ihn an, und er versprach, den Brief nicht abzuschicken. Heute beschloß er aber, es doch zu tun, wenn auch einen gemäßigteren Brief. Mich läßt das jedoch auf einmal kalt, einfach aus Selbsterhaltungstrieb; es geht nicht, daß ich nachts nicht schlafe, wie gestern, daß ich ewig weine und mich ewig abhärme. Überall nur Kummer. Iljuscha war hier, bei ihm hat es gebrannt, und er erwartete offenbar Hilfe von mir. Dabei bin ich sowieso schon mit Zahlungen eingedeckt, brachte gerade erst 1300 Rubel für ihn auf die Bank und muß im Winter noch einmal soviel zahlen. Er bat nicht um Geld, machte nur unentwegt Anspielungen, wie schlecht es ihm gehe. Schließlich sagte er zu Ljowa: „Im Frühjahr bat ich Mamá um 1000 Rubel (während des Winters hatte ich ihm schon 2500 gegeben), sie gab sie mir nicht, ich konnte mich nicht versichern, jetzt ist alles verbrannt, und ich bekomme wieder nichts." Darauf erwiderte Ljowa: „Bei dir hat es gebrannt, aber schuld ist wieder Mamá, das ist ungerecht." Und ließ ihn stehen. Ich erinnerte Iljuscha daran, daß Serjoscha und er – da es so unangenehm sei, immer die Mutter um Geld anzugehen – beschlossen hatten, ich solle ihnen pünktlich und ohne Aufhebens im Jahr 2000 Rubel von der Gutshypothek abtragen, und Ilja hatte sich damit vollkommen zufriedengegeben.

Nun aber warf er mir vor, daß ich ihm das Geld nicht bar ausgezahlt hatte, und sagte, ich hätte es besser nicht auf die Bank bringen, sondern ihm geben sollen. Darauf geriet ich leider sehr in Rage, sagte sogar, das sei eine Gemeinheit, erst um Einzahlungen auf die Bank zu bitten und sie einem dann auch noch vorzuwerfen. Es tut mir weh und belastet mein Gewissen, daß wir uns des Geldes wegen gezankt haben, um das es mir ja gar nicht leid wäre, doch ich habe zur Zeit kein Geld.

1. September. Alle Gäste sind abgereist, wie schön, allein zu sein.

Gestern abend hatte ich ein kurzes, aber unangenehmes Gespräch mit Lew Nikolajewitsch. Ich fühlte mich sehr unwohl, er aber mäkelte an mir herum, und es war von den Tagebüchern die Rede (immer noch habe ich vor, die Geschichte von damals zu beschreiben).

Heute vertragen wir uns wieder, ich schrieb ihm zwei Kapitel ab, räumte sein Zimmer auf und stellte ihm einen herrlichen Blumenstrauß hin. War mit Sascha baden bei 11 Grad Wassertemperatur, die Nächte sind kalt, mondhell, mit kleinen Wölkchen, die am Mond vorüberziehen, die Tage sind klar, trocken und schön. Tanja war in Tula auf der Ausstellung. Mascha geht es besser; Sascha grämt sich, weil ihr Häschen, das im Schuppen lebte, verschwunden ist. Lew Nikolajewitsch ritt aus und empfing einen katholischen chanoine, der die russischen Klöster bereist.

Hatte den ganzen Tag große Sehnsucht nach Musik, dieser *Traum* erfüllt mein Leben; bald werde ich nach Moskau fahren, mich ans Klavier setzen, spielen und hoffen, daß Sergei Iwanowitsch kommt und mir vorspielt. Schon allein von diesem Gedanken lebe ich auf!

Dachte heute: was für eine Gegend lieben wir am meisten? Eine, in der es Stellen gibt, die unberührt sind von der Hand des Menschen, wie beispielsweise Felsen, Berge, das Meer, ein dichter Wald, ein großer Fluß, sogar tiefe Schluchten. Auch in der Natur lieben wir also den *Traum*. Wir mögen keine ausgedehnten Felder, Gärten, Weiden, wo des Menschen Hand überall Spuren hinterlassen hat, wir lieben das Unberührte, Geheimnisvolle – eben den Traum.

2. September. Räumte Bücher auf und brachte die Bibliothek in Ordnung; badete im 11 Grad kalten Wasser, war mit Werotschka dort; photographierte im Garten die Apfelbäume, die übervoll mit Äpfeln sind, und schrieb Lew Nikolajewitschs Brief über die Nobel-Erbschaft zugunsten der Duchoborzen ab, er hat ihn jetzt umgearbeitet und abgemildert. Bin noch nicht durch, der Anfang ist jedenfalls recht gemäßigt. Meine beiden wackelnden Zähne verderben mir die Laune; die Aussicht, falsche Zähne zu bekommen, ist unerträglich. Muß mich an das Altern gewöhnen.

Gehe schlafen, werde in Spirs philosophischen Werken lesen. Es hat ein wenig geregnet, es ist aber noch nicht kalt.

4. September. Da plackt man sich ab und plackt sich ab – und kommt mit dem Leben doch nicht zu Rande. Jedes Mitglied unserer Familie fühlt sich einsam, obgleich wir einen einträchtigen Eindruck machen. Auch Lew Nikolajewitsch klagt über Einsamkeit, über *Verlassenheit*. Tanja ist in Suchotin verliebt, Mascha verheiratet – wir alle sind es überdrüssig, nur für Lew Nikolajewitsch dazusein. Er war glücklich, als ihm drei Frauenleben untertan waren: die der beiden Töchter und meines. Wir schrieben für ihn ab, umsorgten ihn, kümmerten uns voller Eifer um seine – sehr umständliche und bei Krankheit bisweilen sehr schwierige – vegetarische Ernährung und ließen ihn nie und nirgends allein. Nun hat auf einmal jede von uns ihr Recht auf Privatleben erklärt, seine Freunde sind verbannt worden,[44] neue Anhänger hat er nicht – nun ist er unglücklich.

Ich spanne meine letzten Lebenskräfte an, um ihm zu helfen; ich schreibe seinen Aufsatz ab, und gestern einen langen Brief von fünfzehn Seiten, über die Nobel-Erbschaft für die Duchoborzen[45]; ich umsorge ihn; aber manchmal ist mir ein Leben ohne eigene Arbeit, ohne persönliche Interessen, ohne Muße, Freunde, Musik unerträglich – und ich werde kleinmütig und melancholisch.

Lew Nikolajewitsch spricht und schreibt immer und überall über die Liebe, man müsse Gott und den Menschen dienen. Das lese und höre ich stets mit Verwunderung. Von morgens bis in die Nacht hinein verbringt Lew Nikolajewitsch sein Leben, ohne auch nur im geringsten an den Menschen persönlich Anteil zu nehmen. Er steht auf, trinkt Kaffee, geht früh spazieren oder baden, noch bevor er jemanden gesehen hat, und setzt sich an den Schreibtisch; dann fährt er Fahrrad, entweder wieder zum Baden oder einfach so; dann ißt er zu Mittag, geht nach unten zum Lesen oder zum Lawn-Tennis. Den Abend verbringt er in seinem Zimmer, nur nach dem Abendessen sitzt er ein wenig bei uns, liest Zeitung oder schaut sich Illustrationen an. Und so Tag um Tag, ein geregeltes, egoistisches Leben ohne Liebe, ohne Anteilnahme an der Familie, an den Interessen, Freuden und Leiden der ihm nahestehenden Menschen. Diese Kälte hat mich zermürbt, und ich machte mich auf die Suche, womit mein Geist sich beschäftigen könnte, ich lernte die Musik lieben, lernte, all jene komplizierten menschlichen Empfindungen, die sie in sich birgt, aus ihr herauszulesen; dem aber brachten die Meinen nicht nur kein Mitgefühl entgegen, sondern fielen auch noch mit Ingrimm über mich her, und so stehe ich nun wieder ohne Lebensinhalt da und schreibe mit gebeugtem Rücken stundenlang und dutzendmal den langweiligen Aufsatz über die Kunst ab, suche der *Pflicht*erfüllung Freude abzugewinnen, doch mein lebhaftes Naturell lehnt sich dagegen auf, verlangt nach Privatleben, und ich laufe aus dem Haus in den Wald, laufe zu Woronka und springe bei entsetzlichem Wind in den Fluß, in das 9 Grad kalte Wasser, und in dieser körperlichen Emotion finde ich wenigstens eine kleine Befriedigung.

Ohne mir ein Wort zu sagen, ist Lew Nikolajewitsch zu Bulygin in das sechzehn Werst entfernte Chotunka geritten. Ein amerikanischer Professor kam an, habe ihn noch nicht gesehen. Gerade ging ich mit Entsetzen Lew Nikolajewitschs Papiere durch und nahm das mit, was abgeschrieben werden soll. Wieviel Arbeit das wieder ist!

Morgens gab ich Sascha anderthalb Stunden Unterricht, korrigierte ihr den Aufsatz „Die Reise zum Troize-Sergijew-Kloster". Dann zeichnete ich Mischas Schnupftücher aus, schnitt zu, war den ganzen Tag beschäftigt, habe aber das Gefühl, als hätte ich gar nichts getan. Das kommt eben davon, wenn man nichts von Herzen gern tut.

Als ich heute vom Baden zurückkehrte, dachte ich wieder, daß nur der *Traum* den Menschen aufrechterhält. Wenn ein Droschkenkutscher, der Jahre seines Lebens auf dem Kutschbock in der ungeliebten Stadt zubringt, nicht vom Dorf und seiner Familie träumte, davon, was in seiner Bauernwirtschaft vor sich geht, ob das Heu eingebracht wurde, wieviel Hocken der Roggen wohl hergegeben hat, ob eine Kuh oder ein Pferd angeschafft wurde usw. – ohne dies würde er sein Leben nicht aushalten. Er hält es aber jahrelang aus.

So geht es mit allem im Leben. Der allersüßeste Traum aber, das ist das Himmelreich nach dem Tod, das Einswerden mit Gott oder die Vereinigung mit den Toten, die man einmal geliebt hat.

Ach Wanetschka! Heute erblickte ich zufällig einen Stofflappen von seinem blaugestreiften Jäckchen und brach in bittere Tränen aus. Warum hat er mich, ohne Liebe, hienieden allein gelassen! Ich verstehe ohne ihn nicht zu leben, und wie oft spüre ich, daß er meine Seele fortgetragen hat und mein sündiger Leib mühsam sein irdisches Dasein fristet.

8. September. Wieder Trubel, Gäste zuhauf: Dunajew, Boulanger, Saint-John, ein Engländer, den anscheinend Tschertkow geschickt hat.[46] Boulanger ist aus Rußland ausgewiesen worden; er gilt als gefährlich, weil er Lew Nikolajewitschs Ideen verbreitet und in den „Birschewyje wedomosti“ einen Brief über die elende Lage der Duchoborzen veröffentlicht hat.[47] Er wurde nach Petersburg beordert, in die ehemalige Dritte Abteilung, d. h. zu jener Polizei, die auf administrativem Wege tätig wird, mit anderen Worten: Willkür ausübt, und dort haben sie es ihm mitgeteilt.

Boulanger ist ein sehr kluger, tatkräftiger und rühriger Mann, und das hat ihnen einen Schrecken eingejagt. Was haben wir bloß für eine despotische Regierung! Den Zaren scheint es nicht zu geben, und irgendwelche schwachköpfigen Bösewichte von der Art eines Goremykin (der Innenminister) und Pobedonoszew begehen Handlungen, die Haß gegen den jungen Zaren aufkommen lassen, und das ist schade. Lew Nikolajewitsch ist bedrückt über einen Pickel, der auf seiner Wange sprießt, und spricht viel vom Tod. Wie er ihn fürchtet, macht mir angst. Sein Aufsatz „Über die Kunst“ geht dem Ende entgegen; ein Fräulein ist bei uns, das den Aufsatz auf einer Remington-Maschine abschreibt; die Übersetzung soll nach England geschickt und dort bei Tschertkow veröffentlicht werden.

Tanja ist nach Moskau gefahren, einfach aus Reiselust, und dachte sich dazu aus, irgendwelche Bilder müßten noch vor Boulangers Abreise, also vor dem 1. Oktober, herausgebracht werden. Mir ist ein Zahn ausgefallen, müßte nach Moskau, um mir einen einsetzen zu lassen, mag mich aber nicht von der Stelle rühren, zum Zahnarzt gehen und mich mit meinem Mund abplagen.

Habe in diesen Tagen viel für meine Schwester Tanja und für Boulanger photographiert. Heute nahm ich den Apfelgarten und Frauen bei der Gartenarbeit auf. War baden, und es kam mir überhaupt nicht kalt vor.

Bin es leid, mich um die Gästebetten, das Essen und alles Materielle kümmern zu müssen; gestern spielte ich zwei Stunden Klavier, fand mit Mühe und Not die Zeit dafür.

Andrjuscha und Mischa sind im Dorf beim Verlöbnis von Saschka Arbusowa. Mischa ist nicht ins Lyzeum gefahren, was mich schrecklich verdrießt.

9. September. Würde so gern Klavier spielen, lesen, spazierengehen, sogar Tee trinken. Statt dessen schrieb ich einige Stunden lang für Lew Nikolajewitsch den Aufsatz „Über die Kunst“ ab, wofür er mir bei der Rückkehr von seinem Ritt zu den Sissermans nicht einmal danke sagte, sondern verärgert ging, als ich ihn bat, mir einige Stellen zu erklären, die undeutlich geschrieben waren.

Mich ärgert, daß ich mich aufopfere, und dieser Ärger entwertet meine Arbeit. Ich gebe sie nicht freiwillig, sondern lasse zu, daß man sie von mir nimmt. Wie Seneca sagt: qu'il s'est laissé prendre, ce qu'il n'a pas su retenir.

Heute ist ein warmer, klarer Tag, Spinnfäden fliegen blinkend durch die Luft; ich war zu Fuß baden, Lew Nikolajewitsch fuhr mit dem Fahrrad.

Was für eine seltsame Geschichte mit diesem alten, pensionierten General Sisserman! Er war über siebzig, ist im Krieg gewesen, starb aber durch einen Baum, der im Garten gefällt wurde, ihm direkt auf den Kopf stürzte und ihn auf der Stelle erschlug. Zurück blieben die Witwe, Töchter und Söhne. Wie traurig es wohl jetzt bei ihnen ist!

Habe Gewissensbisse, daß ich heute Sascha nicht unterrichtet habe; ständig war im Haushalt etwas los.

12. September. Bin den zweiten Tag in Moskau, völlig allein mit der Kinderfrau, und fühle mich sehr wohl. Mischa geht ins Lyzeum und kommt erst zum Mittagessen. Tanja hat sich bei den Wulfs einquartiert, und ich sehe sie kaum. Morgens gehe ich zum Zahnarzt, der mich mit Mustern, heißem roten Mastix und anderen Widerlichkeiten quält. So ist also der schlimme Moment eingetreten, daß ich Zahnersatz bekommen muß; noch ein Vorderzahn ist ausgefallen, und so etwas Häßliches und Lästiges kann ich nicht ertragen. Auch mit den falschen Zähnen wird es schwer werden, das sehe ich schon. Gut geht es mir hier deshalb, weil keine unangenehmen Fremden da sind, die Lew Nikolajewitsch besuchen, weil ich zu niemandem komplizierte familiäre Beziehungen unterhalten muß und weil keine Gespräche über die Duchoborzen, die Regierung, über Artikel und Briefe für das Ausland und über die Entlarvung der Obrigkeit stattfinden; niemand richtet an meine Person Forderungen oder Vorwürfe ... Wie bin ich all dessen müde, und wie sehr brauche ich Erholung! Abends spielte ich ein bißchen und machte mir Notizen für eine Novelle, die zu schreiben ich größte Lust hätte.[48] Von zu Hause noch keine Nachricht. Hier habe ich noch niemanden getroffen, würde aber sehr gern Sergei Iwanowitsch sehen und ihn spielen hören. Hoffe sehr, daß er an meinem Namenstag kommt und mir vorspielt.

14. September. War gestern wieder beim Zahnarzt und saß den ganzen Tag zu Hause, nähte, las, spielte Klavier. Übe zwei Stücke ein: eine Invention von Bach für zwei Stimmen und eine Beethoven-Sonate. Es geht noch schlecht, muß lange üben. Abends hatte ich mich mit Tanja bei den Kolokolzews verabredet, um dort Warja Nagornowa zu treffen, aber sie war noch nicht vom Lande zurück. Wir plauderten mit den Kindern und der Jugend und tanzten sogar; ich legte mit Sascha Behrs auch einen Walzer aufs Parkett und freute mich kindisch, als man mir sagte, ich würde ungewöhnlich leicht gehen und Walzer tanzen.

Heute war ich den ganzen Tag in Bewegung. Frühmorgens nahm ich einen Korb und fuhr mit der Pferdebahn zum Smolensker Markt, um Pilze zu kaufen, die dort in großen Mengen vorhanden waren; ich habe viele Pilze eingekauft und will einen Teil mit Tanja nach Jasnaja Poljana schicken, wo noch nie jemand solche Steinpilze gesehen hat. Kaufte auch Trauben und brachte alles zu den Wulfs, wo Tanja sich aufhält. Dann nahm ich eine Droschke und fuhr mit der Kinderfrau zu den Gräbern von Wanetschka und Aljoscha. Diese Gräber lösen in mir jedesmal Rührung, quälende Erinnerungen und einen Schmerz aus, der sich durch nichts lindern läßt.

Hatte ein leidenschaftliches Verlangen zu sterben, einzutauchen in jenes Unbekannte, wohin meine Jungen entschwunden sind. Die Kinderfrau stöhnte und weinte; ich betete ein Vaterunser, suchte im Geist mit den Kleinen in Verbindung zu treten und bat sie, bei Gott für uns Sünder Fürsprache einzulegen, doch dann lief ich vor meinem peinigenden Kummer davon.

Da ich der Kinderfrau etwas Gutes tun wollte, ging ich mit ihr und Mädchen aus dem Dorf noch Pilze suchen, aber wir fanden nichts. Als wir zur Essenszeit heimkehrten, traf ich Mitja Djakow, Sascha Behrs und die Danilewskischen Jungen vor, die gekommen waren, um Mischa zu besuchen. Nach dem Essen kochte ich mit der Kinderfrau Marmelade ein, marinierte Pilze und war erst spät damit fertig. Den Rest des Abends verbrachte ich am Klavier, spielte verschiedene Romanzen, die Tanejew, Pomeranzew und Goldenweiser mir geschenkt hatten. Übrigens waren Tanejew und Juscha Pomeranzew heute hier gewesen und hatten mich nicht angetroffen. Mich versetzte Tanejews Besuch in starke Erregung, möchte ihn schrecklich gern sehen und weiß nun nicht, wie ich es einrichten soll. Der Herrgott wird irgendwie helfen; und sehe ich ihn nicht, ist es auch recht.

Weiß von daheim überhaupt nichts. Lew Nikolajewitsch schreibt nicht, und Ljowa hat mir nur Besorgungen aufgetragen, aber kein Wort über den Vater geschrieben.

15. September. Stand spät auf, betätigte mich im Haushalt. Die Doppelfenster wurden eingesetzt, Fußböden und Türen gewaschen, Polstermöbel und Matratzen ausgeklopft, Pilze und Trauben mit Essig übergossen, usw. usw. Vor lauter Betriebsamkeit kam ich zu nichts: überall Taglöhner, Maler, Bohnerleute, und an der Spitze von alledem die Kinderfrau Anna Stepanowna. Ging dann zum Zahnarzt, er setzte mir die Zähne ein; sie sehen sehr gut aus, reiben mich aber so schmerzhaft an der Lippe, daß ich noch einmal zum Zahnarzt muß. Wie ermüdend! Zu Hause erfuhr ich dann, daß Sergei Iwanowitsch wieder hier war und mich nicht angetroffen hatte. Und wieder versetzte mich das in Erregung, sehne mich so sehr nach dem Umgang mit ihm. Begab mich auch noch in den „Fürstenhof", um den Fürsten Urussow zu sehen, doch er war leider schon aufs Land gefahren. Schaute außerdem in Konjuschki vorbei, um zu erfahren, ob Warenka oder Mascha Kolokolzewa schon eingetroffen sind, doch es war niemand da. Überhaupt hätte ich gern mir nahestehende Menschen gesehen. Gegen acht Uhr abends kam Sergei Iwanowitsch. Zu zweit verbrachten wir den Abend. Mischa hatte mit mir gegessen und war dann zu Djakow gegangen. Wie schade, daß Lew Nikolajewitsch mir wegen Sergei Iwanowitsch keine Ruhe läßt. Was für eine gute und ernsthafte Beziehung wir zueinander haben! Heute sprachen wir den ganzen Abend ununterbrochen über Kunst, Musik, die Schriften von Lew Nikolajewitsch, den er ungeheuer liebt; darüber, wie wir den Sommer verbrachten, wie kompliziert das Leben so ist, daß auf das Alter zu jedoch der Rahmen enger wird und die Unendlichkeit, die in der Jugend vor uns zu liegen scheint – im Hinblick auf unsere Ziele, das Erreichen dieser Ziele, unsere geistigen und körperlichen Kräfte, die Bildungsmöglichkeiten usw. – diese Unendlichkeit verschwindet, und statt dessen erhebt sich vor uns eine Wand – die Grenze unserer Kräfte und unseres Lebens.

Und dann muß man diese Unendlichkeit über die Grenze *dieses* Lebens hinausverlegen und in die Sphäre des *künftigen* Lebens eintreten. Ich habe das schon getan, wenn auch erst in sehr geringem Maße. Gott helfe mir, daß dieses Streben nach geistiger und religiöser, überirdischer Unendlichkeit (l'infini) sich in mir weiterentwikkelt. Sergei Iwanowitsch spielte mir seine wunderschöne Sinfonie, die mich sehr aufwühlte. Ein wundervolles Werk; seine Musik hat einen edlen, hohen Stil.

17. September. Mein Namenstag. War den ganzen Tag töricht mit dem Fest beschäftigt. Stellte Möbel um, kaufte nicht zu teure Blumen, putzte und schmückte alles, wie in der Kindheit, wenn man sich auf ein Fest vorbereitete. Mein lieber Wanetschka liebte es so sehr, seinen oder andere Namenstage *auszurichten*, wie er das mit dem Wort der Kinderfrau nannte. Bekam einen Brief von Sascha, worüber ich mich freute. Ljowotschka schreibt mir nicht, er ignoriert mich regelrecht, und das tut mir weh. Überhaupt ging es heute sehr *namenstäglich* zu: ich bewirtete die Gäste, hatte für sie eine Pirogge und eine Gans zubereitet, dann gab es noch Tee mit Zuckerkringeln, und alle waren sehr zufrieden. Abends kam Onkel Kostja, Alexei Maklakow, S. I. Tanejew, Pomeranzew und Kursinki, außerdem verschiedene Kameraden von Mischa: Golizyn, Butenew, Djakow, die Danilewskischen Jungen und Lopuchin; sie sangen im Chor, tollten herum, balgten sich, aßen und tranken; Onkel Kostja bat Sergei Iwanowitsch zu spielen, ich hätte es nicht gewagt – und wieder spielte er seine Sinfonie. Mit Sergei Iwanowitschs Musik geht es einem wie mit manchen Menschen: je besser man sie kennt, desto mehr liebt man sie. Nun habe ich zum dritten Mal seine Sinfonie gehört und entdecke jedesmal neue Schönheiten in ihr, und das ist sehr interessant.

War bei Tante Wera Alexandrowna. Sie hatte auch Namenstag, lag mit Grippe im Bett und war völlig allein. Ihre Enkelin Wera Sewerzewa ist zwar vorerst noch bei ihr, fährt jedoch bald ab. War lehrreich zu sehen, wie jemand, der elf Kinder in die Welt gesetzt hat, nun mutterseelenallein ist. Darauf muß man gefaßt sein und darf nicht murren.

Las ein wenig, spielte Klavier und kaufte auf dem Markt Pilze ein: verbrachte den Tag im Grunde sinnlos und unfruchtbar.

18. September. Stand spät auf, setzte mich zum Spielen ans Klavier. Übte eifrig die zweistimmige Invention von Bach. Sehr schwierig. Als es dann zu regnen aufhörte, wollte ich zum Zahnarzt und zu Hübners Fabrik, um Barchent zu kaufen. Begegnete aber völlig unerwartet Sergei Iwanowitsch. Auf den ersten Blick erkannte ich ihn gar nicht, dann wunderte ich mich sehr. Mir spielt das Schicksal immer solche Streiche. Er war auf einem Spaziergang zum Jungfrauenkloster, ich geriet ins Plaudern und ging mit ihm bis zur Pferdebahn. Für die Fabrik war es dann zu spät, aber zum Zahnarzt kam ich rechtzeitig. Heute hat er mir die Zähne nun anscheinend ganz in Ordnung gebracht. Überflüssigerweise erzählte ich Sergei Iwanowitsch, wie ich mir das Leben nehmen und auf den Sperlingsbergen erfrieren wollte. Den Grund und die Einzelheiten verschwieg ich natürlich. Heftige Erinnerungen an jene Geschichte hatten in mir das Bedürfnis geweckt, mich auszusprechen.

Gegenüber den Kliniken hat man Pirogow ein Denkmal[49] errichtet. Ein Ausbund an Häßlichkeit! Von allen Seiten sieht die Statue schauderhaft und geschmacklos aus.

Wieder zu Hause, aß ich mit Mischa zu Mittag, dann spielte ich vier Stunden Klavier und wurde sehr müde. Mischa und Butenew kamen; Mischa setzte sich an seine Hausaufgaben, ich stickte Namenszeichen und Butenew las mir unter Stottern französische „Pensées et Maximes“ vor. Erhielt ein verspätetes Glückwunschtelegramm von der ganzen Familie. Manchmal zieht es mich nach Jasnaja Poljana; aber wenn mir dann alle Komplikationen und Schwierigkeiten unseres Familienlebens durch den Kopf gehen, möchte ich doch nicht fahren, sondern weiterhin allein in der Stille sitzen wie jetzt. Schon allein die fremden Besucher reichen aus, um nicht in Jasnaja Poljana leben zu wollen.

19. September. Ein begabter Mensch verausgabt all sein Verständnis und seelisches Feingefühl an seine Werke, dem Leben aber steht er kühl und gleichgültig gegenüber. Gestern vertiefte ich mich in Sergei Iwanowitschs Romanzen, von denen ich jetzt viele habe. Die Musik dieser Romanzen entspricht nicht nur der Stimmung der Verse, sondern fast jedem Wort (und wie stark sie stellenweise ist!), zugleich ist sein – Sergei Iwanowitschs – Charakter und Stil vollkommen durchgehalten; ich kann seine Musik jetzt überall erkennen. Im Leben ist er dagegen ein ruhiger, wenig mitteilsamer Mensch, der keinerlei Gefühle äußert, selten seine Gedanken von sich gibt und immer den Eindruck erweckt, als lasse ihn alles kalt.

Und mein – zweifellos ungleich begabterer – Mann! Welch ein erstaunliches Verständnis für die Psychologie der Menschen offenbart er in seinen Schriften, und wieviel Unverständnis und Gleichgültigkeit bringt er dem Leben der ihm nahestehenden Menschen entgegen! Mich, die Kinder, die Menschen, die Freunde kennt und versteht er überhaupt nicht.

Draußen ist es windig, bedeckt und trübselig. Es zieht mich zur Musik, immer nur zur Musik. Fühle mich unpäßlich, einsam, es verlangt mich nach Liebe, nach Menschen – doch woher nehmen? Jeden Menschen verlangt es nach Liebe, doch sie zu geben, ist kaum einer fähig. Und gibt man Liebe, mit Inbrunst und unter Selbstaufopferung, so wird sie nicht gebraucht, ist nur eine Bürde. Meistens ist es so: die Linien der Liebe verlaufen parallel und treffen sich nicht ═, so aber: — —, das kommt fast nie vor. Und immer *liebt* der eine, der andere *läßt* sich lieben.

22. September. Zurück in Jasnaja Poljana. Ließ Mischa mit der Kinderfrau und dem betrunkenen Iwan in Moskau. Bedauerlich, daß ich meine Einsamkeit und die Möglichkeit zu spielen aufgeben und in das hektische Leben um Lew Nikolajewitsch zurückkehren mußte. Molokanen waren hier, denen wegen Sektiererei die Kinder weggenommen wurden. Lew Nikolajewitsch hatte schon einmal dem jungen Zaren davon geschrieben, dabei war aber nichts herausgekommen. Jetzt schrieb er noch einmal, doch zum Glück ist der Zar im Ausland und der Brief wird ihn wahrscheinlich nicht erreichen.[50] Ich selbst würde alles tun, um die Mütter zu beruhigen und die Kinder zu trösten, aber wenn man *absolut nichts* ausrichten kann, weshalb dann seine Sicherheit aufs Spiel setzen? Außerdem hat Lew Nikolajewitsch noch einen Brief an die Zeitungen geschickt, zur Unterstützung der Duchoborzen;[51] unentwegt braucht er öffentliches Aufsehen und das Wagnis der Gefahr. Ich aber glaube nicht an seine Güte und Menschenliebe. Ich kenne doch den Ursprung seiner Tätigkeit nur allzu gut. Ruhm und nochmals Ruhm, unersättliche, fieberhafte Ruhmsucht. Wie soll man an Lew Nikolajewitschs Liebe glauben, wenn er seine Kinder, seine Enkel, all die *Seinen* nicht liebt – aber auf einmal hat er die Kinder der Molokanen und Duchoborzen liebgewonnen! Er hat ein Geschwür an der Wange, sieht so jämmerlich aus mit seinem umgebundenen Tuch, und ist entsetzlich wehleidig.

Als ich noch fort war, ritt er zweimal zum Arzt, beim drittenmal wurde dieser bereits hergeholt. Unentwegt beteuerte er, er habe Krebs und werde bald sterben, war mürrisch und schlief schlecht. Jetzt geht es ihm besser. Der Ärmste, wie wird es ihn schwer ankommen, sich vom Leben zu trennen und Schmerzen auszuhalten! Gott steh ihm bei! Ich wünschte mir, sein Ende nicht mitansehen und ihn nicht überleben zu müssen.

Tanja will nach Jalta fahren, immer noch ist sie schlechter Stimmung. Mascha wiederum ist sowohl in schlechter Verfassung als auch schlechter Stimmung. Bei Ljowa und Dora geht es gut. Kolja Obolenski ist geschäftlich nach Moskau gefahren.

Habe gerade für Lew Nikolajewitsch ein wenig abgeschrieben. Machte für Mischa Abzüge von Photographien und schnitt für die kleine Wera, die Tochter des Lakaien Ilja, ein Kleidchen zu. Habe große Sehnsucht nach Musik, aber als ich nur erwähnte, ich wolle spielen, fielen beide Töchter ingrimmig über mich her.

26. September. Voll Unrast verstreichen die Tage. Den 23., meinen Hochzeitstag, verbrachte ich sehr angenehm, wenn auch ohne besondere Festlichkeit. Fünfunddreißig Jahre besteht nun unsere Ehe, und so schwer und kompliziert mein Leben auch bisweilen gewesen sein mag, so danke ich doch Gott dafür, daß wir voreinander rein geblieben sind und nun in Frieden und sogar in Liebe miteinander leben. Meine beiden ältesten Söhne kamen angereist, die ganze Familie war versammelt, mit Ausnahme von Mischa. Jetzt ist auch er gekommen, worüber ich sehr froh bin. An Gästen waren Sergejenko und Boulanger mit seinem neunjährigen Sohn hier. Boulanger fährt am 28. nach England, er ist wegen der Verbreitung von Tolstois Ideen ausgewiesen worden.

Lew Nikolajewitsch hat bereits den Schluß seines Aufsatzes „Über die Kunst" verfaßt und korrigiert, und ich werde ihn jetzt abschreiben. Habe ihm außerdem gerade einen Brief für die „Russkije wedomosti" abgeschrieben.[52] Verschiedene Zeitungen melden, es sei undenkbar, daß auf dem Missionarskongreß in Kasan der Vorschlag gemacht wurde, Sektierern die Kinder wegzunehmen. Da dies aber eine Tatsache ist und die Eltern, denen die Kinder weggenommen wurden, mit der Bitte zu Lew Nikolajewitsch gekommen sind, sich für sie einzusetzen, hat Lew Nikolajewitsch dies alles den „Russkije wedomosti" mitgeteilt. Ob sie es veröffentlichen, das ist noch die Frage.

Zwei Tage lebten wir still im Familienkreis; heute sind wieder Besucher da: Fürst Tscherkasski, ein Offizier, und der Gymnasiallehrer Tomaschewitsch. Gestern abend ist Lisa Obolenskaja eingetroffen, wir beide machten heute einen weiten Spaziergang – wie war das schön! Gingen durch den jungen Tannenwald, dann an der Schonung und dem Flüßchen entlang, kamen zum Badeplatz, dann zu den hohen Tannen und kehrten im Bogen auf einem Waldweg zurück. Dieses Farbenspiel des Herbstlaubes, von Hellgelb und anderen Gelbtönen bis zu Grün, häufig noch Rot und Rostbraun, ist außerordentlich schön. Und dort, wo die Tannen stehen, die hohen dunklen Tannen, sind zufällig junge Birken gewachsen; hie und da schimmerten vor dem dunklen Hintergrund Blätter von allerhellstem Gelb, ein duftiges Spitzenmuster. Lisa und ich hielten immer wieder inne und gaben unserem Ergötzen Ausdruck. Der Sonnenuntergang war wunderbar, hell und klar. Gen Grummont hatte man einen weiten Blick in die Ferne.

Auf Lisas Fragen erzählte ich ihr unterwegs die ganze Geschichte von meiner Zuneigung zu Sergei Iwanowitsch, von Ljowotschkas Eifersucht und was ich jetzt für ihn empfinde; diese Erzählung regte mich auf. Zu Hause führte ich dann mit Mascha ein bedrückendes Gespräch über ihr zukünftiges Leben; daß sie in Pokrowskoje bei seiner Mutter leben wollen, konnte ich nicht billigen, und sagte, er, d. h. Kolja, müsse eine Arbeit oder ein Amt haben und nicht sich bald von der einen, bald der anderen Mutter verköstigen lassen. Tanja, Kolja und Mascha sind am Packen und fahren auf die Krim.

29. September. Gestern sind Mascha und Kolja Obolenski auf die Krim gefahren. Mir fiel der Abschied nicht sehr schwer, obgleich ich sie beide mehr liebe als am Anfang ihrer Ehe. Die Furcht vor Maschas Tod während ihrer Krankheit hat sie mir nähergebracht. Kolja ist zwar ein guter, netter Junge, aber träge und faul. Arbeiten will und kann er nicht, und das ist unerfreulich.

Wera und Mascha Tolstaja waren zu Besuch. Zu Lew Nikolajewitsch kam ein kränklicher, sanfter und naiver Gefängnisgeistlicher aus Tula; er sagte, er denke in vielem wie Lew Nikolajewitsch und wolle sich mit ihm unterhalten. Mich erstaunte jedoch, daß der Geistliche, um zu uns zu fahren, den Bischof um Erlaubnis bitten mußte. Sollte Lew Nikolajewitsch in einem solchen Maße als Ketzer gelten? Außerdem waren noch die Molokanen da, die mit Briefen von Lew Nikolajewitsch an Koni und andere Leute nach Petersburg gefahren waren, diese jedoch nicht angetroffen hatten. Daß den Molokanen Kinder weggenommen wurden, kommt jetzt vor den Senat, und Koni hofft, daß dort beschlossen wird, die Kinder den Eltern zurückzugeben; die Sache könnte aber auch noch vor den Staatsrat kommen und würde sich dann etwa zwei Jahre hinziehen.[53] Die Molokanen erzählten von einem zweijährigen Mädchen, das bei einer Nonne ist, die es sehr liebgewonnen habe und selbst sehr ungehalten darüber sei, daß man das Mädchen den Eltern weggenommen habe, die es aber gut versorge. Und dieses Mädchen habe zu seinem Vater gesagt: Laß uns rasch eine Droschke nehmen und von hier fortfahren. Auch Jungen seien im Kloster, doch schlecht versorgt, alle voll Ungeziefer und in schmutzigen Hemden. Sie hätten die Mönche um Erlaubnis gebeten, vors Tor gehen und einen Blick auf ihre Pferde werfen zu dürfen, und so kam es zu einem Wiedersehen. Den Molokanen, d. h. den Eltern, hatten die Mönche davor nämlich gesagt, sie könnten ihre Kinder nur in der Kirche sehen, und sie dorthin gebracht. In der Kirche waren die Kinder aber gar nicht, vielmehr wurden dort gerade Molokanen zum orthodoxen Glauben bekehrt, und das führte man ihnen vor, damit sie sich ein Beispiel nähmen. Der Klostervorsteher umarmte die hergereisten Molokanen, küßte sie und sagte: „Ihr seid bekümmert, daß eure Kinder sich von euch abgewandt haben, doch genauso ist auch Mutter Kirche bekümmert, daß ihr euch von ihr abgewandt habt." Die Molokanen blieben aber standhaft.

Heute sind alle abgereist: Andrjuscha, Lisa Obolenskaja, die Tolstajas, die Molokanen und Popow, ein junger Mann, der bei Tschertkow in England war. Es regnet, es ist still, einsam und schön.

Ein Kummer nur: Lew Nikolajewitschs Abszeß an der Schläfe heilt nicht zu – eine riesige, blutige Eiterbeule, die schon drei Wochen lang schmerzt und sich nicht zu verändern scheint.

Der Regen hat uns alle im Haus eingeschlossen, und das ist gut für die Arbeit. Muß die weiteren Kapitel von „Über die Kunst" mit dem korrigierten Text vergleichen, um sie den Übersetzern zu schicken.

Vorgestern war ich in Tula, als Rechtsvormund für Andrjuscha und Mischa. Nun, nach Wanetschkas Tod, müssen die Söhne in den Besitz von Jasnaja Poljana eingeführt werden. Die verschiedensten Dinge waren zu erledigen.

Gestern machten wir einen herrlichen Spaziergang durch den Sasseka-Forst, nach Gorelaja Poljana und an der staatlichen Baumschule vorbei nach Hause. Der Sonnenuntergang war überwältigend schön. Auf der Chaussee kehrte das Volk mit leeren, klappernden Fuhrwerken vom Basar aus Tula zurück; eine Menge von Taglöhnern kam von der staatlichen Baumschule, wo sie Bäumchen versetzt hatten; und über all diesem Lärm das geradezu festliche, strahlende Licht der untergehenden Sonne, auf die wir beim Heimweg zuschritten.

Abends tranken wir bei Ljowa im Seitengebäude Tee. Wir gingen auf den Balkon, es war so warm, eine herrliche Mondnacht, der Südwind jagte durchsichtige Wölkchen am Mond vorüber, und es sah aus, als ob er ihn bald mit durchsichtigem Stoff verhängte, bald wieder dem Blick freigäbe. Saßen bis spät in die Nacht, legten albernerweise Tanja, Lisa Obolenskaja, Wera und mir die Karten. Wir nähten und plauderten so recht intim und einträchtig. So *gänzlich* lassen sich Frauen in aller Offenheit und Schwäche nur dann gehen, wenn sie sich seit ihrer Kindheit lieben und sich gegenseitig bis in alle Einzelheiten kennen. Am vertrautesten bin ich jedoch mit meiner Schwester Tanja.

30. September. Tanja ist auf die Krim gefahren, hat Iljas Sohn Andrjuscha mitgenommen. Mein Haus ist ausgestorben, zurückgeblieben sind nur Sascha und Ljowa mit seiner Frau im Seitengebäude. Lew Nikolajewitsch tut mir entsetzlich leid. So viele Jahre hat er seine Herbstmonate still mit den Töchtern verlebt: sie waren ihm zu Diensten, schrieben für ihn ab, sorgten fürs Vegetarische und verbrachten mit ihm die langen Herbstabende. Und ich fuhr in dieser

Zeit mit den Kindern im Schulalter nach Moskau, sehnte mich nach Mann und Töchtern, war mit dem Herzen stets bei ihnen, denn von der ganzen Familie mag ich meinen Mann Ljowotschka und meine Tochter Tanja doch am liebsten. Jetzt aber hat sich alles verändert: Mascha hat geheiratet, die arme Tanja sich verliebt, und diese schlimme Liebe zu einem ihr unwürdigen Mann hat sie und uns zermürbt. Sie fährt auf die Krim, um wieder zu sich zu kommen. Gott stehe ihr bei! In sechs Tagen fahre ich mit Sascha nach Moskau. Ich ziehe es so lange wie möglich hinaus, sie muß aber endlich etwas lernen, sie tut fast nichts, dabei ist sie schon dreizehn. Auch Mischa bereitet mir Sorgen; ich befürchte ständig, er könnte sittlich verdorben werden; das Leben in der Familie dünkt mir für einen Jungen doch das Beste zu sein. Lew Nikolajewitsch bleibt mit Ljowa allein, doch wie ich sehe, ist das weder dem einen noch dem anderen besonders angenehm. Bringe also Sascha nach Moskau, arrangiere alles für sie und kehre dann wieder zu Lew Nikolajewitsch zurück. Wie schwierig und kompliziert alles ist! Ich bete zu Gott, damit ich in meinen Pflichten nicht nachlasse, sie erkenne und mit stets der gleichen Energie mit meinem immer komplizierteren Leben zurechtkomme.

Es nieselt und ist warm; einzelne Blätter sind schon ganz gelb, die kräftigen Eichen- und Fliederblätter noch grün. Räumte heute das Haus und den Haushalt auf; machte Abzüge von Maschas und Koljas Abreise, jeder will eine Photographie, werde allen welche schicken. Gab Sascha ein wenig Unterricht; sie hat eine sehr schlechte Nacherzählung geschrieben. Am Abend werde ich zum fünftenmal den Schluß des Aufsatzes „Über die Kunst“ abschreiben und mein Hemd flicken, an dem die Spitzen verschlissen sind; werde kleine Fältchen und Spitzeneinsätze machen und mich für meinen Hang zu allem Schönen und Feinen schelten.

Vermisse Tanja sehr – wenngleich ich mir das nicht zugestehe. Sie ist mir mit ihren dreiunddreißig Jahren eine gute Freundin, außerdem hat sie einen Bezug zu der glücklichen Vergangenheit meines Ehelebens. Ob Leid oder Freude – sie hat stets alles mit mir geteilt. Niemand steht mir näher als sie.

2. *Oktober.* Herbstliche Stille, golden glitzert das Laub in der Sonne. Habe den Tag gut verbracht: Las morgens Senecas „Consolation à Marcia“ und „Consolation à Helvini“. Räumte die Bücher in

der Bibliothek auf. Nach dem Essen spazierten wir nach Koslowka und zurück; bedrückend, dieser verödete Weg, mit dem so viele Erinnerungen verbunden sind! Oh, man trauert besser dem Vergangenen nicht nach ... Wieso habe ich bloß so einen Charakter, daß manche Erlebnisse in meiner Seele solch tiefe Schrammen hinterlassen! Zu Hause erfuhr ich, Ljowa sei nach Krapiwna gefahren und Dora allein. Ich eilte zu ihr und leistete ihr Gesellschaft. Dann gab Ljowotschka mir das 10. Kapitel seines Aufsatzes „Über die Kunst", und ich übertrug seine Korrekturen in das andere Exemplar. Eine anstrengende, mechanische Arbeit. Saß drei Stunden daran und freute mich, daß er die Dekadenten abkanzelt und ihren Betrug entlarvt. Als Beispiel führt er aberwitzige Gedichte von Mallarmé, Griffin, Verhaeren, Moréas und anderen an. Abends forderte Ljowotschka mich auf, der Bewegung halber Federball zu spielen, und ich bat ihn, sich mit mir ans Klavier zu setzen, und wir spielten ganz passabel Beethovens Siebte. Wie wohl, wie froh und wie leicht wurde mir nach der Musik! Gingen spät zu Bett, ich las in der „Nedelja" noch Menschikows „Über die geschlechtliche Liebe"[54]. Wie man dieses Problem auch drehen und wenden mag, niemand auf der Welt wird je zu einer Lösung kommen.

Das Stärkste, Beste und Peinigendste, was es auf der Welt gibt, ist die Liebe und immer nur die Liebe, alles andere bewegt sich in ihrem Umkreis und wird von ihr gelenkt. Ob nun ein Künstler, ein Gelehrter, ein Philosoph, eine Frau oder sogar ein Kind – jedem gibt die Liebe Aufschwung, Energie, Arbeitskraft, Inspiration und Glück. Ich spreche nicht von der *geschlechtlichen* Liebe, sondern von jeglicher Liebe. Ich zum Beispiel habe in meinem Leben niemanden so stark und selbstlos geliebt wie den kleinen Wanetschka. Außerdem bezog sich die Zuneigung zu meinem Mann und anderen Menschen stets mehr auf den Bereich des Seelischen, Künstlerischen und Geistigen als auf das rein Sinnliche. So sehr mein Mann mich körperlich auch abstoßen mochte mit seiner Unsauberkeit und seinen üblen Angewohnheiten, deren er sich nie enthalten konnte – sein reiches Innenleben genügte mir vollauf, um ihn ein Leben lang zu lieben und vor allem anderen die Augen zu verschließen. U.[55] gewann ich lieb, da er mich in die Welt der Philosophie einführte, mir Marc Aurel, Epiktet, Seneca u. a. vorlas. Durch ihn und mit ihm tat sich mir erstmals diese erhabene Gedankenwelt auf, in der ich dann so oft in meinem Leben Trost fand. Auch zu Sergei Iwanowitsch faßte ich nicht aufgrund seines Äußeren Zuneigung, sondern wegen seines erstaunlichen musikalischen Talents. Jenes Edle, Ernsthafte und Reine, das in seiner Musik liegt, entspringt offenbar seiner Seele.

Aus dem gleichen Grund war mir Wanetschka das liebste aller Kinder: schmächtig und fast körperlos, war er nur Seele – eine feinfühlige und liebevolle Seele. Er war ganz aus feinem, geistigen Stoff gewoben – und natürlich nicht für ein irdisches Leben geschaffen. Gott helfe mir, alles Körperliche abzustreifen, mein seelisches Empfinden zu schärfen und mit reinem Herzen in jene Sphäre überzuwechseln, wo mein Wanetschka jetzt ist.

6. Oktober. Bin mit Sascha und Mlle. Aubert nach Moskau übersiedelt. Verließ Ljowotschka wehen Herzens; schon lange hat er mich nicht mehr so gedauert wie gestern. Er sah so einsam, alt und gebeugt aus (sein Rücken krümmt sich immer mehr, wahrscheinlich von seiner Lebensweise, den ganzen Tag sitzt er gebeugt am Schreibtisch).

Räumte noch sein Zimmer auf, brachte die Wäsche und alle seine Sachen in Ordnung und bereitete ihm seinen kleinen Haushalt vor: Haferflocken, Kaffee, verschiedene Töpfchen, Geschirr usw., Honig, Äpfel, Trauben, Albert-Zwieback – alles, was er mag. Er verabschiedete sich von mir sehr herzlich, fast schüchtern, und ließ mich ungern ziehen; in sechs Tagen etwa kehre ich zu ihm zurück, und wir fahren gemeinsam zu seinem Bruder Sergei Nikolajewitsch nach Pirogowo. Setze meine ganze Hoffnung auf Sohn Ljowa und Dora, daß sie sich um Lew Nikolajewitsch kümmern. Sein Abszeß ist abgeklungen, doch jetzt hat er etwas an der Nase und ängstigt sich entsetzlich. Hoffe, daß es nichts Ernsthaftes ist.

Ging heute zum Zahnarzt, dann zu den Kolokolzews, und danach im Auftrag von Lew Nikolajewitsch zu Dunajew auf die Bank: er soll den Brief weitergeben, den Lew Nikolajewitsch über die Molokanen und die weggenommenen Kinder an die „Russkije wedomosti" geschickt hat, die ihn aber nicht brachten, und den soll er dort abholen und an den Fürsten Uchtomski für die „S. Peterburgskije wedomosti" weiterleiten.[55]

Bin müde, schreibe verworren ...

10. Oktober. Vier Tage nichts eingetragen, Tage voller Unrast, hatte schrecklich viel zu tun. Keine Musik, keine Lektüre, keine Freude – nichts. Wie ist mir so ein Leben zuwider! Lew Nikolajewitschs Aufsatz nahm viel Zeit in Anspruch. Übertrug die Korrekturen in die Reinschrift und schrieb den gesamten Schluß ab. Suchte außerdem für Sascha eine russische Lehrerin, heute entschied ich mich für S. N. Kaschkina, die Tochter von Serjoschas ehemaligem Musiklehrer Nikolai Dmitrijewitsch Kaschkin. Mischa ist gestürzt und hat sich das Bein verletzt, seit drei Tagen liegt er im Bett, geht nicht ins Lyzeum und tut keinen Streich. Unter den Lakaien herrscht unerträgliche Trunksucht. Der eine war völlig dem Trunk verfallen und kündigte, der andere hat nun schon den dritten Tag einen Rausch. Noch nie ist etwas Derartiges vorgekommen, ist furchtbar ärgerlich und verdrießlich.

Heute verbrachte Sergei Iwanowitsch mit mir den Abend, und ich verspürte ein unbestimmtes Mißbehagen, ja sogar Entfremdung. Seine Gegenwart machte mich nicht froh, ich war unnatürlich und bisweilen sogar bedrückt. Vielleicht, weil ich von Lew Nikolajewitsch einen schönen Brief erhalten hatte und in Gedanken bereits wieder bei ihm in Jasnaja Poljana bin, vielleicht auch, weil mir das Gewissen schlug, daß die Rolle, die Sergei Iwanowitsch in meinem Leben spielt, Lew Nikolajewitsch soviel Kummer bereitet hat und ihn auch jetzt noch bekümmern könnte – jedenfalls hat sich in meiner Beziehung zu Sergei Iwanowitsch etwas geändert, obgleich ich innerlich Lew Nikolajewitschs Mißbilligung auch weiterhin mit Verve zurückweise und mir meine Freiheit des Handelns und Fühlens nicht nehmen lasse, solange ich mich vollkommen unschuldig fühle.

Meine falschen Zähne sitzen ganz schlecht, muß sie neu machen lassen, eine ganze Woche Zahnarztbesuch war umsonst. Auch dies ärgerlich und verdrießlich!

Morgen geben Tschechen ein Konzert, spielen Beethoven, ein Quartett von Tanejew und Haydn. Freue mich darauf.

11. Oktober. Erhielt Briefe von Lew Nikolajewitsch und von Ljowa und Dora, alle schrieben, Lew Nikolajewitsch sei nicht recht auf dem Damm, und so beschloß ich, noch am gleichen Tag nach Jasnaja Poljana zu fahren. Das Konzert des Quartetts war außergewöhnlich schön. Beethoven spielten sie vorzüglich, das Quartett von

S. I. Tanejew aber war eine echte Sternstunde der Musik! Es ist hochmodern, und dabei so ernst, kompliziert, mit überraschenden Harmonien, gedankenreich und sehr talentvoll. Ich schwelgte in musikalischen Genüssen. Sergei Iwanowitsch wurde zweimal hervorgerufen; sowohl ihm wie den Tschechen, die das Quartett makellos dargeboten hatten, wurde applaudiert. Noch ganz unter diesem wundervollen Eindruck fuhr ich nach Hause, packte und war innerhalb einer Viertelstunde an der Bahnstation. Auch im Zug war ich froher Stimmung, ebenso morgens auf dem Weg nach Koslowka, und noch den ganzen ersten Tag in Jasnaja Poljana stand ich unter dem Eindruck dieser Musik.

(eingetragen nach dem 11. Oktober.)

20. Oktober. Blieb vom 12. bis 18. bei Lew Nikolajewitsch in Jasnaja Poljana. Seine Gesundheit hat sich in diesen Tagen völlig wiederhergestellt. Schon am 17. ritt er nach Jassenki und trank kein Emser mehr. Wir lebten beide in den zwei Zimmern unten; nur zum An- und Ausziehen ging ich nach oben in mein kaltes Schlafzimmer, verkühlte mich dabei stark und wurde krank. Zunächst bekam ich eine Neuralgie am Kopf, dann schlimme neuralgische Schmerzen in Arm und Schulter und schließlich eine Grippe. Schwierig und trostlos war diese Woche in Jasnaja Poljana. Draußen war es feucht, trüb und düster, im Hause öde, kalt und schmutzig. Trotz meiner Krankheit saß ich ununterbrochen an der Arbeit, und in manchen Augenblicken hätte ich lachen, schreien oder weinen mögen vor Erschöpfung. Erst übertrug ich die Korrekturen von zehn Kapiteln in die Reinschrift; dann schrieb ich schrecklich viel ab. In dem Abgeschriebenen strich Lew Nikolajewitsch dann wieder einiges aus und schrieb es um, und ich mußte seine Korrekturen in das erste Exemplar rückübertragen. Dabei hat er eine verwirrende, undeutliche, winzige Schrift, schreibt die Wörter nicht aus, setzt keine Satzzeichen ... Was das eine Mühe kostet, sich in dem ganzen Wirrwarr zurechtzufinden! Bei meiner Neuralgie und dem Schnupfen war das fürchterlich schwierig. Die letzten beiden Tage war M. A. Schmidt da und half mir ein wenig, so daß wir *beinahe* alles bewältigten, was abgeschrieben und korrigiert werden mußte.

Keinerlei Dienstboten waren da, außer einem fast schwachsinnigen Bauernburschen, dem Kutschergehilfen, der die Öfen heizte und den Samowar in Gang setzte. Ein paarmal mühte ich mich auch selbst mit dem Samowar ab, ungeschickt und voller Ärger, daß Lew Nikolajewitschs Prinzipien, alles selbst zu machen, mir die Möglichkeit nahmen, ihm noch mehr zu helfen und abzuschreiben. Habe auch eigenhändig die Zimmer gefegt und Staub gewischt, mit Ach und Krach bekam ich die beiden Zimmer sauber, die in meiner Abwesenheit in höchstem Maße verwahrlost waren.

Zum Mittag- und Abendessen begaben wir uns in das wohlgeordnete, saubere und helle Seitengebäude zu Ljowa und Dora. Zunächst war es dort ungewohnt und fremd, aber gegen Ende sehr schön und angenehm.

Ljowotschka war herzlich und gut zu mir. Rührend band er mir Kompressen um Arm und Schulter, bedankte sich für das Abschreiben, und zum Abschied küßte er mir sogar die Hand, was er schon lange nicht mehr getan hat.

Während meines Aufenthaltes in Jasnaja Poljana ereignete sich noch ein schlimmer und unerfreulicher Zwischenfall. Ein Nachbar, der junge Bibikow, ein trunksüchtiger, sittenloser und dummer Lump, teilte sich ein Stück Land mit dreißigjährigem Baumbestand ab, das wir von seinem Vater vor dreiunddreißig Jahren gekauft hatten; er ließ den Feldmesser kommen, stellte Grenzpfähle mit amtlichem Siegel auf, grub Grenzsteine ein und zog einen Graben. Außerdem nahm er sich Reisig von uns, fällte zwei Birken und behauptet nun, das Land sei nicht verkauft worden und gehöre ihm. Wir holten den Landeshauptmann und den Wachtmeister, es kam zu Gesprächen, Gesuchen, allerlei Unannehmlichkeiten; dem armen Lew Nikolajewitsch und Ljowa schlug das sehr aufs Gemüt, und deshalb war es mir besonders unangenehm.

Die nötigen rechtlichen Schritte sind nun unternommen, doch wer weiß, wie das Ganze ausgeht. Wir haben eine schlechte Rechtsprechung.

Nach Moskau kehrte ich am 18. zurück. Den Morgen verwandte ich auf Erledigungen und eine Kleideranprobe, und abends war ich im 1. Sinfoniekonzert. Gegeben wurde nur Mendelssohn: die 4. Sinfonie, der „Sommernachtstraum“ mit Chor und ein Violinkonzert. Hatte jedoch den Eindruck, daß Safonow lasch dirigierte.

Am 19. war Wanja Rajewskis Hochzeit, eine feierliche, traurige Hochzeit, bewegend im Hinblick auf Mutter und Sohn. Beide empfanden die ganze Bedeutung dieses Schrittes, der nun sozusagen zu einem ersten Bruch zwischen ihnen führt, da die Mutter die Liebe des Sohnes mit der jungen Frau teilen muß. Über sie bin ich mir noch nicht im klaren. Sie ist hager, kränklich und hat ein scheues Lächeln. Es war ziemlich ermüdend; Jelena Pawlownas Erregung griff mir sehr ans Herz. Natürlich erinnerte sie sich bei diesem für sie so bedeutenden Ereignis auch an ihren verstorbenen Mann, wir sprachen von ihm und weinten sogar. Habe mich schon lange nicht mehr so herausstaffiert wie gestern, und für einen Augenblick befiel mich wieder meine alte Eitelkeit, allerdings nur schwach.

Sergei Iwanowitsch ist gestürzt, hat sich am Bein verletzt und muß einige Tage liegen. Hielt es nicht aus, machte einen kurzen Besuch bei ihm und erschrak dann vor mir selbst. A. I. Maslowa hatte mir im Sinfoniekonzert gesagt: Besuchen Sie unbedingt Sergei Iwanowitsch, er wird sich sehr darüber freuen.

Ob er sich wirklich gefreut hat? Vielleicht ganz im Gegenteil. A. A. Maklakow war bei ihm, sie spielten Schach. Sergei Iwanowitsch sah bleich und jämmerlich aus, wie ein gemaßregeltes Kind. Er klagte, aus Mangel an Luft und Bewegung könne er nicht einmal arbeiten.

Bekam Briefe von Tanja und Mascha. Immer noch derselbe bedrückende Eindruck von den Töchtern: Mascha mit ihrem faulen, unvernünftigen, jungenhaften Mann; Tanja mit ihrer schmerzlichen Verliebtheit in Suchotin. Als hätte ich beide Töchter auf einmal verloren.

Sascha lernt mit der neuen Lehrerin gut und fleißig.

War heute in Doras Auftrag und wegen der Bibikow-Geschichte beim Notar. Dora ist schwanger. Zu Lew Nikolajewitsch und mir ist sie sehr liebevoll, zuvorkommend und gütig, sie hat mich so gedauert und gerührt mit ihrer Schwangerschaft und ihrem Brechreiz.

Verbrachte den heutigen Abend mit Onkel Kostja und Maklakow. Es war öde und unergiebig, trotzdem sind sie bessere Menschen als viele andere.

21. Oktober. Stattete Sergei Iwanowitsch einen Besuch ab. Er war gestürzt und hatte sich am Bein verletzt, es schwoll an, und jetzt liegt er schon seit einigen Tagen, und ich mußte einfach nach ihm sehen. Wie immer führten wir ein ernstes, ungezwungenes und ruhiges Gespräch. Er erzählte mir von Sektierern, die sich selbst verbrennen, und ich berichtete ihm über die Werke der Dekadenten, aus denen ich für Lew Nikolajewitsch in Jasnaja Poljana Auszüge gemacht hatte. Dann sprachen wir über Musik, über Beethoven, er erzählte mir einiges von dessen Biographie und gab mir zwei Bände über sein Leben zu lesen.[57] Wie jedesmal hinterließ die Begegnung mit Sergei Iwanowitsch bei mir ein zufriedenes und gutes Gefühl. Er bat mich inständig, wieder vorbeizukommen; ich weiß aber nicht, ob ich mich dazu entschließen kann. War außerdem noch bei Natascha Den, traf sie aber nicht an. Sah, wie ärmlich sie haust. Unsere Töchter entscheiden sich alle für ein armes Leben, um dem Mann zu folgen, den sie lieben. Dabei haben sie in großen Häusern gelebt, mit vielen Dienstboten, gutem Essen ... Offenbar wird doch nichts so hoch geschätzt wie die Liebe. War auch bei Jelena Pawlowna Rajewskaja. Die Hochzeit ihres Sohnes war für sie ein schmerzliches Ereignis, doch jetzt hat sie wieder Mut gefaßt. Den Abend verbrachte ich mit Schwester Lisa bei Bruder Sascha. Gespräche, wie man wirtschaftet, Geld anhäuft, ein extremer Materialismus, geistige und künstlerische Interessen fehlen völlig – das ist an meiner Schwester Lisa entsetzlich. Gäste, Früchte, Gebäck, ein kunstvoll arrangierter Teetisch, Anetschka ist gastfreundlich, die Mädchen sind lieb, das Ehepaar Kolokolzew war da – doch letzten Endes ein folgen- und nutzlos vergeudeter Abend ...

Bekam einen kühlen, unpersönlichen Brief von Lew Nikolajewitsch. Er bemühte sich, herzlich zu mir zu sein, schaffte es aber nicht. Es ärgert ihn wohl, daß ich in Moskau bin und nicht bei ihm in Jasnaja Poljana, wo ich von morgens bis nachts für ihn abschreiben müßte. Ich kann aber nicht, kann einfach nicht mehr! Bin müde und alt, seelisch gebrochen, und vielleicht auch schon verwöhnt. Die Woche, die ich dort verbracht habe, ging mir durch den Sinn: Schmutz vor dem Haus, Schmutz auch in den beiden Zimmern, in denen ich mit Lew Nikolajewitsch diesmal wohnte. Vier Mäusefallen, die ständig zuschnappten, weil eine Maus hineingeraten war. Mäuse ohne Zahl ... Das kalte, leere Haus, der graue Himmel. Nieselregen, Finsternis; zum Mittag- und Abendessen der Gang vom einen Haus zu dem von Ljowa, mit der Laterne durch den Dreck; von morgens bis in die Nacht nichts als Abschreiben; qualmende Samoware, keine Menschen, Totenstille – entsetzlich drückend und grau war es diesmal in Jasnaja Poljana. Hier ist das Leben besser, nur müßte es *sinnvoller* und erfüllter sein.

23. Oktober. Morgens beim Zahnarzt – noch einmal alles von vorne. War dann bei Tante W. A. Schidlowskaja, schwatzte viel Überflüssiges mit Mascha Swerbejewa. Onkel Kostja kam zum Essen, danach machten wir beide einen Besuch bei Sergei Iwanowitsch. Langweilte und schämte mich, und *wahrscheinlich* war dies das letzte Mal. Wir blieben eine Weile, A. I. Maslowa kam noch dazu, scherzte plump, und ich langweilte und schämte mich noch mehr. Fuhr in ein Konzert. Zwei Quintette von Brahms wurden gegeben, sehr langweilig, ich nickte sogar ein.

Das Herz ist mir schwer; die Nachricht von Andrjuschas offenbar sehr ernster Erkrankung hat mich aus dem Gleichgewicht gebracht. Dachte viel an Tanja; heute war etwas Besonderes mit ihr, dachte wirklich sehr viel an sie. Erhielt einen Brief von M. A. Schmidt; Lew Nikolajewitsch sei gesund und munter, Bauern hätten bei ihm Tee getrunken u. a. Es fällt uns leicht, getrennt zu leben, früher war das nicht so. Aber mir fällt es nicht leicht, ohne einen Freund zu leben, ohne einen Menschen, der sich für mein Leben interessierte und mit dem ich in seelischer Gemeinschaft leben könnte. Lew Nikolajewitsch hat mit mir in *körperlicher* Gemeinschaft gelebt und mir nur fleischliche Liebe entgegengebracht. Damit geht es nun allmählich zur Neige, und damit erschöpft sich auch das Verlangen, unzertrennlich zu sein.

Las in Mendelssohns Biographie[58] und nahm mir die zweibändige Biographie von Beethoven vor. Doch was geben einem Biographien? Wer weiß schon etwas von der Seele eines Menschen? Sein Schaffen kommt aber aus seiner Seele, die Kunst lebt von der geistigen Welt ihres Schöpfers. Seine materielle Welt ist oft genug entweder schlecht oder nicht der Rede wert.

Was ist an Lew Nikolajewitschs Leben interessant? Was ist an Sergei Iwanowitschs Leben interessant? Man liebt sie nicht um ihrer selbst, um ihres Lebens und Äußeren willen, sondern wegen jenes unendlich tiefen *Traums*, dem ihr Schaffen entströmt und den man in ihnen gern sucht und idealisiert.

Fühle mich nicht in Ordnung, nicht ausgeglichen. War heute so schwermütig, daß ich mich hätte umbringen oder irgend etwas völlig Ungeheuerliches, Ausgefallenes tun können ...

24. Oktober. Wieder beim Zahnarzt. Stand spät auf, fühle mich melancholisch, alt, herbstlich gestimmt. Als ob um mich herum irgendwelche Fäden abgerissen wären, bin ich einsam, ohne Ziel, an nichts gebunden, ohne Beschäftigung und werde von niemand gebraucht. Maklakow brachte abends Plewako mit, den bekannten Advokaten. Wie alle außergewöhnlichen Menschen ist auch dieser interessant. Man merkt, das ist ein Mensch, dem man nichts zu *erklären* braucht; er ist ernst, hat Fingerspitzengefühl und für alles Verständnis. Er hat einen großen Kopf mit vorgewölbter Stirn, ist breitschultrig, unschön, doch sympathisch, obwohl über ihn Übles geredet wird.

Abends begann ich das erste Kapitel meiner Novelle. Ich spüre, daß sie gut wird. Aber wem soll ich sie zur Beurteilung vorlegen? Würde sie am liebsten ganz insgeheim schreiben und veröffentlichen.

Mein Auge schmerzt, gehe jede Nacht gegen drei Uhr schlafen. Keinerlei Nachricht von der Familie; habe gestern allen geschrieben und Geld geschickt. Bemühe mich, um keinen in Unruhe oder Sorge zu sein; das würde, wenn ich alle in Betracht ziehen wollte, viel zuviel Nervenkraft kosten ...

25. Oktober. Möchte schrecklich gern Lew Nikolajewitsch sehen, sehnte mich den ganzen Tag nach ihm. Spielte vier Stunden Klavier, um mich abzulenken. Saß lange beim Zahnarzt, er hat mich sehr gepeinigt, und dennoch schmerzen die falschen Zähne. So mußte ich denn auch diese Pein erleben, mußte mir falsche Zähne machen lassen, und wie habe ich mich davor gefürchtet ...

Schaute bei Mascha Kolokolzewa vorbei, wir sprachen über meine Töchter Tanja und Mascha, und wieder wurden die Wunden in meinem Herzen aufgerissen. Abends kamen Pomeranzew und Igumnow. Igumnow spielte viel: seine eigene Ouvertüre, Werke von Skrjabin, eine Fuge (für Orgel) von Bach sowie etwas von Pabst. Dann trug er Romanzen von Sergei Iwanowitsch Tanejew und Juscha Pomeranzew vor. Ich bin heute für Musik nicht aufnahmefähig, ich bin überhaupt schläfrig. Will am Montag zu Lew Nikolajewitsch fahren und mit ihm nach Pirogowo.

26. Oktober. Fuhr mit Sascha und Sonja Kolokolzewa zu dem Gedenkkonzert füt Tschaikowski ins Historische Museum. Danach sahen wir uns dort eine russische Gemälde-Ausstellung an. Nichts Überragendes. Frappierend die große Zahl von Herbstlandschaften. Der Herbst war dieses Jahr wirklich wunderschön. Das Laub hielt sich lange, es gab viele Sonnentage – ein goldener Herbst, hatte man den Eindruck. Serjoscha kam angereist. Wie immer wird meine herzliche Zuneigung zu ihm von einer Art Schamgefühl in Zaum gehalten. Möchte ihn jedesmal liebkosen, ihm sagen, wie ich ihn liebe, wie mir sein Kummer weh tut. Abends kamen Goldenweiser und Natascha Den mit ihrem Mann. Goldenweiser spielte vorzüglich. Er hat so eine elegante, leichte Spielweise und soviel Stil; er spielte ein Nocturne von Chopin, kleine Stücke von Rachmaninow, Imprompti von Schubert u. a. Mir bereitete es großen Genuß; hatte soviel *Kunst* heute, fühle mich wohl.

27. Oktober. Es hat geschneit, im Garten glitzert der Schnee weiß in der Sonne. Verspüre jedoch schon nicht mehr jenen jugendlichen Aufschwung an Lebensenergie und jene schlichte Freude am *ersten Schnee.*

Erledigungen, ein wenig Klavierspiel und die Abreise nach Jasnaja Poljana.

2. November. War in Jasnaja Poljana bei Lew Nikolajewitsch. Am Morgen des 28. setzte ich mich in Koslowka überaus munter in den Schlitten und war bereit, Liebe zu geben, zu arbeiten und Lew Nikolajewitsch zu helfen. Der Schnee glitzerte, ein riesiger Mond ging unter, und eine klare Sonne zog herauf – ein schöner, zauberhafter Morgen!

Doch als ich nach Jasnaja Poljana kam, fügte sich alles gleich so unglücklich, daß mir die Flügel gestutzt wurden. Lew Nikolajewitsch war unfreundlich und finster. Dann passierte etwas Unangenehmes: Als ich das Zimmer aufräumte, wollte ich auch eine der zahllosen Mausefallen wieder spannen, da schnappte sie zu, und der Stecken fuhr mir so ans Auge, daß ich umfiel und dachte, ich würde blind.

Anstatt Lew Nikolajewitschs Aufsatz abzuschreiben, mußte ich anderthalb Tage mit einer Kompresse auf dem Auge liegen. Am nächsten Tag ritt Lew Nikolajewitsch bei 15 Grad unter Null nach

Tula, und das beunruhigte mich sehr; ich lag den ganzen Tag *allein* mit geschlossenen Augen in dem großen Steinhaus und hegte finstere Gedanken über meine Beziehung zu Lew Nikolajewitsch und den Kindern.

Ein paarmal stand ich auf, um zu schreiben, und so, nur auf einem Auge sehend, schrieb ich Stück um Stück das ganze 12. Kapitel von „Über die Kunst“ ab; zum Mittag- und Abendessen ging ich zu Ljowa und Dora ins Seitengebäude, und dort war mir wohl.

Am nächsten Tag fuhr ich mit Lew Nikolajewitsch nach Pirogowo zu seinem Bruder Sergei Nikolajewitsch. Am Abend vor der Abreise gab es zwischen uns noch eine unangenehme Szene, die unserer Beziehung einen tiefen *Riß* zufügte; so etwas vergeht nicht folgenlos, sondern entfremdet Menschen, die sich einmal geliebt haben, noch mehr voneinander. Was war, ist eigentlich nicht greifbar. Im Grunde gar nichts. Das Ergebnis war jedenfalls, daß ich wieder die Eiseskälte seines Herzens spürte, die mich schon so oft zusammenzucken ließ, ebenso seine völlige Gleichgültigkeit gegenüber mir, den Kindern und unserem Leben. Auf meine Fragen, ob er nach Moskau komme und wann, hatte er ausweichend und unbestimmt geantwortet; auf meinen Wunsch, ihm näher zu sein, bei der Schriftstellerei zu helfen, abzuschreiben, ihn zu besuchen und mit gesundem vegetarischen Essen und allem anderen zu versorgen, hatte er ablehnend erwidert, er brauche gar nichts, er genieße die Einsamkeit, habe keinerlei Bitten an mich, und für ihn abzuschreiben, sei auch nicht nötig – so suchte er auf jede erdenkliche Weise mir die Freude an dem Gedanken zu vergällen, ich könne ihm Nutzen bringen, von Wohlbehagen ganz zu schweigen. Dabei liegt uns Frauen das gerade am meisten am Herzen: zu spüren, daß wir nahestehenden Menschen Nutzen oder Wohlbehagen bringen können.

Zuerst weinte ich, dann bekam ich einen hysterischen Anfall und geriet in jenen äußersten Grad von Verzweiflung, in dem man sich nichts mehr wünscht als den Tod.

Die Hauptsache aber ist Lew Nikolajewitschs Eiseskälte mir gegenüber, sie erweckt das starke Bedürfnis, sich an jemanden anzulehnen, jene Leere auszufüllen, die im Herzen zurückbleibt, wenn die Zuneigung zu demjenigen abgewiesen wird, den man ganz legal und einfach lieben könnte. Darin liegt eine große Tragik, die die Männer nicht begreifen und nicht wahrhaben wollen.

Als ich vor lauter Kummer und Tränen beinahe den Verstand verlor, versöhnten wir uns wieder irgendwie. Am nächsten Tag in Pirogowo schrieb ich von morgens bis abends pausenlos für Lew Nikolajewitsch ab. Und auf einmal wurde alles gebraucht: die warme Mütze, die ich in weiser Voraussicht mitgenommen hatte, das Obst, die Feigen, mein Körper, meine Abschreibearbeit – dies alles war mehr als unentbehrlich. O Gott! Steh mir bei, daß ich bis ans Ende von Lew Nikolajewitschs Tagen *meine Pflicht* gegenüber meinem Mann erfülle, d. h. ihm geduldig und gehorsam zu Diensten bin. Ich kann jedoch nicht mein Bedürfnis nach einem freundschaftlichen, fürsorglichen Verhältnis zueinander unterdrücken, wie es zwischen nahestehenden Menschen nun mal sein sollte.

Und trotz des Schmerzes, den Lew Nikolajewitsch mir zugefügt hatte, war ich in Sorgen, weil er die 35 Werst zu Pferd zurücklegte, und hatte Angst, er würde sich erkälten oder erschöpft sein. Jetzt ist er bei seinem Bruder in Pirogowo geblieben, und ich bin gestern nach Moskau zurückgekehrt. War in einem wunderschönen Sinfoniekonzert: Tschaikowskis Serenade C-Dur für Streichinstrumente und ein Konzert von Schumann. Traf viele Leute, Sergei Iwanowitsch war jedoch nicht da; sein Bein schmerzt immer noch.

Mit Sascha geht es gut, sie ist lediglich unartig zu Mlle. Aubert. Mischa teilte mir mit, bei Extemporalien würde er ständig Fünfen schreiben, und ich geriet in Zorn, d. h. vielmehr in Aufregung, machte ihm Vorwürfe, worauf er unangenehm ausfällig wurde.

Gestern erregte es mich sehr, daß Serjoscha bei seiner Frau gewesen ist, sie hatte ihn dazu aufgefordert; dort hat er seinen kleinen Sohn gesehen, und als ich ihn fragte, was zwischen ihm und seiner Frau gewesen sei, erwiderte er: „Von allem ein bißchen", verschwieg aber die Einzelheiten ihres Wiedersehens. Habe allerdings den Eindruck, daß er ruhiger geworden ist.

Manja hustet, will ins Ausland fahren, nach Cannes.

Hier in Moskau fühle ich mich ruhiger und besser, reise aber noch heute wieder nach Pirogowo; übermorgen fahren wir nach Jasnaja Poljana, dort werde ich mich einen Tag, an Doras Geburtstag, aufhalten, und am Donnerstag, dem 6., kehre ich morgens nach

Moskau zurück und fahre dann nicht mehr weg. Wenn Lew Nikolajewitsch von mir getrennt leben will, so ist das seine Sache. Ich muß Sascha erziehen und auf Mischa einwirken; und überhaupt kann ich nicht mehr länger in Jasnaja Poljana leben. Früher, mit den Kindern, hatte ich dort ein schönes, tätiges und erfülltes Leben; jetzt aber voll und ganz Lew Nikolajewitschs – dazu noch wenig geliebte – *Sklavin* zu sein (er liebt niemanden), ohne *eigene* Arbeit, ohne Privatleben und eigene Interessen, das kann ich nicht mehr. Bin müde vom Leben!

7. November. Meine Pläne sind nicht in Erfüllung gegangen. Am Montagmorgen traf ich in Pirogowo ein, von dort abgefahren sind wir jedoch erst gestern, am Donnerstag. Es war eine schwere Zeit bei Lew Nikolajewitschs Bruder. Er ist ein 71jähriger Greis, geistig noch auf der Höhe, in der Familie jedoch despotisch, ein entsetzlicher Misanthrop, der viel liest, sich für alles interessiert, aber außer dem Adel die ganze Welt schmäht. Unentwegt muß er über alles herziehen: die Professoren sind Sch ..., die Kinder Taugenichtse, die Kaufleute Räuber und Spitzbuben; und das Volk – versteht sich, für das Volk hat er sowieso nur Schimpfwörter übrig. In der Welt der Musik gibt es auch nur Dummköpfe und Schurken ... Es war schrecklich schwer mit ihm. Sie leben kärglich, essen schlecht; die armen Töchter, die den despotischen Vater schweigend ertragen, brauchen in dieser Einöde irgendeinen Kontakt zu lebenden Wesen. Und so führt Wera den Bauernkindern Laterna magica vor, bringt einem Jungen Englisch bei, und außerdem unterhalten sie sich mit den Bauern, Sattlern und Tischlern über religiöse und philosophische Fragen. Früher war der Vater darüber wütend, und jetzt macht das der Mutter (der Zigeunerin) furchtbaren Kummer. Außerdem haben die drei Mädchen ein Pferd und zwei Kühe; sie füttern sie selbst, melken sie und trinken die Milch, da sie Vegetarierinnen sind.

Lew Nikolajewitsch setzte dort seine schriftstellerische Arbeit fort, und ich schrieb ganze Tage für ihn ab. An dem einen Abend spielte ich ihnen auf dem völlig verstimmten Klavier vor, und alle waren begeistert – schon lange hatten sie keine Musik mehr gehört.

Am Dienstag wollten wir abfahren, doch es regnete und war glatt, und so blieben wir. Am nächsten Tag ging ein schauderhafter Wind; ich befürchtete, Lew Nikolajewitsch werde sich erkälten, und so blieben wir wieder. Gestern aber erreichte meine Schwermut ihren Höhepunkt, und wir beschlossen, nach Jasnaja Poljana zurückzukehren. Es windete stark, Lew Nikolajewitsch legte die ganzen 35 Werst frisch und munter zu Pferd zurück, und ich fuhr im großen Schlitten und war so in Unruhe um ihn wie schon lange nicht mehr. *Alle* meine anderen Interessen, Neigungen und Phantasien erschienen mir so eitel im Vergleich zu der Gefahr, mein Mann könnte sich erkälten, erkranken und ich ihn möglicherweise verlieren.

Nach drei Stunden hatten wir es geschafft und uns, Gott sei Dank, nicht erkältet. In Jasnaja Poljana bereiteten uns Ljowa und Dora einen herzlichen Empfang – gegenüber Pirogowo kam mir Jasnaja Poljana wie ein Paradies vor! Zu Mittag aßen wir bei Ljowa, abends heizten wir bei uns ein; Ljowotschka korrigierte noch das 12. und 13. Kapitel und ließ mich die Korrekturen in das zweite Exemplar übertragen.

Fröhlich tranken wir abends zu zweit Tee. Heute morgen fiel ein weicher, flaumiger Schnee; es war windstill, in der klaren Luft fror es leicht. Zu zweit tranken wir Kaffee, brachten unsere Zimmer in Ordnung, erhielten Briefe von fast allen Kindern und freuten uns darüber, sahen die Zeitungen durch, und dann fuhr ich wieder im Schlitten zur Station Jassenki und nach Moskau. Der Abschied von Lew Nikolajewitsch war freundschaftlich, er dankte mir sogar dafür, daß ich ihm mit dem Abschreiben von „Über die Kunst" so viel geholfen habe. Heute wurde noch das 12. und 13. Kapitel zu Maude nach England abgeschickt, damit er es übersetzt. Bei Lew Nikolajewitsch blieben wiederum Ljowa und Dora sowie sein früherer Abschreiber Alexander Petrowitsch Iwanow, ein Leutnant im Ruhestand, der vor neunzehn Jahren einmal zum Betteln gekommen und dann geblieben war, um nach Lew Nikolajewitschs innerer Wende seine Aufsätze abzuschreiben.

Unterwegs im Zug las ich die ganze Zeit in Beethovens Biographie, die mich außerordentlich interessiert. Er ist einer jener Genies, für die das Zentrum der ganzen Welt ihr eigener Genius, ihr eigenes Schaffen ist, und die ganze übrige Welt ist nur Umgebung, nur ein Zubehör (accessoire). An Beethoven lernte ich, Lew Nikolajewitschs Egoismus und Gleichgültigkeit besser zu begreifen. Auch für ihn ist die Welt nur das, was seinen Genius, sein Schaffen umgibt; *er* nimmt sich von seiner ganzen Umgebung lediglich das, was seinem Talent, seiner Arbeit dient, alles Übrige schiebt er von sich. Von mir zum Beispiel nimmt er sich meine Arbeit beim Abschreiben, meine Fürsorge um den physischen Bereich des Lebens, meinen Körper ... Der ganze geistige Bereich meines Lebens interessiert ihn überhaupt nicht, er braucht ihn nicht – deshalb hat er ihn nie zu ergründen versucht. Die Töchter waren ihm ebenfalls zu Diensten, und damals interessierte er sich für sie; die Söhne sind ihm jedoch völlig fremd. Uns schmerzt das alles sehr – die Welt aber huldigt solchen Menschen ...

In Moskau waren viele Verlags- und Bankangelegenheiten zu erledigen, lauter langweilige Dinge. Sascha und Mischa freuten sich sehr über meine Rückkehr, führen sich jedoch übel auf: lernen schlecht, und Sascha ist weiterhin frech zu den Gouvernanten.

Heute abend konnte ich noch ein wenig spielen ...

10. November. Kehrte heute aus Twer zurück, wo ich Andrjuscha besucht habe. Gestern morgen fuhr ich los. Andrjuscha kam mir am Haustor entgegen, er hatte seit frühmorgens auf mich gewartet; seine Freude über ein Wiedersehen mit mir bringt er immer herzlich zum Ausdruck. Er hatte sich schwere Verätzungen durch Karbolsäure zugezogen und mußte drei Wochen das Bett hüten; jetzt ist alles verheilt. Wir verlebten zusammen einen sehr schönen Tag. Ich brachte ihm seine Sachen in Ordnung, er saß bei mir, und wir sprachen über viel Intimes und Persönliches. Das Leben scheint Andrjuscha ein wenig ernüchtert und reifer gemacht zu haben. Er sieht frisch aus, trinkt nicht, führt kein liederliches Leben und macht deshalb einen munteren und erfreulichen Eindruck. Auf seine dringlichen Bitten hin will ich mich darum bemühen, daß er zum Sumsker Regiment nach Moskau versetzt wird.

Die Reise wäre schrecklich ermüdend gewesen, hätte ich nicht in der Biographie Beethovens lesen können, von der ich immer mehr hingerissen bin. Jedes Menschen Leben ist interessant, und das eines solchen Genius um so mehr!

Erhielt einen Brief und ein Telegramm von Tanja. Sie wurde durch die Erkrankung des kleinen Andrjuscha (meines Enkels) in Jalta aufgehalten. Wera Kusminskaja kommt, darüber freue ich mich.

Bekam auch einen Brief von Lew Nikolajewitsch. Er schreibt, er schließe „Über die Kunst“ nun endgültig ab und wolle an eine neue Arbeit gehen. Außerdem schreibt er: „Habe über dich nachgedacht und *dich begriffen* (?), und du tatest mir *leid*.“[59] Erstens: *wie* hat er mich begriffen? Er hat sich niemals Mühe gegeben, mich zu begreifen, und kennt mich überhaupt nicht. Wenn ich ihn bat, mir etwas zum Lesen zu empfehlen, so hat er mir jedesmal empfohlen, was *ihn* interessierte, und nicht, was für mich hätte interessant und nützlich sein können. Dabei, d. h. bei der Lektüre, hat mir der verstorbene Fürst L. Urussow viel geholfen, und jetzt tut es Sergei Iwanowitsch. Wenn ich bedrückt war, so führte er das darauf zurück, daß mein Magen nicht in Ordnung sei (bei mir, die ich so gesund bin!); wenn ich einen Wunsch hatte, so ignorierte er ihn oder er sagte, ich sei launisch und mißgestimmt. Und jetzt auf einmal *begreift* und *bedauert* er mich. Sein Bedauern verletzt mich, ich will es nicht. Wenn mir keine echte, freundschaftliche und reine Liebe zuteil wird, so brauche ich gar nichts, ich bin stärker geworden und kann mir selbst Freude und den Sinn des Lebens suchen …

11. November. War wegen Mischa im Lyzeum und mußte mir bittere Vorwürfe über seine Faulheit und sein schlechtes Betragen anhören. Wie unglücklich ich bin! Mein Leben lang bekomme ich, leidend und vor Scham errötend, von allen Direktoren und Lehrern nur Klagen über meine Söhne und Demütigungen zu hören! Es gibt doch auch glückliche Mütter, die das Gegenteil erfahren!

Zu Hause dann wieder ein bedrückendes Gespräch mit Mischa, und ich beschloß, alles daranzusetzen, um ihn ganz ins Lyzeum zu stecken. Er weigert sich, doch ich werde mich durchzusetzen suchen.

Erledigte einiges; draußen nasser Schnee und Wind. Abends sah ich – zwar ohne Erfolg, doch mit Interesse – Beethoven-Sonaten durch und spielte ein wenig. Lese immer noch hingerissen in der Biographie Beethovens, dieses gewaltigen Genius der Musik. Wera Kusminskaja kam angereist, fühle mich nicht mehr so einsam. Bin es ja auch gar nicht: in mir regt sich eine ganze neue Lebenswelt, *zur Zerstreuung* brauche ich nichts und niemand. Freue mich, die Meinen wiederzusehen, freue mich auf die Rückkehr von Tanja und Lew Nikolajewitsch, aber zu meinem inneren Glück können sie wenig beitragen. Im Gegenteil …

12. November. War mit Sascha auf einem Musikabend im Konservatorium. Es war nicht ermüdend, sondern angenehm. Dort studieren hervorragende Pianistinnen. Direktor Safonow war sehr liebenswürdig, in der Pause bot er mir den Arm und führte mich in sein Kabinett, stellte mir einen ausländischen Musikprofessor namens Ritter vor, und ich mußte deutsch sprechen. Mme. Den war hier, ansonsten sehe ich kaum jemanden. War morgens im Schwitzbad. Möchte eigentlich auch niemand sehen.

13. November. Fuhr für Dora einkaufen, schrieb ihr einen Brief, nahm bei Miss Welsh die erste Musikstunde. Heute ist mir wehmütig ums Herz, es verlangt mich nach dem herzlichen und freundschaftlichen Umgang mit einem Menschen, den ich liebe.

Wera Tolstaja ist eingetroffen; Wera Kusminskaja ist unglücklich über ihr schlechtes Verhältnis zu ihrem Vater. Mischa ist im Theater, Sascha macht Hausaufgaben. Gehe nach oben, ein wenig spielen, dann wird mir leichter, sonst trübt sich die Stimmung noch mehr.

Spielte viel, den ganzen Abend, doch ohne Resultat. Welch unendlichen Genuß verschafft Beethovens Musik!

14. November. Den ganzen Tag, von morgens bis abends, langweilige Rechnereien mit dem Kontordiener. Abends kam Al. Maklakow, wir spielten vierhändig, er spielt jedoch überaus schlecht. Wir versuchten uns an Sinfonien von Mendelssohn und Schubert (zauberhaft seine „Tragische Sinfonie") und an Mendelssohns Ouvertüren – überhaupt nichts gelang; hätte am liebsten geweint vor dieser Unfähigkeit, nicht ein einziges Stück anständig darbieten zu können.

Andrjuscha ist für zwei Tage gekommen. Er fühlte sich nach meiner Abreise aus Twer so einsam und verlassen, daß er sich beim Schwadronskommandeur Urlaub erbat und herkam. Ein schöner Brief von Lew Nikolajewitsch.[60]

Wera Kusminskaja erfuhr aus einem Brief ihrer Mutter, daß M., den sie geliebt hat, jetzt im Begriff ist zu heiraten. Sie weinte sehr und ist überhaupt zu bedauern. Zu ihrem Vater hat sie ein schlechtes Verhältnis, und gestern hat sie über einen Brief von ihm geweint.

10 Grad Kälte, später 7,5 und Wind. War heute nicht draußen. Morgen ist Sinfoniekonzert …

15. November. Den ganzen Tag Musik, aber wenig Erfreuliches. War morgens mit Wera und Sascha bei der Probe. Hatte überhaupt keine Lust, aufzustehen und zu fahren, tat es aber für die beiden.

Mittags übte ich selbst. Mischa Olsufjew kam, fragte mich über Tanja und Suchotin aus. Ich sagte, sie habe ihn abschlägig beschieden. Ein Wort gab das andere, wir kamen über sie in ein Gespräch mit vielen Andeutungen, und er regte sich sehr auf. Ob er je gedacht hat, sie zu heiraten? Bestimmt hat er das, konnte sich aber nicht entschließen. „Ihre Töchter sind sehr leidenschaftliche, begabte und wertvolle Menschen, aber vor einer Heirat schreckt man zurück", sagte er. Ich regte mich auch entsetzlich auf.

Boratynskaja und Onkel Kostja waren zum Essen hier. Abends kamen Mischas Freunde, und ich fuhr ins Sinfoniekonzert: Glasunows „Karneval", Berlioz' „Harold", Rubinsteins „Andante", eine gute Sängerin sang Lieder von Grieg und etwas von Händel. Insgesamt ein langweiliges Konzert. Mischas Schwäche ist so unerfreulich. Heute morgen hat er aber auf rührende Weise Reue gezeigt. Was aus ihm noch werden soll! Und wie bedrückend das alles ist!

Daß Ljowotschka nicht kommt, macht mich traurig und verdrossen. S. I. Tanejew treffe ich nicht, er hat ein krankes Bein, besuche ihn auch nicht, weil ich Ljowotschka nicht vergrämen will, obgleich es mich häufig ärgert, daß er nicht bei mir ist und sich seiner Einsamkeit freut, mich in meinen Handlungen und Neigungen aber einschränkt. Wozu hat er mich, wenn er nicht bei mir ist?

16. November. Wieder den ganzen Tag Musik. Gab mich morgens mit den Rechnungen und der Buchführung ab, spielte dann zweieinhalb Stunden, konnte aber mit Bachs 8. Invention nicht zurechtkommen. Nach dem Essen sah ich eine Schubert-Sinfonie durch und ging an eine Sonate von Beethoven. Dann kamen Goldenweiser, Dunajew und Warja Nagornowa. Dunajew las uns eine Erzählung von Tschechow vor,[61] Goldenweiser spielte eine Beethoven-Sonate („Appassionata"), Préludes und Nocturnes von Chopin – sehr gut, ich liebe sein elegantes, kluges Spiel, obgleich, wenn ich daran denke, wie Tanejew diese Sonate gespielt hat, so ist das ein himmelweiter Unterschied! Ach, dieser entsetzliche, ohnmächtige Wunsch, das Spiel dieses Menschen wieder zu hören – sollte er *nie* in Erfüllung gehen? Als Goldenweiser ging, versuchten Warja und ich, Schuberts „Tragische Sinfonie" zu spielen; und kaum hatten wir begonnen, konnten wir uns auch schon nicht mehr losreißen. Wir verließen uns mehr auf die Inspiration als auf unser Können. Beide waren wir begeistert. Meine liebe, feinsinnige, begabte und für alles Schöne empfängliche Waretschka!

Andrjuscha ist abgefahren; er tut mir immer leid. Mischa war in einem Zigeunerkonzert, Sascha tollte mit Sonja Kolokolzewa herum. Von niemand kam heute eine Nachricht. War nicht außer Haus. Schnee, die Temperatur um den Gefrierpunkt.

19. November. Nahm bei Miss Welsh die zweite Musikstunde, konnte mich nicht vom Klavier losreißen und spielte danach noch vier Stunden. Hätte schrecklich gern mit jemandem Schuberts letzte, unvollendete Sinfonie vierhändig gespielt, aber es war niemand da. Wera Kusminskaja ist in hysterischer Verfassung und sehr bedauernswert. Serjoscha hustet und will ständig mit Stjopa irgendein Gut kaufen, was mir außerordentlich mißfällt. Ein Brief von Lew Nikolajewitsch; er schreibt, obwohl er mich vermisse, brauche er jedoch zum Arbeiten Abgeschiedenheit, da er sehr alt sei und nicht mehr lange zu leben und zu arbeiten habe.[62] Für die Menschheit sind das vielleicht sehr gewichtige Argumente, ich persönlich aber kann mich nur mit großer Mühe zu dem Gedanken bequemen, daß das Verfassen von Aufsätzen wichtiger ist als mein Leben, meine Liebe und mein Verlangen, mit meinem Mann zusammenzusein, darin mein Glück zu finden und es nicht *anderweitig* zu suchen.

Abends besuchte ich Tante Schidlowskaja, sie ist über zweiundsiebzig und langweilt einen sehr; doch ich stelle mir häufig vor, ich selbst wäre in diesem Alter und einsam – und dann graut es mir.

Glatteis; das Fahren auf dem rutschigen Pflaster ist beschwerlich. Gestern regnete es, heute ist alles gefroren und glitzert am Tag in der Sonne, nachts im weißen Mondlicht.

Habe mir gerade die Karten gelegt, zweimal sagten sie mir den *Tod* voraus. Und plötzlich bekam ich Angst vor dem Sterben, dabei hatte ich noch unlängst den Tod herbeigesehnt. Gottes Wille geschehe! Etwas früher oder später – es ist schließlich gleich.

23. November. Moskau, Chamownitscheski-Gasse. Beginne das neue Tagebuch mit einem schlimmen Tag. Auf der Welt gibt es eben doch mehr Kummer als Freude. Gestern abend gingen Andrjuscha und Mischa zusammen mit vielen anderen Jungen in das Haus der Chilkowa auf dem Arbat, um dort einem Geist aufzulauern. Unter diesem Vorwand verschwanden sie die ganze Nacht und kehrten um neun Uhr früh nach Hause zurück. Die ganze Nacht, bis um acht Uhr morgens, wartete ich auf sie in einer derartigen Erregung, daß ich fast keine Luft mehr bekam. Dann weinte, zürnte, betete ich ... Als sie aufwachten (in der Mittagsstunde), ging ich zu ihnen, sagte ihnen gehörig Bescheid, dann bekam ich einen Weinkrampf mit Atemnot und Herzbeschwerden, lag den ganzen Tag im Bett, und jetzt bin ich wie zerschlagen.

Die Jungen waren zerknirscht, besonders Mischa; sein Gewissen ist noch reiner. Bekam einen Brief von Ljowa; er grämt sich, weil der Vater erbittert streitet, heftig wird und schreit.

Von Tanja gestern eineTelegramm aus Sewastopol, sie ist auf dem Heimweg. Was wird sie bloß tun? Die arme Mascha hat sich nicht erholt, ist immer noch schwach. Bekam einen Brief von ihr. Serjoscha ist still und tut mir wohl mit seiner musikalischen Begabung und seinem Taktgefühl.

Schnee und Frost. Lese den dritten Teil der Beethoven-Biographie und bin von ihm begeistert. Nahm noch eine – die dritte – Musikstunde und habe gerade, von elf bis eins, Klavier geübt.

24. November. Begab mich Mischas wegen morgens zum Direktor ins Lyzeum. Wieder forderte er, Mischa solle ganz ins Lyzeum kommen, wieder versuchte ich, Mischa zu überreden – habe keinerlei Kraft mehr.

Reichte dann bei der Duma Mischas Antrag ein, als Freiwilliger in die Armee einzutreten.[63] Danach brachte ich einen Artikel von Ljowa zu den „Russkije wedomosti" – eine Übersetzung aus dem Schwedischen.[64]

Anschließend kleidete ich mich um und fuhr wieder los, um Dunajewa, Dawydowa und Jermolowa zum Namenstag zu gratulieren. Ich liebe diesen Glanz der eleganten Welt, die schönen Toiletten, den reichen Blumenschmuck, den höflichen und gewählten Plauderton und die erlesenen Manieren. Wieder einmal äußerte man, was ich überall und in jedem Alter stets zu hören bekam – allseitige Verwunderung über meine angeblich so ungewöhnliche Jugendlichkeit. Istomin war von ausnehmender Liebenswürdigkeit. Wieder daheim, spielte ich anderthalb Stunden Klavier. Abends kamen Rajewski und mein Bruder Petja mit seiner Tochter. Nachts spielte ich noch einmal von zwölf bis zwei. Möchte gern vorankommen, kann aber keine

Zeit dafür finden. Serjoscha hat sehr nett gespielt. Zehn Grad unter Null, der Mond scheint.

Sergei Iwanowitsch hat mich kein einziges Mal besucht. Sicher hat er etwas von L. N. s Eifersucht gehört und bringt mir nun anstelle von Freundschaft Kühle und Distanz entgegen. Wie traurig, wie schade! Anders kann ich mir seine Kühle und sein Fernbleiben nicht erklären. Ob ihm womöglich L. N. geschrieben hat?

25. November. Tanja ist aus Jalta zurück, sie hat sich geistig und körperlich erholt. Iljuscha war hier – wie immer des Geldes wegen. Abends Sergejenko, die Dens, Lärm, Gespräche – bin sehr müde. Ein verlorener Tag: habe weder gespielt noch etwas erledigt oder gelesen – nichts. War einkaufen, schickte Andrjuscha zum Namenstag eine Uhr, den Enkeln Geschenke und besorgte mir Konzertkarten.

Tanja sagt, L. N. habe das Leben in Moskau als einen *Selbst*mord bezeichnet. Und da er gewissermaßen meinetwegen nach Moskau fährt, so heißt das, *ich* bringe ihn um. Entsetzlich! Habe ihm dies alles geschrieben und ihn angefleht, nicht zu kommen.[65] Mein Wunsch nach Zusammenleben entspringt meiner Liebe zu ihm, aber er dreht es so, als würde ich ihn *umbringen*. Ich *muß* zur Erziehung der Kinder hier leben, doch er macht mir das immer zum Vorwurf. Oh, wie bin ich des Lebens müde!

26. November. War den ganzen Tag im Theater. Morgens begleitete ich Sascha, Wera Kusminskaja und Schenja Behrs ins Korsch-Theater zu „Verstand schafft Leiden“. Es war sehr übel gespielt, langweilte mich. Abends überredete mich Tanja, mit ihr die italienische Schauspielerin Tina de Lorenzo anzusehen. Das ist eine schöne, temperamentvolle Italienerin, doch ohne Kenntnis der Sprache und des Stückes („Adrienne Lecouvreur“) war es kein sehr interessanter Theaterabend. War sehr erschöpft, habe heute kaum gespielt, würde lieber nun zu Hause bleiben.

Bruder Petja mit seiner Tochter, Dunajew und Sulerschizki waren hier. Es ist sehr kalt und windig, Mischa hat eine Halsentzündung.

27. November. Habe heute den Tag gut verbracht. Morgens nahm ich bei Miss Welsh die vierte Musikstunde, fuhr mit der Pferdebahn zu ihr auf die Jakimanka. Schaute bei den Russanows vorbei, traf sie aber nicht an. Wieder daheim, las ich noch einmal den ersten und zweiten Teil von Beethovens Biographie, danach schrieb ich an meiner Novelle, mit der ich sehr unzufrieden bin,[66] und las Senecas „Consolation à Marcia". Ich liebe diesen Brief, er spendet mir Trost.[67] Nach dem Essen wollte ich mit Mischa Mozarts Violinsonate spielen, doch da kam Serjoscha, und ich setzte ihn ans Klavier. Es freute mich sehr, daß Mischa wieder die Geige zur Hand genommen hatte, und sie waren einfach vergnüglich anzuschauen, die beiden Brüder, wie sie sich da mit meiner Lieblingskunst abgaben. Mischa spielt schlechter, hat es aber nicht ganz verlernt. Gott gebe, daß er sich wieder mit Musik befaßt. Wieviel Freude und Trost könnte er daraus schöpfen!

Keinerlei Nachricht von Lew Nikolajewitsch. Eine dumpfe Wehmut und Unruhe um ihn sitzt mir im Herzen, doch zugleich auch Groll, weil er freiwillig von der Familie getrennt lebt und sich recht unverblümt jeglicher Anteilnahme und Fürsorge für die Seinen entledigt hat. Ich werde ihm nicht mehr schreiben; kann nicht so getrennt leben und nur brieflich verkehren. Habe große Sehnsucht nach Sergei Iwanowitsch. Weiß nichts von ihm, ob er gesund ist oder ob womöglich L. N. ihm geschrieben hat. Anders ist kaum erklärlich, warum er mich kein einziges Mal besucht hat. Spielte lange Klavier, an die vier Stunden, und das ist sehr beruhigend. Mein Leben ist diese ganze Zeit von Beethoven erfüllt, von seinen Gedanken, seiner Seele, seinen Klängen; ich liebe ihn immer mehr und bin auf irgendwie neue und bewußte Weise von ihm fasziniert.

29. November. Erhielt gestern einen langen, gütigen und einsichtsvollen Brief von meinem Mann.[68] Bemühte mich sehr, mir den Brief ganz zu eigen zu machen, doch es ging von ihm eine derart greisenhafte Kälte aus, daß ich traurig wurde. Ich vergesse oft, daß mein Mann bald siebzig wird und wir in unserem Alter und Ruhebedürfnis nicht übereinstimmen. Muß bekennen, daß meine äußere und innere Jugendlichkeit diesen Unterschied noch verstärkt. Für L. N. ist jetzt *Ruhe* das allerwichtigste; ich aber erwarte von ihm, daß er den heftigen Wunsch verspürt, hierherzukommen, mich zu sehen und bei mir zu sein. Die letzten beiden Tage hatte ich schreckliche Sehnsucht nach ihm und hätte ihn für mein Leben gern gesehen. Aber auch dies habe ich überwunden, wieder ist in meinem Herzen etwas zugeschlagen und nun verschlossen ...

Heute war mein ganzer Tag erfüllt von Musik. Morgens fuhr ich mit Sascha zur Probe des Sinfonieorchesters, abends dann ins Konzert. Gegeben wurde Beethovens Neunte Sinfonie, für mich ein unendlicher Genuß. Auch Webers „Oberon"-Ouvertüre bereitete mir Vergnügen. Morgens begegnete ich am Tor zufällig S. I. und freute mich sehr. Er kommt morgen zum Frühstück, hat sich selbst eingeladen, doch ich kann nicht sagen, daß ich besonders froh bin – das ist so kurz; hege immer noch in meinem Herzen den Wunsch, irgendwann einmal lange mit ihm zusammenzusein, wie in jenen beiden Sommern, und vor allem ihm zuzuhören!

Beim Essen war Alexei Stachowitsch zu Gast. Wieder war mir bange um Tanja: beide sind in Anwesenheit des anderen nicht gelassen; heute sang er mit solcher Leidenschaft die Serenade von Don Juan.

Lese wieder einmal Seneca und setze die Lektüre von Beethovens Biographie fort. Sie ist lang, und ich habe wenig Zeit.

30. November. S. I. kam zum Frühstück, brachte gutmütige Fröhlichkeit, Gelassenheit und Herzlichkeit mit sich. Beobachtete ihn im Hinblick auf Tanja, konnte aber nichts feststellen.

Safonowa war auch da, ihre beiden Töchter sowie Sonja Kolokolzewa besuchten Sascha. Die Mädchen fuhren im Garten fröhlich Schlittschuh. Dann kam Makovický[69] aus Jasnaja Poljana und berichtete mir in gebrochenem Russisch, L. N. sei munter, arbeite viel und schicke einen langen, langen Aufsatz an den „Sewerny westnik". Ich traute meinen Ohren nicht und bat ihn, das noch einmal zu wiederholen, was er auch mit besonderem Vergnügen tat.

Vor fast drei Jahren, zwei Wochen vor Wanetschkas Tod, kam es zwischen L. N. und mir zu einem abscheulichen, furchtbaren Streit, weil er die wunderschöne Erzählung „Herr und Knecht" nicht mir, wie ich gebeten hatte, und nicht Storoschenko, wie dieser gebeten hatte (zugunsten armer Schriftsteller), sondern heimlich Gurewitsch für deren Zeitschrift zur Verfügung stellte. Obgleich ich damals sowohl meine Rechte bezüglich des 14. Bandes wie auch die Rechte des Verlages „Posrednik" erfolgreich verteidigte und wir die Erzählung zur gleichen Zeit wie Gurewitsch veröffentlichten, was sie schrecklich erboste, so brachte mich diese ganze Geschichte jedoch fast um Leben oder Verstand.[70] Und damals gab L. N. mir sein Ehrenwort, *nichts im „Sewerny westnik" zu veröffentlichen*, um mir niemals durch die Erinnerung an diese Geschichte Schmerz zuzufügen. Sollte denn ein Ehrenwort oder auch ein einfaches Versprechen ihm gar nichts bedeuten? Ich wollte ihm telegraphieren, ihn an sein Wort erinnern, überlegte es mir jedoch anders. Habe jedoch heute noch einmal die ganze damalige Geschichte mit all dem Schmerz und all den Qualen durchlebt.

Im ersten Augenblick wollte ich mir das Leben nehmen, dann irgendwohin fahren, dann spielte ich fünf Stunden lang Klavier, war erschöpft, hatte den ganzen Tag nichts gegessen – und schlief im Salon ein, schlief wie ein Stein, wie man nur bei großem Kummer oder starker Erregung schläft.

Die ganze Tragik meines Lebens und meiner Herzensangelegenheiten, meiner Liebe zu L. N. niederzuschreiben und darzustellen, ist unmöglich, vor allem jetzt.

10. Dezember. Zehn Tage sind seit meinem letzten Tagebucheintrag vergangen. Was ist geschehen? Schwer, alle Ereignisse zusammenzufassen, um so mehr, als alles bedrückend war und viele bedrückende Dinge zutage traten, die mir neu waren. Will mich an alles zu erinnern suchen.

Am 2. Dezember war ich in dem Konzert „Ein Abend mit Beethoven". Auer und D'Albert spielten vier Violinsonaten. Ein Hochgenuß, und meine Seele beruhigte sich für einige Zeit. Doch am nächsten Tag entdeckte ich in den Zeitungen eine Annonce des „Sewerny westnik" mit dem Aufsatz von L. N. Außerdem brach Tanja einen Streit vom Zaune, indem sie mir wegen meiner vermeintlichen Beziehungen zu S. I. Vorhaltungen machte, dabei hatte ich ihn davor einen Monat lang nicht gesehen. Ich war entsetzlich gekränkt; meine Familie versteht es doch immer, mich schuldlos schuldig werden zu lassen, wenn ich ihr nicht sklavisch zu Diensten bin und mich ihren Forderungen nicht unterwerfe, wie ich es das ganze Leben getan habe, sondern mir eigene Wege suche, wie jetzt die Beschäftigung mit der Musik. Und das nennt sich Schuld!

Am nächsten Tag traf ein Telegramm von Dora und Ljowa ein, daß sie kommen, doch nichts von L. N. Wie er mir hinterher sagte, kam er aus Eifersucht auf Sergei Iwanowitsch nicht (wieso denn *Eifersucht*, in unserem Alter, eher *Neid*, daß ich noch eine andere Kunst außer der seinen, der Literatur, liebgewonnen habe, und zwar durch einen fremden Menschen, nicht ihn).

Ich hatte L. N. so ungeduldig erwartet, war so bereit gewesen, für ihn zu schreiben, ihm allseitig zu Diensten zu sein, ihn zu lieben, ihm keinerlei Kummer zu bereiten, auch S. I. nicht zu sehen, wenn ihn das so schmerzt, daß die Nachricht, er komme nach einem Monat der Trennung immer noch nicht zu mir und veröffentliche außerdem einen Aufsatz im „Sewerny westnik“, mich in äußerste Verzweiflung stürzte. Ich packte und beschloß, irgendwohin zu fahren. Als ich die Droschke bestieg, wußte ich noch nicht, wohin. Zunächst begab ich mich zum Petersburger Bahnhof, wollte nach Petersburg und Gurewitsch den Aufsatz wieder wegnehmen, besann mich aber und fuhr zum Troize-Sergijew-Kloster. Abends saß ich mit einer einzigen Kerze allein in dem schmutzigen Zimmer des Gasthauses, wie versteinert, und erging mich in den bittersten Vorwürfen gegen meinen Mann, der mir und meinem Leben so gleichgültig gegenübersteht. Ich wollte mich damit trösten, daß man mit fast siebzig Jahren schon keine heftigen Gefühle mehr haben kann, doch weshalb der Betrug, die geheimen Beziehungen zum „Sewerny westnik“ und der Aufsatz für ihn? Ich meinte, den Verstand zu verlieren.

Als ich schon im Bett und eingeschlafen war, weckten mich die Stimmen von Tanja und der Kinderfrau und ein Klopfen an der Tür. Tanja hatte es irgendwie geahnt, daß ich zum Troize-Sergijew-Kloster gefahren war, hatte sich Sorgen gemacht und war mir nachgereist. Ich war sehr gerührt, doch an meiner Verzweiflung änderte das nichts. Tanja teilte mir mit, Dora und Ljowa seien eingetroffen und L. N. komme am nächsten Tag. Doch auch das rührte mich bereits nicht mehr. Ich hatte ihn zu lange und zu heftig erwartet, dann war wieder etwas in mir zerbrochen, und ich wurde gegenüber allem krankhaft gleichgültig.

Tanja fuhr wieder ab, und ich ging zur Messe. Den ganzen Tag (neun Stunden) verbrachte ich in der Kirche. Ich flehte zu Gott, er solle nicht zulassen, daß ich die Sünde des Selbstmords begehe oder mich für alles Leid, das mein Mann mir ständig zufügt, räche; ich flehte um Versöhnung, um ein Wunder, das der Beziehung zwischen meinem Mann und mir Aufrichtigkeit, Liebe und Vertrauen verleihen würde; und ich flehte um Heilung für meine kranke Seele.

Meine Beichte vollzog sich vor Gott, da der Mönch Fjodor, der sie mir abnahm, so hinfällig war, daß er nicht einmal meine Worte verstand; immer wieder schluchzte er auf von Nervosität und Schwäche. Mein Fasten und Beten fand in einer sehr geheimnisvollen und poetischen Atmosphäre statt: die steinernen Gänge, die Zellen, das einfache Volk, die überall umherwandelnden Mönche, die Gebete, der lange Gottesdienst und die absolute Einsamkeit unter der Menge der Betenden, wo mich niemand kannte. Abends las ich lange in einem Buch mit Klosterregeln und Gebeten, das ich im Gasthaus vorfand. Am nächsten Morgen ging ich in der Kirche des Refektoriums zum Abendmahl. Das war am 6. Dezember, dem Kronsfeiertag, darum wurde ein für ein Kloster üppiges Mittagsmahl vorbereitet: vier Gänge mit Fisch, Bier und Honig. Das Geschirr bestand aus Zinntellern und Zinnbechern, auf den Tischen lagen Tischtücher, und Novizen in weißen Schürzen bedienten.

Nachdem ich einem kurzen Gottesdienst beigewohnt hatte, streifte ich durch das Klostergebäude. Auf dem Platz lief mir eine Zigeunerin nach: „Dich liebt ein Blonder, traut sich aber nicht; du bist eine angesehene Dame, hochstehend, gebildet, er aber ist aus anderen Kreisen ... Gib einen Rubel und sechs Zehnkopekenstücke, dann verzaubere ich ihn dir, folge mir nur. Marja Iwanowna kennen alle, habe ein eigenes Haus. Ich verzaubere ihn, er wird dich lieben wie ein Ehemann ..."

Mir wurde ganz anders zumute, und ich wollte mir das Zaubermittel von ihr holen. Doch als ich ins Gasthaus zurückkehrte, bekreuzigte ich mich und sah ein, wie dumm und sündhaft das war.

Im Zimmer befiel mich wieder die Schwermut. Ich erwartete von Tanja ein Telegramm über L. N.s Ankunft, doch es war keines da. Ich aß und fuhr zum Telegraphenamt, wo zwei Telegramme lagen, die man nicht zugestellt hatte: eines von Tanja, und das zweite, lange und rührende, von L. N., der mich bat, heimzukommen.[71]

Ich fuhr unverzüglich zur Bahn.

Zu Hause kam Lew Nikolajewitsch mir mit Tränen in den Augen im Korridor entgegen. Wir warfen uns einander in die Arme. Er war einverstanden (schon in Tanjas Telegramm war das erwähnt worden), keine Aufsätze mehr im „Sewerny westnik" zu veröffentlichen, und ich versprach ihm reinen Herzens, S. I. nicht absichtlich zu treffen, L. N. zu Diensten zu sein, ihn zu schonen und alles zu tun, was er zu seinem Glück und seiner Ruhe braucht.

Wir sprachen schön miteinander; mir fiel es so leicht, ihm alles zu versprechen, ich liebte ihn so stark und innig und war so zur Liebe bereit ...

Heute aber steht in seinem Tagebuch, ich hätte zum ersten Mal *zugegeben, im Unrecht zu sein*, und das sei eine Freude!!![72] O Gott! Steh mir bei, dies zu ertragen! Wieder muß er sich vor den künftigen Generationen als *Märtyrer* hinstellen, und mich als die *Schuldige*! Und worin besteht meine *Schuld*? L. N. erzürnte es schrecklich, daß ich mit Onkel Kostja vor einem Monat S. I. besuchte, als dieser wegen seines kranken Beines im Bett lag. Aus diesem Grund kam L. N. nicht nach Moskau, und das hält er für eine *Schuld*.

Als ich ihm dann sagte, bei meinem so reinen, unschuldigen Leben mit ihm könnte er mir doch verzeihen, daß ich einen kranken Freund besucht hätte, und dazu noch mit einem alten Onkel, da gingen L. N. die Augen über, und er sagte: „Freilich, das ist wahr, ein reines und wunderbares Leben hast du geführt." Seine Tränen der Rührung hat aber niemand gesehen, niemand kennt unser Leben, doch in seinem Tagebuch steht etwas von meiner *Schuld*! Der Herr vergebe ihm seine Grausamkeit und Ungerechtigkeit.

Jeden Tag haben wir Gäste: ein Leben voller Unrast. Ljowa ist in Moskau schlechter Laune. War gestern Ljowas und Doras wegen im Maly-Theater, der „Gentleman" von Fürst Sumbatow wurde gegeben.[73] Heute speist Beaunier bei uns, Korrespondent der französischen Zeitungen „Temps" und „Débats".[74] Komme nicht dazu, Klavier zu spielen. Schreibe emsig für L. N. ab, korrigiere Fahnen und bin ihm in jeder Hinsicht zu Diensten.

Gestern nacht hatte ich eine schlimme Neuralgie ...

11. Dezember. Gurewitsch war hier, sie weinte und spielte vor Tanja die Unglückliche. L. N. zeigte sich nicht. Vorerst hat er den Aufsatz von ihr zurückerbeten. Was wohl weiter wird? Habe nach dieser Täuschungsgeschichte mit der Veröffentlichung des Aufsatzes im „Sewerny westnik" alles Vertrauen in L. N. s Aufrichtigkeit verloren.

Wenn ich nicht unter der Familiendespotie lebte, würde ich zum Konzert von Nikisch nach Petersburg fahren. Die Musik ruht wieder. Heute sind Dora und Ljowa nach Jasnaja Poljana abgefahren. Er war in Moskau sehr gereizt.

Gestern abend war der deutsche Schauspieler Lewinski bei L. N., Goldenweiser spielte Beethovens „Appassionata“, und ich mußte wieder daran denken, wie unvergleichlich viel besser Sergei Iwanowitsch sie gespielt hat. Traf ihn im Konzert von Igumnow; aufgrund einer Laune des Schicksals lag mein Platz neben dem seinen. Ich hatte meine Karte vor zwei Wochen gekauft, und ihm hatte Igumnow am Tag des Konzerts eine Freikarte gegeben. Was für Zufälle es gibt! L. N. habe ich davon nichts gesagt, um ihn nicht zu vergrämen. Mir war aber alles gleich!

14. Dezember. L. N. hat Gallenschmerzen, und die Verdauung ist nicht in Ordnung. Befürchte, daß er krank wird, wie auch ich dieser Tage. Hatte die schlimmsten Magen- und Gallebeschwerden. Heute herrscht ein entsetzlicher Schneesturm, vielleicht kommt L. N. s Unwohlsein vom Wetter.

Er hat sich Schlittschuhe gekauft, und gestern wie auch den Tag davor lief er Schlittschuh und freute sich, daß es ihn gar nicht ermüdete. Tatsächlich ist er gut bei Kräften, seit gestern aber niedergeschlagen, weiß nicht, wieso. Von Gurewitsch kam ein verzweifelter Brief, weil L. N. den Aufsatz zurückgezogen hat;[75] sicher ist L. N. deshalb zornig auf mich. Um nicht schuld zu sein, bitte ich L. N. ständig, alles so zu machen, wie es ihm genehm sei, verspreche, mich nirgends einzumischen und ihm keine Vorwürfe zu machen. Er schweigt hartnäckig und finster.

War heute mit Wera Kusminskaja und meiner Sascha in der Oper „Orpheus“ von Gluck. Eine sehr schöne, graziöse, melodische Oper. Alles an ihr ist so feingesponnen, wohlgesittet und duftig – die Chöre, die Tänze wie auch die Dekorationen. Gestern war ich im Sinfoniekonzert. Eine zauberhafte Sinfonie von Beethoven (Pastorale), Tschaikowskis Erstes Konzert – alles andere war langweilig.

So sehr ich mich auch tapfer gebe, tief in meiner Seele sitzt jedoch der Gram über die nicht restlos guten, freundschaftlichen Beziehungen zu L. N. und die Sorge um seine Gesundheit. Nun habe ich doch alles getan und so aufrichtig und inbrünstig gute Beziehungen herbeigewünscht! Ach, wie ist alles schwierig! Als ich heute ins Theater fuhr, drängte sich schluchzend eine Apothekersfrau an mich und bat zuerst um 600, dann um 400 Rubel, zur Rettung ihres Geschäfts. Sie hat es noch schwerer. Wir aber versuchen unentwegt den Herrn …

16. Dezember. Abends schreckliche Kopfschmerzen. Die beiden lieben Maslowas, Anna und Sofja, waren hier; sie sind teilnahmsvoll, gutmütig und lebhaft. Dann Stachowitsch und Gorbunow. Lisa Olsufjewa kam heute zum Essen, danach F. I. Maslow, er brachte L. N. für seine Novelle Ansichten vom Kaukasus.[76] Dann noch Nataschа Den. War geschäftlich und zu Einkäufen unterwegs. L. N. hat Grippe und ist mißgelaunt. Habe ein wenig gespielt. In der Beethoven-Sonate gibt es ein herrliches Rondo.

Gestern stattete ich Höflichkeitsbesuche ab; überall das gleiche Gespräch: „Was schreibt der Graf?“, „Qu'est-ce que vous faites pour rester toujours jeune?“ usw. Meine Jugendlichkeit ist in den Salons regelrecht zu einem unumgänglichen Gesprächsthema geworden. Doch was habe ich davon? In meinem Inneren sieht es gar nicht froh aus; L. N. ist nicht freundlich, und vor allem trägt er etwas mit sich herum, was er verschweigt. Ich würde ja alles auf der Welt für ihn tun, wenn er mich bloß freundlich *bäte*. Sein böser, stummer Protest ruft in mir jedoch ebenfalls Protest hervor, außerdem den Wunsch, mir meine eigene, unabhängige geistige Welt, eigene Betätigung und meine eigenen Beziehungen zu schaffen. S. I. sehe ich nicht und versuche, nicht an ihn zu denken.

L. N. ist heiser und hustet.

17. Dezember. Morgens eine Klavierstunde bei Miss Welsh. Dann ein Besuch bei Annenkowa, danach im Schwitzbad. Lew Nikolajewitsch hat Grippe, kann nicht schreiben; er ist einsilbig, unwirsch und unangenehm, und heute sprach er davon, er führe zu Mascha. Schlimm, dieses hektische Leben: wenn er herkommt, ärgert er sich, daß er hergekommen ist, und will unentwegt wieder fort. Nichts von einem einträchtigen, ruhigen Familienleben, wie ich es so gerne hätte; nichts, worauf man sich verlassen könnte …

Im Schwitzbad ereignete sich etwas Erstaunliches: Hier in Moskau war in letzter Zeit viel von einer gewissen Familie Solowjow die Rede, die innerhalb einer Woche drei Kinder an Scharlach verloren hat. Und nun fügte es sich so, daß ich mit der Mutter dieser Kinder in der gleichen Abteilung war. Wir kamen ins Gespräch, das weckte in mir quälende Erinnerungen an Wanetschkas Tod, und ich erzählte ihr, welchen Ausweg (die Religion) ich in meinem Kummer gesucht und zum Teil auch gefunden hatte. Das tröstete sie, und dann fragte sie, wer ich sei, und als ich es ihr sagte, brach sie in Schluchzen aus, warf sich mir an den Hals, küßte mich und bat, ob ich nicht noch bei ihr bleiben könnte. Eine liebe, schöne und bedauernswerte Frau.

Abends Gäste: Tschitscherin, Lisa Olsufjewa, Mascha Subowa, Annenkowa, Russanow und S. I. Tanejew. Sein Erscheinen jagte mir Lew Nikolajewitschs wegen einen Schrecken ein, und zunächst war es peinlich und furchtbar. Beim Tee ging es dann. Natürlich freute ich mich, ihn zu sehen, doch ich hätte mich noch mehr gefreut, ihn zu hören. Aber er spielte nicht.

Hatte gestern einen Traum: Ein langer, schmaler Saal, in dessen Tiefe ein Klavier steht, und S. I. spielt seine Komposition. Wie ich näher hinschaue, sehe ich: Auf seinem Schoß sitzt Wanetschka, ich kann von hinten nur sein goldgelocktes Köpfchen und die weiße Jacke sehen, er lehnt sich an die linke Schulter von S. I. Und mir wird so wohl und froh ums Herz, von der Musik wie auch davon, daß Wanetschka bei S. I. ist. Da wurde mit den Fensterläden geklappert, und ich erwachte. An das Motiv der Musik erinnerte ich mich auch noch im wachen Zustand deutlich; es blieb mir jedoch nicht lange haften.

Und es machte mich unendlich traurig, daß Wanetschka nicht mehr ist und ich nie mehr jene Musik hören werde, die meinen Kummer tröstet, daß L. N. s Kummer infolge seiner Eifersucht nie mehr gänzlich vergehen wird und daß, ohne jegliche Schuld meinerseits, die Beziehung zu L. N. nun für immer Schaden genommen hat, und genauso auch, infolge dieser Eifersucht, die schlichte, gute Beziehung zu S. I. Wie schwer das Leben doch ist! Schlimm.

Lew Nikolajewitsch erzählte heute: Im Kreml kam eine Frau nieder. Die Geburt war schwierig, die Frau war dem Tode nahe, darauf schickte man ins Kloster der Wunder nach einem Geistlichen. Der Klostergeistliche kam mit den Sakramenten. Da stellte sich heraus, daß er früher einmal Arzt gewesen war und mit Hilfe einer Zange und einer bestimmten Operation Mutter und Kind gerettet werden konnten. Es war Nacht; der Klostergeistliche ging in seine Zelle und holte die chirurgischen Instrumente. Er vollzog die Operation, und die Wöchnerin und das Kind waren gerettet. Man sagt, als der Metropolit davon erfuhr, sollte der Mönch verstoßen werden, dann schickten sie ihn jedoch nur in eine andere Stadt und ein anderes Kloster.[77]

Sonja Mamonowa zeigte mir heute eine Photographie des zweimonatigen Sohnes von Manja und Serjoscha. L. N. und ich regten uns sehr auf. Der arme Sohn, der arme Vater.

18. Dezember. Stand spät auf, ging zu Fuß zur Bank, wegen der Finanzangelegenheiten der Kinder. Fühle mich krank, geistig und körperlich schwach. Nach dem Essen spielte ich ein wenig, dann las ich aus der Broschüre „Das Leben" vor[78], und danach las Lew Nikolajewitsch mir und Sonja Mamonowa eine Besprechung der neuesten französischen Stücke und ihres Inhalts vor[79]. Alle wollen sich ständig etwas Neues einfallen lassen, was dann nur auf Überraschungseffekte gründet, aber selten einen echten Inhalt hat.

Tanja war bei den Golyzins, zeichnete und spielte Mandoline. Mischa ist zu Hause, er hat ein kümmerliches Naturell: immer sitzt er da, legt stumpfsinnig Patiencen oder klimpert auf dem Klavier stets ein und dasselbe kümmerliche Motiv aus einem russischen Volkslied. Traurig! Mit Sascha gab es einen unerfreulichen Auftritt, da sie zu Mademoiselle frech war und einen schlechten französischen extrait geschrieben hat. Zum Mittagessen kamen das Ehepaar Den und Serjoscha Danilewski, abends Dunajew.

20. Dezember. Machte gestern Einkäufe für das Fest, heute ebenfalls. Die Kinder, die Enkel, die Schwiegertöchter, die Gouvernante – jeder braucht alles mögliche. Ist ermüdend und langweilig. Gestern wachte ich schluchzend auf. Hatte geträumt, Wanetschka sei zurückgekehrt und spiele mit Sascha, und ich eilte voller Freude zu ihm. Dann legte er sich ins Bett, ich beugte mich über ihn und wollte ihn küssen, und er streckte mir, wie er es immer getan hat, seinen Mund entgegen. Und ich sagte zu ihm: „Wie lange du weg warst, wie schön, daß du nun zurück bist!"

So real und lebendig sah ich das vor mir, daß ich sofort beim Erwachen losschluchzte und noch lange danach weinte. L. N. wunderte sich, denn ich konnte mich überhaupt nicht mehr fassen. Wie dieses Leid noch in mir schmerzt! Man sagt, es sei eine Sünde, einem Kind nachzuweinen; mag sein.

Lew Nikolajewitsch ritt gestern zu der Druckerei, wo sein Aufsatz

„Über die Kunst" für das „Journal filossofii i psichologii" gedruckt wird. Außerdem fuhr er Schlittschuh, und abends gingen wir beide zum Telegraphenamt, um ein Telegramm an seinen Übersetzer nach England zu schicken.[80]

Er bemüht sich, bei Kräften zu bleiben; habe für ihn ein Reitpferd kommen lassen, was er sich sehr gewünscht hatte.

21. Dezember. Ach ja, gibt es auch Glück auf dieser Welt? Heute war wieder ein schlimmer, schlimmer Tag. Tanja erhielt einen Brief von Gurewitsch, immer noch geht es darum, L. N. solle ihr den Aufsatz geben.[81] Serjoscha, der heute eingetroffen ist, und Tanja fielen über mich her, sagten, ich sei es, die das nicht wolle (mir sind diese Beziehungen zum „Sewerny westnik" so zuwider), und schickten mich zu L. N., ihn zu bitten, daß er ihr seine „Einführung" zu Carpenters Aufsatz überlasse. Ich ging zu ihm und sagte, L. N. solle ihr den Artikel geben, wenn ihm und der ganzen Familie so viel daran liege. Ich bat ihn fast, es zu tun. L. N. gegenüber ist das jedoch das beste Mittel, um das Gegenteil zu erreichen, denn aus seinem Widerspruchsgeist heraus tut er immer das Entgegengesetzte.

Aber da sagte ich unvorsichtigerweise, seine Beziehungen zu Gurewitsch seien mir genauso zuwider wie ihm die meinen zu Tanejew. Ich blickte ihn an und bekam einen Schrecken. Unter seinen in der letzten Zeit stark gewachsenen Brauen blickten böse Augen hervor, sein Gesicht hatte einen rohen, zugleich aber leidenden und unschönen Ausdruck; nur dann ist sein Gesicht schön, wenn es teilnahmsvolle Güte oder zärtliche Leidenschaft ausdrückt. Häufig geht mir durch den Sinn, was er wohl mit mir oder mit sich angefangen hätte, wenn ich tatsächlich irgendwann auch nur die geringste Schuld auf mich geladen hätte. Dem Herrgott sei Dank, daß er mich vor der Sünde und der Versuchung bewahrt hat. Mir selbst schreibe ich das nicht zu; Gott hat mich gerettet.

Mittags stattete ich Visiten ab, abends kümmerte ich mich um die Abreisenden: Mischa fuhr aufs Land, Wera Kusminskaja nach Kiew, Sonja Mamonowa nach Hause ins Gouvernement Kaluga. Tanja ging zu einer festlichen Theateraufführung, ich selbst mit Sascha zur Tanzstunde bei den Butenews. War öde, nichts Außergewöhnliches. Eine Stunde habe ich heute gespielt.

L. N. fegte heute morgen in unserem Garten den Schnee von der

Eisbahn und fuhr Schlittschuh; dann ritt er auf die Sperlingsberge und noch weiter. Die Arbeit geht ihm nicht von der Hand.

25. Dezember. Habe ich wirklich vier Tage lang nichts eingetragen? Viel ist in dieser Zeit passiert. Vorgestern begab sich Lew Nikolajewitsch zum Nikolajewsker Bahnhof, um den Engländer Saint-John und Sulerschizki abzupassen, die zu den Duchoborzen fahren und ihnen das für sie gespendete Geld bringen wollen. Er traf sie aber nicht, kam zu Fuß völlig erschöpft und durchfroren nach Hause, legte sich ins Bett, und als ich heimkehrte, war er schon krank, hatte 38,5 Fieber, nach einer Stunde 39,4, und noch eine Stunde später 40,2. Am Vorabend war L. N. auch noch im Schwitzbad gewesen, und all dies zusammen war zuviel für ihn. Ich fuhr selbst einen Arzt holen und brachte den jungen Ussow an. L. N. ließ bereitwillig die Untersuchung, das Abhören usw. über sich ergehen. Wie immer wurde Emser verschrieben, und der ganze Körper solle heiß abgerieben werden, am heißesten der Leib. Darm, Galle und Magen sind in Mitleidenschaft gezogen – alles hat sich vom übermäßigen Schwitzen bei der Anstrengung erkältet. Ich tat wie geheißen, gestern ging es ihm schon besser, er hatte 38,6, heute 37,5; er ist noch schwach, aber die Krankheit ist schon auf dem Rückzug. Er hat gegessen, um drei Uhr brachte ich ihm sein Emser, um halb vier eine Haferschleimsuppe. Er sagte: „Wie klug von dir, daß du mir die Suppe bringst, bin etwas geschwächt." Dann aß er mit uns; am Tisch saßen nur wir beiden Alten, Serjoscha, Tanja und Sascha sowie Sascha Behrs und Mlle. Aubert. Aber das Essen verlief einträchtig und schön. Der arme Serjoscha ist die ganze Zeit so traurig! Vor dem Essen liefen die Kinder Schlittschuh und sahen sich die Tiere im Zoologischen Garten an, L. N. schlief, und ich spielte, übte eifrig.

Ein anonymer Brief ist eingetroffen; hier eine Abschrift:

Graf Lew Nikolajewitsch!

Es steht außer Zweifel, daß Ihre Sekte wächst und tiefe Wurzeln schlägt. So sehr sie auch auf Sand gebaut sein mag, ist es Ihnen mit Hilfe des Teufels und aufgrund der Dummheit der Menschen doch gelungen, unseren Herrn Jesus Christus zu beleidigen, und er muß durch uns gerächt werden. Für den Untergrundkampf mit Ihnen, der Sie auch im Untergrund wirken, haben wir die Geheimgesellschaft der „Zweiten Kreuzritter“ gegründet, deren Ziel es ist, Sie und alle Ihre Anhänger, die Ihrer Sekte vorstehen, umzubringen. Wir sind uns durchaus bewußt, daß dies keine christliche Tat ist, doch der Herr möge uns vergeben und uns im Jenseits richten! So sehr es uns auch um die „eigene“ Hand leid ist, da sie aber nun einmal vom Brand befallen, muß sie geopfert werden, auch um Sie als unseren Bruder in Christo ist es uns leid, doch Ihre Vernichtung wird das Böse schwächen! Auf mich Unwürdigen fiel das Los: ich muß Sie umbringen! Beraume Ihnen den Tag an: es wird der 3. April des kommenden Jahres 1898 sein. Ich tue das deshalb, weil meine Mission im Dienste des großen Heiligen steht und Sie sich dadurch auf den Übergang ins Jenseits vorbereiten können.

Vielleicht stellen Sie mir die logische Frage: Warum richtet sich diese Agitation nur gegen Ihre Sekte? Freilich sind alle Sekten – „Eine Schurkerei vor dem Herrn!“, aber die Propheten der anderen sind jämmerliche Schwachsinnige – Ihnen, Graf, können sie nicht das Wasser reichen. Und zweitens: Sie sind ein Feind unseres Zaren und Vaterlandes! Also: bis zum 3. April!

Erster durchs Los erwählter Zweiter Kreuzritter
Kühndorf, Dezember 1897

Auf dem Briefsiegel die Initialen JES und eine Adelskrone. Abgestempelt am 20. Dezember in Pawlograd.

Dieser Brief beunruhigt mich derart, daß ich ihn keinen Moment vergessen kann. Dachte schon daran, dem Gouverneur von Jekaterinoslaw und dem hiesigen obersten Polizeichef Trenow davon Mitteilung zu machen, damit Maßnahmen ergriffen werden. Wenn sie nur wollen, spüren sie die gefährlichen Leute schon auf.

Lew Nikolajewitsch äußerte keinerlei Beunruhigung und sagte, es solle nichts unternommen werden, alles liege in Gottes Hand.[82]

Abends kamen die Kolokolzews, Butenew und Wera Sewerzewa. Lew Nikolajewitsch hat 38,5 und ist schwach.

26. Dezember. Half morgens Tanja und Sascha bei der Abreise nach Grinjowka und Nikolskoje. Serjoscha ist gestern abend abgefahren. In Eile packten wir die Kisten. Habe den Enkeln alles für Weihnachten geschickt, außerdem Dora Geschenke und Obst sowie meiner Mascha eine Kiste mit Tafelsilber und einem Pelz. Das alles nimmt Tanja mit; und für unterwegs packte ich ihnen einen Korb mit Speisen und Früchten. Lew Nikolajewitsch und ich sind allein zurückgeblieben; die Stimmung ist recht gut. Ihm geht es viel besser, morgens hatte er 36,9, abends 37,5; abends bat er um eine Suppe und einen Bratapfel. Er ist frischer und fröhlicher. Mich verfolgt der gestrige Brief.

Saß den ganzen Tag am Klavier. Diese wortlose musikalische Unterhaltung mit Beethoven, Mendelssohn, Rubinstein o. a. macht mir, selbst bei meinem schlechten Spiel, großes Vergnügen. Mich unterbrach Mitja Olsufjew, und wir unterhielten uns offen und freundschaftlich; dann kamen meine kühle, kluge und schöne Kusine Olga Sewerzewa und die temperamentvolle, gescheite und begabte M. N. Muromzewa. Sie hat viele Fehler, aber mit ihr fühle ich mich immer wohl. Erhielt vier Einladungen für mich und die Kinder: von den Trenows, den Glebows, Bruder Sascha und von Muromzewa, für einen Abend mit Koni und Musikanten. Sie sagte, sie lade auch S. I. ein, doch ich weiß, daß er sich zum Arbeiten in die „Einsiedelei“ zurückgezogen hat.[83]

Abends kam Anna Lewizkaja; dann entwickelte ich – und verdarb dabei – eine Gruppenphotographie, die ich gestern in unserem Garten aufgenommen hatte. Morgen ist Sinfoniekonzert, und ich freue mich.

27. Dezember. War im Sinfoniekonzert, lauter für mich neue Werke wurden gegeben: eine Sinfonie von Franck, „Le roi s'amuse“ von Delibes, zum ersten Mal das Poem „Stenka Rasin“ von Glasunow u. a. Neue Werke interessieren, erfreuen mich aber nicht. Lew Nikolajewitsch geht es besser, heute war er im Garten und aß mit Appetit. Es ist schwer, ihm, dem Vegetarier, eine Krankenkost zu bereiten, muß mir stets mühsam etwas einfallen lassen. Heute gab ich ihm eine Pilzbouillon mit Reis, Spargel und Artischocken, Griesbrei mit Mandelmilch und gehackten Nüssen sowie eine gekochte Birne.

Nikolai Wassiljewitsch Dawydow war hier; ich erzählte ihm von dem anonymen Brief, und er ist der einzige, der das recht ernst nimmt. Golyzina, Samarina, die Chowrins u. a. statteten Höflichkeitsbesuche ab. Abends hatte ich eine nette Unterhaltung mit einem jungen Mädchen, S. N. Kaschkina. Außerdem kamen Annenkowa, Dunajew, Sergejenko, Zinger und Popow; sie kümmerten sich um L. N., solange ich im Konzert war.

L. N. erzählte heute, an dem Tag, als er krank wurde, sei er die Pretschistenka entlanggegangen, auf einmal habe ihn eine graue Katze angesprungen, sei an seinem Mantel hochgeklettert und habe sich ihm auf die Schulter gesetzt. L. N. sieht darin offenbar ein schlechtes Vorzeichen.

Ein Telegramm von Mascha, sie bedankt sich für den Pelz und das Tafelsilber. Es ist warm, 2 Grad über Null; nasser Schnee fällt.

29. Dezember. Gab mich morgens mit Photographien ab. Übte ein wenig Klavier. Nach dem Essen spielte ich mit Lew Nikolajewitsch vierhändig Schuberts „Tragische Sinfonie". Erst sagte er, das sei etwas Dummes, die Musik, etwas Totes. Dann spielte er mit Hingabe, wurde jedoch schnell müde. Er ist noch schwach nach seiner Krankheit, hat ständig Magenweh und ist mager geworden, heute gab mir sein Anblick regelrecht einen Stich. Abends fuhr ich für zwei Stunden ins Konzert des Pianisten Gabrilowitsch. Er spielte natürlich gut, erstaunlich, wie ihm das Piano gelingt; doch ich spürte dahinter ständig sein Bemühen und seine Absicht, und darum begeisterte er mich nicht. Niemand ist besser als Hofman und Tanejew.

Welch eine Qual, dieses Verlangen, ihn zu hören – und zu wissen, daß dies vielleicht nie wieder sein wird! Andrjuscha und Mischa sind vom Lande zurück. Andrjuscha hustet und macht mir Sorgen.

Gestern fuhr ich mit L. N. zu Bruder Sascha. L. N. spielte Wint, und ich hörte einer Pianistin zu. Unter anderem spielte sie auch jene Polonaise von Chopin, die S. I. uns im Sommer dargeboten hatte. Wie hat mich die Erinnerung an sein herrliches Spiel und seine liebe Gesellschaft aufgewühlt! Und das alles hat ein Ende – für immer!

War gestern bei dem alten Stolypin. Bei ihm treffen sich junge Leute und singen gemeinsam „Norma". Ein rühriger Greis, dabei ist er sechsundsiebzig!

Dachte darüber nach, daß L. N., nachdem er an der Kirche viel Überflüssiges, Abergläubisches und sogar Schädliches gefunden hatte, die *ganze* Kirche ablehnte. Ebenso hat er, nachdem er in letzter Zeit einige abgeschmackte Werke moderner Komponisten hörte, die *ganze* Musik abgelehnt. Das ist ein großer Fehler.

Wie schon früher alles Überflüssige, alle musikalische Spreu mit der Zeit aussortiert wurde und nur die echten Talente bestehen blieben, so wird auch aus der heutigen Musik alles Überflüssige aussortiert werden und nur einzelne Komponisten übrigbleiben; unter ihnen wahrscheinlich Tanejew.

Anmerkungen

Russische Namen und Begriffe wurden in der Duden-Transkription wiedergegeben, lediglich bei den bibliographischen Angaben in den Anmerkungen wurde die wissenschaftliche Transliteration verwendet. Daher die unterschiedliche Schreibung z. B. des Namens „Tolstoi" (Transkription) bzw. „Tolstoj" (Transliteration).

Abkürzungsverzeichnis

Bulgakov – V. Bulgakov: „L. N. Tolstoj v poslednij god ego žizni" (L. N. Tolstojs letztes Lebensjahr), Moskau 1960.

B. ved. – „Birževye vedomosti".

DST – „Dnevniki S. A. Tolstoj" (Die Tagebücher der S. A. Tolstaja). Teil I–IV, Moskau 1928–1936.

GMT – Gosudarstvennyj muzej L. N. Tolstogo (Staatliches Tolstoj-Museum).

Gol'denvejzer – A. B. Gol'denvejzer: „Vblizi Tolstogo" (In Tolstojs Nähe). Buch 2, Moskau 1923.

GTG – Gosudarstvennaja Tret'jakovskaja galereja (Staatliche Tret'jakov-Galerie).

Gusev – N. N. Gusev: „Dva goda s L. N. Tolstym" (Zwei Jahre mit L. N. Tolstoj), Moskau 1973.

Gusev, Materialy, I–IV – N. N. Gusev: „Lev Nikolaevič Tolstoj. Materialy k biografii s 1828 po 1855 gg." (Lev Nikolaevič Tolstoj. Materialien zur Biographie der Jahre 1828 bis 1855), Moskau 1954 (I); dass., 1855–1869, Moskau 1957 (II); dass., 1870–1881, Moskau 1963 (III); dass., 1881–1885, Moskau 1970 (IV).

I. L. Tolstoj – I. L. Tolstoj: „Moi vospomianija" (Meine Erinnerungen), Moskau 1969.

IRLI – Institut russkoj literatury. Puškinskij Dom (Institut für russische Literatur. Puškin-Haus).

JaPb – Jasnopoljanskaja biblioteka (Bibliothek von Jasnaja Poljana).

Jasn.sb. – „Jasnopoljanskij sbornik", Tula.

JaZ – D. P. Makovickij: „Jasnopoljanskie zapiski" (Aufzeichnungen aus Jasnaja Poljana). Manuskript, GMT.

JaZ, I, II – D. P. Makovickij: „Jasnopoljanskie zapiski" (Aufzeichnungen aus Jasnaja Poljana), Bd. I, Moskau 1922; Bd. II, Moskau 1923.

Kuzminskaja – T. A. Kuzminskaja: „Moja žizn' doma i v Jasnoj Poljane" (Mein Leben zu Hause und in Jasnaja Poljana), Tula 1973 / dt.: *Kusminskaja*, Tanja: „Ihr Leben und ihre Freundschaft mit Lew Tolstoi – erzählt von ihr selbst", Weimar 1970.

Letopisi – „Letopisi gosudarstvennogo Literaturnogo muzeja".

LN – „Literaturnoe nasledstvo".

Moja žizn' – S. A. Tolstaja: „Moja žizn'" (Mein Leben). Typoskript, GMT.

N.vr. – „Novoe vremja".

PS – „Perepiska L. N. Tolstogo s N. N. Strachovym" (L. N. Tolstojs Briefwechsel mit N. N. Strachov), St. Petersburg 1914.

PSS – L. N. Tolstoj: „Polnoe sobranie sočinenij v 90 tomach" (Gesamtausgabe der Werke in neunzig Bänden), Moskau 1928–1958 / dt. auszugsweise in: Lew Tolstoi: „Gesammelte Werke in zwanzig Bänden", Berlin 1964–1978; bei Verweisen auf diese deutsche Ausgabe wird jeweils nur die Band-Nummer genannt.

PST – S. A. Tolstaja: „Pis'ma k L. N. Tolstomu. 1862–1910" (Briefe an L. N. Tolstoj. 1862–1910), Moskau–Leningrad 1936.

PTG – „L. N. Tolstoj i N. N. Ge. Perepiska" (L. N. Tolstoj und N. N. Ge. Briefwechsel), Moskau-Leningrad 1930.

R.sl. – „Russkoe slovo".

RV – „Russkij vestnik".

R.ved. – „Russkie vedomosti".

S. L. Tolstoj – S. L. Tolstoj: „Očerki bylogo" (Skizzen aus der Vergangenheit), Tula 1975.

TbST – Tagebuch S. A. Tolstaja (d. i. die vorliegende Ausgabe).

TE – „Tolstovskij ežegodnik".

T. L. Suchotina – T. L. Suchotina-Tolstaja: „Vospominanija" (Erinnerungen), Moskau 1976 / dt. auszugsweise in: *Tatjana Tolstoi*: „Ein Leben mit meinem Vater. Erinnerungen an Leo Tolstoi", Köln 1978.

Tolstoj. Perepiska – L. N. Tolstoj: „Perepiska s russkimi pisateljami" (Briefwechsel mit russischen Schriftstellern), Moskau 1962.

Tolstoj v vospominanijach – „L. N. Tolstoj v vospominanijach sovremennikov" (L. N. Tolstoj in der Erinnerung seiner Zeitgenossen). 2 Bde., Moskau 1960.

Turgenev. Pis'ma – I. S. Turgenev: „Polnoe sobranie sočinenij i pisem v 28-i tomach. Pis'ma" (Gesamtausgabe der Werke und Briefe in achtundzwanzig Bänden. Briefe), Akademie-Ausgabe.

VE – „Vestnik Evropy".

Vorbemerkung

1 *DST*, Teil 3, Moskau 1932, S. 243.

2 Zu den unterschiedlichen Deutungen, die diese Novelle erfahren hat, vgl. das Nachwort von Herta Schmid in: Leo Tolstoi: „Die Kreutzersonate", München o. J. (Goldmann Klassiker 7589), S. 124ff.

3 *PSS*, Bd. 61, S. 11 / dt.: Bd. 16, S. 324.
4 *PSS*, Bd. 83, S. 86 / dt.: Bd. 16, S. 310.
5 In: *Tatjana Tolstoi*, S. 163.

Die Heirat von L. N. Tolstoi

1 Zu A. M. Islenjew vgl. das III. Kapitel der Erinnerungen von T. A. Kusminskaja (*Kuzminskaja*, S. 33–37) / dt.: *Kusminskaja*, S. 23–28).
2 Die Töchter von A. M. Islenjew aus seiner zweiten Ehe waren Aglaja (Adel), Olga und Natalja.
3 M. N. Tolstaja, die sich 1857 von ihrem Mann W. P. Tolstoi getrennt hatte, war ins Ausland gefahren und verbrachte zwei Winter (1861–1863) in Algier; nach Rußland kam sie im Sommer 1862 aus der Schweiz.
4 *Sasseka* – ein großer staatlicher Laubwald bei Jasnaja Poljana, der sich in einer Breite von zwei bis fünf Werst durch das ganze Tulaer Gouvernement erstreckte (im XVI. und XVII. Jahrhundert waren als Absperrung gegen die Überfälle der Tataren die Bäume in diesem Wald gefällt worden).
5 N. P. Ochotnizkaja.
6 Später hat das „Zimmer mit den Gewölben“ mehrfach seine Bestimmung geändert: vom Ende des Jahres 1862 bis 1864 befand sich hier das Arbeitszimmer von Tolstoi, in dem er den Anfang von „Krieg und Frieden“ schrieb; von 1864 bis in die achtziger Jahre war es das Kinderzimmer der älteren Kinder, später das Zimmer der Söhne Tolstois; von 1887 bis 1902 wiederum das Arbeitszimmer Tolstois; nach 1902 wohnten dort seine Töchter (vgl. N. P. Puzin: Dom-muzej L. N. Tolstogo v Jasnoj Poljane. Očerk-putevoditel’ (Das Museum von L. N. Tolstoi in Jasnaja Poljana. Skizze eines Reiseführers). Moskau 1972, S. 74–78.
7 Je. N. Bannikowa, verh. Orechowa.
8 A. S. Orechow.
9 N. D. Bannikow.
10 Nach dem Tod seiner ersten Frau S. P. Koslowskaja (1830) verspielte A. M. Islenjew sein Gut (vgl. *Kuzminskaja*, S. 114) / dt.: *Kusminskaja*, S. 123).
11 S. P. Koslowskaja.
12 S. P. Koslowskaja hatte von A. M. Islenjew sechs Kinder.
13 Je. A. Jergolskaja.
14 Tolstoi beschäftigte sich in den Jahren zwischen 1859 und 1862 aktiv mit pädagogischen Fragen. Unter seiner Mitwirkung als Friedensrichter wurden in seinem Landkreis seit dem Herbst 1861 einundzwanzig Schulen gegründet. Dort unterrichteten auf Einladung Tolstois Studenten, die von der Universität religiert worden waren. Er selbst beteiligte

sich am Unterricht für Bauernkinder in Jasnaja Poljana. Ausführlicher vgl. *Gusev, Materialy II*, Kap. 7, 9 und 10 und *PSS*, Bd. 8.

15 „Jasnaja Poljana. Škola. Žurnal pedagogičeskij, izdavaemyj gr. L. N. Tolstym" (Jasnaja Poljana. Die Schule. Pädagogische Zeitschrift, herausgegeben von Graf L. N. Tolstoi) erschien 1862, Nr. 1–12. (Die letzte Nummer kam im März 1863 heraus).

16 Am 6. und 7. Juli 1862 fand in der Abwesenheit von Tolstoi, der im Gouvernement von Samara bei einer Kumyß-Kur war, auf Anweisung des Chefs der Gendarmerie W. G. Dolgoruki eine Durchsuchung in Jasnaja Poljana statt. Es wurden Geheimdrucke, verbotene Schriften u. ä. gesucht. Die Gendarmen fanden jedoch nichts Verdächtiges. Tolstoi war aufs äußerste empört, als er von der Durchsuchung hörte. „Ich sage mir häufig", schrieb er am 7. August 1862 an A. A. Tolstaja, „welch ein riesiges Glück es gewesen ist, daß ich nicht zu Hause war. Wäre ich dagewesen, ich stünde heute gewiß schon als Mörder vor Gericht." (*PSS*, Bd. 60, S. 438 / dt.: Bd. 16, S. 298.

Im Brief an Alexander II. (vom 22. August) schrieb Tolstoi, er möchte wissen, wen er für das Geschehene verantwortlich machen könne, so daß die Verantwortlichen, wenn schon nicht bestraft, so doch zumindest entlarvt würden (ebda., S. 441 / dt.: S. 302). Der Brief wurde durch den Flügel-Adjudanten Scheremetjew übergeben. Die Erklärung, die Dolgoruki zu dieser Angelegenheit abgab, befriedigte den Zaren vollauf.

17 In der Novelle „Natascha" der jungen S. A. Behrs gab es zwei Helden: Dubizki und Smirnow sowie die Heldin Jelena, die zwei Schwestern hat: die ältere Sinaida und die jüngere Natalja. Die Novelle schildert die reine Liebe zwischen dem jungen Smirnow und Jelena und deren Zuneigung zu dem sehr viel älteren Dubizki (vgl. „Povest' Soni" – *Kusminskaja*, S. 101f. / dt.: „Sonjas Roman", *Kusminskaja*, S. 107–109). Die Anmerkung im Tagebuch Tolstois zu dieser Novelle wurde am 26. August 1862 eingetragen (*PSS*, Bd. 48, S. 41 / dt.: Bd. 18, S. 286).

18 Am 23. August machte Tolstoi in seinem Tagebuch die erste Aufzeichnung über sein Verhältnis zu S. A. Behrs: „Ich habe Angst vor mir selbst, was, wenn auch dies nur Liebesverlangen, nicht aber Liebe ist. Bemühe mich, nur ihre Schwächen zu sehen, und trotzdem" (*PSS*, Bd. 48, S. 40 / dt.: Bd. 18, S. 285). Und im Brief an A. A. Tolstaja bekennt er scherzhaft, daß er „alter zahnloser Narr sich verliebt habe" (*PSS*, Bd. 60, S. 444 / dt.: Bd. 16, S. 503).

19 Vgl. *PSS*, Bd. 48, S. 44 und 45 /dt.: Bd. 18, S. 290.

20 Vgl. *PSS*, Bd. 83, S. 16f.

21 O. D. Saikowskaja.

22 Die Rede ist von den Verhandlungen mit dem Petersburger Verleger F. T. Stellowski über eine Gesamtausgabe der Werke Tolstois. Die Verhandlungen blieben zunächst erfolglos, erst 1864 gab Stellowski die „Werke des Grafen Tolstoi in zwei Teilen" heraus.

23 Vgl. die Notiz im Tagebuch Tolstois: „... Zweifel an ihrer Liebe und der Gedanke, sie täusche sich selbst ... Am Hochzeitstage Furcht, Mißtrauen und der Wunsch zu fliehen" (*PSS*, Bd. 48, S. 46 / dt.: Bd. 18, S. 291).

24 Die Wohnung der Behrs befand sich im Kreml im Ordonnanzhaus (Verwaltung der Ordonnanz).

25 „Anna Karenina", Teil 5, Kap. I–VI.

26 M. A. Poliwanow (vgl. Anmerkung 1 zu *TbST* 1862).

27 Die Haushälterin S. T. Iwanowa.

28 Es ist der erste Brief von S. A. Tolstaja aus Jasnaja Poljana vom 25. September 1862 erhalten. „Ich habe mich noch nicht ganz umgesehen", schreibt sie ihrer Schwester T. A. Behrs, „es ist noch immer so seltsam, daß ich in Jasnaja Poljana zu Hause bin" (*GMT*). Diesen Brief hat sie „zum ersten Mal gewichtig als Gräfin Sonja Tolstaja" unterschrieben.

29 Vgl. die Notiz im Tagebuch Tolstois: „Unvorstellbares Glück. Und wieder schreibt sie neben mir. Es kann nicht sein, daß all das nur mit dem Leben endet" (*PSS*, Bd. 48, S. 46 / dt.: Bd. 18, S. 292).

Tagebücher

1862

1 M. A. Poliwanow. Er war verliebt in S. A. Behrs und hatte offensichtlich die Absicht, sie zu heiraten. Vgl. dazu: *Kuzminskaja*, S. 65–74; 133–136 / dt.: *Kusminskaja* S. 65–75; 148–153.

2 Vor der Eheschließung hatte Tolstoi, der seine Vergangenheit nicht verheimlichen wollte, seiner Braut seine früheren Tagebücher gebracht. Deren Lektüre hat die siebzehnjährige S. A. Behrs sehr belastet. Vgl. dazu: „Die Heirat von L. N. Tolstoi".

3 A. M. Islenjew, der Großvater von S. A. Tolstaja, weilte in jenen Tagen mit seiner Tochter Olga in Jasnaja Poljana zu Besuch.

4 G. S. Tolstoi – der Sohn von S. N. Tolstoi und M. M. Schischkina galt als „unehelich", da seine Eltern nicht getraut waren. Ihre Eheschließung fand erst am 7. Juni 1867 statt.

5 T. A. Jergolskaja.

6 Offensichtlich zitiert S. A. Tolstaja einen nicht überlieferten Brief ihres Vaters, oder sie paraphrasiert nicht ganz wörtlich eine Passage aus seinem Brief vom 5. Oktober 1862: „Das Leben für Dich wäre sehr

mühsam, hättest Du nicht diesen Mann gefunden, der Dich so zärtlich liebt und Dir immer eine treue Stütze sein wird" (*GMT*).

7 Nikolskoje-Wjasemskoje. Dieses Gut der Tolstois im Tscherner Landkreis des Gouvernements Tula gehörte zunächst dem ältesten der Tolstoi-Brüder N. N. Tolstoi. Nach seinem Tod (1860) fiel es an L. N. Tolstoi.

8 S. A. Tolstaja war mit O. A. Islenjewa befreundet. Doch im Brief an ihre Schwester T. A. Behrs vom 12. Oktober 1862 bekannte sie: „Du weißt, wie eifersüchtig ich immer war. Ach, alles erzürnt mich: daß sie mit ihm Klavier spielt, daß sie ihm gefällt. Du weißt, daß ich an seiner Liebe nicht zu zweifeln brauche, dennoch ist es mir nicht angenehm, und ich bin froh, wenn sie am Sonntag abreist" *(GMT).*

9 In dieser Notiz wird S. A. Tolstajas Einstellung gegenüber den „pädagogischen Aktivitäten" Tolstois und seinem Verhältnis zu den Bauern deutlich. Sie meinte, die neue Situation des Familienlebens solle außer den praktischen und familiären alle anderen Interessen Tolstois ablösen. Tolstoi schrieb in sein Tagebuch: „Beschäftige mich die ganze Zeit mit sogenannten praktischen Dingen, ausschließlich. Aber dieser Müßiggang bedrückt mich allmählich. Ich kann mich nicht achten. Und daher bin ich unzufrieden mit mir und unsicher in meinen Beziehungen zu anderen. Mit der Zeitschrift will ich Schluß machen, mit den Schulen gleichfalls – wahrscheinlich. Ärgere mich über alles, über mein Leben und sogar über sie." (*PSS*, Bd. 48, S. 47 /dt.: Bd. 18, S. 292). Doch Tolstoi selbst hat diese Zeit immer als „die glücklichste Periode meines Lebens" bezeichnet (vgl. *PSS*, Bd. 54, S. 94).

10 In der Schule von Jasnaja Poljana und anderen von Tolstoi im Landkreis Krapiwna gegründeten Schulen waren Studenten als Lehrer tätig.

11 N. P. Ochotnizkaja.

12 Diese Aufzeichnung findet ein Echo in L. N. Tolstois Brief an T. A. Behrs vom 23. März 1863, in dem er schreibt, seine Frau habe sich in eine „kalte Porzellanpuppe" verwandelt (vgl. *PSS*, Bd. 61, S. 10–13 / dt.: Bd. 16, S. 309–313). Die Tagebuchaufzeichnung von S. A. Tolstaja und dieser Brief L. N. Tolstois dokumentieren die psychische Situation der Beiden in den ersten Ehemonaten. Vgl. ausführlicher dazu: V. A. Ždanov, Ljubov' v žizni L'va Tolstogo (Die Liebe im Leben von Lev Tolstoi) Bd. 1, Moskau 1928, S. 98–106.

13 Offensichtlich hatte S. A. Tolstaja erneut die Tagebuchnotiz vom 13. Mai 1858 gelesen bzw. erinnerte sich an sie, in der von der Bäuerin Axinja Basykina aus Jasnaja Poljana die Rede ist: „Ich bin verliebt wie noch nie in meinem Leben." (*PSS*, Bd. 48, S. 15 / dt.: Bd. 18, S. 264). Tolstoi hat sie in den Erzählungen „Ein Idyll", „Tichon und Malanja" (*PSS*, Bd. 7 / dt.: Bd. 3) und in der Novelle „Der Teufel" (PSS, Bd. 27 / dt.: Bd. 12) dargestellt.

1 Offensichtlich spricht S. A. Tolstaja hier von den schroffen Worten, die sie am Vortag während eines Streits gesagt hatte. Tolstoi notiert dazu am 8. Januar: „Vom Morgen an Kleider. Sie fordert mich heraus, etwas dagegen zu sagen, ich war auch dagegen und sagte es, Tränen und unwürdige Erklärungen." (*PSS*, Bd. 48, S. 49 / dt.: Bd. 18, S. 295).

2 *G. A. Auerbach* – Bekannter Tolstois, lebte in der Nähe von Tula auf seinem Gut Gorjatschkino. In den sechziger Jahren des neunzehnten Jahrhunderts fuhr er oft gemeinsam mit seiner Frau nach Jasnaja Poljana. „Ich fürchtete sie", erinnerte sich S. A. Tolstaja „und hielt mich von ihnen fern, da sie sehr klug waren." (*Moja žizn'*, Buch 2, S. 21 f.)

3 T. A. Behrs.

4 A. A. Behrs.

5 Am 23. Dezember 1862 reisten die Tolstois nach Moskau und wohnten dort bis zum 8. Februar 1863 im Hotel Chevrier in der Gasetny-Gasse. Während ihres Moskauer Aufenthaltes waren sie fast täglich bei den Behrs im Kreml.

6 A. A. Basykina (vgl. Anmerkung 13 zu *TbST* 1862).

7 Tolstoi vermerkte am 15. Januar über diesen Streit in seinem Tagebuch: „Der letzte Streit hinerließ kleine (unmerkliche) Spuren oder vielleicht – die Zeit. Jeder solche Streit, wie belanglos er auch sein mag, bedeutet eine Wunde – der Liebe" (*PSS*, Bd. 48, S. 50 / dt.: Bd. 18, S. 296).

8 Der kursivierte Passus ist ein Zusatz von L. N. Tolstoi.

9 S. A. Tolstaja las die Tagebuchnotizen Tolstois aus der Zeit vom 3. Januar bis zum 3. März 1863. Am 23. Februar hatte er geschrieben „Liebe immer besser und stärker." (*PSS*, Bd. 48, S. 52).

10 S. A. Tolstaja las die Briefe von Tolstoi an W. W. Arsenjewa. Er hatte sich in den Jahren 1856 und 1857 mit der Absicht getragen, die Arsenjewa zu heiraten. In den Briefen an sie beschrieb er ausführlich seine Vorstellungen von dem zukünftigen Familienleben, dabei nannte er sich selbst Chrapowizki, sie Dembizkaja (vgl. die Briefe vom 12./13. und 19. November 1856: *PSS*, Bd. 60, S. 108–110, 114–120 / dt.: Bd. 16, S. 54–64). Dieses Verhältnis fand seine Darstellung in Tolstois Novelle „Familienglück" vgl. dazu den Artikel von P. A. Žurov „L. N. Tolstoj i V. V. Arsen'eva" (L. N. Tolstoi und V. V. Arsen'eva). In: *Jasn.sb.* 1976, S. 119–135.

11 Damals beabsichtigte Tolstoi, gemeinsam mit seinem Nachbarn, dem Gutsbesitzer A. N. Bibikow, dem das Gut Teljatinki gehörte, eine Branntweinbrennerei zu errichten. Die kleine Fabrik wurde im Mai 1863 in Betrieb genommen, bestand jedoch nur anderthalb Jahre.

12 Im Brief an ihre Schwester vom 13. Februar 1863 schrieb S. A. Tolstaja „Wir sind richtige Gutsbesitzer geworden, kaufen Vieh, Vögel, Ferkel, Kälber. Wenn Du kommst, zeige ich Dir alles. Bienen kaufen wir bei

Islenjews. Den Honig sollst Du essen, ich mag ihn nicht." (*Jasn.sb.* 1976, S. 158).

13 *W. W.* – diese Gestalt konnte nicht ermittelt werden.

14 A. I. Bannikowa – S. A. Tolstajas Zimmermädchen.

15 T. A. und A. A. Behrs sowie A. M. Kusminski und A. L. Schostak waren nach Jasnaja Poljana gekommen.

16 Die Neigung von T. A. Behrs für A. L. Schostak, den sie im Frühjahr 1863 in Petersburg kennengelernt hatte, beunruhigte S. A. und L. N. Tolstoi. Unter einem Vorwand sorgten sie dafür, daß der junge Mann aus Jasnaja Poljana abreiste (vgl. *Kuzminskaja*, S. 205–213 / dt.: *Kusminskaja* S. 230–244).

17 A. A. Behrs und A. M. Kusminski.

18 Am 28. Juni 1863 wurde Sergei, der erste Sohn der Tolstois, geboren. „Die Qualen dauerten den ganzen Tag, sie waren schrecklich" erinnerte sich S. A. Tolstaja. „Ljowotschka war die ganze Zeit bei mir, ich sah, wie er mit mir litt. Er war sehr liebevoll, Tränen glänzten in seinen Augen, mit einem mit Eau de Cologne getränkten Tuch wischte er meine Stirn ab ... Ich quälte mich noch eine Stunde, bis ich in der Nacht vom 28. Juni meinen Sohn zur Welt brachte. Lew Nikolajewitsch weinte laut auf, umarmte und küßte mich." (*Moja žizn'*, Buch 2, S. 88, 89, 90). Tolstoi versuchte am 5. August 1863 das Erlebte in seinem Tagebuch aufzuschreiben, doch die Aufzeichnungen blieben unvollendet (vgl. *PSS*, Bd. 48, S. 55–56 / dt.: Bd. 18, S. 302–303). Teilweise findet das Erlebte seine Darstellung in der Schilderung von Kittys Niederkunft („Anna Karenina", Teil 7, Kap. XV).

19 Am 18. Juni 1863 vermerkte Tolstoi in seinem Tagebuch: „Ich bin klein und nichtswürdig. Und dies, seit ich eine Frau heiratete, die ich liebe ... Im Rausche des Gutsbesitzerdaseins habe ich unwiederbringliche neun Monate vergeudet, welche meine besten hätten sein können und die ich beinahe zu den schlechtesten in meinem Leben gemacht habe ... Es ist entsetzlich, fürchterlich und sinnlos, sein Glück an materielle Bindungen zu knüpfen – an ein Weib, Kinder, Gesundheit, Reichtum" (*PSS*, Bd. 48, S. 54, 55 / dt.: Bd. 18, S. 300, 301).

20 Vor der Niederkunft von Sofja Andrejewna kamen ihre Mutter L. A. Behrs und ihre Geschwister T. A. und A.A. Behrs nach Jasnaja Poljana.

21 Wegen S. A. Tolstajas Erkrankung wurde zum großen Ärger von L. N. Tolstoi eine Amme für den Sohn genommen.

22 Im Rückblick auf diese Zeit schrieb S. A. Tolstaja: „Er war zornig auf mich, ließ mich tagelang ohne jede Hilfe allein im Haus zurück. Alles erzürnte ihn." (*Moja žizn'*, Buch 2, S. 93). Tolstoi notierte ungehalten über seine Frau in seinem Tagebuch, daß „ihr Charakter ... mit jedem Tag schlechter" werde (*PSS*, Bd. 48, S. 56 bzw. 54, / dt.: Bd. 18, S. 303). Doch zwei Monate später schrieb er ruhig und glücklich, während er konzentriert am Roman arbeitete: „*6. Oktober*. All das ist jetzt vorüber

und nicht wahr. Ich bin glücklich durch sie." Und weiter: „Ich habe keine Wahl. Die Wahl ist längst getroffen. Die Literatur – Kunst, Pädagogik und die Familie" (*PSS*, Bd. 48, S. 57 / dt.: Bd. 18, S. 305).

23 Der kursivierte Passus ist ein Zusatz von L. N. Tolstoi.

24 So wurde L. N. Tolstoi in der Familie Behrs vor der Heirat genannt.

25 In der Familie Behrs rechnete man damit, daß L. N. Tolstoi die älteste Tochter Je. A. Behrs heiraten würde. Vgl. „Die Heirat von L. N. Tolstoi".

26 Tolstoi war eifersüchtig auf A. A. Erlenwein, einen Lehrer der von Tolstoi gegründeten Dorfschule von Baburino. Am 18. Juni 1863 vermerkte er im Tagebuch: „Heute haben mich ihr sichtliches Vergnügen zu plaudern und Erlenweins Aufmerksamkeit auf sich zu lenken und eine Wahnsinnsnacht plötzlich auf die alte Höhe von Wahrheit und Stärke erhoben. Es genügt, dies zu lesen und zu sagen: Ja, ich weiß – die Eifersucht ..." (*PSS*, Bd. 48, S. 54 / dt.: Bd. 18, S. 301).

27 Natalja Kasakowa, die Amme von Tolstois Sohn Sergei.

28 Tolstois Absicht, in den Krieg zu gehen (damals war der Krieg zur Unterwerfung des Kaukasus noch nicht abgeschlossen), ist nur aus dieser Aufzeichnung bekannt. Offensichtlich hat Tolstoi sie nicht weiter verfolgt.

29 W. P. Tolstoi, der Mann von M. N. Tolstaja.

30 Vgl. dazu die Tagebuchnotiz Tolstois vom 3. März 1863: „Heute langweilt sie sich, alles ist ihr zu eng. Der Wahnsinnige sucht den Sturm – der junge Mensch, nicht der wahnsinnige. Aber ich fürchte diese Stimmung mehr als alles auf der Welt." (*PSS*, Bd. 48, S. 52 /dt.: Bd. 18, S. 299). Die gleiche Stimmung ist auch in den Aufzeichnungen S. A. Tolstajas am 19. und 24.Dezember zu erkennen.

31 *Alexandrine* – L. N. Tolstois Tante zweiten Grades A. A.Tolstaja, die Tolstoi 1853 kennenlernte. Ihr freundschaftlicher Briefwechsel erstreckte sich über 47 Jahre. Wegen der vielfältigen Thematik und der Offenheit, mit der L. N. Tolstoi A. A. Tolstaja seine Anschauungen, künstlerischen Absichten und Seelenzustände schilderte, ist dieser Briefwechsel von einzigartigem Interesse.Tolstoi selbst hat ihn als seine beste Autobiographie bezeichnet. Als er in seinen letzten Lebensjahren Kopien dieses Briefwechsels wiederlas, sagte er rückblickend: „Wie in einem dunklen Korridor zuweilen ein Licht von fernher schimmert, so ist, wenn ich auf mein langes, dunkles Leben zurückblicke, die Freundschaft mit *Alexandrine* immer ein heller Strahl" (*Perepiska L. N. Tolstogo s gr. A. A. Tolstoj*, Sankt Petersburg 1911, S. VI /dt.: *Leo Tostois Briefwechsel mit der Gräfin A. A. Tolstoi*. 1857–1903, München 1913, S. XII).

32 In einem Brief an A. A. Tolstaja, den er am 17. Oktober begonnen hatte, schrieb Tolstoi: „Vor mir liegen vier Seiten eines angefangenen Briefes an Sie, ich werde ihn aber nicht abschicken." (PSS, Bd. 61, S. 23 / dt.: Bd. 16, S. 314). – Der Brief ist nicht bekannt, offensichtlich berichtet

Tolstoi darin von seiner Familiensituation, weil dieser Brief S. A. Tolstaja so erregt hat. In dem zwischen dem 17. und 31. Oktober abgesandten Brief schreibt er: „Ich bin ein glücklicher und friedvoller Gatte und Vater, der vor niemandem Geheimnisse und nur den einen Wunsch hat, es möge alles so bleiben“ (ebda., S. 24 / dt.: S. 315).

33 Offensichtlich spricht S. A. Tolstaja hier von einem Abschnitt des Romans „Krieg und Frieden“.

34 Hier ist die Rede von der Romanze zwischen T. A. Behrs und S. N. Tolstoi, die vom Sommer 1863 bis zum Juni 1865 dauerte. Vgl. *Kuzminskaja*, S. 218–230; 299–304; 351–366 / dt.: *Kusminskaja* S. 251–265; 349–355; 410–432.

35 S. N. Tolstoi kam von seinem Gut Pirogowo nach Jasnaja Poljana. Er war 1863 siebenunddreißig Jahre alt.

36 Am Anfang der Beziehung zwischen S. N. Tolstoi und T. A. Behrs lebte S. N. Tolstoi seit fünfzehn Jahren mit M. M. Schischkina in wilder Ehe zusammen; sie hatten mehrere Kinder.

1864

1 *Babuschka (Großmütterchen)* – so nannte Tolstoi scherzhaft A. A. Tolstaja, obgleich diese nur elf Jahre älter war als er. Ihre Zuneigung war beiderseitig. 1857 war Tolstoi deutlich in sie verliebt. Davon zeugen seine Tagebuchaufzeichnungen vom 11. Mai und 22. Oktober 1857: „Schrecklich, wie schnell ich bereit bin, mich zu verlieben. Wenn Alexandrine 10 Jahre jünger wäre. Ein prachtvolles Wesen.“ Weiter: „Alexandrine ist reizend, eine Freude und ein wahrer Trost. Und ich habe noch keine Frau gesehen, die ihr das Wasser reichen könnte“ (*PSS*, Bd. 47, S. 127 und 160 / dt.: Bd. 18, S. 237 und 251).

2 S. A. Tolstaja spricht hier von ihrer jüngeren Schwester T. A. Behrs, die im Oktober 1863 siebzehn Jahre alt wurde, und von ihrem neunmonatigen Sohn Sergei.

3 S. A. Tolstajas Stimmung wurde durch die Reise von L. N. Tolstoi nach Nikolskoje-Wjasemskoje hervorgerufen, bei der er auch seinen Bruder S. N. Tolstoi in Pirogowo besuchte.

4 Am 4. Oktober wurde die Tochter Tatjana geboren.

5 Am 26. September war Tolstoi auf der Jagd vom Pferd gestürzt und hatte sich den Arm ausgekugelt. Die Ärzte in Tula hatten erfolglos versucht, den Arm wieder einzurenken. Daraufhin reiste Tolstoi am 21. November nach Moskau, um dortige Ärzte zu konsultieren. Am 28. November unterzog er sich in Moskau einer Operation.

1 Je.N. Bannikowa, verehelichte Orechowa, Zimmermädchen bei den Tolstois.
2 A. A. Basykina (vgl. Anmerkung 13 zu *TbST* 1862).
3 T. A. Jergolskaja war in Pirogowo bei M. N.Tolstaja zu Besuch.
4 Brief vom 8. März 1865 (*GMT*; wird erwähnt in *PSS*, Bd. 61, S. 76).
5 S. A. Tolstaja selbst gestand, „Maschenka nicht allzusehr zu lieben“ (vgl. den Brief der Tolstois an T. A. Behrs vom 24. März 1865, *PSS*, Bd. 61, S. 77–78).
6 *Zephyros* nannte man in in der Familie Tolstois M. N. Tolstajas Töchter Warja und Lisa, die lange (von 1864 bis 1866) in Jasnaja Poljana zu Gast waren. Zur Herkunft dieses Spitznamens vgl. *PSS*, Bd. 83, S. 39.
7 Am 15. März 1865 starb S. N. Tolstois Sohn Nikolai (geb. 1863), L. N. Tolstoi fuhr zur Beerdigung.
8 Tolstois Novelle „Die Kosaken“ war in *PB* 1863, Nr. 1, veröffentlicht worden. Wahrscheinlich las S. A. Tolstaja den Artikel von E. Markov „Narodnye tipy v našej literature“ (Volkstypen in unserer Literatur) in „Otečestvennye zapiski“ 1865, Nr. 1–2, oder den Artikel „Progulka po sadam rossijskoj slovesnosti“ (Spaziergänge in den Gärten des russichen Schrifttums) in *R.sl.* 1865, Nr. 3. „Markows Kritik – schlecht“ vermerkte Tolstoi an diesem Tag in seinem Tagebuch (*PSS*, Bd. 48, S. 61 / dt.: Bd. 18, S. 309).
9 Der erste Teil von „Krieg und Frieden“ wurde unter dem Titel „Das Jahr 1805“ in *PB* 1865, Nr. 1–2 veröffentlicht. Der zweite Teil folgte erst im November des gleichen Jahres.
10 Offensichtlich hatte S. A. Tolstaja in Tolstois Tagebuch die Aufzeichnungen vom 17.–25. März 1865 über die Erinnerungen von Napoleons Marschall Auguste Frédéric Louis de Marmont gelesen (vgl. *PSS*, Bd. 48, S. 60–62 / dt.: Bd. 18, S. 308): *Mémoires du maréchal Marmont, duc de Raguse, de 1792 à 1832*, Bd. I–IX, 1856–1857. (*Ja.Pb*). Diese Ausgabe diente Tolstoi als eine der Quellen für *Krieg und Frieden* (vgl. *PSS*, Bd. 16, S. 69 und 145).
11 Die Hochzeit war für den 29. Juni vorgesehen worden. Vgl. Anmerkung 13.
12 S. N. Tolstoi reiste mit seinem Sohn Grischa und dessen Erzieher G. F. Keller nach Pirogowo.
13 S. N. Tolstoi stellte plötzlich seine Besuche in Jasnaja Poljana ein und schrieb an L. N. Tolstoi, er könne M. M. Schischkina und die Kinder nicht verlassen: „Ich habe all diese unglücklichen neun Tage lang gelogen, habe aber geglaubt, die Wahrheit zu sagen. Jetzt, da ich sehe, daß ich endgültig mit Mascha brechen muß, erkenne ich, daß ich das nicht kann“ (*GMT*). Als T. A. Behrs davon erfuhr, entsagte sie ihm selbst. Ihren Eltern schrieb sie: „Wundert Euch nicht und grämt Euch nicht darüber,

denn ich konnte nicht anders handeln; es hätte immer auf meinem Gewissen gelastet, aber jetzt wird vielleicht noch alles gut werden." (Zit. nach *Kuzminskaja*, S. 354–355 / dt.: *Kusminskaja*, S. 420) – L. N. Tolstoi nannte diesen Brief „wunderbar" und ihren Schritt „hochherzig" und „groß" (*PSS*, Bd. 61, S. 87).

14 Tolstoi teilte die Gefühle seiner Frau im Hinblick auf seinen Bruder: „Ich muß Dir wenigstens einen kleinen Teil jener Höllenqualen wünschen, die Du nicht nur Tanja, sondern der ganzen Familie, darunter auch mir, zugefügt hast." (*PSS*, Bd. 61, S. 86).

15 M. N. Tolstaja, Warja und Lisa.

16 M. A. Arbusowa.

17 T. A. Jergolskaja.

1866

1 Die Tolstois fuhren am 21. Januar 1866 nach Moskau. S. A. Tolstaja wollte „ihren Verwandten ihre Kinder" zeigen, Tolstoi „in sich selbst die Erinnerung an die Welt und die Menschen wieder wachrufen" (vgl. seinen Brief an A. A. Tolstaja in *PSS*, Bd. 61, S. 128 / dt.: Bd. 16, S. 338). Zunächst wohnten sie bei den Behrs, am Februar aber bezogen sie eine Wohnung auf der B. Dmitrowka-Straße im Haus von Chludow (heute Puschkin-Str. 7); dort wohnten sie bis zum 6. März.

2 Offensichtlich spricht S. A. Tolstaja hier von M. A. Poliwanow, den sie während dieser Reise in Moskau traf. „Mein Gott, was für eine Szene machte mir Lew Nikolajewitsch", schrieb sie später, „wegen meines angeblich taktlosen Benehmens diesem Mann gegenüber. Ich verhielt mich einfach unnatürlich, fühlte mich ihm gegenüber unsicher und fürchtete mich schrecklich vor Lew Nikolajewitschs Eifersucht." (*Moja žizn'*, Buch 2, S. 200–201).

3 Während dieses Aufenthaltes arbeitete Tolstoi häufig in Bibliotheken, besuchte die Lehranstalt für Skulptur, Architektur und Bildhauerei. Dort nahm er bei N. A. Ramasanow Unterricht im Modellieren.

4 P. A. Behrs.

5 „Im Sommer dieses Jahres 1866", schreibt S. A. Tolstaja in ihrer Autobiographie „stellte Lew Nikolajewitsch einen jungen verarmten Adligen, einen ehemaligen Kadetten, als Verwalter ein. Er hatte eine hübsche, kämpferische Frau, eine Nihilistin mit kurzgeschnittenen Haaren, die sehr gern viel redete und räsonnierte. An ihren Familiennamen kann ich mich nicht mehr erinnern, ihr Vor- und Vatersname war Marija Iwanowna (*Moja žizn'*, Buch 2, S. 211–212).

6 Tolstoi nahm Anteil am Geschick des Soldaten Wasili Schibunin, der einem Kompaniehauptmann, der sich ihm gegenüber brutal verhalten

hatte, eine Ohrfeige versetzte. Der Soldat wurde dem Feldgericht überantwortet. Tolstoi trat bei diesem Gericht als Verteidiger auf und versuchte sich durch die Vermittlung von A. A. Tolstaja für eine Begnadigung von Schibunin bei Alexander II. einzusetzen. Doch all diese Bemühungen blieben erfolglos, Schibunin wurde am 9. August 1866 erschossen. – Auf Bitten seines Biographen P. I. Birjukow schrieb Tolstoi 1908 seine Erinnerungen an dieses Verfahren gegen den Soldaten in Form eines an Birjukow gerichteten Briefes nieder (*PSS*, Bd. 37, S. 67–75). Der Brief beginnt mit Tolstois Bekenntnis, dieses Ereignis habe für sein ganzes Leben einen viel bedeutsameren Einfluß gehabt als andere, die vielleicht viel wesentlicher schienen.

7 Konstanzija Lwowna, die Tochter von S. A. Tolstajas Hebamme M. I. Abramowitsch.

8 Das Nebengebäude, in dem sich von 1859 bis 1865 eine Schule befunden hatte. Er wurde später umbenannt in „Kusminski-Haus“.

9 Tolstoi war vom 10. bis zum 18. November in Moskau. In seinen Briefen an S. A. Tolstaja beschreibt er sehr ausführlich seine Tätigkeit: im Rumjanzew-Museum las er Handschriften der Freimaurer, er verhandelte über die Illustrierung von „Krieg und Frieden“ mit dem Maler M. S. Baschilow, über eine Einzelausgabe von „Das Jahr 1805“ mit der Typographie Katkows. Weiterhin berichtete er, daß er an einem Gymnastikkurs teilnehme. (Vgl. *PSS*, Bd. 83, S. 114–131).

10 T. A. Behrs war im Winter 1866/67 schwer erkrankt, man befürchtete sogar Tuberkulose. Ihre Reise ins Ausland verzögerte sich durch den Tod von Frau Djakowa. Schließlich reiste sie dann im April 1867 gemeinsam mit der Familie Djakow ab.

11 Der 17. September war der Namenstag von S. A. Tolstaja. L. N. Tolstoi hatte als Überraschung für sie die Militärkapelle aus Jassenki eingeladen, wo ein Regiment stationiert war. Er veranstaltete einen Tanzabend, an dem auch Oberst P. A. Junoscha und seine Offiziere teilnahmen (vgl. *Kuzminskaja*, S. 411–413 / dt. *Kusminskaja*, S. 488–491).

12 Der größte Teil des Manuskripts von „Krieg und Frieden“ ist von S. A. Tolstaja abgeschrieben worden.

1867

1 Am 12. November 1866 kam als Gouvernante für die Tolstoi-Kinder die Engländerin Hanna Tarsey nach Jasnaja Poljana. Die anfänglichen Schwierigkeiten im Umgang miteinander kamen infolge der mangelnden gegenseitigen Sprachkenntnisse zustande, wie S. A. Tolstaja ihrem Mann nach Moskau schrieb (vgl. *PST*, S. 67). Bald jedoch gewannen alle die Gouvernante lieb. Ihr Zögling T. L.Tolstaja schrieb viele Jahre später,

wie sehr sie an ihr gehangen habe und daß ihr ganzes Leben hindurch diese Bindung unverändert stark geblieben sei (vgl. *T. L. Suchotina*, S. 43).

2 Am 8. Januar 1867 schrieb Tolstoi an M. S. Baschilow: „Meine Arbeit geht gut und verhältnismäßig rasch voran. Und zwar so schnell, daß ich im Entwurf die ersten drei Teile fertig habe (der erste, zu dem Sie die Illustrationen gemacht haben, ist bereits gedruckt, die beiden weiteren liegen handschriftlich vor). Jetzt habe ich mit dem vierten Teil begonnen. Wenn mich nicht ein unvorhergesehenes Unglück hindert, werde ich bis zum Herbst mit dem ganzen Roman fertig sein" (*PSS*, Bd. 61, S. 155). Tolstoi wurde jedoch nicht im Herbst 1867 fertig, sondern die Umarbeitung der ersten Fassung nahm noch fast drei Jahre konzentrierter Arbeit in Anspruch.

3 Vgl. Anmerkung 11 zu *TbST* 1866.

1870

1 L. L.Tolstoi wurde am 20. Mai 1869 geboren. In der Tolstoi-Familie nannte man in Ljolja oder Ljowa.

1871

1 A. M. Kusminski, der Gatte von T. A. Kusminskaja, war zum Staatsanwalt in Kutaisi ernannt worden. S. A. Tolstaja litt sehr unter der Abreise ihrer Schwester.

2 Am 9. Juni 1871 reiste Tolstoi nach Moskau, von dort in Begleitung von S. A. Behrs am 11. Juni in das Gouvernement Samara: in das Dörfchen Karalyk bei Buzuluk. Dort blieb er acht Wochen und kehrte am 2. August nach Jasnaja Poljana zurück. Über diesen Aufenthalt Tolstois im Gouvernement von Samara vgl. S. A. Behrs: Vospominanija o gr. L. N.Tolstom (Erinnerungen an den Grafen L. N. Tolstoij), Smolensk 1893, S. 52–57.

1872

1 Am 28. März reiste Tolstoi nach Moskau. Das dortige Leben rief in ihm „aller Müßigkeit, allem Luxus, allen unehrlich von Männern wie von Frauen erworbenen Gütern" gegenüber eine solche Abneigung hervor,

daß er beschloß, „nie mehr nach Moskau zu fahren" (vgl. den Brief an A. A. Tolstaja vom 31. März 1872. *PSS*, Bd. 61, S. 281).

2 M. N. Bannikow, Grenzreiter.

3 Die Korrekturen waren nach Moskau in die Typographie von F. F. Ris gesandt worden. Dorthin war im Dezember 1871 „Das neue Alphabet" zum Druck gegeben worden.

4 Tolstoi bekannte in einem Brief an A. A. Tolstaja, daß er „in zehnfacher Gestalt hundert Jahre leben müsse", wolle er all das tun, „was unbedingt nötig sei", und daß „allein ‚Das Alphabet' ihm noch für hundert Jahre weitere Arbeit geben könne" (*PSS*, Bd. 61, S. 283).

5 N. M. Nagornow war seit 1872 der Ehemann von M. N. Tolstajas ältester Tochter.

6 Einzige Erwähnung dieser Reise Tolstois.

7 M. L. Tolstaja, die einjährige Tochter der Tolstois.

8 S. A. Behrs.

9 Dieser nicht überlieferte Brief Tolstois war an seinen Bevollmächtigten in Moskau gerichtet, durch dessen Vermittlung er das Original des „Alphabets" von F. F. Ris zurückforderte (vgl. den Brief vom 27. Mai 1872 an N. N. Strachow, *PSS*, Bd. 61, S. 289). Das „Alphabet" sollte jetzt in Petersburg gedruckt werden und Tolstoi bat Strachow, sich um die Herausgabe zu kümmern (ebda., S. 287–290). Das „Alphabet" wurde in der Samyslower Typographie gedruckt und erschien Anfang November 1872.

10 Dieser Brief ist nicht erhalten. In *DTS* I, S. 104, war dieser Satz fälschlicherweise folgendermaßen abgedruckt worden: „Heute schrieb ich an Liwen und Sascha." Deshalb ging man in *PSS*, Bd. 61, S. 384 davon aus, daß zwei Briefe verlorengegangen seien: einer an den Verleger Liwen, der zweite an A. A. Behrs.

1873

1 Tolstoi reiste nach Moskau, um mit der Typographie von M. N. Katkow über den Druck der dritten Auflage seiner Werke zu verhandeln. Er kehrte am 16. oder 17. Februar nach Jasnaja Poljana zurück. Im November 1873 erschienen die „Sočinenija L. N. Tolstogo" (Werke L. N. Tolstois) in acht Bänden, 3. Auflage".

2 P. L. Tolstoi wurde am 13. Juni 1872 geboren.

3 F. F. Kaufmann, Erzieher der Tolstoi Söhne. S. L. Tolstoi schreibt über ihn in seinen Erinnerungen: „Es war ein wenig gebildeter, aber anständiger und gutmütiger junger Mann von etwa dreißig Jahren" (*S. L. Tolstoj*, S. 35).

4 Am 11. Februar kam die Gouvernante Emily Tabor zu den Tolstois.

5 „Er ist erstickt“ schrieb Tolstoi am 10. November an S. N.Tolstoi, „er hatte die sogenannte Bräune“ (*PSS*, Bd. 62, S. 52). Die ganze Familie litt sehr unter Petjas Tod. Tolstoi schrieb an A. M. Kusminski, er empfinde sehr schmerzlich die „Leere im Haus“ (ebda., S. 56).

1875

1 P. I. Juschkow.

2 In Briefen an A. A. Fet und N. N. Strachow erklärte Tolstoi am 26. Oktober 1875 seinen Zustand damit, daß er nicht gesund sei, am Anblick seiner „kranken Hausgenossen“ leide und „von einer Arbeit zur nächsten springe, ohne wirklich etwas zu tun“ (*PSS*, Bd. 62, S. 208, 210 / dt.: Bd. 16, S. 478). In seiner „Beichte“ schrieb er später: „Mich überkamen Augenblicke der Fassungslosigkeit, in denen das Leben stillstand und ich gleichsam nicht wußte, wie ich weiterleben, was ich tun sollte, ich wußte nicht mehr ein noch aus und versagte.“ (*PSS*, Bd. 23, S. 494 /dt.: Bd. 15, S. 85). Diese Stimmungen Tolstois standen in engem Zusammenhang mit seiner religiösen Suche am Ende der siebziger Jahre.

1876

1 Tolstoi war am 3. September gemeinsam mit seinem Neffen N. W. Tolstoi aus Jasnaja Poljana abgereist, am 7. September kamen sie in Samara an und Tolstoi reiste noch am gleichen Tag mit der Bahn nach Orenburg weiter, um dort Pferde für ein Gestüt zu inspizieren, das er in Aussicht genommen hatte. Am 12. September telegraphierte er aus Orenburg, daß für ihn „alles sehr interessant“ sei (*PSS*, Bd. 83, S. 231).

2 S. A. Behrs.

3 Mit der Arbeit an einer Biographie Tolstois begann S. A. Tolstaja am 24. Oktober 1876. Mit Unterbrechungen war sie damit bis Ende 1878 beschäftigt, vgl. *TbST* 27. Februar 1877 und die Aufzeichnungen vom Oktober und November 1878. Die Entwürfe wurden von E. S. Serebrovskaja in *LN*, Bd. 69, Buch 1, S. 497–516 veröffentlicht: „Tri biografičeskich očerka Tolstogo. Očerki, sostavlennye Sof'ej Andreevnoj so slov Tolstogo i im vypravlennye“ (Drei biographische Skizzen. Skizzen, die Sof'ja Andreevna nach den Worten Tolstojs zusammengestellt und die Tolstoj selbst überarbeitet hat). Vgl. Anmerkung 37 zu *TbST* 1878.

4 Im Sommer 1876 war I. M. Nagornow in Jasnaja Poljana zu Gast.

5 Telegramm vom 17. September (*PSS*, Bd. 83, S. 231). Tolstoi kehrte am 20. September nach Jasnaja Poljana zurück und bezeichnete seine Reise

in Briefen an Strachow und Fet als „wundervoll" und „sehr interessant" (*PSS*, Bd. 62, S. 286, 287; dt.: Bd. 16, S. 492).

6 I. L. Tolstoi nennt den Erzieher Jules Rey einen „groben stumpfen Menschen" (*I. L. Tolstoj*, S. 66).

1877

1 Vgl. *TbST* 17. September 1876 und Anmerkung 3.

2 1877 wurden in *PB*, Nr. 2, die Kapitel XIII–XXIV von Teil 6 der „Anna Karenina" veröffentlicht.

3 Am 25. Februar 1877 schrieb S. A. Tolstaja an T. A. Kusminskaja: „Ljowotschka ist Ski gelaufen, hingefallen und dabei so unglücklich mit dem Kopf gegen einen Baum geschlagen, daß er ohnmächtig wurde und Beulen und Schrammen davontrug. Seit dieser Zeit hat er ständig Kopfschmerzen und starken Blutandrang zum Gehirn, der mich sehr beunruhigt. Vielleicht ist an all dem ja gar nicht der Sturz sondern die intensive Schreiberei schuld, ist alles in erster Linie nervlich bedingt. Doch ich habe ihn in jedem Fall gebeten, Sacharin aufzusuchen. Er ist tatsächlich zu ihm gefahren und hat mir versprochen, sich jetzt ernsthaft um seine Gesundheit zu kümmern" (*GMT*).

1878

1 N. W. Tolstoi kam mit seiner Braut N. F. Gromowa zu Besuch.

2 In jener Zeit beachtete Tolstoi sehr gewissenhaft alle kirchlichen Rituale.

3 *Anni* – die Gouvernante Anna Phillips.

4 *L. D. Urussow* – ein alter Bekannter der Familie Tolstoi. Er war in den Jahren von 1876 bis 1888 Vizegouverneur von Tula. „Zu Ljowotschkas großer Freude ist Urussow wieder häufig bei uns zu Besuch", schrieb S. A. Tolstaja am 3. Oktober 1878 an T. A. Kusminskaja. „Am Sonntag waren sie gemeinsam auf der Jagd, haben zusammen Schach gespielt und sich aufs anregendste miteinander unterhalten" (*GMT*).

5 O. Feuillet: Le Journal d'une femme. Paris 1878. Tolstoi hielt Feuillet für eine „große Begabung" (vgl. *PSS*, Bd.48, S. 21).

6 Der Musiklehrer A. G. Mitschurin.

7 W. I. Alexejew.

8 Die zehnjährige Adoptivtochter von W. I. Alexejew Lisa Malikowa.

9 Diese Fassung der „Dekabristen" beginnt mit den Worten: „Für den 23. Januar 1824 war im Departement für geistliche und zivile Angele-

genheiten des Staatsrats und in der allgemeinen Versammlung eine Verhandlung anberaumt worden ..." (vgl. *PSS*, Bd. 17, S. 288–291).

10 Im Herbst 1871 kaufte Tolstoi von N. P. Tutschkow 2500 Desjatinen Land im Buslusker Landkreis (Gouvernement Samara), im April 1878 das benachbarte Stück Land mit 4022 Desjatinen von R. G. Bistrom. Von 1878 bis 1884 verwaltete A. A. Bibikow diesen Gutsbesitz Tolstois.

11 A. Dumas: Les trois Mousquetaires. Nouvelle Edition, Paris 1875 (*JaPb*). S. L. Tolstoi schreibt in seinen Erinnerungen: „Des Abends las uns Vater manchmal ‚Die drei Musketiere' von Alexandre Dumas auf französisch vor, wobei er die für Kinder unpassenden Stellen überging. Wir haben ihm begierig gelauscht" (*S. L. Tolstoj*, S. 53).

12 Am 27. Oktober 1878 schrieb Tolstoi an Strachow: „Bei uns steht alles zum Besten, und wie immer, wenn wir beide tätig sind, kommen meine Frau und ich gut miteinander aus ..." (*PSS*, Bd. 62, S. 445).

13 Diese Arbeit zog sich bis Ende November hin, vgl. Anmerkung 37.

14 In *JaPb* finden sich folgende Ausgaben: M. Ju. Lermontov: Demon. Angel. Rusalka i dr. Portret. Biografija. Belinskij o poėzii Lermontova (Der Dämon. Der Engel. Die Rusalka u. a. Porträt und Biographie. Belinskij über Lermontovs Lyrik). „Russkaja biblioteka" II„ St. Petersburg 1874. A. S. Puškin: Sočinenija. S priloženiem materialov dlja ego biografii. (Werke. Im Anhang Materialien zu seiner Biographie). Teil I, St. Petersburg 1855.

15 Offenbar handelt es sich um das Buch von P. Kuliš: Zapiski o žizni N. V. Gogolja, sostavlennye iz vospominanij ego druzej i znakomych, i iz ego sobstvennych pisem (Aufzeichnungen über das Leben von N. V. Gogol', zusammengestellt nach den Erinnerungen seiner Freunde und Bekannten und seinen eigenen Briefen). 2 Bände, Sankt Petersburg 1856. Oder von demselben Verfasser: Opyt biografii N. V. Gogolja so vključeniem do soroka ego pisem (Versuch einer Biographie von N. V. Gogol' unter Mitteilung vierzig seiner Briefe). Sankt Petersburg 1854.

16 V. Cherbuliez: L'ideé de Jean Têterol. Paris 1878. Tolstoi äußerte sich anerkennend über Cherbuliez' Werke (vgl. *PSS*, Bd. 62, S. 18 / dt.: Bd. 16, S. 424).

17 Diese und die folgenden Aufzeichnungen vom 21. bis zum 24., dem 27. und 29. Oktober 1878 beziehen sich auf Tolstois Arbeit an den „Dekabristen". Am 31. Oktober verfaßte er einen neuen Anfang, vgl. die Notiz vom 1. November.

18 Die *Pasteten* waren ein besonderes Gebäck, das der Koch N. M. Rumjanzew in Jasnaja Poljana anfertigte (vgl. *I. L. Tolstoj*, S. 49).

19 L. Tolstoy: The Cossacks. A Tale of the Caucasus in 1852. Translated from the Russian by Eugene Schuyler. London 1878 (*JaPb*). Über diese Ausgabe schrieb Tolstoi an Turgenjew: „... eine sehr gute Übersetzung" (*PSS*, Bd. 62, S. 446 / dt.: Bd. 16, S. 543).

20 Am 27. Oktober 1878 schrieb Tolstoi über A. A. Nawrozki im Brief an

A. A. Fet: „Er ist offensichtlich ein anständiger Mensch, hat aber den Kopf voll mit den üblichen wirren Ideen" (*PSS*, Bd. 62, S. 450).

21 *Kolpik* ist der Name eines Pferdes. In „Anna Karenina" wird Lewins Pferd Kolpik als „kleines, gutes falbes Pferdchen" (Teil 2, Kap. XIII) geschildert.

22 Vgl. *PSS*, Bd. 62, S. 445–447 mit dem abschließenden Datum des 27. Oktober (dt.: Bd. 16, S. 542f.).

23 Ch. Dickens: The Life and Adventures of Martin Chuzzlewit, his Relatives, Friends and Enemies. In two volumes. Leipzig 1844, (*JaPb*).

24 Vgl. Tolstois Charakterisierung seiner Kinder in seinem Brief an A. A. Tolstaja vom 26. Oktober 1872 (*PSS*, Bd. 61, S. 332–335 / dt.: Bd. 16, S. 411–415).

25 Vgl. Anmerkung 37.

26 P. N. Krjukowa, die Tochter des Kochs N. M. Rumjanzew.

27 Der neue Anfang der „Dekabristen" ist in zwei Varianten überliefert (*PSS*, Bd. 17, S. 291–297, die zweite Variante ebda. S. 47–55), wobei in beiden Varianten die Rede von dem zukünftigen Dekabristen Sachar Grigorjewitsch Tschernyschow ist.

28 M. D. Djakowa.

29 A. Theuriet: La Maison de deux Barbeaux. In „Revue des Deux Mondes" 15. April und 1. Mai 1878. Tolstoi empfahl u. a. Theuriet in seinem Brief an L. P. Nikiforow vom 20. und 21. Juli 1890 als einen der Autoren, deren Werke „für den ‚Posrednik' geeignet" seien (*PSS*, Bd. 65, S. 130 / dt.: Bd. 17, S. 93).

30 Ch. Dickens: Dealings with the firm Dombey and Son; wholesale, retail and for exportation. In three volumes. Vol. I. Leipzig 1847 (*JaPb*).

31 F. Fabre: Le Roman d'un peintre. In „Revue des Deux Mondes", 1. und 15. Juni, 1. Juli 1878.

32 *Akulka* – die Enkelin von M. A. Arbusowa. *Onkel Sergei* – S. P. Arbusow.

33 Das Vaudeville „Die Werkstatt eines russischen Malers" von W. A. Sollogub. – V. A. Sollogub: Sočinenija (Werke), Bd. IV, Moskau 1856, S. 123–171.

34 D. D. Obolenski war während des russisch-türkischen Kriegs durch den Bau von Zuckerfabriken verarmt, 1878 wurde er wegen Geldverschwendung vor Gericht angeklagt, freigesprochen, jedoch zum zahlungsunfähigen Schuldner erklärt. Diese ganze Angelegenheit zog sich über mehrere Jahre hin.

35 „Alexander II. war mit dem Zug auf der Strecke Moskau – Kursk unterwegs. Aus Angst vor einem Attentat hatte man drei völlig gleiche kaiserliche Züge auf die Reise geschickt. In welchem von ihnen sich nun wirklich der Zar befand, erfuhr niemand (*DST* I, S. 198).

36 *Grigori* – ein Schenkwirt, der zeitweilig in Jasnaja Poljana arbeitete. Sein Familienname konnte nicht ermittelt werden.

37 Tolstoi selbst fand auch die biographische Skizze von S. A. Tolstaja in der vorliegenden Form unpassend, obgleich er sie insgesamt „vorzüglich" nannte (vgl. den Brief an N. N. Strachow vom 23. November 1878 – *PSS*, Bd. 62, S. 454). Er kürzte sie und sandte sie am 28. November an Strachow (vgl. ebda., S. 455–457). Gemeinsam mit den später geschickten Ergänzungen wurde sie in der Reihe „Russische Bibliothek", Bd. 9, Sankt Petersburg 1879, veröffentlicht.

1879

1 Es handelt sich um die vierte Ausgabe der „Sočinenija L. N. Tolstogo v 11-ti tomach" (Werke von L. N. Tolstoj in elf Bänden), hrsg. von den Gebrüdern Salajew, 1880.
2 Späterer Zusatz von S. A. Tolstaja.

1882

1 Im September 1881 siedelte die Familie Tolstoi nach Moskau über, weil dort der älteste Sohn sein Universitätsstudium begann. Sie mieteten eine Wohnung im Haus Wolkonski in der Deneschny-(heute Maly-Lewschinski-) Gasse und verbrachten dort den Winter 1881/82.
2 S. L. Tolstoi immatrikulierte sich bei der Naturwissenschaftlichen Fakultät. T. L. Tolstaja wurde in die Fachschule für Malerei, Architektur und Skulptur aufgenommen, die Söhne Ilja und Lew besuchten das Private Gymnasium von L. I. Poliwanow in der Pretschistenka (heute Kropotkin-Straße).
3 Tolstoi fiel das Leben in der Stadt sehr schwer. Am 5. Oktober 1881 vermerkte er in seinem Tagebuch: „Der vergangene Monat war der schlimmste in meinem Leben. Umzug nach Moskau ... Gestank, Steine, Überfluß, Elend, Laster. Die Räuber, die das plündern, haben sich versammelt, Soldaten und Richter herbeigeholt, die ihre Orgien bewachen sollen, und prassen nun" (*PSS*, Bd. 49, S. 58 / dt. Bd. 18, S. 339 f.). Über Tolstois seelische Verfassung schrieb S. A. Tolstaja am 14. Oktober 1881 an T. A. Kusminskaja: „Ljowotschka war nicht nur niedergeschlagen, sondern verzweifelt apathisch. Er aß und schlief nicht, weinte manchmal selbst á la lettre (buchstäblich), und ich dachte einfach, ich würde verrückt" (*GMT*).
4 Die Meinungsverschiedenheiten zwischen Tolstoi und seiner Familie hatten sich nach der Umsiedlung nach Moskau verschärft. Tolstoi fühlte sich bei seiner geistigen Suche im Stich gelassen. Im März 1882 schrieb er

an N. N. Strachow: „Ich bin schrecklich müde und schwach. Der ganze Winter ist in Untätigkeit vergangen. Was die Menschen nach meinem Dafürhalten am notwenigsten brauchen, wird, wie sich herausstellt, von niemandem benötigt. Bisweilen verlangt mich zu sterben" (*PSS*, Bd. 63, S. 94 / dt.: Bd. 16, S. 590). Nicht minder einsam fühlte sich S. A. Tolstaja, die an die enge geistige Übereinstimmung mit ihrem Mann gewohnt war. In ihrem Brief vom 17. September 1882 warf sie ihrem Mann vor: „Du schreibst mir nicht, was Dich bewegt und worüber Du nachsinnst, was Dir angenehm und was Dir unangenehm ist, was Dich belastet und was Dich erfreut" (*PST*, S. 202). An T. A. Kusminskaja schrieb sie, daß Tolstoi ein „außergewöhnlicher Mensch" sei, „der der Menge voranschreite und den Menschen den Weg weise, den sie gehen sollen", daß sie selbst dagegen „zur Menge gehöre, die mit dem Strom der Menge schwimme" und daß sie, das Licht sehend, das Tolstoi trage, dennoch „nicht schneller voranzuschreiten" vermöge, da „die Menge, das Milieu und die Gewohnheiten" auf ihr lasteten (Brief vom 30. Januar 1883, *GMT*).

5 Das zehn Monate alte Kind der Tolstois.

6 Zu jener Zeit war T. A. Kusminskajas Ehemann A. M. Kusminski Präsident des Petersburger Kreisgerichts.

7 Tolstoi reiste wegen der Reparaturen und der Umbauten des Hauses, das er im Sommer 1882 in der Dolgo-Chamownitscheski-Gasse (heute Lew-Tolstoi-Straße) von I. A. Arnautow gekauft hatte, nach Moskau. Am 8. Oktober folgte die Familie und verbrachte bis zum Jahr 1901 die Winter immer in diesem Haus.

1883

1 Von Ende 1882 bis zum Januar 1884 arbeitete Tolstoi an dem Traktat „Worin mein Glaube besteht?" (*PSS*, Bd. 23). Die erste Ausgabe (1884) wurde mit Arrest belegt und verboten, der Traktat konnte erst 1906 – nach der Revolution von 1905 – in der Zeitschrift „Vsemirnyj vestnik", Nr. 2 [und als Einzeledition des „Vsemirnyj vestnik" und des „Posrednik"] erscheinen.

1885

1 Tolstoi und L. D. Urussow bereisten seit dem 11. März 1885 vierzehn Tage lang das Küstengebiet der Krim (vgl. die Briefe Tolstois an S. A. Tolstaja vom März 1885 – *PSS*, Bd. 83, S. 492–502).

2 Während des Krimkriegs war Tolstoi vom 7. November 1854 bis Mitte November 1855 in Sewastopol.

1 Anfang August 1886 hatte sich Tolstoi bei der Feldarbeit das Bein verletzt und daraufhin eine Knochenhautentzündung bekommen. „Ich kann jetzt wieder frei herumgehen, hinke aber noch leicht", teilte er dann Anfang Oktober N. N. Gay mit (*PSS*, Bd. 63, S. 403).

2 S. L. Tolstoi vermerkt zu dieser Notiz: „Daß Lew Nikolajewitsch seine Forderungen Sofja Andrejewna gegenüber nicht präziser formulierte, war einer der Gründe für die Entfremdung zwischen ihnen. L. N. postulierte, einfacher zu leben, ohne den Grad der einzuführenden Veränderungen genauer zu bezeichnen. Er gab nur selten genaue Anweisungen. Und die Fragen, wo und wovon seine Familie leben, was mit den Gütern geschehen, was seine Kinder lernen sollten u. s. w. blieben offen" (*DST*, I, S. 200).

3 K.N. Sjabrew, der ärmste Bauer von Jasnaja Poljana.

4 Eine notleidende Bäuerin aus Jasnaja Poljana.

5 A. P. Iwanow, ein Abschreiber Tolstois, litt wiederholt an langanhaltenden Zuständen von Trunkenheit.

6 Im Oktober/November 1886 schrieb Tolstoi nach einem Sujet, das ihm N. W. Dawydow erzählt hatte, das Drama „Die Macht der Finsternis". Diese Arbeit nahm ihn „sehr in Anspruch" (vgl. seinen Brief an N. N. Gay – *PSS*, Bd. 63, S. 403). Am 25. November wurde das Stück zum Satz gegeben, im Verlauf des Dezembers 1886 korrigierte Tolstoi die Druckfahnen. Das Stück wurde zuerst im Februar 1887 im Verlag „Posrednik" unter dem Titel „Die Macht der Finsternis oder Steckt die Kralle in der Falle ist der Vogel schon verloren" (*PSS*, Bd. 26 /dt.: Bd. 10) veröffentlicht.

7 S. A. Tolstaja las L. Diogène: La vie des plus illustrés philosophes de l'antiquité ... Paris 1841 (*JaPb* mit Randnotizen von Tolstoi).

8 In „Mein Leben" schrieb S. A. Tolstaja, daß sie „die Liebe zu Lew Nikolajewitsch und das Interesse für religiöse Fragen" mit Urussow verbunden habe und daß Urussows Verhalten ihr gegenüber „ritterlich liebenswürdig, manchmal sogar ein wenig enthusiastisch gewesen" sei, doch daß sie „einander nie mit einem Wort oder gar einer Geste irgendwie zu nahegetreten" wären (*Moja žizn'*, Buch 3, S. 552, 554).

9 Tolstois „Untersuchung zur dogmatischen Theologie" (*PSS*, Bd. 23), an der er zwischen 1879 und 1884 arbeitete, war in Rußland verboten; sie erschien zuerst in Genf unter dem Titel „Die Kritik der dogmatischen Theologie" (Teil 1 – 1891, Teil 2 – 1896).

10 I. L. Tolstoi war damals in S. N. Filossofowa verliebt, die er im Februar 1888 heiratete. Tolstoi stand dieser Eheschließung „freudig und besorgt zugleich" gegenüber (*PSS*, Bd. 64, S. 117).

11 Vgl. *TbST* 1887 Anmerkung 6.

12 *„Rodnik“* – eine illustrierte Monatszeitschrift für Kinder. Sankt Petersburg 1892–94 (*JaPb*).

13 *Rodnye otgoloski* (Heimisches Echo). Gedichtsammlung russischer Dichter. Mit Zeichnungen von I. Panow graviert von Pannemaker. Paris, Sankt Petersburg 1875 (*JaPb*).

14 Eine Bäuerin aus Jasnaja Poljana.

15 Der junge Lehrer I. B. Feinerman siedelte sich im Sommer 1885 im Dorf Jasnaja Poljana an. I. L. Tolstoi schrieb, daß dies „ein aufrichtiger Anhänger des Vaters gewesen“ sei, „ein uneigennütziger und überzeugter Idealist. Er lebte auf dem Land, arbeitete für die Bauern, ohne irgendeine Entschädigung außer dem allereinfachsten Essen für seine Arbeiten zu fordern, und träumte von der Errichtung einer christlichen Kommune.“ (*I. L. Tolstoj*, S.196). Später schrieb I. B. Feinerman unter dem Pseudonym Teneromo einige Bücher über Tolstoi, deren Inhalt unglaubwürdig ist.

16 Briefe von N. N. Gay an M. L. und T. L. Tolstaja vom September/Oktober 1886 (vgl. *PTG*, S. 75–78 und 80–81). Tolstoi schrieb an Gay: „Gestern erhielten wir Ihre Briefe, lieber Freund. Haben Sie Dank, daß Sie an meine kleinen Mädchen schreiben ...“ (*PSS*, Bd. 63, S. 399).

1887

1 Am 1. März 1887 verhaftete die Polizei fünf Studenten (Ossipanow, Generalow, Andrejuschkin, Kapger, Wolochow), die an der Vorbereitung des Attentats auf Alexander III. beteiligt waren. Am nächsten Tag wurden auch der ältere Bruder von W. I. Lenin – Alexander Uljanow – sowie weitere Teilnehmer des Attentats verhaftet. Sie wurden im April vor Gericht gestellt, fünf – unter ihnen auch A. I. Uljanow – zum Tode verurteilt und am 8. Mai 1887 hingerichtet.

2 Am 3. Februar 1887 schrieb A. A. Stachowitsch an S. A. Tolstaja, er lese in Petersburg das Drama „Die Macht der Finsternis“ einem größeren Kreis von Personen vor, die vielleicht auf die Zensur einwirken könnten. So trug er es am 27. April in Anwesenheit von Alexander III. vor, der es „erstaunlich“ fand und seine Aufführung auf den Bühnen der kaiserlichen Theater empfahl. Vgl. A. A. Stachovič: Kločki vospominanij. „Vlast' t'my“, drama L. N. Tolstogo. (Einzelne Erinnerungen. Tolstojs Drama „Die Macht der Finsternis“). *TE*, Moskau 1912, S. 27–47. Tolstoi schrieb an Stachowitsch: „Ich freue mich sehr über die Sympathie, die Sie den Schwierigkeiten meines Stückes entgegen bringen. Doch das Resultat all dieser Bemühungen ist mir völlig, aber wirklich völlig gleichgültig“ (*PSS*, Bd. 64, S. 9).

3 Anfang November 1886 fuhr S. A. Tolstaja zu ihrer sterbenden Mutter

nach Jalta. Nach dem Tod von L. A. Behrs kehrte sie nach Moskau zurück.

4 Von Ende 1886 bis zum Juni 1887 arbeitete Tolstoi mit Unterbrechungen an der Erzählung „Wandelt, dieweil Ihr das Licht habt (Erzählung aus der Zeit der früheren Christen)" und einer Einleitung zu dieser Erzählung mit dem Titel „Gespräche müßiger Menschen" (*PSS*, Bd. 26). Sie wurde 1892 zuerst von M. K. Elpidin in Genf gedruckt. In Rußland wurde sie zuerst in dem Sammelband „Put' – doroga. Naučno-literaturnyj sbornik v pol'zu obščestva dlja vspomoščestvovanija nuždajuščimsja pereselencam" (Weg und Straße. Literaturwissenschaftlicher Sammelband zugunsten der Vereinigung zur Unterstützung notleidender Umsiedler), Sankt Petersburg 1893 veröffentlicht.
Tolstoi war mit dieser Erzählung nicht zufrieden: „Es gibt dort gute Gedanken", schrieb er an Tschertkow, „aber sie ist künstlerisch nicht anspruchsvoll und kalt geschrieben" (*PSS*, Bd. 86, S. 49).

5 So hieß zunächst Tolstois Traktat „Über das Leben" (*PSS*, Bd. 26). Als Impuls für diese Arbeit diente ein langer Brief, den Tolstoi Ende September 1886 an A. K. Diterichs über Leben und Tod geschrieben hatte (*PSS*, Bd. 85, S. 392–306). Die Arbeit erstreckte sich über das ganze Jahr 1887. Sie bewegte Tolstoi sehr. „Seit eineinhalb Monaten denke ich Tag und Nacht an nichts anderes", schrieb er am 2. April 1887 an Tschertkow (*PSS*, Bd. 86, S. 42). Und auf die Frage von W. W. Mainow, welches seiner Werke er für das Wichtigste halte, antwortete er am 17. Oktober 1889: „Ich weiß nicht, welches von beiden: Worin mein Glaube besteht? oder Über das Leben" (*PSS*, Bd. 64, S. 317). Die Einzelausgabe dieses Textes wurde 1888 von der Zensur verboten und vernichtet. Sie erschien zuerst 1891 in Genf, herausgegeben von M. K. Elpidin.

6 Es ist hier die Rede von der sechsten Ausgabe der „Sočinenija L. N. Tolstogo", Bd. I–XII, herausgegeben von den Nachfolgern der Gebrüder Salajew, 1886, die unmittelbar auf die fünfte Ausgabe des gleichen Jahres folgte.

7 S. L. Tolstoi war zu jener Zeit Mitglied der Tulaer Zweigstelle der Semstwo-Bauernbank.

8 Brief von W. G. Tschertkow an Tolstoi vom 18.–20. Februar 1887 (*PSS*, Bd. 86, S. 33).

9 S. A. Tolstaja spricht hier vom Verlag „Posrednik", den Tolstoi 1884 gemeinsam mit W. G. Tschertkow und P. I. Birjukow gegründet hatte, um schöngeistige und populärwissenschaftlichte Werke für das Volk herauszubringen. Über die in diesem Verlag herausgebrachten Werke Tolstois und ihre Verbreitung schrieb Tschertkow am 25. Februar 1887 an Tolstoi (*PSS*, Bd. 86, S. 36f.).

10 Am 14. März 1887 trug Tolstoi bei einer Sitzung der Moskauer Psychologischen Gesellschaft in der Universität das Referat „Der Begriff des Lebens" – eine Kurzfassung seiner Schrift „Über das Leben" – vor. Dabei

unterzog er die herrschende Religion und Moral der Kritik und begründete sein eigenes neues Weltverständnis (*PSS*, Bd. 26, S. 753f.). Das Referat wurde am 21. März in der Zeitung *R.ved.* 1887, Nr. 78, abgedruckt.

11 S. L. Tolstoi schreibt in seinen Erinnerungen: „Zum Vegetarier wurde er vor allem nach der Begegnung mit dem positivistischen Vegetarier William Frey, der ihn 1885 besucht hatte. Zu dieser Zeit entschieden sich auch meine Schwestern Tanja und Mascha für die ‚unblutige Ernährung'. Meine Mutter hielt sie fälschlicherweise für gesundheitsschädigend. Doch unserem Vater mit seinem Gallenleiden tat sie zweifelsohne gut und auch den Schwestern hat sie bestimmt nicht geschadet" (*S. L. Tolstoj*, S. 145).

12 Wahrscheinlich handelt es sich hier um die sechste Auflage der „Sočinenija grafa L. N. Tolstogo" (Werke des Grafen L. N. Tolstoj), Bd. I–XI und den gesonderten XII. Band, Moskau 1886.

13 Am 12. Dezember 1869 annoncierten die „Moskovskie vedomosti", Nr. 270: „Zum Kauf angeboten wird ‚Krieg und Frieden', das Werk des Grafen L. N. Tolstoi. 2. Ausgabe. Moskau 1868–1869. Alle sechs Bände kosten inklusive der Portogeführen zehn Silberrubel."

14 W. G. Tschertkow schrieb in seinem Brief vom 18.–20. Februar 1887 an Tolstoi: „Ich weiß nicht, wie ich Gott für all das Gute danken soll, das für mich diese Gemeinsamkeit mit meiner Frau bedeutet. Dabei muß ich immer an die denken, die dieses Glück dieser seelischen Gemeinschaft mit ihren Frauen entbehren müssen und die ohne jeden Zweifel viel, viel mehr als ich dieses Glückes würdig wären" (*PSS*, Bd. 86, S. 33).

15 I. L. Tolstoi diente als Freiwilliger bei den Sumsker Dragonern, die in den Chamownitscheski-Kasernen stationiert waren.

16 Vgl. Anmerkung 10. Der Sohn des Malers N. N. Gay wohnte damals in einem Seitengebäude des Tolstoischen Hauses in Chamowniki und half S. A. Tolstaja bei der Edition der Werke ihres Mannes.

17 Ende 1886 hatte sich die Schauspielerin des Alexandra-Theaters M. G. Sawina an Tolstoi mit der Bitte gewandt, ihr für eine Benefiz-Vorstellung die Aufführung der „Macht der Finsternis" zu gestatten. Nachdem sie diese Erlaubnis erhalten hatte, reiste sie 1887 zu Tolstoi nach Moskau und bat ihn um Hinweise für die Inszenierung. Am 12. März 1887 schrieb A. A. Potechin, der die Schauspielertruppen des Alexandra-Theaters in Petersburg und des Kleinen Theaters in Moskau leitete, daß „zwei Spezialisten abkommandiert worden" seien „in das Gouvernement Tula und insbesondere die Region von Jasnaja Poljana, um so detailliert wie möglich die Bauerntypen, ihren Alltag und auch die typischen Bauernkostüme für die handelnden Personen des Dramas" zu beschreiben (*GMT*). Offensichtlich spricht hier S. A. Tolstaja über einen dieser beiden Abgesandten. Über andere Zeugnisse von ihnen verfügen wir nicht.

18 Alexander II. hatte zunächst die Inszenierung des Stückes gestattet. Doch K. P. Pobedonoszew äußerte sich in einem Schreiben an den Zaren so vernichtend über das Stück, daß er damit eine Aufhebung der ursprünglichen Zusage erreichte. Nach der siebzehnten Probe des Stücks teilte M. G. Sawina A. A. Stachowitsch am 22. März mit, die „auf den heutigen Tag festgelegte Generalprobe habe nicht stattgefunden und ‚Die Macht der Finsternis' sei auf unbestimmte Zeit verschoben worden" (vgl. „K istorii zapreščenija postanovki ‚Vlasti t'my'. Pis'ma k A. A. Stachoviču. Zur Geschichte des Aufführungsverbotes der ‚Macht der Finsternis'. Briefe an A. A. Stachovič. *Letopisi*, Buch 2, Moskau 1938, S. 266 f.). Am gleichen Tag teilte Potechin dasselbe S. A. Tolstaja mit (*GMT*) und schrieb am 31. März an Tolstoi selbst (vgl. *Tolstoj. Perepiska*. S. 508 f.). Erst am 18. Oktober 1895 wurde „Die Macht der Finsternis" mit der Sawina in der Rolle der Akulina im Alexandra-Theater aufgeführt.

19 Grigori – Diener bei den Tolstois.

20 Vgl. Anmerkung 12.

21 S. A. Tolstaja spricht hier von dem Brief Tolstois an M. A. Engelhardt (Dezember 1882/Januar 1883, in dem Tolstoi schreibt: „Sie glauben das sicher nicht, aber Sie können sich ja auch gar nicht vorstellen, in welchem Maß ich einsam bin, in welchem Maß das, was mein eigentliches ‚Ich' ausmacht, von all meinen Nächsten verachtet wird" (*PSS*, Bd. 63, S. 112). Am 21. März 1909 gestand S. A. Tolstaja, wie schrecklich sie dieser Brief gekränkt habe (*Gusev*, S. 244).

22 Offensichtlich hatte S. A. Tolstaja Tolstois Brief an N. L. Osmidow vom 12. Juni 1887 gelesen (*PSS*, Bd. 64, S. 51–53). Ausführlich über Osmidow vgl. *PSS*, Bd. 63, S. 310 f.

23 „Finsterlinge" nannte S. A. Tolstaja die Anhänger ihres Mannes.

24 Der Familienname konnte nicht ermittelt werden.

25 Der amerikanische Reiseschriftsteller George Kennan besuchte Tolstoi am 17. Juni 1886; er erzählte ihm vom Leben der politischen Verbannten in Sibirien und diskutierte mit Tolstoi über die Lehre der Widerstandslosigkeit gegen Gewalt. Seine Erinnerungen wurden veröffentlicht in G. Kennan: A Visit to Count Tolstoi. „The Century", New York 1887, Nr. 4.

26 Die Sumsker Dragoner waren damals in dem Ort Wladykino bei Moskau stationiert.

27 S. A. Tolstaja spricht hier von V. M. Florinskijs Buch „Domašnaja medicina. Lečebnik dlja narodnogo upotreblenija" (Die häusliche Medizin. Ein Arzneimittelbuch für den Volksgebrauch), das zwischen 1881 und 1892 fünf Auflagen erlebte.

28 Der Schauspieler W. N. Andrejew-Burlak besuchte Tolstoi am 20. Juni 1887; zu seiner Erzählung, die der „Kreutzersonate" einen entscheidenden Impuls gegeben hat, vgl. *TbST* 28. Dezember 1890.

29 Mit I. F. Gorbunow, einem populären Schauspieler, Schriftsteller und

Erzähler, war Tolstoi bereits seit den fünfziger Jahren bekannt. Am 13. und 28. März 1886 besuchte Gorbunow die Tolstois in Chamowniki und „erzählte viel" (vgl. I. F. Gorbunov: Sočinenija (Werke), Bd. IV, Sankt Petersburg 1907, S. 460).

30 N. Strachov: O večnych istinach. Moj spor o spiritizme (Von den ewigen Wahrheiten. Meine Auseinandersetzung mit dem Spiritismus), Sankt Petersburg 1887 (*JaPb* mit einer Widmung). Tolstoi schätzte dieses Buch (vgl. seinen Brief an N. N. Strachow vom 3. März 1887 – *PSS*, Bd. 64, S. 23).

31 N. N. Strachow war vom 26. Juni bis zum 2. Juli in Jasnaja Poljana zu Besuch.

32 Zum Traktat „Über das Leben" vgl. Anmerkung 5.

33 S. L. Tolstoi fuhr auf die Güter der Tolstois in Samara, um deren Verwaltung in Ordnung zu bringen (vgl. *S. L. Tolstoj*, S. 158–161).

34 P. I. Birjukow war etwa vier Tage lang in Jasnaja Poljana und Tolstoi war mit ihm „sehr gern, und mit jedem Tag noch lieber" zusammen (*PSS*, Bd. 86, S. 68).

35 Warwara (Arotschka) – die Adoptivtochter von P. D. und O. A. Golochwastow.

36 Der Familienname des Lehrers konnte nicht ermittelt werden.

37 Ungeachtet ihrer damaligen Meinungsverschiedenheit in religiösen Fragen waren Tolstoi und A. A. Tolstaja glücklich über diese Begegnung. Tolstoi blieb „so sanftmütig ... während der ganzen Zeit meines Aufenthaltes in Jasnaja Poljana, obgleich es zwischen uns nicht wenig Debatten gab" schrieb A. A. Tolstaja (*Perepiska L. N. Tolstogo s. gr. A. A. Tolstoj*, S. 33 / dt.: *L. N. Tolstois Briefwechsel mit der Gräfin A. A. Tolstoi*, S. 38). „Gott sei Dank, haben wir zehn Tage liebevoll, ohne schweren Zusammenstoß verbracht und sind auch ebenso von einander geschieden", schrieb Tolstoi an Tschertkow (*PSS*, Bd. 86, S. 70).

38 Tolstoi hat die letzte Redaktion des Traktats „Über das Leben" am „3. August 1887" datiert. Über die Änderung des Titels schrieb er am 4. August 1887 an Tschertkow: „Der liebe Pawel Iwanowitsch ist gestern abgereist und hat meinen Aufsatz über das Leben in die Druckerei mitgenommen. Ich hatte begonnen, über Leben und Tod zu schreiben, doch während ich den Aufsatz beendete, merkte ich, daß ich den zweiten Teil der Überschrift streichen müsse, weil zumindest für mich das Wort gänzlich jene Bedeutung verloren hat, die ich ihm zunächst in der Überschrift zugedacht hatte" (*PSS*, Bd. 86, S. 70).

39 Das erste Porträt „L. N. Tolstoi am Schreibtisch", das S. A. Tolstaja zum Geschenk erhielt, befindet sich in Jasnaja Poljana; das zweite „L. N. Tolstoi im Sessel mit einem Buch in der Hand", von Repin „Jasnaja Poljana, 13.–15. August 1887" datiert, im *GTG*. Über dieses Porträt schrieb T. L. Tolstaja an Je. A. Olsufjewa: „Am ersten Tag seines Hierseins hat Repin Papá in allen möglichen Posen in seinem Skizzen-

buch festgehalten, um ihm näher zu kommen. Gestern begann er sein Porträt in Öl. Heute ist schon der Kopf fertig und ist sowohl technisch wie auch im Ausdruck wunderbar gelungen. Er hat jenen weichen, gütigen Ausdruck festgehalten, den Papá manchmal hat, und den weder Gay noch Kramskoi wiederzugeben vermochten" *(GMT).*

40 S. A. und M. P. Behrs.

41 Tolstoi hielt den ersten Teil der „Toten Seelen" für ein wunderbares literarisches Werk und schätzte die künstlerische Begabung Gogols hoch (*PSS*, Bd. 38, S. 50).

42 S. A. Tolstaja hatte sich entschlossen, die Manuskripte Tolstois einem der Moskauer Handschriftenarchive zur Aufbewahrung zu übergeben. Mit Tolstois Zustimmung brachte sie diese am 1. September 1887 in das Moskauer Rumjanzew-Museum (heute Staatliche Lenin-Bibliothek). Vgl. den Einleitungsartikel von V. A. Ždanov in dem Buch „Opisanie rukopisej chudožestvennych proizvedenij L. N. Tolstogo" (Beschreibung der Handschriften von L. N. Tolstojs schöngeistigen Werken), Moskau 1955, S. 5–17.

43 Die letzten drei Abschnitte wurden später von Sofja Andrejewna hinzugefügt.

44 Hier ist eine getrocknete Blume eingeklebt.

1890

1 M. L. Tolstaja stand ihrem Vater besonders nahe. I. L. Tolstoi schreibt in seinen Erinnerung: „Sie fühlte mit ganzem Herzen die Einsamkeit unseres Vaters, und als Erste von uns löste sie sich aus der Gemeinschaft ihrer Altersgenossen und stellte sich unmerklich, doch fest entschlossen auf die Seite unseres Vaters" (*I. L. Tolstoj*, S. 195).

2 Am 26. November 1890 reiste Tolstoi zur Sitzung des Tulaer Kreisgerichts, auf der über vier Bauern aus Jasnaja Poljana verhandelt wurde, die im Zustand der Trunkenheit den aus ihrem Dorf stammenden Pferdedieb Gawriil Balchin erschlagen hatten. Vor dem Prozeß suchte Tolstoi die Bauern im Gefängnis auf. Der Prozeß kam ihm wie eine „beschämende Komödie" vor (*PSS*, Bd. 51, S. 110 / dt.: Bd. 19, S. 137). Tolstois Anwesenheit hatte einen mäßigenden Einfluß auf die Urteilsfindung: „Einen haben sie ganz und gar freigesprochen, die drei anderen sehr viel milder verurteilt", schrieb Tolstoi am 2. Dezember 1890 an A. W. Alechin (*PSS*, Bd. 65, S. 197).
Die Erschlagung des Pferdediebs hat sicher als Material für die Beschreibung von der Erschlagung des Bauern Iwan Mironow in der Erzählung „Der gefälschte Kupon" (Teil I, Kap. XIV–XV) gedient.

3 *Owsjannikowo* – das fünf Werst von Jasnaja Poljana entfernt liegende

Gut von T. L. Tolstaja. Mit dem Geistlichen von Owsjannikowo führte S. A. Tolstaja einen Prozeß.

4 *Wanetschka* – der zweijährige Sohn der Tolstois.

5 N. S. Leskows Märchen „Stunde des göttlichen Willens" wurde zuerst in „Russkoe obozrenie" 1890, Nr. 11, S. 115–140 veröffentlicht.
Das Sujet hat Leskow bei Tolstoi entlehnt (vgl. Tolstois Tagebuchnotiz vom 12. Juni 1898 – *PSS*, Bd. 53, S. 198 / dt.: Bd. 19, S. 344). Tolstoi schrieb Leskow, „ihm gefalle der Ton und die außergewöhnliche Meisterschaft der Sprache", doch er fand „viel Überflüssiges, Unverhältnismäßiges" in der Erzählung (*PSS*, Bd. 65, S. 198).

6 Tolstois „Tagebuch der Jugend" wurde auszugsweise zuerst von W. G. Tschertkow herausgegeben (Moskau 1917). Vollständig wurde es in *PSS*, Bd. 46 (1847–1854) und Bd. 47 (1854–1857) / dt.: Bd. 18, S. 29–254 veröffentlicht.

7 P. I. Birjukow wollte M. L. Tolstaja heiraten, doch S. A. Tolstaja widersetzte sich dieser Verbindung.

8 S. L. Tolstoi schreibt in in seinen Erinnerungen: „In den achtziger Jahren, vor allem aber seit 1884, änderte sich allmählich der Lebensstil unseres Vaters. In Moskau begann er früh aufzustehen, selbst sein Zimmer in Ordnung zu bringen, Holz zu hacken oder zu sägen, Wasser aus dem Brunnen im Hof zu schöpfen, und das Wasser in einem großen Trog auf einem kleinen Schlitten zum Haus zu ziehen. Damals erlernte er auch bei einem Schuster das Schuhmacherhandwerk und nähte in einem kleinen Raum vor seinem Arbeitszimmer Schuhe" (*S. L. Tolstoj*, S. 145).

9 Am 15. Dezember 1890 schrieb Tolstoi in sein Tagebuch: „Trat heute morgen aus dem Haus, da erwartete mich Ilja Bolchin mit der Bitte um Vergebung: Sie sind zu sechs Wochen Gefängnis verurteilt worden. Das war für mich ein schwerer Schlag, und es drückt mir den ganzen Tag das Herz ab ... Muß fort" (*PSS*, Bd. 51, S. 111 / dt.: Bd. 19, S. 137).

10 1897 heiratete M. L. Tolstaja N. L. Obolenski, 1899 T. L. Tolstaja M. S. Suchotin. Mit beiden Eheschließungen waren L. N. und S. A. Tolstoi nicht einverstanden.

11 Tagebuchnotiz vom 19. Oktober 1852 (*PSS*, Bd. 46, S. 146 / dt.: Bd. 18, S. 121 f.).

12 *Sascha* – die sechsjährige Tochter der Tolstois.

13 Am 14. Dezember 1890 schrieb S. A. Tolstaja an T. A. Kusminskaja: „Wir haben den Engländer Dillon zu Besuch, der eine unfertige und schlecht geschriebene Erzählung von Ljowotschka übersetzt hat, welche ihm Tschertkow gegeben hatte: ‚Wandelt, dieweil Ihr das Licht habt.' Aus Anlaß dieser Übersetzung hat im November der ‚Figaro' (Nr. 21) einen für mich sehr verletzenden Artikel veröffentlicht, und da niemand für mich eintritt, will ich selbst diesen beigefügten Brief publizieren. Ich bitte Sascha sehr, sich bei M. Villon dafür zu verwenden, daß dieser Brief korrigiert an eine französische Zeitung gesandt wird, deren Leserkreis

ebenso groß ist wie der des ‚Figaro'" (*GMT*). Die Gegendarstellung von S. A. Tolstaja erschien im ‚Figaro' selbst (vgl. *TbST* 9. Januar 1891).

14 S. L. Tolstoi kommentiert diesen Vorfall folgendermaßen: „Es erscheint zweifelhaft, daß wirklich Lew Nikolajewitsch ihr geraten hat, die Bauern ‚abzuschrecken', wie sie schreibt. Denn ihm waren solche Vorkommnisse, mit dem der Besitz verteidigt werden sollte, der formal noch immer ihm gehörte, äußerst unangenehm" (*DST*, I, S. 208–209).

15 Die achte Ausgabe der „Sočinenija L. N. Tolstogo" in elf Bänden, Moskau 1889. Als zwölfter und als dreizehnter Band erschienen jeweils gesondert „Proizvedenija poslednich godov" (Werke der letzten Jahre), Moskau 1889 bzw. 1890. Als S. A. Tolstaja Mitte Dezember 1890 die Korrekturbögen für den dreizehnten Band erhielt, fehlte die Genehmigung der Zensur für den Druck der „Kreutzersonate". Über deren weiteres Schicksal und die Geschichte ihrer Drucklegung vgl. die Anmerkungen zu *TbST* Februar – Juni 1891.

16 In Tolstois Tagebuch findet sich über dieses nächtliche Gespräch folgende Notiz: „Legte mich gestern ins Bett und konnte nicht schlafen. Hatte Herzbeklemmungen ... Stand um zwei auf und lief im großen Zimmer auf und ab. Sie kam heraus, und wir haben bis in die 5. Stunde miteinander gesprochen ... Habe ihr einiges gesagt. Ich glaube, ich muß der Regierung erklären, daß ich Eigentumsansprüche und -rechte nicht anerkenne, und sie tun lassen, was sie wollen" (*PSS*, Bd. 51, S. 113 / dt.: Bd. 19, S. 139).

17 In seinem Testament, das Tolstoi am 27. März 1895 im Tagebuch notierte, erklärt er: „Die Tagebücher aus meiner Junggesellenzeit bitte ich nach Verwertung alles Lohnenden zu vernichten ... Die Tagebücher meiner Junggesellenzeit bitte ich nicht deswegen zu vernichten, weil ich etwa mein verwerfliches Leben vor den Menschen verbergen wollte: Ich habe das übliche ... nichtswürdige Leben junger prinzipienloser Menschen geführt, sondern weil in diesen Tagebüchern nur festgehalten ist, was ich als Sünder bitter bereute, und daher erwecken sie einen falschen Eindruck und bieten ... Oder nein, sollen meine Tagebücher erhalten bleiben, wie sie sind. Sie lassen zumindest erkennen, daß mich Gott ungeachtet aller Trivialität und Nichtswürdigkeit meiner Jugendzeit nicht verlassen hat und ich ihn wenigstens im Alter ein wenig verstehen und lieben lernte" (*PSS*, Bd. 53, S. 15 / dt.: Bd. 19, S. 239). Vgl. Anm. 6.

18 Das Wort *Finsterlinge* bürgerte sich in der Familie Tolstoi ein und wurde nicht nur von Sofja Andrejewna, sondern auch von Tolstoi selbst gebraucht. Am 18. Dezember 1890 schrieb er an N. N. Gay (den Jüngeren): „Wir hatten die ganze letzte Zeit anrüchige Besucher [Finsterlinge]: Butkewitsch, Poscha, Russanow, Boulanger, Popow und Chochlow, die auch jetzt noch hier sind" (*PSS*, Bd. 65, S. 209 /dt.: Bd. 17, S. 103). S. A. Tolstaja nannte Je. I. Popow „einen Menschen aus dem Osten", da er aus Georgien stammte.

19 A. M. Nowikow – in den Jahren 1880–1891 Lehrer von Andrei und Michail Tolstoi.
20 F. R. Jegorow.
21 N. N. Filossofowa (verheiratete Den), die Schwester von S. N. Tolstaja.
22 Zu jener Zeit arbeitete Tolstoi an dem Traktat „Das Reich Gottes in euch" (*PSS*, Bd. 28). Im Juni 1890 begann Tolstoi mit dem Vorwort zum „Katechismus des Nichtwiderstrebens" von Adin Ballou (vgl. den Brief Tolstois an A. Ballou vom 30. Juni 1890 – *PSS*, Bd. 65, S. 113–114). Dieses Vorwort wurde allmählich immer umfangreicher. Tolstoi wollte hier „kurz und präzise die Bedeutung des Nichtwiderstrebens für die Urchristenheit" herausstellen (vgl. *PSS*, Bd. 65, S. 166). Der Aufsatz „Über das Nichtwiderstreben, über die Kirche und den Kriegsdienst" wuchs zu einem sozialkritischen Buch an, das 1903 im Ausland gedruckt wurde. In Rußland war der Traktat verboten und wurde 1906 erstmals in „Russkoje swobodnoje slowo" veröffentlicht.
23 Am 20. Dezember 1890 wurde der Sohn von I. L. und S. N. Tolstoi geboren, der früh verstarb.
24 Der Brief von A. A. Fet an S. A. Tolstaja vom 21. Dezember 1890 begann mit den Worten: „Teure Gräfin, es ist nicht meine Schuld, daß ich Dichter bin, Sie aber mein lichtes Ideal sind. Dafür werde ich mich vor dem Himmlischen Gericht verantworten müssen. Sollte das Wort Dichter zugleich aber auch Dummkopf bedeuten, dann akzeptiere ich demütig auch das. Es geht ja nicht um die Klugheit sondern um das Glücklichsein. Und in seinem Herzen teure Menschen zu bergen, ist ein großes Glück" (*GMT*). S. A. Tolstajas schroffe Worte über Fet sind eine Ausnahme, sie stand ihm sehr freundschaftlich gegenüber und besuchte ihn in den Monaten, als er schon auf den Tod krank danieder lag (September – November 1892) und erzählt ausführlich von diesen Besuchen in „Mein Leben" (Buch 6).
25 Tolstoi stand der bevorstehenden Eheschließung von M. A. Kusminskaja ablehnend gegenüber. Am 9. Januar 1891 schrieb er ihrer Mutter: „Deine Mascha ist sehr lieb und dennoch schreckt sie mich. Denn es ist schrecklich, wenn jemand sein ganzes Leben ausschließlich nur auf eine einzige Karte setzt, wie sie es jetzt tut. Ich habe das auch zu ihr selbst gesagt" (*PSS*, Bd. 65, S. 218). Die Heirat von M. A. Kusminskaja und I. Je. Erdeli fand am 25. August 1891 statt.
26 Das Buch von E. Rod: Le sens de la vie, Lausanne 1889, wurde Tolstoi im Februar 1889 vom Autor übersandt, und es „faszinierte" ihn durch seinc „Wahrhaftigkeit und die Kraft des Ausdrucks" (vgl. *PSS*, Bd. 64, S. 230). Die Abschnitte über den Krieg und den Staat nannte Tolstoi „überraschend und erstaunlich" (*PSS*, Bd. 51, S. 35 / dt.: Bd. 19, S. 30). Im Oktober 1890 übersetzte Tolstoi einzelne Passagen von Rod über den Krieg aus diesem Buch und zitierte sie neben Äußerungen von

Montpassant und Vogue im sechsten Kapitel seines Traktats „Das Reich Gottes in euch“ (*PSS*, Bd. 28, S. 122–124).

27 L. D. Urussow, der 1885 verstorben war.

28 Welche Erkundigungen S. A. Tolstaja für A. A. Tolstaja einholte, konnte nicht ermittelt werden.

29 Vgl. *TbST* 1887 Anmerkung 28. Die 1887 begonnene „Kreutzersonate“ wurde 1889 abgeschlossen, sie wurde 1890 zuerst in Genf gedruckt. Ihre Drucklegung in Rußland erfolgte 1891, vgl. Anmerkung 15.

30 S. A. Filossofowa – die Schwiegermutter von I. L. Tolstoi.

1891

1 Tolstoi las einzelne Abschnitte aus den ersten drei Kapiteln des Traktats „Das Reich Gottes in euch“ (*PSS*, Bd. 28, S. 1–67).

2 An diesem Tag, dem 7. Januar 1891, sprach Tolstoi in einem Brief an Birjukow die Hoffnung aus, daß die Erregung Sofja Andrejewnas bald vorübergehe und daß sie „selbst wieder zum Alten zurückkehren werde, wenn sie sieht, daß weder in Mascha, noch in Ihnen, noch auch in mir selbst sich irgendeine Änderung vollzogen hat“ (*PSS*, Bd. 65, S. 214).

3 Mit M. F. Jegorow.

4 Der 1890 einzeln erschienene XIII. Band der „Sočinenija L. N. Tolstogo“ enthielt neben anderen Werken die Novelle „Die Kreutzersonate“, die Komödie „Früchte der Aufklärung“ und die Artikel „Über die Volkszählung in Moskau“ und „Was sollen wir denn tun?“

5 P. W. Sassodimski schickte Tolstoi seine Erzählung „Pered potuchšim kamel'kom“ (Vor dem erloschenen Herd) – „Severnyj vestnik“ 1891, Nr.1, S. 247–279 – und fragte Tolstoi in seinem Brief vom 28. Dezember 1890, ob ein solches Werk „wenigstens ein klein wenig die Menschen vom Bösen abbringen“ könne (*Tolstoj. Perepiska*, S. 657). Tolstoi gefiel die Erzählung, er habe sie sogleich gelesen und „danach habe ich sie meinen Angehörigen vorgelesen“ (Brief an P. W. Sassodimski vom 13. Januar 1891 – *PSS*, Bd. 65, S. 219 / dt.: Bd. 17, S. 106).

6 Vgl. *TbST* 1890 Anmerkung 13 und *R.ved.*, Nr. 8 (9. Januar 1891).

7 V. S. Solov'ev: O liričeskoj poėzii. Po povodu poslednich stichotvorenij Feta i Polonskogo (Über die Lyrik. Aus Anlaß der letzten Gedichte von Fet und Polonskij). In „Russkoe obozrenie“ 1890, Nr. 12, S. 626–654 (*JaPb*).

8 N. N. Gay, der Sohn des Künstlers, war am 1. Januar nach Jasnaja Poljana gekommen.

9 A. M. Nowikow.

10 Im Herbst 1884 verzichtete Tolstoi auf seinen Landbesitz und auf die

Rechte an seinen Werken. Er stellte S. A. Tolstaja eine Bevollmächtigung aus, mit der er ihr die Gutsverwaltung und die Edition seiner vor 1881 geschriebenen Werke übertrug.

11 I. M. Klobski (Klopski) besuchte gemeinsam mit F. A. Strachow Tolstoi am 1. Januar 1889 zum ersten Mal. Er wohnte in den tolstoischen Landkommunen. Gorki spricht in „Meine Universitäten" von ihm. Tolstoi schrieb am 23. Januar an N. N. Gay (den Jüngeren) „Nach Ihnen war Klopski hier. Und stellen Sie sich nur vor, er ist ein sehr, sehr guter Mensch geworden. Ich habe mich sehr gefreut, ihn und noch dazu so zu sehen" (*PSS*, Bd. 65, S. 226). Vgl. auch die Notiz in Tolstois Tagebuch vom 15. Januar 1891 (*PSS*, Bd. 52, S. 4 /dt.: Bd. 19, S. 140).

12 *Petr Wassiljewitsch* – Koch bei den Tolstois.

13 M. N. Sinowjewa – die jüngere Tochter von N. A. Sinowjew.

14 In ihrem Brief vom 11. Januar 1891 bat die Baronesse von Ixkul Tolstoi um Erlaubnis, in der von ihr begründeten Serie „Die Wahrheit" für die Lektüre des Volkes seine Erzählungen „Der Leinwandmesser" und „Polikuschka" herausbringen zu dürfen. Am folgenden Tag schrieb sie auch an S. A. Tolstaja (*GMT*). Möglicherweise steht mit dieser Bitte die Notiz in Tolstois Tagebuch in Zusammenhang: „Besorgt, daß Sonja nicht den Druck meiner Werke erlaubt ..." (*PSS*, Bd. 52, S. 4).

15 I. L. Tolstoi bat S. A. Tolstaja, daß sie für ihn und seine Familie „das in der Nachbarschaft von Nikolskoje gelegene Gut Grinjowka" kaufe (*Moja žizn'*, Buch 6, S. 6). Bei der Teilung von 1892 ging dieses Gut (Landkreis Tschern im Gouvernement Tula, zweihundert Werst von Tula entfernt), in den Besitz von I. L. Tolstoi über.

16 Möglicherweise hat S. A. Tolstaja folgende Ausgabe von Spinoza gelesen – B. Spinoza: Etika, izložennaja geometričeskom metodom i razdelennaja na pjat' častej, v koich rassuždaetsja: I. O Boge. II. O prirode i načale duši. III. O načale i prirode affektov. IV. O rabstve čelovečeskom ili o sile affektov. V. O vlasti razuma ili o čelovečeskoj svobode. Per. s lat. prof. V.I. Modestowa (Die Ethik nach der geometrischen Methode dargestellt und aufgegliedert in fünf Teile, in denen erörtert werden: I. Über Gott. II. Über die Natur und den Ursprung des Geistes. III. Über den Ursprung und die Natur der Affekte. IV. Über die menschliche Knechtschaft oder die Macht der Affekte. V. Über die Macht des Verstandes oder die menschliche Freiheit. Übers. a. d. Lat. von Prof. V. I. Modestov), St. Petersburg 1886. In *JaPb* befindet sich die vierte Auflage (St. Petersburg 1904).

17 Vgl. *TbST* 1890 Anmerkung 3.

18 S. A. Tolstaja las die Korrekturbogen für den XIII. Band der „Sočinenija L. N. Tolstogo", in dem „Die Kreutzersonate" und das „Nachwort zur ‚Kreutzersonate'" veröffentlicht werden sollten. Dieser ohne Genehmigung der Zensur zum Druck gegebene Band wurde konfisziert. Vgl. *TbST* 28. Februar und Anmerkung 38.

19 Dieser Brief von N. N. Gay ist nicht überliefert. Zur Antwort Tolstois vom 29. Januar vgl. : *PSS*, Bd. 65, S. 233.

20 L. L. Tolstois Erzählung „Montechristo“ wurde in der Zeitschrift „Rodnik“ 1891, Nr. 4, seine Erzählung „Liebe“ unter dem Pseudonym L. Lwow in der Märznummer der „Knischnye nedeli“ veröffentlicht. Am 30. November schrieb Tolstoi an seinen Sohn: „Du besitzt, glaube ich, was man gemeinhin Talent nennt und was etwas sehr Alltägliches und durchaus nichts Wertvolles ist, nämlich die Fähigkeit zu sehen, zu bemerken und wiederzugeben, aber bislang, in diesen zwei Erzählungen, ist noch kein inneres, aus dem Herzen kommendes Bedürfnis der Äußerung zu erkennen ... In beiden Erzählungen wagst Du Dich an etwas, dem Du nach Kräften und Alter nicht gewachsen bist, an etwas zu Großes ... Versuche, ein weniger umfassendes, ein sichtbares Sujet zu wählen, und bemühe Dich dabei, in die Tiefe zu gehen, wo mehr Gefühl, schlichtes, kindliches, jugendliches, selbst erlebtes Gefühl zum Ausdruck kommen kann“ (*PSS*, Bd. 65, S. 195 /dt.: Bd. 17, S. 101 f.)

21 Die ländliche Art „auf Bänken zu rodeln“ bestand darin, daß man die Bänke umkehrte und die unten aufliegenden Sitze als Rodelflächen benutzte.

22 Am 25. Januar 1891 notierte Tolstoi in seinem Tagebuch: „... dachte dann, wie schön es wäre, einen Roman de langue haleine zu schreiben und die Dinge im Lichte meiner jetzigen Ansichten darzustellen. Und ich dachte, in diesem Roman könnte ich alle Pläne vereinen, die zu meinem Leidwesen unausgeführt blieben, alle mit Ausnahme von Alexander I. und der Soldaten: sowohl den *Räubern* wie *Konis Roman*, *Vater Sergius*, ja sogar die *Umsiedler*, die *Kreutzersonate* und die *Erziehung*. Auch *Mitascha* und die *Aufzeichnungen eines Wahnsinnigen* und die *Nihilisten*“ (*PSS*, Bd. 52, S. 5–6 / dt.: Bd. 19, S. 141). Partiell ist diese Intention im Roman „Die Auferstehung“ realisiert worden. Die anderen Sujets liegen folgenden Werken zugrunde: „Aufzeichnung eines Geistlichen“, „Der gefälschte Kupon“, „Mutter“. Vgl. N. N. Gusev: Nezaveršennye chudožestvennye zamysly Tolstogo“ (Unvollendete schöngeistige Projekte Tolstois). In: Sbornik Gosudarstvennogo Tolstovskogo muzeja. Moskau 1937.

23 In ihrem Brief an Je. A. Olsufjewa vom 14. Februar 1891 erwähnt T. L. Tolstaja auch dieses Vorlesen: „Papá und Mamá sind in sehr guter Stimmung und versuchen in jeder Weise, uns das Leben angenehm zu machen. Mamá vor allem mit Delikatessen, Papá, indem er uns ‚Don Carlos‘ vorliest, der uns im Übrigen nicht gefällt“ (*GMT*). Möglicherweise las Tolstoi aus der Ausgabe Schiller: Sämmtliche Werke in einem Bande. Stuttgart und Tübingen 1840 (*JaPb*).

24 Paul Bourget: Physiologie de l’amour moderne, Paris 1891 (*JaPb*).

25 A. N. Beketov: Pitanie čeloveka v nastojaščem i buduščem (Die Ernährung des Menschen in Gegenwart und Zukunft), Sankt Petersburg

1870. Tolstoi empfahl Tschertkow, diesen Artikel im „Posrednik" zu veröffentlichen: „Das ist unbedingt notwendig", schrieb er am 15. Mai 1891 (*PSS*, Bd. 87, S. 92). 1893 erschien er als Broschüre im Verlag „Posrednik" in der Reihe „Dlja intelligentnych čitatelej" (Für intelligente Leser).

26 Tolstois Tagebücher aus den Jahren 1854 bis 1857 (*PSS*, Bd. 47) werden in der Abschrift von S. A. Tolstaja im *GMT* aufbewahrt. Sich an diese Arbeit erinnernd schrieb S. A. Tolstaja: „Ich schrieb die alten Tagebücher von Lew Nikolajewitsch ab, damit sie in zwei Exemplaren vorhanden wären ... Ich war ganz durchdrungen von dem Gedanken, daß alles, was der Feder von Lew Nikolajewitsch entstammte, aufbewahrt werden solle und deshalb unbedingt in zwei Exemplaren vorliegen müsse" (*Moja žizn'*, Buch 6, S. 19).

27 In den neunziger Jahren richteten M. L. und T. L. Tolstaja im Steinhäuschen am Eingang zum Gut der Tolstois eine Schule ein. Als nicht offiziell genehmigt wurde diese Schule von einem Geistlichen denunziert und mußte daraufhin geschlossen werden. Danach fand der Unterricht in „jenem Haus", d. h. im linken Trakt des Hauptgebäudes selbst statt.

28 Am 14. Februar 1891 notierte Tolstoi in seinem Tagebuch: „Ich habe heute, wie schon in den Tagen zuvor, über den Heften mit den begonnenen Arbeiten über Wissenschaft und Kunst und das Nichtwiderstreben gesessen, und konnte mich doch wiederum nicht intensiv an die Arbeit machen" (*PSS*, Bd. 52, S. 8).

29 Tolstoi schrieb darüber am 1. Februar 1891 in seinem Tagebuch: „Im Open Court Aufsätze über Booth und mich – zwei Musterbeispiele für Pharisäertum ... Es tat sehr weh, noch jetzt schmerzt es, da ich dies schreibe. Aber es darf nicht weh tun, und ich kann dahin kommen, daß es nicht mehr weh tut, aber es ist sehr schwer" (*PSS*, Bd. 52, S. 6f. / dt.: Bd. 19, S. 142).

30 Am 14. Februar 1891 notierte Tolstoi in seinem Tagebuch: „... wieder einmal in dem Tagebuch gelesen, das Sonja gerade abschreibt. Und es gab mir einen Stich. Ich sprach gereizt und stachelte sie durch meinen Groll an. Es dauerte nicht länger als eine Stunde. Ich hörte mit meinen Vorhaltungen auf, dachte an sie und versöhnte mich mit ihr in Liebe" (*PSS*, Bd. 52, S. 7 / dt.: Bd. 19, S. 143).

31 Vgl. *TbST* 1890 und Anmerkung 29.

32 Offensichtlich spricht S. A. Tolstaja von der Krankheit (Kindbettfieber), die sie nach M. L. Tolstajas Geburt bekommen hatte und an der sie länger als einen Monat litt. Das Verhältnis zwischen S. A. und M. L. Tolstaja war sehr schwierig und unausgeglichen. M. L. Tolstajas Bemühen, einfachen Menschen zu dienen, das zuweilen ihre schwache Gesundheit überforderte, reizte ihre Mutter, die nicht immer von der Aufrichtigkeit dieser Bemühungen überzeugt war und meinte, „sie

denke sich immer etwas ihre Kräfte Übersteigendes und sie besonders Quälendes" aus (*Moja* žizn' 1893, Buch 6, S. 16ff). Besonders widersetzte sie sich M. L. Tolstajas medizinischen Interessen, die sie die Krankenhäuser aufsuchen ließ. Die persönlichen Neigungen ihrer Tochter und ihr leidenschaftliches Temperament gefielen S. A. Tolstaja überhaupt nicht. M. L. Tolstaja fühlte das, litt darunter und versuchte, durch ihr Nachgeben ihre Mutter milder zu stimmen.

33 Über seine seelische Verfassung schrieb L. L. Tolstoi am 12. Februar „In der letzten Zeit kann ich infolge meines Nachsinnens optimistischer über das Leben und die Menschen urteilen. Alles erscheint mir jetzt gut, wie ich es mir früher niemals hätte träumen lassen. Das ist ein schönes Gefühl. Mir scheint, es hängt wie alles auf der Welt von der persönlichen Stimmung und Geistesverfassung ab ..." (*GMT*). A. A. Tolstajas Brief vom 11. Februar 1891 (*GMT*) ist die Antwort auf Tolstois Postskriptum im Brief von T. L. Tolstaja vom 20. Januar 1891 (*PSS*, Bd. 65, S. 224f.).Seine Eindrücke und durch diesen Brief stimulierten Überlegungen notierte Tolstoi am 14. Februar in sein Tagebuch (*PSS*, Bd. 52, S. 7f. / dt.: Bd. 19, S. 143).

34 Am 13. Februar 1891 berichtet M. A. Stachowitsch S. A. Tolstaja in seinem Brief (*GMT*) von dem Duell zwischen den Gardeoffizieren Wadpolski und Lomonossov. Lomonossow wurde tödlich verwundet.

35 N. N. Gay besuchte Jasnaja Poljana auf der Fahrt nach Petersburg, wo er auf der Ausstellung der Peredwischniki sein neues Gemälde »Das Gewissen« zeigen wollte (es hatte zunächst „Judas" oder „Der Verräter" geheißen). „Schön und beseelt, jedoch nicht so stark und bedeutsam wie ‚Was ist die Wahrheit?'" schrieb Tolstoi am 21. Februar 1891 an P. I. Birjukow. *PSS*, Bd. 65, S. 255). Das Gemälde befindet sich in *GTG*.

36 Es handelt sich um P. Je. *Nakrochins* Erzählung „Vor" (Der Dieb), in: „Knižki Nedeli" 1890, Dezember), die Tschertkow im Januar 1891 an Tolstoi geschickt hatte. Nach der Lektüre schrieb Tolstoi am 15. Januar an Tschertkow: „Ausgezeichnet. Ebenso künstlerisch gut wie bewegend. Wer ist der Autor? Sie sollte lieber ‚Die Uhr' heißen" (*PSS*, Bd. 87, S. 68–69). 1892 wurde die Erzählung im Verlag „Posrednik" unter dem Titel „Die Uhr" gedruckt.

37 Ja. P. Polonski sandte Tolstoi seinen Gedichtband »Večernij zvon«. Stichi 1887–1890 (Abendglocken. Gedichte 1887–1890), Sankt Peterburg 1890 (*JaPb*) und schrieb ihm am 16. Februar: „Unlängst habe ich meinen letzten Gedichtband herausgebracht, und so gern ich ihn Ihnen senden wollte, so habe ich doch gezögert. Denn wie, dachte ich, soll ich ihm meine ‚Abendglocken' senden, da ich doch weiß, daß er das Dichten für eine unnütze Tätigkeit hält" (zit. nach *Letopisi*,Buch 12, Moskau 1948, S. 217, Autograph im *GMT*). Am 26. Februar antwortete Tolstoi Polonski: „Das Buch habe ich gelesen, am häufigsten – so sehr

hat es mir gefallen – das erste Gedicht ‚Kindheit'. Freilich betrachte ich jetzt Gedichte anders, als ich sie früher betrachtete, doch ich bringe es auch fertig, sie so wie früher zu betrachten" (*PSS*, Bd. 65, S. 259 / dt.: Bd. 17, S. 107).

38 Am 25. Februar 1891 wurde der XIII. Band „Proizvedenija poslednich godov" der „Sočinenija gr. L. N. Tolstogo", Moskau 1891, wegen der darin enthaltenen „Kreutzersonate" unter Arrest gestellt. Im Juni 1891 verfügte Alexander III., daß diese in dem „Sobranie sočinenij L. N.Tolstogo" (Gesamtausgabe der Werke L. N. Tolstois), nicht aber als einzelne Edition erscheinen dürfe. Vgl. *TbST* 22. April: „Meine Reise nach Petersburg".

39 F. D. *Nefedov, „Evlampeeva doč'"* (povest'). („Jewlampis Tochter", Novelle). In dem Sammelband: „V pamjat' S. A. Jur'eva. Sbornik, izdannyj druz'jami pokojnogo" (Zur Erinnerung an S. A. Jurjew. Sammelband herausgegeben von den Freunden des Verstorbenen), Moskau 1891, S. 312–396 (*JaPb*).

40 Ein fünf Werst von Jasnaja Poljana entferntes Waldhäuschen.

41 Der Aufsatz „Über das Nichtwiderstehen" wurde später zum Traktat „Das Reich Gottes in euch" erweitert. Dieser Traktat wurde 1894 zum ersten Mal in Berlin in russischer Sprache veröffentlicht (vgl. *PSS*, Bd. 28).

42 Um den kranken Bauern Sergei aus dem Dorf Teljatinki kümmerte sich auch Tolstoi selbst. Am 1. April 1891 schrieb er im Brief an S. A. Tolstaja: „Aus Sergijewskoje habe ich gerade über den kranken Bauern erfahren, daß man sich um ihn kümmern wird, wenn die Krankheit nicht chronisch ist. Deshalb habe ich beschlossen, ihn nach Tula zu bringen. Rudnjew hat versprochen, ihn aufzunehmen und sich um ihn zu kümmern" (*PSS*, Bd. 84, S. 71). Am 11. April starb der Kranke am Brand des Beines.

43 A. A. Smirnov: Na zakate. Rasskaz (Am Abend. Erzählung). In: Russkoe obozrenie 1891, Nr. 1.

44 Spinoza: Oeuvres. Paris (o. J.) 3 Bände. I. Introduction critique. II. Vie de Spinoza. Notice bibliographique. Traité théologico-politique. Traité politique. III. Ethique. De la réforme de l'entendement. Lettres (*JaPb*). Sich an ihre Lektüre von Spinoza erinnernd schreibt S. A. Tolstaja in „Mein Leben": „Zu jener Zeit begann ich wieder viel zu lesen und mich mit der Philosophie Spinozas auseinander zu setzen. Ich besaß sogar eine Karte, die mir vor langer Zeit einmal der Fürst Urussow geschenkt hatte, nach der ich mit Hilfe der Geometrie diese philosophische Theorie besser verstehen sollte. Doch das überschritt meine intellektuellen Fähigkeiten, und ich fand mich in diesem System nicht zurecht. Der erste Teil – die Geschichte des jüdischen Volkes – langweilte mich, während mich die Darlegung des Gottesbegriffes vollauf befriedigte. Der zweite Teil der Ethik interessierte mich sehr, vor allem überrasch-

ten mich die Erörterungen über die Staatsgewalt und die Wunder ... Ich habe jedoch Spinoza nicht geliebt und ihn nur mühsam zu Ende gelesen, obgleich mich alles Hochgeistige, die Gedanken der Philosophen selbst, sehr viel mehr interessierte als alle kritischen Analysen theoretischer Werke" (*Moja žizn'*, Buch 6, S. 7f.).

45 Vgl. *TbST* 4. Februar und Anmerkung 20.

46 Vogue: Po povodu „Krejcerovoj sonaty" (Aus Anlaß der ‚Kreutzersonate'". In „Russkoe obozrenie" 1890, Nr. 12 (*JaPb*).

47 „Knižki nedeli" 1891, Nr. 3–5.

48 Wjatscheslaw – W. A. Behrs.

49 Auf seiner Reise durch Rußland besuchte James Greelman, der die Slawen erforschen wollte, auch Tolstoi, der am 12. März 1891 über ihn an L. F. Annenkowa schreibt: „... er strengt mich schrecklich an; denn man muß mit ihm in einer Sprache sprechen, die man kaum beherrscht, und als Mensch interessiert er mich mit seinen reichlich trivialen Ansichten wenig. Dennoch kann ich ihn auch nicht sich selbst überlassen, da er sich hier mit niemandem zu verständigen vermag. Sonja und Tanja helfen mir" (*PSS*, Bd. 65, S. 267). Ausführlicher über die Besuche Greelmans bei Tolstoi in den Jahren 1891 und 1903 vgl. *LN*, Bd. 75, Buch 1, S. 427–434.

50 S. A. Tolstaja wollte wegen der Schwierigkeiten mit dem XIII. Band vom Zaren in einer Audienz gehört werden und bat A. A. Tolstaja in Erfahrung zu bringen, ob das möglich sei. A. A. Tolstaja antwortete am 12. März 1891 (*GMT*).

51 Nach ihrer Rückkehr aus Moskau schrieb S. A. Tolstaja am 17. März an S. L. Tolstoi: „Ich bin heute aus Moskau zurückgekehrt, wohin ich wegen des verbotenen XIII. Bandes gefahren war. Es sieht nicht gut aus: 18 000 Bücher sind bereits gedruckt worden, und niemand weiß, was mit ihnen geschehen soll. Alle Abschnitte des alten XII. Bandes sind verboten worden. Ich habe jetzt den XII. Band zum Verkauf ausgeliefert mit dem Vermerk: ‚Aus Gründen, die nicht von der Herausgeberin abhängen, kann der XIII. Band nicht erscheinen'" (*GMT*).

52 Schopenhauers Gedanken über die Schriftstellerei (aus „Parerga und Paralipomena") waren mit der Unterschrift L. in den *R.ved.* 1891, Nr. 80, 23. März abgedruckt. Wir zitieren hier nach A. Schopenhauer: Sämtliche Werke, Bd. 6, Wiesbaden 1947, S. 553 (A. d. Ü.).

53 Vom 21. bis zum 29. März 1891 wurde im Gebäude der Tulaer Adelsversammlung die XVIII. Gemäldeausstellung der „Gemeinschaft zur Veranstaltung von Wanderausstellungen" (Peredwischniki) gezeigt.

54 Zur Teilung kam es in der Familie Tolstoi, nachdem L. N. Tolstoi auf alle Rechte an seinem Eigentum verzichtet hatte. S. A. Tolstaja teilte davon am 21. April T. A. Kusminskaja mit: „Während dieser ganzen Zeit haben wir darüber gesprochen, wie alles aufgeteilt werden soll, und

sind noch zu keinem abschließenden Ergebnis gekommen. Diese ganze Angelegenheit ist traurig und dem Vater gegenüber irgendwie taktlos. Aber schließlich habe ja nicht ich das Ganze in Gang gesetzt, und mich betrifft es auch nicht" (*GMT*). Tolstoi beschreibt seine innere Einstellung zu dieser Aufteilung am 17. April in seinem Brief an N. N. Gay (den Jüngeren): „Ich werde ein Papier unterschreiben müssen, eine Schenkungsurkunde, die mich von dem ganzen Besitz freispricht. Prinzipiell ist es nicht richtig, sie zu unterzeichnen. Und dennoch werde ich es tun, um nicht irgendetwas Böses herauf zu beschwören" (*PSS*, Bd. 65, S. 289). Tolstoi unterzeichnete diese Schenkungsurkunde am 17. April 1891. Die Teilung war im Juli 1892 abgeschlossen. Die Urkunde wird im *GMT* aufbewahrt.

55 S. L. Tolstoi war als Landeshauptmann im Kreis Tschern (Gouvernement Tula) tätig. Später erinnerte er sich folgendermaßen an diese Tätigkeit: „Ich habe nicht mit der reaktionären Gesetzgebung bezüglich der Landeshauptmänner sympathisiert und habe später diese Tätigkeit für einen großen Fehler in meinem Leben gehalten. Begonnen hatte ich damit, weil ich selbständig sein wollte, mich für das Leben der Bauern interessierte und meinte, da ja eine gewisse Verwaltung und das Gerichtswesen für ein Dorf unverzichtbar sind, in gewissem Sinn nützlich sein zu können, indem ich versuchte, möglichst unabhängig von den Gouvernementsorganen und den Paragraphen des neuen Gesetzes zu verfahren" (*S. L. Tolstoj*, S. 180).

56 Zu jener Zeit arbeitete Tolstoi an seinem Artikel „Über das Nichtwiderstehen" (vgl. Anmerkung 41). Am 17. April schrieb er an N. N. Gay (den Jüngeren): „Ich arbeite mit aller Anstrengung, komme aber nur langsam vorwärts: ich weiß nicht, ist das Thema zu wichtig, die Anforderung an mich zu groß oder haben meine Kräfte nachgelassen, jedenfalls arbeite ich sehr langsam. Dafür sehr geduldig und beharrlich, schreibe alles an die zwanzig Mal um" (*PSS*, Bd. 65, S. 289).

57 Der Aufsatz „Über das Leben", der in Buchform erscheinen sollte, wurde durch eine Verordnung des Synods vom 8. April 1888 verboten, da in ihm die Göttlichkeit Christi geleugnet und den christlichen Dogmen mit Skepsis begegnet werde. Der für die Zeitschrift „Russkaja mysl'", Nr. 1, bestimmte Aufsatz „Was sollen wir denn tun?" wurde 1885 von der Zensur verboten. Die von S. A. Tolstaja erwähnten Kapitel aus dem Buch „Über das Leben" waren veröffentlicht in „Nedelja", 1889, Nr. 1–4 und 6.

58 *N. vr.*, Nr. 5431, 12. (24.) April 1891.

59 Die XIX. Gemäldeausstellung der „Gemeinschaft zur Veranstaltung von Wanderausstellungen" (Peredwischniki) und die jährliche Ausstellung der Kunstakademie.

60 M. A. *Nowosselow*, Student an der Moskauer Universität und Anhänger Tolstois, hatte Tolstois Aufsatz „Nikolai Palkin" illegal hektogra-

phiert und verbreitet. Ende 1887 schrieb er an Tolstoi: „Den ganzen Sommer verbrachte ich im Gouvernement Twer auf dem Lande: ich pflügte, mähte, erntete... und zu Hause war ich vor allem damit beschäftigt, das Evangelium abzuschreiben und zu überprüfen und ‚Nikolai Palkin' herauszubringen (ich habe Sie nicht um Erlaubnis gebeten, da ich stets von Ihnen hörte, Sie hätten nichts gegen die Verbreitung aller Ihrer Werke" (*GMT*). Ende Dezember 1887 wurde der Aufsatz bei einer Haussuchung in Nowosselows Wohnung gefunden und er selbst mit einigen Bekannten verhaftet. Als Tolstoi davon erfuhr, nahm er aktiv an den Bemühungen um seine Freilassung teil, wobei er „darauf hinwies, wie gesetzlos diese Verhaftung sei, wenn er, der Hauptschuldige, frei bleibe ...". Vgl. ausführlich: P. I. Birjukov: „Moi dva grecha" (Meine beiden Sünden). In: „Tolstoj. Pamjatniki tvorčestva i žizni" (Tolstoj. Zeugnisse seines Schaffens und Lebens). Bd. 3, Moskau 1923, S. 51–53; L. P. Nikiforov: „Vospominanija o Tolstom" (Erinnerungen an Tolstoj). In: *Tolstoj v vospominanijach*, Bd. I, S. 328.

61 Gemeint ist die Tätigkeit des Verlags „Posrednik". Vgl. den Aufsatz von V. K. Lebedev: „Knigoizdatel'stvo ‚Posrednik' i cenzura (1885–1889)" (Der Buchverlag „Posrednik" und die Zensur). In: „Russkaja literatura", 1968, Nr. 2, S. 163–170.

62 Am 18. April notierte Tolstoi in seinem Tagebuch: „Sonja ist vor etwa drei Tagen zurückgekommen. Es war peinlich, zu hören, wie sie um die Gunst des Zaren gebuhlt und ihm erzählt hat, bei mir würden Manuskripte weggenommen. Ich hätte mich beinahe nicht beherrscht, machte schon feindselige Bemerkungen, aber es lief gut ab ..." (*PSS*, Bd. 52, S. 27 / dt.: Bd. 19, S. 154).

63 Aufgrund von Leseranfragen zur neuen Ausgabe von Tolstois Werken hatte P. A. Gaideburow, Herausgaber der Zeitung „Nedelja" und der Zeitschrift „Knischki Nedeli", in einem Brief vom 21. April 1891 bei S. A. Tolstaja angefragt, was die Zeitung darüber berichten könne. S. A. Tolstajas Antwort ist unbekannt.

64 Brief an I. N. Durnowo vom 27. April (Entwurf im *GMT*). Vgl. *TbST*, 15. Mai.

65 L. L. Tolstoi hatte ein Jahr lang an der medizinischen Fakultät der Moskauer Universität studiert, dann war er zur philologischen Fakultät übergewechselt. Im Frühjahr 1891 verließ er die Universität krankheitshalber. In einem Brief vom 26. April schrieb L. L. Tolstoi an S. A. Tolstaja, er könne die Prüfungsprozeduren an der Universität nicht mehr aushalten und sich nicht damit abfinden, daß man „Chronologien, Namen, Zahlen und die slawische Grammatik pauken" müsse. Weiter schrieb er: „Was aber werde ich tun? Erstens habe ich bisher auch nichts getan, schlimmer kann es also nicht werden. Zweitens muß ich in einem Jahr zu Armee. Und danach? Das wäre viel zu weit vorausgedacht ..." (*GMT*).

66 P. Enfantin: „La vie éternelle, passée, présente, future“, Paris o. J. Mit dem Buch schickte L. P. Nikiforow am 25. April 1891 Tolstoi einen Brief, in dem er schrieb: „Was das ‚Ewige Leben‘ anbetrifft, wäre ich Ihnen äußerst dankbar, wenn Sie bei der Lektüre die guten und schlechten Stellen markieren und Ihre Anmerkungen notieren könnten. Falls Sie finden, das Buch sei eine Übersetzung wert, so werde ich diese zu vollenden suchen, obgleich die Zensur das Buch wohl kaum genehmigen wird. Mich interessiert sehr, wie Sie generell dazu stehen. Ich liebe dieses Buch“ (*GMT*).

67 Von Juli 1890 bis Mai 1893 arbeitete Tolstoi an dem Traktat „Das Reich Gottes ist in euch“. Vgl. *TbST* vom 2. März und Anmerkung 41.

68 Den Brief von W. F. Orlow, einem Lehrer an einer Eisenbahnerschule bei Moskau, überbrachte A. I. Kosterjow, ein Bekannter Orlows. In dem Brief stand, Kosterjow habe Tolstoi so gerne sehen und mit ihm sprechen wollen. Tolstoi notierte darüber in seinem Tagebuch: „Ein Herr, dem ich gestohlen und der mir gestohlen bleiben mag. Deprimierend, daß man nicht freundlich miteinander verkehren kann“ (*PSS*, Bd. 52, S. 29 / dt.: Bd. 19, S. 155).

69 Der XIII. Band, um dessen Genehmigung S. A. Tolstaja sich bemühte, enthielt auch Tolstois Aufsatz „Warum berauschen sich die Menschen?“, in dem die angeführten Zitate stehen. Der Aufsatz war bereits früher veröffentlicht worden, und zwar als Vorwort zu dem Buch: P. S. Alekseev: „O p'janstve“ (Über die Trunksucht), Moskau 1891.

70 Brief von I. N. Durnowo an S. A. Tolstaja vom 6. Mai (*GMT*).

71 Brief an A. W. Aljochin vom 14. Mai 1891 (*PSS*, Bd. 65, S. 296–300), als Antwort auf einen Brief Aljochins.

72 Am 22. Mai notierte Tolstoi in seinem Tagebuch: „Diktierte Tanja den Anfang der ‚Aufzeichnungen einer Mutter‘. Viel, aber nicht gut. Muß in der Ichform schreiben. Sonst wirkt es gehemmt“ (*PSS*, Bd. 52, S. 32 / dt.: Bd. 19, S. 156).

73 A. A. Fet und Frau verbrachten in Jasnaja Poljana zwei Tage (20.–21. Mai 1891). Nach Worobjowka zurückgekehrt, schrieb Fet an S. A. Tolstaja: „Wie jedesmal stehe ich noch ganz unter dem mächtigen Eindruck des Grafen, und ich möchte, Moses gleich, einen Schleier vor dem Antlitz tragen, auf daß die Augen der Menge mir die neu übermittelte Kraft nicht wieder entzögen. Dank Ihnen für die üppige Bewirtung, doch sogleich drängt sich mir der Gedanke auf: ‚Der Mensch lebt nicht vom Brot allein ...‘ Sie und die zauberhafte Tatjana Andrejewna veranlaßten mich, wieder einmal unüberhörbar diese Wahrheit zu äußern, der ich schon mein ganzes Leben unbewußt nachfolge ... Wie für andere ist auch für mich keine Neuigkeit, daß Sie und Tatjana Andrejewna femmes du foyer sind, doch ich bin jedesmal von neuem glücklich, wenn ich den Silberklang Ihrer poetischen Herzen vernehme. In Ihrer beiden Gegenwart lebe ich auf, und es kommt mir so vor, als sei

mein Alter ein bloßer Traum, und bald werde die Wirklichkeit, d. i. die ewige Jugend anbrechen" („Russkaja literatura", 1971, Nr. 3, S. 99).

74 Herausgeber der Zeitung „Kurski listok" war S. A. Fessenko.

75 K. N. Annenkow.

76 Offenbar der Bildhauer L. A. Bernschtam, über den Suworin Tolstoi am 21. November 1889 mitgeteilt hatte: „In Paris gibt es einen russischen Bildhauer, Bernschtam, ein begabter Mann, der auch Büsten von Renan und anderen gemacht hat. Er schreibt mir, er würde gerne einen Büste von Ihnen machen, dafür käme er sogar aus Paris zu Ihnen. Ihn hält lediglich der Zweifel zurück, ob Sie einwilligten, ihm einige Male Modell zu stehen" (*GMT*). Am 27. November 1889 hatte Tolstoi Suworin geantwortet: „Wenn Sie mich mit dem Bildhauer verschonen können, so tun Sie das bitte" (*PSS*, Bd. 64, S. 335).

77 Wahrscheinlich Richard Deirenfurt, der im Auftrag Löwenfelds die Korrekturbogen von dessen Buch mitbrachte: „Leo Tolstoi. Sein Leben, seine Werke, seine Weltanschauung", Berlin 1892. Am 2. Juni notierte Tolstoi in seinem Tagebuch: „Heute kam ein Deutscher von Löwenfeld, sehr deprimierend" (*PSS*, Bd. 52, S. 36). Über das Lesen der Korrekturbogen vgl. ebda., S. 38.

78 Vgl. Anmerkung 84 zu *TbST* vom 18. Juni.

79 „Das Reich Gottes ist in euch".

80 In Nr. 6 des „Severnyj vestnik" von 1891 stand die Erzählung „Geschichte einer Ehe" von M. Maikow; in Nr. 5 die Fortsetzung von M. Albows Erzählung „In stillen Wassern". Welche Erzählung S. A. Tolstaja las, ließ sich nicht feststellen.

81 Vgl. Anmerkung 77 zu *TbST* vom 3. Juni.

82 L. N. Tolstoj: „Vtoraja russkaja kniga dlja čtenija" (Zweites russisches Lesebuch), 18. Auflage, Moskau 1891.

83 „Pavillon" wurde ein kleines Holzhaus mit Bretterdach genannt, das 1888 im Park von Jasnaja Poljana errichtet worden war. Die Hausärzte und M. L. Tolstaja hielten hier Sprechstunden für Kranke ab. Später wohnten zur Sommerzeit Gäste darin, 1908 und 1909 N. N. Gussew.

84 Im April 1891 erhielt Tolstoi von W. G. Tschertkow das Buch: Howard Williams: „The Ethics of Diet", London 1883 (*JaPb*). Am 1. April schrieb er an seine Frau: „... las ein wundervolles Buch, eine Geschichte der antiken Ansichten über den Vegetarianismus" (*PSS*, Bd. 84, S. 78). Während der weiteren Lektüre des „wundervollen Buches" teilte Tolstoi Tschertkow mit, er wolle dazu ein Vorwort verfassen (*PSS*, Bd. 87, S. 84), und in dem Brief an Tschertkow vom 6. Mai schrieb er: „Die Meinen haben sich an die Übersetzung von ‚Ethics of Diet' gemacht, und ich helfe ihnen" (ebda., S. 85). An der Übersetzung arbeiteten S. A., T. L. und M. L. Tolstaja (vgl. *PSS*, Bd. 84, S. 79), andere Personen führten sie zu Ende. „Für das Vorwort" (*PSS*, Bd. 87, S. 95) begab sich Tolstoi am 7. Juni auf den Schlachthof. Das Vorwort

wuchs sich zu dem Aufsatz „Die erste Stufe“ aus (*PSS*, Bd. 29). 1893 erschien bei „Posrednik“ (in der Serie „Für gebildete Leser“) die russische Übersetzung des Buches von Williams, mit der Einleitung „Die erste Stufe“ von L. N. Tolstoi (*JaPb*, Randnotizen).

85 Die Zeichnung von I. Je. Repin: „Sofja Andrejewna mit den jüngsten Kindern Sascha und Wanetschka“ (*GMT*). S. L. Tolstoi schrieb darüber: „Diese Zeichnung hat so wenig Ähnlichkeit mit den Originalen, daß ich ohne die Bildunterschrift Mutter, Schwester und Bruder nicht erkannt hätte“ (*S. L. Tolstoj*, S. 327).

86 Vgl. Anmerkungen 38 und 51 zu *TbST* vom 28. Februar und 13. März.

87 Im Frühjahr 1891 war in Moskau eine französische Industrieausstellung mit großer Kunstabteilung eröffnet worden.

88 In seinem Brief vom 11. Juli hatte Tolstoi seiner Frau den Entwurf einer Zeitungsannonce geschickt, worin – in seinem oder ihrem Namen – auf das Urheberrecht an den seit 1880 verfaßten und in den Bänden XII. und XIII. enthaltenen Werken verzichtet werden sollte (*PSS*, Bd. 84, S. 81–82). Nach einer Unterredung mit seiner Frau zu diesem Thema notierte Tolstoi am 14. Juli in seinem Tagebuch: „Sie versteht nicht, und die Kinder verstehen nicht, daß, wenn sie Geld ausgeben, jeder Rubel, den sie verbrauchen und der aus dem Erlös von Büchern stammt, für mich Leiden und Schande bedeutet. Nun gut, Schande hin, Schande her, aber wozu die Wirkung abschwächen, welche die Verkündigung der Wahrheit haben könnte? Es soll wohl so sein. Die Wahrheit wird ihr Werk auch ohne mich tun“ (*PSS*, Bd. 52, S. 44 /dt.: Bd. 19, S. 162–163).

89 I. Je. Repin hielt sich vom 29. Juni bis 14. Juli in Jasnaja Poljana auf. In dieser Zeit modellierte er die Büste Tolstois (*GMT*), malte zwei Porträts – die Skizze „Tolstoi im Gebet“ (*GTG*) und „Tolstoi an der Arbeit im Kabinett mit dem Gewölbe“ (*IRLI*) – und fertigte einige Zeichnungen an. Nach S. L. Tolstois Ansicht waren Repin diese Arbeiten weniger geglückt als frühere. Er erklärt das damit, daß Repin unter dem Einfluß des Impressionismus stand. Wie er sagt, habe Repin „die Wirklichkeit durch seine Phantasie ergänzt“ (*S. L. Tolstoj*, S. 327–328).

90 Später schrieb S. A. Tolstaja: „Sollte Lew Nikolajewitsch einmal ein Denkmal errichtet werden, so muß man wissen, daß keine einzige Plastik, die Lew Nikolajewitsch darstellen will, sein wirkliches Aussehen wiedergibt. Am besten ist noch die kleine Büste mit den gefalteten Händen von Trubezkoi“ (*Moja žizn’*, Buch 6, S. 114).

91 In dem Brief an die Redakteure der Zeitungen „Russkije wedomosti“ und „Nowoje wremja“ vom 16. September schrieb Tolstoi: „Allen Interessenten erteile ich das Recht, in Rußland wie im Ausland, in russischer Sprache wie in Übersetzungen alle Werke herauszugeben und aufzuführen, die ich seit 1881 geschrieben habe und die in Band 12 meiner Gesamtausgabe von 1886 und dem jetzt 1891 erschienenen 13. Band veröffentlicht worden sind, sowie gleichfalls alle in Rußland

nicht veröffentlichten und möglicherweise nach dem heutigen Tage neu erscheinenden Werke" (*PSS*, Bd. 66, S. 47 / dt.: Bd. 17, S. 144). Veröffentlicht am 19. September in Nr. 258 der *R.ved.* und Nr. 5588 der *N.vr.*.

92 In *JaPb* werden folgende Ausgaben aufbewahrt, die Lermontows Drama „Ein seltsamer Mensch" enthalten: Lermontov: „Sočinenija" (Werke), 2 Bde., St. Petersburg 1882; M. Ju. Lermontov: „Polnoe sobr. soč." (Ges. Werke), Moskau 1891.

93 Dargestellt wurden die Wörter „kol" („Pfahl" bzw. „Sechs" – d. h. die schlechteste Schulnote) und „oda" („Ode") = „koloda" („Holzklotz" bzw. „ein Spiel Karten"). Anm.d.Übers.

94 Der letzte Absatz wurde später hinzugefügt.

95 „Das neue Alphabet" von Tolstoi, das erstmals 1875 erschien, wurde vielfach neu aufgelegt. S. A. Tolstaja korrigierte die Fahnen der 17. Auflage (1891).

96 Tolstoi hatte das Märchen „Lipunjuschka" der Sammlung von I. A. Chudakov: „Velikorusskie skazki" (Großrussische Märchen), 2. Serie, Moskau 1861 entnommen, gekürzt und stilistisch überarbeitet. Erstmals veröffentlicht in: „Pervaja russkaja kniga dlja čtenija" (Erstes russiches Lesebuch), Moskau 1875 (vgl. *PSS*, Bd. 21, S. 120–121; S. 630 / dt.: Bd. 8, S. 210–211).

97 „Ich habe sie nicht gesehen, sie ist bei Mascha", schrieb Sofja Andrejewna ihrer Tochter Tatjana Lwowna am 29. Juli (*GMT*). Tolstoi notierte am 31. Juli in seinem Tagebuch: „Larionowa, eine Studentin aus Kasan, war hier, der ich zu meinem Glück von Nutzen sein konnte" (*PSS*d. 52, S. 47). In dem Brief, den M. Larionowa am nächsten Tag an Tolstoi schickte, schrieb sie: „Gestern kam ich nicht mehr dazu, Ihnen zu sagen, wie dankbar ich Ihnen bin! Es ist schon eine alte Geschichte: vor der Ankunft bei Ihnen war mir alles gleich – leben oder nicht. Ich suchte einen Ausweg aus dem reinen Dahinvegetieren und fand ihn nicht. Doch jetzt habe ich neuen Lebensmut! ... Am liebsten hätte ich Ihnen gestern nicht nur leidenschaftlich die Hand gedrückt und *danke* gesagt – am liebsten hätte ich vor Liebe zu Ihnen geweint" (*GMT*).

98 Zu Besuch bei Tolstoi waren der Psychologe Charles Richet und der Schriftsteller Octave Houdail. Zu ihrem Besuch in Jasnaja Poljana vgl.: „Vestnik inostrannoj literatury", Dezember 1891, S. 318–322 (Houdail) sowie die Notiz in „Nedelja" 1891, Nr. 36 (Richet). Tolstoi schrieb am 27. August in sein Tagebuch: „Beide wenig interessant" (*PSS*, Bd. 52, S. 50).

99 Aufgrund der sich ständig verschärfenden Hungersnot in Rußland hatte N. S. Leskow am 20. Juni 1891 Tolstoi einen Brief gesandt, in dem er fragte: „Was meinen Sie, müßten wir uns dieses Leid angelegen sein lassen, und was stünde uns zu tun an? Ich wäre vielleicht durchaus zu etwas nütze, doch ich habe das Zutrauen zu jeglichem ‚wohltätigen'

Unterfangen verloren und weiß nicht, ob man nicht Schaden bringt, wenn man sich in etwas hineinbegibt, bei dem letztlich doch nichts herauskommt. Nichts zu tun ist jedoch ebenfalls schwierig. Bitte schreiben Sie mir etwas zu diesem Behufe" (*Tolstoj. Perepiska*, S. 540). In seiner Antwort an N. S. Leskow vom 4. Juli schrieb Tolstoi: „... deswegen muß gegen die Hungersnot eines getan werden – die Menschen müssen möglichst viele gute Taten vollbringen ... wenn Sie mich daher fragen, was gerade Sie tun sollen, dann antworte ich: in den Menschen Liebe zueinander erwecken, wenn Sie es vermögen (...), und zwar Liebe nicht aus Anlaß einer Hungersnot, sondern Liebe immer und überall" (*PSS*, Bd. 66, S. 12 / dt.: Bd. 17, S. 112). – A. I. Faressow, ein Mitarbeiter der „Nowoje wremja", hatte von Leskow eine Kopie des Briefes erhalten und veröffentlichte daraus, ohne Leskows Genehmigung, in entstellter Form einen Auszug in der Zeitung „Novosti" (Nr. 244 vom 4. September), der in „Novoe vremja" nachgedruckt wurde (Nr. 5574 vom 5. September). Diese Publikationen führten zu gehässigen Angriffen auf Tolstoi. Am 6. September schrieb ihm Leskow einen Entschuldigungsbrief, in dem er die ganze Geschichte der Briefveröffentlichung erklärte.

100 E. Rod: „Les Trois Coeurs", Paris 1890 (*JaPb*).

101 Die Novelle „Anläßlich der ‚Kreutzersonate'" (*GMT*). In ihren Erinnerungen äußerte S. A. Tolstaja dazu: „Als ich mit der Korrektur der ‚Kreutzersonate' für den 13. Band befaßt war, jener Novelle, die mir wegen Lew Nikolajewitschs roher Behandlung der Frauen nie gefallen hat, brachte mich das auf den Gedanken, anläßlich der ‚Kreutzersonate' selbst einen Roman zu schreiben. Dieser Gedanke faßte allmählich so sehr von mir Besitz, daß ich nicht mehr an mich halten konnte und diese Novelle niederschrieb, die nie das Licht der Welt erblickt hat und nun unter meinen Papieren aufbewahrt wird" (*Moja žizn'*, Buch 6, S. 8).

102 Gemeint sind Tolstois Briefe an W. P. Solotarjow, M. A. Nowosselow, Je. I. Popow und P. G. Chochlow vom 8. Oktober 1891 (*PSS*, Bd. 66, S. 50–55).

103 Am 17. September war Tolstoi mit seiner Tochter nach Pirogowo gefahren. Zwischen dem 18. und 22. September bereisten sie Dörfer der Landkreise Krapiwna, Bogorodizk und Jefremow des Tulaer Gouvernements. Zu Tolstois Tätigkeit während der Hungersnot der Jahre 1891–1892 vgl. seine Aufsätze in *PSS*, Bd. 29 / davon dt. der Aufsatz „Über die Hungersnot" in : Bd. 15, S. 471–512. Vgl. außerdem: *T. L. Suchotina*, S. 201–216.

104 Wahrscheinlich zur Gutsbesitzerin Byrdina (oder Burdina).

105 Am 15. Oktober schickte Tolstoi an N. Ja. Grot den Aufsatz „Über die Hungersnot", zur Veröffentlichung in „Woprossy filossofii i psichologii". Die Novembernummer der Zeitschrift, die Tolstois Aufsatz enthielt, wurde beschlagnahmt und der Aufsatz an die Zentrale Pressebe-

hörde geschickt. In der Januarnummer von „Knižki Nedeli“ (1892) wurde er dann mit großen Kürzungen unter dem Titel „Hilfe für die Hungernden“ abgedruckt.

106 S. A. Tolstajas Bitte wurde stattgegeben. Zu ihrem Brief vom 15. Oktober und dem Antwortbrief von I. I. Woronzow-Daschkow vgl.: *Letopisi*, Buch 12, Moskau 1948, 2, S. 106–107. Das Aufführungshonorar von Tolstois Stück wurde für wohltätige Zwecke verwendet.

107 A. N. Kanewski, der in landwirtschaftlichen Tolstojaner-Gemeinschaften tätig war. Auf seiner Fußwanderung zur Kolonie „Kriniza“ im Kaukasus besuchte er Jasnaja Poljana. Am 24. Oktober notierte Tolstoi in seinem Tagebuch: „Kanewski abgereist. Ein in seiner Schlichtheit und Selbstaufopferung rührender Mensch. Kam ohne eine Kopeke aus Moskau. Schickte ihn mit 4 Rubeln zu seinem Vater weiter. Zwei Nächte hat er hier geschlafen“ (*PSS*, Bd. 52, S. 56).

108 L. L. Tolstoi konnte im Gouvernement Samara bei der Hilfe für die Hungernden nicht auf dieselbe Weise vorgehen wie sein Vater. Er mußte die Lebensmittel unmittelbar an die Bauern ausgeben, was sie weniger vor dem Hunger schützte als die Garküchen. Tolstoi war mit dieser Lösung unzufrieden. Am 23. Dezember 1891 schrieb er an den Sohn: „Vor allem mußt du verstehen, daß du nicht 5000 oder 6000 oder x^n Menschen verköstigen sollst, sondern jene Hilfe, die du in Händen hast, so gut wie möglich verteilen. Tust du das auch gewissenhaft?“ (*PSS*, Bd. 66, S. 120). In „Mein Leben“ bringt S. A. Tolstaja Auszüge aus unbekannten Briefen von Lew Lwowitsch an den Vater über die Arbeitsbedingungen im Gouvernement Samara: „Als ob von Garküchen die Rede sein könnte, wo es selbst am kleinsten Stück Brot fehlt ...“ „Natürlich könnte man Garküchen eröffnen, einverstanden, sie sind wichtiger als das bloße Verteilen, aber dazu gebe man uns 100 Soldaten als Bäcker, 10 Wagenladungen Beikost und eine ganze Truppe von Helfern ...“ (*Moja žizn’*, 1892, Buch 6, S. 196). Später bedauerte Tolstoi, daß er sich so schroff über die Tätigkeit seines Sohnes geäußert hatte, und schrieb ihm das (Brief nicht erhalten). Im Brief vom 10. Januar 1892 an S. A. Tolstaja geht L. L. Tolstoi auf diese „heftigen“ Briefe des Vaters ein; sie hätten ihn dazu gebracht, „meine Handlungen noch aufmerksamer zu überdenken“ (*GMT*). Vgl. außerdem: L. L. Tolstoi: „V golodnye goda. Zapiski i stat’i“ (Während der Hungerjahre. Notizen und Aufsätze), Moskau 1900.

109 *R.ved.*, Nr. 303, 3. November 1891.

110 In *R.ved.*, Nr. 306, 6. November 1891, stand Tolstois Aufsatz „Eine schreckliche Frage“. In Nr. 308, 310 und 312 vom 7., 9. und 11. November der reaktionären Zeitung „Moskovskie vedomosti“ wurden Artikel publiziert, die die aktive Hilfe Tolstois und seiner Familie für die Hungernden verurteilten.

1 Tolstois Aufsatz „Über die Hungersnot" (*PSS*, Bd. 29 / dt.: Bd. 15), den er an die Zeitschrift „Woprossy filossofii i psichologii" gegeben hatte, wurde von der Zensur verboten; darauf schickte Tolstoi ihn an E. Dillon, den Korrespondenten der englischen Zeitung „Daily Telegraph". In Dillons Übersetzung wurde der Aufsatz in mehreren Nummern der Zeitung – zwischen dem 12. und 30. Januar (alten Stils) – in Briefform unter dem Titel „Warum müssen die russischen Bauern hungern?" veröffentlicht. Die „Moskovskie vedomosti" (Nr. 22 vom 22. Januar) brachten in einem Leitartikel, der überschrieben war: „Graf Lew Tolstoi über die hungernden Bauern", einen der „Briefe" (das Ende des IV. und fast vollständig das V. Kapitel) in einer ungenauen Rückübersetzung aus dem Englischen und merkten an, Tolstois Briefe seien eine „offene Propaganda zum Umsturz des auf der ganzen Welt herrschenden sozialen und wirtschaftlichen Gefüges". S. A. Tolstaja schickte am 23. Januar einen „Brief an den Herausgeber der ‚Moskowskije wedomosti'" mit einer Gegendarstellung, der jedoch nicht abgedruckt wurde.

2 I. I. Rajewski, Tolstois Freund und Helfer in der Hungersnot, war am 26. November an einer Lungenentzündung gestorben. Am 28. November verfaßte Tolstoi den Nekrolog „Zum Gedenken an I. I. Rajewski" (*PSS*, Bd. 29), und am 29. November schrieb er an seine Tochter: „Habe einen großen Kummer – mein Freund ist gestorben, einer der besten Menschen, den ich kannte; er starb in meinen Armen, innerhalb einer Woche, an Influenza. Wir waren gemeinsam tätig gewesen und hatten einander dabei noch mehr liebgewonnen als zuvor" (*PSS*, Bd. 66, S. 100).

3 W. M. Welitschkina, Ärztin und Revolutionärin, lernte Tolstoi im Januar 1892 kennen und arbeitete mit ihm in der Hungersnot. Vgl. : Vera Veličkina: „V golodnyj god s L'vom Tolstym" (Im Jahr des Hungers mit Lev Tolstoj). In: *Tolstoj v vospominanijach*, Bd. I, S. 500–526.

4 S. A. Tolstaja hatte die Briefe an I. N. Durnowo, Je. G. Scheremetewa, A. M. und T. A. Kusminski und an die Zeitung „Prawitelstwenny westnik" am 8. Februar geschrieben. In seinem Antwortbrief vom 13. Februar teilte Durnowo ihr mit: „So sehr ich auch wünschte, Ihrer Bitte stattzugeben, trage ich doch Bedenken, der Publikation der mir von Ihnen zugesandten Gegendarstellung zuzustimmen, da diese zu durchaus begründetem Widerspruch reizt und deshalb zweifellos eine neue Polemik hervorrufen würde, welche aufgrund von Überlegungen betreffs der öffentlichen Ordnung keinesfalls wünschenswert wäre" (*GMT*). Die anderen Antwortbriefe befinden sich ebenfalls im *GMT*.

5 Tolstois Brief an den „Prawitelstwenny westnik" vom 12. Februar (*PSS*, Bd. 66, S. 160–162 / dt.: Bd. 17, S. 125–126), den er auf Veranlassung S. A. Tolstajas geschrieben hatte, wurde unter dem Vorwand, in dieser Zeitung sei keine Polemik zulässig, nicht publiziert. Auf Anraten von

N. A. Grot wurden 100 Exemplare des Briefes hektographiert und von S. A. Tolstaja an Periodika, Regierungsleute und Privatpersonen verschickt. (*Moja žizn'*, Buch 6, S. 230). Daraufhin wurde er veröffentlicht in: „S.-Peterburgskie vedomosti", Nr. 66 vom 8. März, „Russkaja žizn'", Nr. 66 vom 8. März, „Novoe vremja", Nr. 5757 vom 9. März, „Novosti", Nr. 67 vom 9. März, und „Moskovskij listok", Nr. 69 vom 10. März. Vgl. außerdem Tolstois Briefe an E. Dillon vom 29. Januar (*PSS*, Bd. 66, S. 144–145) und S. A. Tolstaja vom 9. und 28. Februar (*PSS*, Bd. 84, S. 117 und 128–129 / dt.: Brief vom 28. Februar in Bd. 17, S. 128–130).

6 Vgl. *TbST* vom 21. September 1891 und Anmerkung 99.

1893

1 Der letzte Absatz wurde später hinzugefügt. – W. G. Tschertkow bewahrte eine Zeitlang einen Teil von Tolstois Manuskripten bei D. F. Trenow auf, seinem ehemaligen Dienstkollegen im Kavallerieregiment der Leibgarde. S. A. Tolstaja schreibt in „Mein Leben": „Da Tschertkow wußte, bei ihm könnten Haussuchungen vorgenommen werden, gab er im gleichen Jahr [1893] Lew Nikolajewitschs verbotene Werke und Manuskripte seinem Freund D. F. Trenow zur Aufbewahrung. Wann er sie von dort wieder abholte, weiß ich nicht. Dies war der Beginn von Tschertkows despotischem, wenn auch äußerst ehrfurchts- und liebevollen Verhältnis zu Lew Nikolajewitsch" (*Moja žizn'*, Buch 6, S. 41). Nach Tschertkows Verbannung im Jahre 1897 wurden die Manuskripte jener Werke, die Tolstoi nach 1880 verfaßt hatte, mit seiner Zustimmung nach England zu Tschertkow geschafft, wo sie in der Nähe von Christchurch bei London in einem speziell betonierten Raum aufbewahrt wurden. 1913 wurden die Manuskripte in die Bibliothek der Akademie der Wissenschaften in Petersburg überführt, 1926 dem *GMT* übergeben.

2 S. A. Tolstaja erklärt in „Mein Leben" diese – wie sie selbst sagt – „törichte" Seite aus ihrem Tagebuch folgendermaßen: „Damals verfaßte Lew Nikolajewitsch seinen Aufsatz ‚Über die Religion'; ein gewisser P. A. Boulanger schrieb ihn ins reine; dabei lebten Lew Nikolajewitsch und Mascha zu zweit in Jasnaja Poljana, als hätten sie nie nach Moskau kommen wollen. Das Verweilen der beiden auf dem Lande mißfiel mir sehr, da ich große Sehnsucht nach meinem Mann hatte. Natürlich wird es jedermann als berechtigt erscheinen, daß Lew Nikolajewitsch für seine schwierige Tätigkeit Einsamkeit und Stille suchte, aber mir wurde davon nicht leichter. Ich bemühte mich sehr, meine Unzufriedenheit und Ungeduld, Lew Nikolajewitsch wiederzusehen, nicht zu zeigen ... Dennoch konnte ich mich nicht darein schicken, meine nervöse Erregung

steigerte sich bis zur Erbitterung und einer Art Mystizismus, und mir kam es plötzlich so vor, als habe sich der Teufel Lew Nikolajewitschs bemächtigt und sein Herz mit Kälte erfüllt" (*Moja žizn'*, Buch 6, S. 54–55).

1894

1 Am 2./14. März 1894 schrieb S. A. Tolstaja an T. L. und L. L. Tolstoi: „Papá und Dunajew waren auf dem Pilzmarkt am Fluß und kauften getrocknete Pilze als Geschenk für die Pirogowoer Tolstois und auch für sich selbst. Da haben sie sich ein kleines Picknick genehmigt. Auf dem Markt sind immer sehr viele Leute, Bauern von auswärts, und überhaupt war Papá sehr an dem Markt interessiert" (*GMT*).
2 S. A. Tolstaja gab die 9. Auflage von Tolstois Gesamtausgabe in Druck.
3 Mrs. Humphry Ward: „Marcella", New York 1894.

1895

1 Jules Verne: „Vingt milles lieues sous les mers", Paris o. J. (*JaPb*). In den Jahren 1873–74 hatte Tolstoi diesen und andere Romane von Jules Verne den älteren Kindern vorgelesen (vgl.: *I. L. Tolstoj*, S. 91–92).
2 S. I. Fonvizin: „Spletnja" (Das Gerücht). In: *VE*, 1895, Nr. 1 und 2.
3 Tolstois Bruder S. N. Tolstoi lebte zu jener Zeit mit seiner Familie in Moskau.
4 Mitte Dezember 1894 war S. A. Tolstaja durch ein Telegramm aus Jasnaja Poljana benachrichtigt worden, durch ein Fenster seien Diebe ins Haus eingedrungen, hätten „Truhen und Schränke aufgebrochen, alles aufgerissen, durchwühlt und viele Dinge gestohlen, Kleidung, Mäntel, Dekken u. a." (*Moja žizn'*, Buch 6, S. 77–78). Darauf war sie für einige Tage nach Jasnaja Poljana gereist.
5 Brat'ja Grimm: „Skazki" (Märchen), Sankt Petersburg 1893 (*JaPb*).
6 L. I. Wesselitskaja (Mikulitsch) war, ohne sich brieflich verabredet zu haben, nach Moskau gekommen, um Tolstoi zu sehen. Als sie ihn nicht antraf, verbrachte sie einige Tage mit M. L. und S. A. Tolstaja und fuhr wieder nach Hause. Vgl.: V. Mikulič: „Vstreči s pisateljami" (Begegnungen mit Schriftstellern), Leningrad 1929, S. 83–85.
7 Auf Tschertkows Initiative hatte sich Tolstoi Ende Dezember 1894 im Atelier des Photographen Mei zusammen mit Tschertkow, Birjukow, Gorbunow-Possadow, Tregubow und Popow photographieren lassen. Am 31. Dezember 1894 schrieb Tolstoi in sein Tagebuch: „Tschertkow

war hier. Wegen des Porträts hat es eine sehr unangenehme Auseinandersetzung gegeben. Sonja hatte, wie immer, sehr entschieden, aber unüberlegt und unschön gehandelt" (*PSS*, Bd. 52, S. 157 / dt.: Bd. 19, S. 227).

8 Brief aus Nikolskoje-Oboljanowo vom 8. oder 9. Januar (*PSS*, Bd. 84, S. 234–235).

9 Offenbar las S. A. Tolstaja diese Briefe bei der Vorbereitung der Handschriften zur Übergabe an das Rumjanzew-Museum. Vgl. außerdem *TbST* vom 10. April 1863 und Anmerkung 9.

10 Tolstoi lernte B. N. Tschitscherin im Winter 1856/57 kennen. Besonders nahe standen sie einander im Jahre 1858. Tschitscherin schreibt in seinen Erinnerungen: „Wir waren ein Herz und eine Seele. Auch jetzt noch kann ich seine alten Briefe nicht ohne Rührung wiederlesen. Sie strömen soviel Frische, Aufrichtigkeit und Jugendlichkeit aus, sie zeigen ihn so gut in jener ersten Blütezeit seines Talents und führen mir jene ferne Zeit so lebhaft vor Augen ... Doch schon damals trat seine Neigung zum Räsonieren hervor, welche ihn später zugrunde richtete. Das abgeschiedene Landleben brachte diese Krankheit noch mehr zur Entfaltung. Ihn bewegten höchste Seinsprobleme, zu deren Lösung er jedoch nicht im mindesten vorbereitet war. So gab er sich dem eigenartigen, mit Phantasie untermengten Fluß seiner Gedanken hin". In: B. N. Čičerin: „Iz vospominanij. Moskva sorokovych godov" (Aus den Erinnerungen. Das Moskau der vierziger Jahre). In: *Tolstoj v vospominanijach*, Bd. I, S. 83–84. Erhalten sind 14 Briefe Tolstois an Tschitscherin und 30 Briefe Tschitscherins. Vgl.: „Pis'ma Tolstogo i k Tolstomu" (Briefe von und an Tolstoj), Moskau 1928; außerdem: *PSS*, Bde. 60, 62, 65, 68 / dt.: Bd. 16 und 17 (einige Briefe Tolstois an Tschitscherin).

11 A. A. Behrs mit seiner Frau Anna Alexandrowna (geb. Mitrofanowa).

12 A. Daudet: „Les Rois en exil" (verfaßt 1879). In welcher Ausgabe der Roman gelesen wurde, konnte nicht festgestellt werden.

13 Ariston (von *griech.* aristos) – mechanisches Musikinstrument von der Art einer Spieldose.

14 Die Zeit vom 1. bis 18. Januar hatte Tolstoi mit seiner Tochter T. L. Tolstaja bei A. W. und A. M. Olsufjew auf deren Gut Nikolskoje-Oboljanowo verbracht. „Bei den Olsufjews schöne Tage verlebt", notierte Tolstoi in seinem Tagebuch (*PSS*, Bd. 53, S. 4 / dt.: Bd. 19, S. 230). Tolstoi arbeitete dort an der Erzählung „Herr und Knecht", machte Spaziergänge in der Umgebung, traf mit dem Künstler R. S. Lewizki und den Apraxins zusammen (auf dem Gut Olgowo). Diese Reise übte eine heilsame Wirkung auf die physischen und geistigen Kräfte des Schriftstellers aus. Vgl.: P. I. Neradovskij: „Vstreči s Tolstym" (Begegnungen mit Tolstoj). In: *LN*, Bd. 69, Buch 2, S. 130–138; M. F. Mejendorf: „Stranička vospominanij o L've Nikolaeviče Tolstom" (Eine Seite aus den Erinnerungen an Lev Nikolaevič Tolstoj). In: *Tolstoj v vospominanijach*, Bd. II, S. 63–66.

15 Vertreter der Semstwo von Twer und einer Reihe anderer Gouvernements hatten sich mit Bittschriften an Nikolai II. gewandt, in denen sie ihre Bereitschaft zum Ausdruck brachten, sich an der Administration Rußlands zu beteiligen. Darauf hielt Nikolai II. am 17. Januar 1895 vor Semstwo-Vertretern eine Rede und nannte diesen Wunsch „unsinnige Träume". Auf diese Ansprache reagierte Tolstoi mit dem Artikel „Unsinnige Träume" (*PSS*, Bd. 31, S. 185–192 / dt.: Bd. 15, S. 741–752). Außerdem weigerte sich Tolstoi, die Petition über die Pressefreiheit zu unterzeichnen, die bekannte Petersburger und Moskauer Persönlichkeiten an Nikolai II. richteten.

16 Tolstoi nahm an einer Besprechnung von Vertretern der liberalen Intelligenz teil, auf der ein Protest gegen die Rede von Nikolai II. erörtert wurde. Die Versammlung war auf Initiative von D. I. Schachowskoi zustande gekommen und fand in der Wohnung von N. F. Michailow statt, dem Herausgeber der Zeitschrift „Westnik wospitanija". Allerdings kam man zu keinerlei praktischen Ergebnissen. Am 29. Januar notierte Tolstoi in seinem Tagebuch: „Hätten lieber nicht hingehen sollen. Alles Torheit, und es liegt auf der Hand, eine Organisation lähmt nur die Kräfte von Einzelpersonen" (*PSS*, Bd. 53, S. 4 / dt.: Bd. 19, S. 230).

17 Entspricht ca. 1,74 m (Anm. d. Übers.).

18 B. N. Čičerin: „Prostranstvo i vremja" (Raum und Zeit). In: „Voprosy filosofii i psichologii", 1895, Buch XXVI.

19 Wahrscheinlich das nicht überlieferte Antwortschreiben auf den Brief von P. P. Kandidow (einem Lehrer der Tolstoi-Söhne Andrei und Michail) vom 29. Januar 1895. Kandidow war einen Monat zuvor zu seiner Mutter nach Jelatma, Gouvernement Tambow, gefahren und berichtete nun von seinem dortigen Leben. Am Ende des Briefes bat er S. A. Tolstaja, sie möge ihm schreiben, wie es ihrer ganzen Familie gehe.

20 „Der Tod des Iwan Iljitsch" (*PSS*, Bd. 26 / dt.: Bd. 12), der 1884–86 entstanden war, wurde erstmals veröffentlicht in: „Sočinenija gr. L. N. Tolstogo", XII. Teil, Moskau 1886.

21 Bei diesem Tagebucheintrag vermengt S. A. Tolstaja zwei verschiedene Besuche Turgenews in Jasnaja Poljana. Die Episode während des Schnepfenstrichs ereignete sich Anfang Mai 1880; vgl. hierzu: *I. L. Tolstoj*, S. 153–155; *T. L. Suchotina*, S. 248–249. Die Tanz-Episode dagegen im August 1881; vgl.: *I. L. Tolstoj*, S. 151–152; *T. L. Suchotina*, S. 249–251.

22 In Nr. 12/1894 des „Severnyj vestnik" war das von Tolstoi aus dem Englischen übertragene und bearbeitete Märchen „Karma" des amerikanischen Schriftstellers Paul Carus veröffentlicht worden, dazu ein Vorwort von Tolstoi; und in Nr. 1/1895 der Aufsatz „Religion und Sittlichkeit" unter dem Titel „Widersprüche der empirischen Sittlichkeit".

23 Über diesen schlimmen Streit schrieb Tolstoi N. N. Strachow am 14. Fe-

bruar: „Meine Erzählung hat mir viel Kummer gebracht. Sofja Andrejewna hat es sehr übelgenommen, daß ich dem ‚Sewerny westnik' die Erzählung kostenlos zur Verfügung stellte, und hinzu kam noch ein wahnsinniger Eifersuchtsanfall auf Gurewitsch (wofür es nicht die Spur eines Anhaltspunktes gibt) ... Sie war dem Selbstmord nahe, und erst seit gestern hat sie wieder Vernunft angenommen" (*PSS*, Bd. 68, S. 32–33). Im folgenden bittet Tolstoi Strachow, „ein klärendes Wort zu sprechen", daß die Erzählung nicht nur im „Sewerny westnik" abgedruckt werde, sondern auch in der Ausgabe von S. A. Tolstaja und im „Posrednik", was er für gerecht halte. Die Aufregungen dieser Tage spiegeln sich deutlich in Tolstois Tagebucheintragungen vom 7., 15. und 21. Februar (*PSS*, Bd. 53, S. 4, 7, 8–9 / dt.: Bd. 19, S. 230, 231).

24 Als S. A. Tolstaja später (1912) an ihre psychische Verfassung in jenen Tagen zurückdachte, schrieb sie: „Mit der Zeit habe ich klar begriffen, daß meine extreme Verzweiflung nichts anderes war als eine Vorahnung von Wanetschkas Tod, der sich Ende Februar ereignete. Genau in den gleichen Zustand geriet ich in jenem Sommer, der dem Ableben Lew Nikolajewitschs voranging. In solchen Zeiten haben wir auf unsere Stimmung keinen Einfluß mehr. Und Gründe für Kummer finden sich im Leben ja immer genug. Die Frage ist nur, inwieweit die Kräfte reichen, den Kummer durchzustehen und nicht den Kopf dabei zu verlieren" (*Moja žizn'*, Buch 7, S. 18).

25 L. L. Tolstoi war in der Heilanstalt für Nervenkranke aufgenommen worden, die Doktor M. P. Ogranowitsch in der Nähe von Swenigorod bei Moskau unterhielt. Am 21. Februar notierte Tolstoi in seinem Tagebuch: „Gestern half mir Ogranowitsch, mich Ljowa gegenüber gerechter zu verhalten. Er erklärte mir, Ljowa habe eine verkappte Form von Malaria. Sein Zustand wurde mir begreiflich und er tat mir leid, dennoch kann ich in mir kein echtes Gefühl der Liebe zu ihm erwecken" (*PSS*, Bd. 53, S. 10).

26 Die Erzählung „Herr und Knecht" erschien zu gleicher Zeit in drei Ausgaben: bei „Posrednik", in den „Sočinenija gr. L. N. Tolstogo", 9. Auflage, Beilage zu Band 13, und im „Severnyj vestnik", 1895, Nr. 3.

27 In diesen für die Tolstoi-Familie so schweren Tagen schrieb M. L. Tolstaja an A. N. Dunajew: „Mamá ist in ihrem Leid schrecklich anzuschauen. Hier war ihr ganzes Leben auf ihn ausgerichtet, all ihre Liebe gab sie ihm. Papá allein kann ihr helfen, er allein vermag es. Doch auch er leidet furchtbar und weint die ganze Zeit" (Brief von Ende Februar oder März – *GMT*). Vgl. ausführlich: *T. L. Suchotina*, S. 400–404; *I. L. Tolstoj*, S. 216–218.

Wanetschkas Tod

1 Das Kapitel „Wanetschkas Tod“ ist S. A. Tolstajas Erinnerungen „Mein Leben“ entnommen (*Moja žizn'*, Buch 7, S. 21–44); hier gekürzt wiedergegeben.

2 „Doč' katoržnika“ (Die Tochter des Sträflings). Roman nach Charles Dickens („Große Erwartungen“). Herausgegeben von Gr. V. S. Tolstaja, Moskau 1895 (Band 185 bei „Posrednik“).

3 Der genaue Wortlaut von Tolstois Tagebucheintragung am 26. Februar: „Wir haben Wanetschka begraben. Ein entsetzliches – nein, kein entsetzliches, sondern ein erhabenes seelisches Erlebnis. Ich danke dir, Vater. Ich danke dir“ (*PSS*, Bd. 53, S. 10 / dt.: Bd. 19, S. 234).

4 Brief an T. A. Kusminskaja vom 7. März 1895 (*GMT*).

5 Im November 1932 wurde dieser Friedhof aufgelassen und die sterblichen Überreste der Tolstoi-Kinder auf den drei Werst von Jasnaja Poljana entfernten Friedhof von Kotschaki überführt.

6 Beide Skizzen N. A. Kassatkins (vom Grab der Tolstoi-Söhne Alexei und Iwan auf dem Nikolskojer Friedhof) sind erhalten geblieben: die eine – Öl auf Leinwand – hängt in Jasnaja Poljana, im Zimmer von S. A. Tolstaja, die andere, auf Holz gemalt, im Zimmer von T. L. Suchotina im Moskauer Tolstoi-Haus. Wahrscheinlich auf diese Skizze bezog sich, was der Künstler T. L. Tolstaja am 5. März 1895 schrieb: „Bin voller Mitgefühl für Sofja Andrejewna und freue mich sehr über das Schicksal meiner Skizze. Ich will sie keinesfalls aus der Hand geben, bevor die Details in Ordnung sind; dies auf dem Original vorzunehmen, wäre jedoch ungünstig. Darum habe ich beschlossen, sie etwas bearbeitet auf Holz zu wiederholen und werde Ihnen dann beide Exemplare übergeben“ (zitiert nach: K. A. Sitnik: „Nikolaj Alekseevič Kasatkin“, Moskau 1955, S. 157–158; Text nach dem Original im *GMT* überprüft).

7 N. A. Kassatkins Brief ist im *GMT* nicht erhalten.

8 Brief an T. A. Kusminskaja vom 7. März 1895 (*GMT*).

9 Menschikows Brief ist im Archiv von S. A. Tolstaja nicht erhalten.

10 In seinem Brief vom 2. März 1895 schrieb N. N. Strachow: „Weshalb mußte dieser erstaunliche Knabe sterben? Wie oft geht mir durch den Sinn, daß besser ich statt des Verblichenen gestorben wäre! Er war sehr vielversprechend – vielleicht hätte er nicht nur Ihren Namen, sondern auch Ihren Ruhm geerbt. Und wie lieb er war, läßt sich gar nicht beschreiben! Kann mir die Trauer Sofja Andrejewnas vorstellen!“ (*GMT*). Am 8. März antwortete Tolstoi Strachow: „Für mich war dieser Tod ein ebensolches Ereignis wie der Tod meines Bruders, wenn nicht noch bedeutsamer. Derartige Tode (d. h. bei besonderer Liebe zu dem Verstorbenen und besonderer Reinheit und geistiger Höhe desselben) eröffnen sozusagen das Geheimnis des Lebens, und diese Entdek-

kung entschädigt überreich für den Verlust. Dies war mein Gefühl" (*PSS*, Bd. 68, S. 43).

11 Brief von A. W. Schirkewitsch vom 13. März 1895 (*GMT*).

12 Brief von M. A. Stachowitsch vom 8. März 1895 (*GMT*).

13 Brief von O. A. Golochwastowa vom 3. März 1895 (*GMT*).

14 Brief von S. A. Filossofowa vom 28. Februar 1895 (*GMT*).

15 Brief von A. G. Dostojewskaja vom 5. März 1895 (*GMT*).

16 Wanetschkas Erzählung „Der gerettete Dachshund" (erschienen in der Zeitschrift „Igrušečka" unter der Rubrik „Für die Kleinsten", 1895, Nr. 3). Über die Entstehung der Erzählung berichtet S. A. Tolstaja in ihren Erinnerungen: „Als ich einmal auf der Liege im Salon lag, sagte er zu mir: ‚Mama, mich langweilt alles, ich möchte etwas dichten wie Papa. Ich sage es dir, und du schreibst es auf.' Und darauf diktierte er mir mit künstlerischem Verstand eine kleine Erzählung aus seinem Kinderleben, unter dem Titel ‚Der gerettete Dachshund'" (*Moja žizn'*, Buch 7, S. 10).

17 Brief von A. N. Peschkowa-Toliwerowa vom 5. März 1895 (*GMT*).

18 Brief an T. A. Kusminskaja vom [27.]März 1895 (*GMT*).

19 S. A. Tolstaja zitiert in verkürzter Form zwei unterschiedliche Tagebucheintragungen Tolstois vom 27. März.
Der genaue Wortlaut: „Sonja leidet unverändert und kann sich nicht zu einer religiösen Betrachtungsweise aufschwingen. Dieses Leiden braucht sie wohl, es tut das Seine. Ich bedaure sie. Glaube aber, es muß so sein. Und zwar deshalb, damit man die Wirkung von Gottes Hand spürt, sie erkennt und lieben lernt" (*PSS*, Bd. 53, S. 14 / dt. – mit Ausnahme des letzten Satzes – : Bd. 19, S. 238).
„Gedanken in der Zwischenzeit. Sonja leidet entsetzlich. Der Grund ist, daß sie ihre sämtlichen Geisteskräfte auf die animalische Liebe zu ihrem Kind verwandt hat: sie verschwendete ihre Seele auf das Kind, um es zu retten. Und sie wollte mit dem Kind ihr eigenes Leben retten, und nicht ihr eigenes Leben nicht für das Kind, sondern für die Welt, für Gott zugrunde richten. Ist völlig unklar" (*PSS*, Bd. 53, S. 16).

20 In dem Brief an T. A. Kusminskaja vom [27.] März schrieb S. A. Tolstaja: „Ljowotschka ist sehr gut zu mir, er führt mich spazieren und hat mich ins Gefängnis zu einem politischen Gefangenen mitgenommen ... Mich tröstet seine Güte und Herzlichkeit; doch mich bedrückt, daß sein Rücken sich immer mehr krümmt, er älter und schmaler wird, weint, niemals mehr lächelt und sich nicht einmal mehr aufmuntern läßt. Um Wanetschka ist es ihm entsetzlich leid, und mich kann er auch nicht ansehen" (*GMT*).
S. A. Tolstaja erwähnt hier den Besuch vom 2. März im Butyrka-Gefängnis bei N. T. Isjumtschenko, der den Kriegsdienst verweigert hatte und nach Sibirien verbannt worden war.

21 Der genaue Wortlaut von Tolstois Tagebucheintrag am 6. April: „Maschenka ist auch gütiger geworden, seit sie ins Kloster eingetreten ist.

Was bedeutet das? Wie lassen sich Heidentum und Christentum vereinen? Kann ich mir nicht restlos erklären. Was ist Kult?" (*PSS*, Bd. 53, S. 20).

1897

1 M. L. Tolstaja heiratete am 2. Juni 1897 N. L. Obolenski. Über die Einstellung der Eltern zu ihrer Heirat schrieb sie am 8. Mai 1897 L. F. Annenkowa: „Mamá war zunächst gegen meine Heirat, da er sehr arm ist, d. h. nichts besitzt und ein wenig jünger ist als ich; Papá dagegen liebt meinen zukünftigen Mann sehr und findet, ich hätte mir keinen besseren aussuchen können. Er bedauert mich aber und grämt sich um mich, spricht jedoch niemals seine Gedanken offen aus, gibt keine Ratschläge und zieht sich völlig zurück. Es ist mir eine große Freude, daß er Kolja liebt und vor allem auch an ihn glaubt, doch es tut mir entsetzlich weh, wenn ich daran denke, daß ich mich von ihm trennen muß ..." (*GMT*).

2 „Sočinenija gr. L. N. Tolstogo", Bde. I–XIV. Zehnte Auflage, Moskau 1897.

3 Mit der Arbeit an dem Traktat „Was ist Kunst?" hatte Tolstoi im Januar 1897 begonnen. Das 1898 vollendete Traktat wurde erstmals in der Zeitschrift „Voprosy filosofii i psichologii" veröffentlicht (Kap. I–V November–Dezember 1897, Kap. VI–XX Januar–Februar 1898). Die erste gesonderte Ausgabe erfolgte im XV. Teil von Tolstois Gesamtausgabe, Moskau 1898, außerdem bei „Posrednik" im gleichen Jahr. Bei allen Ausgaben hatte die Zensur große Eingriffe vorgenommen. Die erste unzensierte Ausgabe erschien 1898 in London, in der englischen Übersetzung von A. Maude und mit einem Vorwort von Tolstoi.

4 S. A. Tolstaja meinte wahrscheinlich jene Tagebucheintragungen Tolstois, die sich auf ihre Freundschaft mit S. I. Tanejew nach dem Tod ihres jüngsten Sohnes Wanetschka bezogen. Am 4. Februar 1897 notierte Tolstoi in seinem Tagebuch: „Sonja hat in meiner Abwesenheit dieses Tagebuch gelesen und war sehr gekränkt, weil man *später* aus ihm herauslesen könnte, sie sei eine schlechte Gattin gewesen. Ich versuchte, sie zu beruhigen – unser ganzes Leben und mein Verhältnis zu ihr in der jüngsten Zeit werde zeigen, was für eine Gattin sie war. Falls sie nochmals einen Blick in dieses Tagebuch wirft, mag sie damit tun, was ihr beliebt, ich jedenfalls kann beim Schreiben nicht an sie oder die späteren Leser denken und ihr gleichsam ein Zeugnis ausstellen" (*PSS*, Bd. 53, S. 133 / dt.: Bd. 19, S. 308). Vgl. außerdem *TbST* vom 14. Dezember 1890 und Anmerkung 11.

5 Wahrscheinlich der – im Archiv nicht erhaltene – Brief von Eugen Schmitt, den Tolstoi am 11. Juni 1897 beantwortete (*PSS*, Bd. 70, S. 94).

6 Über ihre Beziehung zu S. I. Tanejew schrieb S. A. Tolstaja in „Mein Leben": „Nach dem Tod des kleinen Wanetschka war ich so vollkommen verzweifelt, wie man es im Leben nur einmal sein kann; an einem derartigen Kummer geht ein Mensch gewöhnlich zugrunde, und wenn er am Leben bleibt, so ist er bereits nicht mehr in der Lage, ein zweites Mal so entsetzlich zu leiden. Ich blieb jedoch am Leben, und das verdanke ich dem Zufall und einem seltsamen Mittel – der Musik ... Als ich es gelernt hatte, Musik zu hören, wurde ich süchtig danach und konnte schon nicht mehr ohne sie leben ... Am allerstärksten wirkte auf mich die Musik von Tanejew, der als erster durch sein wundervolles Spiel mich gelehrt hatte, Musik zu hören und sie zu lieben ... Manchmal brauchte ich Sergei Iwanowitsch bloß zu begegnen, seine gelassene Stimme zu hören, und schon beruhigte ich mich ... Ich war in einem nicht normalen Zustand. Und das fiel zeitlich mit meiner kritischen Periode zusammen. Tanejews Person hatte mit dieser meiner Stimmungslage fast gar nichts zu tun. Sein Äußeres war nicht sehr ansprechend, er ging nie aus sich heraus, war extrem verschlossen und blieb mir bis zuletzt völlig unverständlich" (*Moja žizn'*, Buch 3, aus dem Kap. „Drei Epochen", S. 556, 560, 561).

7 „Macht der Finsternis" erschien im XII. Band der 10. Ausgabe der „Sočinenija gr. L. N. Tolstogo" (1897).

8 Bei der Teilung der Güter unter den Kindern Tolstois (1891) betrug der Anteil M. L. Tolstajas 57 000 Rubel. Zunächst hatte M. L. Tolstaja darauf verzichtet, beschloß jedoch nach ihrer Heirat, ihren Anteil anzunehmen. S. L. Tolstoi mußte ihr das Geld auszahlen, indem er eine Hypothek auf sein Gut Nikolskoje-Wjasemskoje aufnahm. Schon früher hatte S. A. Tolstaja, da sie vermutete, mit der Zeit werde die Tochter ihren Anteil schon nehmen, diesen auf sich überschrieben, und S. L. Tolstoi ging die Verpflichtung ein, das Geld der Mutter auszuzahlen. Nun mußte S. A. Tolstaja den Teil des Geldes, den sie von S. L. Tolstoi erhalten hatte, und seine Schuldverpflichtung über die Restsumme auf M. L. Tolstaja überschreiben.

9 Wer der Besucher war, konnte nicht festgestellt werden.

10 Am 19. Juni war N. A. Tschudow nach Jasnaja Poljana gekommen, nach Tolstois Worten „ein kluger ... Mann, der feurig und gut schreibt, wofür er, früher und auch jetzt noch, schon viel leiden mußte" (*PSS*, Bd. 72, S. 179). Tschudow wurde wegen illegaler Gedichte verfolgt, die hektographiert Verbreitung fanden. Anläßlich der Katastrophe auf dem Chodynka-Feld hatte er das Gedicht geschrieben: „Für Nikolai II. zum Andenken an die Krönung", das folgende Strophen enthielt:

Es plagt dich kein schlechtes Gewissen
In den Schlupfwinkeln deiner Paläste,
Oder hast du sie gar nicht gesehen,
Diese eintausendeinhundert Toten?

Man hat sie verscharrt in der Erde
Ohne dich – doch *du* vergiß nie:
Wegen dir mußten unschuldig sterben
Tausendeinhundert Menschen zuviel!
(*GMT*)

Über seinen Besuch bei Tolstoi schrieb Tschudow gleich anschließend einen Bericht und schickte diesen Tolstoi mit einem Brief am 25. Juni: „Der beiliegende Artikel war schon gesetzt und von der Zensur gehörig verunstaltet, als ich mir die Frage stellte: ‚Tue ich auch recht damit?‘ ... Sollten Sie ihn verbieten, so teilen Sie mir das doch bitte vor dem Erscheinen der Sonntagsnummer mit ...“ (*GMT*) Tolstois Antwort ist unbekannt, doch offenbar hatte er keine Einwände. Der Artikel wurde am 29. Juni in der Zeitung „Orlovskij vestnik“, 1897, Nr. 171, unter dem Titel „Ein Tag in Jasnaja Poljana“ veröffentlicht. Während seiner Verbannung im Gouvernement Wologda (1899, 1900) wandte sich Tschudow mit der Bitte um Hilfe an Tolstoi (vgl. *PSS*, Bd. 72, S. 179, 180, 547).

11 M. M. *Cholewinskaja*, Landärztin im Kreis Krapiwna des Gouvernements Tula, war im März 1896 in Tula verhaftet worden und wegen Verbreitung verbotener Schriften Tolstois ins Gefängnis gekommen. Anlaß zu der Verhaftung war, daß man bei einer Haussuchung eine Visitenkarte von T. L. Tolstaja gefunden hatte, auf der stand: „Geben Sie dem unbekannten, aber zuverlässigen Mann ‚Worin besteht mein Glaube?‘ von Tolstoi“. Tolstoi hatte dieses Buch dem Tulaer Arbeiter I. P. Nowikow geben wollen, dann aber kein Exemplar mehr finden können; deshalb bat er T. L. Tolstaja, ihm bei der Erfüllung von Nowikows Bitte behilflich zu sein. T. L. Tolstaja fiel ein, daß Cholewinskaja in Tula das Buch hatte, worauf sie Nowikow ihre Visitenkarte schickte und Cholewinskaja darauf bat, dem Überbringer das Buch auszuhändigen. Tolstoi bemühte sich intensiv um die Freilassung von Cholewinskaja. Im April 1896 schrieb er Briefe an den Innenminister I. L. Goremykin und den Justizminister N. W. Murawjow mit einer Darlegung des gesamten Falles (*PSS*, Bd. 69, S. 83–87, 89 / dt. der Brief an Goremykin: Bd. 17, S. 238–242). Am 28. März 1896 bat Tolstoi A. F. Koni um Hilfe: „Wenn Sie können, so helfen Sie unserer lieben und armen Freundin, einer Ärztin ... Man könnte meinen, man müsse sich längst an unsere russische Gesetzlosigkeit und Grausamkeit gewöhnt haben, doch man ist jedesmal wieder betroffen, als wäre es etwas Neues und Unerwartetes – so unsinnig und unvorstellbar ist es“ (*PSS*, Bd. 69, S. 78). Anfang April 1896 wurde Cholewinskaja aus dem Gefängnis entlassen und nach Astrachan verbannt. In ihrem Brief an S. A. Tolstaja vom 30. Mai 1897 beschreibt Cholewinskaja ihre schlechte körperliche Verfassung und bittet S. A. Tolstaja, „sich dafür einzusetzen, daß die Strafe ... gemildert wird“ (*GMT*). „Unangenehm“ war der Brief für Sofja Andrejewna

offenbar deshalb, weil Cholewinskaja einige Male erwähnte, sie müsse unverdienterweise für „Tatjana Lwownas unüberlegte Handlung" büßen.

12 Romain Coolus: „L'Enfant malade". In: „Revue Blanche", Nr. 79 vom 15. Juni 1897 (*JaPb*).

13 In seinem Brief vom 19. Juni (neuen Stils) hatte Tschertkow Tolstoi Vorwürfe gemacht, warum er ihm auf mehrere Briefe nicht geantwortet habe. Am 20. Juni schickte Tolstoi an Tschertkow ein Telegramm, worin er die Verzögerung bedauerte, und noch am gleichen Tag einen Brief mit dem Datum 19. Juni (*PSS*, Bd. 88, S. 30–34).

14 W. W. Stassow hatte sich in einem Brief vom 16. Juni 1897 bei S. A. Tolstaja für die Einladung nach Jasnaja Poljana bedankt. Dem Brief lag eine Photographie von Tolstois Büste bei, die Ginzburg angefertigt hatte und die in jener Zeit auf der Kunstausstellung in Venedig gezeigt wurde. Vgl.: „Neopublikovannye pis'ma V. V. Stasova" (Unveröffentlichte Briefe von V. V. Stasov). In: „Iskusstvo", 1958, Nr. 19, S. 65.

15 N. A. Belogolovyj: „Tri vstreči s Gercenom" (Drei Begegnungen mit Gercen). In: *R.ved.*, Nr. 167 und 171, 19. und 22. Juni 1897.

16 Das Gemälde „Die Kreuzigung" von N. N. Gay (begonnen 1884, vollendet 1894) war 1894 auf der Ausstellung der Peredwischniki in Petersburg gezeigt worden und rief damals viele Dispute und Deutungen hervor. Auf Anordnung Alexanders III., der angeblich gesagt hatte: „Das ist eine Schlachthausszene", wurde das Bild von der Ausstellung entfernt und verboten. Am 14. März 1894 schrieb Tolstoi an den Maler: „Daß Ihr Bild entfernt worden ist und alles, was man darüber gesagt hat, ist sehr gut und lehrreich. Besonders die Worte: ‚Das ist eine Schlachthausszene' ... Die Entfernung von der Ausstellung ist Ihr Triumph. Als ich das Bild zum erstenmal sah, war ich überzeugt, man würde es entfernen, und nachdem ich mir jetzt eine der üblichen Ausstellungen mit ihren kaiserlichen Majestäten und Hoheiten, ihren Damen, Landschaften und natures mortes vorgestellt habe, muß ich geradezu lachen bei dem Gedanken, es könnte dort stehen" (*PSS*, Bd. 67, S. 81–82 / dt.: Bd. 17, S. 163–164). T. L. Tolstaja schrieb über das Bild am 17. Februar 1894 in ihr Tagebuch: „‚Die Kreuzigung' übt auf alle eine ungeheure Wirkung aus ... Dargestellt ist der Augenblick, als Christus stirbt. Die beiden Gekreuzigten stehen auf der Erde. Der Räuber ist nicht angenagelt, sondern mit Seilen festgebunden. Er ist sehr gut gemalt, aber ich muß sagen, daß es auf mich keinen großen Eindruck gemacht hat. Das tut mir leid. Das zeugt von einem Verlust an Frische und Empfänglichkeit" (*T. L. Suchotina*, S. 222–223).

17 Louis Pierre: „Aphrodite", Paris 1894 (*JaPb*). Zu Tolstois negativer Einstellung gegenüber diesem Buch vgl. den Aufsatz „Was ist Kunst?" (*PSS*, Bd. 30, S. 89 / dt.: Bd. 14, S. 115).

18 Prévost: „Les Demi-Vierges", Paris 1894 (*JaPb*).

19 J. J. Rousseau: „Oeuvres", Bd. 9, Paris 1822 (*JaPb*).
20 Möglicherweise die Erzählung „Svidanie" (Das Wiedersehen) von N. Ežov, in: *N.vr.*, Nr. 7665, 1. (13.) Juli 1897.
21 S. W. Schidlowski, ein Bauer und Stundist aus aus dem Dorf Kischenzy im Gouvernement Kiew. Im Brief an P. I. Birjukow vom 14. Juli schrieb Tolstoi: „Habe im Gouvernement Kiew neue Freunde gewonnen. Einer von ihnen, Schidlowski, war hier. Hat mir sehr gefallen" (*PSS*, Bd. 70, S. 104).
22 An dieser Stelle ist eine Photographie eingeklebt: S. A.Tolstaja mit T. L. Tolstaja. Darunter der handschriftliche Zusatz von S. A. Tolstaja: „Bin 53 Jahre alt."
23 Wer bei den Tolstois war, konnte nicht festgestellt werden.
24 A. Rubinštejn: „Muzyka i ee predstaviteli. Razgovor o muzyke" (Die Musik und ihre Vertreter. Ein Gespräch über Musik), Moskau 1891.
25 W. W. Longinow, später Rektor des Charkower Priesterseminars.
26 Gustave Guiches: „Snob", in: „Revue Blanche", Nr. 99, 15. Juli 1897 (*JaPb*).
27 Ein Gips-Exemplar der Statuette befindet sich im *GMT*.
28 A. L. Flexer (Pseudonym A. Wolynski).
29 Hier ist der Aufsatz „Was ist Kunst?" gemeint.
30 Ginzburg hatte sich zunächst nicht entschließen können, Tolstoi zu bitten, ihm Modell zu stehen, und hatte deshalb die Statuette nach Photographien modelliert, die S. A. Tolstaja für ihn gemacht hatte. Als Tolstoi die Arbeit des Bildhauers sah, war er einverstanden, Modell zu stehen. In Erinnerung daran schrieb Ginzburg später: „Lew Nikolajewitsch stand gerne Modell, denn er liebte die Kunst und die Künstler, und solch eine Einstellung zur Kunst ist für den Erfolg der Arbeit wichtig – sie flößt dem Künstler Mut ein und hebt seine Stimmung. Nicht jeder, der Modell steht, verhält sich allerdings derart gegenüber dem Künstler und seiner Arbeit". In: „Skul'ptor Il'ja Gincburg. Vospominanija, stat'i, pis'ma" (Der Bildhauer Il'ja Gincburg. Erinnerungen, Aufsätze, Briefe). Leningrad 1964, S. 61. Ein Bronze-Exemplar der Statuette befindet sich im *GMT*.
31 P. A. Bulachow, ein ehemaliger Altgläubiger. Nach Tolstois Worten ein Mann „von gewaltiger sittlicher und geistiger Stärke" (*PSS*, Bd. 53, S. 149 / dt.: Bd. 19, S. 321). Am 22. März 1897 hatte Tolstoi über ihn an Tschertkow geschrieben: „War gerade ... bei Bulachow, Sie erinnern sich, der Fabrikarbeiter, ein kluger Kerl ..." (*PSS*, Bd. 88, S. 19).
32 Vgl. Anmerkung 42 zu *TbST*, 1887. In den Jahren 1888–89 hatte S. A. Tolstaja Handschriften und Briefe von Tolstoi dem Rumjanzew-Museum zur Aufbewahrung gegeben. 1904 mußte sie den Aufbewahrungsort wechseln und das Archiv ins Historische Museum überführen. 1915 wurde es dem Rumjanzew-Museum zurückgegeben und befand sich dort bis 1939, als es in das *GMT* kam.

33 Tolstoi vermerkte am 7. August in seinem Tagebuch: „Ein naiver und dümmlicher Franzose“ (*PSS*, Bd. 53, S. 149 / dt.: Bd. 19, S. 321). Andere Erkenntnisse liegen nicht vor.
34 Brief von L. Ja. Gurewitsch an S. A. Tolstaja vom 3. August 1897 (*GMT*).
35 Auf Einladung von S. A. Tolstaja war N. A. Kassatkin vom 4. bis 7. August in Jasnaja Poljana zu Gast. Kassatkin war auf Ginzburgs Sitzungen zugegen und fertigte eine Skizze in Öl, auf der dargestellt sind: das Atelier, Ginzburg bei der Arbeit und T. L. Tolstaja, die für ein Basrelief Modell steht (*GMT*).
36 Am 15. August notierte Tolstoi in seinem Tagebuch: „Lombroso war hier, ein beschränkter und naiver Greis“ (*PSS*, Bd. 53, S. 150 / dt.: Bd. 19, S. 321). Über seinen Besuch in Jasnaja Poljana verfaßte Lombroso Erinnerungen: „Moe poseščenie Tolstogo“ (Mein Besuch bei Tolstoj), Genf 1902. Auszugsweise sind diese Erinnerungen veröffentlicht in: *Tolstoj v vospominanijach*, Bd. II, S. 99–100.
37 Tolstois Kritik an der Kunst des ausgehenden 19. Jh. findet sich in Kap. X des Traktats „Was ist Kunst?“ (vgl. *PSS*, Bd. 30 / dt.: Bd. 14).
38 H. Taine: „Philosophie de L'art“. Bd. 1, Paris 1893 (handschriftliche Randbemerkungen von S. A. Tolstaja); Bd. 2, Paris 1895 (*JaPb*).
39 W. G. Tschertkow hatte in seinem Brief vom 8. August (neuen Stils) Tolstoi geschrieben: „... die Rückerstattung der für die [Ausgabe] aufgewandten Gelder hängt direkt vom Erfolg unserer englischen Ausgaben Ihrer Werke ab. Und dieser Erfolg hängt wiederum größtenteils davon ab, daß wir tatsächlich *als erste* Ihre neuen Werke herausgeben und daß andere Übersetzer sich nicht vor uns oder auch gleichzeitig mit uns auf Umwegen russische Kopien dessen, was Sie schreiben, beschaffen können ... Für uns wäre wichtig, möglichst drei Wochen, bevor eine neue Schrift von Ihnen in Rußland im Manuskript verbreitet wird, eine Kopie davon zu erhalten“ (*GMT*). Tolstoi antwortete am 8. August Tschertkow: „Daß alle meine Schriften zuallererst Ihnen zugehen und Sie über die Übersetzungen und Ausgaben verfügen werden, daran kann es keinen Zweifel geben“ (*PSS*, Bd. 88, S. 46).
40 Tolstoi las Taines „Philosophie der Kunst“ während der Arbeit an dem Aufsatz „Was ist Kunst?“, in dem er Taines Begriff der Schönheit zitiert (*PSS*, Bd. 30, S. 52 / dt.: Bd. 14, S. 70–71) und gegen seine Definition der Kunst polemisiert.
41 A. Špir's „Očerki kritičeskoj filosofii“ (Abriß der kritischen Philosophie) kam – von N. A. Braker aus dem Französischen übersetzt und mit einer kurzen Biographie versehen – 1901 bei „Posrednik“ heraus (*JaPb*).
42 Am 29. August 1897 (Datum der autorisierten Kopie, *GMT*) hatte Tolstoi einen offenen Brief an die schwedische Zeitung „Stokholm Tagblat“ geschrieben, in dem er auf den Nobelpreis verzichtete. Nach Tolstois Auffassung sollte der Preis den Duchoborzen verliehen werden.

Im Oktober 1897 veröffentlichte die Zeitung Tolstois Brief. Auf russisch erschien der Brief erstmals in Genf in der Zeitschrift „Svobodnaja mysl'", 1899, Nr. 4 (*PSS*, Bd. 70, S. 148–154). Wenn S. A. Tolstaja von dem „Petroleumhändler Nobel" spricht, so verwechselt sie dabei den schwedischen Ingenieur Alfred Nobel mit L. E. Nobel, einem bekannten Ölindustriellen.

43 Über den Besucher liegen keine Erkenntnisse vor.

44 Tolstois Freunde und Gesinnungsgenossen Birjukow, Tregubow und Tschertkow waren wegen „Propaganda und ungesetzlicher Einmischung in das Sektenwesen" sowie wegen Verbreitung des von ihnen und Tolstoi unterzeichneten Aufrufs „Helft!", der zur Unterstützung der Duchoborzen aufforderte (vgl. *PSS*, Bd. 39, S. 192–196), verbannt und ausgewiesen worden: Tschertkow nach England, Birjukow und Tregubow ins Gouvernement Kurland.

45 Vgl. *TbST* vom 31. August und Anmerkung 42.

46 A. Saint-John, ehem. englischer Offizier in Indien. Im Auftrag W. G. Tschertkows reiste er in den Kaukasus, um den Duchoborzen Geld auszuhändigen, das englische Quäker gespendet hatten. Stand mit Tolstoi in Briefwechsel.

47 P. A. Boulanger wurde wegen seiner Beziehung zu den Duchoborzen aus Rußland ausgewiesen. Sein Artikel über die Lage der Duchoborzen im Kaukasus, für den ihm L. A. Sulerschizki und F. Ch. Grauberg das Material zur Verfügung gestellt hatten, war eingearbeitet in den Artikel von I. I. Jasinskij: „Sekta, o kotoroj govorjat" (Die Sekte, über die man spricht). In: *B.ved.*, Nr. 213 vom 6. August 1897 (Morgenausgabe). Im Oktober 1897 reiste Boulanger nach England.

48 Wahrscheinlich ist die Novelle „Ein Lied ohne Worte" (*GMT*) gemeint. Sie entstand in den Jahren 1895–1898 und war S. A. Tolstajas Begeisterung für die Musik und ihrer Freundschaft mit S. I. Tanejew nach dem Tod des Sohnes Wanetschka gewidmet.

40 Das Denkmal von N. I. Pirogow (eine Arbeit des Bildhauers W. O. Scherwud) war 1807 vor den gleichnamigen Kliniken in Moskau errichtet worden.

50 Am 18. September 1897 kamen zu Tolstoi Molokanen aus Samara, die ihn baten, sich für die Rückgabe der ihnen weggenommenen Kinder einzusetzen. Ihr erster Besuch bei Tolstoi hatte im Mai des gleichen Jahres stattgefunden. Tolstoi half ihnen nach besten Kräften. An Nikolai II. schrieb er zwei Briefe, außerdem an viele einflußreiche Persönlichkeiten und Freunde. Erst im Februar 1898 wurden die Kinder dank der Bemühungen von T. L. Tolstaja zurückgegeben, die im Januar 1898 in dieser Angelegenheit bei K. P. Pobedonoszew vorgesprochen hatte. Vgl. *PSS*, Bd. 70, S. 72–75 und 140–141 / dt.: Bd. 17, S. 274–278 und S. 292; außerdem *T. L. Suchotina*, S. 229–233.

51 Vgl. *TbST* vom 31. August und Anmerkung 42.

52 In den „Russkie vedomosti", Nr. 221 vom 12. August, hatte in einem Korrespondentenbericht vom 3. Allrussischen Missionarskongreß in Kasan gestanden, dort sei vorgeschlagen worden, man solle sich für die Einführung eines Gesetzes verwenden, das es erlaube, den Sektierern die Kinder wegzunehmen und sie in den Waisenhäusern der Diözesen zu erziehen. In „Novoe vremja" (Nr. 7748 vom 22. September) wurde diese Meldung bestritten. In diesem Zusammenhang schrieb Tolstoi am 26. September einen Brief an die Zeitung *R.ved.*, in dem er ausführlich mitteilte, was ihm über die gewaltsame Wegnahme der Molokanen-Kinder bekannt war (*PSS*, Bd. 70, S. 154–155). Tolstois Brief wurde nicht veröffentlicht. Vgl. außerdem Anmerkung 50 zu *TbST* vom 22. September.

53 Den im Mai angereisten Molokanen hatte Tolstoi seinen am 10. Mai verfaßten Brief an Nikolai II. mitgegeben, außerdem Briefe an A. F. Koni, A. W. Olsufjew, A. S. Tanejew, K. L. Chis und A. A. Tolstaja, in denen er bat, die Molokanen zu unterstützen und vor allem seinen Brief dem Zaren auszuhändigen (*PSS*, Bd. 70, S. 76–80). Da die Molokanen Repressalien befürchteten, vernichteten sie die Briefe. Am 18. Mai schrieb Tolstoi noch einmal an die obengenannten Adressaten und ließ die Briefe durch P. A. Boulanger überbringen (ebda., S. 83–85). Daß die Angelegenheit vor den Senat gekommen war, wußte S. A. Tolstaja aus A. F. Konis Antwortbrief an Tolstoi vom 25. September (*GMT*).

54 M. O. Men'šikov: „O polovoj ljubvi" (Über die geschlechtliche Liebe). In: „Knižki Nedeli", 1897, Nr. 9. Der Artikel war ein Teil aus dem großen Aufsatz: „Elementy romana" (Elemente des Romans). In: „Knižki Nedeli", 1897, Nr. 6–12.

55 *U.* – L. D. Urussow.

56 Vgl. Anmerkung 52. Tolstoi änderte seine Absicht (*PSS*, Bd. 84, S. 293) und schrieb am 6. Oktober einen neuen Brief an den Redakteur der Zeitung „S. Peterburgskie vedomosti", der in Nr. 282 dieser Zeitung vom 15. Oktober veröffentlicht wurde (vgl. *PSS*, Bd. 70, S. 162–163).

57 B. Nohl: „Beethovens Leben" (in russischer Übersetzung). Im Brief an L. N. Tolstoi vom 10. November 1897 schrieb S. A. Tolstaja über dieses Buch: „Wie ist das interessant, wie viel ging mir auf und brachte mich auf verschiedene Gedanken. Jetzt wird es viel interessanter für mich sein, seine Musik zu hören" (*PST*, S. 684).

58 Was S. A. Tolstaja über Mendelssohn las, ließ sich nicht feststellen.

59 Brief vom 8. November 1897 (*PSS*, Bd. 84, S. 299–300).

60 Brief vom 11. November 1897 (*PSS*, Bd. 84, S. 300–301).

61 Offenbar die Erzählung von A. P. Čechov „V rodnom uglu" (In der Heimat). In: *R.ved.*, Nr. 317 vom 16. November 1897. Am 17. November schrieb S. A. Tolstaja an T. L. Tolstaja: „Dunajew las mir eine neue Erzählung von Tschechow vor" (*GMT*).

62 Brief vom 17. oder 18. November 1897 (*PSS*, Bd. 84, S. 302).

63 1898 ging M. L. Tolstoi vom Lyzeum ab und trat als Freiwilliger in den Militärdienst ein.

64 Über den Aufsatz konnte nichts Näheres ermittelt werden.

65 S. A. Tolstaja schrieb L. N. Tolstoi am 25. November: „Ljowotschka, ich dachte, du kämest mit Tanja, doch offenbar steht das in solch einem Maße deinen Wünschen entgegen, daß du die Reise so lange wie möglich hinauszögerst. Tanja sagte sogar, du hättest gesagt, in Moskau zu leben sei für dich *Selbstmord.* Da du das Problem so hinstellst, daß du meinetwegen kommst, so wäre das kein Selbstmord, sondern ich würde dich ermorden, und darum beeile ich mich dir zu schreiben: um Gottes Willen, komme nicht; kämest du widerwillig, so würde das uns beiden die Ruhe und Freiheit rauben. Du fühltest dich ständig, als würdest du *ermordet*, ich fühlte mich als *Mörderin* ... wollen wir uns doch nicht gegenseitig mit Vorwürfen und Forderungen totschlagen, sondern lieber in Freundschaft korrespondieren, und ich werde dich besuchen, sobald sich meine Nerven beruhigt haben" (*PST*, S. 690–691). Tolstoi notierte darüber in seinem Tagebuch: „Von Sonja ein beleidigter Brief. Ich tat übel daran, darüber zu sprechen, und Tanja hat übel daran getan, es weiterzuerzählen" (*PSS*, Bd. 53, S. 166 / dt.: Bd. 19, S. 330).

66 Vgl. *TbST* vom 12. September und Anmerkung 48.

67 Vgl. „Sénèque le Philosophe ...", Paris 1860, Bd. 1, S. 83–115 (*JaPb*).

68 Brief vom 26. November (*PSS*, Bd. 84, S. 304–306).

69 Am 28. November war D. P. Makovický, der in Ungarn den slowakischen Verlag „Posrednik" leitete, zum zweiten Mal nach Jasnaja Poljana gekommen (das erste Mal im August 1894). Wahrscheinlich hing sein Besuch mit Verlagsangelegenheiten zusammen. An diesem Tag notierte Tolstoi in seinem Tagebuch: „Heute vormittag traf Makovický ein, ein lieber, sanfter, reiner Mensch" (*PSS*, Bd. 53, S. 166 / dt.: Bd. 19, S. 330). Am 30. November besuchte Makovický S. A. Tolstaja in Moskau und erzählte ihr, Tolstoi habe ein Vorwort zur russischen Fassung von E. Carpenters Aufsatz „Moderne Wissenschaft" an die Zeitschrift „Severny westnik" geschickt. Auf Verlangen seiner Frau zog Tolstoi einige Tage später das Vorwort zurück. Nach zwei Monaten gab S. A. Tolstaja jedoch ihre Einwilligung, daß der Aufsatz in der Zeitschrift veröffentlicht wurde („Severnyj vestnik", 1898, Nr. 3, S. 199–206).

70 Vgl. *TbST* vom 21. Februar 1895.

71 Tolstois Telegramm vom 6. Dezember: „Wollte fahren, fühle mich jedoch schwach. Komme bitte heute heim. Kein Grund zu leiden. Antworte" (*PSS*, Bd. 84, S. 306).

72 Am 7. Dezember notierte Tolstoi: „Gestern sprachen wir noch und noch miteinander, und ich hörte von Sonja etwas, was ich noch nie vor ihr gehört habe: Sie gab zu, im Unrecht gewesen zu sein. Dies ist geschehen, und es ist ein großes Glück" (*PSS*, Bd. 53, S. 169 / dt.: Bd. 19, S. 332).

73 Die Komödie „Gentleman" von A. I. Sumbatow-Juschin.

74 Der französische Kritiker und Publizist André Beaunier besuchte Tolstoi, um ihn selbst, seine Lehre und sein Leben kennenzulernen und darüber in der Zeitung „Temps" zu berichten. Er verbrachte bei Tolstoi einige Tage und schrieb danach eine Artikelserie unter dem Titel „Eine Woche in Moskau. In Tolstois Nähe", die im Januar 1898 in der Zeitung „Temps" erschien. Kurz vor dem Besuch bei Tolstoi in Jasnaja Poljana schrieb Beaunier ihm aus Moskau am 7./19. Dezember 1897: „In Frankreich gibt es, vor allem unter der Jugend, eine große Zahl Ihrer Anhänger, denen nicht nur Ihr literarisches Genie gefällt, sondern die auch voller Leidenschaft in Ihren Werken ... nach Hinweisen suchen, wie sie ihr Leben besser gestalten könnten. Zu ihnen gehöre ich auch" (*GMT*). Zu Beauniers Besuch vgl. ausführlich: V. Ja. Lakšin: „Vblizi Tolstogo" (In Tolstojs Nähe). In: *LN.*, Bd. 75, Buch 2, S. 79–97.

75 Tolstoi hatte A. L. Flexer in seinem Brief vom 5. Dezember die Rücknahme des Vorworts mitgeteilt (*PSS*, Bd. 70, S. 208). Nach L. Ja. Gurewitschs Worten mußte das bei den Abonnenten der Zeitschrift Mißtrauen hervorrufen, da sie „nach einer Erklärung für Lew Nikolajewitschs Unzufriedenheit mit der Zeitschrift oder den Redaktionsmitgliedern suchen werden". In ihrem Brief vom 14. Dezember beschwor Gurewitsch S. A. Tolstaja, sie möge Tolstoi bitten, irgendein anderes Werk an die Zeitschrift zu geben, „was beweisen würde, daß das Vorwort nur aus zufälligen Gründen nicht aufgenommen wurde" (*GMT*). Vgl. außerdem Anmerkung 69 zu *TbST* vom 30. November.

76 L. N. Tolstois Novelle „Hadschi Murat".

77 Ausführlicher ist Tolstois Erzählung in den Erinnerungen von A. Cinger wiedergegeben: „Nenapisannyj rasskaz Tolstogo" (Eine ungeschriebene Erzählung Tolstois). In: *Tolstoj v vospominanijach*, Bd. II, S. 143–146.

78 L. Buch: „Žizn'" (Das Leben), St. Petersburg 1898 (*JaPb*).

79 Wahrscheinlich in Zusammenhang mit der Arbeit an dem Traktat „Was ist Kunst?" (vgl.: *PSS*, Bd. 30, Kap. X und Anhang 1 / dt.: Bd. 14).

80 Am 19. Dezember schickte Tolstoi einen Brief an A. Maude (*PSS*, Bd. 70, S. 217–218), am 20. Dezember ein Telegramm an Tschertkow (*PSS*, Bd. 88, S. 69). Von einem Telegramm an Maude ist nichts bekannt.

81 Brief von L. Ja. Gurewitsch an T. L. Tolstaja vom 20. Dezember (*GMT*). Vgl. außerdem Anmerkung 69 und 75 zu *TbST* vom 30. November und 14. Dezember.

82 Der Brief wird im *GMT* aufbewahrt. Am 21. Dezember notierte Tolstoi in seinem Tagebuch: „Bekam gestern einen anonymen Brief mit der Drohung, man werde mich ermorden, wenn ich mich bis 1898 nicht besserte. Man läßt mir nur bis 1898 Zeit. Einesteils unheimlich, anderenteils schön" (*PSS*, Bd. 53, S. 172 / dt.: Bd. 19, S. 333).

83 Tanejew hatte sich zum Arbeiten in die Gethsemane-Einsiedelei bei dem Troize-Sergijew-Kloster (heute Sagorsk) unweit Moskaus begeben.

Bildnachweis

Archiv für Kunst und Geschichte, Berlin: 1, 6, 7, 10
Bildarchiv Preußischer Kulturbesitz, Berlin: 2
Historia-Photo, Hamburg: 3
Ullstein Bilderdienst, Berlin: 4, 5, 8, 9, 11, 12

Anna Grigorjewna Dostojewskaja

TAGEBÜCHER

Die Reise in den Westen
Aus dem Russischen von Barbara Conrad
1985. 596 Seiten mit 16 Seiten Bildteil, gebunden.
ISBN 3-7610-8383-1

Mit den erstmals vollständig entzifferten Tagebüchern der Anna Grigorjewna Dostojewskaja, die den Aufenthalt des frisch vermählten Paares in Deutschland und der Schweiz festhalten, wird den Lesern Dostojewskis und allen Freunden der russischen Literatur ein einzigartiges Dokument von biographischer Bedeutung in die Hand gegeben.
Diese Aufzeichnungen sind das Psychogramm einer Ehe mit einem außergewöhnlich schwierigen, der Spielleidenschaft verfallenen, genialen Mann. Zugleich dokumentieren sie die Entstehung von Dostojewskis Roman „Der Idiot" und den erfolgreichen Versuch einer jungen Frau in der zweiten Hälfte des 19. Jahrhunderts, neben einem übermächtigen Mann ihre eigene Persönlichkeit zu bewahren.

Fjodor Dostojewski

DIE BRIEFE AN ANNA
1866 – 1880

Aus dem Russischen von Brigitta Schröder
Mit einem Vorwort von Barbara Conrad
1986. 496 Seiten, gebunden.
ISBN 3-7610-8396-3

In diesem Band werden erstmalig alle Briefe vorgelegt, die Fjodor Dostojewski in 14 Ehejahren an seine Frau Anna Grigorjewna schrieb. Es sind die Jahre, in denen es dem namhaften Schriftsteller gelang, nach einem wechselvollen und ruhelosen Leben das ersehnte Familienglück zu finden und seine großen philosophischen und sozialkritischen Romane zu vollenden.
Die Briefe spiegeln nicht nur Dostojewskis Privatleben wider, sie bergen auch eine Fülle zeitgeschichtlicher und literarischer Mitteilungen sowie wichtige Auskünfte über Dostojewskis Verhältnis zu Musik und Malerei, über seine Wirkungsabsichten und seine Schaffenspsychologie.

athenäum

Bitte umblättern:

auf den nächsten Seiten informieren wir Sie über weitere interessante Fischer Taschenbücher.

fi 188/1d